Direito de Família

Direito de Família

ASPECTOS CONTEMPORÂNEOS

2023

Daniela Braga Paiano
Beatriz Scherpinski Fernandes
Franciele Barbosa Santos
Isabela Nabas Schiavon
Coordenadoras

ALMEDINA

DIREITO DE FAMÍLIA
ASPECTOS CONTEMPORÂNEOS
© Almedina, 2023
COORDENADORAS: Daniela Braga Paiano / Beatriz Scherpinski Fernandes
Franciele Barbosa Santos / Isabela Nabas Schiavon

DIRETOR ALMEDINA BRASIL: Rodrigo Mentz
EDITORA JURÍDICA: Manuella Santos de Castro
EDITOR DE DESENVOLVIMENTO: Aurélio Cesar Nogueira
ASSISTENTES EDITORIAIS: Isabela Leite e Larissa Nogueira
ESTAGIÁRIA DE PRODUÇÃO: Laura Roberti

DIAGRAMAÇÃO: Almedina
DESIGN DE CAPA: FBA

ISBN: 9786556278551
Junho, 2023

Dados Internacionais de Catalogação na Publicação (CIP)
(Câmara Brasileira do Livro, SP, Brasil)

Direito de Família : Aspectos contemporâneos /
coordenadores Isabela Nabas Schiavon...[et al.].
-- 1. ed. -- São Paulo : Almedina, 2023.
Outros coordenadores: Beatriz Scherpinski
Fernandes, Franciele Barbosa Santos, Isabela Nabas Schiavon.

ISBN 978-65-5627-855-1

1. Artigos - Coletâneas 2. Direito - Coletâneas
3. Direito de família 4. Direito de família -
Jurisprudência - Brasil I. Schiavon, Isabela Nabas.
II. Fernandes, Beatriz Scherpinski. III. Santos,
Franciele Barbosa. IV. Schiavon, Isabela Nabas.

23-149213 CDU-347.6

Índices para catálogo sistemático:
1. Direito de família : Direito civil 347.6
Henrique Ribeiro Soares – Bibliotecário – CRB-8/9314

Este livro segue as regras do novo Acordo Ortográfico da Língua Portuguesa (1990).

EDITORA: Almedina Brasil
Rua José Maria Lisboa, 860, Conj.131 e 132, Jardim Paulista | 01423-001 São Paulo | Brasil
www.almedina.com.br

SOBRE AS COORDENADORAS

Daniela Braga Paiano
Pós-doutora e Doutora em Direito Civil pela Faculdade de Direito da Universidade de São Paulo (USP). Professora na graduação e no Programa de Mestrado e Doutorado em Direito Negocial da Universidade Estadual de Londrina (UEL). E-mail: danielapaiano@hotmail.com.

Beatriz Scherpinski Fernandes
Mestranda no Programa de Mestrado e Doutorado em Direito Negocial da Universidade Estadual de Londrina (UEL). Especialista em Direito Penal e Processual Penal pelo Instituto de Direito Constitucional e Cidadania (IDCC). Graduada em Direito pela Universidade Estadual de Londrina (UEL). Assessora de Órgão de Execução. E-mail: biascherpinski@gmail.com.

Franciele Barbosa Santos
Mestranda em Direito Negocial no programa de mestrado e doutorado da Universidade Estadual de Londrina (UEL). Especialista em Direito Penal e Processo Penal Econômico pela PUC/PR. Especialista em Direito Empresarial e Especialista em Lei Geral de Proteção de Dados Pessoais (LGPD) pela Faculdade Legale. Graduada em Direito pela Universidade Estadual de Londrina. Professora na Graduação de Direito. Advogada e sócia do escritório Ferrari, Barbosa e Oliveira advogados associados. E-mail: francielebs3097@gmail.com.

Isabela Nabas Schiavon
Mestranda em Direito Negocial pela Universidade Estadual de Londrina (UEL). Especialista em Direito Civil e Processo Civil pela Universidade Estadual de Londrina (UEL). Especialista em Direito Aplicado pela Escola de Magistratura do Paraná (EMAP/PR). Graduada em Direito pela Universidade Estadual de Londrina (UEL). Advogada. E-mail: isabelanschiavon@hotmail.com.

SOBRE OS AUTORES

Adiloar Franco Zemuner
Doutoranda em Direito Negocial pela Universidade Estadual de Londrina (UEL). Mestre em Direito Negocial pela Universidade Estadual de Londrina (UEL). Especialista em Direito Empresarial pela Universidade Estadual de Londrina (UEL). Graduada em Direito pela Universidade Estadual de Ponta Grossa (UEPG). Professora de Direito Civil na Graduação e Pós-graduação na Universidade Estadual de Londrina (UEL). Advogada. E-mail: adiloar@uel.br.

Alana Maria Monarin de Souza
Graduanda em Direito pela Universidade Estadual de Londrina (UEL). E-mail: alanamonarin@gmail.com.

Alessandra Cristina Furlan
Doutora em Direito Civil pela Faculdade de Direito da Universidade de São Paulo (USP). Professora adjunta da Universidade Estadual do Norte do Paraná (UENP). E-mail: alessandracfurlan@uenp.edu.br.

Amanda Cristina Carvalho Canezin
Doutora em Direito pela Faculdade de Direito do Largo São Francisco (USP). Mestre em Direito Negocial pela Universidade Estadual de Londrina (UEL). Especialista em Direito Empresarial pela Pontifícia Universidade Católica do Paraná (PUC/PR). Professora de Direito Civil na Pós-graduação na Universidade Estadual de Londrina (UEL). Professora Colaboradora do Projeto Núcleo de Estudos de Direito e Defesa da Infância e Juventude (NEDDIJ/UEL). Professora Colaboradora do Núcleo Maria da Penha (NUMAPE/UEL). Advogada (2012-2022). Tabeliã e Registradora no Serviço Distrital de Porto Camargo. E-mail: amanda.canezin@gmail.com.

Ana Luiza Mendes Mendonça
Mestra em Direito Negocial pela Universidade Estadual de Londrina (UEL). Coordenadora do curso de Direito da Faculdade de Tecnologia do Vale do Ivaí (FATEC-Ivaiporã). E-mail: analuiza.mendonca20@gmail.com.

Ana Paula Rodrigues
Graduanda em Direito pela Universidade Estadual de Londrina (UEL). E-mail: ana.paula.rodrigues3@uel.br.

Anelise Otaviano da Silva
Graduanda em Direito pela Universidade Estadual de Londrina (UEL). E-mail: anelise.otaviano@uel.br.

Arthur Lustosa Strozzi
Doutorando em Direito Negocial pela Universidade Estadual de Londrina (UEL). Mestre em Direito Negocial pela Universidade Estadual de Londrina (UEL). Especialista em Filosofia Política e Jurídica pela Universidade Estadual de Londrina (UEL). Especialista em Direito Empresarial pela Pós-Graduação LL.M. do Instituto Superior de Administração e Economia/Fundação Getúlio Vargas (ISAE/FGV). Graduado em Direito pela Pontifícia Universidade Católica do Paraná (PUC/PR). Foi professor Auxiliar do Curso de Direito da Pontifícia Universidade Católica do Paraná (PUC/PR) – Campus Londrina (2022-2023). Advogado. E-mail: arthur.lustosa@pucpr.br.

Beatriz Scherpinski Fernandes
Mestranda no Programa de Mestrado e Doutorado em Direito Negocial da Universidade Estadual de Londrina (UEL). Especialista em Direito Penal e Processual Penal pelo Instituto de Direito Constitucional e Cidadania (IDCC). Graduada em Direito pela Universidade Estadual de Londrina (UEL). Assessora de Órgão de Execução. E-mail: biascherpinski@gmail.com.

Bianca da Rosa Bittencourt
Mestre em Direito Negocial pela Universidade Estadual de Londrina (UEL). Especialista em Direito Civil e Processual Civil pelo Instituto de Direito Constitucional e Cidadania (IDCC-UNIBRASIL). Especialista em Direito

Ambiental pelo Centro Universitário Internacional (UNINTER). Graduada em Direito pelo Centro Universitário Filadélfia (UNIFIL). Advogada. Professora na Universidade do Norte do Paraná (UNOPAR) e no Centro Universitário Maringá (UNICESUMAR). E-mail: biancabittencourt4@hotmail.com.

Camila Bueno Romão
Graduanda em Direito pela Universidade Estadual de Londrina (UEL). E-mail: cbuenoromao@gmail.com.

Carolina Horschutz Dorizzotto
Graduanda em Direito pela Universidade Estadual de Londrina (UEL). E-mail: carolina.horschutz@uel.br.

Cassia Pimenta Meneguce
Mestranda em Direito Negocial pela Universidade Estadual de Londrina (UEL). Especialista em Direito Constitucional. Professora no Curso de Direito da Faculdade Cristo Rei. Servidora Pública do Tribunal de Justiça do Estado do Paraná. E-mail: cassiapimenta@hotmail.com.

Claudete Carvalho Canezin
Doutora em Estudos da Linguagem pela Universidade Estadual de Londrina (UEL), com ênfase em violência doméstica. Mestre em Direito Civil pela UNICESUMAR. Especialista em Direito de Família e Direito Empresarial pela Universidade Estadual de Londrina (UEL). Professora na Graduação e Pós-graduação na Universidade Estadual de Londrina (UEL). Coordenadora e Orientadora do Núcleo de Estudos de Direitos e Defesa da Infância e Juventude (NEDDIJ/UEL) desde 2006. Coordenadora e Orientadora do Núcleo Maria da Penha (NUMAPE/UEL). Coordenadora Estadual dos NUMAPE's. Advogada. E-mail: claudetecanezin@hotmail.com.

Daniela Braga Paiano
Pós-doutora e Doutora pela Faculdade de Direito da Universidade de São Paulo (USP). Professora da Graduação e do Programa de Mestrado e Doutorado em Direito Negocial da Universidade Estadual de Londrina (UEL). E-mail: danielapaiano@hotmail.com.

Dirce do Nascimento Pereira
Doutora em Direito pela Pontifícia Universidade Católica do Paraná (PUC/PR). Mestre em Direito pela Pontifícia Universidade Católica do Paraná (PUC/PR). Graduada em Direito pela Universidade Estadual de Ponta Grossa (UEPG). Professora do Curso de Mestrado em Direito da Universidade Estadual de Ponta Grossa (UEPG). Professora Adjunta do Curso de Bacharelado em Direito da Universidade Estadual de Ponta Grossa (UEPG). E-mail: dnpereira@uepg.br.

Fabiane Munhoz Rossoni Bauab
Especialista em Direito de Família e Sucessões pela Universidade Estadual de Londrina (UEL). Especialista em Direito Civil, Processo Civil, Direito do Trabalho e Direito Previdenciário pela Universidade Norte do Paraná (UNOPAR). Graduada em Direito pela Universidade Estadual de Londrina (UEL). Advogada. E-mail: frossoni9@hotmail.com.

Fábio Ricardo Rodrigues Brasilino
Pós-doutor pela Universidade Messina – Itália. Doutor em Direito pela FADISP. Professor do Programa de Mestrado da Ambra University – EUA. E-mail: fabiobrasilino@uel.br.

Franciele Barbosa Santos
Mestranda em Direito Negocial pela Universidade Estadual de Londrina (UEL). Especialista em Direito Penal e Processo Penal Econômico pela Pontifícia Universidade Católica do Paraná (PUC/PR). Especialista em Direito Empresarial e Especialista em Lei Geral de Proteção de Dados Pessoais (LGPD) pela Faculdade Legale. Graduada em direito pela Universidade Estadual de Londrina. Professora na graduação de Direito. Advogada. E-mail: francielebs3097@gmail.com.

Gabriela Amorim Paviani
Mestra em Direito Negocial pela Universidade Estadual de Londrina (UEL). Especialista em Direito Empresarial pela Universidade Estadual de Londrina (UEL). Especialista em Direito e Processo do Trabalho pela Universidade Estácio de Sá. Assessora de Juiz de 1º grau do Tribunal de Justiça do Estado do Paraná. E-mail: gabrielapaviani@gmail.com.

Gabriela Eduarda Marques Silva
Mestranda em Direito Negocial pela Universidade Estadual de Londrina (UEL). Especialista em Direito de Família e Sucessões pela Universidade Estadual de Londrina (UEL). Graduada em Direito pela Universidade Estadual de Londrina (UEL). Advogada. E-mail:gabrielamarquesadv@hotmail.com.

Germano Matheus Codognotto da Cunha
Mestrando em Direito Negocial pela Universidade Estadual de Londrina (UEL). E-mail: germanocodognotto@gmail.com.

Glorya Maria Oldemburg de Miranda
Mestranda em Direito Negocial pela Universidade Estadual de Londrina (UEL). Especialista em Direito Civil e Processo Civil pela Faculdade Legale (FALEG). Pós-graduanda em Direito de Família e Sucessões pela Universidade Estadual de Londrina (UEL). Graduada em Direito pela Universidade Positivo (UP). Advogada. E-mail: gloryaoldemburg@gmail.com.

Guilherme Augusto Girotto
Mestrando em Direito Negocial pela Universidade Estadual de Londrina (UEL). Especialista em Direito Civil e Processo Civil pela Universidade Estadual de Londrina (UEL). Pós-graduando em Direito de Família e Sucessões e em Direito Privado pela Faculdade Legale. Graduado em Direito pela Universidade do Norte Paranaense (UNOPAR). Assessor de magistrado. E-mail: guilhermegirotto@live.com.

Henrique Cremonez Marcassi
Graduando em Direito pela Universidade Estadual de Londrina (UEL). E-mail: henrique.cremonez@uel.br.

Henrique Name Colado Mariano
Graduando em Direito pela Universidade Estadual de Londrina (UEL). E-mail: henriquemariano0912@gmail.com.

Humberto Harb Mori
Graduando em Direito pela Universidade Estadual de Londrina (UEL). E-mail: humberto.harbmori@uel.br.

Isabela Nabas Schiavon
Mestranda em Direito Negocial pela Universidade Estadual de Londrina (UEL). Especialista em Direito Civil e Processo Civil pela Universidade Estadual de Londrina (UEL). Especialista em Direito Aplicado pela Escola de Magistratura do Paraná (EMAP/PR). Graduada em Direito pela Universidade Estadual de Londrina (UEL). Advogada. E-mail: isabelanschiavon@hotmail.com.

Isabella Savieto Pompeu
Graduanda em Direito pela Universidade Estadual de Londrina (UEL). E-mail: isabella.savieto@uel.br.

Ivana Nobre Bertolazo
Doutoranda em Filosofia pela Universidade Estadual de Londrina (UEL). Mestre em Ciência Jurídica pela Universidade Estadual do Norte do Paraná (UENP). Especialista em Filosofia Política e Jurídica pela Universidade Estadual de Londrina (UEL). Especialista em Metodologia da Ação Docente pela Universidade Estadual de Londrina (UEL). Graduada em Direito pela Universidade Estadual de Londrina (UEL). Professora Universitária. Advogada. E-mail: iv.bertolazo@gmail.com.

João Pedro Silva Perenha Pinhel
Graduando em Direito pela Universidade Estadual de Londrina (UEL). E-mail: joao.pedro.pinhel@uel.br.

José Ricardo Suter
Doutorando e Mestre pela Universidade Estadual de Londrina (UEL). Professor e Coordenador na Graduação e Pós-graduação do curso de Direito da Universidade Estácio de Sá de Ourinhos/SP. Advogado e Mediador de Conflitos. E-mail: ricardosuter@gmail.com.

Júlia Mariana Cunha Perini
Mestranda em Direito Negocial pela Universidade Estadual de Londrina (UEL). Graduada em Direito pela Universidade Estadual de Londrina (UEL). E-mail: juliamarianaperini@gmail.com.

Juliana Carvalho Pavão
Doutoranda em Direito pela Universidade Federal do Paraná (UFPR). Mestre em Direito Negocial pela Universidade Estadual de Londrina (UEL). Especialista em Direito Civil e Processo Civil pela Universidade Estadual de Londrina (UEL). Professora. Advogada. E-mail: juliana.pavao@hotmail.com.

Juliana Kiyosen Nakayama
Doutora em Estudos da Linguagem pela Universidade Estadual de Londrina (UEL). Mestre em Direito Negocial pela Universidade Estadual de Londrina (UEL). Especialista em Educação a distância (SENAC). Especialista pela Escola Superior do Ministério Público e Escola Superior da Magistratura. Professora e advogada na Universidade Estadual de Londrina.

Karen Kamila Mendes Signori Bruske
Graduada em Direito pela Universidade Estadual de Londrina. E-mail: karenn-mendesl@outlook.com.

Luiz Gustavo Tiroli
Doutorando em Educação pela Universidade Estadual de Londrina (PPEdu/UEL). Graduado em Direito pela Universidade Estadual de Londrina (UEL). E-mail: luiz.gustavo.tiroli@uel.br.

Luiza Ribeiro de Oliveira
Pós-graduanda em Direito de Família pela Universidade Estadual de Londrina (UEL). Pós- graduanda em Direito Civil, Teoria Geral e Contratos pela Faculdade Metropolitana. Graduada em Direito pela Universidade Estadual de Londrina (UEL). E-mail: luizaribeiro03@hotmail.com.

Luzia Menezes Malhão
Graduanda em Direito pela Pontifícia Universidade Católica do Rio Grande do Sul (PUC/RS). E-mail: luzia.malhao@edu.pucrs.br.

Maria Raquel de Figueiredo Bacovis
Mestre em Ciências Sociais Aplicadas pela Universidade Estadual de Ponta Grossa (UEPG). Professora na Universidade do Norte do Paraná (UNOPAR) e na Universidade de Telêmaco Borba (UNIFATEB). Advogada. E-mail: raquelbacovis@hotmail.com.

Marina Neves Balan
Graduada em Direito pela Universidade Estadual de Londrina (UEL). Advogada. E-mail: marinaneves.balan@gmail.com.

Mateus Panzeri Fasolo
Graduando em Direito pela Universidade Estadual de Londrina (UEL). E-mail: mateus.panzeri@uel.br.

Matheus Filipe de Queiroz
Graduando em Direito pela Universidade Estadual de Londrina (UEL). E-mail: queiirozmatheuss@gmail.com.

Maurem Silva Rocha
Doutoranda em Ciências Sociais pela Pontifícia Universidade Católica do Rio Grande do Sul (PUC/RS). Mestre em Direito pela Universidade do Vale do Rio dos Sinos (UNISINOS). Professora da Escola de Direito da Pontifícia Universidade Católica do Rio Grande do Sul (PUC/RS). E-mail: maurem.rocha@pucrs.br.

Melissa Tereza Modenutti Gomes
Graduanda em Direito pela Universidade Estadual de Londrina (UEL). E-mail: melissamodenutti@gmail.com.

Rita de Cássia Resquetti Tarifa Espolador
Doutora em Direito Civil pela Universidade Federal do Paraná (UFPR). Mestre em Direito Negocial pela Universidade Estadual de Londrina (UEL). Especialista em Direito Civil e Processual Civil pela Universidade Estadual de Londrina (UEL). Professora do Curso de Direito na Graduação e no Programa de Mestrado e Doutorado em Direito Negocial da Universidade Estadual de Londrina (UEL). Coordenadora do projeto de pesquisa "Negócios Biojuridicos". Advogada. E-mail: rita.tarifa@uel.br.

Sandra Regina Carvalho Martins
Doutora e Mestre em Direito Civil pela Faculdade de Direito da Universidade de São Paulo (USP). Especialista em Direito de Família e Sucessões pela Escola Superior de Advocacia (ESA/SP). Professora de Direito de Família e Sucessões no Centro Universitário das Faculdades Metropolitanas Unidas (FMU/SP). Advogada. E-mail: sanrcm@terra.com.br.

Silas Silva Santos
Doutor e Mestre em Direito Processual pela Faculdade de Direito da Universidade de São Paulo (USP). Professor nos cursos de Graduação e de Pós-Graduação *stricto sensu* da Universidade do Oeste Paulista (UNOESTE). Docente-formador da Escola Paulista da Magistratura (EPM). Juiz de Direito no Estado de São Paulo. E-mail: silas@unoeste.br.

Thaís e Silva Albani
Pós-graduanda em Direito Constitucional pelo Instituto Damásio de Direito. Graduada em Direito pela Universidade Estadual de Londrina (UEL). E-mail: thais.albani@hotmail.com.

Thays Cristina Carvalho Canezin
Doutoranda em Direito na Faculdade de Direito do Largo São Francisco da Universidade de São Paulo (USP). Mestre em Direito Negocial pela Universidade Estadual de Londrina (UEL). Especialista em Direito Tributário pelo Instituto Brasileiro de Estudos Tributários (IBET). Especialista em Direito Constitucional pela Pontifícia Universidade Católica do Paraná (PUC/PR – *Campus* Londrina). Graduada em Direito pela Universidade Filadélfia (UNIFIL). Professora Universitária na UEL, UNICESUMAR e FACNOPAR. Professora Colaboradora do Projeto Núcleo de Estudos de Direito e Defesa da Infância e Juventude (NEDDIJ/UEL). Professora Colaboradora do Núcleo Maria da Penha (NUMAPE/UEL). Advogada. E-Mail: thayscanezin@gmail.com.

Thiago Ribeiro Carvalho
Pós-doutorando pela Fundação Mineira de Educação e Cultura (FUMEC). Doutor em Direito pela Faculdade Autônoma de Direito (FADISP). Mestre em Direito pela Pontifícia Universidade Católica de Minas Gerais (PUC/MG). Especialista em Direito Processual. Professor de Direito Tributário da Faculdade Pitágoras. Advogado. E-mail: adv.thiago@hotmail.com.

Vivian Martins Sgarbi
Mestre em Direito Negocial pela Universidade Estadual de Londrina (UEL). Especialista em Direito Aplicado pela Escola da Magistratura do Estado do Paraná (EMAP/PR). Graduada em direito pela Universidade Estadual de Londrina (UEL). Advogada. E-mail: vivian.martins.sgarbi@gmail.com.

Willi Lucas Paiva dos Santos
Graduado em Direito pela Universidade Estácio de Sá Ourinhos (FAESO). E-mail: willi.paiva@outlook.com.

Zilda Mara Consalter
Doutora em Direito Civil pela Faculdade de Direito da Universidade de São Paulo (USP). Mestre em Direito Negocial pela Universidade Estadual de Londrina (UEL). Graduada em Direito pela Universidade Estadual de Maringá (UEM). Professora no Curso de Mestrado em Direito da Universidade Estadual de Ponta Grossa (UEPG). Professora Adjunta no Curso de Bacharelado em Direito da Universidade Estadual de Ponta Grossa (UEPG). Membro do Instituto Brasileiro de Responsabilidade Civil (IBERC). Advogada. E-mail: zilda@uepg.br.

APRESENTAÇÃO

O livro "Direito de Família: Aspectos Contemporâneos" é fruto de estudos do grupo de Pesquisa Contratualização das Relações Familiares e Sucessórias.

O grupo de pesquisa está vinculado ao Departamento de Direito Privado e do Programa de Mestrado e Doutorado em Direito Negocial da Universidade Estadual de Londrina – UEL.

Conta com alunos da graduação, especialização, egressos, mestrandos e mestres, como também de doutorandos. Além disso, a orientação e participação de Professores Doutores do PPGD da UEL, do departamento, e de outras instituições. Estes professores, a quem rendo minha eterna gratidão, ao lado dos demais pesquisadores do grupo, auxiliam e orientam os alunos neste projeto de pesquisa, fomentando o debate e gerando o crescimento intelectual de todos que compõem o grupo.

A obra é um reflexo da discussão trazida à baila em algumas disciplinas do PPGD da UEL e do grupo de pesquisa, passando por alguns eixos temáticos.

O primeiro eixo que o livro se dedica é tratar da evolução familiar em uma ótica civil-constitucional, tratando de temas como a contribuição familiar na formação do indivíduo, família multiespécie e as simultâneas.

Na sequência, trata da questão da filiação. Aborda temas polêmicos e ainda em aberto no Código Civil como gestação por substituição, reprodução assistida *post mortem*, adoção, relação de padrastio e madrastio, coparentalidade, ingerência estatal e vacinação, nulidade registral por erro substancial.

Aborda, ainda, o tema responsabilidade civil decorrente da falsa imputação da paternidade e pelo abandono afetivo parental.

Outro ponto que suscita discussão é o do relacionamento afetivo entre pessoas: a relação de namoro, desenvolvendo-se para um namoro qualificado, contrato de namoro, união estável, contrato de convivência e divórcio.

Por fim, trata de questões processuais e de mediação nas relações familiares, decisão apoiada da pessoa idosa e violência doméstica contra as mulheres.

Ao todo, são 24 artigos desenvolvidos por pesquisadores de diversas instituições, desde graduandos até pós-doutores, que se dedicaram a pesquisar temas atuais e polêmicos dentro das relações familiares.

O livro conta com a colaboração das mestrandas Beatriz Scherpinski Fernandes, Franciele Barbosa Santos e Isabela Nabas Schiavon na organização. Sem o trabalho delas, esse livro não seria possível! Por isso, meu muito obrigada, meninas.

Parabenizo e agradeço a todos os autores pela dedicação, estímulo e estudos na área do Direito de Família, que só tem a crescer com discussões tão profícuas. Obrigada!

Londrina, fevereiro de 2023.

Profa. DANIELA BRAGA PAIANO
Pós-doutora e Doutora em Direito pela Faculdade de Direito da Universidade de São Paulo –USP
Coordenadora do Projeto de Pesquisa "Contratualização das Relações Familiares e Sucessórias"
Professora no PPGD em Direito Negocial e da Graduação do Curso de Direito da UEL

SUMÁRIO

1
DA CONTRIBUIÇÃO FAMILIAR NA CONSTRUÇÃO DE IDENTIDADE DO INDIVÍDUO

Gabriela Amorim Paviani

Introdução

As questões de gênero permeiam o mundo jurídico, uma vez que refletem diretamente em direitos individuais e sociais, apontando consequências nítidas do binarismo de gênero que se manifesta em problemas sociais e na realização do próprio sujeito, enquanto ser humano.

O que se busca com esta pesquisa é demonstrar que o cumprimento de papéis ideais de gênero não permite a realização plena do indivíduo enquanto sujeito de direito, que possui, antes de qualquer outra garantia, o direito à identidade, intimamente ligado à promoção do ser e da dignidade.

A partir disso, surgiram as inquietações sobre os padrões de comportamentos naturalizados e a razão pela qual, mesmo diante de tantas consequências sociais negativas deles resultantes, esses estereótipos continuam sendo repassados pelos sistemas sociais, em especial pela família.

O estudo da família como sistema social, sob a perspectiva da Teoria dos Sistemas Sociais, visa entender o ciclo natural e inquestionável com que os estereótipos de gênero são repassados aos membros daquele sistema, pois é na família que o indivíduo forma a sua personalidade, construindo modelos ideais de relações humanas, que podem vir a obstar à devida formação da identidade individual.

Por meio da naturalidade com que os ideais de gênero são transmitidos, em atitudes corriqueiras e imperceptíveis, cria-se uma comunicação do que é ser feminino e masculino que é incessantemente reproduzida pelo sistema da família, até atingir o sistema global. E, no momento em que comportamentos sexistas se manifestam socialmente, eles se transformam em problemas sociais reais, tais como violência de gênero e as problemáticas familiares.

O escopo deste trabalho está na busca em criar um esforço social consciente de que os estereótipos de gênero mascaram variados problemas sociais, que podem ser sancionados pela própria modificação da mentalidade cultural.

A mudança dos estigmas sociais que se propõe depende, unicamente, do indivíduo em questionar estes ideais e entender que eles não fazem parte sociedade como algo imutável, já que são construídos pelo mesmo sistema que o fortalece.

Com isso, haverá a realização integral dos direitos da personalidade e da dignidade humana, na medida em que cada sujeito poderá assumir a sua identidade, independente de padrões de comportamento preestabelecidos. Por conseguinte, os problemas sociais advindos de comportamento sexistas não terão razão de exisitir, pois os comportamentos respaldados nas questões de gênero deixarão de legitimar esses problemas sociais.

1. A família à luz da teoria dos sistemas sociais

A família é um dos principais objetos de estudo das ciências sociais por ser parte fundamental da formação do indivíduo. Ela representa o modo de pensar e agir de seus membros e possui reflexos decisivos na construção social e na formação cultural, de forma que retrata, também, o pensamento coletivo.[1]

A concepção de família, formada pelo senso comum, entende essa instituição como uma construção social que evoluiu ao longo do tempo, adaptando-se a organização e funcionamento da sociedade. Definia-se esta instituição como sendo "o conjunto de indivíduos que residem no mesmo alojamento e têm relações de parentesco entre si ".[2]

[1] Dias, Maria Olívia. Um olhar sobre a família na perspectiva sistémica: o processo de comunicação no sistema familiar. **Gestão e Desenvolvimento**, Viseu, nº 19, p. 139-156, 2011. ISSN 0872-0215. Disponível em: https://revistas.ucp.pt/index.php/gestaoedesenvolvimento/article/view/140. Acesso em: 25 out. 2022, p.145.

[2] Ibid, p. 145.

No entanto, referido conceito é extremamente raso para contemplar a instituição familiar e se distancia da concepção de família como unidade universal. Uma das definições de família abrangente e compatível com a realidade atual a entende com:

> Uma unidade dinâmica constituída por pessoas que se percebem como família que convivem por determinado espaço de tempo, com estrutura e organização para atingir objetivos comuns e construindo uma história de vida. [...] Tem identidade própria, possui e transmite crenças, valores e conhecimento comuns influenciados por sua cultura e nível sócio-económico.[3]

A partir desta ideia, entende-se que o novo modelo de família possui por foco principal o sujeito e, justamente por essa razão, é que ela se alicerça na personalização, afetividade, pluralidade e no eudemonismo. Dessa forma, esta instituição tem como finalidade precípua proporcionar que seus membros sejam felizes.[4]

Com esta nova roupagem, a família, antes vista tão somente como instituição, passou a ser instrumento para que cada indivíduo pertencente a ela desenvolva sua personalidade de forma íntegra, funcionando como elemento "dignifícador" desses sujeitos. É neste contexto, que a família aparece como um sistema social.

Um sistema social é composto por uma série de inter-relações padronizadas entre os grupos e instituições que integram a sociedade. Segundo a Teoria dos Sistemas, de Niklas Luhmann, os sistemas sociais são formados essencialmente pela comunicação , elemento determinante para produção dos comportamentos sociais, pois os sistemas apenas reproduzem aquilo que dentro dele é produzido.[5]

A comunicação é, portanto, interna àquele sistema social e, em última análise, é a sociedade, que comporta todos esses, sendo denominada como sistema global. A partir disso, é possível afirmar que os subsistemas sociais, como é o caso da família, formam o sistema global, de forma que tudo

[3] ELSEN, Ingrid *et al.* **Um Marco conceitual para o trabalho com famílias.** Florianópolis: GAOEFAM/UFSC, 1992, p. 9.

[4] DIAS, Maria Berenice. **Manual de Direito das Famílias.** 12 ed. São Paulo: Revista dos Tribunais, 2017, p. 14.

[5] KUNZLER, Caroline de Morais. A Teoria dos Sistemas de Niklas Luhmann. **Estudos de Sociologia**, Araraquara, nº 16, p. 123-136, 2004. Disponível em: https://periodicos.fclar.unesp.br/estudos/article/view/146. Acesso em: 16 out. 2022, p. 127.

aquilo que é produzido na sociedade possui interferência dos subsistemas sociais.[6]

Outra característica essencial dos sistemas sociais é a autopoiese, um sistema autopoiético é aquele que produz sua própria estrutura e os elementos que o compõe, incluindo o último elemento não mais passível de decomposição que, nesse caso, é a comunicação. Nas palavras de Luhman:

> Os sistemas autopoiéticos são aqueles que por si mesmos produzem não só suas estruturas, mas também os elementos dos que estão constituídos – no interior destes mesmos elementos. Os elementos sobre os que se alcançam os sistemas autopoiéticos (que vistos sob a perspectiva do tempo não são mais que operações) não têm existência independente (...). Os elementos são informações, são diferenças que no sistema fazem uma diferença.[7]

A autopoiese acontece, então, quando a comunicação se conecta com novas comunicações, pois os meios de difusão expandem a probabilidade de a mensagem chegar aos interlocutores e aos meios de comunicação simbolicamente generalizados, aumentando as chances de aceitação do evento comunicativo. Em outras palavras, o sistema produz seus valores e culturas e os reproduz aos seus membros, que, como um ciclo, repetirá o comportamento tanto naquele sistema, como nos demais que está inserido[8].

Os sistemas sociais são, também, operacionalmente fechados. Isso significa que o ambiente não pode operar no sistema, tampouco o inverso, já que para "o sistema não importa elementos prontos e acabados do ambiente. Uma vez selecionado um elemento, este será processado de acordo com a função que desempenha [...]".[9]

O fechamento operacional é condição para o conhecimento, pois só se conhece aquilo que lhe é distinto. Assim, os sistemas não recebem infor-

[6] Teixeira, Alessandra Vanessa; Becker, Luciana Rosa; Lopes, Manuela Grazziotin Teixeira. A aplicabilidade da teoria dos sistemas de Niklas Luhmann na fundamentação das decisões jurídicas. **Revista Eletrônica Direito e Política**, Programa de Pós-Graduação Stricto Sensu em Ciência Jurídica da UNIVALI, Itajaí, v.11, n.1, 1º quadrimestre de 2016. Disponível em: www.univali.br/direitoepolitica – ISSN 1980-7791. Acesso em: 22 out. 2022, p. 127.

[7] Luhmann, Niklas. **La sociedade de la sociedade**. México: Herder, 2004, p. 44.

[8] Kunzler, Caroline de Morais. A Teoria dos Sistemas de Niklas Luhmann. **Estudos de Sociologia**, Araraquara, nº 16, p. 123-136, 2004. Disponível em: https://periodicos.fclar.unesp.br/estudos/article/view/146. Acesso em: 16 out. 2022, p. 132.

[9] Ibid, p. 129.

mações do ambiente, porém ao observá-lo acaba abrindo-se ao ambiente sem colocar em risco a sua própria identidade. Por isso, para Luhmann, "ser aberto fundamenta-se em ser fechado",[10] pois quando os sistemas identificam algo no ambiente ele, na verdade, está diferenciando algo no meio do caos.

Sendo assim, o sistema deve se adaptar a uma dupla complexidade: a do ambiente e dele mesmo e, se o sistema não aliviar essas complexidades, ele entra em colapso. Neste momento, aparece a terceira característica dos sistemas sociais: a autorreferência, responsável por tomar o sistema único e por criar sua identidade e a sua estrutura.

A autorreferência constitui-se no fato de que aquilo que pode ser concebido como elemento, parte, processo ou interação de um sistema o integra e o toma único para desempenhar a sua função.

Diante disso, a família é o exemplo mais completo de sistema. Ela comporta um conjunto de elementos unidos por variadas relações em contínua interação com o ambiente, que busca manter o seu equilíbrio por meio de um processo de desenvolvimento evolutivo.[11]

A família possui todas as características de um sistema social, já que cada unidade familiar tem sua própria identidade, definida por valores e culturas que a integram. Esta etnicidade é produzida dentro da unidade familiar e reproduzida pelos seus membros, tanto dentro do subsistema social familiar, como nos demais, sendo determinante para formação da personalidade de cada indivíduo.

A etnicidade padroniza o pensamento, o sentimento e o comportamento do indivíduo, tendo um papel importante ao determinar como o ser se relaciona e se sente, tendo em vista que cada indivíduo vê o mundo por meio de seus filtros culturais.[12]

Na família "cada membro é o que é por si mesmo e pelas relações que estabelece com os outros. Os membros procuram definir para si e para os

[10] LUHMANN, Niklas. **Complejidad y modernidad**: de la unidade a la diferencia. Madrid: Trotta, 1998, p. 35-56.

[11] DIAS, Maria Olívia. Um olhar sobre a família na perspetiva sistémica: o processo de comunicação no sistema familiar. **Gestão e Desenvolvimento**, Viseu, nº 19, p. 139-156, 2011. ISSN 0872-0215. Disponível em: https://revistas.ucp.pt/index.php/gestaoedesenvolvimento/article/view/140. Acesso em: 25 out. 2022, p. 147.

[12] MCGOLDRICK, Monica. Etinicidade e o ciclo familiar. *In:* CARTER, Berry. **As mudanças no ciclo de vida familiar**: uma estrutura apara terapia familiar. 2 ed. Porto Alegre: Artmed, 1995, p. 65.

outros membros da família os significados, o poder, a formação e distribuição de afetos.".[13]

Ser sistema é o mesmo que afirmar que a família é uma unidade formada por membros que interagem entre si e, sob essa perspectiva sistêmica, possui dois objetivos: um interno, voltado para a proteção psicossocial de seus membros, e outro externo, relacionado à cultura, a transmissão desta e a formação social.

Por esta razão é que a família, por determinação constitucional, é a base para a sociedade, sendo instrumento para formação do indivíduo, especialmente à sua identidade, e para a construção e reprodução dos estigmas sociais, cumprindo o seu papel de permitir que cada membro seja feliz.

2. Gênero como uma construção social

Apesar de corriqueiramente utilizar-se os termos sexos e gênero como sinônimos, eles não possuem o mesmo significado. A diferença primordial entre sexo e gênero é a de que aquele representa as condições biológicas e genéticas constantes no corpo orgânico dos homens e das mulheres; já os aspectos relacionados ao gênero correspondem às representações culturais que estabelecem os papeis sociais a serem exercidos por homens e mulheres. Para Joan Scott, a concepção de gênero:

> [...] remete a construções sociais, históricas, culturais e políticas, que dizem respeito a disputa materiais e simbólicas que envolvem processos de configuração de identidades, definição de papeis e funções sociais, construções e desconstruções de representações e imagens, diferentes distribuições de recursos.[14]

Gênero é a organização social da diferença sexual. Isso significa que este termo não reproduz as diferenças físicas, fixas e naturais, entre homens e mulheres; ao contrário, ele reflete um conhecimento sobre o corpo biológico

[13] Dias, Maria Olívia. Um olhar sobre a família na perspectiva sistémica: o processo de comunicação no sistema familiar. **Gestão e Desenvolvimento**, Viseu, nº 19, p. 139-156, 2011. ISSN 0872-0215. Disponível em: https://revistas.ucp.pt/index.php/gestaoedesenvolvimento/article/view/140. Acesso em: 25 out. 2022, p. 148.

[14] Scott, Joan W. Gênero: uma categoria útil de análise histórica. **Educação e Realidade**, Porto Alegre, v. 16, n. 2, p. 71-99, jul./dez. 1995. Disponível em: http://www.direito.mppr.mp.br/arquivos/File/SCOTTJoanGenero.pdf. Acesso em: 06 nov. 2022, p. 81.

que é mascarado pelo contexto em que está inserido.[15] Em outras palavras, o termo gênero estabelece significados para as diferenças corporais, pressupondo o que, culturalmente e socialmente, significa ser homem e ser mulher.

A compreensão do termo gênero sinaliza, então, as relações de poder e as relações sociais sedimentadas na função social desempenhada pelo homem e pela mulher, já predeterminada pela cultura. Por isso, ao levar-se em consideração a influência histórica- social sobre a percepção que se tem de gênero, remete-se a:

> [...] indagação de como (e por que) determinadas características (físicas, psicológicas, sociais etc.) são tomadas como definidoras de diferenças. [...] toda e qualquer diferença é sempre atribuída no interior de uma dada cultura; que determinadas características podem ser valorizadas como distintivas e fundamentais numa determinada sociedade e não terem o mesmo significado em outra sociedade; e, ainda, que a nomeação da diferença é, ao mesmo tempo e sempre, a demarcação de uma fronteira.[16]

Segundo Pierre Bordieu, a diferença entre o corpo masculino e o corpo feminino são pretextos para naturalizar as diferenças socialmente construídas entre os gêneros.[17] A divisão entre o feminino e o masculino parece estar naturalmente inserida nas relações cotidianas, de modo a ser inevitável.

Dessa forma, as diferenciações físicas, psicológicas e sociais que pré-definem o masculino e o feminino, são atribuídas dentro de uma cultura, que determinam certas características como distintivas e fundamentais para o sistema social , e que, devido aos reforços positivos e negativos que inscrevem no sujeito, produzem e reproduzem padrões de comportamentos quase que imutáveis.[18]

[15] SCOTT, Joan. W. Prefácio a Gender and the politics of History. **Cadernos Pagu**, Campinas, nº 3, p. 11-27, 1994. Disponível em: www.bibliotecadigital.unicamp.br/document/?down=51007. Acesso em: 06 nov. 2022.

[16] LOURO, Guacira Lopes. Currículo, gênero e sexualidade: o "normal", o "diferente" e o "excêntrico". *In:* LOURO, Guacira Lopes; NECKEL, Jane Felipe; GOELLNER, Silvana Vilodre. **Corpo, gênero e sexualidade:** um debate contemporâneo na educação. 5 ed. Petrópolis, RJ: Vozes, 2010, p. 46.

[17] BOURDIEU, Pierre. **A Dominação Masculina**. Tradução Maria Helena Kuhner. 2 ed. Rio de Janeiro: Bertand Brasil, 2002, p. 17.

[18] LARA, Bruna de *et al.* **#Meu Amigo Secreto:** Feminismo além das redes. Rio de Janeiro: Edições de Janeiro, 2016, p. 188.

É possível afirmar, portanto, que a cultura naturaliza as relações de poder existente entre homens e mulheres, procurando uma diferenciação biológica inexistente que justifique suas imposições. Ela é responsável pela transformação do corpo que abarca uma série de rotulações que determinam a orientação sexual, a categorização dos gêneros e a escolha de parceiros.

Logo, a substituição do termo sexo por gênero teve como finalidade precípua voltar a atenção às relações sociais e culturais que atribuem aos estereótipos de gênero a característica de naturais, excluindo as condições biológicas como justificativas das opressões sexuais.

Considerando o conceito de gênero, enquanto construção social, cada indivíduo passa a ser individualizado, o que traz à tona a concepção de sujeito de direitos e, portanto, titulares de todos os direitos e liberdades proclamados pela Declaração Universal dos Direitos Humanos e, por óbvio, pela Constituição da República, especialmente o direito à identidade e a dignidade.

Esta ideia torna evidente que gênero é essencialmente composto por questões culturais e que não possuem qualquer relação com as condições biológicas. Isso porque, a sexualidade e o gênero constroem identidades passíveis de transformações , uma vez que são formadas pelos aspectos biológicos que formam homem e mulher e principalmente pelo subjetivismo de como feminino e masculino se comportam socialmente.

Além disso, o reconhecimento de que os papeis ideais de gênero são desdobramentos da própria evolução cultural sinaliza que os problemas sociais relacionados a esta questão, não encontram fundamento nas diferenciações biológicas entre os gêneros. Contudo, em razão da secularização do sistema de sujeição, dominação e poder, tais mazelas foram naturalizadas no senso comum e são transmitidas historicamente.[19]

A cultura cria um símbolo relacionado a cada gênero que não permite a realização do direito à identidade e, por consequência, à dignidade, tendo em vista que oprime e estabelece padrões de comportamento que direcionam os vínculos afeitos e sociais de cada indivíduo, fazendo com as características de gênero sejam suficientes para legitimar os problemas sociais que se enfrentam.

[19] CAMPOS, Amini Haddad. **Direitos Humanos das Mulheres**. Curitiba: Juruá, 2012, p. 113.

3. Realização do direito à identidade às respectivas consequências sociais

Os problemas sociais relacionados às questões de gênero ganham cada vez mais expressividade e esbarram no mundo jurídico, uma vez que delas decorrem uma série de desdobramentos que refletem em direitos individuais e sociais.

Algumas consequências nítidas do binarismo de gênero são a violência contra a mulher e a homofobia, em suas mais variadas facetas, bem como as demandas judiciais que envolvem a busca pela paternidade responsável e a afetividade como direito fundamental.

Não obstante os assuntos atinentes à temática de gênero se manifestem em problemas sociais evidentes, como o caso dos exemplos supracitados, os padrões de comportamento que determinam o masculino e o feminino, também causam disfunções pessoais e sociais naturalizadas, que violam direitos subjetivos do indivíduo e mascaram a problemática evidenciada, a qual passa a ser analisada como pertencente à ordem social.

O reconhecimento dos direitos da personalidade como direito subjetivo tirou o foco da proteção jurídica do sujeito enquanto possuidor de um patrimônio econômico e passou a tutelá-lo enquanto ser. Isto significa que o Estado admitiu a existência de um sujeito de direitos que possui identidade e este elemento se tornou essencial para realização da dignidade humana desse indivíduo.[20]

A dignidade da pessoa humana elencou a humanidade de cada pessoa como atributo para ser sujeito de direito, de forma que se tomou o alicerce para sustentar os direitos humanos, os direitos fundamentais e os direitos da personalidade, sendo este último o elemento individualizador do sujeito na sociedade.

Dignidade Humana é a qualidade intrínseca e distintiva reconhecida em cada ser humano que o faz merecedor do mesmo respeito e consideração por parte do Estado e da comunidade, implicando, neste sentido, um complexo de direitos e deveres fundamentais que assegurem a pessoa tanto contra todo e qualquer ato de cunho degradante e desumano, como venham a lhe garantir as condições existenciais mínimas para uma vida saudável, além de propiciar e promover sua participação ativa e corresponsável nos destinos da

[20] Larratéia, Roberta Vieira. Dano Moral por Discriminação. *In:* Dias, Maria Berenice (coord.). **Diversidade sexual e direito homoafetivo**. 2 ed. São Paulo: Revista dos Tribunais, 2014, p. 436.

própria existência e da vida em comunhão com os demais seres humanos, mediante o devido respeito aos demais seres que integram a rede da vida.

Com este reconhecimento, os direitos da personalidade se elevam à categoria de direitos inerentes a toda e qualquer pessoa humana, de forma que não é possível conceber os direitos da personalidade apartado da própria concepção de dignidade.

Assim, os direitos da personalidade são àqueles pertencentes indistintamente a todos os indivíduos que compreendem os elementos constitutivos de sua identidade. Segundo Roberta Vieira Larratéa:

> Os direitos da personalidade podem ser suscintamente definidos como os direitos que todos os indivíduos possuem sobre elementos básicos, como a honra, a integridade física e psicológica, a tranquilidade, enfim, todos os elementos que compõem os bens não patrimoniais dos seres humanos. Como ponto central básico à proteção desses elementos está o princípio, hoje absoluto, da dignidade humana.[21]

Dessa forma, os direitos da personalidade proporcionaram uma mudança no cerne da proteção do ordenamento jurídico interno, que passou a reconhecer a dignidade da pessoa humana como base para o desenvolvimento íntegro dos anseios subjetivos do sujeito, enquanto elemento fundamental à realização do direito à identidade.

Por esta razão, os direitos da personalidade correspondem a um direito amplo, que não contempla um rol taxativo, cujo escopo é a tutela da pessoa humana e a sua personalidade, em todas as manifestações. Por possuírem como objeto os atributos físicos, psíquicos e morais do ser humano, bem como suas projeções pessoais, os direitos da personalidade adquiriram status constitucional, cuja proteção está na própria dignidade humana.[22]

Nesse sentido, os direitos da personalidade são "direitos subjetivos da pessoa de defender o que lhe é próprio, ou seja, a sua integridade física [...]; a sua integridade intelectual [...]; e a sua integridade moral [...]".[23]

[21] LARRATÉIA, Roberta Vieira. Dano Moral por Discriminação. *In:* DIAS, Maria Berenice (coord.). **Diversidade sexual e direito homoafetivo.** 2 ed. São Paulo: Revista dos Tribunais, 2014, p. 436.

[22] GONÇALVES, Carlos Roberto. **Direito Civil Brasileiro.** 10.ed. São Paulo: Saraiva, 2012, p. 184-185.

[23] DINIZ, Maria Helena. **Curso de Direito Civil brasileiro**: Teoria Geral do Direito Civil. 27. ed. São Paulo: Saraiva, 2010, p. 135.

Este viés constitucional atribuído aos direitos da personalidade advém do reconhecimento de que "a personalidade humana não é um direito, mas sim um valor, o qual se encontra no topo do ordenamento jurídico".[24] Assim, a proteção desses direitos é a realização dignidade da pessoa humana.

A partir desta concepção nascem algumas inquietações que permeiam às discussões acerca dos papéis ideais de gênero e a concretização do direito personalíssimo à identidade. Isso porque, acredita-se que a compreensão dos estereótipos de gênero, como se verifica na sociedade, é oriunda de uma construção social, que predefinem padrões de comportamentos masculinos e femininos.

Tais padrões de comportamentos são repassados naturalmente pelos sistemas sociais em que o sujeito está inserido, especialmente pela família, e estão intimamente ligados a regras universais que regulam a organização familiar e influenciam no comportamento individual.[25]

Atrelado a isto, tem-se a função primordial da família, enquanto base da sociedade: a realização pessoal de seus membros, que está intimamente ligada com a relação dos seus direitos personalíssimos, em especial, o da identidade e de ser individualizado socialmente.

A partir da análise sistêmica da instituição familiar vêm à tona os preceitos de padrão de funcionamento. Este é uma forma repetitiva do sistema para responder e reagir às situações da vida e às situações relacionais, de forma que quanto menos consciente o indivíduo for de seu padrão de funcionamento, mais ficará a mercê das conexões dos sistemas que pertence, inibindo suas possibilidades de fazer escolhas e de desenvolver a sua identidade.

O padrão de interação é a repetição de comportamentos que sempre aparece e segue uma regra fixa, determinada a partir de valores maiores dos sistemas, para manter as leis que definem a existência desse sistema. Tais leis são inconscientes e, se forem rompidas, desequilibra o sistema.[26]

[24] LARRATÉIA, Roberta Vieira. Dano Moral por Discriminação. *In:* DIAS, Maria Berenice (coord.). **Diversidade sexual e direito homoafetivo.** 2 ed. São Paulo: Revista dos Tribunais, 2014, p. 436.

[25] STAMM, Maristela; MIOTO, Regina Célia Tamaso. Família e cuidado: uma leitura para além do óbvio. **Ciência, Cuidado e Saúde,** Maringá, v. 2, n. 2, p. 161-168, jul./dez. 2013. Disponível em: http://www.periodicos.uem.br/ojs/index.php/CiencCuidSaude/article/view/5539. Acesso em: 06 nov. 2022, p. 164.

[26] ROSSET, Solange Maria. **Terapia Relacional Sistêmica.** Famílias, casais, indivíduos grupos. Belo Horizonte: Artesã, 2013, p. 14.

O que se percebe é que as questões de gênero aparecem no sistema social familiar como um padrão de funcionamento, que pré-define o que é ser homem e mulher. As tarefas e comportamentos são definidos no ambiente familiar, assim como a sua própria estrutura hierárquica, estipulando o que é feminino e masculino, gerando reflexos no sistema global.

Os estereótipos de gêneros aparecem:

> [...] ao mesmo tempo, em estado objetivado nas coisas (na casa, por exemplo, cujas partes são todas "sexuadas", em todo o mundo social e, em estado incorporado, nos corpos e nos habitus dos agentes, funcionando como sistemas de esquemas de percepção, de pensamento e de ação [...].[27]

O padrão persiste de geração em geração como uma estrutura global, mesmo que os membros passem por ela na medida em nascem, morrem e envelhecem. A cultura é, portanto, determinante para o processo familiar, em que os indivíduos aderem os valores que passam a coincidir com o seu estilo de vida.[28]

Sendo assim, ao invés de selecionar o padrão de funcionamento, a família o adere e o reproduz de forma inquestionável e:

> Cada vez que um membro da família dá uma explicação cultural sobre porque fazem ou não podem fazer determinada coisa, aquela explicação cultural, naquele exato momento, longe de ser o comentário esclarecedor que parece ser, provavelmente é uma negação do processo família.[29]

Sob a ótica sistêmica, a qualidade de vida de um indivíduo depende da consciência que ele possui sobre as suas escolhas e da responsabilidade que assume com as suas mudanças. Ser responsável é o mesmo que ter consciência dos seus desejos e da opção de fazer escolhas, suportando e aceitando as consequências delas advindas.

Isso significa que, a partir do momento em que o indivíduo reconhece o seu padrão de funcionamento e escolhe permanecer ou não nele, ele

[27] BOURDIEU, Pierre. **A Dominação Masculina**. Tradução Maria Helena Kuhner. 2 ed. Rio de Janeiro: Bertand Brasil, 2002, p. 14.

[28] FRIEDMAN, Edwin. Sistemas e cerimônias: uma visão familiar dos ritos de passagem. *In:* CARTER, Berry. **As mudanças no ciclo de vida familiar**: uma estrutura para terapia familiar. 2 ed. Porto Alegre: Artmed, 1995, p. 109.

[29] Ibid, p. 110.

está materializando o seu direito personalíssimo à identidade, pois "tomar contato com o seu funcionamento é [...] passar a ser responsável pelos comportamentos que escolhe ter, pelas reações que tem aos comportamentos dos outros e, inclusive, pelas reações que os outros têm aos seus comportamentos."[30]

Diante disso, ao permitir que seus membros tomem consciência do seu padrão de funcionamento e escolha nele permanecer, a família torna-se um instrumento para a personalização e individualização daquele indivíduo, que passa a ter a sua própria identidade, cumprindo o seu papel social de fazer aquele membro feliz. A felicidade, neste contexto, se torna parte inegável da própria dignidade, pois reconhece em cada membro o seu eu, como merecedor de respeito.

Além da personificação do sujeito, a consciência do padrão de funcionamento familiar permite observar que a solução para os problemas sociais advindos das questões de gênero é muito mais do que a punição dos atos de hostilidades decorrentes do preconceito relacionados ao gênero ou de ordens judiciais que determinam obrigações parentais, inclusive atinentes ao afeto. Ela demonstra que a questão a ser enfrentada é relacional.

E necessário problematizar a atual estrutura familiar, a qual fortemente prega uma hierarquia familiar e incumbe papéis masculinos e femininos, que não obrigatoriamente corresponde ao que significa ser homem ou mulher. Esses padrões de comportamento, transmitidos pela família, ocorrem habitualmente, "sem serem reconhecidos como tais. Existem por si sós, formando parte das premissas da vida, e vão acontecendo, naturalmente, sem acordos ou reflexões".[31]

A instituição familiar possui interferência inegável na personalidade do indivíduo, já que é neste ambiente que a criança se forma para a vida em sociedade, aprendendo crenças e valores que contribuem para o desenvolvimento de seu comportamento e de sua identidade.[32]

30 ROSSET, Solange Maria. **Terapia Relacional Sistêmica**. Famílias, casais, indivíduos grupos. Belo Horizonte: Artesã, 2013, p. 15.

31 STAMM, Maristela; MIOTO, Regina Célia Tamaso. Família e cuidado: uma leitura para além do óbvio. **Ciência, Cuidado e Saúde,** Maringá, v. 2, n. 2, p. 161-168, jul./dez. 2013. Disponível em: http://www.periodicos.uem.br/ojs/index.php/CiencCuidSaude/article/view/5539. Acesso em: 06 nov. 2022, p. 164.

32 PITTA, Tatiana Coutinho. **Protagonismo Feminino**: a necessidade estatal na proteção da mulher vítima de violência. Birigui: Boreal, 2014, p. 96.

Por isso, afirma-se que a família possui efeito transgeracional, capaz de fazer com que o indivíduo reproduza em sociedade, aquilo que é repassado dentro de casa, sendo ela "o elemento mais firme, mais seguro e mais estruturante da personalidade de seus membros".[33]

E, então, na família que se encontra um espaço privilegiado para elaboração de aprendizagens de dimensões significativas de interação e comunicação, em que emoções e afetos positivos ou negativos formam o ser do indivíduo. E, nesse sistema interativo, o comportamento de um membro é fator e do outro é produto do comportamento dos demais.

Entendendo a família como um sistema é possível, por meio do processo, interiorizar valores e normas sociais para a formação e desenvolvimento do indivíduo, que como subsistema integrante do sistema global possui interferência direta neste.

O que ocorre, portanto, é um ciclo: a produção e reprodução de padrões de funcionamento vinculados aos estereótipos de gênero reforçam comportamentos sexistas que não permitem a formação da personalidade e identidade do membro e que causa problemas sociais reais relacionados às questões de gênero. Portanto, se o indivíduo puder, dentro do sistema social familiar, desenvolver a sua identidade afastado dos papeis ideais de gênero, os problemas sociais advindos dessas questões não existiram, pois comportamentos sexistas não iriam compor a ordem natural do sistema global.

Deste modo, quando os membros da família descobrem por meio da camuflagem cultural, esta mesma instituição assume uma posição que pode influenciar na quebra dos paradigmas sociais atinentes às questões de gênero. Isto além de funcionar como elemento dignificador do sujeito, também interfere na redução dos problemas sociais relacionados às questões de gênero, como consequência direta da realização do direito à identidade.

Conclusões

A família é objeto de estudo das ciências sociais por ser o núcleo formador da personalidade do sujeito e, por consequência, da sociedade. Isso porque, é na família que indivíduo desenvolve a sua individualidade por

[33] DIAS, Maria Olívia. Um olhar sobre a família na perspetiva sistémica: o processo de comunicação no sistema familiar. **Gestão e Desenvolvimento**, Viseu, nº 19, p. 139-156, 2011. ISSN 0872-0215. Disponível em: https://revistas.ucp.pt/index.php/gestaoedesenvolvimento/article/view/140. Acesso em: 25 out. 2022, p. 154.

meio de seus padrões de comportamento, que serão diretamente refletidos na sociedade, construindo os estigmas sociais.

Diante da importância da família para a formação da sociedade, esta passou a ser vista como instrumento para o desenvolvimento psicossocial de seus membros, cuja finalidade precípua é permitir que eles sejam felizes. Por esta razão, a família, antes vista como instituição, agora é regida pela afetividade, pluralidade e eudemonismo.

A partir desta perspectiva, é possível afirmar que tal instituição é o exemplo mais acabado de sistema social. Segundo a Teoria dos Sistemas Sociais, de Niklas Luhmann, os sistemas sociais são formados, essencialmente, pela comunicação que estabelece padrões de funcionamento entre seus membros, regendo seus comportamentos.

Estes padrões de funcionamento correspondem aos valores e culturas produzidos e introduzidos pelo sistema social familiar e que são reproduzidos por seus membros indistintamente, formando a personalidade do sujeito. Este movimento, de produção e reprodução dos elementos constitutivos do sistema social, é chamado de autopoiese, característica inerente de todo e qualquer sistema social, que também identifica a autorreferência, por individualizar aquele sistema.

Apesar de ser um sistema operacionalmente fechado, é inegável que a cultura possui forte interferência na família, assim como o inverso também acontece, sendo a família uma das principais formadoras dos estigmas culturais.

A diferenciação dos termos sexo e gênero é importante para desmistificar os padrões de comportamentos socialmente reproduzidos, que definem o que é ser masculino e feminino e que legitimam os problemas sociais advindos das questões de gênero. Sendo assim, sexo corresponde às características biológicas que diferenciam homem e mulher; já gênero é a construção social do significa ser homem e ser mulher, que é reproduzido pelos sistemas sociais, de forma a naturalizar os estereótipos culturais.

Esta concepção desconstruiu a forma natural de se encarar os papéis ideais de gênero e as consequências sócias deles decorrentes. Com isso, cada indivíduo passou a ser individualizado e observado enquanto sujeito de direitos, especialmente em relação à sua identidade e dignidade.

Além disso, passou-se a ter uma esperança para a solução dos problemas sociais advindos das relações de gênero, pois, da mesma forma que os estereótipos de gênero são construções sociais que geram mazelas reais, a partir do momento em que se discutem essas questões, há uma mudança de comportamento do indivíduo, enquanto ser, que reflete no sistema global, alterando esses paradigmas.

A família, como sistema social e pelo seu efeito transgeracional, tem a responsabilidade de formar seus membros apartados de comportamentos sexistas, a fim de permitir a realização do direito à identidade, que, certamente, refletirá no comportamento daquele membro no sistema global e, consequentemente, na solução e, até mesmo, extirpação dos problemas sociais oriundos das relações de gênero.

Deste modo, a família cumpre com a sua função precípua de permitir que seus membros sejam felizes, uma vez que se realizará o direito à identidade, proporcionando uma vida digna a cada indivíduo, bem como à própria sociedade, que não sofrerá as consequências negativas manifestadas nos problemas sociais das relações sexistas.

Refefências

BOURDIEU, Pierre. **A Dominação Masculina**. Tradução Maria Helena Kuhner. 2 ed. Rio de Janeiro: Bertand Brasil, 2002.

CAMPOS, Amini Haddad. **Direitos Humanos das Mulheres**. Curitiba: Juruá, 2012.

CORREA, Crishna Mirella de Andrade. Educação, Lei e Sexualidade: a importância da discussão sobre os padrões normativos do comportamento sexual e do gênero na escola. *In:* MAIO, Eliane Rose; CORREA, Crishna Mirella de Andrade (orgs). **Gênero, Direitos e Diversidade Sexual:** trajetórias escolares. Maringá: Editora Universidade Estadual de Maringá, 2013.

DIAS, Maria Berenice. **Manual de Direito das Famílias**. 12 ed. São Paulo: Revista dos Tribunais, 2017.

DIAS, Maria Olívia. Um olhar sobre a família na perspetiva sistémica: o processo de comunicação no sistema familiar. **Gestão e Desenvolvimento**, Viseu, nº 19, p. 139-156, 2011. ISSN 0872-0215. Disponível em: https://revistas.ucp.pt/index.php/gestaoedesenvolvimento/article/view/140. Acesso em: 25 out. 2022.

DINIZ, Maria Helena. **Curso de Direito Civil brasileiro**: Teoria Geral do Direito Civil. 27. ed. São Paulo: Saraiva, 2010.

ELSEN, Ingrid *et al.* **Um Marco conceitual para o trabalho com famílias**. Florianópolis: GAOEFAM/UFSC, 1992.

FRIEDMAN, Edwin. Sistemas e cerimônias: uma visão familiar dos ritos de passagem. *In:* CARTER, Berry. **As mudanças no ciclo de vida familiar**: uma estrutura para terapia familiar. 2 ed. Porto Alegre: Artmed, 1995.

GONÇALVES, Carlos Roberto. **Direito Civil Brasileiro**. 10.ed. São Paulo: Saraiva, 2012.

HOFFMAN, Lynn. O ciclo da vida familiar e a mudança descontínua. *In:* CARTER, Berry. **As mudanças no ciclo de vida familiar**: uma estrutura para terapia familiar. 2 ed. Porto Alegre: Artmed, 1995.

KUNZLER, Caroline de Morais. A Teoria dos Sistemas de Niklas Luhmann. **Estudos de Sociologia**, Araraquara, nº 16, p. 123-136, 2004. Disponível em: https://periodicos.fclar.unesp.br/estudos/article/view/146. Acesso em: 16 out. 2022.

LARA, Bruna de *et al.* **#Meu Amigo Secreto:** Feminismo além das redes. Rio de Janeiro: Edições de Janeiro, 2016.

LARRATÉIA, Roberta Vieira. Dano Moral por Discriminação. *In:* DIAS, Maria Berenice (coord.). **Diversidade sexual e direito homoafetivo**. 2 ed. São Paulo: Revista dos Tribunais, 2014.

LOURO, Guacira Lopes. Currículo, gênero e sexualidade: o "normal", o "diferente" e o "excêntrico". *In:* LOURO, Guacira Lopes; NECKEL, Jane Felipe; GOELLNER, Silvana Vilodre. **Corpo, gênero e sexualidade:** um debate contemporâneo na educação. 5 ed. Petrópolis, RJ: Vozes, 2010.

LUHMANN, Niklas. **Complejidad y modernidad**: de la unidade a la diferencia. Madrid: Trotta, 1998.

LUHMANN, Niklas. **La sociedade de la sociedade**. México: Herder, 2004.

LUHMANN, Niklas. O conceito de sociedade. *In:* Neves, Clarissa Baeta; SAMIOS, Eva Machado Barbosa (coords.). **Niklas Luhmann**: a nova teoria dos sistemas. Porto Alegre: UFRGS, 1997.

MCGOLDRICK, Monica. Etinicidade e o ciclo familiar. *In:* CARTER, Berry. **As mudanças no ciclo de vida familiar**: uma estrutura apara terapia familiar. 2 ed. Porto Alegre: Artmed, 1995.

PITTA, Tatiana Coutinho. **Protagonismo Feminino**: a necessidade estatal na proteção da mulher vítima de violência. Birigui: Boreal, 2014.

ROSSET, Solange Maria. **Terapia Relacional Sistêmica**. Famílias, casais, indivíduos grupos. Belo Horizonte: Artesã, 2013.

SCOTT, Joan W. Gênero: uma categoria útil de análise histórica. **Educação e Realidade**, Porto Alegre, v. 16, n. 2, p. 71-99, jul./dez. 1995. Disponível em: http://www.direito.mppr.mp.br/arquivos/File/SCOTTJoanGenero.pdf. Acesso em: 06 nov. 2022.

SCOTT, Joan. W. Prefácio a Gender and the politics of History. **Cadernos Pagu**, Campinas, nº 3, p. 11-27, 1994. Disponível em: www.bibliotecadigital.unicamp.br/document/?down=51007. Acesso em: 06 nov. 2022.

STAMM, Maristela; MIOTO, Regina Célia Tamaso. Família e cuidado: uma leitura para além do óbvio. **Ciência, Cuidado e Saúde,** Maringá, v. 2, n. 2, p. 161-168, jul./dez. 2013. Disponível em: http://www.periodicos.uem.br/ojs/index.php/CiencCuidSaude/article/view/5539. Acesso em: 06 nov. 2022.

TEIXEIRA, Alessandra Vanessa; BECKER, Luciana Rosa; LOPES, Manuela Grazziotin Teixeira. A aplicabilidade da teoria dos sistemas de Niklas Luhmann na fundamentação das decisões jurídicas. **Revista Eletrônica Direito e Política**, Programa de Pós-Graduação Stricto Sensu em Ciência Jurídica da UNIVALI, Itajaí, v.11, n.1, 1º quadrimestre de 2016. Disponível em: www.univali.br/direitoepolitica – ISSN 1980-7791. Acesso em: 22 out. 2022.

2
FAMÍLIA MULTIESPÉCIE: UMA PROPOSTA BEM-ESTARISTA AO ANIMAL NÃO-HUMANO

Bianca da Rosa Bittencourt
Beatriz Scherpinski Fernandes
Matheus Filipe de Queiroz

Introdução

Nos anos iniciais do Século XX, a família reconhecida pela sociedade e prevista no Código Civil de 1916 era caracterizada por aspectos matrimoniais, patriarcais, e hierarquizados nos quais era possível se verificar a desigualdade entre os gêneros e as características unicamente biológicas e heteronormativas.

Com o Estado Democrático de Direito e a promulgação da Constituição Federal, a família passou por uma transformação em seu paradigma, que, no cenário contemporâneo, admite a formação da entidade familiar a partir de outros modos além do casamento, busca a igualdade entre os gêneros e reconhece princípios como o da afetividade e objetivos como o alcance da felicidade de seus membros.

Diante da importância atribuída ao afeto e ao aspecto eudemonista pela família contemporânea, bem como da ascendente presença dos animais de estimação nos lares brasileiros, passa-se a questionar a possibilidade do reconhecimento da família multiespécie, formada por interações interpessoais e interespécies.

Diante desse cenário, busca-se analisar o animal não humano como fonte de afeto, a relação e/ou comparação entre a dignidade humana e a dignidade animal, a diferenciação entre a humanização do animal e a garantia de seu bem-estar, e, por fim, o animal na contemporaneidade.

A pesquisa se utiliza do método dedutivo, bem como das técnicas de coleta de informações e levantamento de dados, e da modalidade de pesquisa documental indireta da legislação brasileira, doutrina brasileira e estrangeira e jurisprudência do país.

1. A transformação do conceito de família e a inserção da família multiespécie no rol não taxativo das formas de entidades familiares

Assim como ocorre em todos os demais aspectos e áreas da sociedade, no âmbito das relações familiares é comum que as transformações ocorram primeiro no cenário fático e social, para que depois sejam desencadeadas as consequências no mundo jurídico. No ordenamento jurídico brasileiro, a adequação do Direito às mudanças do século XX no paradigma das famílias tem como marco a promulgação da Constituição Federal de 1988, que também reflete a transição para o Estado Democrático de Direito.

Para compreender o cenário jurídico contemporâneo das famílias brasileiras, é necessário se atentar ao formato de família previsto e possível de ser reconhecido nos anos iniciais do Século XX. No referido período, o arranjo familiar possibilitado pelo Código Civil de 1916 possuía características específicas.

Nesse contexto, a família era matrimonializada, patriarcal e institucional[1], ou seja, uma relação só era considerada como família pelo ordenamento jurídico pátrio da época quando constituída pelo casamento, visto como uma instituição na qual o homem, marido e pai se destacava como o único responsável financeiro e detentor da organização e poder familiar.

Nesse modelo familiar anterior, era predominante a atenção dada ao patrimônio, sendo possível verificar a "presença das principais causas geradoras da desestruturação familiar, onde a humanidade está mais voltada para a parte patrimonial do que para as relações interpessoais e o patrimônio faz prevalecer sua força em relação ao sentimento".[2]

Ademais, a família era considerada como biológica e heteroparental.[3] Isso porque o vínculo sanguíneo determinava o reconhecimento da pater-

[1] MADALENO, Rolf. **Direito de Família.** 10. ed. Rio de Janeiro: Forense, 2020, p. 102.

[2] CACHAPUZ. Rozane da Rosa. **Mediação nos conflitos & Direito de Família**. Curitiba: Juruá, 2005, p. 80.

[3] MADALENO, op. cit., p. 102.

nidade ou maternidade, sendo "visível a discriminação nas relações familiares, em que o homem (marido), o casamento e a exclusividade dos filhos, oriundos da relação matrimonial, eram as referências primordiais",[4] além de não serem consideradas como famílias as entidades formadas por pessoas do mesmo sexo ou gênero.

Com o advento da Constituição Federal de 1988, superou-se, ao menos no aspecto legislativo, as finalidades majoritariamente biológicas e patrimoniais da família. Possibilitou-se a aplicação dos princípios da afetividade, solidariedade, liberdade, igualdade, valorização e dignidade da pessoa humana no cenário do Direito das entidades familiares. Verifica-se que houve uma "total reformulação na família, transformando o paradigma da família patriarcal em afetiva, onde o homem e a mulher dividem o mesmo espaço".[5]

Nos parágrafos terceiro, quarto e quinto do artigo 226 da Carta Constitucional, reconhecem-se outras possibilidades de formação de família, como a partir da união estável e da monoparentalidade, além de estar prevista a igualdade entre homem e mulher em relação aos direitos e deveres da sociedade conjugal, um contraponto ao modelo patriarcal e hierarquizado.

> A família matrimonializada, patriarcal, hierarquizada, heteroparental, biológica, institucional vista como unidade de produção e de reprodução cedeu lugar para uma família pluralizada, democrática, igualitária, hetero ou homoparental, biológica ou socioafetiva, construída com base na afetividade e de caráter instrumental.[6]

Na breve análise das novas características da família, é possível considerar que a família com base na afetividade preconiza que "o afeto é a mola propulsora dos laços familiares e das relações interpessoais movidas pelo sentimento e pelo amor, para ao fim e ao cabo dar sentido e dignidade à existência humana".[7]

Para Pietro Perlingieri, em relação à possibilidade de ser biológica ou socioafetiva, "o merecimento de tutela da família não diz respeito exclu-

[4] CACHAPUZ. Rozane da Rosa. **Mediação nos conflitos & Direito de Família.** Curitiba: Juruá, 2005, p. 79.

[5] Ibid, p. 81.

[6] MADALENO, Rolf. **Direito de Família**. 10. ed. Rio de Janeiro: Forense, 2020, p. 102.

[7] Ibid, p. 191.

sivamente às relações de sangue, mas, sobretudo, àquelas afetivas que se traduzem em uma comunhão espiritual e de vida".[8]

Por fim, quanto ao reconhecimento da família como pluralizada, democrática e igualitária, entende-se que é aquela que pode ser formada a partir do casamento ou não, em um cenário no qual "todos têm voz e participam de seu andamento".[9]

Nesse momento jurídico após a Constituição Federal de 1988, ficou clara uma "tendência de personalização do Direito Civil, ao lado da sua despatrimonialização, uma vez que a pessoa é tratada antes do patrimônio".[10]

> Regras e princípios típicos de direito civil passam a ser encontrados no texto das constituições a partir de então. Há todo um processo de valorização da pessoa no texto constitucional, sendo buscada a justiça social ou distributiva e, paulatinamente, a liberdade vai sendo limitada, na perspectiva de uma igualdade substancial.[11]

No movimento de constitucionalização do direito civil, passa a se admitir um "direito de família ancorado na tutela constitucional e fincado sob os paradigmas da democratização, da repersonalização, do eudemonismo, da funcionalização, da liberdade e da responsabilidade".[12]

O aspecto eudemonista considera que o indivíduo deve ser o ponto central das relações e situações jurídicas, e, sendo assim, a entidade familiar passa a ser um meio de alcance de sua felicidade, um instrumento para concretizar a realização pessoal.[13]

Assim, a família eudemonista é aquela que considera a "busca da felicidade como a principal causa dos valores morais familiais, considerando

8 PERLINGIERI, Pietro. **Perfis de Direito Civil**, tradução de Maria Cristina De Cicco. 2. ed. Rio de Janeiro: Renovar, 2002, p. 244.

9 CACHAPUZ. Rozane da Rosa. **Mediação nos conflitos & Direito de Família**. Curitiba: Juruá, 2005, p. 83.

10 TARTUCE, Flávio. **Direito civil:** Direito de Família. 12. ed. Rio de Janeiro: Forense, 2017, p. 16.

11 CARVALHO, Dimitre Braga Soares de. O direito de família na seara dos direitos humanos: a constitucionalização das relações afetivas como instrumento interpretativo para enfrentar as vulnerabilidades na sociedade contemporânea. *In*: GHILARDI, Dóris. **Tecnologias, família e vulnerabilidades:** novos olhares no Brasil e exterior. Florianópolis: Habitus, 2021, p. 336.

12 LOBO, Fabiola Albuquerque. As transformações do direito de família brasileiro à luz da constituição federal de 1988. **Civilistica.com**, v.8, n. 3, p. 1-21, 15 dez. 2019. Disponível em: https://civilistica.emnuvens.com.br/redc/article/view/455/368. Acesso em: 27 ago. 2022, p. 19.

13 MADALENO, Rolf. **Direito de Família**. 10. ed. Rio de Janeiro: Forense, 2020, p. 19.

positivos os atos que levam cada um dos membros de um núcleo familiar a alcançar seu projeto pessoal de felicidade".[14] E, em retomada ao princípio da afetividade, destaca-se que a busca pela felicidade individual dos membros de uma família depende da presença do afeto, que pode ser considerado como principal fundamento das relações familiares.[15]

No paradigma da família afetiva e eudemonista, é notória a existência de um processo emancipatório, no qual os indivíduos, como membros de entidades familiares, anseiam pela liberdade e possibilidade de autorregulação, visto que "a autonomia privada decorre da liberdade e da dignidade humana, sendo o direito que a pessoa tem de se autorregulamentar".[16]

A autorregulação, portanto, seria o "modo de regência humana de suas condutas num plano individual", e "realiza a dignidade da pessoa humana, sob a óptica do personalismo ético-social e adstrita ao reconhecimento do valor absoluto da pessoa humana".[17]

Surge um "direito de família ancorado na tutela constitucional e fincado sob os paradigmas da democratização, da repersonalização [...]"[18], no qual "busca-se, em primeiro plano, valorizar a pessoa humana e os seus direitos, deixando em segundo plano o caráter patrimonialista exacerbado".[19]

[14] HIRONAKA, Giselda Maria Fernandes Novaes. A família brasileira contemporânea e o ensino do Direito de Família nos cursos jurídicos. **Revista da Faculdade de Direito**, Universidade de São Paulo, v. 109, p. 891-901, 2014, p. 898.

[15] TARTUCE, Flávio. **Direito civil:** Direito de Família. 12. ed. Rio de Janeiro: Forense, 2017, p. 28.

[16] Ibid, p. 87.

[17] RODRIGUES JUNIOR, Otávio Luiz. Autonomia da vontade, autonomia privada e autodeterminação: notas sobre a evolução de um conceito na modernidade e na pós-modernidade. **Revista de Informação Legislativa**, Brasília, a. 41, n. 163, jul./set. 2004, p. 127. Disponível em: https://www2.senado.leg.br/bdsf/bitstream/handle/id/982/R163-08.pdf?sequence=4&isAllowed=y. Acesso em: 18 ago. 2022.

[18] LOBO, Fabiola Albuquerque. As transformações do direito de família brasileiro à luz da constituição federal de 1988. **Civilistica.com**, v. 8, n. 3, p. 1-21, 15 dez. 2019, p. 19. Disponível em: https://civilistica.emnuvens.com.br/redc/article/view/455/368. Acesso em: 27 ago. 2022.

[19] LIMA, Caroline Melchiades Salvadego Guimarães de Souza; SANTOS, Pedro Henrique Amaducci Fernandes dos; MARQUESI, Roberto Wagner. Negócios jurídicos contemporâneos: a efetivação da dignidade da pessoa humana com alicerce nos contratos existenciais. **Civilistica.com**, v. 7, n. 3, p. 1-24, 16 dez. 2018, p. 12. Disponível em: http://civilistica.emnuvens.com.br/redc/article/view/373/313. Acesso em: 17 ago. 2022.

> A família é a formação social, lugar-comunidade tendente à formação e ao desenvolvimento da personalidade de seus participantes; de maneira que exprime uma função instrumental para a melhor realização dos interesses afetivos e existenciais de seus componentes.[20]

Observa-se, neste sentido, a relevância das características contemporâneas da autorregulação dos membros, da busca pela felicidade individual e do afeto, considerado como "uma das marcas – talvez a mais importante – da família moderna o afeto (*affectio familiae*), sem o qual ela realmente não existe, mesmo que formalmente persista um vínculo jurídico ligando determinadas pessoas".[21]

No mesmo sentido, "o sangue e os afetos são razões autônomas de justificação para o momento constitutivo da família, mas o perfil consensual e a *affectio* constante e espontânea exercem cada vez mais o papel de denominador comum de qualquer núcleo familiar".[22]

Partindo para o estudo específico da presente pesquisa, nota-se que o afeto se faz presente nas relações interpessoais e nas relações interespécies ou humano-animais, e corresponde ao fundamento do reconhecimento das famílias multiespécie, já que a "interação entre os membros humanos da família envolve o cão, ocasião em que se reconhece a sua importância e harmonia do lar".[23]

Em uma visão demográfica, constata-se que "o animal de companhia é um elemento estável na família contemporânea",[24] considerando que são 47,9 milhões de domicílios com a presença de cães ou gatos,[25] sendo que os brasileiros "já tem mais cães e gatos do que crianças em seus lares".[26]

[20] Perlingieri, Pietro. **Perfis de Direito Civil**, tradução de Maria Cristina De Cicco. 2. ed. Rio de Janeiro: Renovar, 2002, p. 179.

[21] Alves, Leonardo Barreto Moreira. **Por um direito de família mínimo**: a possibilidade de aplicação e o campo de incidência da autonomia privada no âmbito do direito de família. Dissertação (Mestrado em Direito) – Programa de Pós-Graduação em Direito, Pontifícia Universidade Católica de Minas Gerais. Belo Horizonte, p. 227. 2009, p. 135.

[22] Perlingieri, op.cit., p. 244.

[23] Vieira, Tereza Rodrigues; Cardin, Valéria Silva Galdino. Antrozoologia e direito: o afeto como fundamento da família multiespécie. **Revista de Biodireito e Direito dos Animais**, Brasília, v. 3, n. 1, p. 127-141, 2017, p. 129. Disponível em: https://core.ac.uk/reader/210565230. Acesso em: 18 ago. 2022.

[24] Ibid, p. 130.

[25] Rios, Renata. Quase 48 milhões de domicílios no Brasil tem cães ou gatos, aponta pesquisa do IBGE. **Correio Braziliense**, 2020. Disponível em: https://www.correiobraziliense.com.

Diante desse contexto, foi realizada uma pesquisa científica de coleta de dados pela Faculdade da Serra Gaúcha, na qual se investigou a relação existente entre o ser humano e o animal de estimação em ambiente do lar e, "ao serem questionados se consideram o animal um membro da família, 80% dos participantes afirmaram que sim".[27]

Ainda nessa perspectiva da psicologia, estudos demonstram que "a interação do homem com o animal de estimação promove mudanças positivas no comportamento das pessoas, estimula o desenvolvimento de habilidades e o exercício da responsabilidade em diferentes culturas e contextos".[28]

Na jurisprudência brasileira, constatou-se a "omissão legislativa sobre a relação afetiva entre pessoas e animais de estimação que permite a aplicação analógica do instituto da guarda de menores"[29]. Enquanto em cenário acadêmico e doutrinário, o enunciado de número 11 do ano de 2015 do Instituto Brasileiro de Direito de Família estabelece que "na ação destinada a dissolver o casamento ou a união estável, pode o juiz disciplinar a custódia compartilhada do animal de estimação do casal".[30]

Tendo em vista a existência de um movimento doutrinário e jurisprudencial que reconhece ao modelo de família com membros humanos e não-humanos, considera-se a família multiespécie como a entidade familiar na qual seus membros interagem e se relacionam com base no amor, no afeto e na busca pela felicidade, independentemente de suas espécies.

br/brasil/2020/09/4873376-quase-48-milhoes-de-domicilios-no-brasil-tem-caes-ou-gatos-aponta-pesquisa-do-ibge.html. Acesso em: 11 ago. 2022.

[26] BRASIL poderá ter marco regulatório dos animais de estimação. **Exame**, 2020. Disponível em: https://exame.com/brasil/brasil-podera-ter-marco-regulatorio-dos-animais-de-estimacao/. Acesso em: 17 ago. 2022.

[27] Gazzana, Cristina; Schmidt, Beatriz. Novas configurações familiares e vínculo com animais de estimação em uma perspectiva de família multiespécie. **Anais do III Congresso de Pesquisa e Extensão da Faculdade da Serra Gaúcha**. Caxias do Sul, p. 1000-1020, 2015. Disponível em: https://web.archive.org/web/20180503162459id_/http://ojs.fsg.br/index.php/pesquisaextensao/article/viewFile/1600/1487. Acesso em: 17 ago. 2022, p. 1005.

[28] Ibid, p. 1005.

[29] BRASIL. Superior Tribunal de Justiça. **Agravo em Recurso Especial nº 1174178**. Relator: Ministro Luiz Felipe Salomão, data da publicação: 08 de novembro de 2017. Disponível em: http://www.stj.jus.br/SCON/decisoes/doc.jsp?livre=GUARDA+ANIMAL+DE+ESTIMA%C7%C3O&b=DTXT&p=true&t=JURIDICO&l=10&i=4. Acesso em: 17 ago. 2022.

[30] IBDFAM aprova Enunciados. **IBDFAM**, 2015. Disponível em: https://ibdfam.org.br/noticias/5819/IBDFAM+aprova+Enunciado. Acesso em: 10 ago. 2022.

2. Direito animal

O Direito Animal é um ramo do Direito em construção, onde a senciência é o pilar da temática, isto porque o animal sendo um ser que sente, necessita de um olhar apurado a fim de ter os seus direitos reconhecidos.

Tal característica tem cunho filosófico, é o que segue:

> Charles Darwin enunciou que "não há diferenças fundamentais entre o homem e os animais nas suas faculdades mentais [...] os animais, como os homens, demonstram sentir prazer, dor, felicidade e sofrimento". Nesta esteira, o autor inaugura a teoria que descreve o animal como ser capaz de sentir, chamando-a de senciência, palavra originada do latim *sentire*, que significa sentir. É a "capacidade de sofrer ou sentir prazer ou felicidade".[31]

O Direito positivo o conceitua como sendo um conjunto de regras e princípios que estabelece os direitos fundamentais dos animais não humanos, considerados em si mesmos, independentemente da sua função ambiental ou ecológica.[32]

A doutrina contemporânea compreende que os seus fundamentos encontram guarida na Constituição Federal, ao passo que o art. 225, VII veda qualquer prática que submeta o animal a crueldade, reconhecendo que se trata de um ser que sente.

Isto se dá porque, ao valorar positivamente a senciência animal, proibindo práticas cruéis, a Constituição brasileira considera os animais não humanos como seres importantes por si próprios, os considera como fins em si mesmos, ou seja, reconhece, também como implicitamente, a dignidade animal.[33]

Nesta esteira é possível perceber que a característica da senciência sustenta a possibilidade do animal em ser tratado como um ente merecedor de consideração moral, a fim de que sua dignidade, bem como seus direitos sejam observados pela norma jurídica, tendo em vista a ligação afetuosa que se vê na contemporaneidade envolvendo humanos e não humanos.

[31] SINGER, Peter. **Ética prática.** Trad. Jefferson Luis Camargo. 2 ed. São Paulo: Martins Forense, 1998, p. 53.

[32] ATAIDE JUNIOR, Vicente de Paula (coord.) **Comentários ao Código de Direito e Bem-Estar animal da Paraíba:** a positivação dos direitos fundamentais animais. Curitiba: Juruá, 2019.

[33] SILVA, Tagore Trajano Almeida. **Direito animal e ensino jurídico**: formação e autonomia de um saber pós-humanista. Salvador: Evolução, 2014.

2.1. Animal não humano como fonte de afeto

Falar em afeto é tratar acerca de sentimento e cuidado, é de fácil compreensão que o ser humano se pauta a partir de dimensões variadas, e boa parte delas culminam no valor jurídico do afeto.

Assim, o afeto passou a se encontrar no centro das relações humanas e familiares e ao direito nasce o dever de tutelar as relações que nele se pautam, contudo pode-se dizer que o mesmo somente pode fazer parte do cenário jurídico quando externado.

Dimas Carvalho acrescenta:

> A afeição, o amor, os sentimentos como estado psíquico são inapreensíveis pelo direito. O afeto é conduta de foro íntimo, consiste em um elemento anímico ou psicológico, é um fator metajurídico que não pode ser regulado pelo direito, apenas pelas normas morais. O afeto, como a vontade, só se torna juridicamente relevante quando externado por condutas objetivas, por comportamentos dos membros de uma entidade familiar manifestadas pela convivência, demonstrando a afetividade.[34]

É imprescindível analisá-lo para além do direito a fim de compreender o âmbito familiar doméstico da contemporaneidade, levando em conta que valores foram ampliados e novos entes passam a compor os lares modernos.

As pesquisas ratificam tal informação, é o que segue:

> A Associação Brasileira da Indústria de Produtos para Animais de Estimação, chegou à conclusão de que atualmente a população de animais no Brasil chega a 144,3 milhões de animais, sendo que destes são 55,9 milhões de cães, 25,6 milhões de gatos, 19,9 milhões de peixes ornamentais, 40,4 milhões de aves canoras e ornamentais e, por fim, 2,5 milhões de outros animais.[35]

Assim, pode-se verificar que a sociedade vai evoluindo e suas demandas vão se moldando de acordo com a atualidade. Fundamental é ampliar os direitos para além dos humanos, pois atualmente é de fácil visualização o papel dos animais no contexto social contemporâneo, tendo sido apontados como fonte de afeto, ocupando espaço na contemporaneidade.

[34] CARVALHO, Dimas Messias de. **Direito das Famílias.** 8. ed. São Paulo: Saraiva, 2020. *E-book*, p. 87.

[35] ASSOCIAÇÃO BRASILEIRA DA INDÚSTRIA DE PRODUTOS PARA ANIMAIS DE ESTIMAÇÃO (ABINPET). **2021 mercado pet Brasil.** São Paulo: ABINPET, 2021. Disponível em: http://abinpet.org.br/mercado/ Acesso em: 25 set. 2022.

2.2. Dignidade humana x dignidade animal

Imprescindível é o destaque do peso e o significado do princípio da dignidade humana, a fim de traçar um contraponto à dignidade animal. A dignidade da pessoa humana é um princípio basilar e fundamental no ordenamento jurídico pátrio. Ocorre que, ao longo dos anos, este esteve presente na sociedade sem estar inserido em um contexto legal. Com o advento da Constituição Federal de 1988 tal valor veste uma roupagem normativa, tornando-se um princípio fundamental da República.

Como todo o princípio é teleológico e visa a estabelecer um estado de coisas que deve ser promovido, sem descrever, diretamente, qual o comportamento devido,[36] o princípio da dignidade animal tem, como conteúdo, a promoção de um redimensionamento do *status* jurídico dos animais não humanos, de coisas para sujeitos, impondo ao Poder Público e à coletividade comportamentos que respeitem esse novo *status*, seja agindo para proteger, seja abstendo-se de maltratar ou praticar, contra eles, atos de crueldade ou que sejam incompatíveis com a sua dignidade peculiar.[37]

A dignidade constitui-se em uma qualidade irrenunciável e inalienável, intrínseca da pessoa humana e não pode ser criada, concedida ou retirada, de tal sorte que ela "não têm preço nem pode ser substituída, possuindo um valor absoluto".[38]

Barroso e Sarlet, em suas obras, já traçaram linhas de análise a fim de admitir a efetividade de tratar de uma dignidade não humana, diversa e compatível com esta:

> [...] e com isso se está a admitir uma dignidade da vida para além da humana, tal reconhecimento não necessariamente conflita (...) com a noção de dignidade própria e diferenciada – não necessariamente superior e muito menos excludente de outras dignidades – da pessoa humana, que, à evidência, somente e necessariamente é da pessoa humana.[39]

[36] Ávila, Humberto Bergmann. **Teoria dos princípios**: da definição à aplicação dos princípios jurídicos. 18. ed. São Paulo: Malheiros Editores, 2018.

[37] Ataide Junior, Vicente de Paula (coord.) **Comentários ao Código de Direito e Bem-Estar animal da Paraíba:** a positivação dos direitos fundamentais animais. Curitiba: Juruá, 2019.

[38] Barroso, Luís Roberto. **A dignidade da pessoa humana no direito constitucional contemporâneo.** A construção de um conceito jurídico à luz da jurisprudência mundial. Belo Horizonte: Fórum, 2012, p. 113.

[39] Sarlet, Ingo Wolfgang. **Dignidade da pessoa humana e direitos fundamentais na Constituição Federal de 1988.** 8 ed. rev. atual. Porto Alegre: Livraria do Advogado, 2010, p. 41.

Na opinião de Barroso, "há uma percepção crescente (...) de que a posição especial da humanidade não autoriza arrogância e indiferença frente à natureza em geral, incluindo os animais não racionais, que têm seu próprio tipo de dignidade." Ainda nas palavras do autor:

> O que poderia ter sido suscitado, isso sim, seria o reconhecimento de dignidade aos animais. Uma dignidade que, naturalmente, não é humana nem deve ser aferida por seu reflexo sobre as pessoas humanas, mas pelo fato de os animais, como seres vivos, terem uma dignidade intrínseca e própria.[40]

Parte da doutrina estrangeira traça o mesmo caminho, a exemplo de Michel Meyer, quando afirma que a ideia de dignidade não é especista, entendendo ser possível pensar uma "dignidade simples" como atribuída a todos os seres capazes de sentir prazer e dor.[41]

O Supremo Tribunal Federal, no julgamento da Ação Direta de Inconstitucionalidade da Vaquejada aponta:

> A Constituição, no seu artigo 225, 1, VII, acompanha o nível de esclarecimento alcançado pela humanidade no sentido de superação da limitação antropocêntrica que coloca o homem no centro de tudo e todo o resto como instrumento a seu serviço, em prol de reconhecimento de que os animais possuem uma dignidade própria que deve ser respeitada.[42]

O objeto do Direito Animal são os direitos fundamentais dos animais não humanos, este é importante, na qualidade de "indivíduo", condutor de valor intrínseco e dignidade própria, tendo em vista a sua capacidade de sentir.

2.3. Humanização x bem-estar

A movimentação em um cenário animalista levanta situações conflituosas tendo em vista a proposta da humanização dos animais, contudo, é bem

[40] Barroso, Luís Roberto. **A dignidade da pessoa humana no direito constitucional contemporâneo.** A construção de um conceito jurídico à luz da jurisprudência mundial. Belo Horizonte: Fórum, 2012, p. 118.

[41] Meyer, Michael. The simple dignity of sentient life: speciesism and human dignity. **Journal of social philosophy,** v. 32, n. 2, p.115-126, 2001.

[42] BRASIL. Supremo Tribunal Federal. **Ação Direta de Inconstitucionalidade 4983.** Relator: Min. Marco Aurélio, 06 de outubro de 2017.

verdade que ao propor tal questão confronta-se com a própria espécie, ou seja, a ideia central da defesa do direito animal centraliza-se na proposta bem-estarista.

Bem-estar é uma expressão de uso corriqueiro em diversas situações e a sua definição é variada. De forma objetiva é preciso ampliar a análise, a fim de compreender que outros conceitos precisam ser entrelaçados a este para chegar a uma definição precisa.

O conteúdo foi definido por Donald Broom, em 1986, como o "estado de um indivíduo em relação às suas tentativas de se adaptar ao ambiente em que vive".[43] As cinco liberdades são princípios norteadores do bem-estar animal, e são elas:

> Liberdade nutricional, livre de fome e sede; Liberdade sanitária, livre de doenças, dores e ferimentos de qualquer espécie, além do tratamento adequado, incluindo a prevenção com vacinas; liberdade ambiental, diz respeito a viver livre de desconforto em um ambiente com temperatura, superfícies e áreas confortáveis; a Liberdade comportamental compreende que o animal é livre para exercer o seu comportamento natural e liberdade psicológica, onde o mesmo precisa viver livre de sentimentos negativos que possam causar estresse, ansiedade ou medo, evitando assim o sofrimento psicológico.[44]

O que precisamos fazer é trazer os animais para dentro da esfera das nossas preocupações morais e cessar de tratar suas vidas como descartáveis, utilizando-as para qualquer propósito trivial.[45]

José Fernando Simão ao abordar a temática aduz que "garantir o bem-estar animal não passa por uma diminuição ou redução dos direitos dos seres humanos. A concessão de direitos a animais não humanos não significa, inclusive, que os animais se tornem seres humanos".[46]

[43] SOBRE bem-estar animal. **Laboratório de bem-estar animal da Universidade Federal do Paraná.** Disponível em: https://labea.ufpr.br/caocomunitario/introducao-a-bem-estar/. Acesso em: 18 set. 2022.

[44] Ibid.

[45] SINGER, Peter. **Ética prática.** Trad. Jefferson Luis Camargo. 2 ed. São Paulo: Martins Forense, 1998.

[46] SIMÃO, José Fernando. **Direito dos animais**: natureza jurídica. A visão do direito Civil. Disponível em: https://professorsimao.com.br/direito-dos-animais-natureza-juridica-a-visao-do-direito-civil/. Acesso em: 01 out. 2022.

Neste condão é preciso compreender o papel do animal na sociedade a fim de traçar o respeito à sua espécie. Dentro deste cenário, os tutores tendem a não enxergar o animal como sendo de uma espécie diferente da humana, e as suas necessidades básicas acabam não sendo supridas de forma adequada, dando margem ao surgimento de transtornos, deficiências na comunicação com a própria espécie e colocando em risco a saúde e bem-estar do animal.[47]

Estar ciente de que o animal tem emoções e merece respeito é primordial e no cotidiano, isso está relacionado às condições oferecidas a eles a fim de que tenham uma vida digna com consideração moral, dentro daquilo que cada espécie demanda.

Na sociedade atual é de fácil visualização que o homem desenvolveu um domínio antropocêntrico sobre a natureza. Nesta toada, o direito dos animais vem eclodindo uma moderna e necessária maneira de proteção ambiental, fundada no respeito à dignidade da vida e no bem-estar animal, não apenas na salvaguarda de mantença da biodiversidade.

3. Direito animal e contemporaneidade

O direito animal da atualidade tem seu fundamento no artigo 225 da Constituição Federal brasileira, o qual prevê em sua redação:

> Art. 225. Todos têm direito ao meio ambiente ecologicamente equilibrado, bem de uso comum do povo e essencial à sadia qualidade de vida, impondo-se ao Poder Público e à coletividade o dever de defendê-lo e preservá-lo para as presentes e futuras gerações.
>
> § 1º Para assegurar a efetividade desse direito, incumbe ao Poder Público:
>
> VII – proteger a fauna e a flora, vedadas, na forma da lei, as práticas que coloquem em risco sua função ecológica, provoquem a extinção de espécies ou submetam os animais a crueldade.[48]

Nesse ponto, demonstra-se que o constituinte visou assegurar que as espécies animais estejam sempre em proteção dos homens, garantindo

[47] Horowitz, A. **A cabeça do cachorro**: O que seu amigo mais leal vê, fareja, pensa e sente. Rio de Janeiro: Best Seller, 2010.

[48] BRASIL. [Constituição (1988)]. **Constituição da República Federativa do Brasil de 1988.** Brasília: Presidência da República, [2016]. Disponível em: http://www.planalto.gov.br/ccivil_03/constituicao/constituicao.htm. Acesso em: 30 set. 2022.

ainda que não sejam submetidos a nenhum tipo de crueldade. Isso porque os animais sempre foram vistos pelo homem como seres desprovidos de direitos.

Contemporaneamente, o animal tem assumido papeis jamais vistos na relação familiar, conforme discorrido anteriormente, mas que são de suma importância para a construção do chamado Direito Animal no ordenamento jurídico brasileiro.

Recentemente, um casal que possuía um animal doméstico em sua união estável, a qual chegou ao fim, entrou em conflito acerca da regulação de visitas ao animal, uma vez que ambos possuem afeto com este. Nesse sentido, após uma das partes terem interposto recurso, o Superior Tribunal de Justiça acabou decidindo por manter o direito de visitas conforme regulamentado em primeiro grau, justamente por entender que os seres animais são dotados de sensibilidade, motivo pelo qual possuem direito à visitas daquele que não é o detentor de sua guarda.[49]

[49] RECURSO ESPECIAL. DIREITO CIVIL. DISSOLUÇÃO DE UNIÃO ESTÁVEL. ANIMAL DE ESTIMAÇÃO. AQUISIÇÃO NA CONSTÂNCIA DO RELACIONAMENTO. INTENSO AFETO DOS COMPANHEIROS PELO ANIMAL. DIREITO DE VISITAS. POSSIBILIDADE, A DEPENDER DO CASO CONCRETO. 1. Inicialmente, deve ser afastada qualquer alegação de que a discussão envolvendo a entidade familiar e o seu animal de estimação é menor, ou se trata de mera futilidade a ocupar o tempo desta Corte. Ao contrário, é cada vez mais recorrente no mundo da pós-modernidade e envolve questão bastante delicada, examinada tanto pelo ângulo da afetividade em relação ao animal, como também pela necessidade de sua preservação como mandamento constitucional (art. 225, § 1, inciso VII -"proteger a fauna e a flora, vedadas, na forma da lei, as práticas que coloquem em risco sua função ecológica, provoquem a extinção de espécies ou submetam os animais a crueldade"). 2. O Código Civil, ao definir a natureza jurídica dos animais, tipificou-os como coisas e, por conseguinte, objetos de propriedade, não lhes atribuindo a qualidade de pessoas, não sendo dotados de personalidade jurídica nem podendo ser considerados sujeitos de direitos. Na forma da lei civil, o só fato de o animal ser tido como de estimação, recebendo o afeto da entidade familiar, não pode vir a alterar sua substância, a ponto de converter a sua natureza jurídica. 3. No entanto, os animais de companhia possuem valor subjetivo único e peculiar, aflorando sentimentos bastante íntimos em seus donos, totalmente diversos de qualquer outro tipo de propriedade privada. Dessarte, o regramento jurídico dos bens não se vem mostrando suficiente para resolver, de forma satisfatória, a disputa familiar envolvendo os pets, visto que não se trata de simples discussão atinente à posse e à propriedade. 4. Por sua vez, a guarda propriamente dita – inerente ao poder familiar – instituto, por essência, de direito de família, não pode ser simples e fielmente subvertida para definir o direito dos consortes, por meio do enquadramento de seus animais de estimação, notadamente porque é um *munus* exercido no interesse tanto dos pais quanto do filho. Não se trata de uma faculdade, e sim de um direito, em que se impõe aos pais a observância dos deveres inerentes ao poder familiar. 5. A ordem jurídica não pode, sim-

Esse julgamento do Superior Tribunal de Justiça é de grande valia para o ordenamento jurídico brasileiro pois sinaliza o reconhecimento do animal enquanto sujeito de direitos e não somente como coisa, conforme prevê o Código Civil de 2002.

Logo, o Direito Animal tem ganhado força no ordenamento jurídico, pois o fato de o animal estar inserido no cotidiano de uma família, faz com que as pessoas adaptem a sua rotina para promover os cuidados devidos para com o animal. Isso porque o "tutor introduz o pet em suas atividades corriqueiras e cotidianas, como passeios, idas à praia, saídas para refeições, além de dispor de atenção, carinho e amor para com o animal, todos estes gerados através da construção da convivência".[50]

Ao comentar acerca disso, Souza e Thomasi apontam que "o vínculo eivado na relação homem-animal é profundo, tal como uma relação pai e filho. Por assim dizer, pode-se afirmar que o pet, na atualidade, eleva-se à condição de membro da família".[51] Rodrigo da Cunha Pereira acerca do tema comenta que "é uma tendência a guarda compartilhada de animais de estimação e há países que já têm legislação sobre o assunto e tratam

plesmente, desprezar o relevo da relação do homem com seu animal de estimação, sobretudo nos tempos atuais. Deve-se ter como norte o fato, cultural e da pós-modernidade, de que há uma disputa dentro da entidade familiar em que prepondera o afeto de ambos os cônjuges pelo animal. Portanto, a solução deve perpassar pela preservação e garantia dos direitos à pessoa humana, mais precisamente, o âmago de sua dignidade. 6. Os animais de companhia são seres que, inevitavelmente, possuem natureza especial e, como ser senciente – dotados de sensibilidade, sentindo as mesmas dores e necessidades biopsicológicas dos animais racionais -, também devem ter o seu bem-estar considerado. 7. Assim, na dissolução da entidade familiar em que haja algum conflito em relação ao animal de estimação, independentemente da qualificação jurídica a ser adotada, a resolução deverá buscar atender, sempre a depender do caso em concreto, aos fins sociais, atentando para a própria evolução da sociedade, com a proteção do ser humano e do seu vínculo afetivo com o animal. 8. Na hipótese, o Tribunal de origem reconheceu que a cadela fora adquirida na constância da união estável e que estaria demonstrada a relação de afeto entre o recorrente e o animal de estimação, reconhecendo o seu direito de visitas ao animal, o que deve ser mantido. 9. Recurso especial não provido.

[50] SOUZA, Lavínia de Almeida; THOMASI, Tanize Zago. Filho de quatro patas: pensão alimentícia nos casos de custódia unilateral dos animais domésticos. **Revista Brasileira de Direito Animal**, v. 17, n. 1, p. 1-19, jan./maio 2022. Disponível em: https://periodicos.ufba.br/index.php/RBDA/article/view/33671/27316. Acesso em: 30 set. 2022, p. 5.

[51] SOUZA, Lavínia de Almeida; THOMASI, Tanize Zago. Filho de quatro patas: pensão alimentícia nos casos de custódia unilateral dos animais domésticos. **Revista Brasileira de Direito Animal**, v. 17, n. 1, p. 1-19, jan./maio 2022. Disponível em: https://periodicos.ufba.br/index.php/RBDA/article/view/33671/27316. Acesso em: 30 set. 2022, p. 5.

cães e gatos como seres sencientes – com capacidade de sentir emoções. O animal deixa de ter um valor porque se estabeleceu uma história".[52]

O fato retratado sinaliza que a coisificação do animal tem seu fim com a consideração conferida a ele pelo núcleo familiar, uma vez que ao tratá-lo enquanto membro da família, necessita ter seus direitos devidamente reconhecidos.

No entanto, José Fernando Simão, ao abordar o assunto aduz que nesses casos, deve haver um estudo a ser realizado "por profissional da área (biólogo, veterinário etc) que ateste a efetiva vantagem ao animal não humano em ser tratado como se humano fosse".[53] Isso porque o doutrinador acredita que, por vezes, os seres humanos acabam ultrapassando a linha limite sem saber se essas situações causam o bem-estar animal ou geram estresse a eles.

Em que pese o ordenamento jurídico tenha evoluído no quesito de garantia de direitos aos animais, este tem recebido deveras críticas pelo reconhecimento do animal enquanto sujeito de alguns direitos, citando por exemplo, o direito de ter capacidade processual.

O Tribunal Regional Federal da 4ª Região ao responder o questionamento "o que muda quando os animais entram como parte no processo", apontou três mudanças significativas como cultural, jurídica e pragmática, distinguindo-as:

> [...] cultural: animais postulando direitos perante tribunais – e conseguindo, por meio do processo, melhorar suas vidas – são fatos visíveis com significado discursivo incomparável, jamais alcançado na história da relação humanidade/animalidade ou mesmo na história da moralidade; jurídica: quando o próprio animal é autor da demanda, isso permite que direitos exclusivamente animais possam ser reconhecidos em juízo, isto é, permite-se constatar que certos direitos materiais são ligados apenas ao animal, considerado como indivíduo, sem qualquer relação com um direito humano ou com um direito difuso ou coletivo; pragmática: na hipótese do animal/autor ganhar uma demanda, ele poderá receber dinheiro ou renda em nome próprio, com

[52] Pereira, Rodrigo da Cunha. **Projeto de Lei cria regras para guarda de animais de estimação**. 2016. Disponível em: https://www.rodrigodacunha.adv.br/projeto-de-lei-cria-regras-para-guarda-de-animais-de-estimacao/. Acesso em: 30 set. 2022.

[53] Simão, José Fernando. **Direito dos animais**: natureza jurídica. A visão do direito Civil. Disponível em: https://professorsimao.com.br/direito-dos-animais-natureza-juridica-a-visao-do-direito-civil/. Acesso em: 01 out. 2022.

isso poderá ter um patrimônio animal, ou seja, a possibilidade de um animal auferir renda e possuir bens em nome próprio, para fazer frente às suas necessidades vitais e, por conseguinte, à garantia dos seus direitos fundamentais, ampliando a qualidade de sua vida.[54]

O Tribunal de Justiça do Estado de Minas Gerais recentemente julgou o que considerou como "absurdo" o requerimento de o animal configurar como parte, defendendo que estes podem ser representados através de seus proprietários.[55]

Contudo, deve-se notar que há casos em que o animal venha a sofrer abusos por parte de seus tutores, ficando estes desamparados pelo ordenamento jurídico de uma solução que os permitam ter o autor dos danos responsabilizado. Acerca disso, aponta-se que pela "habilidade do animal

[54] DIREITO Animal. **Portal de notícias 4R**, 09 jun. 2022. Disponível em: https://www.trf4.jus.br/trf4/controlador.php?acao=noticia_visualizar&id_noticia=20013. Acesso em: 01 out. 2022.

[55] EMENTA: AGRAVO DE INSTRUMENTO – AÇÃO DE INDENIZAÇÃO POR DANOS MORAIS E MATERIAIS – LEGITIMIDADE ATIVA DEANIMALDE ESTIMAÇÃO – RECONHECIMENTO – IMPOSSIBILIDADE – AUSÊNCIA DE CAPACIDADE PROCESSUAL – ART.1ºDOCÓDIGO CIVILE ART.70DOCÓDIGO DE PROCESSO CIVIL. Não se pode confundir a "proteção", que é um direito dos animais, com uma absurda pretensão de que isso lhes confira "personalidade jurídica". Reconhecer que os animais têm direito à "proteção", é uma coisa, e outra, completamente diferente, é dizer ou pensar que eles, por isso, têm capacidade jurídica ou personalidade jurídica, de modo a ostentar "capacidade processual", ou seja, capacidade para estar em juízo. Não há confundir a "dignidade animal" com capacidade jurídica. Conforme dispõe o artigo 1º do Código Civil, "toda pessoa é capaz de direitos e deveres na ordem civil" (capacidade de direito). E na conformidade do disposto no artigo 70 do CPC/2015 "toda pessoa que se encontre no exercício de seus direitos tem capacidade para estar em juízo" (capacidade processual). Como se vê, mencionados dispositivos não conferem aos animais a capacidade de ser parte e, por consequência, de figurar como sujeito processual, sendo imperioso concluir que somente as pessoas (ou os entes despersonalizados legalmente previstos) são capazes de estar em juízo, ativa ou passivamente, para a defesa de seus direitos. Disso decorre a absoluta ilegitimidade ativa do animal da agravante para figurar, como ela pretende, como "autora" da ação que deu origem a este agravo, competindo isso a ela, autora/agravante, como proprietária ou detentora do referido animal e no exercício do seu direito de lhe assegurar a devida "proteção". Os direitos dos animais, por certo que podem ser defendidos em Juízo, mas pelos seus proprietários, detentores ou possuidores. (BRASIL. Tribunal de Justiça de Minas Gerais. AGRAVO DE INSTRUMENTO-CV Nº 1.0000.21.261999-3/001 – AGRAVANTE (S): LAYSA NUNES LEAO – AGRAVADO (A)(S): LEANDRO RODRIGUES FLORIANO, LEANDRO RODRIGUES FLORIANO PET SHOP. Relator José de Carvalho Barbosa. 13ª Câmara Cível de Belo Horizonte/MG).

em sentir prazer e dor, pode atribuir-lhes interesses e, nesse caso, a restrição da propriedade decorreria do próprio interesse do animal em salvaguardar sua integridade física e própria vida".[56]

Portanto, apesar de o Judiciário ter resolvido alguns conflitos sobre essa temática, por se tratar de um assunto novo no ordenamento jurídico brasileiro, este demanda maiores estudos pelos juristas para que se possa chegar a uma conclusão firme sobre o destino do Direito Animal no Brasil.

Conclusões

Com o avanço social, as novas formas de família vêm sendo cada vez mais notadas na sociedade, como é o caso da família multiespécie. Essa configuração de família sempre existiu na sociedade brasileira, mas na atualidade vem se tornando maior objeto de estudo entre os pesquisadores e juristas.

Casais, ao se divorciarem, têm buscado o Poder Judiciário para resolver conflitos como qual dos tutores ficará com o animal ou como se definirão as formas de visitas. Acredita-se que a inserção do animal no seio familiar tem lhe concedido a equiparação aos filhos, causando maiores discussões sobre a humanização do animal e sua dignidade e bem-estar.

Nesse sentido, em que pese ainda se tratar de uma temática em construção em seu aspecto jurídico-doutrinário, diante da análise de casos concretos, verificou-se que o Poder Judiciário tem exercido o seu papel de regulador dos interesses sociais ao apreciar as situações que lhes são trazidas pela sociedade.

Referências

ASSOCIAÇÃO BRASILEIRA DA INDÚSTRIA DE PRODUTOS PARA ANIMAIS DE ESTIMAÇÃO (ABINPET). **2021 mercado pet Brasil.** São Paulo: ABINPET, 2021. Disponível em: http://abinpet.org.br/mercado/ Acesso em: 25 set. 2022.

ALVES, Leonardo Barreto Moreira. **Por um direito de família mínimo**: a possibilidade de aplicação e o campo de incidência da autonomia privada no âmbito do direito de família. Dissertação (Mestrado em Direito) – Programa de Pós-Graduação em Direito, Pontifícia Universidade Católica de Minas Gerais. Belo Horizonte, p. 227. 2009.

[56] CHAVES, Marianna. **Disputa de guarda de animais de companhia em sede de divórcio e dissolução de união estável:** reconhecimento da família multiespécie? IBDFAM, 2015. Disponível em: https://ibdfam.org.br/artigos/1052/Disputa+de+guarda+de+animais+de+com pa-nhia+em+sede+de+div%c3%b3rcio+e+dissolu%c3%a7%c3%a3o+de+uni%c3%a3o+est% c3%a1vel:+reconhecimento+da+fam%c3%adlia+multiesp%c3%a9cie%3f%3e.%20Acesso%20 em:%208%20set.%202017. Acesso em: 01 out. 2022.

ATAIDE JUNIOR, Vicente de Paula (coord.) **Comentários ao Código de Direito e Bem-Estar animal da Paraíba:** a positivação dos direitos fundamentais animais. Curitiba: Juruá, 2019.

ÁVILA, Humberto Bergmann. **Teoria dos princípios**: da definição à aplicação dos princípios jurídicos. 18. ed. São Paulo: Malheiros Editores, 2018.

BARROSO, Luís Roberto. **A dignidade da pessoa humana no direito constitucional contemporâneo.** A construção de um conceito jurídico à luz da jurisprudência mundial. Belo Horizonte: Fórum, 2012.

BRASIL poderá ter marco regulatório dos animais de estimação. **Exame**, 2020. Disponível em: https://exame.com/brasil/brasil-podera-ter-marco-regulatorio-dos-animais-de-estimacao/. Acesso em: 17 ago. 2022.

BRASIL. [Constituição (1988)]. **Constituição da República Federativa do Brasil de 1988**. Brasília: Presidência da República, [2016]. Disponível em: http://www.planalto.gov.br/ccivil_03/constituicao/constituicao.htm. Acesso em: 30 set. 2022.

BRASIL. Superior Tribunal de Justiça. **Agravo em Recurso Especial nº 1174178**. Relator: Ministro Luiz Felipe Salomão, data da publicação: 08 de novembro de 2017. Disponível em: http://www.stj.jus.br/SCON/decisoes/doc.jsp?livre=GUARDA+ANIMAL+DE+ESTIMA%C7%C3O&b=DTXT&p=true&t=JURIDICO&l=10&i=4. Acesso em: 17 ago. 2022.

BRASIL. Supremo Tribunal Federal. **Ação Direta de Inconstitucionalidade 4983**. Relator: Min. Marco Aurélio, 06 de outubro de 2017.

BRASIL. Tribunal de Justiça do Estado de Minas Gerais (TJMG). **Agravo de Instrumento nº 1.0000.21.261999-3/001.** Relator: José de Carvalho Barbosa, 13ª Câmara Cível, 23 de junho de 2022.

DIREITO Animal. **Portal de notícias 4R**, 09 jun. 2022. Disponível em: https://www.trf4.jus.br/trf4/controlador.php?acao=noticia_visualizar&id_noticia=20013. Acesso em: 01 out. 2022.

CACHAPUZ. Rozane da Rosa. **Mediação nos conflitos & Direito de Família**. Curitiba: Juruá, 2005.

CARVALHO, Dimas Messias de. **Direito das Famílias.** 8. ed. São Paulo: Saraiva, 2020. *E-book*.

CARVALHO, Dimitre Braga Soares de. O direito de família na seara dos direitos humanos: a constitucionalização das relações afetivas como instrumento interpretativo para enfrentar as vulnerabilidades na sociedade contemporânea. *In*: GHILARDI, Dóris. **Tecnologias, família e vulnerabilidades:** novos olhares no Brasil e exterior. Florianópolis: Habitus, 2021.

CHAVES, Marianna. **Disputa de guarda de animais de companhia em sede de divórcio e dissolução de união estável:** reconhecimento da família multiespécie? IBDFAM, 2015. Disponível em: https://ibdfam.org.br/artigos/1052/Disputa+de+guarda+de+animais+de+compa-nhia+em+sede+de+div%c3%b3rcio+e+dissolu%c3%a7%c3%a3o+de+uni%c3%a3o+est%c3%a1vel:+reconhecimento+da+fam%c3%adlia+multiesp%c3%a9cie%3f%3e.%20Acesso%20em:%208%20set.%202017. Acesso em: 01 out. 2022.

GAZZANA, Cristina; SCHMIDT, Beatriz. Novas configurações familiares e vínculo com animais de estimação em uma perspectiva de família multiespécie. **Anais do III Congresso**

de Pesquisa e Extensão da Faculdade da Serra Gaúcha. Caxias do Sul, p. 1000-1020, 2015. Disponível em: https://web.archive.org/web/20180503162459id_/http://ojs.fsg.br/index.php/pesquisaextensao/article/viewFile/1600/1487. Acesso em: 17 ago. 2022.

HIRONAKA, Giselda Maria Fernandes Novaes. A família brasileira contemporânea e o ensino do Direito de Família nos cursos jurídicos. **Revista da Faculdade de Direito**, Universidade de São Paulo, v. 109, p. 891-901, 2014.

HOROWITZ, A. **A cabeça do cachorro**: O que seu amigo mais leal vê, fareja, pensa e sente. Rio de Janeiro: Best Seller, 2010.

IBDFAM aprova Enunciados. **IBDFAM**, 2015. Disponível em: https://ibdfam.org.br/noticias/5819/IBDFAM+aprova+Enunciado. Acesso em: 10 ago. 2022.

LIMA, Caroline Melchiades Salvadego Guimarães de Souza; SANTOS, Pedro Henrique Amaducci Fernandes dos; MARQUESI, Roberto Wagner. Negócios jurídicos contemporâneos: a efetivação da dignidade da pessoa humana com alicerce nos contratos existenciais. **Civilistica.com**, v. 7, n. 3, p. 1-24, 16 dez. 2018. Disponível em: http://civilistica.emnuvens.com.br/redc/article/view/373/313. Acesso em: 17 ago. 2022.

LOBO, Fabiola Albuquerque. As transformações do direito de família brasileiro à luz da constituição federal de 1988. **Civilistica.com**, v.8, n. 3, p. 1-21, 15 dez. 2019. Disponível em: https://civilistica.emnuvens.com.br/redc/article/view/455/368. Acesso em: 27 ago. 2022.

MADALENO, Rolf. **Direito de Família.** 10. ed. Rio de Janeiro: Forense, 2020.

MEYER, Michael. The simple dignity of sentient life: speciesism and human dignity. **Journal of social philosophy,** v. 32, n. 2, p.115-126, 2001.

PEREIRA, Rodrigo da Cunha. **Projeto de Lei cria regras para guarda de animais de estimação.** 2016. Disponível em: https://www.rodrigodacunha.adv.br/projeto-de-lei-cria-regras-para-guarda-de-animais-de-estimacao/. Acesso em: 30 set. 2022.

PERLINGIERI, Pietro. **Perfis de Direito Civil**, tradução de Maria Cristina De Cicco. 2. ed. Rio de Janeiro: Renovar, 2002.

RIOS, Renata. Quase 48 milhões de domicílios no Brasil tem cães ou gatos, aponta pesquisa do IBGE. **Correio Braziliense**, 2020. Disponível em: https://www.correiobraziliense.com.br/brasil/2020/09/4873376-quase-48-milhoes-de-domicilios-no-brasil-tem-caes-ou-gatos-aponta-pesquisa-do-ibge.html. Acesso em: 11 ago. 2022.

RODRIGUES JUNIOR, Otávio Luiz. Autonomia da vontade, autonomia privada e autodeterminação: notas sobre a evolução de um conceito na modernidade e na pós-modernidade. **Revista de Informação Legislativa**, Brasília, a. 41, n. 163, jul./set. 2004. Disponível em: https://www2.senado.leg.br/bdsf/bitstream/handle/id/982/R163-08.pdf?sequence=4&isAllowed=y. Acesso em: 18 ago. 2022.

SARLET, Ingo Wolfgang. **Dignidade da pessoa humana e direitos fundamentais na Constituição Federal de 1988.** 8 ed. rev. atual. Porto Alegre: Livraria do Advogado, 2010.

SILVA, Tagore Trajano Almeida. **Direito animal e ensino jurídico**: formação e autonomia de um saber pós-humanista. Salvador: Evolução, 2014.

SIMÃO, José Fernando. **Direito dos animais**: natureza jurídica. A visão do direito Civil. Disponível em: https://professorsimao.com.br/direito-dos-animais-natureza-juridica-a-visao-do-direito-civil/. Acesso em: 01 out. 2022.

SINGER, Peter. **Ética prática.** Trad. Jefferson Luis Camargo. 2 ed. São Paulo: Martins Forense, 1998.

SOBRE bem-estar animal. **Laboratório de bem-estar animal da Universidade Federal do Paraná.** Disponível em: https://labea.ufpr.br/caocomunitario/introducao-a-bem-estar/. Acesso em: 18 set. 2022.

SOUZA, Lavínia de Almeida; THOMASI, Tanize Zago. Filho de quatro patas: pensão alimentícia nos casos de custódia unilateral dos animais domésticos. **Revista Brasileira de Direito Animal**, v. 17, n. 1, p. 1-19, jan./maio 2022. Disponível em: https://periodicos.ufba.br/index.php/RBDA/article/view/33671/27316. Acesso em: 30 set. 2022.

TARTUCE, Flávio. **Direito civil:** Direito de Família. 12. ed. Rio de Janeiro: Forense, 2017.

VENOSA, Sílvio de Salvo. **Direito civil**: direito de família. 13. ed. São Paulo: Atlas, 2013.

VIEIRA, Tereza Rodrigues; CARDIN, Valéria Silva Galdino. Antrozoologia e direito: o afeto como fundamento da família multiespécie. **Revista de Biodireito e Direito dos Animais**, Brasília, v. 3, n. 1, p. 127-141, 2017. Disponível em: https://core.ac.uk/reader/210565230. Acesso em: 18 ago. 2022.

3

ASPECTOS CONTEMPORÂNEOS DAS FAMÍLIAS SIMULTÂNEAS: UM OLHAR SOBRE A DECISÃO PARADIGMÁTICA DO SUPREMO TRIBUNAL FEDERAL

Luiz Gustavo Tiroli
Carolina Horschutz Dorizzotto
Alessandra Cristina Furlan

Introdução

Os desdobramentos históricos, políticos, sociais e culturais das últimas décadas impactaram profundamente as famílias, que não mais se concentram em torno de um modelo predeterminado com finalidade política e institucional bem definida. O dinamismo e a liberdade nas relações afetivas evidenciam o surgimento de novos arranjos que, pouco a pouco, passam a ser reconhecidos, tanto pela doutrina quanto pela jurisprudência, como entidades familiares. Hodiernamente, a família é tida como reduto da formação humana, uma união que tem a finalidade de congregar, por meio de laços de afetividade e solidariedade, indivíduos que conjuntamente almejam o desenvolvimento e a busca da felicidade.

A Constituição Federal brasileira de 1988 reconhece expressamente a existência de três modelos familiares: provenientes de casamento civil ou de união estável e as monoparentais. Entretanto, tal rol é meramente exemplificativo, o que abre margem para o reconhecimento de outras composições, entre as quais se encontram as famílias simultâneas. Nessa última situação, um mesmo indivíduo compartilha dois núcleos familiares distintos que, em alguns casos, vinham alcançando, por meio das decisões judiciais, a garantia de direitos previdenciários, sucessórios e de partilha.

Embora a possibilidade jurídica das uniões simultâneas fosse objeto de debate na doutrina pátria e análise pelos tribunais, o Supremo Tribunal Federal – STF, no julgamento do RE nº 1.045.273/SE, – ao apreciar o tema 529 que versava sobre o reconhecimento jurídico de união estável e relação homoafetiva concomitantes, com o consequente rateio de pensão por morte – por seis votos a cinco, denegou o rateio e inviabilizou o reconhecimento de direitos previdenciários.

Nesse sentido, o objetivo do presente estudo é analisar o julgamento e propiciar reflexão sobre a possibilidade de reconhecimento das famílias simultâneas no ordenamento jurídico brasileiro. A problemática da pesquisa é desenvolvida por meio da abordagem qualitativa, com intuito de analisar os objetivos em uma perspectiva descritiva e exploratória. A técnica de pesquisa é a revisão bibliográfica e a análise documental. A estratégia de coleta de dados adotada é o fichamento da bibliografia e de documentos públicos primários.

Na consecução do objetivo acima delineado, o trabalho está organizado em três seções. A primeira versa sobre os princípios estruturantes do direito de família, com abordagem das implicações relativas à monogamia. A segunda apresenta aspectos contemporâneos relativos às famílias, tendo como premissa a diversidade de arranjos que se manifesta na realidade social. Por fim, a terceira analisa a tese de repercussão geral fixada pelo STF no tocante ao reconhecimento jurídico das famílias simultâneas no caso de rateio de pensão por morte.

1. Princípios estruturantes do direito de família: implicações da monogamia

A principiologia do direito de família envolve normas de otimização específicas, as quais correspondem aos princípios da igualdade, afetividade, dignidade da pessoa humana, liberdade, solidariedade, pluralismo, melhor interesse de vulneráveis e responsabilidade. Ressalta-se que, com as alterações verificadas no seio social, alguns dos antigos princípios do direito de família foram aniquilados, surgindo outros, dentro da proposta de constitucionalização e personalização[1].

[1] TARTUCE, Flávio. **Direito Civil**: Direito de Família. 16. ed. São Paulo: GEN, 2021, e-*book*, p. 28.

Nessa perspectiva, o princípio da afetividade, o qual é descrito como "força elementar, propulsora de todas as nossas relações de vida"[2], consiste na consideração do afeto como valor jurídico, de modo que sua aplicação produza efeito para além da tríade casamento, união estável e núcleo monoparental. Admitem-se outros arranjos familiares, como é o caso das uniões homoafetivas, as quais possuem tal expressão por envolverem indivíduos em um núcleo jungidos não apenas pela sexualidade, mas também pelo afeto.

Outro princípio fundamental do direito de família é a solidariedade, o qual " não apenas traduz a afetividade necessária que une os membros da família, mas, especialmente, concretiza uma especial forma de responsabilidade social aplicada à relação familiar"[3]. A solidariedade "irradia no direito de família com o objetivo de estabelecer deveres entre os membros da entidade familiar, o que se nota, mais fortemente, nas relações desiguais"[4].

A dignidade da pessoa humana, abordada por Immanuel Kant em sua Fundamentação da Metafísica dos Costumes (1785), explicita que homem, dotado de consciência moral, possui um valor intrínseco que consiste na dignidade que o torna superior às coisas. Assim, a Constituição da Alemanha de 1949, no artigo 1.1, proclamou a dignidade do homem como intangível e seu respeito e proteção como obrigação do poder público. Passa, a partir desse momento, a estar presente em todas as constituições democráticas, que colocam o homem como fim e não como meio, com o objetivo de garantir que os homens são livres e iguais em dignidade e direitos.

O direito de família mostra-se "ligado aos direitos humanos e à dignidade, o que tem resultado no reconhecimento jurídico da igualdade do homem e da mulher, de outros modelos de constituição de família, e na igualdade dos filhos, independente da origem"[5].

[2] GAGLIANO, Pablo Stolze; FILHO, Rodolfo Pamplona. **Novo curso de direito civil – direito de família.** 11. ed. São Paulo: Saraiva, 2021. E-*book*, p. 154.

[3] GAGLIANO, Pablo Stolze; FILHO, Rodolfo Pamplona. **Novo curso de direito civil – direito de família.** 11. ed. São Paulo: Saraiva, 2021. E-*book*, p. 167.

[4] TEPEDINO, Gustavo; TEIXEIRA, Ana Carolina Brochado. **Fundamentos do Direito Civil**: Direito de Família. 3. ed. São Paulo: GEN, 2022. *E-book*, p. 16 Tida como objetivo fundamental da República Federativa do Brasil em decorrência da previsão no artigo 3º, inciso I, onde é evidenciada a busca por uma sociedade livre, justa e solidária, esse princípio culmina na determinação de amparo, assistência material e moral recíproca entre os familiares e acaba por justificar, entre outros, o pagamento de alimentos em caso de necessidade, conforme disposto no artigo 1.694 do Código Civil.

[5] CARVALHO, Dimas Messias de. **Direito das famílias.** 8. ed. São Paulo: Saraiva, 2020. E-*book*, p. 167.

A evolução do tratamento jurídico das famílias, bem como a sua privatização, revela a necessidade de se assegurar a liberdade nas escolhas existenciais de forma a propiciar o desenvolvimento pleno da personalidade de seus integrantes. No que diz respeito ao princípio da liberdade, é possível observá-lo no artigo 1.513 do Código Civil vigente, com a vedação de qualquer forma de imposição ou restrição na constituição familiar. Ademais, o artigo 1.565 garante a decisão livre de planejamento familiar, bem como a opção pelo regime de bens, presente no artigo 1.639, entre outros direitos.[6]

Diante de novos conceitos e ideais da família, sob a proteção da liberdade como princípio fundamental, observa-se o reconhecimento da entidade familiar em vínculos homoafetivos e outras formas de uniões – como o caso das simultâneas. Ou seja, para Carvalho[7], "em consequência, deve a escolha ser respeitada e a entidade familiar receber o manto da legalidade, aplicando-se as regras protetoras da união estável".

O princípio do pluralismo familiar é garantido na Constituição de 1988, onde se pode observar o rompimento da exclusividade do casamento como único modelo familiar aceito mesmo sem nominar todas as outras formas de família. A Constituição Federal garante "exercício dos direitos sociais e individuais, especialmente a plena liberdade de constituir família com o modelo que planejou"[8]. Desse modo, passa a ser aceita a família plural, que transpassa as expressamente previstas.

Faz-se fundamental a menção ao princípio da igualdade jurídica, também consagrado na Constituição Federal de 1988, que extingue séculos de poder patriarcal ao explicitar igualdade em direitos e deveres entre homens e mulheres como direito e garantia fundamental individual. Além disso, o princípio da igualdade abarca a isonomia dos filhos, segundo previsto no artigo 1.596 do Código Civil[9], que atribui aos filhos os mesmos direitos e qualificações e proíbe qualquer discriminação entre a filiação biológica e a afetiva.

[6] BRASIL. **Lei nº 10.406, de 10 de janeiro de 2002**. Institui o Código Civil. Disponível em: http://www.planalto.gov.br/ccivil_03/leis/2002/l10406compilada.htm. Acesso em: 23 jan. 2023.

[7] CARVALHO, Dimas Messias de. **Direito das famílias.** 8. ed. São Paulo: Saraiva, 2020. E-*book*, p. 182.

[8] Ibid, p. 183.

[9] BRASIL. **Lei nº 10.406, de 10 de janeiro de 2002**. Institui o Código Civil. Disponível em: http://www.planalto.gov.br/ccivil_03/leis/2002/l10406compilada.htm. Acesso em: 23 jan. 2023.

Outro princípio imprescindível ao direito de família diz respeito ao melhor interesse de vulneráveis, consagrado pelo artigo 3º, I, que ratificou no Brasil, em 1990, o que já era previsto pela Convenção sobre os Direitos da Criança adotada pela Assembleia Geral da Organização das Nações Unidas – ONU em 20 de novembro de 1989[10]. Tal princípio assegura que, em ações relativas a crianças, deve-se considerar primordialmente o interesse maior da criança, sendo os infantes sujeitos diretos, e não mais assujeitados por seus responsáveis, segundo artigo 100, parágrafo único, da Lei nº 8.069/1990.[11] Nessa perspectiva, a garantia à dignidade e liberdade de expressar suas vontades permite que a criança e o adolescente construam por meio da "convivência de relação afetiva do menor com aqueles que considera como pais, mesmo não existindo consanguinidade, autorizando o reconhecimento jurídico da paternidade socioafetiva".[12]

Ao se tratar do princípio da responsabilidade, previsto nos artigos 3º, 4º e 6º do Estatuto da Criança e nos artigos 226 e 227 da Constituição Federal, é válido ressaltar que "aos pais incumbe a responsabilidade de sustento, guarda, educação e de ter os filhos em sua companhia, mantendo a convivência familiar"[13]. De modo que, mesmo no caso de dissolução da união ou casamento, ainda cabe a eles tais obrigações, sendo inconcebível que tal dissolução acarrete o fim da convivência entre pais e filhos. Logo, "paternidade responsável importa no dever de cuidados, que não se resume à assistência material (pagamento de alimentos), mas também conviver, educar, orientar, participar da vida e do crescimento dos filhos"[14].

Por fim, ao se tratar da monogamia, observam-se discussões sobre ser considerada um princípio em matéria de relações familiares, fato que se dá por meio de discussão do papel jurídico da fidelidade. Mostra-se natural o pensamento de que a fidelidade consiste em valor juridicamente tutelado, o que é corroborado por figurar como dever legal decorrente do casamento,

[10] UNICEF. **Convenção sobre os Direitos da Criança**, 1989. Disponível em: https://www.unicef.org/brazil/convencao-sobre-os-direitos-da-crianca. Acesso: 23 jan. 2023.

[11] BRASIL. **Lei nº 8.069, de 13 de julho de 1990**. Dispõe sobre o Estatuto da Criança e do Adolescente e dá outras providências. Disponível em: https://www.planalto.gov.br/ccivil_03/leis/l8069.htm. Acesso em: 23 jan. 2023.

[12] CARVALHO, Dimas Messias de. **Direito das famílias.** 8. ed. São Paulo: Saraiva, 2020. E-*book*, p. 182.

[13] CARVALHO, Dimas Messias de. **Direito das famílias.** 8. ed. São Paulo: Saraiva, 2020. E-*book*, p. 182.

[14] Ibid.

segundo o artigo 1.566 do Código Civil.[15] Sua afronta pode não apenas resultar na dissolução da união conjugal, como possuir também consequências indenizatórias. No entanto, mesmo que a monogamia se mostre como nota característica do sistema brasileiro, não é possível concluir que "a fidelidade traduza um padrão valorativo absoluto".[16]

Segundo parte considerável da doutrina pátria, com base no princípio da intervenção mínima no direito de família por parte do Estado, não se pode impor a estrita observância da fidelidade recíproca a todos os casais pois, já que se trata de uma relação de afeto, "são os protagonistas que devem estabelecer as regras aceitáveis de convivência, desde que não violem a sua dignidade, nem interesses de terceiros".[17] Como afirma Gustavo Tepedino e Ana Carolina Brochado Teixeira[18], o intérprete mais crítico reflete se a monogamia consiste em um princípio ou um valor e, devidamente contextualizada na sociedade contemporânea, põe-se em dúvida sua obrigatoriedade normativa.

A exclusividade do vínculo se revela ainda mais tormentosa quando se trata de união estável, uma vez que o legislador colocou, no artigo 1.724 do Código Civil[19], como dever dos companheiros a lealdade, e não a fidelidade, dever este imposto aos cônjuges. Com base na diferenciação terminológica, há autores que sustentam que a monogamia não se estende à união estável, admitindo-se a denominada "cláusula de férias", desde que estabelecidas consensualmente. A partir da diferenciação entre fidelidade e lealdade – os conviventes podem ser leais, sem ser fiéis –, Tartuce[20] sustenta que tal questão pode ser regulamentada pelos conviventes, por meio de contrato firmado entre as partes, possibilidade vedada aos cônjuges.

15 BRASIL. **Lei nº 10.406, de 10 de janeiro de 2002**. Institui o Código Civil. Disponível em: http://www.planalto.gov.br/ccivil_03/leis/2002/l10406compilada.htm. Acesso em: 23 jan. 2023.

16 GAGLIANO, Pablo Stolze; FILHO, Rodolfo Pamplona. **Novo curso de direito civil – direito de família**. 11. ed. São Paulo: Saraiva, 2021. E-*book*, p. 193.

17 Ibid.

18 TEPEDINO, Gustavo; TEIXEIRA, Ana Carolina Brochado. **Fundamentos do Direito Civil:** Direito de Família. 3. ed. São Paulo: GEN, 2022. E-*book*, p. 25.

19 BRASIL. **Lei nº 8.069, de 13 de julho de 1990**. Dispõe sobre o Estatuto da Criança e do Adolescente e dá outras providências. Disponível em: https://www.planalto.gov.br/ccivil_03/leis/l8069.htm. Acesso em: 23 jan. 2023.

20 TARTUCE, Flávio. **Manual de responsabilidade civil.** Rio de Janeiro: Forense; São Paulo: Método, 2018.

Para o autor[21], a abertura na união serve para diferenciar as duas entidades, "o que é salutar em um sistema que valoriza a pluralidade das famílias".

Partindo da análise do exposto, é possível observar que a monogamia, mesmo que consagrada como valor juridicamente tutelado, não corresponde a aspecto comportamental absoluto perante a vontade das partes, particularmente quando se trata de união estável. A discussão sobre a monogamia compor o rol de princípios de direito de família ou um valor característico do sistema inquestionavelmente permeia as discussões doutrinárias e jurisprudenciais no direito brasileiro.

2. Aspectos contemporâneos do direito de família: diversidade de arranjos na realidade social

Atualmente, apesar de constarem na redação da Carta Magna apenas as famílias constituídas pelo casamento, união estável e as famílias monoparentais, ela acolhe outros arranjos.

A família matrimonial é originada pelo casamento civil dos cônjuges, incluindo – mas não dependendo de haver – a prole, que pode ser socioafetiva ou natural. A união legal em questão está vinculada a normas cogentes: os cônjuges vivem em plena comunhão de vida, em igualdade de direitos e deveres. O "casamento é um contrato especial de direito de família, solene, com intervenção do Estado para sua realização"[22].

Tal relação figura como modelo mais tradicional de constituição familiar e, assim, observa-se a previsão de facilidade para a conversão da união estável em matrimônio civil, social e jurídico. Ao receber a atenção legislativa e encontrar-se expressamente regulada pelo Código, mostra-se merecedora, em razão de sua constituição formal, de maior proteção, "permitindo prova pré-constituída e conferindo presunção de paternidade dos filhos havidos na sua constância"[23]. Por fim, faz-se válido salientar que recentes decisões autorizam o procedimento de habilitação e a conversão da união de pessoas do mesmo sexo em casamento civil.

Outro modelo de família comumente observado é o monoparental, formado por qualquer dos pais e seus descendentes, cujo vínculo pode ser

[21] Ibid, p. 871-872.

[22] CARVALHO, Dimas Messias de. **Direito das famílias.** 8. ed. São Paulo: Saraiva, 2020. E-*book*, p. 87.

[23] Ibid, p. 88.

natural ou socioafetivo.[24] Verifica-se quando a prole vive na companhia de apenas um dos pais, em decorrência de viuvez, adoção unilateral ou filhos de pais ou mães solteiros, podendo o outro genitor estar vivo, desde que estejam os filhos sob a guarda de apenas um deles, conforme ocorre entre pais divorciados ou separados de fato.

Já a família anaparental, também chamada de família de parentes, trata-se de entidade em que convivem parentes sem verticalidade dos vínculos parentais, ocorrendo sem a presença de pai ou mãe no ambiente familiar e, portanto, sem vínculo de ascendência e descendência, podendo corresponder a grupos de irmãos, primos e de tios com sobrinhos.[25]

Por outro lado, existem as famílias multiparentais ou pluriparentais, que ocorrem quando a prole possui dois pais ou duas mães, sendo um deles biológico e o outro socioafetivo, de modo que um não exclua o outro.[26] Tal modelo garante a estabilização das relações familiares e preserva os direitos individuais e o melhor interesse da criança, pilares da família no constitucionalismo moderno. Nesse sentido, a multiparentalidade não é defendida como regra, mas como possibilidade de promoção e proteção da pessoa humana.

Anteriormente denominada como concubinato – distinto entre puro, "quando os conviventes não possuíam vínculos matrimoniais ou estavam desquitados"[27] e impuro, quando algum deles era matrimonialmente vinculado – a família convivencial é caracterizada pela união de forma pública, contínua e duradoura, constituída fora do casamento por meio da união estável[28].

Na atualidade, entende-se por união estável como a relação entre um homem e uma mulher sem impedimentos para o casamento, salvo quando

[24] Carvalho, Dimas Messias de. **Direito das famílias.** 8. ed. São Paulo: Saraiva, 2020. E-*book*, p. 88.

[25] Ibid., p. 89.

[26] Santiago, Rafael da Silva. **Poliamor e direito das famílias**: reconhecimento e consequências jurídicas. Curitiba: Juruá, 2015, p. 78.

[27] Carvalho, Dimas Messias de. **Direito das famílias.** 8. ed. São Paulo: Saraiva, 2020. E-*book*, p. 89.

[28] Na sua clássica obra "Estatuto da Família de Fato", Álvaro Villaça Azevedo (2011, p. 165) diferencia dois sentidos (ou espécies) da palavra concubinato: puro e impuro. O concubinato puro é aquele que se apresenta "como uma união duradoura, sem casamento, entre homem e mulher, constituindo- -se a família de fato, sem detrimento da família legítima". O concubinato é considerado impuro quando adulterino, incestuoso ou desleal – o último relativo à outra união de fato.

o indivíduo casado esteja separado de fato ou juridicamente. O concubinato, também denominado de família paralela, ocorre quando as pessoas envolvidas estão impedidas para o casamento. Tal situação comporta discussão sobre a proteção dos direitos conferidos à união estável[29].

A família reconstituída consiste na família mosaico, complexa ou recomposta, em que um ou ambos os parceiros possuem filhos de uniões anteriores, o que resulta na "pluralidade das relações parentais, multiplicidade de vínculos, ambiguidade dos compromissos e interdependência"[30]. Mesmo que biologicamente não exista parentesco nos arranjos familiares, é notório o surgimento dos vínculos de afetividade e a solidariedade familiar entre os membros que a compõem.

Podem ser citadas, ainda, as famílias homoafetivas ou isossexuais, que correspondem àquelas constituídas mediante casamento ou união informal de pessoas do mesmo sexo, fundamentadas na afetividade de seus membros, e com direitos e deveres iguais à união estável heteroafetiva.[31] Acrescenta-se que, conforme decisão do Supremo Tribunal Federal, por unanimidade, com eficácia *erga omnes* e efeito vinculante, o artigo 1.723 do Código Civil deve ser aplicado à união de pessoas do mesmo sexo, acolhendo-se as uniões homoafetivas sem distinções[32].

Apesar da legislação brasileira não regular a união homoafetiva, o casamento é regulado no artigo 226, § 5º, da Constituição Federal[33], que versa que os deveres e direitos correspondentes à sociedade conjugal são exercidos de igual forma pelo homem e pela mulher, assim como o artigo 1.565 do Código Civil garante que o casamento se realiza quando homem e mulher

[29] CARVALHO, Dimas Messias de. **Direito das famílias.** 8. ed. São Paulo: Saraiva, 2020. E-*book*, p. 89.

[30] Ibid, p. 100.

[31] SANTIAGO, Rafael da Silva. **Poliamor e direito das famílias**: reconhecimento e consequências jurídicas. Curitiba: Juruá, 2015, p. 79.

[32] Apesar da Constituição Federal e do Código Civil expressamente exigirem a diversidade de sexo para a existência do casamento e da união estável, a interpretação dos tribunais admitiu a família homossexual. O posicionamento adveio do julgamento da ADPF n. 132 do Rio de Janeiro e da ADI n. 4.277, "posicionando-se o Supremo Tribunal Federal pela admissão dessa união. O Superior Tribunal de Justiça, no mesmo sentido, adotou posicionamento autorizando o casamento entre casais homossexuais, sem a necessidade da união estável estabelecida". No mesmo sentido, a Resolução n. 175 e o Provimento 37, ambos do CNJ (PAIANO, 2017. p. 30).

[33] BRASIL. [Constituição (1988)]. **Constituição da República Federativa do Brasil de 1988.** Disponível em: http://www.planalto.gov.br/ccivil_03/Constituicao/Constituiçao.htm. Acesso em: 23 jan. 2023.

assumem de forma mútua a condição de consortes, companheiros e responsáveis pelos encargos familiares.[34]

Outro modelo de relação divergente é a poliafetiva, que se dá por meio do vínculo amoroso de mais de duas pessoas, com concordância plena entre os envolvidos que convivem, sob o mesmo teto ou não, de modo afetivo e recíproco[35]. Tal modelo difere-se das uniões estáveis plúrimas ou paralela na medida em que é consensual, compartilhando três ou mais indivíduos a relação amorosa em um mesmo núcleo.

Por fim, a família simultânea é caracterizada pelo homem, mulher ou um dos parceiros homoafetivos que constitui mais de uma união de modo estável e ostensivo[36]. Desprovida de efeitos legais expressos no âmbito jurídico, para muitos, não configura união estável e é tratada como as relações afetivas livres, adulterinas, eventuais e transitórias. É o caso de Simão[37], que entende não ser a ela aplicável o direito de família, pois se trata de concubinato e por tal razão é regido pelo direito das obrigações: mediante prova do esforço comum o patrimônio adquirido por um dos concubinos poderá ser partilhado.

Em posição semelhante, Madaleno[38] entende que não há lealdade nas uniões plúrimas, pois a legitimidade do relacionamento afetivo reside na possibilidade de a união identificar-se como uma família. Ao "permitir pequenas transgressões das regras de fidelidade e de exclusividade, que o próprio legislador impõe, seria subverter todos os valores que estruturam a estabilidade matrimonial e que dão estofo, consistência e credibilidade à entidade familiar".

Para outros autores, essa espécie de relação é estigmatizada e a negativa de efeitos jurídicos é fruto de puro preconceito social. Assim, Schreiber[39]

[34] BRASIL. **Lei nº 10.406, de 10 de janeiro de 2002**. Institui o Código Civil. Disponível em: http://www.planalto.gov.br/ccivil_03/leis/2002/l10406compilada.htm. Acesso em: 23 jan. 2023.

[35] SANTIAGO, Rafael da Silva. **Poliamor e direito das famílias**: reconhecimento e consequências jurídicas. Curitiba: Juruá, 2015, p. 79.

[36] SILVA, Marcos Alves da. **Da monogamia**: a sua superação como princípio estruturante do direito de família. Curitiba: Juruá, 2013, p. 65.

[37] SIMÃO, José Fernando. Sim, eu tinha razão e o STF confirmou que não há famílias paralelas no Brasil. **Consultor Jurídico**. 2020, s.p.

[38] MADALENO, Rolf. **Direito de Família**. 12. ed. Rio de Janeiro: Forense, 2022. *E-book*, p. 58.

[39] SCHREIBER, Anderson. **Manual de direito civil contemporâneo**. 4. ed. São Paulo: Saraiva, 2021. E-*book*. p. 369.

preceitua que o descumprimento do dever de fidelidade recíproca não justifica a punição de terceiros, uma vez que não há motivos para que a companheira, quando preenchidos os requisitos da união estável, tenha seus direitos denegados.

Conforme Cavalcanti[40], as uniões estáveis paralelas são uma "[...] realidade fática, devendo os casos existentes serem tratados pelo ordenamento jurídico." Assim, "o Direito não pode permanecer desatento às mudanças sociais"[41]. Ademais, segundo Rodrigo da Cunha Pereira[42], o não reconhecimento é um prêmio para aquele que constituiu união simultânea, pois não é responsabilizado pela família que constituiu.

Ao analisar os hábitos de alguns países africanos e orientais, nota-se a permissão da poligamia ao homem, fato inaceitável no Brasil, onde ela é considerada prática criminosa, de acordo com o artigo 235, do Código Penal[43]. Tal fato ocorre devido à característica monogâmica na constituição familiar brasileira e a jurisprudência dominante não reconhece proteção jurídica a essas uniões. No entanto, de acordo com parte da doutrina, inadmissível que o ordenamento jurídico deixe de ampará-las, devendo ser tutelado qualquer núcleo que consista em entidade familiar.

Faz-se válido ressaltar que o modelo monogâmico teve seu surgimento com o fito de fortalecer uma família única, além de controlar a sexualidade da mulher[44]. Para mais, veda-se a configuração de novo casamento sem dissolução do antigo – o que é considerado bigamia, além de ser criminalmente apenado – contudo, não lhe é vedada a união estável.

Assim sendo, as famílias simultâneas encontram-se à margem da lei, mas desde que atendam aos requisitos como boa-fé objetiva, afetividade, ostensibilidade e estabilidade para configuração de família, merecem a devida proteção legal por parte do Estado.

40 CAVALCANTI, Camilla de Araujo. **Famílias pós-modernas:** a tutela constitucional à luz do princípio da dignidade da pessoa humana. Curitiba: Juruá, 2016, p. 67.

41 PADILHA, Elisângela. **Novas estruturas familiares**: por uma intervenção mínima do estado. Rio de Janeiro: Lumen Juris, 2017, p. 125.

42 PEREIRA, Rodrigo da Cunha. STF premia a irresponsabilidade ao negar rateio de pensão para união simultânea. **IBDFAM**, 19 dez. 2020, s.p.

43 BRASIL. **Lei nº 2.848, de 7 de dezembro de 1940**. Código penal. Disponível em: https://www.planalto.gov.br/ccivil_03/decreto-lei/del2848compilado.htm. Acesso em: 23 jan. 2023.

44 SILVA, Marcos Alves da. **Da monogamia**: a sua superação como princípio estruturante do direito de família. Curitiba: Juruá, 2013, p. 39.

No correspondente aos requisitos supracitados, é pertinente considerar que a boa-fé objetiva é figurada "na lealdade, no modo objetivo de conduta, no respeito familiar"[45], enquanto a afetividade diz respeito ao elemento agregador familiar, o qual confere comunhão de vida nas relações de afeto. Quanto à estabilidade, aborda-se um vínculo contínuo, o que exclui relações eventuais, passageiras e sem compromisso com a constituição de família. Finalmente, a ostensibilidade veda a clandestinidade, o que torna "necessário o conhecimento no meio social em que vivem e dos dois núcleos familiares simultâneos envolvidos"[46].

Contudo, as famílias simultâneas não têm obtido reconhecimento dos efeitos jurídicos, na medida em que foram enquadradas em decisões do Superior Tribunal de Justiça e nos tribunais estaduais como concubinato, o que resulta da aplicação do artigo 1.727 do Código Civil.[47] Apesar do supracitado, algumas decisões esparsas, em situação excepcional, admitiram o reconhecimento *post mortem* com fins previdenciários.

3. As famílias simultâneas e o recurso extraordinário n. 1.045.273/se: um olhar crítico a respeito da tese de repercussão geral

O Recurso Extraordinário (RE) nº 1.045.273/SE tornou-se paradigmático relativamente à matéria das famílias simultâneas. Antes de adentrar especificamente nos votos dos ministros, analisando-se os aspectos mais relevantes para a investigação, transcreve-se a ementa da decisão:

> RECURSO EXTRAORDINÁRIO. REPERCUSSÃO GERAL. TEMA 529. CONSTITUCIONAL. PREVIDENCIÁRIO. PENSÃO POR MORTE. RATEIO ENTRE COMPANHEIRA E COMPANHEIRO, DE UNIÕES ESTÁVEIS CONCOMITANTES. IMPOSSIBILIDADE. 1. A questão constitucional em jogo neste precedente com repercussão geral reconhecida é a possibilidade de reconhecimento, pelo Estado, da coexistência de duas uniões estáveis paralelas, e o consequente rateio da pensão por morte entre os companheiros sobreviventes – independentemente de serem relações hétero ou homoafetivas. 2. O SUPREMO TRIBUNAL FEDERAL tem precedentes no sentido da

[45] CARVALHO, Dimas Messias de. **Direito das famílias.** 8. ed. São Paulo: Saraiva, 2020, *e-book*, p. 120.

[46] Ibid, p. 121.

[47] BRASIL. **Lei nº 10.406, de 10 de janeiro de 2002**. Institui o Código Civil. Disponível em: http://www.planalto.gov.br/ccivil_03/leis/2002/l10406compilada.htm. Acesso em: 23 jan. 2023.

impossibilidade de reconhecimento de união estável, em que um dos conviventes estivesse paralelamente envolvido em casamento ainda válido, sendo tal relação enquadrada no art. 1.727 do Código Civil, que se reporta à figura da relação concubinária (as relações não eventuais entre o homem e a mulher, impedidos de casar, constituem concubinato). 3. É vedado o reconhecimento de uma segunda união estável, independentemente de ser hétero ou homoafetiva, quando demonstrada a existência de uma primeira união estável, juridicamente reconhecida. Em que pesem os avanços na dinâmica e na forma do tratamento dispensado aos mais matizados núcleos familiares, movidos pelo afeto, pela compreensão das diferenças, respeito mútuo, busca da felicidade e liberdade individual de cada qual dos membros, entre outros predicados, que regem inclusive os que vivem sob a égide do casamento e da união estável, subsistem em nosso ordenamento jurídico constitucional os ideais monogâmicos, para o reconhecimento do casamento e da união estável, sendo, inclusive, previsto como deveres aos cônjuges, com substrato no regime monogâmico, a exigência de fidelidade recíproca durante o pacto nupcial (art. 1.566, I, do Código Civil). 4. A existência de uma declaração judicial de existência de união estável é, por si só, óbice ao reconhecimento de uma outra união paralelamente estabelecida por um dos companheiros durante o mesmo período, uma vez que o artigo 226, § 3º, da Constituição se esteia no princípio de exclusividade ou de monogamia, como requisito para o reconhecimento jurídico desse tipo de relação afetiva inserta no mosaico familiar atual, independentemente de se tratar de relacionamentos hétero ou homoafetivos. 5. Tese para fins de repercussão geral: "A preexistência de casamento ou de união estável de um dos conviventes, ressalvada a exceção do artigo 1723, § 1º, do Código Civil, impede o reconhecimento de novo vínculo referente ao mesmo período, inclusive para fins previdenciários, em virtude da consagração do dever de fidelidade e da monogamia pelo ordenamento jurídico-constitucional brasileiro". 6. Recurso extraordinário a que se nega provimento.[48]

Embora corra em segredo de justiça, a comunicação do Supremo Tribunal Federal relata que o caso envolve um relacionamento mantido durante doze anos entre um homem e seu companheiro falecido, união estável

[48] BRASIL. Supremo Tribunal Federal. **RE 1045273/SE**. Recurso extraordinário. repercussão geral. tema 529. constitucional. previdenciário. pensão por morte. rateio entre companheira e companheiro, de uniões estáveis concomitantes. Impossibilidade [...]. Recorrente: C. L. S. Recorrido: M. J. O. S. e E. S. S. Relator: Min. Alexandre de Moraes, 21 de dezembro de 2020, p. 9.

reconhecida judicialmente em instância primária, com atribuição de efeitos previdenciários póstumos. Concomitantemente, o falecido manteve relacionamento com uma mulher, do qual resultou um filho, tendo sido reconhecida a união estável entre ambos em sentença transitada em julgado. Em que pese não haver nos autos informações que possam delimitar a união estável precedente no campo fático, a mulher foi a primeira a acionar o Poder Judiciário para obter reconhecimento da união estável e receber a pensão por morte[49].

Em face da sentença favorável ao autor da demanda, a mulher recorreu ao Tribunal de Justiça do Estado do Sergipe (TJ-SE) pleiteando a reforma da decisão prolatada em primeira instância. A sentença foi reformulada pois, embora se reconhecesse a união estável homoafetiva, a pretensão do apelado não poderia ser reconhecida por haver uma união estável precedente pela impossibilidade jurídica do reconhecimento de uniões estáveis concomitantes no ordenamento jurídico brasileiro.

O processo que culminou com a decisão colacionada foi reautuado na Suprema Corte em maio de 2017, com o ministro Alexandre de Moraes designado como relator. A sessão extraordinária, designada para o julgamento do Recurso Extraordinário (RE) nº 1.045.273/SE, que foi interposto contra o Acórdão proferido pela 1ª Câmara Cível do Tribunal de Justiça do Estado de Sergipe (AC 5.802/10), iniciou os trabalhos na manhã do dia 25 de setembro de 2019.

O advogado do autor do recurso assinalou que as famílias simultâneas devem ser reconhecidas para fins de extensão dos efeitos previdenciários em face da existência de unidade familiar. O doutor Marcos Vecchi, patrono do companheiro da relação homoafetiva, ainda ressaltou que a Suprema Corte tem um importante papel contramajoritário de defesa das minorias, e que o caso em tela não versava sobre relação ocasional, mas relacionamento consolidado e amplamente conhecido pela sociedade local.[50]

Ademais, representando o Instituto Brasileiro de Direito Previdenciário (IBDP), o doutor Anderson Ribeiro sustentou que a divisão não traria ônus ao Instituto Nacional do Seguro Social (INSS), tendo em vista que o valor seria rateado, e não pago em dobro. Além disso, ressaltou que a

[49] BRASIL. Supremo Tribunal Federal. **STF começa a julgar recurso sobre reconhecimento de duas uniões estáveis para rateio de pensão**. Portal de notícias do STF. 2019a.

[50] BRASIL. Supremo Tribunal Federal. **Pleno – Reconhecimento de duas uniões estáveis para rateio de pensão – COM AUDIODESCRIÇÃO**. *Youtube*, 2019b.

pensão por morte tem a finalidade de garantir proteção social, não sendo possível proteger uns e desproteger outros na mesma condição, pois havia duas famílias, embora tal realidade afrontasse a ordem moral vigente.[51]

Falou em nome da Associação de Direito de Família e das Sucessões (ADFAS) a doutora Regina Beatriz Tavares da Silva, sustentando que as relações de concubinato não têm efeitos previdenciários diante da Constituição Federal e considerando que a monogamia é princípio constitucional estruturante do direito de família. Ressaltou que as pessoas que desejam, podem viver duas uniões concomitantes, mas sem a proteção jurídica do Estado.[52]

Por outro lado, a participação do Instituto Brasileiro de Direito de Família (IBDFAM) como *amicus curiae* foi indeferida pelo ministro relator no dia 18 de fevereiro de 2019, participando, posteriormente, no julgamento do Recurso Extraordinário (RE) nº 883.168/SC que versava sobre temática semelhante.

Por fim, manifestou-se a subprocuradora-geral da República Cláudia Sampaio pela negação ao provimento do recurso, ressaltando que o sistema normativo apenas reconhece o concubinato em duas situações: separação de fato e casamento putativo, de boa-fé. Assinalou, por fim, que a monogamia é um princípio estruturante, tanto que a bigamia é um ilícito no sistema normativo brasileiro.[53]

Na sequência votou o relator ministro Alexandre de Moraes, seguido dos ministros Ricardo Lewandowski e Gilmar Mendes. Abriu a divergência o ministro Edson Fachin, sendo acompanhado pelos votos dos ministros Luis Roberto Barroso, Rosa Weber, Cármen Lúcia e Marco Aurélio de Mello. A sessão foi suspensa pelo pedido de vistas do ministro Dias Toffoli, sendo retomada e concluída de maneira virtual entre os dias 11 a 18 de dezembro de 2020, votando os ministros Luiz Fux, Dias Toffoli e Nunes Marques.

[51] BRASIL. Supremo Tribunal Federal. **Pleno – Reconhecimento de duas uniões estáveis para rateio de pensão – COM AUDIODESCRIÇÃO.** *Youtube*, 2019b.

[52] Inclusive, a entidade, ao final do julgamento, publicou a seguinte notícia: "*Vitória da família brasileira! Monogamia prevalece no STF – 6 votos pela não atribuição de direitos previdenciários para amantes. Julgamento encerrado*". Disponível em: http://adfas.org.br/2020/12/18/vitoria-da-familia-brasileira-monogamia-prevalece-no-stf-6-votos-pela-nao-atribuicaode-direitos-previdenciarios-para-amantes-julgamento-encerrado/#prettyPhoto.

[53] BRASIL, op. cit.

A discussão e deliberação a respeito da temática foi acirrada, recebendo seis votos contrários: o do relator ministro Alexandre de Morais, acompanhado pelos ministros Ricardo Lewandowski, Gilmar Mendes, Luiz Fux, Dias Toffoli e Nunes Marques. Cinco foram os votos favoráveis: abriu a divergência o ministro Edson Fachin, seguido pelos ministros Luis Roberto Barroso, Marco Aurélio de Mello, Cármen Lúcia e Rosa Weber.[54]

A tese proposta pelo ministro Marco Aurélio, de ser "constitucional a divisão da pensão por morte entre duas pessoas que mantiveram, paralela e concomitantemente, relações equiparáveis à união estável com o mesmo indivíduo já falecido"[55] foi vencida. A tese vencedora para fins de repercussão geral estipula que:

> A preexistência de casamento ou de união estável de um dos conviventes, ressalvada a exceção do artigo 1723, § 1º, do Código Civil, impede o reconhecimento de novo vínculo referente ao mesmo período, inclusive para fins previdenciários, em virtude da consagração do dever de fidelidade e da monogamia pelo ordenamento jurídico-constitucional brasileiro.[56]

Dada a abrangência da tese fixada, para além da determinação relativa à impossibilidade de reconhecimento de novo vínculo concomitante, inclusive para efeitos previdenciários, importa investigar os fundamentos que alicerçam a decisão. Inclusive, aprouve ao relator deixar explícitos tais fundamentos na própria tese, qual seja, "em virtude da consagração do dever de fidelidade e da monogamia pelo ordenamento jurídico-constitucional brasileiro".[57] Portanto, a tese está alicerçada em dois pilares, a monogamia e o dever de fidelidade.

No entanto, como anteriormente explanado, há divergências sobre ser a monogamia princípio estruturante do direito de família e ser aplicável à união estável. Sua previsão é infraconstitucional, diz respeito ao modelo

[54] BRASIL. Supremo Tribunal Federal. **Pleno – Reconhecimento de duas uniões estáveis para rateio de pensão – COM AUDIODESCRIÇÃO**. *Youtube*, 2019b.

[55] Ibid.

[56] BRASIL. Supremo Tribunal Federal. **RE 1045273/SE**. Recurso extraordinário. repercussão geral. tema 529. constitucional. previdenciário. pensão por morte. rateio entre companheira e companheiro, de uniões estáveis concomitantes. Impossibilidade [...]. Recorrente: C. L. S. Recorrido: M. J. O. S. e E. S. S. Relator: Min. Alexandre de Moraes, 21 de dezembro de 2020, p. 9.

[57] Ibid, p. 9.

familiar baseado no matrimônio e não se aplica à união estável, que tem os mesmos direitos, mas não os mesmos deveres e impedimentos, face à natureza jurídica distinta.[58]

Tanto é que a proteção jurídica da união estável decorre do *caput* do artigo 226 da Constituição Federal de 1988: "a família, base da sociedade, tem especial proteção do Estado".[59] Assim, goza de proteção por ser família, assim como a conjugal é família, a monoparental é família e tantas outras o são. Por força do princípio da pluralidade, a proteção do Estado se estende à família e não ao casamento, como ocorreu na Constituição Federal de 1967, no artigo 167, que previa que: "a família é constituída pelo casamento e terá direito à proteção dos Poderes Públicos".[60]

Não foi em vão que o constituinte deslocou o conceito de família como entidade-matrimônio para instituição-social. A pluralidade e a diversidade são harmônicas com a igualdade, liberdade e dignidade humana, compondo um corpo coeso de princípios constitucionais. Assim, não há – em que pese utilizar a expressão "ordenamento jurídico-constitucional brasileiro" no seu texto – impedimento constitucional que justifique o não reconhecimento de famílias denominadas simultâneas, por força de impedimentos típicos do casamento, bem como não há impedimentos ao reconhecimento de uniões estáveis concomitantes no âmbito infraconstitucional, tendo em vista a ausência de impedimento expresso.

À luz do princípio da igualdade, na dimensão formal, material e de reconhecimento[61], não se pode estipular tratamento diverso sem uma fundamentação que justifique tal tratamento. Na lição de Alexy[62], "se não houver uma razão suficiente para a permissibilidade de um tratamento desigual,

[58] SILVA, Marcos Alves da. **Da monogamia**: a sua superação como princípio estruturante do direito de família. Curitiba: Juruá, 2013, p. 89; CAVALCANTI, Camilla de Araujo. **Famílias pós-modernas**: a tutela constitucional à luz do princípio da dignidade da pessoa humana. Curitiba: Juruá, 2016, p. 45.

[59] BRASIL. [Constituição (1988)]. **Constituição da República Federativa do Brasil de 1988**. Disponível em: http://www.planalto.gov.br/ccivil_03/Constituicao/Constituiçao.htm. Acesso em: 23 jan. 2023.

[60] Ibid.

[61] MIRANDA, Lara Caxico Martins; TIROLI, Luiz Gustavo; ALVES, Fernando de Brito. A ética da alteridade e a busca pela igualdade de reconhecimento em Emmanuel Lévinas. **Direito & Paz**. São Paulo, SP, ano XV, n. 44, p. 37-52, 2021.

[62] ALEXY, Robert. **Teoria dos direitos fundamentais**. Trad. Vírgilio Afonso da Silva. São Paulo: Malheiros, 2008, p. 430.

então, o tratamento igual é obrigatório". Preenchidos os mesmos requisitos da união estável, a família em situação de simultaneidade não pode ser afastada da tutela jurídica, a não ser que exista uma fundamentação argumentativa sólida que justifique tal discriminação.

Não sendo a monogamia um princípio jurídico, mas um valor moral, e não se podendo atribuir os mesmos impedimentos do matrimônio a arranjos familiares de natureza jurídica diversa, não resta corpo argumentativo que possa subsidiar a discriminação. Ainda que se considerasse a aplicação do dever de fidelidade e da monogamia às uniões estáveis, não parece esses serem suficientes em face da dignidade humana, responsabilidade, igualdade, liberdade, solidariedade, afetividade, publicidade, comunhão plena de vida, continuidade e durabilidade que fundamentam as uniões estáveis.

Portanto, não cabe sustentar a impossibilidade jurídica do reconhecimento das uniões estáveis que se encontram em situação de concomitância; ao contrário, o ônus deve recair sobre aqueles que argumentam o seu não reconhecimento[63], pois se não houver um conjunto argumentativo sólido que subsidie a discriminação, o reconhecimento é tácito.

Em seu texto, Tavares da Silva[64] menciona que a monogamia é amplamente aceita como valor social, portanto, deve ser observada. Nesse ponto, imperioso ressaltar que não se deve impor um valor coletivo hegemônico dominante a uma minoria que não compartilha do mesmo valor. Para Santos[65], a crítica é "[...] subversiva na medida em que visa criar desfamiliarização em relação ao que está estabelecido e é convencionalmente aceito como normal". À luz da teoria crítica, que visa desvelar a realidade posta, poderia se observar uma tentativa de imposição de um padrão dominante sobre uma diversidade dominada.

Como mencionado, importa assinalar que os autos não permitam definir a união estável que era precedente, ambas foram reconhecidas judicialmente por juízes togados que, à luz da realidade social e das provas, constataram o preenchimento dos requisitos para declaração de união estável (art. 1.723). Uma foi albergada em detrimento da outra por ter chegado

[63] VECCHIATTI, Paulo Roberto Iotti. Famílias paralelas e poliafetivas devem ser reconhecidas pelo Judiciário. **Consultor Jurídico**. 2014, s.p.

[64] TAVARES DA SILVA, Regina Beatriz. A tese de repercussão geral sobre a monogamia no casamento e na união estável. **Revista de Direito Civil Contemporâneo**. vol. 26. ano 8. p. 411-448. São Paulo: Ed. RT, jan.-mar./2021, p. 441.

[65] SANTOS, Boaventura de Souza. **Crítica da razão indolente**: contra o desperdício da experiência. São Paulo: Cortez, 2000, p. 16-17.

primeiro. No plano concreto, a decisão marginalizou uma família em face da outra, como se colocasse em uma pista de atletismo o homem e a mulher para disputarem, em uma espécie de ordália ou juízo divino: aquele que atravessasse primeiro a linha de chegada seria reconhecida como família 'legítima', a outra, mera mancebia.

Não parece ser esse o tratamento adequado a ser dispensado às famílias à luz da principiologia constitucional. Ademais, não é a previsão da norma infraconstitucional, que conforme citado, não inviabiliza o reconhecimento jurídico de duas uniões estáveis simultâneas. No ensinamento de Schreiber[66], o impedimento é relativo ao reconhecimento de união estável concomitante ao casamento, e mesmo assim, havendo separação de fato, não há óbice, tendo em conta a natureza espontânea e informal das uniões estáveis, produto da vida social.

Além do mais, o dever de fidelidade sustentado pelo relator não encontra aderência com a realidade social. Embora tenha sido formulado para cumprir, sobre o paradigma do matrimônio-patrimônio, a finalidade de subjugar a mulher por um lado[67]; e por outro, garantir a manutenção das riquezas no seio da unidade familiar por meio da sucessão aos filhos legítimos – deslocado, assim, o eixo que delimitava os contornos da família – o dever de fidelidade, apesar de estar positivado no Código Civil[68], não tem relevância para a discussão contemporânea do campo familiarista. O casamento deve ser reconhecido como uma comunhão de afetos e companheirismo, e não um instrumento de controle e repressão sexual.[69]

Ademais, a doutrina majoritária e a jurisprudência dominante não têm reconhecido a possibilidade de responsabilizar civilmente o cônjuge em face da inobservância desse dever[70]. Portanto, infringir o dever de fideli-

[66] SCHREIBER, Anderson. **Manual de direito civil contemporâneo.** 4. ed. São Paulo: Saraiva, 2021. E-book, p. 368.

[67] SILVA, Marcos Alves da. **Da monogamia**: a sua superação como princípio estruturante do direito de família. Curitiba: Juruá, 2013, p. 89.

[68] Artigo 1.566, inciso II, do Código Civil 2002: "São deveres de ambos os cônjuges: I – fidelidade recíproca."

[69] LÔBO, Paulo. **Famílias.** São Paulo: Saraiva, 2008, p. 231.

[70] TIROLI, Luiz Gustavo; FURLAN, Alessandra Cristina. A responsabilidade civil por violação dos deveres jurídicos existenciais nas relações conjugais e convivenciais. *In*: BERTOLAZO, Ivana Nobre; NAKAYAMA, Juliana Kiyosen. **Contexto jurídico das novas famílias do século XXI**: em homenagem à Jussara Suzi Assis Borges Nasser Ferreira. v. III. Londrina: Thoth, 2022, p. 46.

dade ou de lealdade, previstos nos artigos 1.566 e 1.724 do Código Civil brasileiro, *per si*, não resulta no dever de indenizar o cônjuge ou companheiro. Até porque a fidelidade deveria ser um acordo comum entre os membros que compõem a família, e não uma imposição legal.

A aplicação do dever de fidelidade para o caso julgado foi equivocada, bem como a fundamentação assentada na monogamia. Portanto, além de expansiva, a tese fixada é equivocada: primeiramente, por não condizer à questão que fora trazida a lume para ser apreciada pelo Pleno do Supremo Tribunal Federal, qual seja a previdenciária; em segundo lugar, por se fundamentar em elementos jurídicos distintos do caso em tela, isto é, aplica preceitos que não correspondem a matéria analisada; por fim, porque tem como alicerce a monogamia e o dever de fidelidade, duas colunas frágeis, justamente por serem concentradas e fixadas no âmbito de um modelo de constituição familiar: o casamento, e não a união estável.

Enfim, o placar foi acirrado e pode ser revertido. Acredita-se que a tentativa de 'solucionar o problema das uniões estáveis', sepultando de vez esse arranjo familiar fez com que a tese fixada se expandisse demasiadamente. Entretanto, falhou-se crassamente ao eleger o caso paradigmático para esse fim. São duas uniões estáveis, dois relacionamentos plenos, de indivíduos com expectativas e vivências, que, pela visão estreita e fechada dos julgadores, foram escolhidos para serem uma união legítima e a outra, a ilegítima.

Em uma perspectiva democrática e emancipatória, o compromisso do julgador deve ser garantir que o Direito seja instrumento da justiça. À luz do caso concreto e da realidade histórico-social, por vezes fazer justiça é aplicar o direito posto, por vezes não. No caso analisado, interpretações expansivas, analogias descabidas e visões estreitas serviram para a manutenção de um sistema jurídico fechado, que se agarra às suas velhas estruturas e ignora a realidade posta e, no julgamento do Recurso Extraordinário (RE) 1.045.273/SE, não houve justiça como decisão ajustada. Nesse julgamento, o Supremo Tribunal Federal não fez a coisa certa.

Conclusões

As uniões estáveis concomitantes, embora não sejam uma prática ou temática nova, exigem reflexão. A monogamia, principal barreira levantada contra a possibilidade de atribuição de efeitos jurídicos às uniões simultâneas não é princípio estruturante do direito de família. Ela é tão somente um valor que está atrelado a um determinado arranjo familiar: o casamento.

As uniões estáveis são realidades concretas da sociedade. Assim, o Poder Judiciário correntemente é convocado a apreciar situações de fato, que se apresentam em busca de acolhimento e tutela jurídica. Em tempo, cumpre ressaltar que não se trata de mancebia, adultério, relação casual ou eventual, traição ou qualquer outra palavra semanticamente alicerçada no moralismo que expressa essas realidades.

São, ao contrário, uniões existenciais fundamentadas sobre os alicerces estruturantes do direito de família, tais como liberdade, responsabilidade, dignidade humana, afetividade, igualdade e solidariedade, preenchendo, inclusive, os requisitos infraconstitucionais de publicidade, continuidade, convivência, estabilidade e intenção de constituição familiar (art. 1.723, CC).

Nesse sentido, em sede do Recurso Extraordinário (RE) n. 1.045.273/SE, à luz do caso concreto, duas uniões estáveis reconhecidas pelo Poder Judiciário disputavam o rateio de pensão por morte. O ministro relator não deu provimento ao recurso interposto pelo autor, denegando o rateio em face da consagração do princípio da monogamia e do dever de fidelidade no sistema jurídico brasileiro. Assim, estabeleceu tese com efeitos de repercussão geral para não conhecer união estável que seja concomitante a outro vínculo, mesmo para fins de direito previdenciário.

O pleno do Supremo Tribunal Federal, na esteira do voto do relator, rejeitou efeitos jurídicos a uniões estáveis assentadas na realidade social aplicando regras, analogias e princípios que não se aplicam ao caso em tela: duas uniões estáveis. O desfecho não contemplou uma solução adequada, no sentido de cabimento, pois a fundamentação e a expansividade do voto do relator aglutinaram e suprimiram as peculiaridades das uniões estáveis, renegando sua natureza jurídica e possibilidade de existência. O tratamento jurídico dispensado a essas modalidades de constituição familiar não pode ser assentado em paradigmas que não dizem respeito à sua natureza jurídica.

Mesmo sendo alvo de controvérsias, não somente quanto ao reconhecimento no mundo do Direito, mas também em relação às repercussões jurídicas, a pluralidade de arranjos familiares está posta, mas não acabada. Encontra-se em processo constante de construção. Almeja-se, assim, um novo paradigma, guiado pelas promessas da Carta Fundamental de 1988, uma família alicerçada na afetividade, igualdade, dignidade humana, liberdade, diversidade e responsabilidade, compreendida no contexto histórico-social em transformação.

Referências

Alexy, Robert. **Teoria dos direitos fundamentais.** Trad. Vírgilio Afonso da Silva. São Paulo: Malheiros, 2008.

Azevedo, Álvaro Villaça. **Estatuto da família de fato.** 3. ed. São Paulo: Atlas, 2011.

BRASIL. [Constituição (1967)]. **Constituição da República Federativa do Brasil de 1967**. Disponível em: https://www.planalto.gov.br/ccivil_03/constituicao/constituicao67.htm. Acesso em: 23 jan. 2023.

BRASIL. Constituição (1988). **Constituição da República Federativa do Brasil**. Brasília, DF: Senado Federal: Centro Gráfico, 1988.

BRASIL. **Lei no 2.848, de 7 de dezembro de 1940**. Código penal. Disponível em: https://www.planalto.gov.br/ccivil_03/decreto-lei/del2848compilado.htm. Acesso em: 23 jan. 2023.

BRASIL. **Lei no 8.069, de 13 de julho de 1990**. Dispõe sobre o Estatuto da Criança e do Adolescente e dá outras providências. Disponível em: https://www.planalto.gov.br/ccivil_03/leis/l8069.htm. Acesso em: 23 jan. 2023.

BRASIL. **Lei no 10.406, de 10 de janeiro de 2002**. Institui o Código Civil. Disponível em: http://www.planalto.gov.br/ccivil_03/leis/2002/l10406compilada.htm. Acesso em: 23 jan. 2023.

BRASIL. Supremo Tribunal Federal. **RE 1045273/SE**. Recurso extraordinário. repercussão geral. tema 529. constitucional. previdenciário. pensão por morte. rateio entre companheira e companheiro, de uniões estáveis concomitantes. Impossibilidade [...]. Recorrente: C. L. S. Recorrido: M. J. O. S. e E. S. S. Relator: Min. Alexandre de Moraes, 21 de dezembro de 2020.

BRASIL. Supremo Tribunal Federal. **STF começa a julgar recurso sobre reconhecimento de duas uniões estáveis para rateio de pensão**. Portal de notícias do STF. 2019a. Disponível em: https://portal.stf.jus.br/noticias/verNoticiaDetalhe.asp?idConteudo=424625. Acesso em: 05 abr. 2022.

BRASIL. Supremo Tribunal Federal. **Pleno – Reconhecimento de duas uniões estáveis para rateio de pensão – COM AUDIODESCRIÇÃO**. *Youtube*, 2019b. Disponível em: https://www.youtube.com/watch?v=OuF9rCHCpMM&t=4977s. Acesso em: 10 ago. 2022.

BRASIL. Superior Tribunal de Justiça. **É incabível o reconhecimento de união estável paralela, ainda que iniciada antes do casamento**. 2022. Disponível em: https://www.stj.jus.br/sites/portalp/Paginas/Comunicacao/Noticias/2022/15092022-E-incabivel-o-reconhecimento-de-uniao-estavel-paralela--ainda-que-iniciada-antes-do-casamento.aspx. Acesso em: 14 out. 2022.

Carvalho, Dimas Messias de. **Direito das famílias.** 8. ed. São Paulo: Saraiva, 2020. E-*book*.

Cavalcanti, Camilla de Araujo. **Famílias pós-modernas**: a tutela constitucional à luz do princípio da dignidade da pessoa humana. Curitiba: Juruá, 2016.

Gagliano, Pablo Stolze; Filho, Rodolfo Pamplona. **Novo curso de direito civil – direito de família.** 11. ed. São Paulo: Saraiva, 2021. E-*book*.

Lôbo, Paulo. **Famílias.** São Paulo: Saraiva, 2008.

Madaleno, Rolf. **Direito de Família**. 12. ed. Rio de Janeiro: Forense, 2022. E-*book*.

MIRANDA, Lara Caxico Martins; TIROLI, Luiz Gustavo; ALVES, Fernando de Brito. A ética da alteridade e a busca pela igualdade de reconhecimento em Emmanuel Lévinas. **Direito & Paz**. São Paulo, SP, ano XV, n. 44, p. 37-52, 2021.

PADILHA, Elisângela. **Novas estruturas familiares**: por uma intervenção mínima do estado. Rio de Janeiro: Lumen Juris, 2017.

PAIANO, Daniela Braga. **A família atual e as espécies de filiação:** da possibilidade jurídica da multiparentalidade. Rio de Janeiro: Lumen Juris, 2017.

PEREIRA, Rodrigo da Cunha. STF premia a irresponsabilidade ao negar rateio de pensão para união simultânea. **IBDFAM**, 19 dez. 2020. Disponível em: https://www.ibdfam.org.br/artigos/1616/STF+premia+a+irresponsabi lidade+ao+negar+rateio+de+pens%C3%A3o+para+uni%C3%A3o+simult%C3%A2ne. Acesso em: 10 mai. 2021.

SANTIAGO, Rafael da Silva. **Poliamor e direito das famílias**: reconhecimento e consequências jurídicas. Curitiba: Juruá, 2015.

SANTOS, Boaventura de Souza. **Crítica da razão indolente**: contra o desperdício da experiência. São Paulo: Cortez, 2000.

SCHREIBER, Anderson. **Manual de direito civil contemporâneo**. 4. ed. São Paulo: Saraiva, 2021. E-*book*.

SILVA, Marcos Alves da. **Da monogamia**: a sua superação como princípio estruturante do direito de família. Curitiba: Juruá, 2013.

SIMÃO, José Fernando. Sim, eu tinha razão e o STF confirmou que não há famílias paralelas no Brasil. **Consultor Jurídico**. 2020. Disponível em: https://www.conjur.com.br/2020-dez-20/processo-familiar-stf-confirma-nao-familias-paralelas-brasil. Acesso em: 14 out. 2022.

TARTUCE, Flávio. **Manual de responsabilidade civil.** Rio de Janeiro: Forense; São Paulo: Método, 2018.

TARTUCE, Flávio. **Direito Civil**: Direito de Família. 16. ed. São Paulo: GEN, 2021. E-*book*.

TAVARES DA SILVA, Regina Beatriz. A tese de repercussão geral sobre a monogamia no casamento e na união estável. **Revista de Direito Civil Contemporâneo**. vol. 26. ano 8. p. 411-448. São Paulo: Ed. RT, jan.-mar./2021.

TEPEDINO, Gustavo; TEIXEIRA, Ana Carolina Brochado. **Fundamentos do Direito Civil:** Direito de Família. 3. ed. São Paulo: GEN, 2022. E-*book*.

TIROLI, Luiz Gustavo; FURLAN, Alessandra Cristina. A responsabilidade civil por violação dos deveres jurídicos existenciais nas relações conjugais e convivenciais. *In*: BERTOLAZO, Ivana Nobre; NAKAYAMA, Juliana Kiyosen. **Contexto jurídico das novas famílias do século XXI**: em homenagem à Jussara Suzi Assis Borges Nasser Ferreira. v. III. Londrina: Thoth, 2022.

UNICEF. **Convenção sobre os Direitos da Criança,** 1989. Disponível em: https://www.unicef.org/brazil/convencao-sobre-os-direitos-da-crianca. Acesso: 23 jan. 2023.

VECCHIATTI, Paulo Roberto Iotti. Famílias paralelas e poliafetivas devem ser reconhecidas pelo Judiciário. **Consultor Jurídico**. 2014. Disponível em: https://www.conjur.com.br/2014-ago-05/paulo-iotti-familias-paralelas-poliafetivas-reconhecidas. Acesso em: 07 mai. 2022.

VENOSA, Sílvio de Salvo. **Direito civil**: direito de família. 13. ed. São Paulo: Atlas, 2013.

4
A (IM) POSSIBILIDADE DA DESCONSTITUIÇÃO DA PATERNIDADE SOCIOAFETIVA

Maurem Silva Rocha
Luzia Menezes Malhão

Introdução

Com o decorrer dos anos a família vem sendo a base da sociedade, mas o conceito de família em si sofreu e ainda sofre alterações de forma consecutiva. Isto porque, antes da promulgação da Constituição Federal de 1988 a família era patriarcal, tendo o homem como o responsável pelo núcleo familiar. Além disso, somente era protegida juridicamente a família decorrente do casamento e só os filhos dele advindos eram legítimos, tratava-se de uma composição conservadora e única, sendo que outro tipo de arranjo familiar não existia no mundo jurídico. Porém, após a Constituição Federal de 1988, surgiram novos formatos de famílias, tendo como o maior pilar desse arranjo o afeto, não sendo mais primordial os laços sanguíneos.

A filiação socioafetiva é um exemplo desses novos arranjos familiares, sendo fruto de uma trajetória construída no convívio social entre uma pessoa e uma criança ou adolescente filho do seu companheiro(a) ou esposo(a) tendo o afeto como base da relação. Ela pode existir tanto nas relações de maternidade como de paternidade, porém as decisões referentes à paternidade socioafetiva são as que possuem uma demanda maior. Observa-se ao realizar uma pesquisa na plataforma do Tribunal de Justiça do Estado do Rio Grande do Sul, consultando pelo termo "maternidade socioafetiva" que foram encontrados 184 julgados,[1] já no tocante ao termo "paternidade socioafetiva" foram encontrados 1.331 julgados.[2]

À vista disso a presente pesquisa tem o foco na paternidade socioafetiva, em razão de que 40,5% das famílias são chefiadas por mulheres sozinhas,[3] em consequência elas são responsáveis pela criação e os cuidados com os seus filhos. Assim, quando as mães têm novos relacionamentos, pode o parceiro tornar-se o pai socioafetivo dessa criança ou adolescente. De maneira inversa, após constituído este vínculo, em caso de rompimento do vínculo da mãe com o padrasto e já pai afetivo, poderia haver a desconstituição desta paternidade socioafetiva?

Diante do problema, apresentam-se algumas hipóteses: após reconhecida a paternidade socioafetiva, alicerçada no vínculo afetivo, não poderá ser desconstituída, em razão de que deve predominar o melhor interesse da criança e tudo o que foi construído. Segunda hipótese: o pai socioafetivo registra a criança supondo ser o pai biológico, após descobre que incorreu em erro, nessa circunstância deverá ter a desconstituição da paternidade. Terceira hipótese: a paternidade biológica não pode ser superior e nem exclusiva, em razão de que pode haver a paternidade socioafetiva na relação, sendo possíveis ambos os vínculos constarem no registro da certidão. Serão utilizados como métodos de pesquisa a revisão bibliográfica e a análise de conteúdo jurisprudencial.

Assim, analisaremos a (im)possibilidade da desconstituição dos vínculos de paternidade socioafetiva com o término da relação conjugal, e ainda o reconhecimento da paternidade socioafetiva, bem como os direitos e deveres originados pela constituição deste vínculo.

1. A evolução histórica do conceito de família e de FILIAÇÃO

Para compreender todas as transformações que ocorreram com a família enquanto instituto é necessário voltar um pouco no tempo, pois "[...] falar em família é mergulhar em águas de diferentes e variados significados para

[1] Dados extraídos na base de dados do Tribunal de Justiça do Rio Grande do Sul, no dia 19 de maio de 2022. Disponível em: https://www.tjrs.jus.br/.

[2] Dados extraídos na base de dados do Tribunal de Justiça do Rio Grande do Sul, no dia 19 de maio de 2022. Disponível em: https://www.tjrs.jus.br/.

[3] CAVENAGHI, Suzana. **Mulheres chefes de família no Brasil:** avanços e desafios. Rio de Janeiro, 2018. Disponível em: https://www.ens.edu.br/arquivos/mulheres-chefes-de-familia-no-brasil-estudo-sobre-seguro-edicao-32_1.pdf. Acesso em: 19 maio 2022.

as pessoas, dependendo do local onde vivem, de sua cultura e, também, de sua orientação religiosa e filosófica, entre outros aspectos".[4]

Assim, a família é a instituição natural mais antiga que se tem conhecimento, ainda confirmou Rousseau, "a família é a mais antiga das sociedades, e também a única natural".[5]

Nesse contexto histórico, a família na antiguidade era vista mais como uma propriedade, uma entidade econômica, tendo em vista que a maior preocupação naquela época era com a procriação e a necessidade de conservar e aumentar os bens da família, deixando de lado ou por último os laços afetivos entre seus familiares. Nessa perspectiva Ariés afirma:

> Essa família antiga tinha por missão – sentida por todos – a conservação dos bens, a prática comum de um ofício, a ajuda mútua quotidiana em um mundo em que um homem e, mais ainda, uma mulher isolados não podiam sobreviver, e ainda, nos casos de crise, a proteção da honra e das vidas. Ela não tinha função afetiva.[6]

Na atualidade, a família não é mais só a tradicionalista definida no casamento entre um homem e uma mulher. Com o advento da Constituição Federal de 1988 ocorreram grandes mudanças, levando a novos modelos de constituir famílias, podendo ser pelo casamento, união estável e união homoafetiva. Ainda, oportuno destacar a relação da família monoparental que é constituída por qualquer um dos pais e seus descendentes, bem como a família eudemonista, também chamada de família afetiva, identificada pelo seu envolvimento afetivo, baseada na busca pela felicidade, amor e solidariedade. Portanto, o importante nesse momento são os laços afetivos nas famílias, sendo a afetividade a base para caracterizar uma família. Para Rolf Madaleno e Ana Madaleno:

[4] NITSCHKE, Rosane Gonçalves. **Uma viagem pelo mundo imaginal de ser família saudável no quotidiano em tempos pós-modernos:** a descoberta dos laços de afeto como caminho. Orientadora: Alacoque Lorenzini Erdmann. 1999. 478 f. Tese (Doutorado) – Universidade Federal de Santa Catarina, Santa Catarina, 1999, p. 29. Disponível em: https://repositorio.ufsc.br/xmlui/handle/123456789/80898. Acesso em: 20 mar. 2022.

[5] ROUSSEAU, Jean-Jacques. **Do contrato social ou princípio do direito político.** Tradução: Pietro Nassetti. 3. ed. São Paulo: Martin Claret, 2000, p. 18. *E-book.* Disponível em: http://professor.pucgoias.edu.br/SiteDocente/admin/arquivosUpload/16096/material/DO%20CONTRATO%20SOCIAL%20ROSSEAU.pdf. Acesso em: 20 mar. 2022.

[6] ARIÈS, Philippe. **História social da criança e da família.** Tradução: Dora Flaksman. 3. ed. Rio de Janeiro: LTC, 2022, p. 18.

Surgem, assim, novos arranjos familiares, novas representações sociais baseadas no afeto – palavra de ordem das novas relações. Por isso, o casamento deixa de ser necessário, dando lugar à busca da proteção e desenvolvimento da personalidade e da dignidade humana, ultrapassando, de alguma forma, os valores meramente patrimoniais.[7]

A filiação não ficou para trás, também seguiu nessa evolução, hodiernamente todos os filhos são iguais perante a Lei, conforme preceitua o art. 1.596 do Código Civil de 2002. Isso significa que não há mais nenhuma distinção entre eles, deixando os preconceitos de lado, além de ser protegido da mesma forma pela Constituição Federal de 1988, no seu art. 227, §6º, inspirado pelo princípio da igualdade entre os filhos.

2. Paternidade socioafetiva

Com estes novos modelos familiares, surgem novas relações não só baseadas nos vínculos sanguíneos, mas também afetivos. Pais que passam a conviver com seus filhos afetivos, criando vínculos de amor e cuidado. Este é justamente o conceito de paternidade socioafetiva: "relação paterno-filial que se forma a partir do afeto, do cuidado, do carinho, da atenção e do amor que, ao longo dos anos, se constitui em convivência familiar em assistência moral e compromisso patrimonial".[8] Portanova ainda destaca que:

> Sólido relacionamento afetivo perno-filial vai formando responsabilidades e referências, inculcando, pelo exercício da paternagem, elementos fundamentais e preponderantes na formação, construção e definição da identidade e personalidade da pessoa. E assim, a relação paterno-filial vai sendo reconhecida não só entre os parentes do grupo familiar, mas também entre terceiros (padrinhos, vizinhos e colegas).[9]

A paternidade socioafetiva surgiu para expor outro lado dos vínculos familiares, demonstrando que nem sempre os laços sanguíneos irão permanecer como verdade soberana e reforçando que, no momento viven-

[7] MADALENO, Ana Caroline Carpes; MADALENO, Rolf. **Síndrome da alienação parental:** a importância de sua detecção com seus aspectos legais e processuais. Rio de Janeiro: Forense, 2013, p. 19.

[8] PORTANOVA, Rui. **Ações de filiação e paternidade socioafetiva**. 2. ed. Porto Alegre: Livraria do Advogado, 2018, p. 23.

[9] Ibid, p. 23.

ciado, o primordial em uma relação é o amor. E com esse amor, o vínculo afetivo é construído diariamente na convivência de ambas as partes com os gestos, no querer fazer parte da vida do outro, sentir-se bem na relação e querer que o outro se sinta da mesma forma.

Na maioria das vezes a figura do genitor e do pai se encontram na mesma pessoa, mas na verdade todos os pais, sendo biológicos ou não, deveriam construir um vínculo socioafetivo com seus filhos.[10] Mesmo que no Brasil não se tenha uma lei explícita, "a paternidade socioafetiva tem alicerce constitucional, infraconstitucional, doutrinário e jurisprudencial".[11] Além disso, o Código Civil de 2002 tem uma lacuna na redação do seu art. 1.593, que relata que o parentesco pode ser consanguíneo ou de outra origem. Desse modo, o artigo permite que a "outra origem" seja reconhecida a paternidade socioafetiva como uma forma de parentesco civil, assim preceitua o Enunciado nº 256 do Conselho da Justiça Federal (CJF): "a posse do estado de filho (parentalidade socioafetiva) constitui modalidade de parentesco civil".[12]

Essa posse do estado de filho é caracterizada pela presença de três elementos: *tractatus, fama e nomen*. *Tractatus* refere-se quando a pessoa é tratada pela família como filha, desde a proteção, amparo, educação, suporte financeiro, afetivo até a responsabilidade por aquela vida.[13] *Fama* é a exposição desse tratamento familiar referido no parágrafo anterior, mas neste ponto, sendo visível para a sociedade esse reconhecimento da condição de filho, não somente para as pessoas daquele núcleo familiar.[14] Por outro lado, *nomen* é o uso do sobrenome da família, mas não é necessário que entre eles se chamem de pai, de mãe ou de filho para que se reconheça o vínculo socioafetivo, pois o convívio diário entre eles é o que deve prevalecer, ou seja, "o fato de o filho nunca ter usado o patronímico do pai, não enfraquece a posse do estado de filho, desde que estejam presentes os

[10] DIAS, Maria Berenice. **Filhos do afeto**. 3. ed. São Paulo: JusPodivm, 2022, p. 48.

[11] PORTANOVA, Rui. **Ações de filiação e paternidade socioafetiva**. 2. ed. Porto Alegre: Livraria do Advogado, 2018, p. 21.

[12] CONSELHO DA JUSTIÇA FEDERAL. **Enunciado nº 256.** A posse do estado de filho (parentalidade socioafetiva) constitui modalidade de parentesco civil. Disponível em: https://www.cjf.jus.br/enunciados/enunciado/501. Acesso em: 02 abr. 2022.

[13] DIAS, Maria Berenice. **Filhos do afeto**. 3. ed. São Paulo: JusPodivm, 2022, p. 52.

[14] LEITÃO, Manuela Nishida; TOMASZEWSKI,Adauto de Almeida. Filiação socioafetiva: a posse de estado de filho como critério indicador da relação paterno-filial e o direito à origem genética. **Revista jurídica da UniFil**, Paraná, a. III, n. 3, 2005. Disponível em: https://web.unifil.br/docs/juridica/03/Revista%20Juridica_03-1.pdf. Acesso em: 02 abr. 2022.

demais elementos.".[15] Isso quer dizer que só o trato e a fama são suficientes para caracterização da posse de estado.

Além disso, a doutrina não se refere sobre o prazo mínimo para que essa posse seja considerada verídica, mas deve ser contínua e duradora, sendo assim verificada caso a caso, também não há uma lei específica para posse do estado de filho, mas como é um dos fatos geradores da parentalidade socioafetiva pode ser utilizada a redação do art. 1.605, II, do Código Civil.[16] Ademais, a redação do Enunciado nº 519 do Conselho da Justiça Federal (CJF) que preceitua: "o reconhecimento judicial do vínculo de parentesco em virtude de socioafetividade deve ocorrer a partir da relação entre pai(s) e filho(s), com base na posse do estado de filho, para que produza efeitos pessoais e patrimoniais.".[17]

O reconhecimento dos filhos é direcionado somente aos filhos fora do casamento, em razão que no casamento prevalece à presunção da certeza de que aquele filho veio daquele casal, já que não houve nenhuma contestação. Além de ser um ato de reconhecimento personalíssimo, apresenta as características de voluntariedade, irrevogabilidade e incondicionalidade.[18] Dispõe de amparo legal, no seu capítulo III, no Código Civil de 2002, definidos nos artigos 1.607 a 1.617. Esse reconhecimento pode suceder de forma voluntária ou judicial, podendo ser utilizado as duas formas para o reconhecimento da paternidade socioafetiva.

Não era possível o reconhecimento voluntário de alguém que já tenha devidamente o nome do pai ou da mãe registrado na certidão de nascimento.[19] Isto é, se alguém tivesse um pai registral não poderia aderir o reconhecimento da filiação socioafetiva, mesmo sendo reconhecida a posse do estado de filho, em razão que a ação era julgada por impossibilidade jurídica do pedido e ausência de interesse de agir.[20] Mas com a evolução do

[15] DIAS, op. cit., p. 52.

[16] CASSETTARI, Christiano. **Multiparentalidade e parentalidade socioafetiva:** efeitos jurídicos. 3. ed. São Paulo: Atlas, 2017, p. 32.

[17] CONSELHO DA JUSTIÇA FEDERAL. **Enunciado nº 519.** O reconhecimento judicial do vínculo de parentesco em virtude de socioafetividade deve ocorrer a partir da relação entre pai(s) e filho(s), com base na posse do estado de filho, para que produza efeitos pessoais e patrimoniais. Disponível em: https://www.cjf.jus.br/enunciados/enunciado/588. Acesso em: 02 abr. 2022.

[18] LÔBO, Paulo. **Direito Civil:** famílias. 8. ed. São Paulo: Saraiva Educação, 2018, v. 5, p. 186.

[19] Ibid, p. 187.

[20] DIAS, Maria Berenice. **Filhos do afeto**. 3. ed. São Paulo: JusPodivm, 2022, p. 57.

Direito de Família, a jurisprudência passou a admitir, após o julgamento do Tema 622 do STF, em 21 de setembro de 2016, a coexistência dos vínculos registral e socioafetivo e isso foi reflexo para que a Justiça reconhecesse a multiparentalidade, sendo um instrumento que permitiu o direito de alguém ter mais de um pai ou mãe na certidão de nascimento, autorizando de vez o reconhecimento da filiação socioafetiva.[21]

Com todo esse avanço, no dia 14 de novembro de 2017, o Conselho Nacional de Justiça (CNJ) publicou o provimento nº 63/2017 admitindo o reconhecimento voluntário da paternidade ou da maternidade socioafetiva perante os oficiais de registro civil das pessoas naturais, assim facilitando o procedimento do reconhecimento, não tendo mais só o caminho do judiciário, mas vale destacar que é necessária anuência dos pais registrais e do filho na via extrajudicial. Na redação do art. 10 do provimento nº 63, qualquer pessoa poderia buscar o reconhecimento da socioafetividade sem ter um requisito mínimo de idade,[22] mas isso foi alterado pelo provimento nº 83/19, portanto, agora com a nova redação do art. 10, só pode haver o reconhecimento voluntário socioafetivo de forma extrajudicial para adolescentes a partir de 12 anos.[23]

Cabe destacar que o art. 10, §3º do provimento, especifica que não poderão reconhecer essa paternidade socioafetiva os irmãos entre si e nem os ascendentes. Além disso, o §4º informa que o pretenso pai tem que ser no mínimo 16 anos mais velho que o filho.[24] Após esses requisitos, o art. 10-A

[21] Ibid, p. 57.

[22] CONSELHO NACIONAL DE JUSTIÇA. **Provimento nº 63, de 14 de novembro de 2017.** Institui modelos únicos de certidão de nascimento, de casamento e de óbito, a serem adotadas pelos ofícios de registro civil das pessoas naturais, e dispõe sobre o reconhecimento voluntário e a averbação da paternidade e maternidade socioafetiva no Livro "A" e sobre o registro de nascimento e emissão da respectiva certidão dos filhos havidos por reprodução assistida. 2017. Disponível em: https://atos.cnj.jus.br/atos/detalhar/2525. Acesso em: 06 abr. 2022.

[23] CONSELHO NACIONAL DE JUSTIÇA. **Provimento nº 83, de 14 de agosto de 2019.** Altera a Seção II, que trata da Paternidade Socioafetiva, do Provimento n. 63, de 14 de novembro de 2017 da Corregedoria Nacional de Justiça. 2019. Disponível: https://atos.cnj.jus.br/atos/detalhar/2525. Acesso em: 09 abr. 2022.

[24] CONSELHO NACIONAL DE JUSTIÇA. **Provimento nº 63, de 14 de novembro de 2017.** Institui modelos únicos de certidão de nascimento, de casamento e de óbito, a serem adotadas pelos ofícios de registro civil das pessoas naturais, e dispõe sobre o reconhecimento voluntário e a averbação da paternidade e maternidade socioafetiva no Livro "A" e sobre o registro de nascimento e emissão da respectiva certidão dos filhos havidos por reprodução assistida. 2017. Disponível em: https://atos.cnj.jus.br/atos/detalhar/2525. Acesso em: 06 abr. 2022.

deixa claro que essa paternidade precisa ser estável e visível para a sociedade, conforme demonstrado no tópico anterior que aborda a posse do estado de filho, e para isso se suceder na prática deve o registrador verificar a existência desse vínculo afetivo com base nos elementos apresentados pelas partes, conforme preceitua o art. 10-A, §1º.[25]

O provimento nº 63/17 na sua seção II da paternidade socioafetiva, ainda reforça, no art. 10, §1º que: "o reconhecimento voluntário da paternidade ou maternidade será irrevogável, somente podendo ser desconstituído pela via judicial, nas hipóteses de vício de vontade, fraude ou simulação.".[26] E ainda, se o registrador suspeitar uma dessas hipóteses mencionadas, ou se notar simulação ou dúvida sobre a configuração do estado de posse do filho, irá recusar o pedido e encaminhará direto ao juiz, para assim evitar futura desconstituição, tendo em vista que o assunto demanda uma grande importância e não se deve ter nenhuma dúvida ou atitude por emoção.[27]

Mesmo existindo via extrajudicial para facilitar, ainda muitas pessoas buscam o reconhecimento por ação judicial, principalmente quando o filho é menor de 12 anos de idade e fica impossibilitado de ser reconhecido pela via extrajudicial. Ou se um dos pais registrais não quer aceitar o reconhecimento socioafetivo, existindo um litígio para ser decidido pelo Juiz. Também pode ser o caso do pedido judicial, quando o reconhecimento da filiação socioafetiva for feito por mais de uma pessoa.[28]

Nesse contexto, havendo uma dessas três hipóteses, será necessário ingressar com uma ação judicial de natureza declaratória na Vara de Família para buscar o reconhecimento socioafetivo. Outrossim, vale destacar que é possível buscar o reconhecimento da paternidade socioafetiva após a morte do pai, mesmo que o filho já tenha um pai registral, sendo um reconhecimento já previsto pela doutrina e jurisprudência. Ilustrando a hipótese, trazemos a decisão proferida pelo Tribunal de Justiça de São Paulo:

> APELAÇÃO – AÇÃO DE RECONHECIMENTO DE PATERNIDADE SOCIOAFETIVA POST MORTEM – SENTENÇA DE PROCEDÊNCIA –

[25] CONSELHO NACIONAL DE JUSTIÇA. **Provimento nº 83, de 14 de agosto de 2019.** Altera a Seção II, que trata da Paternidade Socioafetiva, do Provimento n. 63, de 14 de novembro de 2017 da Corregedoria Nacional de Justiça. 2019. Disponível: https://atos.cnj.jus.br/atos/detalhar/2525. Acesso em: 09 abr. 2022.

[26] CONSELHO NACIONAL DA JUSTIÇA, op. cit., 2017.

[27] Ibid.

[28] DIAS, Maria Berenice. **Filhos do afeto**. 3.ed. São Paulo: JusPodivm, 2022, p. 59.

Inconformismo dos herdeiros do falecido – Alegação de que o de cujus não tinha intenção de reconhecer a apelada como filha e se assim o pretendesse, teria feito – Rejeição – Demanda baseada no fato de a autora ter convivido desde os seus dois anos de idade com o falecido como se pai e filha fossem – Inicial acompanhada de farta prova documental, fotografias, postagens feitas pelo falecido no Facebook e cartões de aniversários, que retratam a relação socioafetiva entre a autora e o falecido – Testemunhas que comprovam o tratamento da autora como se filha fosse e o conhecimento público dessa condição – Aplicação analógica da adoção póstuma, a qual pode ser admitida mesmo que o adotante não tenha dado início ao processo formal para tanto – Existente o afeto entre pai e filha manifestado em uma relação de mútuo auxílio, respeito e amparo, é acertada dispensa do vínculo sanguíneo para reconhecer a existência de filiação jurídica – Precedentes do STJ – Sentença mantida – NEGARAM PROVIMENTO AO RECURSO".[29]

Nesse caso, foi julgado procedente a ação, reconhecendo a paternidade socioafetiva *post mortem*, mas os herdeiros do falecido inconformados com a decisão ingressaram com recurso de apelação alegando que o falecido não tinha intenção de reconhecer a apelada como filha, pois se tivesse vontade teria realizado esse reconhecimento em vida. Na filiação socioafetiva *post mortem* é necessário a prova da posse do estado de filho, consolidada pelo afeto e convivência familiar, sendo que nesse caso ficou evidente com as provas documentais e testemunhais que a apelada e o *de cujus* viviam num vínculo socioafetivo e tinham posse do estado de filho.

Por fim, importa salientar que tanto o reconhecimento socioafetivo voluntário como o judicial, deve ser uma decisão em conjunto do núcleo familiar, pois é um ato de grande responsabilidade para ambas as partes, visto que após o reconhecimento da filiação terão seus direitos garantidos sendo um ato irretratável, conforme redação do Enunciado nº 339 do CJF: "a paternidade socioafetiva, calcada na vontade livre, não pode ser rompida em detrimento do melhor interesse do filho".[30]

[29] SÃO PAULO. Tribunal de Justiça do Estado de São Paulo (Oitava Câmara Cível). **Apelação Cível 1008175-07.2017.8.26.0604.** Relator: Des. Alexandre Coelho, 21 de março de 2022. Disponível em: encurtador.com.br/fmvH1. Acesso em 13 abr. 2022.

[30] CONSELHO DA JUSTIÇA FEDERAL. **Enunciado nº 339**. A paternidade socioafetiva, calcada na vontade livre, não pode ser rompida em detrimento do melhor interesse do filho. Disponível em: https://www.cjf.jus.br/enunciados/enunciado/369#:~:text=A%20

Ainda muito se questiona se uma relação construída no afeto gera deveres e direitos, mas a paternidade socioafetiva no seu íntimo no dia a dia, na convivência diária, já implica em muitos deveres e não seria diferente após reconhecer oficialmente esse vínculo afetivo.

Além disso, não deve ter distinção entre filho biológico ou socioafetivo, ambos são iguais perante a lei, tendo os mesmos direitos e qualificações, desde a educação até a vivência da cultura, uma vez que ambos devem ter a mesma experiência sem haver desigualdade, conforme o art. 227, §6º da Constituição Federal e o art. 1.596 do Código Civil. A vista disso, as obrigações dos pais socioafetivos a serem cumpridas com seus filhos devem permanecer se caso houver uma dissolução de casamento ou união estável.

Portanto, na questão de deveres, o pai socioafetivo tem a obrigação alimentar para com seu filho, sendo uma tese já aprovada pelo Conselho da Justiça Federal (CJF) no Enunciado nº 383 "para os fins do art. 1.696, a relação socioafetiva pode ser elemento gerador de obrigação alimentar".[31]

Ainda no que tange aos direitos, os pais socioafetivos têm direito a guarda, "pois não há preferência para o exercício da guarda, unilateral ou compartilhada de uma criança ou adolescente em decorrência da parentalidade ser biológica ou afetiva, pois o que deve ser atendido é o melhor interesse da criança.".[32]

Caso o pai socioafetivo não tenha a guarda, terá o direito de visitar seu filho, conforme for acordado ou fixado pelo juiz, podendo conviver com o filho acompanhando de perto sua evolução e educação sem perder o exercício do poder familiar. Inclusive, esse direito a convivência se estende aos avós socioafetivos, podendo visitá-los regularmente,[33] conforme previsto no Enunciado nº 333 do Conselho da Justiça Federal (CJF): "o direito de visita pode ser estendido aos avós e pessoas com as quais a criança ou o adolescente mantenha vínculo afetivo, atendendo ao seu melhor interesse".[34]

paternidade%20socioafetiva%2C%20calcada%20na,do%20melhor%20interesse%20do%20filho. Acesso em: 02 abr. 2022.

[31] CONSELHO DA JUSTIÇA FEDERAL. **Enunciado nº 383.** Para os fins do art. 1.696, a relação socioafetiva pode ser elemento gerador de obrigação alimentar. Disponível em: https://www.cjf.jus.br/enunciados/enunciado/383. Acesso em: 14 abr. 2022.

[32] CASSETTARI, Christiano. **Multiparentalidade e parentalidade socioafetiva:** efeitos jurídicos. 3. ed. São Paulo: Atlas, 2017, p. 86.

[33] Ibid, p. 87.

[34] CONSELHO DA JUSTIÇA FEDERAL. **Enunciado nº 333.** O direito de visita pode ser estendido aos avós e a pessoas com as quais a criança ou o adolescente mantenha vínculo

Desse modo, não há nenhuma diferença entre a paternidade socioafetiva ou biológica, o que deve ser levado em conta é o melhor interesse da criança, ou seja, o vínculo socioafetivo não impede que o pai biológico cumpra suas responsabilidades, tendo em vista que não é porque a pessoa tem um pai socioafetivo atendendo suas necessidades que o pai biológico será exonerado do encargo alimentar.[35] Pois "[...] seria permitir o duplo empobrecimento, moral e material do descendente genético, que deve usufruir de uma melhor condição socioeconômica em conformidade com aquela desfrutada por seu procriador.".[36]

3. O instituto do parentesco socioafetivo e desconstituição do vínculo

A paternidade socioafetiva após seu reconhecimento tem suas responsabilidades. Por isso, é necessário discutirmos a possibilidade da desconstituição desse vínculo, face ao elevado número de rompimentos de vínculos que acontecem após o reconhecimento da paternidade socioafetiva.

O primeiro ponto é que a paternidade socioafetiva é um fato, sendo construída na convivência e no afeto, conforme explanado anteriormente. Mas, às vezes, essa constituição da paternidade socioafetiva acaba sendo realizada de uma forma equivocada, por um ato de impulso, do qual uma das partes se arrepende posteriormente, e resultando em um pedido de desconstituição, afirmando não haver efetivamente este vínculo.

O segundo ponto é que no ordenamento jurídico brasileiro existem dois instrumentos que podem ser utilizados para reconsiderar a paternidade, sendo um deles a ação negatória de paternidade e o segundo a ação anulatória de registro civil. A negatória de paternidade é a busca da desconstituição do vínculo biológico, em razão de que o homem, no momento do registro, acreditava ser o pai biológico. Porém, posteriormente descobre que não o é, sendo uma ação exclusiva do pai registral, conforme art. 1.601 do Código Civil.[37] E a anulatória refere-se aos casos em que o pai sabe que

afetivo, atendendo ao seu melhor interesse. Disponível em: https://www.cjf.jus.br/enunciados/enunciado/355. Acesso em: 14 abr. 2022.

[35] DIAS, Maria Berenice. **Filhos do afeto**. 3.ed. São Paulo: JusPodivm, 2022, p. 61.

[36] MADALENO, Rolf. **Laços que ficam e paternidade alimentar**. [s.l.], [s.d.]. Disponível em: https://www.rolfmadaleno.com.br/web/artigo/lacos-que-ficam-e-paternidade-alimentar#:~:text=O%20pai%20biol%C3%B3gico%20e%20de,a%20vida%20digna%2C%20como%20nas. Acesso em: 14 abr. 2022.

[37] BRASIL. **Lei nº 10.406, de 10 de janeiro de 2002.** Código Civil. Brasília, DF: Presidência da República, 2002. Disponível em: http://www.planalto.gov.br/ccivil_03/leis/2002/l10406compilada.htm. Acesso em: 15 abr. 2022.

não é seu filho biológico, mesmo assim o reconhece e o registra, mas após pode querer buscar a ação negatória afirmando que houve erro ou falsidade do registro, conforme art. 1.604 do Código Civil.[38]

Entretanto, mesmo havendo duas vias para contestar a paternidade a mais coerente para se tentar uma desconstituição da paternidade socioafetiva seria a ação anulatória de registro civil, mesmo quando houve um "certo consenso" ao reconhecimento da paternidade socioafetiva. Mas é possível afirmar que há uma complexidade nesse assunto quando se busca desconstituir o vínculo, pois não há previsão legal expressa a respeito desta situação, nem tampouco elencando hipóteses cabíveis, é necessário analisar caso por caso.[39]

A jurisprudência vem abordando a questão de forma cautelosa. A paternidade socioafetiva, recentemente, foi abordada no Tema 622 de repercussão geral do Recurso Extraordinário nº 898.060. Nele, o Relator, o ministro Luiz Fux, salientou que: "a paternidade socioafetiva, declarada ou não em registro público, não impede o reconhecimento do vínculo de filiação, concomitante baseado na origem biológica".[40] Com esse julgamento do Supremo Tribunal Federal (STF) ficou claro que a paternidade socioafetiva possui os mesmos direitos que a biológica, além de que o reconhecimento da socioafetividade não depende de registro civil podendo buscar-se o reconhecimento *post mortem* conforme já mencionado anteriormente.[41]

Já adotando o posicionamento do STF, a decisão abaixo colacionada apresenta uma situação em que houve o reconhecimento da filiação socioafetiva em uma situação em que ficou demonstrado que não pode haver desconstituição do pai socioafetivo só porque há uma filiação biológica já estabelecida, tendo em vista que o interesse e o bem-estar da criança devem ser levados em consideração.

[38] Ibid.

[39] OLIVEIRA, Barbara de Paula Mendes. **A impossibilidade da desconstituição da paternidade socioafetiva.** Orientador: Gustavo Henrique Velasco Boyadjian. 2018. 55 f. Trabalho de Conclusão de Curso (Graduação em Direito) – Universidade Federal de Uberlândia, Uberlândia, 2018. Disponível em: https://repositorio.ufu.br/handle/123456789/24405. Acesso em: 15 abr. 2022.

[40] BRASIL, Supremo Tribunal Federal. **Recurso extraordinário 898.060/SC.** Relator: Min. Luiz Fux, 21 de setembro de 2016. Disponível em: https://jurisprudencia.stf.jus.br/pages/search?classeNumeroIncidente=RE%20898060&base=acordaos&sinonimo=true&plural=true&page=1&pageSize=10&sort=_score&sortBy=desc&isAdvanced=true&origem=AP. Acesso em: 23 abr. 2022.

[41] Ibid.

Assim, acertada a sentença, mormente porque não é possível decidir entre a filiação afetiva e a filiação biológica, devendo, portanto, ser mantido o reconhecimento de ambos os vínculos parentais, conforme a mais recente e moderna posição do Supremo Tribunal Federal, em seu famoso julgamento do RE nº 898. 060, de relatoria do Min. LUIZ FUX, na data de 21/09/2016.[42]

Ainda, em recente julgado, o recurso de apelação da decisão de improcedência da ação de declaração negativa de paternidade com pedido de modificação de registro civil de nascimento foi julgado improcedente, confirmando a decisão de primeiro grau. Nela, o autor – pai registral, alega que não é pai biológico e que não mantém vínculo afetivo e emocional com a criança. Além de declarar que só registrou a criança em razão que a genitora afirmou que ele era o pai. Com o fim do relacionamento entre eles, ela informou que ele não era o pai e ainda afirmou que a criança já tinha ciência de quem era seu pai biológico. Porém, ao manter a decisão, o argumento preponderante para o não acolhimento do recurso foi que na ação negatória de paternidade não é analisada somente a questão biológica, mas também o vínculo socioafetivo existente entre as partes.[43]

Nesse último julgado, a genitora e o pai socioafetivo entraram com acordo pedindo a desconstituição da paternidade socioafetiva, a qual a sentença julgou improcedente a homologação do acordo. Com essa situação, os requerentes ingressaram com uma apelação, alegando que foi feito um reconhecimento de paternidade socioafetiva voluntária, quando a criança só tinha um ano e oito meses de idade, afirmando que decorreu de um erro das partes, pois os autores mantinham um relacionamento amoroso e pretendiam se casar. Mas o relacionamento veio ao fim, além de afirmar que não houve uma criação de vínculo socioafetivo entre a criança e o autor, assim requerendo a desconstituição da paternidade. Porém, o recurso foi negado, tendo em vista que o art. 10, § 1º do Provimento nº 63/2017, do

[42] SANTA CATARINA. Tribunal de Justiça do Estado de Santa Catarina (Quarta Câmara Cível). **Apelação Cível 0315595-18.2014.8.24.0038.** Relator: Rodolfo Cezar Ribeiro Da Silva Tridapalli, 13 de dezembro de 2018. Disponível em: https://busca.tjsc.jus.br/jurisprudencia/buscaForm.do#resultado_ancora. Acesso em: 23 abr. 2022.

[43] SÃO PAULO. Tribunal de Justiça do Estado de São Paulo (Sétima Câmara de Direito Privado). **Apelação Cível 1008541-04.2020.8.26.0196.** Relator: Miguel Brandi, 09 de fevereiro de 2022. Disponível em: https://esaj.tjsp.jus.br/cjsg/consultaCompleta.do. Acesso em 23 abr. 2022.

CNJ, estabelece que o reconhecimento da paternidade socioafetiva é irrevogável, somente podendo ser desconstituída por vício de vontade, fraude ou simulação.[44]

Percebe-se, portanto, que a paternidade socioafetiva é construída na convivência diária com os simples gestos, amor, amparo, cuidado, zelo e no tratamento recíproco. Com isso, vale ressaltar que "assumir ser pai socioafetivo é uma atribuição vitalícia",[45] em razão de que "você se torna eternamente responsável por aquilo que cativa",[46] principalmente quando está cultivando uma relação amorosa, duradora, cuidadosa e cheia de ensinamentos com uma criança.

Visto que "o vínculo afetivo é irretratável e irrenunciável, isto é, aquele que reconheceu como se filho fosse não pode mais romper esse vínculo depois de estabelecida a socioafetividade",[47] uma vez que a criança não pode ser penalizada pelo fim do relacionamento dos pais. Neste sentido, Hironaka completa:

> O afeto, reafirme-se, está na base de constituição da relação familiar, seja ela uma relação de conjugalidade, seja de parentalidade. O afeto está também, certamente, na origem e na causa dos descaminhos desses relacionamentos. Bem por isso, o afeto deve permanecer presente, no trato dos conflitos, dos desenlaces, dos desamores, justamente porque ele perpassa e transpassa a serenidade e o conflito, os laços e os desenlaces; perpassa e transpassa, também, o amor e os desamores. Porque o afeto tem um quê de respeito ancestral, tem um quê de pacificador temporal, tem um quê de dignidade essencial. Este é o afeto de que se fala. O afeto-ternura; o afeto-dignidade. Positivo ou negativo... O imorredouro afeto. O afeto está na construção, mas deve estar

[44] SÃO PAULO. Tribunal de Justiça do Estado de São Paulo (Primeira Câmara de Direito Privado). **Apelação Cível 1005989-63.2019.8.26.0079.** Relator: Augusto Rezende, 14 de fevereiro de 2020. Disponível em: https://esaj.tjsp.jus.br/cjsg/consultaCompleta.do. Acesso em 23 abr. 2022.

[45] LISITA, Kelly Moura Oliveira. **A socioafetividade e seus reflexos.** Ibdfam, 30 set. 2020. Disponível em: https://ibdfam.org.br/index.php/artigos/1569/A+sociafetividade+e+seus+reflexos+. Acesso em: 07 maio 2022.

[46] SAINT-EXUPÉRY, Antonie de. **O pequeno príncipe.** Tradução: Frei Betto. São Paulo: Geração Editorial, 2015, p. 101.

[47] SUZIGAN, Thábata Fernanda. **Filiação socioafetiva e a multiparentalidade**. 2015. Disponível em: https://www.direitonet.com.br/artigos/exibir/9204/Filiacao-socioafetiva-e-a-multiparentalidade. Acesso em: 09 maio 2022.

também na ruptura relacional, resguardando as pessoas para além daquela dose certamente incontrolável de sofrimento que não se pode impedir.[48]

Além de que, em muitos casos a constituição da paternidade socioafetiva está sendo um amparo para uma relação de afeto, trazendo dignidade e construindo a identidade e o caráter da criança ou do adolescente.[49] Então, não pode esta identidade ficar submetida a incertezas, revezes afetivos ou até mesmo patrimoniais, como muito bem nos aponta a Ministra Nancy Andrighi:

> Permitir a desconstituição de reconhecimento de paternidade amparado em relação de afeto teria o condão de extirpar da criança preponderante fator de construção de sua identidade e de definição de personalidade. E identidade dessa pessoa, resgatada pelo afeto, não pode ficar à deriva em face das incertezas, instabilidades ou até mesmo interesses meramente patrimoniais de terceiros submersos em conflitos familiares.[50]

De acordo com os acórdãos analisados, é notável que os Tribunais estão conferindo improcedência para os pedidos de desconstituição de paternidade socioafetiva quando fica comprovado o vínculo afetivo. Eis que é impossível desconstituir um vínculo que foi construído na base do amor e da confiança de ambos os lados diariamente, vindo a prejudicar à criança ou adolescente que já havia tido o vínculo reconhecido anteriormente. Essa desconstituição da paternidade socioafetiva pode ainda trazer grandes danos aos filhos "[...] desenvolvimento de depressão, complexo de rejeição, insegurança, baixa estima, gastrite de origem nervosa, dentre outras, provenientes do descaso de pais socioafetivos em pós divórcio".[51]

[48] HIRONAKA, Giselda Maria Fernandes Novaes. **Sobre peixes e afetos:** um desvaneio acerca da ética no direito de família. Palestra proferida no V Congresso Brasileiro do Instituto Brasileiro de Direito de Família – IBDFAM, 27 out. 2006, p. 10-11. Disponível em: https://ibdfam.org.br/assets/upload/anais/18.pdf. Acesso em: 7 maio.2022.

[49] LISITA, Kelly Moura Oliveira. **A socioafetividade e seus reflexos.** Ibdfam, 30 set. 2020. Disponível em: https://ibdfam.org.br/index.php/artigos/1569/A+sociafetividade+e+seus+reflexos+. Acesso em: 07 maio 2022.

[50] BRASIL. Superior Tribunal de Justiça (Terceira Turma). **Recurso Especial nº 1383408/RS.** Relatora: Nancy Andrighi, 30 de maio de 2014. Disponível em: https://processo.stj.jus.br/SCON/GetInteiroTeorDoAcordao?num_registro=201202533140&dt_publicacao=30/05/2014. Acesso em: 07 maio 2022.

[51] LISITA, Kelly Moura Oliveira. **A socioafetividade e seus reflexos.** Ibdfam, 30 set. 2020. Disponível em: https://ibdfam.org.br/index.php/artigos/1569/A+sociafetividade+e+seus+reflexos+. Acesso em: 07 maio 2022.

Os Tribunais não estão regrando que os casamentos sejam impossíveis de serem rompidos, mas que esse término não prejudique o melhor interesse da criança. Ainda que a vontade dos ex-companheiros seja de não querer mais manter o vínculo, a criança não pode ser vista como algo que não se encaixe mais na vida de quem durante a relação constituiu laços de afeto, que contribuiu para o desenvolvimento da sua personalidade e nem que toda a história que foi construída seja simplesmente negada ou apagada.

Sendo assim, importa ressaltar que quando se trata das relações humanas estabelecidas por vínculo de socioafetividade cada caso é um caso, e deve ser analisado na sua particularidade. Não é possível haver a desconstituição do vínculo da paternidade socioafetiva, quando restar comprovado o vínculo. Porém, quando ficar caracterizada a ausência do vínculo socioafetivo e do biológico pode haver uma desconstituição de paternidade, conforme analisado anteriormente, tendo em vista que "a paternidade socioafetiva não pode ser imposta quando inexistente relação de consanguinidade e o pai registral, de forma inequívoca, não reconhece o vínculo afetivo com a criança".[52]

Por fim, a socioafetividade é regida pelo vínculo afetivo, uma vez caracterizado o afeto na relação e a posse do estado do filho terá a paternidade socioafetiva, que pode ser declarada em juízo. Assim, uma vez reconhecida e levada a termo no registro civil não poderá ser mais revertida.

Conclusões

Pode-se afirmar que foi notável a evolução do direito de família no transcorrer dos anos. Na antiguidade, a família era vista mais como uma entidade econômica e matrimonializada. Além disso, os filhos eram tratados com desigualdade, tendo em vista que havia uma classificação, sendo os legítimos os filhos concebidos dentro do casamento e os ilegítimos se referindo aos filhos concebidos fora do casamento.

Desse modo, o que menos importava era o amor, carinho e os laços afetivos entre seus familiares. Com isso, após a Constituição Federal de 1988, a família foi vista sob outra perspectiva, saindo do padrão de família

[52] DISTRITO FEDERAL. Tribunal de Justiça do Distrito Federal. **Ausência de paternidade socioafetiva:** anulação de registro civil. 22 de maio de 2019. Disponível em: https://www.tjdft.jus.br/consultas/jurisprudencia/informativos/2019/informativo-de-jurisprudencia-n-391/ausencia-de-paternidade-socioafetiva-2013-anulacao-de-registro-civil. Acesso em: 7 maio 2022.

tradicionalista para uma família contemporânea, dando importância aos sentimentos e principalmente ao afeto que é o alicerce das relações familiares, e a vista disso não há mais desigualdade entre os filhos e nenhuma classificação entre eles.

A paternidade socioafetiva surge das novas relações estabelecidas, nas quais estabelecem-se vínculos a partir da convivência e do afeto, independente da origem biológica. Trata-se, em verdade, de uma relação sem vínculo biológico, que por opção e liberalidade cria-se um vínculo afetivo com a criança ou adolescente, em que o cuidado, o amor e a educação são a essência dessa relação, demonstrando que a paternidade vai muito além do vínculo biológico. Depois desse vínculo ser admitido entre eles e para seus parentes, pode se buscar o reconhecimento desta paternidade como socioafetiva perante a Lei pela via extrajudicial ou judicial.

Consequentemente, tendo o devido reconhecimento da paternidade socioafetiva, esse pai socioafetivo não terá mais só a responsabilidade diária com a criança ou adolescente, mas, em razão de uma possível separação entre ele e a genitora da criança, terá que continuar com as obrigações com o filho afetivo, como prestar alimentos, por exemplo. Terá também direitos de modo que poderá pleitear visitas e ainda, até mesmo a sua guarda dependendo da situação.

Toda essa trajetória foi percorrida para que se chegasse ao ponto central dessa discussão: há possibilidade da desconstituição da paternidade socioafetiva após o rompimento da união dos pais?

Há casos que se admite a desconstituição da paternidade socioafetiva, como, por exemplo, quando o pai é induzido ao erro na hora de registrar a criança, acreditando ser o pai biológico. Porém, além de demonstrar o erro, é necessário ficar comprovado que, enquanto havia convivência esse vínculo socioafetivo não foi criado entre eles, e nem a posse do estado de filho, a fim de que seja procedente o pedido de desconstituição da paternidade.

Apesar disso, quando há vínculo socioafetivo comprovado não há que se falar em desconstituição, independente da justificativa apresentada pelo pai. Uma vez declarada a paternidade socioafetiva não poderá ser revertida, levando em consideração tudo o que foi construído nessa relação, e o melhor interesse da criança, conforme assegurado pela Constituição Federal.

Mesmo ainda não havendo legislação própria para a socioafetividade, as decisões aqui colacionadas têm entendido que uma vez reconhecida a paternidade socioafetiva, com seu vínculo de afeto e posse do estado de filho, não haverá desconstituição, independente do rompimento da relação do pai socioafetivo com a genitora, pois não há que se falar em prejuízo do filho, prevalecendo o melhor interesse da criança e do adolescente, conforme preceitua o Estatuto da Criança e do Adolescente.

Referências

ARIÈS, Philippe. **História social da criança e da família.** Tradução: Dora Flaksman. 3. ed. Rio de Janeiro: LTC, 2022.

BRASIL, Supremo Tribunal Federal. **Recurso extraordinário 898.060/SC.** Relator: Min. Luiz Fux, 21 de setembro de 2016. Disponível em: https://jurisprudencia.stf.jus.br/pages/search?classeNumeroIncidente=RE%20898060&base=acordaos&sinonimo=true&plural=true&page=1&pageSize=10&sort=_score&sortBy=desc&isAdvanced=true&origem=AP. Acesso em: 23 abr. 2022.

BRASIL. **Lei nº 10.406, de 10 de janeiro de 2002.** Código Civil. Brasília, DF: Presidência da República, 2002. Disponível em: http://www.planalto.gov.br/ccivil_03/leis/2002/l10406compilada.htm. Acesso em: 15 abr. 2022.

BRASIL. Superior Tribunal de Justiça (Terceira Turma). **Recurso Especial nº 1383408/RS.** Relatora: Nancy Andrighi, 30 de maio de 2014. Disponível em: https://processo.stj.jus.br/SCON/GetInteiroTeorDoAcordao?num_registro=201202533140&dt_publicacao=30/05/2014. Acesso em: 07 maio 2022.

CASSETTARI, Christiano. **Multiparentalidade e parentalidade socioafetiva:** efeitos jurídicos. 3. ed. São Paulo: Atlas, 2017.

CAVENAGHI, Suzana. **Mulheres chefes de família no Brasil:** avanços e desafios. Rio de Janeiro, 2018. Disponível em: https://www.ens.edu.br/arquivos/mulheres-chefes-de-familia-no-brasil-estudo-sobre-seguro-edicao-32_1.pdf. Acesso em: 19 maio 2022.

CONSELHO DA JUSTIÇA FEDERAL. **Enunciado nº 256.** A posse do estado de filho (parentalidade socioafetiva) constitui modalidade de parentesco civil. Disponível em: https://www.cjf.jus.br/enunciados/enunciado/501. Acesso em: 02 abr. 2022.

CONSELHO DA JUSTIÇA FEDERAL. **Enunciado nº 333.** O direito de visita pode ser estendido aos avós e a pessoas com as quais a criança ou o adolescente mantenha vínculo afetivo, atendendo ao seu melhor interesse. Disponível em: https://www.cjf.jus.br/enunciados/enunciado/355. Acesso em: 14 abr. 2022.

CONSELHO DA JUSTIÇA FEDERAL. **Enunciado nº 339.** A paternidade socioafetiva, calcada na vontade livre, não pode ser rompida em detrimento do melhor interesse do filho. Disponível em: https://www.cjf.jus.br/enunciados/enunciado/369#:~:text=A%20paternidade%20socioafetiva%2C%20calcada%20na,do%20melhor%20interesse%20do%20filho. Acesso em: 02 abr. 2022.

CONSELHO DA JUSTIÇA FEDERAL. **Enunciado nº 383.** Para os fins do art. 1.696, a relação socioafetiva pode ser elemento gerador de obrigação alimentar. Disponível em: https://www.cjf.jus.br/enunciados/enunciado/383. Acesso em: 14 abr. 2022.

CONSELHO DA JUSTIÇA FEDERAL. **Enunciado nº 519.** O reconhecimento judicial do vínculo de parentesco em virtude de socioafetividade deve ocorrer a partir da relação entre pai(s) e filho(s), com base na posse do estado de filho, para que produza efeitos pessoais e patrimoniais. Disponível em: https://www.cjf.jus.br/enunciados/enunciado/588. Acesso em: 02 abr. 2022.

CONSELHO NACIONAL DE JUSTIÇA. **Provimento nº 63, de 14 de novembro de 2017.** Institui modelos únicos de certidão de nascimento, de casamento e de óbito, a serem adotadas pelos ofícios de registro civil das pessoas naturais, e dispõe sobre o reconhecimento voluntário e a averbação da paternidade e maternidade socioafetiva no Livro "A" e sobre o registro de nascimento e emissão da respectiva certidão dos filhos havidos por reprodução assistida. 2017. Disponível em: https://atos.cnj.jus.br/atos/detalhar/2525. Acesso em: 06 abr. 2022.

CONSELHO NACIONAL DE JUSTIÇA. **Provimento nº 83, de 14 de agosto de 2019.** Altera a Seção II, que trata da Paternidade Socioafetiva, do Provimento n. 63, de 14 de novembro de 2017 da Corregedoria Nacional de Justiça. 2019. Disponível: https://atos.cnj.jus.br/atos/detalhar/2525. Acesso em: 09 abr. 2022.

DIAS, Maria Berenice. **Filhos do afeto**. 3. ed. São Paulo:JusPodivm, 2022.

DISTRITO FEDERAL. Tribunal de Justiça do Distrito Federal. **Ausência de paternidade socioafetiva:** anulação de registro civil. 22 de maio de 2019. Disponível em: https://www.tjdft.jus.br/consultas/jurisprudencia/informativos/2019/informativo-de-jurisprudencia-n-391/ausencia-de-paternidade-socioafetiva-2013-anulacao-de-registro-civil. Acesso em: 7 maio 2022.

HIRONAKA, Giselda Maria Fernandes Novaes. Sobre peixes e afetos: um desvaneio acerca da ética no direito de família. Palestra proferida no **V Congresso Brasileiro do Instituto Brasileiro de Direito de Família** – IBDFAM, 27 out. 2006. Disponível em: https://ibdfam.org.br/assets/upload/anais/18.pdf. Acesso em: 07 maio 2022.

LEITÃO, Manuela Nishida; TOMASZEWSKI,Adauto de Almeida. Filiação socioafetiva: a posse de estado de filho como critério indicador da relação paterno-filial e o direito à origem genética. **Revista jurídica da UniFil**, Paraná, a. III, n. 3, 2005. Disponível em: https://web.unifil.br/docs/juridica/03/Revista%20Juridica_03-1.pdf. Acesso em: 02 abr. 2022.

LISITA, Kelly Moura Oliveira. **A socioafetividade e seus reflexos.** Ibdfam, 30 set. 2020. Disponível em: https://ibdfam.org.br/index.php/artigos/1569/A+sociafetividade+e+seus+reflexos+. Acesso em: 07 maio 2022.

LÔBO, Paulo. **Direito civil:** famílias. 8. ed. São Paulo: Saraiva Educação, 2018. v. 5.

MADALENO, Ana Caroline Carpes; MADALENO, Rolf. **Síndrome da alienação parental:** a importância de sua detecção com seus aspectos legais e processuais. Rio de Janeiro: Forense, 2013.

MADALENO, Rolf. **Laços que ficam e paternidade alimentar**. [s.l.], [s.d.]. Disponível em: https://www.rolfmadaleno.com.br/web/artigo/lacos-que-ficam-e-paternidade-alimentar#:~:text=O%20pai%20biol%C3%B3gico%20e%20de,a%20vida%20digna%2C%20como%20nas. Acesso em: 14 abr. 2022.

NITSCHKE, Rosane Gonçalves. **Uma viagem pelo mundo imaginal de ser família saudável no quotidiano em tempos pós-modernos:** a descoberta dos laços de afeto como caminho. Orientadora: Alacoque Lorenzini Erdmann. 1999. 478 f. Tese (Doutorado) – Universidade Federal de Santa Catarina, Santa Catarina, 1999. Disponível em: https://repositorio.ufsc.br/xmlui/handle/123456789/80898. Acesso em: 20 mar. 2022.

OLIVEIRA, Barbara de Paula Mendes. **A impossibilidade da desconstituição da paternidade socioafetiva.** Orientador: Gustavo Henrique Velasco Boyadjian. 2018. 55 f. Trabalho de Conclusão de Curso (Graduação em Direito) – Universidade Federal de Uberlândia, Uberlândia, 2018. Disponível em: https://repositorio.ufu.br/handle/123456789/24405. Acesso em: 15 abr. 2022.

PORTANOVA, Rui. **Ações de filiação e paternidade socioafetiva**. 2. ed. Porto Alegre: Livraria do Advogado, 2018.

ROUSSEAU, Jean-Jacques. **Do contrato social ou princípio do direito político.** Tradução: Pietro Nassetti. 3. ed. São Paulo: Martin Claret, 2000. *E-book.* Disponível em: http://professor.pucgoias.edu.br/SiteDocente/admin/arquivosUpload/16096/material/DO%20CONTRATO%20SOCIAL%20ROSSEAU.pdf. Acesso em: 20 mar. 2022.

SAINT-EXUPÉRY, Antonie de. **O pequeno príncipe.** Tradução: Frei Betto. São Paulo: Geração Editorial, 2015.

SANTA CATARINA. Tribunal de Justiça do Estado de Santa Catarina (Quarta Câmara Cível). **Apelação Cível 0315595-18.2014.8.24.0038.** Relator: Rodolfo Cezar Ribeiro Da Silva Tridapalli, 13 de dezembro de 2018. Disponível em: https://busca.tjsc.jus.br/jurisprudencia/buscaForm.do#resultado_ancora. Acesso em: 23 abr. 2022.

SÃO PAULO. Tribunal de Justiça do Estado de São Paulo (Oitava Câmara Cível). **Apelação Cível 1008175-07.2017.8.26.0604.** Relator: Des. Alexandre Coelho, 21 de março de 2022. Disponível em: encurtador.com.br/fmvH1. Acesso em 13 abr. 2022.

SÃO PAULO. Tribunal de Justiça do Estado de São Paulo (Primeira Câmara de Direito Privado). **Apelação Cível 1005989-63.2019.8.26.0079.** Relator: Augusto Rezende, 14 de fevereiro de 2020. Disponível em: https://esaj.tjsp.jus.br/cjsg/consultaCompleta.do. Acesso em 23 abr. 2022.

SÃO PAULO. Tribunal de Justiça do Estado de São Paulo (Sétima Câmara de Direito Privado). **Apelação Cível 1008541-04.2020.8.26.0196.** Relator: Miguel Brandi, 09 de fevereiro de 2022. Disponível em: https://esaj.tjsp.jus.br/cjsg/consultaCompleta.do. Acesso em 23 abr. 2022.

SUZIGAN, Thábata Fernanda. **Filiação socioafetiva e a multiparentalidade**. 2015. Disponível em: https://www.direitonet.com.br/artigos/exibir/9204/Filiacao-socioafetiva-e-a-multiparentalidade. Acesso em: 09 maio 2022.

5
NULIDADE DO REGISTRO DE PATERNIDADE POR ERRO SUBSTANCIAL

Ana Paula Rodrigues
Fabiane Munhoz Rossoni Bauab
Vivian Martins Sgarbi

Introdução

A carta Magna de 1988 conferiu especial proteção à família, o que fez com que o Direito das Famílias sofresse profundas e necessárias transformações para dar segurança jurídica às relações familiares.

Em consonância com o princípio da dignidade da pessoa humana, a família passou a ser valorada de maneira instrumental, protegida à medida em que se constitua em um núcleo intermediário de autonomia existencial e de desenvolvimento da personalidade dos filhos, com a promoção isonômica e democrática da dignidade de seus integrantes na solidariedade constitucional.

Com a releitura constitucional do direito das famílias a afetividade, como aspecto subjetivo das relações familiares, recebeu valoração jurídica como elemento fundante da estrutura familiar. O novo conceito de família baseada no cuidado mútuo de seus membros, com base em relações de afetividade, alterou o conceito de filiação, ampliando o seu significado para abarcar também os filhos socioafetivos.

A comprovação da filiação socioafetiva passou a ser realizada extrajudicialmente desde novembro de 2017, consoante determinam o Provimento 63, do CNJ, alterado pelo Provimento nº 83, de 14/08/2019 e a inserção do pai/mãe socioafetivo não exclui o pai/mãe biológico do registro de nascimento do filho sem qualquer distinção entre as filiações.

Tendo em vista os novos contornos do direito de famílias, a problemática do presente artigo é analisar o erro substancial como causa de anulação do reconhecimento de paternidade e as consequências.

O ponto de partida é a proteção constitucional da família e os princípios que regem o direito das famílias, para a seguir abordar os tipos de paternidade: biológica e socioafetiva e apresentar a definição de erro como patologia dos negócios jurídicos e, ao fim, expor o entendimento doutrinário e dos tribunais superiores sobre a possibilidade de anulação do registro civil de paternidade por erro substancial em que situações tem ocorrido e suas consequências.

Para tanto, utilizar-se-á o método dedutivo, mediante extração discursiva do conhecimento, partindo de premissas gerais aplicáveis a hipóteses concretas. A problemática da pesquisa foi desenvolvida em uma perspectiva descritiva e exploratória. As técnicas utilizadas serão de levantamento de jurisprudências, legislações, bibliografias, artigos científicos e doutrina, tendo como expoentes Fachin, Tepedino e Paiano.

1. Interpretação atual do direito das famílias

O Direito das Famílias sofreu (e continua sofrendo) significativas modificações ao longo da História do país (como também da História mundial), demonstrando logicamente que o Direito precisa acompanhar as transformações do tempo, assim como as transformações humanas, que são justamente marcadas pelas mudanças na cultura, na política e no âmbito social[1].

A família sempre esteve presente em toda e em qualquer sociedade que se tenha conhecimento que existiu e que se desenvolveu, marcando assim o desenvolver da história humana, apresentando diversos formatos, tamanhos e estruturas, de maneira que o direito foi acompanhando essas diversificações, tomando ciência destas, bem como, garantindo a sua segurança jurídica. "Afinal, não é mais possível permitir que alguma configuração familiar esteja à margem da tutela jurídica".[2]

[1] RODRIGUES, Edwirges Elaine; ALVARENGA, Maria Amália de Figueiredo Pereira. Novos tempos, novas famílias: da legitimidade para a afetividade. **Civilistica. com**, v. 10, n. 3, p. 1-23, 2021.

[2] Ibid, p. 2.

A entidade familiar tem sido vista por muito tempo como um pilar de grande importância dentro de uma sociedade, podendo estabelecer que um indivíduo é preparado pela família para posteriormente viver harmonicamente em sociedade[3]. Deste modo, sendo a família um fator de extrema importância para a evolução da sociedade, é necessário que seja devidamente protegida em todas as suas configurações que existem ou venham a existir.

A Constituição Federal de 1988 respaldou maior proteção aos direitos sociais, em específico às estruturas familiares, definindo explicitamente no artigo 226, *caput*, que "a família, base da sociedade, tem especial proteção do Estado".

1.1. Entidades familiares e seu protagonismo após a constituição federal de 1988

A Constituição Federal de 1988 foi a grande responsável por ampliar de forma significativa o que se definia como família, proibindo de certa maneira qualquer discriminação com as estruturas familiares que surgiram ao longo da história. A Carta Magna é conhecida por deter em seus dispositivos grande proteção aos direitos sociais pleiteados por muito tempo pela população brasileira, e o reconhecimento das diversas entidades familiares seria um deles.

O artigo 226, do texto constitucional, traz à baila, especificamente, a família originada pelo casamento ou pela união estável, mas respalda também a garantia ao direito de planejamento familiar, por exemplo, no qual as pessoas pertencentes à determinados tipos de família podem tomar decisões acerca do desenvolvimento de dita entidade familiar. Desta forma, verifica-se que a Constituição da República reconhece as famílias existentes, mas não menciona de maneira específica em seu texto todas as diversas estruturas familiares que existem ou podem vir a existir, conforme também Edwirges Elaine Rodrigues e Maria Amália de Figueiredo Pereira Alvarenga[4] esclarecem:

[3] Lobo, Fabiola Albuquerque. As transformações do direito de família brasileiro à luz da Constituição Federal de 1988. **Civilistica. com**, v. 8, n. 3, p. 1-21, 2019.

[4] Rodrigues, Edwirges Elaine; Alvarenga, Maria Amália de Figueiredo Pereira. Novos tempos, novas famílias: da legitimidade para a afetividade. **Civilistica. com**, v. 10, n. 3, p. 1-23, 2021.

> No mais, os tipos de famílias explicitados, no texto constitucional, são meramente exemplificativos, sem embargos para o reconhecimento de uma pluralidade de novos modelos familiares, tais como a família mosaico, a família multiparental, a família anaparental, a família unilinear, a família homoafetiva, a família constituída pelos indivíduos transexuais e intersexuais, a família simultânea, a família poliafetiva, dentre outras.

Dessa maneira, observa-se que conforme as pessoas se relacionam, criando laços e vivendo harmonicamente em sociedade, novas estruturas familiares são criadas para que possam de certa forma garantir também o desenvolvimento individual de cada integrante dessa dita entidade familiar, assim, as configurações familiares acompanham realmente o desenvolvimento humano em sociedade, de modo que se pode afirmar também que "as revoluções pelas quais passamos – nomeadamente a cognitiva e a tecnológica – mudaram significativamente o modo como nos comportamos e nos relacionamos. Hoje, a nota mais marcante do ser humano é o dinamismo de sua rede de relacionamentos".[5]

Assim sendo, resta claro que qualquer alteração que seja significativa para a sociedade como um todo afetará de alguma forma a base dessa sociedade, a família, ela existindo em qualquer configuração que seus integrantes desejem.

1.2. Princípios caracterizadores do direito das famílias

O Direito em si próprio é de certa maneira caracterizado e construído ao longo do tempo de forma principiológica, de maneira que se estabelece em suas diversas áreas por meio dos princípios, e o direito das famílias não se diferencia deste fato.

Muitas vezes, para ser reconhecida alguma forma de estrutura familiar de modo que seja garantida a devida segurança jurídica, é necessário que estejam presentes alguns aspectos, como que seja garantida a dignidade da pessoa humana, certa afetividade entre os integrantes da entidade familiar, seja respeitada a igualdade e a liberdade entre os filhos (filhos

[5] Leal, Adisson; Correia, Atalá; Filho, Venceslau Tavares C. **Direito de Família**: problemas e perspectivas. Grupo Almedina, São Paulo, 2022. *E-book*. Disponível em: https://app.minhabiblioteca.com.br/#/books/9786556274324/. Acesso em: 05 set. 2022.

biológicos, adotivos etc.), a garantia do melhor interesse da criança e/ou adolescente, entre outros.[6]

Mais uma vez, a Constituição Federal de 1988 estabelece em seu artigo 226, § 7º, que o planejamento familiar, anteriormente abordado, deve ser fundamentado principalmente nos conceitos da dignidade da pessoa humana, ou seja, deve ser buscado alcançar para todos os envolvidos, todos os seus direitos, de forma que o dito princípio da dignidade humana é creditado como um dos principais pilares do ordenamento jurídico brasileiro.[7] Pode-se estabelecer também que a dignidade da pessoa humana é observada nas pequenas e grandes relações interpessoais ou ainda "a dignidade humana concretiza-se socialmente, pelo contato da pessoa com a sua comunidade."[8]

Ainda, acerca da dignidade da pessoa humana, cabe asseverar a lição de Gustavo Tepedino e de Ana Carolina B. Teixeira[9]:

> O princípio da dignidade da pessoa humana impede que se admita a superposição de qualquer estrutura institucional à tutela de seus integrantes, mesmo em se tratando de instituições com status constitucional, como é o caso da empresa, da propriedade e da família. Assim sendo, a família deixa de apresentar valor intrínseco, como instituição capaz de merecer tutela jurídica pelo simples fato de existir, passando a ser valorada de maneira instrumental, protegida à medida que se constitua em um núcleo intermediário de autonomia existencial e de desenvolvimento da personalidade dos filhos, com a promoção isonômica e democrática da dignidade de seus integrantes na solidariedade constitucional.

A afetividade é um aspecto subjetivo que, no entanto, é garantido como tendo valor jurídico frente às relações familiares e o reconhecimento destas

[6] Tartuce, Flávio. **Direito Civil**: Direito de Família. 16. ed. Forense, Rio de Janeiro, 2021. v. 5. Disponível em: https://app.minhabiblioteca.com.br/#/books/9788530993818/. Acesso em: 08 set. 2022.

[7] Ibid.

[8] Tartuce, Flávio. **Direito Civil**: Direito de Família. 16. ed. Forense, Rio de Janeiro, 2021. v. 5. Disponível em: https://app.minhabiblioteca.com.br/#/books/9788530993818/. Acesso em: 08 set. 2022.

[9] Tepedino, Gustavo; Teixeira, Ana Carolina B. **Fundamentos do Direito Civil:** Direito de Família. 3.ed. Forense, Rio de Janeiro, 2022. v. 6. *E-book*. Disponível em: https://app.minhabiblioteca.com.br/#/books/9786559643936/. Acesso em: 05 set. 2022.

para assegurar eventuais direitos, de modo que dentro das relações familiares a serem construídas cria-se um vínculo de afeto, que pode vir a ser utilizado em determinado momento como comprovação da existência de alguma configuração familiar. Assim, "ao longo do tempo, o Direito das Famílias foi repensado e reestruturado, atribuindo valor jurídico à afetividade, que passa a ser vista como um elemento fundante da estruturação familiar".[10]

Não obstante, a igualdade entre filhos, também a ser assegurada, seja de forma constitucional ou mesmo pelo Código Civil de 2002, em seu artigo 1.596, *caput*, em que estabelece que "os filhos, havidos ou não da relação de casamento, ou por adoção, terão os mesmos direitos e qualificações, proibidas quaisquer designações discriminatórias relativas à filiação" é um tópico que frequentemente toma os principais assuntos referentes ao direito no país, sendo eles referentes às formas de adoção, filhos biológicos ou socioafetivamente reconhecidos, ou ainda nascidos com o auxílio das técnicas de reprodução assistida, faz-se assim necessária a existência da igualdade entre estes filhos, que integram a entidade familiar.

Deste modo, uma vez que, de maneira estrita a filiação pode ser considerada como a relação jurídica que liga o filho aos seus pais[11], é de suma importância que esta relação jurídica seja de fato zelada pelo ordenamento jurídico e consequentemente pelo direito das famílias.

Ainda, tendo em vista que grande parte das configurações familiares são formadas também por crianças e/ou adolescentes, faz-se de grande importância a garantia da devida proteção à estes indivíduos, privilegiando-se os seus interesses, bem como o desenvolvimento integral (artigo 227, CF).

Nesse diapasão, fica claro que o Direito das Famílias, assim como o restante de todo o direito, é fundamentado por diversos princípios, seguindo de uma forma que consiga garantir à população o exercício de seus direitos e deveres.

Assim sendo, é possível afirmar que o Direitos das Famílias passou e ainda passa por diversas modificações, estas que acompanham as mudan-

[10] RODRIGUES, Edwirges Elaine; ALVARENGA, Maria Amália de Figueiredo Pereira. Novos tempos, novas famílias: da legitimidade para a afetividade. **Civilistica. com**, v. 10, n. 3, p. 1-23, 2021.

[11] GONÇALVES, Carlos R. **Direito civil brasileiro**: Direito de família. 18.ed. São Paulo: Editora Saraiva, 2021. v. 6. Disponível em: https://app.minhabiblioteca.com.br/#/books/9786555590210/. Acesso em: 05 set. 2022

ças ocasionadas pelas relações humanas, que atravessam gerações, culturas e sociedades diferentes. Com as constantes transformações acerca das relações familiares e de como estas se posicionam dentro da sociedade, também se questiona o que é e o que não é plausível de reconhecimento jurídico, tornando-se assim ainda mais uma questão com diversos ângulos a serem analisados.

2. Tipos de paternidade: biológica e socioafetiva

Todos os integrantes do núcleo familiar são sujeitos de direitos e de obrigações, destacando-se nessa oportunidade o dever de cuidado mútuo, que se sobrepõe à existência ou não do sentimento de amor que, se não exercido, enseja indenização por danos morais em favor da vítima.

As novas modalidades de famílias alteraram o conceito de filiação, ampliando o seu significado para abarcar também os filhos socioafetivos, cujo vínculo não deve se sujeitar ao término das relações conjugais ou de convivência.

O termo "filiação" advém da palavra latina *filiatio* e se refere à relação de parentesco entre pais e filhos na linha reta[12].

Luiz Edson Fachin[13] (1992, p. 20) explana que "o vínculo jurídico de filiação, liga uma pessoa a seus pais, numa relação paterno-filial, harmonicamente correspondente a uma relação materno-filial".

A releitura constitucional do direito de famílias protege a igualdade entre as entidades familiares, outorgando isonomia no tratamento entre os filhos biológicos e socioafetivos.

Neste sentido, dispõe o artigo 1.593, do Código Civil, que "o parentesco é natural ou civil, conforme resulte de consangüinidade ou de outra origem" e complementa o artigo 1.596, também do Código Civil, que "os filhos, havidos ou não da relação de casamento, ou por adoção, terão os mesmos direitos e qualificações", sendo vedada qualquer discriminação quanto à filiação.

[12] RODRIGUES, Silvio. **Direito Civil:** Direito de Família. 28. ed. São Paulo: Saraiva, 2008, p. 317.

[13] FACHIN, Luiz Edson. **Estabelecimento da filiação e a paternidade presumida**. Porto Alegre: Fabris, 1992, p. 19.

Daniela Braga Paiano[14] assim esclarece:

> Ou seja, é pelas relações de parentesco que se unem os membros da família, menciona-se quem pode demandar ou ser demandado nas ações de alimentos, estabelece-se filiação, são previstas consequências para o direito de herança, impõe-se impedimentos para o matrimônio. Também direitos e deveres são trazidos sob a ótica interna da relação familiar, a exemplo da responsabilidade civil dos pais pelos atos dos filhos menores, do impedimento da pessoa casada em contrair novas núpcias com uma terceira pessoa, etc.

O Código Civil Brasileiro, em seu artigo 1.597, respalda hipóteses em que a paternidade é presumida, como quando o nascimento dos filhos ocorre no mínimo cento e oitenta dias após a convivência conjugal; até trezentos dias depois do término do relacionamento, seja pelo falecimento, pela separação judicial, pela nulidade ou pela anulação do casamento; quando a criança é fruto de fecundação artificial homóloga, mesmo após a morte do marido; quando o bebê for fruto dos embriões excedentários, originados de concepção artificial homóloga e quando os filhos se originarem de inseminação artificial heteróloga, desde que tenha prévia autorização do marido.

A paternidade socioafetiva, conceito que se estende também para a maternidade, vai muito além de uma relação cordial entre padrasto e enteado, devendo apresentar dados concretos de que o tratamento entre ambos de fato se iguala ao tratamento entre pais e filhos, como o convívio, demonstrações exteriores de cuidado e de educação, a dependência no imposto de renda ou no plano de saúde ou em órgão de Previdência, a responsabilidade financeira e pedagógica desta figura paterna diante da escola e do dentista, fotos, testemunhas, residência no mesmo domicílio, vínculo de conjugalidade com a mãe biológica da criança, etc.

Maria Celina Bodin de Moraes assevera[15]:

> [...] o que realmente cria o liame civil entre pais e filhos é o exercício da autoridade parental, ou seja, a real e efetiva prática das condutas necessárias

[14] PAIANO, Daniela Braga. **A família atual e as espécies de filiação**: da possibilidade jurídica da multiparentalidade. Rio de Janeiro: Lumen Juris, 2017, p. 59.

[15] MORAES, Maria Celina Bodin. Um ano histórico para o Direito de Família, Editorial. **Civilistica.com**, Rio de Janeiro, a. 5, n. 2. 2016. Disponível em: https://civilistica.emnuvens.com.br/redc/article/view/259. Acesso em: 01 out. 2022.

para criar, sustentar e educar os filhos menores, nos exatos termos do art. 229, primeira parte, da CF, com o escopo de edificar sua personalidade, independentemente de vínculos consangüíneos que geram essa obrigação.

Para a comprovação da filiação socioafetiva, que pode ser realizada inclusive extrajudicialmente desde novembro de 2017, consoante determina o Provimento 63, do CNJ, é necessária a demonstração da posse de estado de filho, que se alicerça no tripé: nome, trato e fama. Nas palavras de Gustavo Tepedino[16], "trata-se do mesmo percurso trilhado pela união estável, ou seja, relação de fato para cuja produção de efeitos requer-se o reconhecimento jurídico da posse de estado de casados por meio de sentença declaratória".

O Provimento nº 83, de 14/08/2019, que alterou o Provimento 63, ambos do CNJ, possibilita a inclusão de apenas um pai ou mãe socioafetivo, permitindo que o procedimento seja realizado via cartório extrajudicial quando a criança for maior de 12 (doze) anos.

Vale lembrar que a inserção do pai/mãe socioafetivo não exclui o pai/mãe biológico do registro de nascimento do filho, conforme a inteligência do Tema 622, do STF, cuja tese firmada foi a de que "a paternidade socioafetiva, declarada ou não em registro público, não impede o reconhecimento do vínculo de filiação concomitante baseado na origem biológica, com os efeitos jurídicos próprios".

No julgamento do REsp 1487596/MG, realizado em 28/09/2021, a quarta turma do STJ, sobre a relatoria do Ministro Carlos Ferreira, declarou a paternidade socioafetiva, mantendo a paternidade biológica (reconhecimento da multiparentalidade), afastando qualquer distinção entre as filiações[17]:

> RECURSO ESPECIAL. DIREITO CIVIL. AÇÃO DECLARATÓRIA DE PATERNIDADE SOCIOAFETIVA. RECONHECIMENTO DA MULTIPARENTALIDADE. TRATAMENTO JURÍDICO DIFERENCIADO. PAI BIOLÓGICO. PAI SOCIOAFETIVO. IMPOSSIBILIDADE. RECURSO PRO-

[16] TEPEDINO. Gustavo; TEIXEIRA, Ana Carolina Brochado (orgs.). **Fundamentos do Direito Civil:** Direito de Família. Rio de Janeiro: Forense, 2020, p. 229.

[17] BRASIL. STJ. **REsp nº 1.487.596** – MG (2014/0263479-6), relator Ministro Antonio Carlos Ferreira, Quarta Turma, julgado em 28/09/2021 https://processo.stj.jus.br/processo/revista/documento/mediado/?componente=ATC&sequencial=136553964&num_registro=201402634796&data=20211001&tipo=5&formato=PDF. Acesso em: 02 out. 2022.

> VIDO. 1. O Supremo Tribunal Federal, ao reconhecer, em sede de repercussão geral, a possibilidade da multiparentalidade, fixou a seguinte tese: "a paternidade socioafetiva, declarada ou não em registro público, não impede o reconhecimento do vínculo de filiação concomitante baseado na origem biológica, com os efeitos jurídicos próprios" (RE 898060, Relator: LUIZ FUX, Tribunal Pleno, julgado em 21/09/2016, PROCESSO ELETRÔNICO REPERCUSSÃO GERAL – MÉRITO DJe-187 DIVULG 23-08-2017 PUBLIC 24-08-2017). 2. A possibilidade de cumulação da paternidade socioafetiva com a biológica contempla especialmente o princípio constitucional da igualdade dos filhos (art. 227, § 6º, da CF). Isso porque conferir "status" diferenciado entre o genitor biológico e o socioafetivo é, por consequência, conceber um tratamento desigual entre os filhos. 3. No caso dos autos, a instância de origem, apesar de reconhecer a multiparentalidade, em razão da ligação afetiva entre enteada e padrasto, determinou que, na certidão de nascimento, constasse o termo "pai socioafetivo", e afastou a possibilidade de efeitos patrimoniais e sucessórios. 3.1. Ao assim decidir, a Corte estadual conferiu à recorrente uma posição filial inferior em relação aos demais descendentes do "genitor socioafetivo", violando o disposto nos arts. 1.596 do CC/2002 e 20 da Lei n. 8.069/1990.4. Recurso especial provido para reconhecer a equivalência de tratamento e dos efeitos jurídicos entre as paternidades biológica e socioafetiva na hipótese de multiparentalidade. (REsp nº 1.487.596 – MG (2014/0263479-6), relator Ministro Antonio Carlos Ferreira, Quarta Turma, julgado em 28/09/2021) – Grifo nosso.

O artigo 1.609, do Código Civil, estabelece quatro modalidades de reconhecimento voluntário da filiação. A primeira delas é o reconhecimento realizado no próprio Cartório de Registro Civil, hipótese em que o pai ou a mãe declara a filiação perante o oficial do registro. A segunda forma, denominada de reconhecimento indireto de filiação ocorre quando o pai ou a mãe reconhece o filho mediante escritura pública ou particular a ser arquivada em cartório. A terceira modalidade ocorre quando o reconhecimento do filho se dá mediante testamento. A quarta forma ocorre quando o pai (ou a mãe) reconhece o filho incidentalmente por meio de declaração expressa e direta perante o Juízo, sendo ou não o objeto principal da demanda judicial.

O reconhecimento da filiação pode ser realizado antes do nascimento do filho ou após a sua morte, caso haja descendentes (artigo 1.609, parágrafo único, do Código Civil).

O pai pode ser obrigado a registrar o filho mediante a procedência de uma Ação de Investigação de Paternidade, que possui natureza declaratória, sendo classificada como uma demanda de estado da pessoa, sendo o direito do filho personalíssimo, indisponível e imprescritível[18].

O artigo 1.610, do Código Civil, respalda que o reconhecimento da filiação é irrevogável, ainda que realizado em testamento. No entanto, a jurisprudência pátria atualmente permite a anulação de registro civil de paternidade por erro substancial, notadamente, quando ausente a afetividade entre o suposto pai e a criança.

3. Nulidade do registro de paternidade por erro substancial

É mister observar que antes do exame de DNA, os exames laboratoriais existentes (tipagem, sub-tipagem sanguínea e do sistema HLA – Antígenos de Histocompatibilidade) alcançavam margens de exclusão da paternidade que atingiam no máximo 95% (noventa e cinco por cento), não conferindo a confiabilidade necessária para se afirmar categoricamente que determinado indivíduo era pai de outrem[19].

O STJ determinou a relativização da coisa julgada nas hipóteses de ações de investigação de paternidade julgadas improcedentes por falta de provas, em que não houve a formação de vínculos afetivos, posto que, na época do julgamento, inexistia o exame de DNA ou este não era de fácil acesso, a saber[20]:

> RECURSO ESPECIAL. CIVIL E PROCESSO CIVIL. INVESTIGAÇÃO DE PATERNIDADE. REPETIÇÃO DE AÇÃO ANTERIORMENTE AJUIZADA. PEDIDO JULGADO IMPROCEDENTE POR AUSÊNCIA DE PROVAS. EXAME DE DNA NÃO REALIZADO. COISA JULGADA. RELATIVIZAÇÃO. AÇÃO DE ESTADO. PREVALÊNCIA DA VERDADE REAL. JURISPRUDÊNCIA CONSOLIDADA. RECURSO PROVIDO.

[18] TARTUCE, Flávio; SIMÃO, José Fernando. **Direito civil**: família. Rio de Janeiro: Forense; São Paulo: Método, 2008. v. 5, p. 340-342.

[19] RASKIN, Salmo. A análise de DNA na determinação da paternidade: mitos e verdades no limiar do século XXI. *In:* Eduardo de Oliveira Leite (coord.). **Grandes temas da atualidade**: DNA como meio de prova da filiação. 2. ed. Rio de Janeiro: Forense, 2002, p. 312.

[20] BRASIL. STJ. **REsp n. 1.071.458**/MG, relator Ministro Raul Araújo, Quarta Turma, julgado em 7/3/2017, DJe de 15/3/2017. Disponível em: https://processo.stj.jus.br/processo/revista/documento/mediado/?componente=ATC&sequencial=69908411&num_registro=200801471264&data=20170315&tipo=5&formato=PDF. Acesso em: 02 out. 2022.

> 1. A relativização da coisa julgada nas ações de investigação de paternidade anteriores à universalização do exame de DNA encontra-se consolidada no eg. Supremo Tribunal Federal (RE 363.889/MG, Rel. Ministro DIAS TOFFOLI) e também no âmbito do Superior Tribunal de Justiça (AgRg nos EREsp 1.202.791/SP, SEGUNDA SEÇÃO, Rel. Ministro RICARDO VILLAS BÔAS CUEVA).
>
> 2. A necessidade de prevalência da verdade real no reconhecimento das relações de parentesco, amparadas em ações de estado (CPC/1973, arts. 469, II, e 471, I; CPC/2015, arts. 504, I, e 505, I), tem ensejado, ante as novas descobertas científicas, discussão acerca da relativização da coisa julgada. O Poder Judiciário não pode, sob a justificativa de impedir ofensa à coisa julgada, desconsiderar os avanços técnico-científicos inerentes à sociedade moderna, os quais possibilitam, por meio de exame genético, o conhecimento da verdade real, delineando, praticamente sem margem de erro, o estado de filiação ou parentesco de uma pessoa. Com a utilização desse meio de determinação genética, tornou-se possível uma certeza científica (quase absoluta) na determinação da filiação, enfim, das relações de ancestralidade e descendência, inerentes à identidade da pessoa e sua dignidade.
>
> 3. Deve ser relativizada a coisa julgada firmada em ação de investigação de paternidade julgada improcedente por insuficiência de provas, na qual o exame hematológico determinado pelo juízo deixou de ser realizado, no entender do Tribunal de origem, por desídia da parte autora. Fundamento que não pode servir de obstáculo ao conhecimento da verdade real, uma vez que a autora, à época da primeira ação, era menor impúbere, e o direito à paternidade, sendo personalíssimo, irrenunciável e imprescritível, não pode ser obstado por ato atribuível exclusivamente à representante legal da parte, máxime considerando-se que anterior à universalização do exame de DNA.
>
> 4. Recurso especial provido. (REsp n. 1.071.458/MG, relator Ministro Raul Araújo, Quarta Turma, julgado em 7/3/2017, DJe de 15/3/2017) – Grifos nossos.

Destaca-se o teor da Súmula 301, do STJ, segundo a qual "a recusa do suposto pai a submeter-se ao exame de. DNA induz presunção juris tantum de paternidade".

É possível a anulação do registro de paternidade na hipótese de erro ou falsidade, a rigor do artigo 1.604, do Código Civil, desde que, em regra, não haja relação de socioafetividade entre o filho e o suposto pai.

O erro é um dos vícios do negócio jurídico, podendo ser definido como uma noção enganosa da realidade, a qual fora imprescindível para a concretização do negócio jurídico, sendo a vontade real antagônica à vontade declarada[21].

Apenas o erro substancial enseja a anulação do negócio jurídico, posto que, diferentemente do erro acidental, aquele foi escusável (não sendo de fácil percepção) e preponderante para a realização do negócio jurídico, enquanto este era um mero detalhe que não alteraria o critério de escolha (artigo 139, do Código Civil).

Destarte, para ocasionar a anulação do registro de paternidade, o pai registral deve ter sido enganado, existindo possibilidades concretas de que era, de fato, o pai biológico da criança. A demanda pertinente é a Ação Negatória de Paternidade ou de Cancelamento de Registro de Nascimento, cuja natureza é personalíssima.

Traz-se à baila a seguinte notícia publicada no site do Superior Tribunal de Justiça em 17 de novembro de 2021[22]:

> DECISÃO
> 17/11/2021 08:40
>
> **Vício de consentimento e ausência de relação socioafetiva autorizam anulação do registro de paternidade**
>
> A Terceira Turma do Superior Tribunal de Justiça (STJ) deu provimento a um recurso especial em que o recorrente pretendia anular registro de paternidade em razão de o menor não ser seu filho biológico – o que foi comprovado por exame de DNA. Por unanimidade, o colegiado considerou que o suposto pai foi induzido em erro na ocasião do registro, bem como não criou vínculo socioafetivo com a criança.
>
> Relator do recurso, o ministro Marco Aurélio Bellizze afirmou que não se pode obrigar o pai registral a manter uma relação de afeto baseada no vício de consentimento, impondo-lhe os deveres da paternidade, sem que ele queira assumir essa posição de maneira voluntária e consciente.

[21] SALEILLES, Raymond. **De la déclaration de volonté:** contribution à l'étude de l'acte juridique dans le Code civil allemand : articles 116 à 144, Paris : F. Pichon, 1901, p. 12.

[22] VÍCIO de consentimento e ausência de relação socioafetiva autorizam anulação do registro de paternidade. **Notícias Superior Tribunal de Justiça**, 2021. Disponível em: https://www.stj.jus.br/sites/portalp/Paginas/Comunicacao/Noticias/17112021-Vicio-de-consentimento-e-ausencia-de-relacao-socioafetiva-autorizam-anulacao-do-registro-de-paternidade.aspx. Acesso em: 02 out. 2022.

Na ação negatória de paternidade movida pelo pai registral, o Tribunal de Justiça do Paraná (TJPR) entendeu que ele não foi induzido em erro. Segundo o TJPR, embora tivesse mantido relacionamento casual com a mãe e fosse presumível que ambos pudessem ter outros parceiros sexuais, o autor da ação reconheceu a paternidade voluntariamente, na época do nascimento, e não poderia agora, cerca de dez anos depois, levantar dúvida sobre esse fato.

Anulação do registro deve se pautar no interesse do menor

Marco Aurélio Bellizze afirmou que a paternidade socioafetiva deve prevalecer quando em conflito com a verdade biológica. De acordo com o magistrado, há uma presunção de verdade na declaração de paternidade feita no momento do registro da criança, a qual só pode ser afastada com a demonstração de grave vício de consentimento. Por isso, eventual divergência entre a paternidade declarada e a biológica, por si só, não autoriza a invalidação do registro, cabendo ao pai registral comprovar erro ou falsidade, nos termos dos artigos 1.601 e 1.604 do Código Civil.

Por outro lado, quando o indivíduo se declara pai biológico ciente de que não o é (a chamada "adoção à brasileira") e estabelece vínculo afetivo com a criança, o interesse desta impede a modificação do registro, independentemente da verdade biológica. A anulação do registro – enfatizou o relator – deve se pautar no princípio do melhor e prioritário interesse do menor, mas sem se sobrepor, de forma absoluta, à voluntariedade da paternidade socioafetiva.

Paternidade socioafetiva tem respaldo no ordenamento

De acordo com Bellizze, a paternidade socioafetiva é respaldada pelo ordenamento jurídico brasileiro, mas exige, por parte do pai, a vontade de ser reconhecido como tal – intenção que não pode decorrer de vício de consentimento, como se verificou no caso em julgamento. A sentença – ressaltou o relator – reconheceu que o pai registral assumiu a paternidade por acreditar que a criança fosse fruto de seu relacionamento passageiro com a mãe, o que se revelou falso após o exame de DNA. Ainda segundo a sentença, não se desenvolveu relação socioafetiva entre o menor e o pai registral.

Quanto à conclusão do TJPR, o ministro afirmou que não é possível entender que não houve erro de consentimento no caso apenas pelo fato de o pai registral ter tido um relacionamento curto e instável com a genitora e, a despeito disso, ter declarado a paternidade no registro.

Para Bellizze, embora os relacionamentos contemporâneos sejam cada vez mais superficiais e efêmeros, isso não implica a presunção de que eventual gravidez deles advinda possa ser considerada duvidosa quanto à paternidade, "sob pena de se estabelecer, de forma execrável, uma prévia e descabida suspeita sobre o próprio caráter da genitora".

"Comprovada a ausência do vínculo biológico e de não ter sido constituído o estado de filiação, os requisitos necessários à anulação do registro civil estão presentes, o que justifica a procedência do pedido inicial", concluiu o relator ao restabelecer a sentença de primeiro grau.

O número deste processo não é divulgado em razão de segredo judicial.

Em que pese o erro substancial baseado no grave vício de consentimento seja uma das causas de anulação do negócio jurídico, geralmente, os tribunais superiores, em regra, não permitem a declaração de nulidade do registro de paternidade nas hipóteses em que há vínculo afetivo entre o pretenso pai e o filho, pois o ordenamento jurídico brasileiro também protege a filiação socioafetiva e o melhor interesse da criança, respaldando a "adoção à brasileira". Cita-se outros julgados no mesmo sentido: REsp nº 1433470/RS, julgado em 15.05.2014 e REsp de nº 1022.763/RS, julgado em 18.12.2008, DJe, 03.02.2009.

Destaca-se o entendimento da 3ª Turma do STJ que autorizou a desconstituição de paternidade mesmo após cinco anos de convívio. A decisão data de fevereiro de 2015 e o número dos autos não foi revelado em razão do segredo de justiça. O pai registral conviveu com a criança em seus primeiros cinco anos de vida, quando descobriu não ser o seu pai biológico, deixando o lar conjugal em que vivia com a mãe biológica da criança. Na época da ação, o filho contava com 15 (quinze) anos de idade, não tendo contato com o pai registral há 10 (dez) anos. Veja-se um trecho da publicação no site do STJ em 24/02/2015[23]:

24/02/2015 08:00

Terceira Turma autoriza desconstituição de paternidade mesmo após cinco anos de convívio

A Terceira Turma do Superior Tribunal de Justiça (STJ) deu provimento ao recurso de um homem para permitir a alteração do registro de nascimento de

[23] TERCEIRA Turma autoriza desconstituição de paternidade mesmo após cinco anos de convívio. **Notícias Superior Tribunal de Justiça**, 2015. Disponível em: https://www.stj.jus.br/sites/portalp/Paginas/Comunicacao/Noticias-antigas/2015/2015-02-24_08-00_Terceira-Turma-autoriza-desconstituicao-de-paternidade-mesmo-apos-cinco-anos-de-convivio.aspx. Acesso em 02 out. 2022.

uma criança em que ele constava como pai. A desconstituição da paternidade registral foi autorizada diante da constatação de vício de consentimento: o homem, que vivia com a mãe da criança, só descobriu que não era o pai biológico após fazer exame de DNA.

Embora a relação paterno-filial tenha durado cinco anos, os ministros levaram em conta o fato de que o pai registral rompeu os laços de afetividade tão logo tomou conhecimento da inexistência de vínculo biológico com a criança.

O recorrente viveu em união estável com a mãe e acreditava ser mesmo o pai da criança, que nasceu nesse período. Assim, registrou o menor e conviveu durante cinco anos com ele. Ao saber de possível traição da companheira, fez o exame de DNA.

Em ação negatória de paternidade, ele pediu o reconhecimento judicial da inexistência de vínculo biológico e a retificação do registro de nascimento.

(...)

Relação viciada

Bellizze destacou que no caso em julgamento não houve adoção à brasileira, mas uma relação de afeto estabelecida entre pai e filho registrais, baseada no vício de consentimento originário, e que foi rompida completamente diante da ciência da verdade dos fatos, há mais de oito anos – período superior à metade dos atuais 15 anos de vida do menor.

"Não se pode obrigar o pai registral, induzido a erro substancial, a manter uma relação de afeto igualmente calcada no vício de consentimento originário, impondo-lhe os deveres daí advindos, sem que voluntária e conscientemente o queira", afirmou.

O relator disse que a filiação socioafetiva pressupõe "a vontade e a voluntariedade do apontado pai de ser assim reconhecido juridicamente", circunstância ausente no caso.

Segundo o ministro, "cabe ao marido (ou ao companheiro), e somente a ele, fundado em erro, contestar a paternidade de criança supostamente oriunda da relação estabelecida com a genitora, de modo a romper a relação paterno-filial então conformada, deixando-se assente, contudo, a possibilidade de o vínculo de afetividade vir a se sobrepor ao vício, caso, após o pleno conhecimento da verdade dos fatos, seja esta a vontade do consorte/companheiro (hipótese que não comportaria posterior alteração)".

O número deste processo não é divulgado em razão de segredo judicial.

O denominado reconhecimento de filiação "por piedade" que ocorre quando o pai registral registra a criança tendo conhecimento de que não é o pai biológico, não pode ser anulado, posto que caracteriza a chamada "adoção à brasileira", devendo ser respeitado o Princípio da Boa-Fé Objetiva (desdobramento "*venire contra factum proprium*"), o qual veda a conduta contraditória, conforme os julgados do REsp 1.059.214-RS e do REsp 1088157/PB.

O direito não pode ignorar as alterações sociais e tecnológicas, devendo garantir a todos uma vida digna, protegendo os diferentes tipos de filiação, o que implica a tomada de decisões amargas, como a determinação de anulação do registro de paternidade quando constatada a ausência de paternidade biológica e socioafetiva.

Conclusões

A Constituição Federal de 1988 respaldou maior proteção aos direitos sociais, em específico às estruturas familiares, definindo explicitamente no artigo 226, *caput*, que "a família, base da sociedade, tem especial proteção do Estado".

O Direitos das Famílias passou e ainda passa por diversas modificações, estas que acompanham as mudanças ocasionadas pelas relações humanas, que atravessam gerações, culturas e sociedades diferentes. Com as constantes transformações acerca das relações familiares e de como estas se posicionam dentro da sociedade, também se questiona o que é e o que não é plausível de reconhecimento jurídico, tornando-se assim ainda mais uma questão com diversos ângulos a serem analisados.

As novas modalidades de famílias alteraram o conceito de filiação, ampliando o seu significado para abarcar também os filhos socioafetivos, cujo vínculo não deve se sujeitar ao término das relações conjugais ou de convivência.

A releitura constitucional do direito de famílias protege a igualdade entre as entidades familiares, outorgando isonomia no tratamento entre os filhos biológicos e derivados de laços afetivos.

O artigo 1.610, do Código Civil, respalda que o reconhecimento da filiação é irrevogável, ainda que realizado em testamento. No entanto, a jurisprudência pátria atualmente permite a anulação de registro civil de paternidade por erro substancial, notadamente, quando ausente a afetividade entre o suposto pai e a criança.

O direito não pode ignorar as alterações sociais e tecnológicas, devendo garantir a todos uma vida digna, protegendo os diferentes tipos de filiação, o que implica a tomada de decisões amargas, como a determinação de anulação do registro de paternidade quando constatada a ausência de paternidade biológica e socioafetiva.

Referências

BRASIL. STJ. **REsp n. 1.071.458/MG**, relator Ministro Raul Araújo, Quarta Turma, julgado em 7/3/2017, DJe de 15/3/2017. Disponível em: https://scon.stj.jus.br/SCON/GetInteiroTeorDoAcordao?num_registro=200801471264&dt_publicacao=15/03/2017. Acesso em 02 out. 2022.

BRASIL. STJ. **REsp n. 1.071.458/MG**, relator Ministro Raul Araújo, Quarta Turma, julgado em 7/3/2017, DJe de 15/3/2017. Disponível em: https://scon.stj.jus.br/SCON/GetInteiroTeorDoAcordao?num_registro=200801471264&dt_publicacao=15/03/2017. Acesso em 02 out. 2022.

BRASIL. STJ. **REsp nº 1.487.596 – MG** (2014/0263479-6), relator Ministro Antonio Carlos Ferreira, Quarta Turma, julgado em 28/09/2021. Disponível em:https://processo.stj.jus.br/processo/revista/documento/mediado/?componente=ATC&sequencial=136553964&num_registro=201402634796&data=20211001&tipo=5&formato=PDF. Acesso em: 02 out. 2022.

BRASIL. STJ. **REsp n. 1.071.458/MG**, relator Ministro Raul Araújo, Quarta Turma, julgado em 7/3/2017, DJe de 15/3/2017. Disponível em: https://processo.stj.jus.br/processo/revista/documento/mediado/?componente=ATC&sequencial=69908411&nm_registro=200801471264&data=20170315&tipo=5&formato=PDF. Acesso em: 02 out. 2022.

FACHIN, Luiz Edson. **Estabelecimento da filiação e a paternidade presumida**. Porto Alegre: Fabris, 1992.

GONÇALVES, Carlos R. **Direito civil brasileiro:** direito de família. 18.ed. São Paulo: Editora Saraiva, 2021. v. 6. Disponível em: https://app.minhabiblioteca.com.br/#/books/9786555590210/. Acesso em: 05 set. 2022

LEAL, Adisson; CORREIA, Atalá; FILHO, Venceslau Tavares C. **Direito de Família**: problemas e perspectivas. Grupo Almedina, São Paulo, 2022. *E-book*. Disponível em: https://app.minhabiblioteca.com.br/#/books/9786556274324/. Acesso em: 05 set. 2022.

LOBO, Fabiola Albuquerque. As transformações do direito de família brasileiro à luz da Constituição Federal de 1988. **Civilistica. com**, v. 8, n. 3, p. 1-21, 2019.

LÔBO, Paulo. **Direito civil**: famílias. 4 ed. São Paulo: Saraiva, 2011.

MORAES, Maria Celina Bodin. Um ano histórico para o Direito de Família, Editorial. **Civilistica.com,** Rio de Janeiro, a. 5. n. 2. 2016. Disponível em: https://civilistica.emnuvens.com.br/redc/article/view/259. Acesso em: 01 out. 2022.

PAIANO, Daniela Braga. **A família atual e as espécies de filiação**: da possibilidade jurídica da multiparentalidade. Rio de Janeiro: Lumen Juris, 2017.

RASKIN, Salmo. A análise de DNA na determinação da paternidade: mitos e verdades no limiar do século XXI. *In:* Eduardo de Oliveira Leite (coord.). **Grandes temas da atualidade**: DNA como meio de prova da filiação. 2. ed. Rio de Janeiro: Forense, 2002.

RODRIGUES, Edwirges Elaine; ALVARENGA, Maria Amália de Figueiredo Pereira. Novos tempos, novas famílias: da legitimidade para a afetividade. **Civilistica. com**, v. 10, n. 3, p. 1-23, 2021.

RODRIGUES, Silvio. **Direito Civil**: Direito de Família. 28. ed. São Paulo: Saraiva, 2008.

SALEILLES, Raymond. **De la déclaration de volonté:** contribution à l'étude de l'acte juridique dans le Code civil allemand : articles 116 a 144, Paris : F. Pichon, 1901.

TARTUCE, Flávio. **Direito Civil**: Direito de Família. 16. ed. Forense, Rio de Janeiro, 2021. Disponível em: https://app.minhabiblioteca.com.br/#/books/9788530993818. Acesso em: 02 out. 2022.

TARTUCE, Flávio; SIMÃO, José Fernando. **Direito civil**: família. Rio de Janeiro: Forense; São Paulo: Método, 2008. v. 5.

TEPEDINO, Gustavo; TEIXEIRA, Ana Carolina Brochado (orgs.). **Fundamentos do Direito Civil**: Direito de Família. 3. ed. Forense, Rio de Janeiro, 2022. v. 6. *E-book*. Disponível em: https://app.minhabiblioteca.com.br/#/books/9786559643936/. Acesso em: 05 set. 2022.

TEPEDINO, Gustavo; TEIXEIRA, Ana Carolina Brochado (orgs.). **Fundamentos do Direito Civil**: Direito de Família. Rio de Janeiro: Forense, 2020.

TERCEIRA Turma autoriza desconstituição de paternidade mesmo após cinco anos de convívio. **Notícias Superior Tribunal de Justiça**, 2015. Disponível em: https://www.stj.jus.br/sites/portalp/Paginas/Comunicacao/Noticias-antigas/2015/2015-02-24_08-00_Terceira-Turma-autoriza-desconstituicao-de-paternidade-mesmo-apos-cinco-anos-de-convivio.aspx. Acesso em 02 out. 2022.

VÍCIO de consentimento e ausência de relação socioafetiva autorizam anulação do registro de paternidade. **Notícias Superior Tribunal de Justiça**, 2021. Disponível em: https://www.stj.jus.br/sites/portalp/Paginas/Comunicacao/Noticias/17112021-Vicio-de-consentimento-e-ausencia-de-relacao-socioafetiva-autorizam-anulacao-do-registro-de-paternidade.aspx. Acesso em: 02 out. 2022.

6

GESTAÇÃO DE SUBSTITUIÇÃO COMO NEGÓCIO BIOJURÍDICO NO CONTEXTO DAS RELAÇÕES FAMILIARES CONTEMPORÂNEAS

RITA DE CÁSSIA RESQUETTI TARIFA ESPOLADOR
JULIANA CARVALHO PAVÃO
CASSIA PIMENTA MENEGUCE

Introdução

A Biotecnologia vem contribuindo significativamente para a concretização de direitos fundamentais dos indivíduos, especialmente por meio do desenvolvimento das técnicas reprodutivas, que permitem que as pessoas impedidas de procriar de forma natural realizem o sonho de constituir família, gerando seus próprios filhos.

O estudo da repercussão das técnicas de reprodução humana assistida no âmbito jurídico é de extrema relevância, visto que cada vez mais pessoas estão recorrendo a essas técnicas que implicam em questões para as quais nem sempre o Direito tem resposta imediata.

Diante desse contexto, será analisada a possibilidade de concretização de negócios jurídicos envolvendo direitos existenciais e para tanto necessária se mostra a releitura da teoria clássica dos negócios jurídicos para abarcar novos interesses, especialmente aqueles que se referem aos direitos da personalidade, que envolvem diretamente o corpo humano, que são os denominados negócios biojurídicos.

Dentre os diversos negócios biojurídicos possíveis, neste trabalho serão destacados alguns que se referem especialmente às técnicas de reprodução humana assistida e a gestação de substituição.

Será demonstrado, ainda, que o Brasil carece de Lei em sentido formal no que diz respeito às técnicas de reprodução humana assistida, as quais atualmente são tratadas pela Resolução nº 2.320/2022, do Conselho Federal de Medicina que estabelece os requisitos que devem ser observados para que os envolvidos possam ser submetidos às técnicas de reprodução humana assistida, doação de gametas ou embriões, à gestação de substituição, dentre outras.

O trabalho se valerá do método dedutivo, tendo como base obras de autores como Rose Melo Vencelau Meireles, Everton Willian Pona, Maria Helena Diniz, dentre outros.

1. Negócios biojurídicos e a reprodução humana assistida

A teoria clássica do negócio jurídico tem grande influência do pensamento patrimonial, isto se reflete nos tipos de negócios que são regulamentados pelo ordenamento jurídico. Entretanto, há uma mudança de paradigma no mundo jurídico, quando inicia uma preocupação com a proteção do ser humano.[1] Como resultado desse receio, há a elevação da dignidade da pessoa humana como valor fundamental de diversas constituições, incluindo a brasileira.

Isso faz com que o Direito Civil passe a ficar atento a proteção do ser humano em primeiro lugar, obviamente que isso ocasiona uma releitura na teoria clássica do negócio jurídico. Nesse sentido, é importante observar as palavras de Ana Cláudia Corrêa Zuin Mattos do Amaral, Ana Paula Ruiz Silveira Lêdo e Isabela Cristina Sabo:

> Novos interesses surgiram com graus diversos de importância, sendo necessária a utilização dos critérios expostos anteriormente, bem como o princípio da dignidade da pessoa humana, como norte para seleção daqueles de maior relevância. O princípio da dignidade da pessoa humana é marco inicial e final para o exame dos negócios jurídicos existenciais no ambiente pós-moderno: inicial, pois fundamento para a gênese de diversos interesses existenciais que devem ser protegidos pelo Poder Judiciário em caso de violação; e final, em virtude de ser utilizado como último critério para o apontamento de sua relevância jurídica e, consequentemente, como merecedor de tutela.[2]

[1] Pona, Éverton Willian. **Testamento Vital e Autonomia Privada**. Curitiba: Juruá, 2015.

[2] Lêdo, Ana Paula Ruiz Silveira; Sabo, Isabela Cristina; Amaral, Ana Cláudia Corrêa Zuin Mattos do. Existencialidade humana: o negócio jurídico na visão pós-moderna.

Nesse sentido, alguns negócios passam a ser considerados por alguns autores como negócios existenciais, uma vez que buscam atender ao mínimo existencial do ser humano, e não exclusivamente o lucro.[3] Alguns exemplos são os negócios envolvendo à saúde, à moradia e à integridade física.

Diante desse cenário, Rose Melo Vencelau Meireles propõe uma terminologia específica para os que envolvem as biotecnologias, que é negócios biojurídicos. Conforme exposto nas palavras da autora:

> A biotecnologia está no cerne dessa questão, na medida em que possibilita a escolha sobre aspectos do próprio corpo que podem promover efeitos constitutivos, modificativos ou extintivos. Nesses casos, conforme antes mencionado, a autonomia ganha a forma de negócio jurídico. Como têm por referencial objetivo aspectos da saúde e do corpo do declarante, foram aqui chamados de biojurídicos.[4]

É extremamente importante diferenciar esses negócios dos demais porque eles envolvem diretamente o próprio ser humano, o seu corpo e a sua saúde e, algumas vezes não cabe a teoria clássica do negócio jurídico o seu enquadramento nem interpretação.[5] Assim, ao interpretar tais negócios é essencial que sempre observe o melhor para proteção da dignidade da pessoa humana. Para melhor esclarecer isso, Juliana Carvalho Pavão cita o seguinte exemplo:

> Para ilustrar esses tipos de negócios biojurídicos, pode-se abarcar o contrato de armazenamento do material genético em uma clínica. Algumas pes-

Civilistica.com, a. 6, n. 1, 2017, p. 13-14. Disponível em: http://civilistica.com/wp-content/uploads/2017/08/L%C3%AAdo-Sabo-e-Amaral-civilistica.com-a.6.n.1.2017.pdf. Acesso em: 25 out. 2018.

[3] MARQUESI, Roberto Wagner; MARTINS, Priscila Machado. Eficácia horizontal dos direitos fundamentais e negócios jurídicos existenciais. PONA, Éverton Willian; AMARAL, Ana Cláudia Corrêa Zuin Mattos do; MARTINS, Priscila Machado (coords). **Negócio Jurídico e Liberdades Individuais**: autonomia privada e situações existenciais. Curitiba: Juruá, 2016, p. 139-156.

[4] MEIRELES, Rose Melo Vencelau. Negócios Biojurídicos. *In*: PONA, Éverton Willian; AMARAL, Ana Cláudia Corrêa Zuin Mattos do; MARTINS, Priscila Machado (coords.). **Negócio jurídico e liberdades individuais:** autonomia privada e situações jurídicas existenciais. Curitiba: Juruá, 2016, p. 115.

[5] PAVÃO Juliana Carvalho; ESPOLADOR, Rita de Cássia Resquetti Tarifa. Paradigma Contemporâneo e os Negócios Biojurídicos: Seleção Embrionária. **Scientia Iuris**, Londrina, v. 22, n. 2, p. 244-271, jul. 2018. DOI: 110.5433/2178-8189.2018v22n2p244.

soas, por diversos motivos, optam por congelar óvulos e espermatozoides em clínicas especializadas para que, no futuro, possam gerar seus filhos. Esse ato ocorre na forma de um contrato, denominado pela doutrina de depósito. Nessa relação, a clínica tem a obrigação de armazenar as células reprodutoras de acordo com as melhores condições, a fim de assegurar a possibilidade de utilizá-las no futuro, e a devolução do material ocorre ao depositante, caso este faleça, ao cônjuge sobrevivente, ou estando expresso no contrato, a um beneficiário, podendo utilizar esse material em inseminação artificial por terceiro, na última hipótese. Nesse caso, pode-se observar que se trata de um negócio biojurídico, uma vez que afeta a integridade do ser humano. E assim como tal não deve ser utilizado de forma semelhante aos negócios patrimoniais, por exemplo, o inadimplemento do contrato ou descumprimento por uma das partes acarreta consequências mais severas, tendo em vista o ponto de vista do ser, ao contrário de um contrato de depósito com fins estritamente patrimoniais.[6]

Alguns exemplos de negócios biojurídicos são os contratos de reprodução humana assistida, disposição de material genético, gestação de substituição e diretiva antecipada de vontade. É necessário realizar uma observação, tais negócios apresentam características próprias específicas que as vezes podem se aproximar de um tipo de negócio, às vezes se aproxima mais de ato, ou as vezes detém características bem específicas.

Dentre os diversos negócios biojurídicos existentes, deve-se destacar os contratos envolvendo reprodução humana assistida. As técnicas de reprodução humana assistida (RHA) surgiram na Inglaterra em 1978, quando nasceu o primeiro bebê de proveta do mundo, uma menina chamada Louise Brown.[7] Com o decorrer do tempo, essas técnicas passam a ser desenvolvidas em diversos países para auxiliar pessoas com problemas de fertilidade, e hoje se expandem para atingir também pessoas solteiras e uniões homoafetivas.

Existem hoje duas principais técnicas de RHA que são fertilização *in vitro* e inseminação artificial. No primeiro caso, a fecundação ocorre em laboratório, em uma proveta, e, posteriormente, o embrião é implantado no

[6] PAVÃO, Juliana Carvalho. ***Bebê-doador***: limites e possibilidade do negócio biojurídico. Londrina: Thoth, 2021, p. 50.

[7] SAUWEN, Regina Fiuza; HRYNIEWICZ, Severo. **O Direito "in vitro"**: Da bioética ao biodireito. 2. ed. Rio de Janeiro: Lumen Juris, 2000.

útero da mulher. Já na inseminação artificial, o material genético masculino é injetado diretamente na mulher, assim, a fecundação ocorre no útero.[8]

O material genético, tanto feminino como masculino, pode ser das pessoas envolvidas, logo, as que têm o projeto familiar, bem como de um terceiro. No caso do material genético ser das pessoas que irão criar a criança, a fecundação é chamada de homóloga. Já se o material genético for de um doador, a fecundação é chamada de heteróloga.[9] Para alguém doar material genético para RHA, a pessoa assina um negócio biojurídico que é um termo de disposição de material genético. Segundo Resolução do Conselho Federal de Medicina o ato deve ser altruístico e anônimo, dessa forma, o doador não pode receber dinheiro pela sua doação e também não saberá quem utilizou o seu material, nem o contrário é permitido.

Além de todos esses procedimentos, também é possível que a RHA envolva uma gestante por substituição, que é uma mulher que cede temporariamente o seu útero para a gestação do filho de outra pessoa. Assim, o procedimento pode envolver também essa pessoa, conforme será analisado no próximo item.

No Brasil, há uma ausência legislativa, isto significa, que não há nenhuma norma jurídica regulamentando a RHA no território nacional. Os procedimentos são formalizados na forma de negócio jurídico, seguindo os princípios gerais que norteiam a teoria do negócio jurídico.

Segundo Eduardo Dantas, existem vários projetos de lei no Congresso Nacional sobre RHA, algumas apresentam grande retrocessos como a proibição da cessão temporária do útero. Ademais, diversos projetos são antigos, já estando desconexos da realidade. Diante disso, Eduardo Dantas defende que:

> Não faz sentido que, após décadas de inércia, se dê seguimento a iniciativas legislativas que piorem o quadro atual. A existência de um enquadramento legal é sim necessária, para fins de estabelecer segurança jurídica às relações advindas do uso de tais técnicas. Mas fazê-lo de forma desconexa e desconectada da realidade é de uma irresponsabilidade criminosa. Uma iniciativa que precisa ser urgentemente revista, repensada (e para usar um termo afeto à área, abortada), para que se possa construir um novo projeto voltado para a sociedade, ouvindo especialistas, ouvindo as sociedades médi-

[8] DINIZ, Maria Helena. **O Estado Atual do Biodireito**. 10. ed. São Paulo: Saraiva, 2022. *E-book*.
[9] Ibid.

cas, compreendendo a amplitude das possibilidades científicas, para que se construa algo efetivamente útil.[10]

Na prática, frente a omissão do Poder Legislativo, o Conselho Federal de Medicina tem regulamentado esse e outros procedimentos médicos. Sobre isso, Igor Mascarenhas e Luciana Dadalto pontuam que o CFM "[...] assume um protagonismo normativo e é como se lei fosse, o que não impede o questionamento e [os] sucessivos reconhecimentos judiciais de violações ao princípio da legalidade".[11]

Atualmente, a Resolução em vigor do CFM que trata de RHA é a 2.320/2022. Esse documento trata dos seguintes pontos: "Princípios Gerais", "Pacientes das técnicas de reprodução assistida", "Referente às clínicas, centros ou serviços que aplicam técnica de reprodução assistida", "Doação de gametas ou embriões", "Criopreservação de gametas ou embriões", "Diagnóstico Genético Pré-Implantacional de embriões", "Sobre a gestação de substituição (Cessão temporária do útero)", "Reprodução assistida *Post Mortem*".

Em linhas gerais, a Resolução permite que as técnicas de RHA sejam realizadas por pessoas heterossexuais, homoafetivas e transgêneros, desde que capazes. Ademais, o texto apresenta alguns limites como a idade da mulher e o número de embriões que podem ser implantados, idade limite para doar gametas, entre outros.

Dessa forma, o documento permite a regularização dos procedimentos pelos profissionais médicos, que contam com o respaldo do seu Conselho de Classe para saberem como podem realizar os procedimentos.

2. A efetivação do direito fundamental de constituição familiar por meio da gestação de substituição

O direito de constituir família é um direito fundamental previsto na Constituição Federal e toda pessoa deve ter a consecução desse direito assegu-

[10] DANTAS, Eduardo. Se não puder ajudar, atrapalhe: o importante é participar. **Contraditor.com**, Colunas: Direito da Saúde, 27 ago. 2021. Disponível em: https://www.contraditor.com/reproducao-humana-assistida/. Acesso em: 14 set. 2022.

[11] MASCARENHAS, Igor de Lucena; DADALTO, Luciana. Instabilidade normativa: nova resolução do CFM sobre reprodução humana assistida. ***Jota***: Opinião e Análise, 01 jul. 2021. Disponível em: https://www.jota.info/opiniao-e-analise/artigos/instabilidade-normativa-nova-resolucao-do-cfm-sobre-reproducao-humana-assistida-01072021. Acesso em: 9 jul. 2021.

rada pelo Estado, nos termos do artigo 226, §7º.[12] Isso porque a família, base da sociedade brasileira, tem ampla proteção constitucional e especial proteção do Estado, que deve disponibilizar os instrumentos necessários para a efetivação desse direito para todos aqueles que o desejarem, em respeito ao postulado da dignidade da pessoa humana e ao objetivo constitucional de promover o bem de todos.[13]

Atualmente o ser humano é o centro do ordenamento jurídico brasileiro, mas nem sempre foi assim. E isso hoje é possível graças ao reconhecimento de sua capacidade de autodeterminação e liberdade de escolha daquilo que entende melhor para si, cumprindo ao Estado o dever de garantir que o indivíduo exerça sua liberdade para tomar decisões que digam respeito à sua vida privada e que tais decisões sejam respeitadas por todos.[14]

Na perspectiva do Direito de Família, a dignidade da pessoa humana confere ao indivíduo a garantia de constituir sua família e a possibilidade de escolher a forma como será estabelecida, ainda que não esteja prevista em lei,[15] pois a todos é dado o direito de buscar a própria felicidade.

A respeito do princípio da busca da felicidade, o Supremo Tribunal Federal já se manifestou em mais de uma oportunidade sobre o tema, entendendo que se trata de um princípio implícito, corolário do princípio da dignidade da pessoa humana. Nesse sentido:

> O princípio constitucional da busca da felicidade, que decorre, por implicitude, do núcleo de que se irradia o postulado da dignidade da pessoa humana, assume papel de extremo relevo no processo de afirmação, gozo e expansão dos direitos fundamentais, qualificando-se, em função de sua própria teleologia, como fator de neutralização de práticas ou de omissões lesivas cuja ocorrência possa comprometer, afetar ou, até mesmo, esterilizar direitos e franquias individuais.- Assiste, por isso mesmo, a todos, sem qualquer exclusão, o direito à busca da felicidade, verdadeiro postulado constitucional implícito, que se qualifica como expressão de uma idéia-força que deriva do

[12] Azevedo, Álvaro Villaça. **Curso de direito civil**: direito de família. 2. ed. São Paulo: Saraiva Educação, 2019, p. 36. *E-book.*

[13] Artigo 226, *caput* e §7º, Constituição da República Federativa do Brasil de 1.988.

[14] Artigo 5º, inciso X, Constituição da República Federativa do Brasil de 1.988 e Artigo 21, Código Civil Brasileiro de 2002.

[15] Azevedo, Álvaro Villaça. **Curso de direito civil**: direito de família. 2. ed. São Paulo: Saraiva Educação, 2019, p. 517. *E-book.*

princípio da essencial dignidade da pessoa humana." (RE 477.554-AgR, Rel. Min. Celso de Mello, DJe de 26/08/2011) (grifo nosso).[16]

E, ainda:

> Direito à busca da felicidade. Princípio constitucional implícito. Indivíduo como centro do ordenamento jurídico-político. Impossibilidade de redução das realidades familiares a modelos pré-concebidos. [...] 4. A dignidade humana compreende o ser humano como um ser intelectual e moral, capaz de determinar-se e desenvolver-se em liberdade, de modo que a eleição individual dos próprios objetivos de vida tem preferência absoluta em relação a eventuais formulações legais definidoras de modelos preconcebidos, destinados a resultados eleitos a priori pelo legislador. Jurisprudência do Tribunal Constitucional alemão (BVerfGE 45, 187). 5. A superação de óbices legais ao pleno desenvolvimento das famílias construídas pelas relações afetivas interpessoais dos próprios indivíduos é corolário do sobreprincípio da dignidade humana. 6. O direito à busca da felicidade, implícito ao art. 1º, III, da Constituição, ao tempo que eleva o indivíduo à centralidade do ordenamento jurídico-político, reconhece as suas capacidades de autodeterminação, autossuficiência e liberdade de escolha dos próprios objetivos, proibindo que o governo se imiscua nos meios eleitos pelos cidadãos para a persecução das vontades particulares. RE 898060 / SC – SANTA CATARINA, RECURSO EXTRAORDINÁRIO; Relator(a): Min. LUIZ FUX. Julgamento: 21/09/2016. Publicação: 24/08/2017. Órgão julgador: Tribunal Pleno (grifo nosso).[17]

O direito à liberdade de exercer o livre planejamento familiar é um dos direitos essenciais para a busca da felicidade por pessoas livres e que sejam capazes de autorregular-se de acordo com o que entendem que é o melhor para si. A Constituição Federal garante essa liberdade a todos os indivíduos e a família contemporânea tem como finalidade, a busca da felicidade.

O planejamento familiar é um dos pilares que representa a busca da felicidade e está fundamentado no princípio da paternidade responsável

[16] BRASIL. Supremo Tribunal Federal (STF). **Recurso Extraordinário 477.554**. Relator: Min. Celso de Mello, 26 de agosto de 2011. Disponível em: https://jurisprudencia.stf.jus.br/pages/search/sjur197163/false Acesso em: 05 set. 2022.

[17] BRASIL. Supremo Tribunal Federal (STF). **Recurso Extraordinário 898.060**. Relator: Min. Luiz Fux, 21 de setembro de 2016. Disponível em: https://jurisprudencia.stf.jus.br/pages/search/sjur371896/false. Acesso em: 05 set. 2022.

e ao Estado compete propiciar os recursos científicos necessários para a consecução desse direito para aqueles que não é possível a realização de forma natural.[18]

O avanço da biotecnologia indiscutivelmente resulta em uma infinidade de benefícios para a humanidade, inclusive trazendo soluções para a esterilidade ou infertilidade humana, por meio da reprodução humana assistida que permite que as pessoas que por algum motivo estejam impedidas de procriar realizem o desejo de constituir família.

Nesse contexto se insere o objeto principal deste capítulo, que é a constituição familiar perfectibilizada por meio da gestação de substituição, mecanismo possível graças às técnicas de reprodução humana assistida.

A gestação de substituição é uma das formas que permite a procriação por pessoas impedidas de ter filhos naturalmente, dentre diversas outras existentes, conhecida vulgar e indevidamente como "barriga de aluguel".

A gestação de substituição consiste na técnica utilizada pela Ciência Médica em que terceira pessoa irá gestar um embrião em seu útero e quando de seu nascimento, o bebê gerado será entregue a outrem[19], ou seja, aquela que irá gestar não será a genitora da criança, mas os pais serão aquelas pessoas que foram idealizadoras do projeto parental. A presunção que durante décadas prevaleceu de que aquela que deu à luz é a mãe não se sustenta mais como verdade absoluta, ou seja, a maternidade por si só não é mais certa.[20]

Assim, pode-se dizer que os envolvidos na gestação de substituição estabelecem entre si um contrato, alicerçado na autonomia privada e autodeterminação, como resultado da manifestação do exercício de livre planejamento familiar. Referido contrato abrange uma relação jurídica personalíssima para a consecução de um projeto parental, com fundamento no princípio da autonomia privada e na autodeterminação de todos os envolvidos.

De um lado estão os indivíduos que arquitetam e constroem todo o projeto parental, ou seja, aqueles que tomam a decisão de se tornarem pais e, de outro, a gestante que decide ceder seu útero de forma altruísta

[18] FARIAS, Cristiano Chaves de; ROSENVALD, Nelson. **Curso de Direito Civil**: famílias. 9. ed. Salvador: Ed JusPodlvm, 2016, p. 112.

[19] Ibid, p. 571.

[20] DIAS, Maria Berenice. **Manual de direito das famílias.** Maria Berenice Dias. 10. ed. São Paulo: Editora Revista dos Tribunais, 2015, p. 404.

– dispondo de parcela de seus direitos da personalidade – para a gestação de filho de outrem.

Ao discorrer sobre as situações jurídicas existenciais, onde se insere a temática ora abordada, Juliana Carvalho Pavão e Rita de Cássia Resquetti Tarifa Espolador,[21] advertem que nem sempre essas situações são normativamente regulamentadas, servindo de base na tomada de decisão a autonomia privada e autodeterminação inerente a cada indivíduo, respeitando sempre o princípio constitucional da dignidade da pessoa humana.

Em que pese o Direito brasileiro carecer de norma jurídica em sentido estrito no plano da reprodução humana assistida, cada vez mais pessoas estão buscando a realização do direito de constituir família por meio dessas técnicas pelas mais diversas formas,[22] seja em clínica especializada ou de forma clandestina, valendo-se, por exemplo, da inseminação caseira. É uma forma contemporânea de construção familiar, que vem ganhando cada vez mais espaço na sociedade, sendo necessário o estudo verticalizado de suas implicações jurídicas, para que lacunas atualmente existentes sejam resolvidas na perspectiva jurídica.

A gestação de substituição é permitida no Brasil há algumas décadas e, conforme sobredito, não existe legislação em sentido formal sobre o tema, sendo que atualmente a gestação de substituição é regulamentada por Resoluções do Conselho Federal de Medicina conforme será abordado no tópico seguinte.

3. A regulamentação da gestação da substituição no brasil

Para além de todos os benefícios, que são inegáveis, os avanços da biotecnologia repercutem diretamente no âmbito jurídico, especialmente no Direito de Família e rompem com paradigmas tradicionais até então estabelecidos. Isso porque, concomitantemente aos avanços biotecnológicos, surgem questões jurídicas para as quais nem sempre o Direito tem a

[21] Pavão Juliana Carvalho; Espolador, Rita de Cássia Resquetti Tarifa. Paradigma Contemporâneo e os Negócios Biojurídicos: Seleção Embrionária. **Scientia Iuris**, Londrina, v. 22, n. 2, p. 244-271, jul. 2018. DOI: 110.5433/2178-8189.2018v22n2p244.

[22] Conforme consta do relatório SisEmbrio – disponibilizado no portal da Agência Nacional de Vigilância Sanitária (ANVISA) – em 2020 foram congelados 88.503 embriões e em 2021 foram congelados 114.372. Disponível em: https://www.gov.br/anvisa/pt-br/centraisdeconteudo/publicacoes/sangue-tecidos-celulas-e-orgaos/relatorios-de-producao-de-embrioes-sisembrio. Acesso em: 23 set. 2022.

resposta, já que este não evolui na mesma velocidade que a Medicina. Sob esse aspecto, Maria Helena Diniz destaca que:

> Essa conquista científica não poderá ficar sem limites jurídicos, que dependerão das convicções do legislador, de sua consciência e de seu sentimento sobre o que é justo. Tema delicadíssimo e de grande atualidade, pelas implicações valorativas e éticas que engendra, pois as novas técnicas conceptivas, de um lado, "solucionam" a esterilidade do casal, que terá seu filho, com interferência de ambos, de um só deles ou de nenhum deles, mas, por outro lado, acarretam graves problemas jurídicos, éticos, sociais, religiosos, psicológicos, médicos e bioéticos.[23]

No Brasil a gestação de substituição e as demais modalidades de reprodução humana assistida são tratadas por Resoluções do Conselho Federal de Medicina, as quais sofreram diversas alterações ao longo dos anos, sempre em busca da melhor adequação das regras à realidade atual. Discorrendo sobre tais Resoluções, Daniela Braga Paiano[24] explica que:

> A finalidade das Resoluções do Conselho Federal de Medicina é a de ajudar nos procedimentos de procriação e de guiar as condutas médicas em um parâmetro ético. São as balizas que os médicos e clínicas devem observar. Conforme menciona seu art. 1º, tais normas éticas possuem conteúdo deontológico a serem seguidas pelos médicos. Embora tenham esse viés, diante das lacunas legislativas, é nelas que os operadores do Direito acabam por buscar socorro.

Inegável que as Resoluções do Conselho Federal de Medicina são de extrema relevância tanto para a comunidade médica quanto para a jurídica, já que é o único instrumento que estabelece regras, ainda que de caráter deontológico sobre as técnicas de RHA. Trazem em seu corpo importantes normas éticas que servem de recomendação e orientação para a atuação do médico no exercício profissional, bem como diversos esclarecimentos direcionados aos próprios pacientes.

[23] DINIZ, Maria Helena. **O Estado Atual do Biodireito.** 10. ed. São Paulo: Saraiva, 2022, p. 1.063. *E-book.*

[24] PAIANO, Daniela Braga. Reprodução assistida: autoinseminação e suas implicações jurídicas e as alterações trazidas pela Resolução n. 2294/2021 do Conselho Federal de Medicina. **Civilistica.com**, Rio de Janeiro, a. 11, n. 1, 2022, p. 14. Disponível em: http://civilistica.com/reproducao-assistida-autoinseminacao/. Acesso em: 04 set. 2022.

A mais recente é a Resolução nº 2.320/2022 que, dentre outras disposições, trata da gestação de substituição a partir da Seção VII. De acordo com o que dispõe a Resolução, a gestação de substituição poderá ser admitida quando existente problema médico que seja impeditivo ou contraindicativo da gestação natural ou, então, em casos de união homoafetiva ou de pessoa solteira.

A Resolução prevê, na Seção VII, item 1, alínea "a" que a cedente de útero deve ter ao menos um filho vivo, já que tendo seu próprio filho, não se apegará aquele que irá gestar, mas que sabe não ser seu e que deverá entregá-lo após seu nascimento aos seus pais. Pelo mesmo motivo há a previsão de impedimento de que a mãe substituta seja a doadora de óvulos ou de embriões.[25]

Neste caso, sendo um dos autores do projeto parental uma mulher e se esta não puder utilizar o seu próprio material genético, terá de se valer da doação de óvulo e, neste caso, haverá além dos autores do projeto parental e da cedente de útero, a intervenção de mais uma mulher que será a doadora de gametas femininos.

A despeito da doação de óvulos, importante destacar que também somente poderá ocorrer de forma voluntária e altruísta, sendo vedado o caráter comercial ou lucrativo, sendo resguardado o sigilo da doadora, salvo se for parente consanguínea até o quarto grau de um dos receptores.

Dispõe, ainda, nas alíneas "b e c" que a cedente de útero deve, prioritariamente, pertencer à família dos autores do projeto parental, em parentesco consanguíneo até o quarto grau. E, no caso de não ter relação de parentesco, será necessária prévia avaliação e autorização do Conselho Regional de Medicina.[26]

Tal se justifica porque dispõe a Resolução de forma expressa que a cessão de útero somente pode ser realizada de forma altruísta, sem contraprestação, sendo vedado o caráter lucrativo ou comercial,[27] além de a clínica de

[25] Seção IV, item 2.2: A doadora de óvulos ou embriões não pode ser a cedente temporária do útero. CONSELHO FEDERAL DE MEDICINA. **Resolução CFM nº 2.320/2022**. Publicada no D.O.U. de 15 de julho de 2021, seção I, p. 60. Disponível em: https://www.in.gov.br/en/web/dou/-/resolucao-cfm-n-2.320-de-1-de-setembro-de-2022-430447118. Acesso em: 20 set. 2022.

[26] Seção VII, item 1, alínea c. CONSELHO FEDERAL DE MEDICINA. **Resolução CFM nº 2.320/2022**. Publicada no D.O.U. de 15 de julho de 2021, seção I, p. 60. Disponível em: https://www.in.gov.br/en/web/dou/-/resolucao-cfm-n-2.320-de-1-de-setembro-de-2022-430447118. Acesso em: 20 set. 2022.

[27] Seção VII, item 2. CONSELHO FEDERAL DE MEDICINA. **Resolução CFM nº 2.320/2022**. Publicada no D.O.U. de 15 de julho de 2021, seção I, p. 60. Disponível em: https://

reprodução estar impedida de intermediar a escolha da cedente. Todos os cuidados são para evitar que a gestação de substituição se transforme em um comércio, sendo que qualquer intento nesse sentido deve ser obstado.

Imperioso destacar que o que se visa com a vedação de comercialização da cessão de útero é evitar que ocorra a busca de lucro resultando consequentemente na objetificação da mulher, principalmente daquela desprovida de recursos, que poderá ser vítima de uma exploração reprodutiva, comprometendo sua dignidade humana. Sobre esse ponto, Maria Helena Diniz afirma que:

> "(...) entusiasmou a embriologia e a engenharia genética, constituindo um grande desafio para o direito e para a ciência jurídica pelos graves problemas ético-jurídicos que gera, trazendo em seu bojo a coisificação do ser humano, sendo imprescindível não só impor limitações legais às clínicas médicas que se ocupam da reprodução humana assistida, mas também estabelecer normas sobre responsabilidade civil por dano moral e/ou patrimonial que venha causar".[28]

A realidade é que cada vez mais pessoas estão recorrendo às técnicas de RHA, razão pela qual realmente se mostra necessária a preocupação com sua regulamentação jurídica, para que a utilização da técnica não se desvirtue do fim a que se propõe, que é permitir que pessoas impedidas de procriar consigam ter seus próprios filhos. E para tanto, podem se valer da gestação de substituição, desde que observados e devidamente preenchidos todos os requisitos previstos na Resolução nº 2.230/2022.

Conclusões

O tema ora analisado revela a necessidade de reflexão e debates mais amplos sobre o avanço da biotecnologia e das diversas técnicas de reprodução humana admitidas e largamente adotadas pela família brasileira contemporânea em suas mais diversas formas.

Sob essa perspectiva, o presente artigo demonstra que, por meio da reprodução humana assistida, os indivíduos podem concretizar o projeto

www.in.gov.br/en/web/dou/-/resolucao-cfm-n-2.320-de-1-de-setembro-de-2022-430447118. Acesso em: 20 set. 2022.

[28] DINIZ, Maria Helena. **O Estado Atual do Biodireito**. 10. ed. São Paulo: Saraiva, 2022, p. 1.062. *E-book*.

parental, como corolário da busca pela felicidade e da efetivação do princípio da dignidade da pessoa humana, competindo ao Estado disponibilizar os meios e instrumentos necessários para tal mister.

Dentre as diversas modalidades de reprodução humana assistida, o instrumento negocial analisado foi o negócio biojurídico que objetiva a gestação de substituição, técnica permitida no Brasil em sua forma altruísta, ou seja, desde que não haja contraprestação e que sejam observados os demais requisitos previstos na recentíssima Resolução nº 2.320/2022 do Conselho Federal de Medicina, constituindo mais uma das diversas formas contemporâneas de constituição familiar.

Assim, percebe-se que a constituição de novas configurações familiares é reforçada pelas novas tecnologias reprodutivas e, especificamente no que concerne à gestação substitutiva, o instrumento negocial perfectibilizado, ainda que primordialmente balizado por normas deontológicas, viabiliza a observância ao direito fundamental à constituição familiar.

Referências

AZEVEDO, Álvaro Villaça. **Curso de direito civil**: direito de família. 2. ed. São Paulo: Saraiva Educação, 2019. *E-book*.

BRASIL. Constituição da República Federativa do Brasil de 1988. **Diário Oficial da União**, Brasília, 05 out. 1988. Disponível em: http://www.planalto.gov.br/ccivil_03/constituicao/constituicao.htm. Acesso em: 23 ago. 2022.

BRASIL. Supremo Tribunal Federal (STF). **Recurso Extraordinário 477.554**. Relator: Min. Celso de Mello, 26 de agosto de 2011. Disponível em: https://jurisprudencia.stf.jus.br/pages/search/sjur197163/false Acesso em: 05 set. 2022.

BRASIL. Supremo Tribunal Federal (STF). **Recurso Extraordinário 898.060**. Relator: Min. Luiz Fux, 21 de setembro de 2016. Disponível em: https://jurisprudencia.stf.jus.br/pages/search/sjur371896/false. Acesso em: 05 set. 2022.

CONSELHO FEDERAL DE MEDICINA. **Resolução CFM nº 2.294/2021**. Publicada no D.O.U. de 15 de julho de 2021, seção I, p. 60. Disponível em: https://sistemas.cfm.org.br/normas/arquivos/resolucoes/BR/2021/2294_2021.pdf. Acesso em: 14 set. 2022.

CONSELHO FEDERAL DE MEDICINA. **Resolução CFM nº 2.320/2022**. Publicada no D.O.U. de 15 de julho de 2021, seção I, p. 60. Disponível em: https://www.in.gov.br/en/web/dou/-/resolucao-cfm-n-2.320-de-1-de-setembro-de-2022-430447118. Acesso em: 20 set. 2022.

DANTAS, Eduardo. Se não puder ajudar, atrapalhe: o importante é participar. **Contraditor.com**, Colunas: Direito da Saúde, 27 ago. 2021. Disponível em: https://www.contraditor.com/reproducao-humana-assistida/. Acesso em: 14 set. 2022.

DIAS, Maria Berenice. **Manual de direito das famílias**. Maria Berenice Dias. 10. ed. São Paulo: Editora Revista dos Tribunais, 2015.

DINIZ, Maria Helena. **O estado atual do biodireito**. 5. ed. São Paulo: Saraiva, 2008.

DINIZ, Maria Helena. **O Estado Atual do Biodireito**. 10. ed. São Paulo: Saraiva, 2022. *E-book*.

FARIAS, Cristiano Chaves de; ROSENVALD, Nelson. **Curso de Direito Civil**: famílias. 9. ed. Salvador: Ed JusPodlvm, 2016.

LÊDO, Ana Paula Ruiz Silveira; SABO, Isabela Cristina; AMARAL, Ana Cláudia Corrêa Zuin Mattos do. Existencialidade humana: o negócio jurídico na visão pós-moderna. **Civilistica.com**, a. 6, n. 1, 2017. Disponível em:http://civilistica.com/wp-content/uploads/2017/08/L%C3%AAdo-Sabo-e-Amaral-civilistica.com-a.6.n.1.2017.pdf. Acesso em: 25 out. 2018.

MARQUESI, Roberto Wagner; MARTINS, Priscila Machado. Eficácia horizontal dos direitos fundamentais e negócios jurídicos existenciais. PONA, Éverton Willian; AMARAL, Ana Cláudia Corrêa Zuin Mattos do; MARTINS, Priscila Machado (coords). **Negócio Jurídico e Liberdades Individuais**: autonomia privada e situações existenciais. Curitiba: Juruá, 2016.

MASCARENHAS, Igor de Lucena; DADALTO, Luciana. Instabilidade normativa: nova resolução do CFM sobre reprodução humana assistida. ***Jota***: Opinião e Análise, 01 jul. 2021. Disponível em: https://www.jota.info/opiniao-e-analise/artigos/instabilidade--normativa-nova-resolucao-do-cfm-sobre-reproducao-humana-assistida-01072021. Acesso em: 9 jul. 2021.

MEIRELES, Rose Melo Vencelau. Negócios Biojurídicos. *In*: PONA, Éverton Willian; AMARAL, Ana Cláudia Corrêa Zuin Mattos do; MARTINS, Priscila Machado (coords.). **Negócio jurídico e liberdades individuais:** autonomia privada e situações jurídicas existenciais. Curitiba: Juruá, 2016.

PAIANO, Daniela Braga. Reprodução assistida: autoinseminação e suas implicações jurídicas e as alterações trazidas pela Resolução n. 2294/2021 do Conselho Federal de Medicina. **Civilistica.com**, Rio de Janeiro, a. 11, n. 1, 2022. Disponível em: http://civilistica.com/reproducao-assistida-autoinseminacao/. Acesso em: 04 set. 2022.

PAVÃO, Juliana Carvalho. ***Bebê-doador***: limites e possibilidade do negócio biojurídico. Londrina: Thoth, 2021.

PAVÃO Juliana Carvalho; ESPOLADOR, Rita de Cássia Resquetti Tarifa. Paradigma Contemporâneo e os Negócios Biojurídicos: Seleção Embrionária. **Scientia Iuris**, Londrina, v. 22, n. 2, p. 244-271, jul. 2018. DOI: 110.5433/2178-8189.2018v22n2p244.

PERLINGIERI, Pietro. **Perfis do direito civil**: introdução ao direito civil constitucional. Trad. Maria Cristina de Cicco. 2. ed. Rio de Janeiro, Renovar, 2002.

PONA, Éverton Willian. **Testamento Vital e Autonomia Privada**. Curitiba: Juruá, 2015.

SAUWEN, Regina Fiuza; HRYNIEWICZ, Severo. **O Direito "in vitro"**: Da bioética ao biodireito. 2. ed. Rio de Janeiro: Lumen Juris, 2000.

7
AS PERSPECTIVAS JURÍDICAS DE FILIAÇÃO E SUCESSÃO NA EFETIVAÇÃO DA TÉCNICA DE REPRODUÇÃO ASSISTIDA *POST MORTEM*

ALANA MARIA MONARIN DE SOUZA
DANIELA BRAGA PAIANO
GERMANO MATHEUS CODOGNOTTO DA CUNHA

Introdução

É comum que o ordenamento jurídico não seja suficiente para abarcar mudanças advindas de evoluções biotecnológicas. Eventualmente, certas questões demandam que o vácuo legislativo busque extinguir consequências jurídicas inesperadas e incontroladas, e assim é em muitos casos envolvendo as técnicas de Reprodução Assistida (R.A). Dos possíveis conflitos verificados na área da genética, destacam-se aqueles que buscam técnicas reprodutivas, mas não encontrarão respaldo necessário para soluções de seus problemas. Daí que a problemática a respeito da prole por R.A *post mortem* ter direitos de filiação e sucessão toma forma e relevância.

Menciona-se como a efetivação da RA *post mortem* é instrumento para a concretização do projeto idealizado no núcleo familiar, mesmo trazendo algumas adversidades éticas e legais.

Em sequência, aborda-se a escassa regulamentação que efetivamente trata sobre essas reproduções. Por tais motivos constatou-se o uso de outros aparatos na tentativa de regular a técnica e mostrou-se relevante pontuar quais as características e requisitos de legitimação da RA *post mortem*, baseado na análise de posicionamentos doutrinários e disposições infraconstitucionais, fazendo uma breve análise do que se considera indispensável para afirmar que ela não é apenas uma aventura ou lesão aos direitos e vontades do falecido.

Caminhando para as considerações sobre essa reprodução, pondera-se a existência de relação de filiação entre genitor e prole e possível vocação sucessória, demonstrando razões para defendê-la ou não. Analisou-se justificativas em se atribuir à criança o reconhecimento legítimo de herdeiro e o direito à sucessão advindo desse reconhecimento, considerando que o ordenamento jurídico há de se filiar à posição que melhor se adeque à problemática trazida.

1. Reprodução humana medicamente assistida

Dentre o campo das ciências, avanços biotecnológicos ocorridos ao longo do tempo trazem discussões até então desconhecidas, sendo, atualmente, possível até a concepção de prole fecundada após o falecimento do cônjuge, a chamada R.A *Post Mortem*. Maria Celeste Cordeiro dos Santos preceitua que o avanço científico sempre está adiante ao do Direito, protelando as acomodações e desdobramentos que ele pode gerar, dando origem a um "vazio[1]. Assim, certo é que o mundo jurídico não acompanha proporcionalmente o desenvolvimento científico, de modo que esta nova forma de procriação trouxe consigo incógnitas sobre quais seriam os efeitos advindos destas novas formas de famílias, sucessões e lapsos temporais.

Não é sem motivo que a Bioética e o Biodireito são importantes limitativos da genética.

A Bioética é uma reação às situações novas oriundas da ciência, na área da saúde, não se ocupando apenas de questões éticas alusivas ao início e fim da vida, mas também às de degradação do equilíbrio ecológico, do meio ambiente.[2]

Para Maria Helena Diniz, ela advém da perplexidade e do impacto social provocados pelas inovações tecnológicas: (a) O progresso científico; (b) A socialização do atendimento médico; (c) A universalização da saúde; (d) A progressiva medicalização da vida; (e) A emancipação do paciente; (f) A criação e o funcionamento dos comitês de ética hospitalar e de ética para pesquisas em seres humanos; (g) O advento de vários institutos não

[1] Santos, Maria Celeste Cordeiro Leite. **Equilíbrio de um pêndulo. Bioética e a lei**: implicações médico-legais. São Paulo, 1998, p. 23.

[2] Diniz, Maria Helena. **O Estado atual do biodireito**. 5. ed. São Paulo: Saraiva, 2008, p. 11.

governamentais; (h) O crescente interesse da ética filosófica e eleológica no tocante à vida, dando espaço à consciência do avanço descontrolado e sem limite da ciência indo de encontro ao princípio da dignidade humana[3]. Disso, fez-se necessário "visualizar a possibilidade de uma legislação que venha regulamentar as situações não previstas [...] que venha proteger o ser humano"[4], contemplando-se, então, o instituto do Biodireito.

Ante à unicidade dos princípios entre bioética e biodireito, é necessário estabelecer conexão entre o poder fazer e o ser com o dever ser, onde a bioética questiona e o biodireito responde juridicamente, visando o equilíbrio da coletividade frente os desafios do novo século[5].

1.1. Noções conceituais de reprodução assistida *post mortem*

A reprodução póstuma, ou *Post Mortem,* concebe-se como espécie do grande gênero Reprodução Assistida (R.A). Embora cada técnica possua características próprias, há uma correlação entre elas, qual seja a participação ativa e volitiva durante o processo de RA dos cônjuges que anseiam em ser pais. No entanto, a RA *Post Mortem* é a fecundação assistida do sêmen congelado, a fecundação dos óvulos congelados ou até mesmo dos embriões que utilizou o material genético dos cônjuges, após o falecimento de um ou ambos[6]. Ou seja, esta última difere-se das demais por não haver a participação ativa de ambos os cônjuges no processo.

No Brasil, o primeiro caso sobre RA póstuma ocorre nos anos 2010. Roberto Jefferson Neils decide congelar seu sêmen devido possível esterilidade advinda de tratamento de câncer, e, após sua morte, sua companheira Katia Lenerneier requisita ao banco de sêmen a restituição do material, de modo que o banco nega ante a inexistência de declaração expressa do marido Roberto. Inicia-se o processo judicial, no qual o juízo julga procedente o pedido, autorizando a devolução do sêmen e a inseminação. Ressalta-se que o tema sucessão e herança não foi tratado[7].

[3] Ibid, p. 1-6.

[4] Oliveira, Simone Born de. **Da bioética ao direito: manipulação genética e dignidade humana.** Curitiba: Juruá, 2003, p. 66.

[5] Oliveira, Simone Born de. **Da bioética ao direito: manipulação genética e dignidade humana.** Curitiba: Juruá, 2003, p. 67.

[6] Queiroz, Juliane Fernandes. **Reprodução assistida *post mortem***: aspectos jurídicos de filiação e sucessório. Curitiba: Ed. UFPR, 2015, p. 121.

[7] Montalbano. Ana Caroline Oliveira. Inseminação post mortem e seus reflexos no direito de família e sucessões. **Revista Esmec**, Santa Catarina, v. 19, n. 25, 2012, p. 29.

Veja-se que, mesmo com a técnica sendo novidade, desta situação já se extrai duas questões que exigem atenção. A primeira é a declaração de vontade do falecido, já a segunda é o anseio na continuidade da concretização do planejamento familiar. A primeira assertiva melhor se verá no decorrer da pesquisa, contanto, na segunda já resta concretizada a maior razão da procura às técnicas de R.A, sejam a infertilidade ou esterilidade, restando pontuar sobre o impacto da efetivação dessa vontade.

1.1.1. A concretização do projeto familiar pela reprodução assistida póstuma

A família é, nos termos da Constituição Federal, a base da sociedade, tendo proteção especial do Estado (art. 226, CRFB/88). Contudo, com os novos rumos da sociedade, o conceito de família foi se transmutando. A que antes era composta por pai, mãe e filhos passou a abranger outras relações como as homoafetivas, monoparentais, anaparentais e mais. Carlos Alberto Dabus Maluf e Adriana Caldas do Rego Freitas Dabus Maluf conceituam esses tipos familiares:

> De forma geral pensamos que além das questões envolvendo filiação e relação homoafetiva, a própria evolução do direito de família que reconhece como legitima outras modalidades de família anteriormente não-reconhecidas [...] em legitima presença da valorização da afetividade e do amor presente entre seus componentes[8].

Mediante isso, vislumbra-se novos conceitos de filiação, sendo o vínculo socioafetivo equiparado ao biológico, não havendo apenas um certo e exclusivo[9]. Qualquer uma que seja, todos têm o direito ao planejamento familiar, nos termos do art. 226, §7º da Constituição Federal c/c art. 1º da Lei 9.263/1996, seja por reprodução natural ou por reprodução assistida.

Mesmo para quem não possui condições de conceber, as técnicas reprodutivas servem como meio de realizar esse desejo. Na defesa do exercício de direitos reprodutivos, é importante que se faça também a defesa de suas limitações, dado que as ações tomadas dentro da privacidade de

[8] MALUF, Carlos Alberto Dabus; MALUF, Adriana Caldas do Rego Freitas Dabus. A família da pós-modernidade: aspectos civis e bioéticos. **Revista da Faculdade de Direito da Universidade de São Paulo**, v. 108, jan/dez. 2013, p. 222.

[9] PAIANO, Daniela Braga. **A Família Atual e as Espécies de Filiação:** Da possibilidade jurídica da multiparentalidade. Rio de Janeiro: Lumen Juris, 2017, p. 153.

casal para o planejamento familiar devem estar dentro de um contexto principiológico[10].

1.2. Adversidades éticas e legais aferidas da tecnologia

Dentre as muitas controvérsias decorrentes do uso da técnica de R.A *Post Mortem*, algumas delas são reiteradamente mencionadas pelos juristas e doutrinadores desta seara. A primeira é o dever de paternidade responsável. De acordo com Ana Claúdia Scalquette:

> A nosso ver, a proteção constitucional está para além destes fatos, que estão contidos em algo maior que pode ser classificado como o dever de cuidado, somado ao respeito à integridade física e psíquica dos filhos[11].

Antes de efetivar a procriação artificial póstuma, é relevante que se atenha que a função familiar, para aqueles que se inserem, é a de fornecer um ambiente equilibrado, capaz de lhe permitirem um desenvolvimento sadio. Assim, o cônjuge sobrevivente não pode se valer do desejo de imortalizar o outro, se aquele não possuía anseio de se tornar genitor.

Na mesma linha, há diversas críticas à técnica de R.A *Post Mortem* sob a razão de se retirar da prole o direito à biparentalidade e ter a chance de conhecer seu genitor. Em relação a isto, manifestam-se Carlos Alberto Dabus Maluf e Adriana Caldas do Rego Freitas Dabus Maluf:

> Impõe-se aqui um importante questionamento bioético: seria lícita a concepção de um filho já sem pai, impondo-lhe a participação coercitiva na família monoparental? O direito reprodutivo da mãe sobrepõe-se ao direito à biparentalidade do filho? Difícil chegar-se num consenso para essa resposta.[12]

Por fim, a mais robusta adversidade advinda da RA *Post Mortem* é a escassa normatividade para regulamentá-la, especialmente sobre os direitos

[10] QUEIROZ, Juliane Fernandes. **Reprodução assistida *post mortem***: aspectos jurídicos de filiação e sucessório. Curitiba: Ed. UFPR, 2015, p. 85.

[11] SCALQUETTE, Ana Cláudia Silva. **Estatuto da Reprodução Assistida.** 2009. 348 f. Tese (Doutorado em Direito Civil). Faculdade de Direito da Universidade de São Paulo, São Paulo, 2009, p. 283.

[12] MALUF, Carlos Alberto Dabus; MALUF, Adriana Caldas do Rego Freitas Dabus. A família da pós-modernidade: aspectos civis e bioéticos. **Revista da Faculdade de Direito da Universidade de São Paulo**, v. 108, jan/dez. 2013, p. 236.

sucessórios da prole, motivo pelo qual o próximo capítulo debruça-se em quais proteções legais a técnica se ampara.

2. Tratamento normativo dado à reprodução assistida *post mortem*

Que a R.A Póstuma é uma das gênesis de uma entidade familiar, isso a doutrina e a jurisprudência já haviam discutido e assentado, ainda que tal premissa tenha demorado anos para ser mencionada em normas, e, ainda, de cunho administrativo. Embora o enfoque da pesquisa seja voltado à modalidade *Post Mortem*, menciona-se que todas as técnicas de R.A não se encontram de fato amparadas por regulamentações jurídicas. Mesmo havendo menções em normas legislativas infraconstitucionais, nenhuma delas adentra ao campo de efetivamente criar procedimentos, restrições ou delimitar intervenções. O que se tem, encontra-se disperso nas legislações como na área do direito das famílias e, ainda, de modo extremamente superficial.

Sobre a Reprodução Assistida *Post Mortem*, a disposição normativa é ainda menor. Ante a inexistência de lei específica, ou outro entendimento dominante a nível jurídico, a insegurança normativa é presente, deixando o encargo de regular os limites, bem como os vieses sucessórios, ao biodireito[13]. José Roberto Moreira Filho destaca as principais razões do legislativo não ser capaz de se acompanhar o desenvolver da biotecnologia:

> [...] primeiramente porque existe a necessidade de que tais inovações sejam amplamente discutidas na sociedade para serem incorporadas ao ordenamento jurídico pátrio; em segundo lugar, porque [...] é necessário um longo e moroso processo legislativo para que ganhe força de lei; e, finalmente, porque o Direito deve evitar inserir em seu bojo normas relativas a fatos ainda não consolidados, e nem mesmo totalmente incorporados no costume social, sob pena de se tornar obsoleto, ultrapassado e sem eficácia[14].

[13] SILVA, Loriesse Maria Siqueira Bueno. As implicações da reprodução assistida post mortem a luz do biodireito. *In:* ESPOLADOR, Rita de Cassia Resquetti Tarifa; PAVÃO, Juliana Carvalho (orgs.). **Direito Contratual Contemporâneo**. Londrina-PR: Thoth, 2019, p. 135.

[14] MOREIRA FILHO, José Roberto. As novas formas de filiação advindas das técnicas de inseminação artificial homóloga *post mortem* e as suas consequências no direito de família e das sucessões. **X Congresso Brasileiro De Direito De Família**. Belo Horizonte, 2015. Disponível em: https://ibdfam.org.br/publicacoes/anais/detalhes/1156/X%20Congresso%20de%20Direito%20de%20Fam%C3%ADlia. Acesso em 25 set. 2022, p. 190.

Contudo, mesmo não havendo lei específica, aos poucos emergem discussões que fazem com que o ordenamento acabe por se manifestar, ainda que de maneira esporádica.

2.1. Disposições no ordenamento jurídico

O problema de inexistência de regulamentação gera o movimento de criação de normas deontológicas, com fito de abrandar a imoderação que possa advir da utilização das técnicas de R.A. Quem destacadamente faz o papel da criação de tais normas é o Conselho Federal de Medicina (CFM), que edita resoluções estabelecendo parâmetros contendo um limiar principalmente limitativo, não adentrando em questões de sucessão e filiação.

Embora existam Projetos de Lei tramitando vagarosamente pelas câmaras legislativas, na maioria das vezes as questões são solucionadas com base nas resoluções editadas pelo CFM, que não possuem condão de criar o Direito, e sim, regular o exercício da profissão médica[15]. Ainda assim, diversos são os descompassos entre o mundo fático e o mundo normativo. Além dos motivos já elencados, isso muito se deu em razão da quantidade restrita de profissionais e clínicas que eram aptos à realização da Técnica de Reprodução Assistida (TRA), bem como o alto custo e a indisponibilidade das técnicas no SUS, mesmo a tecnologia sendo conhecida e divulgada[16].

As recém-chegadas técnicas de R.A ao Brasil não apenas demonstraram o despreparo da sociedade em lidar com a tecnologia, mas também a insuficiência do ordenamento jurídico normativo.[17] A partir daí que as Resoluções editadas pelo CFM se tornaram instrumentos significativos, por exercerem o papel de regulamentadoras. A última alteração destas resoluções diz respeito à R.A *Post Mortem*, que possuía a mesma disposição

[15] RODRIGUES, Edwirges Elaine. Famílias ectogenéticas: a necessidade de normatização da reprodução assistida e regulamentação das suas consequências jurídicas. **Revista Civilistica**, v. 9, n. 2, p. 1-21, 9 set. 2020. Disponível em: https://civilistica.emnuvens.com.br/redc/article/view/419. Acesso em: 26 set. 2022, p. 5.

[16] LEITE, Tatiana Henrique. Análise crítica sobre a evolução das normas éticas para a utilização das técnicas de reprodução assistida no Brasil. **Revista Ciênc. Saúde Colet**, v. 24, n. 3, p. 917-928, 24 mar. 2019. Disponível em: https://www.scielo.br/j/csc/a/MFFT6sywhtcKRqCp8c5fNWw/?lang=pt. Acesso em: 26 set. 2022, p. 918.

[17] PAIANO, Daniela Braga; ESPOLADOR, Rita de Cássia Resquetti Tarifa. As técnicas de reprodução assistida na resolução Nº 2.121/15 do Conselho Federal de Medicina – principais aspectos. **Revista Brasileira de Direito Civil (RBDCivil),** Belo Horizonte, v. 11, p. 57-71, jan./mar. 2017, p. 60.

desde que foi mencionada pela primeira vez, seguindo inalterada nas demais, sendo a seguinte:

> VIII – REPRODUÇÃO ASSISTIDA *POST MORTEM*
>
> Não constitui ilícito ético a reprodução assistida *post mortem* desde que haja autorização prévia específica **do(a) falecido(a)** para o uso do material biológico criopreservado, de acordo com a legislação vigente (grifo nosso)[18].

Contudo, com a edição da nova Resolução de nº 2.320/2022, retirou-se a menção de autorização específica do falecido, restando apenas autorização sem legislar por quem:

> VIII – REPRODUÇÃO ASSISTIDA *POST MORTEM*
>
> É permitida a reprodução assistida *post mortem*, desde que haja autorização específica para o uso do material biológico criopreservado em vida, de acordo com a legislação vigente[19].

Posto isto, a discussão voltada para a autorização prévia e específica para a realização da R.A *Post Mortem* passa a ser uma incógnita, sinal de que a divergência que até então já havia sido assentada, renova as discussões nesse tocante.

Filiado ao já exposto, muito embora as técnicas de reprodução assistida estejam, de certa forma, bem instrumentalizadas nas resoluções do CFM, há um vácuo legislativo ao se falar em disciplinar a utilização das técnicas de Reprodução Assistida.

São pequenas menções espalhadas pelo ordenamento jurídico que abordam o tema sem detalhar a legitimidade, o acesso e as consequências das TRAs. Ressalta-se que não há uma inércia absoluta sobre a intenção de legislar sobre o tema, mas sim a ineficácia de fazê-lo. No momento, transita na Câmara dos Deputados o Projeto de Lei (PL) nº 1184/2003, que criaria lei específica para RA.

[18] BRASIL. Conselho Federal de Medicina. **Resolução nº 2.294, de 27 de maio de 2021**. Disponível em: https://sistemas.cfm.org.br/normas/visualizar/resolucoes/BR/2021/2294. Acesso em: 29 set. 2022.

[19] BRASIL. Conselho Federal de Medicina. **Resolução nº 2.320, de 01 de setembro de 2022**. Diário Oficial da União. Disponível em: https://in.gov.br/web/dou/-/resolucao-cfm-n-2.320-de-1-de-setembro-de-2022-430447118. Acesso em: 29 set. 2022.

No entanto, dada a sua abrangência da matéria, ela conta com cerca de 23 outros projetos apensos, que possuem o mesmo objetivo de legislar sobre o tema, motivo pelo qual foi integralizado em um único projeto de lei. Dentre todos os anexos, chama a atenção o PL nº 4178/2020, que propõe a modificação do art. 1.798 do CC para estabelecer a sucessão dos filhos gerados pelas técnicas de R.A após o falecimento do autor da herança[20].

Um respiro à ausência de disposições legais, tal PL se tornará um marco se aprovado, trazendo inovações aos códigos que carecem da matéria, mesmo que quando publicado, já estará, em certo grau, ultrapassado em relação às novas tecnologias. Até que isso não ocorra, resta apegar-se às menções esparsas no ordenamento jurídico para embasar a solução para qualquer adversidade decorrente da aplicação das técnicas de reprodução.

A principal delas está presente no art. 1.597, incisos III a V do Código Civil, *in verbis:*

> Art. 1.597. Presumem-se concebidos na constância do casamento os filhos:
>
> I – nascidos cento e oitenta dias, pelo menos, depois de estabelecida a convivência conjugal;
>
> II – nascidos nos trezentos dias subsequentes à dissolução da sociedade conjugal, por morte, separação judicial, nulidade e anulação do casamento;
>
> III – havidos por fecundação artificial homóloga, mesmo que falecido o marido;
>
> IV – havidos, a qualquer tempo, quando se tratar de embriões excedentários, decorrentes de concepção artificial homóloga;
>
> V – havidos por inseminação artificial heteróloga, desde que tenha prévia autorização do marido[21].

O referido artigo não introduz no ordenamento jurídico as técnicas reprodutivas, mas sim, as consequências advindas delas, qual seja, os filhos havidos por essas técnicas especificamente mencionadas, deixando em aberto as inúmeras outras técnicas ali não abarcadas. Pela disposição exposta no CC, pode-se surgir posicionamentos afirmando que as demais

[20] BRASIL. Câmara dos Deputados. **Projeto de Lei nº 4178, de 12 de agosto de 2020.** Disponível em: https://www.camara.leg.br/proposicoesWeb/fichadetramitacao?idProposicao=2259957. Acesso em 19 out. 2022.

[21] BRASIL. **Lei nº 10.406, de 10 de janeiro de 2002.** Institui o Código Civil. Disponível em: http://www.planalto.gov.br/ccivil_03/LEIS/2002/L10406.htm. Acesso em: 19 out. 2022.

modalidades – como a fecundação heteróloga *a matre* – podem ser tidas como não autorizadas ou até proibidas[22].

É cognoscível que o artigo ao qual a matéria está adstrita é insuficiente para estabelecer regras gerais, tampouco condições especiais. Não há disposição que estipule quais modalidades são realmente autorizadas, ou eventualmente proibidas. O legislador menciona sobre a RA *Post Mortem* apenas no falecimento do marido, sem se referir se poderia advir do falecimento da esposa[23].

Similarmente, não há regulamentação sobre o depósito do sêmen ser obrigatoriamente realizado no cônjuge sobrevivente ou se poderia ser fecundado em outro óvulo e gerado em um outro útero e, por fim, a lacuna mais significativa a que se busca melhores elucidações tange à ausência de legislação que dite os direitos sucessórios da prole[24].

De encontro à afirmação de divergência de doutrinas, há uma premissa que permeia quase a integralidade das teorizações dos pesquisadores e atuantes na área, qual seja que o requisito legitimador da realização de R.A *Post Mortem* é a obrigatoriedade de existência de autorização expressa do falecido para o uso de seu material genético. A discussão sobre a vontade do cônjuge desencadeia outras percepções quando se trata do prosseguimento de gerar a prole após seu falecimento, motivo pelo qual se faz relevante pontuar alguns aspectos emergidos a partir daí.

2.2. Declaração expressa do cônjuge falecido

Do que há disponível no ordenamento jurídico sobre o tema, as regulamentações sobre a R.A *Post Mortem* partem da interpretação de resoluções, jurisprudência, enunciados e pareceres doutrinários, uma vez que o CC não é suficiente para exercer esse papel solitariamente. Com efeito, certas regras ditadas por esse conjunto de fontes normativas tornaram-se, com o

[22] MARINHO, Angela de Souza Martins Teixeira. **Reprodução humana assistida do direito brasileiro**: a polêmica instaurada após o Código Civil. Porto Alegre: Sergio Antonio Fabris Ed., 2010, p. 178.

[23] SILVA, Loriesse Maria Siqueira Bueno. As implicações da reprodução assistida post mortem a luz do biodireito. *In:* ESPOLADOR, Rita de Cassia Resquetti Tarifa; PAVÃO, Juliana Carvalho (orgs.). **Direito Contratual Contemporâneo**. Londrina-PR: Thoth, 2019, p. 138.

[24] RIBEIRO, Raphael Rego Borges Ribeiro. Legitimidade de acesso à reprodução assistida *post mortem*. **Revista de Biodireito e Direito dos Animais**, v. 6, n. 2, p. 97-116, jul./dez. 2020, p. 99-100.

tempo, requisito básico de validade para a utilização da técnica, ainda que comportassem opiniões divergentes e/ou não estivessem dispostas em lei.

Aos poucos os posicionamentos sobre uma declaração expressa de vontade do *de cujus* tomou integralmente o ordenamento jurídico, passando a ser requisito básico de validação para utilização da técnica. Configurou-se que para sua realização é necessária autorização prévia e específica do *de cujus*.

No mais, voga o provimento nº 63 do Conselho Nacional de Justiça que estabelece em seu art. 17, §2º que:

> Nas hipóteses de reprodução assistida *post mortem*, além dos documentos elencados nos incisos do caput deste artigo, conforme o caso, deverá ser apresentado termo de autorização prévia específica do falecido ou falecida para uso do material biológico preservado, lavrado por instrumento público ou particular com firma reconhecida[25].

Por sua vez, o Enunciado n. 106 da I Jornada de Direito Civil filia-se à recomendação de que será obrigatório que a mulher "[...] ao se submeter a uma das técnicas de reprodução assistida com o material genético do falecido, esteja na condição de viúva, sendo obrigatória, [...], a autorização escrita do marido para que se utilize seu material genético após sua morte"[26], já o Enunciado nº 633 da VII Jornada de Direito Civil concebeu a hipótese de RA *Post Mortem* por meio da maternidade de substituição ser realizada pelo sobrevivente havendo consentimento expresso da esposa[27].

Caminhando para a mesma recomendação, a mais recente Resolução do CFM, de nº 2.320/2022, retirou o termo falecido constando apenas que a efetivação da técnica é permitida "desde que haja autorização específica para o uso do material biológico criopreservado em vida, de acordo com a legislação vigente"[28]. No entanto, é fato que retirando o termo "falecido"

[25] CNJ. **Provimento nº 63, de 14 de novembro de 2017**. Disponível em: https://atos.cnj.jus.br/atos/detalhar/2525#:~:text=%C2%A7%202%C2%BA%20Nas%20hip%C3%B3teses%20de,instrumento%20p%C3%BAblico%20ou%20particular%20com. Acesso em: 19 out. 2022.

[26] CJF. **Enunciado nº 106, da I Jornada de Direito Civil**. Disponível em: https://www.cjf.jus.br/enunciados/enunciado/737 . Acesso em: 19 out. 2022.

[27] CJF. **Enunciado nº 633, da VII Jornada de Direito Civil**. Disponível em: https://www.cjf.jus.br/enunciados/enunciado/1170 . Acesso: em 19 out. 2022.

[28] BRASIL. Conselho Federal de Medicina. **Resolução nº 2.320, de 01 de setembro de 2022**. Diário Oficial da União. Disponível em: https://in.gov.br/web/dou/-/resolucao-cfm-n-2.320-de-1-de-setembro-de-2022-430447118. Acesso em: 20 out. 2022.

sem que uma legislação vigente proferida pelo legislativo deixa uma brecha de alto risco para as próximas procedências da técnica.

3. Reprodução assistida *post mortem* e os reflexos no âmbito de filiação e sucessão

Dada as explanações apresentadas, depreende-se que de apenas um instituto, a R.A Póstuma, emergem uma série de demandas, anteriores e posteriores à sua efetivação. No entanto, as consequências não concernem apenas àqueles que participam do núcleo familiar. O problema surge em relações de filiação e sucessão que não se encontram normatizadas no ordenamento jurídico.

Cada ordenamento é próprio de sua sociedade, que representa a conexão entre o surgimento de novos direitos e as mudanças sociais, de modo que se modificam os bens merecedores de tutela[29]. Os maiores questionamentos feitos pelos estudiosos e doutrinadores repousam principalmente na ideia de se reproduzir pelo material genético de um falecido e isso repercutir diretamente no direito de família e sucessões.

Há certos posicionamentos quanto à técnica de Reprodução Assistida Póstuma e suas circunstâncias.

A respeito da filiação, Guilherme Calmon Nogueira da Gama posiciona-se contra a efetivação da técnica argumentando que a matéria está em estágio inicial no meio jurídico, não podendo se admitir acesso ao material, ainda que com vontade expressa do falecido declarada, por agredir o princípio da igualdade entre filhos[30]. Eduardo de Oliveira Leite compactua com a ideia de que o incentivo em se proceder com a reprodução póstuma incita um projeto onde a criança já nasce órfã, não podendo o Direito permitir, apoiar e acolher os efeitos desse nascimento[31].

Ana Cláudia Scalquette explana sobre as consequências advindas da permissão da utilização da técnica e como poderia ser aplicada a presunção de paternidade se a morte extingue o casamento, como ficaria a ques-

[29] QUEIROZ, Juliane Fernandes. **Reprodução assistida *post mortem***: aspectos jurídicos de filiação e sucessório. Curitiba: Ed. UFPR, 2015, p. 157.

[30] GAMA, Guilherme de Calmon Nogueira da. **A nova filiação**: o biodireito e as relações parentais: o estabelecimento da parentalidade-filiação e os efeitos jurídicos da reprodução assistida heteróloga. Rio de Janeiro: Renovar, 2003, p. 733.

[31] LEITE, Eduardo de Oliveira. **Procriações artificiais e o direito**: aspetos médicos, religiosos, psicológicos, éticos e jurídicos. São Paulo: Revista dos Tribunais, 1995, p. 316.

tão sucessória da prole, apontando duas possíveis soluções: a primeira é a de não dar ao recém-nascido o direito à herança e a segunda de retomar os bens partilhados do falecido para proceder nova divisão, levando a uma insegurança jurídica[32].

O que se tem nas diversas visões apresentadas é a previsão de realização da técnica no cenário nacional. O estudo entre a relação da prole com o *de cujus*, sua posição de parentesco e a eventual existência de direitos sucessórios é matéria emergente e deveras contraditória.

3.1. Análise da perspectiva de filiação

Outrora ocorria dificuldade em se atribuir a paternidade ou maternidade a alguém, motivo pelo qual baseavam-se em presunções de filiação, gerando a criação do parentesco civil. Ele é justamente o "vínculo pessoal criado por meio de disposição legal, para favorecer o estabelecimento do liame entre pessoas que não o possuem, originalmente".[33] O Código Civil em seu art. 1593 estabelece o parentesco, podendo ser consanguíneo ou de outra origem, entendendo a adoção como um dos liames de parentesco.

Juliane Fernandes Queiroz preceitua que o estado de filiação atribuído ao indivíduo é resultado da relação jurídico-familiar, sendo essa uma qualidade configurada pelo Direito. Assim, a presunção de paternidade foi uma forma de atribuir o *status* de família, ao atender os requisitos e prazos estabelecidos[34]. Sobre a inseminação artificial, o Código Civil estabelece a filiação entre cônjuge falecido e prole, sistematizando a presunção de paternidade no art. 1597, *in verbis*: "Art. 1.597. Presumem-se concebidos na constância do casamento os filhos: III – havidos por fecundação artificial homóloga, mesmo que falecido o marido;[35]

Portanto, há duas considerações a serem feitas sobre este artigo. A primeira é a inexistência de menção quanto à união estável. Não há previsão

[32] SCALQUETTE, Ana Cláudia Silva. **Estatuto da Reprodução Assistida.** 2009. 348 f. Tese (Doutorado em Direito Civil). Faculdade de Direito da Universidade de São Paulo, São Paulo, 2009, p. 70.

[33] QUEIROZ, Juliane Fernandes. **Reprodução assistida *post mortem***: aspectos jurídicos de filiação e sucessório. Curitiba: Ed. UFPR, 2015, p. 202.

[34] Ibid, p. 216-217.

[35] BRASIL. **Lei nº 10.406, de 10 de janeiro de 2002.** Institui o Código Civil. Disponível em: http://www.planalto.gov.br/ccivil_03/LEIS/2002/L10406.htm. Acesso em: 05 nov. 2022.

para abarcar a hipótese de RA póstuma para casais que não tenham contraído núpcias.

Para Carlos Cavalcanti Albuquerque Filho, pode-se proceder com a técnica na união estável "desde que devidamente demonstrada a sua existência e não havendo litígio sobre a materialização da referida entidade familiar"[36], e, para José Roberto Moreira Filho, se mostra relevante "um reconhecimento voluntário da filiação ou que o filho prove a existência da união estável havida entre o suposto pai e sua mãe, para que se estabeleça o liame de filiação, com recurso até mesmo à prova em DNA"[37]. Sugere-se que seja a reprodução póstuma permitida em casos de união estável, reconhecida em cartório.

No mais, retornando à discussão, a segunda problemática a ser apontada no artigo é a ausência de menção quanto à presunção de maternidade. A maternidade sempre esteve atrelada à gestação, ao parto, ao aleitamento, ao contato físico com o feto, dispensando sua presunção. Já a paternidade não é tão evidente, de modo que, para seu estabelecimento, considera-se outros elementos, como presunção, reconhecimento voluntário ou investigação de paternidade.[38] Havendo a efetivação da técnica, surge o questionamento: a maternidade seria atribuída àquela que gestou retirando da esposa falecida esta presunção?

O fato de pressupor uma terceira pessoa em todo o processo multiplica a complexidade do assunto. Contudo, analisando objetivamente, e, considerando a atribuição de *status* família já mencionado, há de se observar primordialmente quais os liames estabelecidos entre as pessoas envolvidas.

Preliminarmente, há o liame dos cônjuges, que idealizaram todo o projeto parental, reclamando para si a manifestação expressa em procriar e

[36] ALBUQUERQUE FILHO, Carlos Cavalcanti. Fecundação artificial *post mortem* e o direito sucessório. **V Congresso Brasileiro De Direito De Família**. Belo Horizonte: 2005. Disponível em: https://ibdfam.org.br/publicacoes/anais/detalhes/714/V%20Congresso%20Brasileiro%20de%20Direito%20de%20Fam%C3%ADlia. Acesso em: 06 nov. 2022, p. 22.

[37] MOREIRA FILHO, José Roberto. As novas formas de filiação advindas das técnicas de inseminação artificial homóloga *post mortem* e as suas consequências no direito de família e das sucessões. **X Congresso Brasileiro De Direito De Família**. Belo Horizonte, 2015. Disponível em: https://ibdfam.org.br/publicacoes/anais/detalhes/1156/X%20Congresso%20de%20Direito%20de%20Fam%C3%ADlia. Acesso em 25 set. 2022, p. 192-193.

[38] MARINHO, Angela de Souza Martins Teixeira. **Reprodução humana assistida do direito brasileiro**: a polêmica instaurada após o Código Civil. Porto Alegre: Sergio Antonio Fabris Ed., 2010, p. 172.

serem responsáveis pela prole. Em segundo plano, o liame entre a mulher gestante e a prole que, muito embora possa haver uma relação jurídica, esta é completamente paralela à uma relação entre mãe e filho.[39] E, em último plano, o liame entre esposa falecida e prole, que consiste no laço biológico, além do fato de esse último estar inserido no núcleo familiar já idealizado por aquela.

Não se olvida que possa haver um laço de parentesco entre os envolvidos, mas somente este laço não é o suficiente para invocar o laço filial. Ou seja, a maternidade roga muito mais do que simplesmente ter gestado, invoca a idealização do projeto parental, a vontade, o material genético, o núcleo familiar e outros aspectos.

Embora se mostre quase que unanime a presunção de paternidade em R.A póstuma, há quem discorde. Mônica Aguiar leciona que "a morte funciona como causa revogadora da permissão ao emprego da técnica"[40]. Para ela, o inciso III do art. 1597 deve ser extirpado, havendo relação filial apenas com o sobrevivente[41].

Mesmo com exceções, a regra é considerar que há uma clara relação filial entre cônjuge falecido e prole.

3.2. Análise da perspectiva de sucessão

A sucessão é ponto mais discutível se comparado à filiação. Isto porque, o cerne principal da filiação diz respeito à relação entre os cônjuges e a prole inseminada, visando o melhor interesse da criança. No entanto, como não há normatização que regule tais institutos, não há como se falar que o reconhecimento de filiação gera automaticamente o reconhecimento do direito de sucessão. Por isso, ter ou não vocação sucessória engloba, além dessa relação mencionada na filiação, a relação entre prole e outros herdeiros, prole e beneficiários por testamento, direito ao patrimônio, momento da concepção para suceder e muitas outras.

Três correntes principais tratam dos efeitos sucessórios da efetivação da técnica de RA póstuma. A primeira delas veda o reconhecimento da paternidade e do direito de sucessão. É a chamada corrente excludente ou restritiva. Quem se filia a ela é contra a técnica e reprova atribuir à criança

[39] Queiroz, Juliane Fernandes. **Reprodução assistida *post mortem***: aspectos jurídicos de filiação e sucessório. Curitiba: Ed. UFPR, 2015, p. 220-221.

[40] Aguiar, Mônica. **Direito à filiação e bioética**. Rio de Janeiro: Forense, 2005, p. 118.

[41] Ibid, p. 119.

o direito de filiação do falecido e a sucessão de seus bens. Preceitua-se sob a justificativa de revogação do consentimento prestado com a morte, bem como inexistência de capacidade de suceder de um embrião não fecundado em vida[42]. A segunda, chamada de parcialmente restritiva ou parcialmente excludente, admite o reconhecimento da paternidade, sendo, no entanto, contra a atribuição de vocação sucessória, de modo que a criança será filha, mas não herdeira[43]. Essa corrente está atrelada ao art. 1798, Código Civil que estipula que "Legitimam-se a suceder as pessoas nascidas ou já concebidas no momento da abertura da sucessão", não se encaixando os embriões. Por fim, a terceira, denominada inclusiva, reconhece os direitos de filiação e sucessão. Esta se subdivide em duas linhas: na primeira, a criança possui os direitos desde que acolhida em testamento, como prole eventual enquanto a segunda não estipula essa condição, sendo a vocação sucessória independente de deixa testamentária[44].

Embora seja uma posição compreensível, deixar a criança já nascida subordinada à verificação de inclusão testamental pode gerar insegurança jurídica e lesar diversos princípios constitucionais, deste modo a conclusão filia-se à segunda linha, concedendo todos os direitos sucessórios à prole inseminada.

A vocação sucessória encontra lugar no Código Civil sendo estipulada em sucessão legítima ou sucessão testamentária, de modo que, consequentemente, poderá haver dois tipos de herdeiros, o legítimo e o testamentário. Inicialmente, a polêmica ocorre no art. 1798 do CC pois são chamados a suceder os nascidos ou já concebidos na abertura da sucessão. Há quem entenda não haver atribuição do direito de sucessão ao embrião a ser implantado, vez que já teria se operado a transmissão. Para essa premissa há outras que levam a uma conclusão diferente. A primeira é o princípio da igualdade entre os filhos. José Roberto Moreira Filho coloca que embora o CC assim disponha, o entendimento deve ser formado por aquilo

[42] ALBUQUERQUE FILHO, Carlos Cavalcanti. Fecundação artificial *post mortem* e o direito sucessório. **V Congresso Brasileiro De Direito De Família**. Belo Horizonte: 2005. Disponível em: https://ibdfam.org.br/publicacoes/anais/detalhes/714/V%20Congresso%20Brasileiro%20de%20Direito%20de%20Fam%C3%ADlia. Acesso em: 06 nov. 2022, p. 12.

[43] Ibid.

[44] ALBUQUERQUE FILHO, Carlos Cavalcanti. Fecundação artificial *post mortem* e o direito sucessório. V Congresso Brasileiro De Direito De Família. Belo Horizonte: 2005. Disponível em: https://ibdfam.org.br/publicacoes/anais/detalhes/714/V%20Congresso%20Brasileiro%20de%20Direito%20de%20Fam%C3%ADlia. Acesso em: 06 nov. 2022, p. 14.

que está protegido constitucionalmente[45], que é o que preceitua o art. 227, §6º da CRFB: "Os filhos, havidos ou não da relação do casamento, ou por adoção, terão os mesmos direitos e qualificações, proibidas quaisquer designações discriminatórias relativas à filiação"[46].

O próprio texto legal já prevê a existência de benefício sucessório à prole eventual – segunda parte do art. 1799, inciso II – quando menciona que podem ser chamadas a suceder aqueles ainda não concebidos indicados pelo testador. A partir daí, devem ambos serem tratados igualitariamente, principalmente em observância ao direito à herança, também garantido constitucionalmente como direito fundamental ao indivíduo no art. 5º, inciso XXX da Constituição Federal.

Maria Berenice Dias, concorda que "A possibilidade de não se reconhecer direitos à criança concebida mediante fecundação artificial *post mortem* pune [...] o afeto, a intenção de ter um filho com a pessoa amada, embora eventualmente afastada do convívio terreno"[47]. Assim a prole tem vocação sucessória, sendo legítima a herdar, com ou sem testamento.

Contudo, toda a questão envolvendo sucessão legítima se dificulta ante a inexistência de lapso temporal para a concepção desse filho, diferente da vocação testamentária. Para alguns, a simples petição de herança resolveria estas questões[48]. Em recente decisão do Superior Tribunal de Justiça, fixou-se que mesmo que não haja prévia propositura da ação com objetivo de investigação de paternidade – que é imprescritível – o início da contagem do prazo prescricional para o ajuizamento da ação de petição de herança começa a correr mesmo assim[49], sendo mais um viés negativo para a prole inseminada.

[45] Moreira Filho, José Roberto. As novas formas de filiação advindas das técnicas de inseminação artificial homóloga *post mortem* e as suas consequências no direito de família e das sucessões. **X Congresso Brasileiro De Direito De Família**. Belo Horizonte, 2015. Disponível em: https://ibdfam.org.br/publicacoes/anais/detalhes/1156/X%20Congresso%20de%20Direito%20de%20Fam%C3%ADlia. Acesso em 25 set. 2022, p. 205.

[46] BRASIL. **Constituição da República Federativa do Brasil**. Disponível em: http://www.planalto.gov.br/ccivil_03/constituicao/constituicaocompilado.htm. Acesso em: 14 nov. 2022.

[47] Dias, Maria Berenice. **Manual de direito das famílias**. 10. ed. São Paulo: Editora Revista dos Tribunais, 2015, p. 402.

[48] Paiano, Daniela Braga. **O direito de filiação nas famílias contemporâneas**. 2016. 292 f. Tese (Doutorado em Direito Civil). Faculdade de Direito da Universidade de São Paulo, São Paulo, 2016, p. 120.

[49] IBDFAM. **Prescrição de petição de herança começa a correr mesmo sem prévia investigação de paternidade, decide STJ**, 23. nov. 2022. Disponível em: https://ibdfam.

Desta forma, verifica-se que a estipulação de prazo para efetivação da técnica é uma forma de estabilizar consequências jurídicas e garantir que no ordenamento jurídico haverá um padrão a se aguardar e seguir quando se falar da situação de RA póstuma. O legislador já aventou hipótese de prazo fatal nesta seara, sendo de 2 anos para concepção do herdeiro esperado no testamento, presente no art. 1800, §4º do CC. Exaurindo tal prazo extingue-se o direito de vocação testamentária como se nunca houvesse existido.

Ana Cláudia Scalquette traz a possibilidade de se iniciar uma sucessão provisória, assim como se faz no caso de ausência, e, por analogia ao procedimento, partilhar-se-ia provisoriamente os bens até que se escoe o prazo estipulado para a concepção de novo herdeiro. Findo, a partilha se tornará definitiva e os herdeiros terão direito ao quinhão que lhe pertence podendo usufrui-los[50].

Sugeriu-se que, assim como se procederia a destinação dos embriões criopreservados para pesquisa após três anos se não utilizado, nos termos da art. 5º, inciso II da Lei da Biosseguraça (11.105/2005), este também seria o lapso temporal ideal para o cônjuge sobrevivente decidir sobre a concepção, vez que não o forçaria a se decidir durante o luto e logo após a morte, mas também protegeria os demais herdeiros visto o lapso temporal[51].

Para Carlos Cavalcanti Albuquerque Filho, por analogia ao prazo já existente no Código Civil, no art. 1800, §4º, o prazo que se demonstraria ser o mais conveniente é o de 2 anos, a contar da abertura da sucessão.[52]. Assim, certo é que deve o cônjuge deve deixar manifestação expressa, ratificada pelo outro cônjuge, não podendo alegar posteriormente desconhecimento da situação jurídica.

Já a sucessão testamentária, de certa forma não comporta que o cônjuge manifeste sua vontade de deixar bens à prole eventual advinda da RA *post*

org.br/noticias/10249/Prescri%C3%A7%C3%A3o+de+peti%C3%A7%C3%A3o+de+heran%C3%A7a+come%C3%A7a+a+correr+mesmo+sem+pr%C3%A9via+investiga%C3%A7%C3%A3o+de+paternidade%2C+decide+STJ+. Acesso em: 03 dez. 2022.

[50] SCALQUETTE, Ana Cláudia Silva. **Estatuto da Reprodução Assistida.** 2009. 348 f. Tese (Doutorado em Direito Civil). Faculdade de Direito da Universidade de São Paulo, São Paulo, 2009, p. 283, p. 196.

[51] Ibid, p. 199 e 200.

[52] ALBUQUERQUE FILHO, Carlos Cavalcanti. Fecundação artificial *post mortem* e o direito sucessório. **V Congresso Brasileiro De Direito De Família**. Belo Horizonte: 2005. Disponível em: https://ibdfam.org.br/publicacoes/anais/detalhes/714/V%20Congresso%20Brasileiro%20de%20Direito%20de%20Fam%C3%ADlia. Acesso em: 06 nov. 2022, p. 21.

mortem de seu próprio material genético. Isto em razão do art. 1799 do CC estipular a condição de se testar para pessoas não concebidas de pessoas especificamente indicadas, desde que vivas estas últimas quando aberta a sucessão, e desde que concebidas no prazo de 2 anos (art. 1800, §4º, CC). Para efetivar sua vontade de testar para sua própria prole, o testador pode aproveitar-se da lacuna legal deixada, que não exige que pessoa indicada seja um casal ou seja casada, podendo indicar quem será a doador(a) do material genético, como o seu cônjuge sobrevivente, para então, a prole ser considerada seu filho legítimo pelo art. 1597, inciso III do Código Civil[53].

Ana Cláudia Scalquette posiciona-se dizendo que uma coisa é se falar sobre beneficiar a prole eventual, outra é partilhar de forma igualitária os bens entre os herdeiros. Ela traz o exemplo do testador beneficiar a prole eventual com 50% do patrimônio disponível, já possuindo um outro herdeiro existente, e, da gestação ser gemelar, podendo os filhos de um mesmo pai ficarem com 50% - 25% - 25% do patrimônio, arrematando seu entendimento dizendo que a deixa testamentária pode se dar em favor do filho concebido pela técnica, mas que isso não é suficiente em matéria de direito sucessório.[54]

De qualquer forma, verifica-se, também na vocação testamentária, que o filho concebido possui direitos sucessórios. A despeito de qualquer que seja os posicionamentos, a linha encontrada mais benéfica a todos os envolvidos estipula os direitos sucessórios à prole, mediante estipulação de prazo.

Conclusões

Verificou-se que a prole advinda da RA póstuma sofre consequências para seu reconhecimento, mediante a omissão legislativa no ordenamento jurídico. Inicialmente, observou-se que ela é tida como forma de satisfação do desejo de realizar o projeto parental idealizado, direito garantido constitucionalmente. A junção de vontades dos integrantes de um mesmo núcleo familiar é capaz de gerar essa nova vida, instituto que não é proibido e nem permitido legislativamente.

Disso verificou-se que, ante a insipiência normativa, fica a cargo das menções administrativas e deontológicas regular a técnica utilizada, con-

[53] SCALQUETTE, Ana Cláudia Silva. **Estatuto da Reprodução Assistida.** 2009. 348 f. Tese (Doutorado em Direito Civil). Faculdade de Direito da Universidade de São Paulo, São Paulo, 2009, p. 201-202.

[54] Ibid, p. 204.

cluindo que certos requisitos são indispensáveis. No direito à filiação e sucessão a relação filial é imperativa. Tanto a paternidade como a maternidade podem e devem ser atribuídas àqueles que desejaram proceder com essa criação e reclamar para si as reponsabilidades, mesmo com o falecimento adentrando em meio a esse lapso temporal.

Compreende-se que a sucessão deve ser atribuída à prole, sem exigir testamento, sendo seu direito legítimo como herdeiro reconhecido. Faz-se uma ressalva que, para a segurança jurídica dos demais envolvidos, estipular um prazo para se proceder a procriação póstuma é ideal, indo ao encontro com a vocação testamentária e Lei de Biossegurança. Assim, abre-se sucessão provisória que aguarda o escoamento do prazo para partir para a definitiva. Conclui-se ainda que levado em consideração as diversas posições contrárias, a prole inseminada por RA *post mortem*, não pode ser preterida de seus direitos de filiação e de sucessão.

Referências

AGUIAR, Mônica. **Direito à filiação e bioética**. Rio de Janeiro: Forense, 2005.

ALBUQUERQUE FILHO, Carlos Cavalcanti. Fecundação artificial *post mortem* e o direito sucessório. **V Congresso Brasileiro De Direito De Família**. Belo Horizonte: 2005. Disponível em: https://ibdfam.org.br/publicacoes/anais/detalhes/714/V%20Congresso%20Brasileiro%20de%20Direito%20de%20Fam%C3%ADlia. Acesso em: 06 nov. 2022.

BRASIL. Câmara dos Deputados. **Projeto de Lei nº 4178, de 12 de agosto de 2020.** Disponível em: https://www.camara.leg.br/proposicoesWeb/fichadetramitacao?idProposicao=2259957. Acesso em: 19 out. 2022.

BRASIL. Conselho Federal de Medicina. **Resolução nº 2.294, de 27 de maio de 2021.** Disponível em: https://sistemas.cfm.org.br/normas/visualizar/resolucoes/BR/2021/2294. Acesso em: 29 set. 2022.

BRASIL. Conselho Federal de Medicina. **Resolução nº 2.320, de 01 de setembro de 2022.** Diário Oficial da União. Disponível em: https://in.gov.br/web/dou/-/resolucao-cfm-n-2.320-de-1-de-setembro-de-2022-430447118. Acesso em: 29 set. 2022.

BRASIL. **Constituição da República Federativa do Brasil**. Disponível em: http://www.planalto.gov.br/ccivil_03/constituicao/constituicaocompilado.htm. Acesso em: 14 nov. 2022.

BRASIL. **Lei nº 10.406, de 10 de janeiro de 2002.** Institui o Código Civil. Disponível em: http://www.planalto.gov.br/ccivil_03/LEIS/2002/L10406.htm. Acesso em: 19 out. 2022.

CJF. **Enunciado n. 106 da I Jornada de Direito Civil**. Disponível em: https://www.cjf.jus.br/enunciados/enunciado/737. Acesso em: 19 out. 2022.

CJF. **Enunciado n. 633 da VII Jornada de Direito Civil**. Disponível em: https://www.cjf.jus.br/enunciados/enunciado/1170 . Acesso em 19 out. 2022.

CNF. **Provimento nº 63, de 14 de novembro de 2017**. Disponível em: https://atos.cnj.jus.br/atos/detalhar/2525#:~:text=%C2%A7%202%C2%BA%20Nas%20hip%C3%B3teses%20de,instrumento%20p%C3%BAblico%20ou%20particular%20com. Acesso em: 19 de outubro de 2022.

DIAS, Maria Berenice. **Manual de direito das famílias**. 10. ed. São Paulo: Editora Revista dos Tribunais, 2015.

DINIZ, Maria Helena. **O Estado atual do biodireito**. 5. ed. São Paulo: Saraiva, 2008.

GAMA, Guilherme de Calmon Nogueira da. **A nova filiação**: o biodireito e as relações parentais: o estabelecimento da parentalidade-filiação e os efeitos jurídicos da reprodução assistida heteróloga. Rio de Janeiro: Renovar, 2003.

IBDFAM. **Prescrição de petição de herança começa a correr mesmo sem prévia investigação de paternidade, decide STJ**, 23. nov. 2022. Disponível em: https://ibdfam.org.br/noticias/10249/Prescri%C3%A7%C3%A3o+de+peti%C3%A7%C3%A3o+de+heran%C3%A7a+come%C3%A7a+a+correr+mesmo+sem+pr%C3%A9via+investiga%C3%A7%C3%A3o+de+paternidade%2C+decide+STJ+. Acesso em: 03 dez. 2022.

LEITE, Eduardo de Oliveira. **Procriações artificiais e o direito**: aspetos médicos, religiosos, psicológicos, éticos e jurídicos. São Paulo: Revista dos Tribunais, 1995.

LEITE, Tatiana Henrique. Análise crítica sobre a evolução das normas éticas para a utilização das técnicas de reprodução assistida no Brasil. **Revista Ciênc. Saúde Colet**, v. 24, n. 3, p. 917-928, 24 mar. 2019. Disponível em: https://www.scielo.br/j/csc/a/MFFT6sywhtcKRqCp8c5fNWw/?lng=pt. Acesso em 26 set. 2022.

MALUF, Carlos Alberto Dabus; MALUF, Adriana Caldas do Rego Freitas Dabus. A família da pós-modernidade: aspectos civis e bioéticos. **Revista da Faculdade de Direito da Universidade de São Paulo**, v. 108, jan/dez. 2013.

MARINHO, Angela de Souza Martins Teixeira. **Reprodução humana assistida do direito brasileiro**: a polêmica instaurada após o Código Civil. Porto Alegre: Sergio Antonio Fabris Ed., 2010.

MONTALBANO, Ana Caroline Oliveira. Inseminação *post mortem* e seus reflexos no direito de família e sucessões. **Revista Esmec**, Santa Catarina, v. 19, n. 25, 2012.

MOREIRA FILHO, José Roberto. As novas formas de filiação advindas das técnicas de inseminação artificial homóloga *post mortem* e as suas consequências no direito de família e das sucessões. **X Congresso Brasileiro De Direito De Família**. Belo Horizonte, 2015. Disponível em: https://ibdfam.org.br/publicacoes/anais/detalhes/1156/X%20Congresso%20de%20Direito%20de%20Fam%C3%ADlia. Acesso em 25 set. 2022.

OLIVEIRA, Simone Born de. **Da bioética ao direito: manipulação genética e dignidade humana**. Curitiba: Juruá, 2003.

PAIANO, Daniela Braga. **A Família Atual e as Espécies de Filiação:** Da possibilidade jurídica da multiparentalidade. Rio de Janeiro: Lumen Juris, 2017.

PAIANO, Daniela Braga. **O direito de filiação nas famílias contemporâneas**. 2016. 292 f. Tese (Doutorado em Direito Civil). Faculdade de Direito da Universidade de São Paulo, São Paulo, 2016.

PAIANO. Daniela Braga. Reprodução assistida: autoinseminação e suas implicações jurídicas e as alterações trazidas pela Resolução n. 2294/2021 do Conselho Federal de Medicina. **Revista Civilistica**, v. 11. n. 1, p. 1-21, 29 maio 2022.

Paiano, Daniela Braga; Espolador, Rita de Cássia Resquetti Tarifa. As técnicas de reprodução assistida na resolução Nº 2.121/15 do Conselho Federal de Medicina – principais aspectos. **Revista Brasileira de Direito Civil (RBDCivil),** Belo Horizonte, v. 11, p. 57-71, jan./mar. 2017.

Queiroz, Juliane Fernandes. A disponibilidade do material genético – sêmen – após a morte do seu titular. *In:* Casabona, Carlos María Romeo; Queiroz, Juliane Fernandes (coord.). **Biotecnologia e suas implicações ético-jurídicas**. Belo Horizonte: Del Rey, 2004.

Queiroz, Juliane Fernandes. **Reprodução assistida *post mortem***: aspectos jurídicos de filiação e sucessório. Curitiba: Ed. UFPR, 2015.

Ribeiro, Raphael Rego Borges Ribeiro. Legitimidade de acesso à reprodução assistida *post mortem*. **Revista de Biodireito e Direito dos Animais**, v. 6, n. 2, p. 97-116, jul./dez. 2020.

Rodrigues, Edwirges Elaine. Famílias ectogenéticas: a necessidade de normatização da reprodução assistida e regulamentação das suas consequências jurídicas. **Revista Civilistica**, v. 9, n. 2, p. 1-21, 9 set. 2020. Disponível em: https://civilistica.emnuvens.com.br/redc/article/view/419. Acesso em: 26 set. 2022.

Santos, Maria Celeste Cordeiro Leite. **Equilíbrio de um pêndulo. Bioética e a lei**: implicações médico-legais. São Paulo, 1998.

Scalquette, Ana Cláudia Silva. **Estatuto da Reprodução Assistida.** 2009. 348 f. Tese (Doutorado em Direito Civil). Faculdade de Direito da Universidade de São Paulo, São Paulo, 2009.

Scalquette, Ana Cláudia Silva. **Família & Sucessões**. São Paulo, SP: Barros, Fischer & Associados, 2005.

Silva, Loriesse Maria Siqueira Bueno. As implicações da reprodução assistida *post mortem* a luz do biodireito. *In:* Espolador, Rita de Cassia Resquetti Tarifa; Pavão, Juliana Carvalho. (Organizadoras). **Direito Contratual Contemporâneo**, Londrina-PR: Thoth, 2019.

8

FILIAÇÃO POR ADOÇÃO: ASPECTOS PROCEDIMENTAIS E CONTEMPORÂNEOS

Karen Kamila Mendes Signori Bruske
Luiza Ribeiro de Oliveira
Thaís e Silva Albani

Introdução

Ao longo da história legislativa brasileira é possível observar diversas alterações no instituto da adoção enquanto modalidade para constituição de filiação. Sob a égide da Constituição Federal de 1988, o Estatuto da Criança e do Adolescente estabelece que a adoção é uma forma excepcional para constituição de filiação, devendo ser buscada apenas quando esgotada a possibilidade de manutenção da criança ou adolescente na família natural.

Na relação entre sociedade e Direito as mudanças que ocorrem atingem diretamente o ordenamento jurídico provocando alterações constantes, pois são as leis que servem à comunidade e não o contrário. Quando se trata de filiação, atualmente, tem-se que não há distinção entre os filhos, qualquer que seja a sua origem, e o afeto passa a ser elemento fundamental para formação da família.

O foco deste trabalho estará nas reflexões apresentadas quanto aos obstáculos apresentados à concretização da adoção. Em especial, buscou-se contrapor a celeridade dos processos de destituição do poder familiar e adoção com a ineficácia do poder público em assegurar subsistência digna às famílias em situação de vulnerabilidade socioeconômica e abordar a diferença entre o perfil desejado pelos pretendentes à adoção e a realidade das crianças aptas à adoção em situação de acolhimento institucional e familiar.

Para alcançar este objetivo, abordar-se-á um breve histórico do instituto da adoção e os aspectos gerais e procedimentos do tema, neste último, será tratado especificamente quanto a habilitação à adoção e o processo de adoção quando o pretendente já está habilitado e a criança está apta à adoção.

Muitas vezes quando se pensa na adoção, argumenta-se acerca da demora para obter uma criança de acordo com o perfil, o tempo em que as crianças e adolescentes permanecem institucionalizados e o longo processo de destituição do poder familiar, sem observar que a criança e o adolescente é o sujeito principal da adoção e os procedimentos que os envolvem devem caminhar respeitando não um melhor interesse abstrato, mas concreto e que lhe seja próprio.

Com isso, para realização deste trabalho, foi utilizado o método lógico-dedutivo, através de utilização de periódicos, artigos científicos e obras doutrinadores nacionais, além de consultas aos dados estatísticos disponibilizados pelo Conselho Nacional Justiça – CNJ.

1. Da filiação: histórico e conceito

Inicialmente, é imprescindível que neste ponto da pesquisa seja analisado, mesmo que brevemente, como se deu a evolução do instituto da filiação, tendo em vista que, o conceito de família se modificou intensamente devido às mudanças sociais ocorridas ao longo do tempo.

Sabe-se que o Direito como um todo é perceptível às mudanças que ocorrem na sociedade, o que faz necessária a sua adaptação à realidade, principalmente no que tange o Direito de Família, uma vez que o ramo lida diretamente com as pessoas.

Conforme expõe Arnold Wald[1], a família brasileira tinha como principal influência, os modelos canônicos e romanos, o qual contava com uma figura masculina, denominada: *pater familias*. Essa figura detinha um poder de caráter tríplice, qual seja, religioso, econômico e jurídico político[2].

Para Maria Goreth Macedo Valadares[3], a família do Código Civil de 1916, era formada unicamente pelo casamento e cabia à figura paterna todos os

[1] Wald, Arnoldo. **O novo direito de família.** 15. ed. São Paulo: Saraiva, 2004, p. 9.

[2] Paiano, Daniela Braga. **A família atual e as espécies de filiação:** da possibilidade jurídica da multiparentalidade. Rio de Janeiro: Lumen Juris, 2017, p. 4.

[3] Valadares, Maria Goreth Macedo. **Multiparentalidade e as novas relações parentais.** Rio de Janeiro: Lumen Juris, 2016, p. 11.

direitos e deveres em relação ao núcleo familiar, de forma que, todos os membros eram seus subordinados.

Desta forma, a família até então era regida pelos costumes e pela religião, já que não havia regramentos jurídicos. O casamento era tido como sendo a única forma de se constituir uma família, sendo este indissolúvel aos olhos da religião, que passou a disciplinar esse instituto.

O modelo patriarcal repercutiu diretamente na filiação, uma vez que tal instituto era formado pela situação conjugal dos pais, ou seja, dependia diretamente se estavam casados ou não, para subtrair ou conferir direitos aos filhos[4], bem como havia uma clara desigualdade de tratamento entre eles.

Nesse mesmo esteio, conforme aponta Jorge Shiguemitsu Fujita[5], o Código Civil de 1916 dispunha a seguinte classificação acerca das filiações: legítima, legitimado, ilegítima e a adotiva. A legítima, era aquela proveniente do casamento, cabendo, portanto, a presunção *pater is est*, para aqueles filhos nascidos 180 dias depois de iniciada a convivência conjugal ou aqueles nascidos "dentro dos 300 dias subsequentes à dissolução da sociedade conjugal, por morte, desquite ou anulação"[6].

Nesse mesmo sentido, os filhos legitimados, como expôs Belmiro Pedro Welter[7], eram os filhos concebidos anteriormente ao casamento, mas equiparados aos legítimos. Por outro lado, os filhos ilegítimos, eram fruto das relações extraconjugais e se dividiam em naturais ou espúrios.

O primeiro deles, eram os filhos nascidos de pais que não tinham impedimento para o matrimônio, já os espúrios, eram aqueles filhos que foram oriundos de uma relação que havia impedimentos, no qual a lei vedava a união conjugal dos genitores e, eram classificados em adulterinos e incestuosos.

Os adulterinos ocorriam quando o impedimento fosse em razão de um dos pais ou os dois já serem casados, ou seja, oriundos das relações extraconjugais. Já os incestuosos, eram as hipóteses em que os genitores eram impedidos de se casarem entre si, por possuírem proximidade de parentesco, por exemplo, entre irmãos.

[4] FUJITA, Jorge Shiguemitsu. **Filiação.** 2. ed. São Paulo: Atlas, 2011, p. 20.

[5] Ibid.

[6] Ibid.

[7] WELTER, Belmiro Pedro. **Igualdade entre as filiações biológicas e socioafetivas.** São Paulo: Revista dos Tribunais, 2003, p. 67.

Para Fujita "[...] os filhos incestuosos e os adulterinos não podiam ser objeto de reconhecimento voluntário ou forçado (arts. 358 e 363), impedindo-os de concorrer à sucessão hereditária e, até mesmo, aos alimentos".[8]

Manter os limites da filiação dentro do casamento era apenas uma das faces do sistema patriarcal vigente no Brasil, de modo que o filho havido da união matrimonializada e protegida pela religião gozava dos benefícios da tutela da sociedade.

Por outro lado, os filhos gerados às margens do casamento refletiam os segredos das famílias e, por isso, sofriam as consequências de nascerem em berços pagãos. Inicialmente, eram classificados e rotulados e depois despojados dos seus direitos inerentes à filiação, principalmente no que tange aos direitos relacionados aos alimentos e à sucessão.

Por fim, tem- se a filiação adotiva, na qual era muito criticada à época, pois possibilitava a introdução na família de filhos incestuosos e adulterinos. Para adotar, era necessário o preenchimento de alguns requisitos como, idade mínima de 50 anos, que foi reduzida para 31 anos, pela lei 3.133/57[9]; e, posteriormente, para 21 anos, pela Lei 8.069/90[10]; no mais, caso a pessoa fosse casada, somente poderia adotar após cinco anos do casamento; a diferença de idade de 18 anos entre adotante e adotado; e, se exigia o consentimento do adotado ou seu representante legal e, por fim, a escritura pública.

Com o decorrer do tempo, as transformações sociais ocorridas na sociedade modificaram significativamente o modelo patriarcal que permeava o Direito de Família. Segundo Daniela Braga Paiano[11], foi somente com a Constituição Federal de 1988, que essas mudanças foram acolhidas pelo ordenamento jurídico. Nas palavras da autora:

> Essas transformações todas foram acolhidas pela Constituição de Federal de 1988, denominada Constituição Cidadã, trazendo igualdade jurídica

[8] FUJITA, Jorge Shiguemitsu. **Filiação.** 2. ed. São Paulo: Atlas, 2011, p. 20.

[9] BRASIL. **Lei nº 3.133, de 8 de maio de 1957**. Atualiza o instituto da adoção prescrita no Código Civil. Disponível em: http://www.planalto.gov.br/ccivil_03/leis/1950-1969/l3133.htm. Acesso em: 26 nov. 2022.

[10] BRASIL. **Lei nº 8.069, de 13 de julho de 1990**. Dispõe sobre o Estatuto da Criança e do Adolescente e dá outras providências. Disponível em: https://www.planalto.gov.br/ccivil_03/leis/l8069.htm. Acesso em: 26 nov. 2022.

[11] PAIANO, Daniela Braga. **A família atual e as espécies de filiação:** da possibilidade jurídica da multiparentalidade. Rio de Janeiro: Lumen Juris, 2017, p. 16.

entre os cônjuges, reconhecendo a união estável e a família monoparental como modalidades de família – ao lado da advinda do casamento, igualdade jurídica entre os filhos, planejamento familiar e paternidade responsável, possibilidade jurídica do divórcio sem a exigência de se esperar pelo transcurso de lapsos temporais, entre outros pontos, conforme destaca o Art.226 do diploma citado[12].

A classificação discriminatória quanto aos filhos, constante no Código Civil de 1916, acabou com a vinda da Carta Magna, uma vez que, excluiu qualquer forma de discriminação no campo da filiação. Tal modificação se deu com a vinda do art. 227, §6° da CF/88, na qual proibiu qualquer tratamento desigual aos filhos havidos da relação de casamento para com os filhos não havidos na constância da união conjugal, que assim dispõe: *"§ 6º – Os filhos, havidos ou não da relação do casamento, ou por adoção, terão os mesmos direitos e qualificações, proibidas quaisquer designações discriminatórias relativas à filiação"*[13].

Com o advento deste artigo na Constituição Federal de 1988, se concretizou no ordenamento jurídico o princípio da igualdade entre os filhos, no qual tem como intuito principal, igualar os filhos, não importando a sua origem, retirando da sociedade as expressões discriminatórias que eram usadas antigamente, "como, por exemplo, as designações de filhos ilegítimo, espúrio, bastardos, adulterinos, incestuosos"[14].

Nesse mesmo sentido o Código Civil de 2002, apresentou uma legislação mais condizente com a nova Constituição, algo contrário com aquilo previsto no antigo código. No que tange à filiação, em especial, pode-se verificar o artigo 1.596[15], que praticamente reproduziu o artigo 227, §6° da Constituição Federal.

[12] Ibid.

[13] BRASIL. **Constituição Federal**. Disponível em: http://www.planalto.gov.br/ccivil_03/constituicao/constituicao.htm.

[14] MACHADO, Gabriela Soares Linhares. **Dos princípios constitucionais e infraconstitucionais aplicáveis ao Direito de Família**: Repercussão na relação paterno-filial. IBDFAM, 17 dez. 2012. Disponível em: https://ibdfam.org.br/artigos/865/Dos+princ%C3%ADpios+constitucionais+e+infraconstitucionais+apli. Acesso em: 10 out. 2022.

[15] BRASIL. **Lei nº 10.406, de 10 de janeiro de 2002**. Institui o Código Civil. Disponível em: http://www.planalto.gov.br/ccivil_03/leis/2002/l10406compilada.htm. Acesso em: 26 nov. 2022.

Nas palavras de Márcio Antonio Boscaro acerca da regulamentação da filiação perante o Código Civil de 2002:

> Nos primeiros desses artigos, já vem claramente declarada a impossibilidade da distinção de direitos ou de qualificações, entre espécies de filhos, conforme sejam ou não havidos de relação de casamento, ou por adoção, proibindo designações discriminatórias, tudo de conformidade com a norma insculpida em nossa vigente Magna Carta, em seu artigo 227, §6º[16].

Diante deste contexto, pode-se verificar que, com as transformações ocorridas no campo do Direito de Família, a concepção familiar patriarcal foi substituída por uma concepção moderna, em que se tem o afeto como o seu principal formador, com a valoração dos sentimentos e do bem-estar de seus integrantes. O afeto se torna o elemento fundamental para a formação da família, que independe de casamento, etnia, gênero ou posição social.

Ademais, feitas as considerações históricas, antes de se conceituar a filiação, é importante trazer a diferença deste instituto com o parentesco, já que ambos estão intimamente ligados.

Nesse viés, o parentesco, são "os vínculos decorrentes da consanguinidade e da afinidade que ligam as pessoas a determinado grupo familiar"[17], ou seja, é aquilo que une determinada pessoa a um grupo familiar, o vínculo de coesão entre eles. O Código Civil de 2002, em seu artigo 1.593[18], dispõe que existem duas espécies de parentesco: natural (consanguíneo) ou civil (outra origem).

Para os autores Carlos Alberto Dabus Maluf e Adriana Caldas do Rego Freitas Dabus Maluf[19], quando o código coloca "outra origem", permitiu o reconhecimento da parentalidade socioafetiva, onde "embora não haja laços de sangue, está presente a afetividade, reconhecida e valorizada atualmente, tão ou mais importante que o vínculo consanguíneo".

[16] Boscaro, Márcio Antonio. **Direito de filiação**. São Paulo: Revista dos Tribunais, 2002, p. 159.

[17] Dias, Maria Berenice. **Manual do Direito das Famílias.** 11. ed. São Paulo: Revista dos Tribunais, 2013, p. 373.

[18] BRASIL. **Lei nº 10.406, de 10 de janeiro de 2002**. Institui o Código Civil. Disponível em: http://www.planalto.gov.br/ccivil_03/leis/2002/l10406compilada.htm. Acesso em: 26 nov. 2022.

[19] Maluf, Carlos Alberto Dabus. Maluf, Adriana Caldas do Rego Freitas Dabus. **Curso de Direito de Família**. São Paulo: Saraiva, 2013, p. 455.

Por outro lado, a filiação advém da palavra *filiatio*, "que possui o significado de descendência de pais a filhos"[20], ou seja, a filiação é o vínculo que existe entre os pais e seus filhos, que decorre tanto biologicamente (inclui-se as técnicas de reprodução assistida), bem como da adoção ou ainda, da relação socioafetiva.

Ainda em relação ao conceito de filiação, de acordo com Carlos Roberto Gonçalves[21], "[...] é a relação de parentesco consanguíneo, em primeiro grau e em linha reta, que liga uma pessoa àquelas que a geraram, ou a receberam como se a tivessem gerado".

Para a autora Maria Goreth Macedo Valadares[22], com as mudanças que ocorreram na sociedade e que modificaram significativamente o Direito de Família, a filiação passou a se caracterizar pelo vínculo afetivo, ampliando, o conceito paternidade, de modo que, não se pode mais tratar esse instituto de maneira objetiva, "como se moldura tivesse", ou seja, não há prevalência de uma filiação sobre a outra.

Nesse mesmo sentido, expõe Maria Berenice Dias: "a paternidade deriva do estado de filiação, independentemente de sua origem ser biológica ou afetiva"[23]. A ideia da paternidade passou a ser fundada muito mais no amor do que submetida a determinismos biológicos.

Dessa forma, verifica-se que, ao contrário do que era pregado antigamente, com a nítida separação dos tipos de filhos e suas nomeações excludentes, atualmente não há mais essas discriminações, de modo que, não importando a sua origem, seja ela biológica, fora do casamento ou por adoção, todos os filhos terão o mesmo tratamento perante a lei.

É neste cenário que se tem a filiação decorrente da adoção, tema central deste trabalho, que segundo Paulo Lôbo[24], após advento da Carta Magna de 1988, "[...] não há mais filho adotivo, mas adoção, entendida como meio para filiação, que é única".

Uma vez concluída a adoção, por meio da sentença e também do registro de nascimento, o adotado se torna filho, de forma única e absoluta,

[20] FUJITA, Jorge Shiguemitsu. **Filiação.** 2. ed. São Paulo: Atlas, 2011, p. 9.

[21] GONÇALVES, Carlos Roberto. **Direito civil brasileiro**: direito de família. 15. ed. São Paulo: Saraiva Educação, 2018. p. 154.

[22] VALADARES, Maria Goreth Macedo. **Multiparentalidade e as novas relações parentais.** Rio de Janeiro: Lumen Juris, 2016, p. 40.

[23] DIAS, Maria Berenice. **Manual do Direito das Famílias.** 11. ed. São Paulo: Revista dos Tribunais, 2013, p. 385.

[24] LÔBO, Paulo. **Direito civil: famílias.** 4. ed. São Paulo: Saraiva, 2011, p. 272.

sendo-lhe garantido os mesmos direitos e qualificações dos filhos havidos no matrimônio.

Diante do exposto, verifica-se que o instituto da filiação perpassou por mudanças significativas, no qual pode se verificar que com a vinda da Constituição Federal de 1988, o sistema patriarcal foi deixado de lado e passou a vigorar um modelo no qual não há discriminações entre os filhos.

No tópico a seguir, será tratado especificamente acerca da filiação decorrente da adoção, delineando as suas especificidades e o seu tratamento jurídico perante o ordenamento brasileiro.

2. Da adoção: aspectos gerais e procedimentais

O termo "adoção" tem origem no latim, de *adoptio*, cujo significado é "tomar alguém como filho"[25]. O instituto é um dos mais antigos que se têm notícia, correspondendo a uma forma tradicional de constituição de parentesco civil entre pessoas desprovidas de liame biológico.

Em uma tentativa conceitual, Maria Berenice Dias[26] afirma que o instituto consiste em um ato jurídico em sentido estrito, cuja eficácia está condicionada à chancela judicial. Cria-se "um vínculo fictício de paternidade-maternidade-filiação entre pessoas estranhas, análogo ao que resulta da filiação biológica".

Nessa mesma toada, eis o conceito trazido por Paulo Lôbo: "a adoção é ato jurídico em sentido estrito, de natureza complexa, pois depende de decisão judicial para produzir seus efeitos. Não é negócio jurídico unilateral. Por dizer respeito ao estado de filiação, que é indisponível, não pode ser revogada".[27]

Pablo Stolze Gagliano e Rodolfo Pamplona Filho[28] entendem a adoção como sendo "um ato jurídico em sentido estrito, de natureza complexa, excepcional, irrevogável e personalíssimo, que firma a relação paterno ou materno-filial com o adotando, em perspectiva constitucional isonômica em

[25] BORDALLO, Galdino Augusto Coelho. Adoção. *In:* MACIEL, Kátia Regina Ferreira Lobo Andrade (Coord). **Curso de direito da criança e do adolescente:** aspectos teóricos e práticos. 12. ed. São Paulo: Saraiva Educação, 2019. p. 378.

[26] DIAS, Maria Berenice. **Manual de direito das famílias**. 14. ed. Salvador: JusPodivm, 2021, p. 328-329.

[27] LÔBO, Paulo. **Direito civil:** direito de família. 8. ed. São Paulo: Saraiva Educação, 2018, v. 5, p. 199.

[28] GAGLIANO, Pablo Stolze; PAMPLONA FILHO, Rodolfo. **Manual de direito civil:** volume único. 6. ed. São Paulo: SaraivaJur, 2022, p. 2037.

face da filiação biológica". Não há, na concepção dos autores, resquícios de uma natureza negocial no instituto, uma vez que desprovido de qualquer margem de autonomia privada na escolha dos efeitos jurídicos decorrentes.

Sob outro viés, Flávio Tartuce fomenta a discussão ao argumentar possível natureza jurídica negocial da adoção:

> entendo que há um quê de negócio jurídico na adoção, eis que esta depende de iniciativa da parte, do exercício da autonomia privada pelo adotante. Para reforçar, lembre-se que a adoção não pode ser imposta, como ocorre com o reconhecimento de filho. Sem falar que, na adoção de pessoa com idade superior a 12 anos, há a necessidade de se ouvir o adotado. A questão, em suma, é controversa.[29]

Abraçando o caráter eudemonista do Direito de Família na contemporaneidade, bem pontua Maria Berenice Dias que a filiação decorrente da adoção reflete uma construção cultural fortificada na convivência e no afeto[30]. A jurista também ressalta que:

> A doutrina da proteção integral e a vedação de referências discriminatórias (CR 227 § 6º) alteraram profundamente a perspectiva da adoção. Inverteu-se o enfoque dado à infância e à adolescência, rompendo a ideologia do assistencialismo e da institucionalização, que privilegiava o interesse e a vontade dos adultos." A adoção significa muito mais a busca de uma família para uma criança do que a busca de uma criança para uma família.[31]

Galdino Augusto Coelho Bordallo[32] expõe que somente são passíveis de adoção as crianças e os adolescentes sem perspectiva de reintegração familiar ou que não possuam família natural. Essa restrição consta expressamente da lei, no art. 39, § 1º, do estatuto infanto-juvenil, que prevê a excepcionalidade da medida[33].

[29] TARTUCE, Flávio. **Direito civil:** direito de família. 14. ed. Rio de Janeiro: Forense, 2019, v. 5. p. 714.

[30] DIAS, Maria Berenice. **Manual de direito das famílias**. 14. ed. Salvador: JusPodivm, 2021, p. 329.

[31] Ibid.

[32] BORDALLO, Galdino Augusto Coelho. Adoção. *In:* MACIEL, Kátia Regina Ferreira Lobo Andrade (coord). **Curso de direito da criança e do adolescente:** aspectos teóricos e práticos. 12. ed. São Paulo: Saraiva Educação, 2019, p. 382.

[33] BRASIL. **Lei nº 8.069, de 13 de julho de 1990**. Dispõe sobre o Estatuto da Criança e do Adolescente e dá outras providências. Disponível em: https://www.planalto.gov.br/ccivil_03/leis/l8069.htm. Acesso em: 26 nov. 2022.

Em uma visão um tanto quanto crítica ao Estatuto da Criança e do Adolescente (ECA), Maria Berenice Dias evidencia que o mencionado diploma acabou por priorizar demasiadamente o vínculo genético, sendo o encaminhamento à adoção a medida adotada somente quando esgotados todos os recursos possíveis de reinserção à família natural ou extensa. Para a autora, "na ânsia de manter os elos consanguíneos, deixa-se de atentar ao melhor interesse de quem se encontra em situação de abandono, negligência ou maus-tratos"[34].

Além de medida excepcional, a adoção também corresponde a um ato personalíssimo e que não pode ser realizado mediante procuração, consoante vedação disposta no art. 39, § 2º, do ECA[35].

Como destaca Flávio Tartuce[36], o instituto da adoção passou, ao longo dos anos, por inúmeras mudanças estruturais e funcionais no Brasil, ocasionadas por alterações legislativas visando ao aperfeiçoamento da temática.

Trazendo à tona a "colcha de retalhos legislativa" da adoção, o autor revela que, ao tempo do Código Civil de 1976, o tema era abordado tanto pelo próprio *codex*, em relação aos maiores de idade – adoção simples, civil ou restrita –, quanto pelo Estatuto da Criança e do Adolescente (ECA), especificamente aos incapazes – era a adoção plena ou estatutária[37].

Entretanto, com a entrada em vigor do atual Código Civil, em 2002, consolidou-se a matéria unicamente em seu bojo, independentemente da idade do adotando. Esse cenário foi novamente modificado em 2009, a partir da Lei Nacional da Adoção, que alterou a redação do art. 1.618 do Código Civil, instituindo que a adoção de crianças e adolescentes passaria a ser exclusivamente definida na forma prevista pelo ECA.

Mencionada norma também determinou, por meio do art. 1.619 do Código Civil, que "a adoção de maiores de 18 (dezoito) anos dependerá da assistência efetiva do poder público e de sentença constitutiva, aplicando-se, no que couber, as regras gerais da Lei nº 8.069, de 13 de julho de 1990 – Estatuto da Criança e do Adolescente"[38], além de revogar os arts. 1.620 a 1.629 da legislação civilista.

[34] DIAS, Maria Berenice. **Manual de direito das famílias**. 14. ed. Salvador: JusPodivm, 2021, p. 330.

[35] BRASIL, op cit.

[36] TARTUCE, Flávio. **Direito civil:** direito de família. 14. ed. Rio de Janeiro: Forense, 2019, v. 5, p. 711.

[37] Ibid, p. 711.

[38] BRASIL. **Lei nº 10.406, de 10 de janeiro de 2002**. Institui o Código Civil. Disponível em: http://www.planalto.gov.br/ccivil_03/leis/2002/l10406compilada.htm. Acesso em: 26 nov. 2022.

Vale citar a Lei nº 13.509/2017[39], que, apesar de manter a estruturação explicitada, trouxe ao ordenamento pátrio importantes reformas acerca da temática, a exemplo do art. 19-A do ECA, que trouxe ao ordenamento brasileiro a possibilidade de entrega voluntária.

Embora a adoção constitua verdadeiro ato de amor, originando vínculo de parentesco por opção, o procedimento deve observar uma série de formalidades e requisitos previstos em lei.

Não se admite no país adoção por ato extrajudicial, como deixa claro o art. 47 do ECA, cuja redação específica que "o vínculo da adoção constitui-se por sentença judicial, que será inscrita no registro civil mediante mandado do qual não se fornecerá certidão"[40].

Sobre o assunto, aponta Maria Berenice Dias[41] que a sentença concessiva da adoção possuirá eficácia constitutiva, com efeitos a partir do seu trânsito em julgado. A única exceção, segundos ensinamentos da autora, traduz-se na hipótese em que há falecimento do adotante no curso do processo, devendo os efeitos da sentença retroagirem à data do óbito (art. 47, § 7º, ECA).

Hodiernamente, para que a adoção seja viável, o adotando deverá possuir no máximo dezoito anos na data do pedido, salvo se já estiver sob a guarda ou tutela da parte requerente (art. 40, ECA). Além disso, entre ele e o adotante – necessariamente maior de dezoito anos, conforme *caput* do art. 42 – deverá existir uma diferença mínima de idade de dezesseis anos (art. 42, § 3º, ECA).[42]

Algumas pessoas, entretanto, estão parcial ou totalmente impedidas de adotar. Será parcial o impedimento quando se tratar de tutor ou curador, enquanto não prestarem contas de suas respectivas administrações (art. 44, ECA). Por outro lado, impossível superar o empecilho na hipótese de

[39] BRASIL. **Lei nº 13.509, de 22 de novembro de 2017**. Dispõe sobre adoção e altera a Lei nº 8.069, de 13 de julho de 1990 (Estatuto da Criança e do Adolescente), a Consolidação das Leis do Trabalho (CLT), aprovada pelo Decreto-Lei nº 5.452, de 1º de maio de 1943, e a Lei nº 10.406, de 10 de janeiro de 2002 (Código Civil). Disponível em: http://www.planalto.gov.br/ccivil_03/_ato2015-2018/2017/lei/l13509.htm. Acesso em: 26 nov. 2022.

[40] BRASIL. **Lei nº 8.069, de 13 de julho de 1990**. Dispõe sobre o Estatuto da Criança e do Adolescente e dá outras providências. Disponível em: https://www.planalto.gov.br/ccivil_03/leis/l8069.htm. Acesso em: 26 nov. 2022.

[41] DIAS, Maria Berenice. **Manual de direito das famílias**. 14. ed. Salvador: JusPodivm, 2021, p. 367.

[42] BRASIL,1990, op. cit.

ascendentes e irmãos do adotando, em razão do evidente vínculo jurídico de parentesco (art. 42, § 1º, ECA) – embora já existam registros jurisprudenciais flexibilizando a mencionada regra.[43]

Não bastasse isso, é indispensável, também, que o postulante à adoção esteja previamente cadastrado no Sistema Nacional de Adoção e Acolhimento (SNA), o que se dá por meio do procedimento de habilitação à adoção.

Maria Berenice Dias[44] explica que se trata de um procedimento de jurisdição voluntária e que prescinde de advogado, devendo os interessados preencherem um formulário disponibilizado pela internet a fim de iniciar o trâmite judicial. Com a petição inicial, os postulantes necessitam apresentar, outrossim, uma série de documentos, os quais estão especificados no art. 197-A do ECA.

Uma vez protocolado o pedido, a autoridade judiciária dará vista dos autos ao Ministério Público no prazo de 48 horas, podendo o Órgão pleitear a complementação dos documentos, bem como a designação de uma audiência para oitiva dos postulantes, além de lhe ser oportunizada a apresentação de quesitos a serem respondidos pela equipe interprofissional (art. 197-A, ECA).[45]

Dispõe o art. 197-C do ECA que, na sequência, o indivíduo ou o casal requerente será submetido a estudo psicossocial a ser elaborado por equipe multidisciplinar, por meio do qual serão perquiridos a capacidade e o preparo da parte postulante para o exercício de uma paternidade/maternidade responsável, em estrita observância aos princípios que regem a legislação infanto-juvenil.[46]

Obrigatória, ainda, a participação em programa oferecido pelo Juízo, nos termos do art. 197-C, § 1º, do ECA. O curso deverá incluir em sua grade “preparação psicológica, orientação e estímulo à adoção inter-racial, de crianças ou de adolescentes com deficiência, com doenças crônicas ou com necessidades específicas de saúde, e de grupos de irmãos”.[47]

[43] BRASIL. **Lei nº 8.069, de 13 de julho de 1990**. Dispõe sobre o Estatuto da Criança e do Adolescente e dá outras providências. Disponível em: https://www.planalto.gov.br/ccivil_03/leis/l8069.htm. Acesso em: 26 nov. 2022.

[44] DIAS, Maria Berenice. **Manual de direito das famílias**. 14. ed. Salvador: JusPodivm, 2021, p. 364.

[45] BRASIL, op. cit.

[46] Ibid.

[47] Ibid.

Findos os atos preparatórios e existindo pronunciamento judicial favorável, a parte requerente será inscrita no cadastro de adotantes e convocada cronologicamente, conforme disponibilidade de crianças e adolescentes que preencham o perfil pleiteado (art. 197-E, ECA)[48].

A habilitação prévia precisará ser renovada trienalmente, sendo dispensada em situações excepcionais, as quais estão taxativamente delimitadas no § 13 do art. 50 do estatuto infanto-juvenil[49].

Em relação à ação de adoção de menores de idade, a análise e julgamento do pedido competirá à Vara da Infância e Juventude, especificamente do juízo onde se encontra o adotando.[50]

A concordância expressa por parte dos pais ou do representante legal corresponde a outro requisito indispensável ao pedido, exceto quando desconhecidos ou já destituídos do poder familiar (art. 45, *caput* e § 1º, ECA).[51] O consentimento abrange, ademais, o próprio adotando maior de doze anos, que deverá manifestamente expressar o seu desejo (ou não) de ser inserido no novo núcleo familiar.

Uma vez localizada família habilitada e compatível com o perfil do adotando, será dado início ao estágio de convivência na ação de adoção, pelo prazo máximo de noventa dias, a depender das peculiaridades do caso, com possibilidade de prorrogação. Somente haverá dispensa se a criança ou adolescente já estiver sob a tutela ou guarda legal do requerente e entre eles existir evidente constituição de vínculo (art. 45, ECA).[52]

Para pessoas ou casais domiciliados fora do país, o estágio de convivência será menos elastecido, podendo ser determinado pelo prazo de trinta a quarenta e cinco dias, prorrogável uma única vez por até igual período, mediante decisão fundamentada (art. 46, § 3, ECA).[53]

Ao final, a equipe multidisciplinar elaborará parecer técnico conclusivo, recomendando ou não o deferimento da adoção ao caso concreto. Se posi-

[48] BRASIL. **Lei nº 8.069, de 13 de julho de 1990**. Dispõe sobre o Estatuto da Criança e do Adolescente e dá outras providências. Disponível em: https://www.planalto.gov.br/ccivil_03/leis/l8069.htm. Acesso em: 26 nov. 2022.

[49] Ibid.

[50] DIAS, Maria Berenice. **Manual de direito das famílias**. 14. ed. Salvador: JusPodivm, 2021, p. 365.

[51] BRASIL, 1990, op. cit.

[52] Ibid.

[53] Ibid.

tivo, o vínculo de filiação será constituído por meio de sentença judicial, a ser inscrita no registro civil mediante mandado (art. 47, ECA).[54]

Por derradeiro, destacam-se como efeitos jurídicos decorrentes da sentença de adoção o corte total em relação à família de origem – com exceção do impedimento matrimonial –, além da atribuição de estado de filho ao adotado, do qual decorrem os mesmos direitos e deveres em relação à filiação biológica. Há, ainda, a possibilidade de mudança de prenome e sobrenome, em estrita observância ao direito à identidade pessoal.[55]

3. Considerações acerca dos obstáculos à adoção

Tecidas considerações acerca da evolução histórica e legislativa da adoção no ordenamento jurídico brasileiro e dos aspectos procedimentais da adoção, faz-se necessário abordar alguns os obstáculos, isto é, as dificuldades enfrentadas à efetivação da adoção de crianças e adolescentes. Neste tópico, serão abordados dois aspectos que devem ser considerados, o primeiro prévio a destituição do poder familiar e o segundo quando a criança já está apta à adoção.

Pela ótica constitucional da proteção integral da criança e do adolescente, a criança ou adolescente é o sujeito da adoção, devendo seu interesse ser privilegiado e não do adulto. Como pontuado por Carlos Nakamura[56] "a criança é sujeito de direitos, e não mais de favores", razão pela qual não podem ser "coisificados" e "expostos à ação socioafetiva do outro". Pelo contrário, "no exercício pleno de sua cidadania, espera-se que eles sejam efetivamente sujeitos em suas próprias relações afetivas, desenvolvidas conjunta e equilibradamente".

Sob essa perspectiva, o Estatuto da Criança e do Adolescente previu a adoção como modalidade excepcional a ser utilizada apenas quando esgotadas as possibilidades de manutenção da criança ou adolescente na família de origem, quer seja natural ou a extensa (art. 19, caput e §3º do ECA).[57]

[54] Ibid.

[55] Lôbo, Paulo. **Direito civil:** direito de família. 8. ed. São Paulo: Saraiva Educação, 2018. v. 5., p. 208-209.

[56] Nakamura, Carlos Renato. Criança e adolescente: sujeito ou objeto da adoção? Reflexões sobre menorismo e proteção integral. **Serviço Social & Sociedade**. 2019, n. 134. p. 179-197. Disponível em: https://doi.org/10.1590/0101-6628.172. p. 186-187. Acesso em: 12 out. 2022.

[57] BRASIL. **Lei nº 8.069, de 13 de julho de 1990**. Dispõe sobre o Estatuto da Criança e do Adolescente e dá outras providências. Disponível em: https://www.planalto.gov.br/ccivil_03/leis/l8069.htm. Acesso em: 26 nov. 2022.

No entanto, o tema implica sensibilidade de entender até que ponto insistir na família de origem atende ao melhor interesse da criança e qual o momento para buscar a inserção em família substituta.

A retirada de crianças da família de origem somente ocorre quando há grave situação de risco e nenhuma outra medida for suficiente para fazer cessar o risco, sendo medida última e excepcionalíssima, devendo-se buscar a efetivação de trabalho pelos serviços públicos de educação, saúde e assistenciais a fim de privilegiar a convivência familiar. Nesse sentido, o ECA veda expressamente a suspensão ou destituição do poder familiar motivada por falta ou carência de recursos materiais (art. 23, caput do ECA), estabelecendo ainda no parágrafo primeiro que *"Não existindo outro motivo que por si só autorize a decretação da medida, a criança ou o adolescente será mantido em sua família de origem, a qual deverá obrigatoriamente ser incluída em serviços e programas oficiais de proteção, apoio e promoção."*[58].

A família passa a receber especial proteção do Estado pelo art. 226 da Constituição Federal, de modo que conserva a autonomia privada, mas sem seu caráter absoluto, o que permite intervenções no âmbito familiar para promoção de direitos e deveres[59]. Dessa forma, os responsáveis pelas crianças e adolescentes enquanto detentores do poder familiar devem receber assistência necessária para exercer as responsabilidades.

Ora, mas qual a relevância de se abordar a manutenção ou reintegração familiar da criança quando o objetivo é discutir a adoção? É preciso entender sob que circunstâncias as crianças são encaminhadas à família substituta e discutir até que ponto a celeridade exigida atende ao melhor interesse da criança e do adolescente, visto a complexidade do contexto brasileiro de crianças em situação risco que ocasionam eventual acolhimento institucional.

Diante da urgência própria de demandas que envolvam criança e adolescente devido ao seu status de pessoa em desenvolvimento, o Estatuto da Criança e do Adolescente estabeleceu diversos prazos para conclusão de procedimentos na seara da infância e da juventude. À exemplo, no art.

[58] BRASIL. **Lei nº 8.069, de 13 de julho de 1990**. Dispõe sobre o Estatuto da Criança e do Adolescente e dá outras providências. Disponível em: https://www.planalto.gov.br/ccivil_03/leis/l8069.htm. Acesso em: 26 nov. 2022.

[59] Rose Petry Veronese, J.; Lamassa Da Fonseca, M. Pensando a reintegração familiar e a adoção: a criança e o adolescente como reais sujeitos de proteção. **Revista FIDES**, v. 11, n. 2, p. 15-37, 21 jan. 2021. p. 23.

19, §2º do referido estatuto consta que após retirada da criança do convívio familiar o tempo máximo de acolhimento será de dezoito meses, sendo que, durante o período de acolhimento deverão ser realizadas reavaliações periódicas a cada três meses (art. 19, §1º)[60].

Estabelece ainda que em caso de acolhimento institucional e avaliação multidisciplinar em que se verifique a impossibilidade de reintegração da criança e do adolescente à família de origem, após seu encaminhamento a programas oficiais ou comunitários de orientação, apoio e promoção social, e com indicação pormenorizada de todas as providências tomadas, terá o Ministério Público o prazo de quinze dias para propositura de destituição do poder familiar, salvo se entender pela realização de estudos complementares (art. 101, §§ 9º e 10 do ECA). Além disso, ainda envolvendo a temática destacada, o referido estatuto prevê o prazo máximo de cento e vinte dias para conclusão do procedimento de destituição do poder familiar (art. 163, caput, do ECA).[61]

Os prazos estabelecidos têm por objetivo assegurar o pleno desenvolvimento da criança, por isso, é equivocado o pensamento de que a celeridade visa a inserção da criança em família substituta tão rápido quanto seja possível para que não se perca a "janela" de adoção. Como já pontuado, a criança é o sujeito da adoção, não o objeto.[62]

Desta forma, tendo como foco a criança, o Estatuto da Criança e do Adolescente instituiu a valorização da família de origem desde que "não implique na vulnerabilização da criança ou do adolescente".[63] Ou seja, a doutrina da proteção integral é voltada a à criança e ao adolescente, não se tratando de priorizar a família natural em detrimento da substituta ou vice-versa, mas de priorizar o interesse da criança enquanto pessoa em condição especial de desenvolvimento.

[60] BRASIL, 1990, op. cit.

[61] BRASIL. **Lei nº 8.069, de 13 de julho de 1990**. Dispõe sobre o Estatuto da Criança e do Adolescente e dá outras providências. Disponível em: https://www.planalto.gov.br/ccivil_03/leis/l8069.htm. Acesso em: 26 nov. 2022.

[62] NAKAMURA, Carlos Renato. Criança e adolescente: sujeito ou objeto da adoção? Reflexões sobre menorismo e proteção integral. **Serviço Social & Sociedade**. 2019, n. 134, p. 179-197. Disponível em: https://doi.org/10.1590/0101-6628.172. p. 186-187. Acesso em: 12 out. 2022, p. 194.

[63] ROSE PETRY VERONESE, J.; LAMASSA DA FONSECA, M. Pensando a reintegração familiar e a adoção: a criança e o adolescente como reais sujeitos de proteção. **Revista FIDES**, v. 11, n. 2, p. 15-37, 21 jan. 2021, p. 24.

Não se pode ignorar que historicamente há culpabilização e criminalização de famílias de contexto socioeconômico vulnerável, o que não é fundamento para retirada da criança do contexto familiar. Na esteira do pontuado por Gacrielle Cardoso mesmo sob a égide da Constituição Federal e do Estatuto da Criança e do adolescente, ainda se tem por prática de atos "menoristas", especialmente quanto a retirada de crianças de suas famílias de origem em decorrência da situação de pobreza, justificando-se que não houve adesão aos encaminhamentos e negligência, sem que se verifique se de fato houve acesso aos direitos sociais que possam garantir subsistência digna[64].

A Lei 13.257 de 08 de março de 2016, conhecida como marco da primeira infância, estabeleceu no art. 5º que a assistência social à família da criança constitui áreas prioritária para as políticas públicas voltadas à primeira infância[65]. Neste contexto, conforme elucida Fonseca, preciso que se tenha um olhar que proteja a criança sem desconsiderar a importância dos genitores para o desenvolvimento dela, o que demanda cautela na sociedade brasileira.

> Como promover a justiça social sem perpetuar a violência simbólica embutida na história da nossa legislação que, tradicionalmente, tem estigmatizado pais pobres? [...] Constatamos uma situação paradoxal em que o princípio igualitário, aplicado a uma sociedade de extrema desigualdade, tende a servir como mecanismo ideológico que reforça a desigualdade[66].

[64] Cardoso, Gabriellle Feitosa de Loiola. Trabalho Social com famílias em tempos de judicialização e criminalização da pobreza: do discurso da "não aderência" ao direito a proteção. **Cadernos da Defensoria Pública do Estado de São Paulo**, v. 3 n.19 p.74-87, out 2018, p. 80.

[65] BRASIL. **Lei nº 13.257, de 8 de março de 2016.** Dispõe sobre as políticas públicas para a primeira infância e altera a Lei nº 8.069, de 13 de julho de 1990 (Estatuto da Criança e do Adolescente), o Decreto-Lei nº 3.689, de 3 de outubro de 1941 (Código de Processo Penal), a Consolidação das Leis do Trabalho (CLT), aprovada pelo Decreto-Lei nº 5.452, de 1º de maio de 1943, a Lei nº 11.770, de 9 de setembro de 2008, e a Lei nº 12.662, de 5 de junho de 2012. Disponível em: http://www.planalto.gov.br/ccivil_03/_ato2015-2018/2016/lei/l13257.htm. Acesso em: 01 dez. 2022.

[66] Fonseca, C., 2002 apud Cardoso, Gabriellle Feitosa de Loiola. Trabalho Social com famílias em tempos de judicialização e criminalização da pobreza: do discurso da "não aderência" ao direito a proteção. **Cadernos da Defensoria Pública do Estado de São Paulo**, v. 3 n.19 p.74-87, out 2018, p. 81.

Antes de pensar nos obstáculos à efetivação da adoção, deve-se ter em mente qual é a realidade brasileira para retirada de crianças da família natural, pois ignorar a origem das crianças em acolhimento institucional e aptas para adoção torna a criança mero objeto na adoção para satisfação dos adultos. É certo que os processos envolvendo crianças e adolescentes devem ser céleres, pois em se tratando de indivíduos em condição peculiar de desenvolvimento, há necessidade de resoluções urgentes visto que uma vez perdido não volta.

É acertada, portanto, a previsão do ECA de tempo máximo para acolhimento institucional e destituição do poder familiar, visto que tanto os pais, quanto a família extensa e os profissionais que atuam junto às famílias devem estar atentos as necessidades da criança de ser criada em ambiente adequado ao seu desenvolvimento, com atenção aos seus direitos. Quando se trata de destituição do poder familiar para inserção em família substituta, o Poder Público não deve agir apenas quando a criança é institucionalizada, mas sim nos momentos em que antecede a retirada da criança buscando a superação das vulnerabilidades a que a família está exposta, sob risco de expor a criança a nova violência, desta vez, de natureza institucional.

No entanto, embora se tenha levantado algumas questões quanto a cautela necessária para análise da destituição do poder familiar, é certo que em diversos casos a criança está inserida em grave contexto de risco e a retirada da família natural é a única forma de assegurar sua proteção. Reitera-se que o posicionamento destas autoras não é contrário à adoção, ao contrário busca-se apenas apontar algumas cautelas necessárias quando se trata desta temática.

Em continuidade, quando a criança já está apta à adoção existem outros fatores que podem ocasionar no prolongamento da institucionalização, tais como a divergência entre o perfil pretendido pelos pretendentes e o perfil das crianças e adolescentes acolhido.

Para que as crianças estejam aptas à inserção em família substituta por meio da adoção é imprescindível a destituição ou extinção do poder familiar dos genitores. Via de regra, quando ocorre a aplicação de medida gravosa de destituição do poder familiar as crianças devem ser encaminhadas à instituição de acolhimento institucional ou à acolhimento familiar. Atualmente, em consulta realizada ao painel estatístico do Conselho Nacional de Justiça em 13 de outubro de 2022, verifica-se que há mais de

31.000 crianças e adolescentes em situação de acolhimento institucional no Brasil, sendo que desse total cerca de 5.181 estão em processo de adoção e 4.186 estão disponíveis para adoção.[67]

Por sua vez, o painel estatístico do CNJ indica que há 32.755 pretendentes disponíveis no Brasil[68]. Se o número de crianças é inferior ao número de pretendentes porque tantas crianças ainda não foram inseridas em família substituta? Um dos fatores é a divergência entre o perfil desejado pelos pretendentes e o perfil das crianças já aptas a adoção em situação de acolhimento.

Segundo indicado no relatório estatístico nacional cerca de 25 mil pretendentes desejam adotar crianças de até seis anos de idade, sendo que desse total 64% desejam adotar apenas uma criança. Por sua vez, das crianças aptas a adoção, consta que há menos de mil crianças de até seis anos de idade, sendo a maior parte dos acolhidos entre oito e dezoito anos de idade[69].

Esse panorama tem sofrido alterações com a disseminação dos grupos de apoio à adoção que buscam a disseminação de uma nova cultura da adoção e que promove a conscientização dos pretendentes quanto ao perfil das crianças institucionalizadas e na fila da adoção.[70] Em estudo realizado por Débora Sampaio, Andrea Magalhães e Rebeca Machado em 2018 apenas 4% dos pretendentes desejam inicialmente adotar crianças maiores de quatro anos, mas, após a participação no grupo de apoio, o número chega a 20%.[71]

[67] CONSELHO NACIONAL DE JUSTIÇA (CNJ). **Painel de Acompanhamento: pretendentes disponíveis x crianças disponíveis para adoção**. Disponível em: https://paineisanalytics.cnj.jus.br/single/?appid=ccd72056-8999-4434-b913-f74b5b5b31a2&sheet=4f1d9435-00b1-4c8c-beb7-8ed9dba4e45a&opt=currsel&select=clearall. Acesso em: 13 out. 2022.

[68] Ibid.

[69] Ibid.

[70] SAMPAIO, Débora da Silva, MAGALHÃES, Andrea Seixas e FÉRES-CARNEIRO, Terezinha Pedras no Caminho da Adoção Tardia: Desafios para o Vínculo Parento-filial na Percepção dos Pais. **Trends in Psychology**. 2018, v. 26, n. 1. p. 311-324. Disponível em: https://doi.org/10.9788/TP2018.1-12Pt. p. 2. Acesso em: 12 out. 2022.

[71] SAMPAIO, Débora da Silva, MAGALHÃES, Andrea Seixas e MACHADO, Rebeca Nonato. Motivações para adoção tardia: entre o filho imaginado e a realidade. 1 1 Apoio e financiamento: Coordenação de Aperfeiçoamento de Pessoal de Nível Superior (CAPES); Conselho Nacional de Desenvolvimento Científico e Tecnológico (CNPq). **Psicologia em Estudo**. 2020, v. 25, e44926. Disponível em: https://doi.org/10.4025/psicolestud.v25i0.44926. p. 313. Acesso em: 12 out. 2022.

Assim tem sido trabalhado em grupos de apoio à adoção e em campanhas do Poder Judiciário o incentivo à adoção tardia, inclusive com mecanismos para busca ativa, a fim de possibilitar que crianças e adolescentes cujo perfil seja de difícil colocação, possam obter uma nova família. Há certo estigma na adoção de crianças maiores em razão da crença de que podem ter dificuldades com a educação ou na adoção de crianças que carreguem consigo maus hábitos de suas famílias de origem ou do tempo de institucionalização.[72] É necessária a desconstrução da figura do filho perfeito.

Uma possível saída é a ampliação dos grupos de apoio e do incentivo a adoção de crianças maiores, bem como orientação dos pretendentes e da sociedade de que a criança é o sujeito principal quando se trata de adoção. Isso deve ocorrer com objetivo de evitar o rompimento de vínculos e devolução da criança durante o período de estágio de convivência, bem como garantir o sucesso na aproximação entre criança e pretendente.

Não é objetivo destas autoras oferecer soluções às questões relacionadas a temática da adoção ou esgotar o tema, antes, desejam-se a reflexão quanto aos estereótipos envolvendo o tema, especialmente no que diz respeito a demora para julgamento das ações, a ineficácia do poder público em assegurar subsistência digna às famílias em situação de vulnerabilidade socioeconômica e a divergência entre o perfil pretendido e a realidade dos acolhimentos institucionais e familiares.

Conclusões

Ante as transformações ocorridas na sociedade e, principalmente, com a vinda da Constituição Federal de 1988, as famílias passaram a ter como principal base o afeto, deixando de lado o modelo patriarcal, no qual era predominante a figura do *pater famílias*.

É neste cenário que o tema da filiação decorrente da adoção foi tratado no presente trabalho, no qual pode verificar que, diante da família eudemonista, a adoção passou a ter enfoque direto na criança e no adolescente, deixando de lado, aquela ideia onde se privilegiava a vontade e os interesses dos adultos.

[72] Peixoto, A. da C.; Giacomozzi, A. I.; Bousfield, A. B. da S.; Berri, B.; Fiorott, J. G. Desafios e estratégias implementadas na adoção de crianças maiores e adolescentes. **Nova Perspectiva Sistêmica**, *[S. l.]*, v. 28, n. 63, p. 89–108, 2019. Disponível em: https://revistanps.com.br/nps/article/view/361. p. 90. Acesso em: 12 out. 2022.

Em que pese significativa a evolução da matéria no ordenamento pátrio, a adoção ainda enfrenta inúmeras dificuldades práticas no país. Ao longo do trabalho, em especial em sua parte final, abordaram-se alguns dos contrapontos existentes no dia a dia forense infanto-juvenil, a exemplo da dualidade procedimental celeridade *vs.* complexidade.

Tema delicado e polêmico, ainda repleto de estigmas e preconceitos, a adoção deve ser encarada com indispensável sensibilidade frente às particularidades de cada caso concreto, sempre em vista à proteção do melhor interesse da criança e do adolescente envolvido.

Referências

BORDALLO, Galdino Augusto Coelho. Adoção. *In:* MACIEL, Kátia Regina Ferreira Lobo Andrade (Coord). **Curso de direito da criança e do adolescente:** aspectos teóricos e práticos. 12. ed. São Paulo: Saraiva Educação, 2019.

BOSCARO, Márcio Antonio. **Direito de filiação**. São Paulo: Revista dos Tribunais, 2002.

BRASIL. [Constituição (1988)]. **Constituição da República Federativa do Brasil de 1988**. Brasília, DF: Presidência da República, [2016]. Disponível em: http://www.planalto.gov.br/ccivil_03/Constituicao/Constituicao.htm. Acesso em: 25 nov. 2022.

BRASIL. **Lei nº 3.133, de 8 de maio de 1957**. Atualiza o instituto da adoção prescrita no Código Civil. Disponível em: http://www.planalto.gov.br/ccivil_03/leis/1950-1969/l3133.htm. Acesso em: 26 nov. 2022.

BRASIL. **Lei nº 8.069, de 13 de julho de 1990**. Dispõe sobre o Estatuto da Criança e do Adolescente e dá outras providências. Disponível em: https://www.planalto.gov.br/ccivil_03/leis/l8069.htm. Acesso em: 26 nov. 2022.

BRASIL. **Lei nº 10.406, de 10 de janeiro de 2002**. Institui o Código Civil. Disponível em: http://www.planalto.gov.br/ccivil_03/leis/2002/l10406compilada.htm. Acesso em: 26 nov. 2022.

BRASIL. **Lei nº 13.509, de 22 de novembro de 2017**. Dispõe sobre adoção e altera a Lei nº 8.069, de 13 de julho de 1990 (Estatuto da Criança e do Adolescente), a Consolidação das Leis do Trabalho (CLT), aprovada pelo Decreto-Lei nº 5.452, de 1º de maio de 1943, e a Lei nº 10.406, de 10 de janeiro de 2002 (Código Civil). Disponível em: http://www.planalto.gov.br/ccivil_03/_ato2015-2018/2017/lei/l13509.htm. Acesso em: 26 nov. 2022.

BRASIL. **Lei nº 13.257, de 8 de março de 2016**. Dispõe sobre as políticas públicas para a primeira infância e altera a Lei nº 8.069, de 13 de julho de 1990 (Estatuto da Criança e do Adolescente), o Decreto-Lei nº 3.689, de 3 de outubro de 1941 (Código de Processo Penal), a Consolidação das Leis do Trabalho (CLT), aprovada pelo Decreto-Lei nº 5.452, de 1º de maio de 1943, a Lei nº 11.770, de 9 de setembro de 2008, e a Lei nº 12.662, de 5 de junho de 2012. Disponível em: http://www.planalto.gov.br/ccivil_03/_ato2015-2018/2016/lei/l13257.htm. Acesso em: 01 dez. 2022.

CARDOSO, Gabriellle Feitosa de Loiola. Trabalho Social com famílias em tempos de judicialização e criminalização da pobreza: do discurso da "não aderência" ao direito a proteção. **Cadernos da Defensoria Pública do Estado de São Paulo**, v. 3 n.19 p.74-87, out 2018.

CONSELHO NACIONAL DE JUSTIÇA (CNJ). **Painel de Acompanhamento: pretendentes disponíveis x crianças disponíveis para adoção**. Disponível em: https://paineisanalytics.cnj.jus.br/single/?appid=ccd72056-8999-4434-b913-f74b5b5b31a2&sheet=4f1d9435-00b1-4c8c-beb7-8ed9dba4e45a&opt=currsel&select=clearall. Acesso em: 13 out. 2022.

DIAS, Maria Berenice. **Manual do Direito das Famílias**. 11. ed. São Paulo: Revista dos Tribunais, 2013.

DIAS, Maria Berenice. **Manual de direito das famílias**. 14. ed. Salvador: JusPodivm, 2021.

FUJITA, Jorge Shiguemitsu. **Filiação**. 2. ed. São Paulo: Atlas, 2011.

GAGLIANO, Pablo Stolze; PAMPLONA FILHO, Rodolfo. **Manual de direito civil:** volume único. 6. ed. São Paulo: SaraivaJur, 2022.

GONÇALVES, Carlos Roberto. **Direito civil brasileiro**: direito de família. 15. ed. São Paulo: Saraiva Educação, 2018.

LÔBO, Paulo. **Direito civil**: famílias. 4. ed. São Paulo: Saraiva, 2011.

LÔBO, Paulo. **Direito civil:** direito de família. 8. ed. São Paulo: Saraiva Educação, 2018. v. 5.

MACHADO, Gabriela Soares Linhares. **Dos princípios constitucionais e infraconstitucionais aplicáveis ao Direito de Família**: Repercussão na relação paterno-filial. IBDFAM, 17 dez. 2012. Disponível em: https://ibdfam.org.br/artigos/865/Dos+princ%C3%ADpios+constitucionais+e+infraconstitucionais+apli.

MALUF, Carlos Alberto Dabus. MALUF, Adriana Caldas do Rego Freitas Dabus. **Curso de Direito de Família**. São Paulo: Saraiva, 2013.

NAKAMURA, Carlos Renato. Criança e adolescente: sujeito ou objeto da adoção? Reflexões sobre menorismo e proteção integral. **Serviço Social & Sociedade**. 2019, n. 134. p. 179-197. Disponível em: https://doi.org/10.1590/0101-6628.172.

PAIANO, Daniela Braga. **A família atual e as espécies de filiação:** da possibilidade jurídica da multiparentalidade. Rio de Janeiro: Lumen Juris, 2017.

PEIXOTO, A. da C.; GIACOMOZZI, A. I.; BOUSFIELD, A. B. da S.; BERRI, B.; FIOROTT, J. G. Desafios e estratégias implementadas na adoção de crianças maiores e adolescentes. **Nova Perspectiva Sistêmica**, *[S. l.]*, v. 28, n. 63, p. 89–108, 2019. Disponível em: https://revistanps.com.br/nps/article/view/361.

ROSE PETRY VERONESE, J.; LAMASSA DA FONSECA, M. Pensando a reintegração familiar e a adoção: a criança e o adolescente como reais sujeitos de proteção. **Revista FIDES**, v. 11, n. 2, p. 15-37, 21 jan. 2021.

SAMPAIO, Débora da Silva, MAGALHÃES, Andrea Seixas e FÉRES-CARNEIRO, Terezinha Pedras no Caminho da Adoção Tardia: Desafios para o Vínculo Parento-filial na Percepção dos Pais. **Trends in Psychology**. 2018, v. 26, n. 1. p. 311-324. Disponível em: https://doi.org/10.9788/TP2018.1-12Pt.

SAMPAIO, Débora da Silva, MAGALHÃES, Andrea Seixas e MACHADO, Rebeca Nonato. Motivações para adoção tardia: entre o filho imaginado e a realidade. 1 1 Apoio e financiamento: Coordenação de Aperfeiçoamento de Pessoal de Nível Superior (CAPES); Conselho Nacional de Desenvolvimento Científico e Tecnológico (CNPq). **Psicologia em Estudo**. 2020, v. 25, e44926. Disponível em: https://doi.org/10.4025/psicolestud.v25i0.44926.

TARTUCE, Flávio. **Direito civil:** direito de família. 14. ed. Rio de Janeiro: Forense, 2019. v. 5.

VALADARES, Maria Goreth Macedo. **Multiparentalidade e as novas relações parentais**. Rio de Janeiro: Lumen Juris, 2016.

WALD, Arnoldo. **O novo direito de família**. 15. ed. São Paulo: Saraiva, 2004.

WELTER, Belmiro Pedro. **Igualdade entre as filiações biológicas e socioafetivas**. São Paulo: Revista dos Tribunais, 2003.

9
DEVERES E OBRIGAÇÕES DOS PADRASTOS E MADRASTAS EM RELAÇÃO AOS ENTEADOS E ENTEADAS

Sandra Regina Carvalho Martins

Introdução

Para que possamos estabelecer os deveres dos padrastos e madrastas em relação aos seus enteados e enteadas, faz-se necessário o esclarecimento do conceito de parentesco entre eles.

Inicialmente é importante compreender se há um vínculo ou um parentesco entre os padrastos e madrastas e seus enteados e enteadas, utilizando-se da doutrina e do nosso Código Civil.

Em seguida, será trazida a normatização no Direito português e argentino sobre o assunto em tela.

A responsabilidade parental de padrastos e madrastas será analisada por meio da doutrina e jurisprudência pátria.

O desenvolvimento da parentalidade socioafetiva dos padrastos e madrastas em relação aos seus enteados e enteadas não é regra, como demonstraremos. Em alguns casos, quando esta se estabelece, poderá haver a existência da multiparentalidade.

A parentalidade socioafetiva poderá ser requerida pela via judicial e pela extrajudicial, observando-se alguns cuidados necessários.

1. Parentesco por afinidade ou vínculo de afinidade

Em nosso ordenamento jurídico não temos clareza dos conceitos de *parentesco* e de *afinidade*.

Nosso Código Civil ora define a *afinidade* como *vínculo*, ora como *parentesco por afinidade.*

A afinidade, como um vínculo, está disposta nos artigos 1.595 *caput* e 1.521, II:

Art. 1.595. Cada cônjuge ou companheiro é aliado aos parentes do outro pelo ***vínculo da afinidade.***

Art. 1.521. Não podem casar: II – ***os afins em linha reta;***

A afinidade, como um parentesco, está expressa nos artigos 1.524, 1.595, § 1º, e 1.737 do Código Civil e até no art. 14, § 7º da Constituição Federal.

Art. 1.524. As causas suspensivas da celebração do casamento podem ser arguidas pelos ***parentes em linha reta de um dos nubentes, sejam consanguíneos ou afins****, e pelos colaterais em segundo grau, sejam também consanguíneos ou afins.*

Art. 1.595, § 1º, do Código Civil: *§ 1º. O* ***parentesco por afinidade*** *limita-se aos ascendentes, aos descendentes e aos irmãos do cônjuge ou companheiro.*

Art. 1.737. *Quem não for parente do menor não poderá ser obrigado a aceitar a tutela, se houver no lugar* ***parente idôneo, consanguíneo ou afim****, em condições de exercê-la.*

Art. 14, § 7º da Constituição Federal: § 7º. São inelegíveis, no território de jurisdição do titular, o cônjuge ***e os parentes consanguíneos ou afins****, até o segundo grau ou por adoção, do Presidente da República, de Governador de Estado ou Território, do Distrito Federal, de Prefeito ou de quem os haja substituído dentro dos seis meses anteriores ao pleito, salvo se já titular de mandato eletivo e candidato à reeleição.*

Na linha reta, a afinidade não se extingue com a dissolução do casamento ou da união estável que o fez nascer (art. 1.595, § 2º).

A permanência deste vínculo ocorre para todos os efeitos legais. Quais são esses efeitos legais?

O Código Civil nos traz os impedimentos matrimoniais e de constituição da união estável.

Desta maneira, o sogro não pode se casar com a nora, nem o genro com a sogra, pois o ato é nulo, por infringência de impedimento (art. 1.548, II e art. 1.521, II).

No mesmo sentido, não podem casar os padrastos e madrastas com seus enteados e enteadas por expressa disposição do art. 1.521, II, 1.595, § 1º e 1.548, II, todos do Código Civil.

Prevê o art. 1.723, §1º que a união estável não se constituirá se ocorrerem os impedimentos previstos no art. 1.521.

O Código Civil não traz os deveres de sustento, guarda e educação dos enteados e enteadas para os padrastos e madrastas.

Com relação aos deveres de sustento, guarda e educação dos enteados e enteadas o Código Civil é silente, prevendo tais deveres apenas aos pais, de acordo com o art. 1.634, pois tais deveres referem-se ao exercício do poder familiar.

O Código Civil traz o dever de prestar alimentos aos parentes uns aos outros.

O dever de prestar alimentos vem previsto no art. 1.694, que assegura aos parentes o direito de receber alimentos um dos outros, para viverem de modo compatível com a sua condição social, inclusive para atender às necessidades de sua educação.

Portanto, se considerarmos que há parentesco entre padrastos e madrastas e seus enteados e enteadas, e da leitura do art. 1.694, estes podem pedir alimentos uns aos outros?

Vejamos o que diz a Doutrina sobre o dever de prestar alimentos e sobre ser a afinidade um parentesco ou um vínculo.

Defendem que a afinidade seja um parentesco, por exemplo, o Professor Sílvio Rodrigues e a Professora Silmara Chinellato.

O Professor Sílvio Rodrigues explicava que desde o Código Civil de 1916, ora se utilizava o vocábulo "parentesco", ora o termo "vínculo". Com relação ao Código Civil de 2002, o legislador ao estabelecer no § 1º, do art. 1.595 que "o parentesco por afinidade limita-se aos ascendentes, aos descendentes e aos irmãos do cônjuge ou companheiro" parece optar, em definitivo, por abranger no parentesco o vínculo de afinidade.[1]

A Professora Silmara Chinellato, fundamentada no art. 14, § 7º da CF e art. 1.595, § 1º do Código Civil, entende ser inoportuna a discussão sobre a natureza da afinidade se vínculo ou parentesco, pois se trata de parentesco, por definição legal.[2]

A Professora Regina Beatriz Tavares da Silva, coautora da obra de Washington de Barros Monteiro, assegura que os alimentos decorrentes do vínculo de parentesco somente são devidos quando decorrentes de parentesco consanguíneo não existindo semelhante obrigação entre afins, por mais próximo que seja o grau de afinidade.[3]

[1] RODRIGUES, Sílvio. Direito Civil. **Direito de Família**. São Paulo: Saraiva, 2002, v. 6, p. 317.

[2] CHINELLATO, Silmara Juny. Comentários ao Código Civil. Parte Especial. **Do Direito de Família.** Artigos. 1.591 a 1.710. São Paulo: Saraiva, 2004, v. 18, p. 22 e 28.

[3] MONTEIRO, Washington de Barros. SILVA, Regina Beatriz Tavares da. Curso de Direito Civil. **Direito de Família**. 4 ed. São Paulo: Saraiva, 2012, p. 522.

De acordo com o Professor e atual Ministro do Supremo Tribunal Federal Luiz Edson Fachin, este vínculo é apreendido tão somente do ponto de vista formal na dimensão parental. Há limites, como na hipótese da pensão alimentar, o que já restou entendido pela jurisprudência, pois não há extensão legal à obrigação de alimentos à nora pelo sogro ou sogra, ou ambos e vice-versa. Assim, tal eficácia também não atinge o direito sucessório, pois conforme já se assentou na jurisprudência, o enteado, na condição de afim do padrasto, não herda deste. A afinidade, portanto, configura-se em laço parental de efeitos limitados.[4]

Defendem também que a afinidade seja um vínculo o Professor Washington de Barros Monteiro e o Professor José Luiz Gavião de Almeida.

O Professor Washington de Barros Monteiro, em seu Curso de Direito Civil – Direito de Família, e a coautora Regina Beatriz Tavares da Silva fazem nítida distinção entre o parentesco por consanguinidade e o "vínculo de afinidade que se estabelece entre um cônjuge ou companheiro e os parentes do outro consorte".[5]

O Professor José Luiz Gavião de Almeida é taxativo ao afirmar que afinidade nunca foi parentesco entre nós. No entanto, expressamente, o Código Civil atual chamou a afinidade de parentesco como se depreende do art. 1.595, § 1º. Dessa forma, se há formação de parentesco entre uma pessoa e o filho de seu cônjuge, trata-se de parentesco em primeiro grau e em linha reta por afinidade, sendo esta a ligação entre pais e filhos. Se é tido como filho, os seus direitos devem ser os mesmos dos demais filhos naturais e civis, mesmo sendo filho por afinidade, conhecido como enteado.[6]

Além disso, para que um padrasto seja considerado pai do seu enteado há um longo caminho a ser percorrido por ambos até que se chegue à paternidade e filiação sociofetivas. Tal caminho nem sempre é percorrido por todos os padrastos/madrastas e enteados/enteadas, permanecendo apenas o vínculo por afinidade.

[4] FACHIN, Luiz Edson. **Comentários ao Novo Código Civil**. Coord. Sálvio de Figueiredo Teixeira. Rio de Janeiro: Gen. Forense, 2008, v. 18, p. 36-37.

[5] MONTEIRO, Washington de Barros, SILVA, Regina Beatriz Tavares da. Curso de Direito Civil. **Direito de Família**. 42 ed. São Paulo: Saraiva. v. 2, p. 418.

[6] ALMEIDA, José Luiz Gavião de. Reconhecimento de filiação. *In:* **Direito de Família no Novo Milênio**. Estudos em homenagem ao Professor Álvaro Villaça Azevedo. Silmara Juny de Abreu Chinellato et al (Org.). São Paulo: Atlas, 2010, p. 532.

Temos, portanto, que nos socorrer da doutrina e da jurisprudência para compreender os efeitos da afinidade em nosso país, os quais não geram deveres de sustento, guarda e educação dos enteados e enteadas e tampouco direito a alimentos e efeitos sucessórios.

Passemos, em seguida, a verificar como Portugal e a Argentina disciplinam tais conceitos e deveres.

2. A questão no direito estrangeiro

A análise comparativa será feita sob a ótica de dois países: Portugal e Argentina.

Portugal

Com relação ao *Código Civil português*[7] este traz a noção de parentesco associada a uma relação de consanguinidade, como se pode ver da leitura do art. 1.578º:

> *Artigo 1.578º (Noção de parentesco) Parentesco é o vínculo que une duas pessoas, em consequência de uma delas descender da outra ou de ambas procederem de um progenitor comum.*

E sobre a noção de afinidade, o mesmo código é textualmente claro em seu art. 1.584º:

> *Artigo 1.584º (Noção de afinidade). Afinidade é o vínculo que liga cada um dos cônjuges aos parentes do outro.*

Ainda sobre o Código Civil português este admite a prestação de alimentos do padrasto e da madrasta, relativamente a enteados menores, de acordo com o artigo 2009º[8] , 1, "f", aos que estejam, ou estivessem no momento da morte do cônjuge, a cargo deste.

[7] PORTUGAL. **Código Civil Português**. Disponível em: https://www.pgdlisboa.pt/leis/lei_mostra_articulado.php?artigo_id=775A1578&nid=775&tabela=leis&pagina=1&ficha=1&so_miolo=&nversao=#artigo. Acesso em 02/10/2022.

[8] Artigo 2009º. Pessoas obrigadas a alimentos: 1. Estão vinculados à prestação de alimentos, pela ordem indicada: a) O cônjuge ou o ex-cônjuge; b) Os descendentes; c) Os ascendentes; d) Os irmãos; e) Os tios, durante a menoridade do alimentando; f) O padrasto e a madrasta, relativamente a enteados menores que estejam, ou estivessem no momento da morte do cônjuge, a cargo deste. 2. Entre as pessoas designadas nas alíneas b) e c) do número anterior, a obrigação defere-se segundo a ordem da sucessão legítima. 3. Se algum dos vinculados não puder prestar os alimentos ou não puder saldar integralmente a sua responsabilidade, o encargo recai sobre os onerados subsequentes

Note-se que o padrasto e a madrasta se encontram em último lugar depois do cônjuge ou ex-cônjuge, dos descendentes, dos ascendentes, dos irmãos e dos tios.

A Lei nº 137/2015, de 07-09 alterou os artigos 1602º, 1903º e 1904º do Código Civil. Estas alterações vêm gerando alguma controvérsia, tal como o art. 1903º, tendo em vista que muitos entendem que deveriam ser os avós e não o padrasto ou a madrasta a ter o exercício das responsabilidades parentais nos casos de impedimento de um ou de ambos os pais.[9]

As críticas se referem à ordem de preferência escolhida pelo legislador. Note-se que um menor órfão ficará, preferencialmente, aos cuidados do seu padrasto ou madrasta e não, por exemplo, de seus avós. Estes aparecem apenas em segundo lugar nas preferências do legislador português que decidiu privilegiar a relação matrimonial ou de união estável em detrimento dos laços de sangue. Trata-se de uma solução controversa.[10]

A respeito do exercício conjunto das responsabilidades parentais pelo único progenitor da criança e pelo seu cônjuge ou unido de facto, o artigo 1904º -A, do Código Civil português, introduzido pela Lei nº 137/2015, de 07-09, trouxe diversas alterações no regime de exercício das responsabilidades parentais previsto no Código Civil, no que concerne aos padrastos e madrastas, que poderão, em determinadas circunstâncias, ser titulares de responsabilidades parentais relativamente ao filho do seu marido ou mulher ou companheiro (a).[11]

[9] Artigo 1903º – Impedimento de um ou de ambos os pais. 1. Quando um dos pais não puder exercer as responsabilidades parentais por ausência, incapacidade ou outro impedimento decretado pelo tribunal, caberá esse exercício ao outro progenitor ou, no impedimento deste, por decisão judicial, à seguinte ordem preferencial de pessoas: a) Ao cônjuge ou unido de facto de qualquer dos pais; b) A alguém da família de qualquer dos pais. 2. O disposto no número anterior é igualmente aplicável, com as necessárias adaptações, no caso de a filiação se encontrar estabelecida apenas quanto a um dos pais.

[10] RIBEIRO, Nuno Ribeiro. **Os novos direitos de padrastos e madrastas.** D&F Divórcio & Família. Publicado em 30 nov. 2018. Disponível em: https://www.divorciofamilia.com/parentais/padrastos-madrastas. Acesso em 24 agosto 2022.

[11] Artigo 1904º – A – Exercício conjunto das responsabilidades parentais pelo único progenitor da criança e pelo seu cônjuge ou unido de facto. 1 – Quando a filiação se encontre estabelecida apenas quanto a um dos pais, as responsabilidades parentais podem ser também atribuídas, por decisão judicial, ao cônjuge ou unido de facto deste, exercendo-as, neste caso, em conjunto com o progenitor. 2 – O exercício conjunto das responsabilidades parentais, nos termos do número anterior, depende de pedido do progenitor e do seu cônjuge ou unido de facto. 3 – O tribunal deve, sempre que possível, ouvir o menor. 4 – O exercício das responsabilidades parentais, nos termos do presente artigo, inicia-se e extingue-se antes da maioridade ou emancipação apenas por decisão judicial, com fundamento nos artigos 1913º a 1920º-A.

Desta forma, nos casos em que a filiação de um menor esteja estabelecida apenas quanto a um dos progenitores, a pedido deste e do seu cônjuge ou unido de facto, as responsabilidades parentais podem ser atribuídas a estes em conjunto. E mais, na eventualidade de divórcio, a regulamentação das responsabilidades parentais será realizada nos mesmos termos previstos para os progenitores. Portanto, o padrasto/madrasta poderá continuar a exercer as responsabilidades parentais sobre o menor, mesmo após o divórcio ou separação, tendo direito a um regime de visitas e a obrigação de pagar uma pensão alimentícia ao seu enteado (a).[12]

Importante observar que o critério biológico, no qual sempre assentaram os vínculos familiares em Portugal, passou a competir com o critério socioafetivo e a afetividade passou a figurar implícita ou explicitamente na lei lusa.[13]

Argentina

O Código Civil argentino[14], em seu Livro Segundo – Relações de Família, Título IV – Parentesco, Capítulo 1 apresenta o conceito de parentesco no artigo 529[15], que inclui a afinidade.

Por outro lado, o artigo 538[16] assegura a obrigação alimentar dos parentes por afinidade, unicamente, aos parentes em linha reta de primeiro grau.

Sobre a filiação, constante do Título V, a parte final do art. 558, que descreve as espécies de filiação, declara que nenhuma pessoa pode ter mais do que dois vínculos filiais, qualquer que seja a natureza da filiação.[17]

5 – Em caso de divórcio, separação de pessoas e bens, declaração de nulidade ou anulação do casamento, separação de facto ou cessação da coabitação entre os corresponsáveis parentais aplica-se o disposto nos artigos 1905º e 1906º, com as devidas adaptações.

12 Ribeiro, op. cit.

13 Almeida, Susana. Assis, Zamira de. **Parentalidade sócio-afectiva: Portugal e Brasil**. Coimbra: Edições Almedina, 2012, p. 29-30.

14 ARGENTINA. **Código Civil y Comercial de la Nación**. Aprobado por ley 26.994. Promulgado según decreto 1795/2014. Disponível em http://www.saij.gob.ar/docs-f/codigo/Codigo_Civil_y_Comercial_de_la_Nacion.pdf. Acesso em 02 out. 2022.

15 Artículo 529. Concepto y terminologia. Parentesco es el vínculo jurídico existente entre personas en razón de la naturaleza, las técnicas de reproducción humana asistida, la adopción y la afinidad. Las disposiciones de este Código que se refieren al parentesco sin distinción se aplican sólo al parentesco por naturaleza, por métodos de reproducción humana assistida y por adopción, sea en línea recta o colateral.

16 Artículo 538. Parientes por afinidad. Entre los parientes por afinidad únicamente se deben alimentos los que están vinculados en línea recta em primer grado.

17 Artículo 558. Fuentes de la filiación. Igualdad de efectos. La filiación puede tener lugar por naturaleza, mediante técnicas de reproducción humana asistida, o por adopción. La

No Título VII – Responsabilidade parental, Capítulo 7, traz os "Deveres e direitos dos progenitores e filhos afins" (artigos 672 a 676).

Denomina-se progenitor afim (padrasto/madrasta) o cônjuge ou convivente que vive com quem tem a seu cargo o cuidado pessoal da criança ou do adolescente (art. 672).[18]

O art. 673[19] prevê os deveres do progenitor afim, assegurando que o cônjuge ou convivente de um progenitor deve cooperar na criação e educação dos filhos do outro, realizar os atos cotidianos relativos à sua formação no âmbito doméstico e tomar decisões em situações de urgência. Prevê, ainda, que em caso de desacordo entre o progenitor e seu cônjuge, ou convivente, prevalecerá a decisão do progenitor.

O exercício conjunto da responsabilidade parental com o progenitor afim (padrasto/madrasta) quer seja cônjuge ou convivente vem previsto no art. 675, o qual deve ser homologado judicialmente. No entanto, este exercício se extingue com a ruptura do matrimônio ou da união convivencial.[20]

O artigo 676 do Código Civil argentino[21] traz a obrigação alimentar subsidiária do cônjuge ou convivente a respeito dos filhos do outro, a qual

filiación por adopción plena, por naturaleza o por técnicas de reproducción humana asistida, matrimonial y extramatrimonial, surten los mismos efectos, conforme a las disposiciones de este Código. Ninguna persona puede tener más de dos vínculos filiales, cualquiera sea la naturaleza de la filiación.

[18] Artículo 672. Progenitor afin. Se denomina progenitor afin al cônyuge o conviviente que vive con quien tiene a su cargo el cuidado personal del niño o adolescente.

[19] Artículo 673. Deberes del progenitor afin. El cônyuge o conviviente de um progenitor debe cooperar em la crianza y educación de los hijos del outro, realizar los actos cotidianos relativos a su formación en el âmbito doméstico y adoptar decisiones ante situaciones de urgencia. En caso de desacuerdo entre el progenitor y su cônyuge o conviviente prevalece el criterio del progenitor. Esta colaboración no afecta los derechos de los titulares de la responsabilidade parental.

[20] Art. 675. Ejercicio conjunto com el progenitor afín. En caso de muerte, ausencia o incapacidade del porgenitor, el otro progenitor puede asumir dicho ejercicio conjuntamente con su cónyuge o conviviente. Este acuerdo entre el progenior en ejercicio de la responsabilidad parental y su cónyuge o conviviente debe ser homologado judicialmente. En caso de conflicto prima la opinión del progenitor. Este ejercicio se extingue con la ruptura del matrimonio o de la unión convivencial. También se extingue con la recuperación de la capacidad plena del progenitor que no estaba en ejercicio de la resposabilidad parental.

[21] Artículo 676. Alimentos La obligación alimentaria del cónyuge o conviviente respecto de los hijos del otro, tiene carácter subsidiario. Cesa este deber en los casos de disolución del vínculo conyugal o ruptura de la convivencia. Sin embargo, si el cambio de situación puede ocasionar un grave daño al niño o adolescente y el cónyuge o conviviente asumió durante la vida en común el sustento del hijo del otro, puede fijarse una cuota asistencial a su cargo

cessa com a ruptura da convivência ou com o divórcio do progenitor do menor, salvo se o padrasto ou a madrasta tenha assumido durante a convivência o sustento do filho afim e que a suspensão do auxílio cause grave prejuízo ao enteado, podendo nesse caso ser fixada uma cota assistencial a título transitório, cuja duração deve ser estabelecida pelo juiz de acordo com as possibilidades do obrigado, as necessidades do alimentando e o tempo da convivência.

3. Responsabilidade parental dos padrastos e madrastas no nosso ordenamento jurídico

Com o aumento dos divórcios e das dissoluções das uniões estáveis vão surgindo novas uniões e as figuras dos padrastos e das madrastas, dos enteados e das enteadas.

No Brasil, embora o § 1º do artigo 1.595 do Código Civil reconheça a existência jurídica do parentesco entre madrastas e padrastos, enteados e enteadas, com exceção da Lei n. 11.924/2009[22], nenhum outro dispositivo legal reconhece qualquer relação de direitos e de deveres entre os parentes por afinidade, havendo nítido preconceito com os termos padrasto e madrasta, os quais estão ligados a pessoas más e que tomaram o lugar do outro genitor que faleceu, se divorciou ou dissolveu sua união estável.[23]

Nosso Código Civil é claro ao afastar qualquer interferência sobre o exercício do poder familiar, do padrasto ou da madrasta, cuja atuação continua exclusiva dos pais, de acordo com o artigo 1.636.[24]

con carácter transitorio, cuya duración debe definir el juez de acuerdo a las condiciones de fortuna del obligado, las necesidades del alimentado y el tiempo de la convivencia Código Civil y Comercial de la Nación. Aprobado por ley 26.994 Promulgado según decreto 1795/2014. Disponível em http://www.saij.gob.ar/docs-f/codigo/Codigo_Civil_y_Comercial_de_la_Nacion.pdf. Acesso em 2 out. 2022.

22 BRASIL. **Lei nº 11.924/2009, de 17 de abril de 2009**. Altera o art. 57 da Lei n. 6.015, de 31 de dezembro de 1973, para autorizar o enteado ou a enteada a adotar o nome de família do padrasto ou da madrasta. Disponível em: http://www.planalto.gov.br/ccivil_03/_ato2007-2010/2009/lei/l11924.htm. Acesso em: 3 fev. 2023.

23 MADALENO. Rolf. **Direito de Família**. 7 ed. rev., atual. e ampliada. Rio de Janeiro: Forense, 2017, p. 11.

24 Art. 1.636. O pai ou a mãe que contrai novas núpcias, ou estabelece união estável, não perde, quanto aos filhos do relacionamento anterior, os direitos ao poder familiar, exercendo-os sem qualquer interferência do novo cônjuge ou companheiro. Parágrafo único. Igual preceito ao estabelecido neste artigo aplica-se ao pai ou à mãe solteira que casarem ou estabelecerem união estável.

Assim, não são titulares da responsabilidade parental, embora, muitas vezes, desempenhem funções relativas ao poder familiar de forma fática.

Seria importante que, tal como os Códigos de Portugal e da Argentina, nosso Código Civil normatizasse as relações existentes nas famílias recompostas.

4. Parentalidade socioafetiva dos padrastos e madrastas

A figura do padrasto ou da madrasta, por si só, não implica a consequente figura do pai ou mãe socioafetivos do seu enteado ou enteada.

O vínculo existente será apenas o vínculo civil previsto no Artigo 1.595 do Código Civil, ou seja, um vínculo de afinidade, quando o padrasto ou a madrasta mantêm-se afastados das relações entre o novo companheiro(a) ou cônjuge e os filhos da primeira relação.[25]

Todavia, quando a madrasta ou o padrasto representam a mãe, ou o pai substitutos, no contexto familiar, quer por opção, quer por ausência ou morte do genitor ou genitora biológicos, podem nascer alguns direitos e deveres e, até mesmo, a parentalidade socioafetiva prevista no art. 1.593 do Código Civil.[26]

A filiação socioafetiva independe da realização de registro, bastando a consolidação do vínculo afetivo entre as partes, ao longo do tempo, como vai ocorrer nos casos de posse do estado de filho.

A posse do estado de filho se compõe de três requisitos, que atuam de modo ininterrupto: *nominatio, tractatus e reputatio.*

Os elementos que compõem a noção de "posse de estado" têm importâncias diferentes, pois o elemento *nominatio* é quase sempre de pouca ou nenhuma utilidade, não sendo um elemento decisivo. Os outros dois elementos (*tractatio* e *reputatio*), porém, particularmente o *tractatio* são da maior importância, por permitirem revelar a existência (ou não) de vínculo psicológico e social entre o filho e o suposto pai, isto é, de uma relação paterno-filial existencialmente vivida.[27]

Com relação ao nome (*nominatio*) a Lei nº 11.924/2009, de autoria do já falecido Deputado Federal Clodovil Hernandes, conhecida como "Lei

[25] BRASIL. **Lei nº 10.406, de 10 de janeiro de 2002**. Institui o Código Civil. Disponível em: https://www.planalto.gov.br/ccivil_03/leis/2002/l10406compilada.htm. Acesso em: 3 fev. 2023.

[26] Ibid.

[27] OLIVEIRA, José Lamartine Correa de. MUNIZ, Francisco José Ferreira. **Curso de Direito de Família.** 4. ed. Curitiba: Juruá, 2001, p. 50.

Clodovil", alterou o art. 57 da Lei nº 6.015/1973, Lei de Registros Públicos, para autorizar o enteado ou a enteada a adotar o nome de família do padrasto ou da madrasta.

Acrescentou o § 8º ao art. 57 nos seguintes termos:

> § 8º – O enteado ou a enteada, havendo motivo ponderável e na forma dos §§ 2º e 7º deste artigo, poderá requerer ao juiz competente que, no registro de nascimento, seja averbado o nome de família de seu padrasto ou de sua madrasta, desde que haja expressa concordância destes, sem prejuízo de seus apelidos de família.[28]

Dessa forma, há necessidade de serem observados três requisitos:

1) motivo ponderável;
2) concordância de forma expressa do padrasto ou da madrasta;
3) observada a forma prevista nos parágrafos 2º e 7º, do art. 57 da Lei nº 6.015/73 que disciplinam o acréscimo do patronímico.

No entanto, como bem observa a Professora Regina Beatriz Tavares da Silva, "a lei não foi expressa quanto ao consentimento do pai e da mãe biológicos em caso de pedido de alteração do sobrenome de seu filho".[29]

Dessa forma, sendo menor o enteado deverá ser representado ou assistido por seus pais biológicos que constam do registro (art. 1.634, VII); divergindo um deles, é assegurado a qualquer deles recorrer ao juiz para a solução do desacordo, conforme art. 1.631, parágrafo único do Código Civil.[30]

Se maior o enteado, entendo que os genitores biológicos também devam ser ouvidos de acordo com o princípio da não surpresa.

É certo que a lei não trata da retirada do nome de família do pai ou da mãe biológicos e apenas acrescenta o nome de família da madrasta ou do

[28] BRASIL. **Lei nº 6.015, de 31 de dezembro de 1973.** Dispões sobre os registros públicos, e dá outras providências. Disponível em: https://www.planalto.gov.br/ccivil_03/leis/l6015compilada.htm. Acesso em: 3 fev. 2023.

[29] SILVA, Regina Beatriz Tavares da. O Sobrenome do Enteado. Artigos. **ADFAS.** Data da publicação: 08/11/2018. Disponível em: http://adfas.org.br/2018/11/08/o-sobrenome-do-enteado/. Acesso em 03 out. 2022.

[30] BRASIL. **Lei nº 10.406, de 10 de janeiro de 2002.** Institui o Código Civil. Disponível em: https://www.planalto.gov.br/ccivil_03/leis/2002/l10406compilada.htm. Acesso em: 3 fev. 2023.

padrasto; mesmo assim, entendo que deva haver a manifestação dos pais biológicos quer os filhos sejam menores quer sejam maiores de idade.

As partes devem estar representadas por advogados sendo o juiz competente o da vara de registros públicos. Caso não haja vara especializada, o juiz cível que acumular essa função será competente. Importante lembrar que a competência não é do juízo de família, pois não há alteração do vínculo de parentalidade, mas somente o acréscimo aos sobrenomes de família do requerente.[31]

Portanto, o acréscimo do sobrenome do padrasto ou da madrasta não confere ao enteado (a) qualquer direito de ordem patrimonial, quer no âmbito dos alimentos, no tocante ao direito sucessório e previdenciário, nem tampouco os pais biológicos perdem o poder familiar.[32]

A utilização do nome de família não é suficiente para determinar a existência da posse do estado de filho, a fim de que seja reconhecida a filiação socioafetiva.

Além do nome, é importante verificar a vontade de querer ser pai/mãe/filho (a). Caso a vontade que estrutura essa relação seja diferente, não haverá a posse do estado de filho, não caracterizando, portanto, a parentalidade socioafetiva.

Assim o adulto pode apenas ter a intenção de cuidar da criança, sem, contudo, desejar a parentalidade.

A vontade da criança também deve ser levada em conta, principalmente se esta for maior de 12 (doze) anos, pois pode não desejar ter outro pai além do seu biológico.

A intenção de cuidar se reflete no dispêndio de tempo, afeto, atenção, enfim, cuidados com a criança, financeira e afetivamente, sem, contudo, desejar a parentalidade.

O não desejo da parentalidade, pode ocorrer por vários motivos: não querer substituir o ascendente biológico, ou desejar apenas contribuir para a criação daquela criança.

Se o não desejo da parentalidade não pudesse ser exercido, todos os padrastos e madrastas não poderiam manifestar afeto pelos seus enteados (as), pois imediatamente, seriam tidos como pais e mães socioafetivos.

[31] MADALENO. Rolf. **Direito de Família**. 7 ed. rev., atual. e ampl. Rio de Janeiro: Forense, 2017, p. 13.
[32] Ibid.

Caso haja o desenvolvimento da parentalidade socioafetiva e não seja recomendada a adoção unilateral prevista no art. 41, § 1º do Estatuto da Criança e do Adolescente, tendo em vista a desnecessidade da destituição do poder familiar do genitor biológico, poderá ser conveniente a multiparentalidade, com o reconhecimento do padrasto como pai socioafetivo e a manutenção do pai biológico.

A admissão da possibilidade da multiparentalidade ocorreu após a decisão do Supremo Tribunal Federal, por maioria de votos, em 22/09/2016, no julgamento do Recurso Extraordinário n. 898.060, de Santa Catarina, de relatoria do Ministro Luiz Fux, apreciando o tema 622 da Repercussão Geral.[33]

Em 14 de novembro de 2017, com a edição do Provimento 63 do Conselho Nacional de Justiça (CNJ), estabeleceram-se regras para o procedimento do registro extrajudicial da filiação socioafetiva, estipulando, entre outras matérias, que o reconhecimento voluntário da paternidade ou maternidade socioafetiva de pessoa de qualquer idade seria autorizado perante os oficiais de registro civil das pessoas naturais (art. 10 caput).

Desta forma, mesmo crianças com meses de idade poderiam se valer desse regramento, abrindo-se a possibilidade de adoções de crianças que não constavam do Cadastro Nacional de Adoção, o que causou muita preocupação.

Com relação à qualidade dos vínculos socioafetivos, o Provimento 63/2017 não estabelecia parâmetros objetivos.

Além disso, não era necessária a participação do Ministério Público que de acordo com o Estatuto da Criança e do Adolescente, tem a função de zelar pelo efetivo respeito aos direitos e garantias legais assegurados às crianças e adolescentes (Lei n. 8.069/90, art. 201, inciso VIII).

Muito questionado também foi o fato de ser possível ou não a multiparentalidade em procedimento registral de natureza administrativa, a partir do art. 14 do Provimento 63/2017, o qual reza que "Art. 14. O reconhecimento da paternidade ou maternidade socioafetiva somente poderá ser realizado de forma unilateral e não implicará o registro de mais de dois pais e de duas mães no campo FILIAÇÃO no assento de nascimento".[34]

[33] BRASIL. Supremo Tribunal Federal. **RE 898.060, SC**. Relator Min. Luiz Fux. Julgamento 21/09/2016. Publicação 24/08/2017. Órgão Julgador: Tribunal Pleno. Disponível em: https://jurisprudencia.stf.jus.br/pages/search/sjur371896/false. Acesso em 02 out. 2022.

[34] CONSELHO NACIONAL DE JUSTIÇA. **Provimento nº 63, d0 14 de novembro de 2017**. Institui modelos únicos de certidão de nascimento, de casamento e de óbito, a serem

A Corregedoria Geral da Justiça do Estado do Ceará, em pedido de providência n. 0003325-80.2018.2.00.0000[35] consultou o Conselho Nacional de Justiça (CNJ) sobre a interpretação do art. 14 do Provimento 63/2017.

Na consulta formulada pelo Cartório Norões Milfont de Fortaleza o Oficial do Registro entendia que a expressão unilateral utilizada queria dizer que o reconhecimento da paternidade ou maternidade socioafetiva somente poderia ser feito pelo pai socioafetivo ou pela mãe socioafetiva, nunca por ambos ao mesmo tempo e que uma pessoa poderia ter no máximo dois pais e duas mães no campo filiação do registro de nascimento. Questionava, ainda, se a mãe biológica poderia indicar a companheira como mãe socioafetiva e qual seria a documentação exigida.

A Corregedoria-Geral da Justiça do Estado do Ceará entendeu clara a possibilidade de reconhecimento de paternidade socioafetiva por casais de sexo semelhante e que "da leitura do conjunto de artigos que disciplinam a paternidade socioafetiva (art. 10 ao 15), conjugada à menção de aresto da Suprema Corte (RE n. 898.060/SC), é possível extrair a conclusão da admissão de situação de multiparentalidade que possa resultar do reconhecimento administrativo de paternidade/maternidade socioafetiva".

Na decisão sobre o caso, o Ministro João Otávio de Noronha do Conselho Nacional de Justiça, em 18 de julho de 2018, deixou claro que "em que pese o acerto da Corregedoria-Geral da Justiça do Estado do Ceará em tornar clara a possibilidade de reconhecimento de paternidade socioafetiva por casais de sexo semelhante, o mesmo não se pode dizer quanto à interpretação que conferiu a Corregedoria local quando aponta para permissivo que admite situação de multiparentalidade no registro da paternidade socioafetiva".

Desse modo, concluiu que o "termo unilateral presente no art. 14 do Provimento 63/2017-CNJ[36] limita o oficial de registro civil das pessoas

adotadas pelos ofícios de registro civil das pessoas naturais, e dispõe sobre o reconhecimento voluntário e a averbação da paternidade e maternidade socioafetiva no Livro "A" e sobre o registro de nascimento e emissão da respectiva certidão dos filhos havidos por reprodução assistida. Disponível em: https://atos.cnj.jus.br/atos/detalhar/2525. Acesso em 3 fev. 2023.

[35] Processo n. 0003325-80.2018.2.00.000. Pedido de providência. Data 16/05/2018. Disponível em: file:///C:/Users/Sndra/Downloads/SEI_0054255_02.2018.8.16.6000%20(2).pdf. Acesso em 02 out. 2022.

[36] CONSELHO NACIONAL DE JUSTIÇA. **Provimento nº 63, de 14 de novembro de 2017**. Institui modelos únicos de certidão de nascimento, de casamento e de óbito, a serem adotadas pelos ofícios de registro civil das pessoas naturais, e dispõe sobre o reconhecimento voluntário

naturais a anotar apenas pai ou mãe socioafetivos, não possibilitando o registro de ambos ao mesmo tempo".

A Professora Regina Beatriz Tavares da Silva defendeu em artigo da ADFAS que "a monoparentalidade (registro de um filho somente com o nome da mãe) e a biparentalidade (registro de um filho com o nome de dois genitores) seriam as únicas hipóteses administrativas nos Cartórios de Registro Civil".[37]

Em 14 de agosto de 2019, a Corregedoria Geral de Justiça do CNJ diante dos pedidos de providências 0006194-84.2016.2.00.000 (a pedido do Instituto dos Advogados de São Paulo – IASP) e 0001711.40.2018.2.00.000 (instaurado de ofício pelo Ministro Corregedor Humberto Martins) editou o Provimento 83/2019, modificando dispositivos do Provimento 63/2017, restringindo algumas das hipóteses de reconhecimento extrajudicial socioafetivo.[38]

O Provimento 83/2019 modificou o art. 10 estabelecendo que, através da via extrajudicial, apenas pessoas acima de 12 anos de idade poderão se valer do registro da filiação socioafetiva, sendo que para menores desta idade resta apenas a via judicial (art. 10, *caput*).[39]

O registrador, após instruir o pedido com a documentação exigida, atestará a existência do vínculo afetivo da paternidade ou maternidade socioafetiva mediante apuração objetiva por intermédio da verificação de elementos concretos (art. 10-A, § 1º).

Atendidos os requisitos para o reconhecimento da paternidade ou maternidade socioafetiva, o registrador, agora, deverá encaminhar o expediente ao Ministério Público para parecer (art. 11, § 9º). Se o parecer do Ministério Público for favorável, o registrador realizará o registro da

e a averbação da paternidade e maternidade socioafetiva no Livro "A" e sobre o registro de nascimento e emissão da respectiva certidão dos filhos havidos por reprodução assistida. Disponível em: https://atos.cnj.jus.br/atos/detalhar/2525. Acesso em 3 fev. 2023.

[37] SILVA, Regina Beatriz Tavares da. O CNJ Proibiu a Multiparentalidade em Cartório de Registro Civil. Artigos **ADFAS**. Data da publicação 18/04/2019. Disponível em:adfas.porg.br/2019/04/18/o-cnj-proibiu-a-multiparentalidade-em-cartorio-de-registro-civil/. Acesso em 03 out. 2022.

[38] CONSELHO NACIONAL E JUSTIÇA. **Provimento nº 83, de 14 de agosto de 2019**. Altera a Seção II, que trata da Paternidade Socioafetiva, do Provimento n. 63, de 14 de novembro de 2017 da Corregedoria Nacional de Justiça. Disponível em: https://atos.cnj.jus.br/files//provimento/provimento_83_14082019_15082019095759.pdf. Acesso em 02 out. 2022.

[39] Ibid.

filiação socioafetiva (art. 11, § 9º, I). Se for desfavorável, o registrador não procederá ao registro e comunicará o ocorrido ao requerente, arquivando-se o expediente (art. 11, § 9º, II). Em caso de dúvida, encaminhará o expediente ao juízo competente para dirimi-la (art. 11, § 9º, III).

O art. 14 passou a vigorar acrescido de dois parágrafos, assegurando que pela via extrajudicial, somente será possível a inclusão de um ascendente socioafetivo, seja do lado materno, seja do lado paterno (art. 14, § 1º) e a inclusão de mais de um ascendente socioafetivo deverá ser efetuada pela via judicial (art. 14, § 2º).

Dessa forma, a multiparentalidade pela via extrajudicial restou permitida[40], passando a ser restrita a apenas um ascendente socioafetivo, seja do lado paterno ou do materno (art. 14, § 1º).

A inclusão de mais de um ascendente socioafetivo, se existente, deverá tramitar pela via judicial (art. 14, § 2º).

Assim, o Conselho Nacional de Justiça (CNJ), em seu papel regulador, com relação ao Provimento 83/2019[41], optou pela segurança jurídica e manutenção da extrajudicialização no reconhecimento da paternidade socioafetiva.

A Professora Regina Beatriz Tavares da Silva deixa clara sua preocupação com a utilização da via extrajudicial, em que o processo passa a ter cunho administrativo e facilitado perante o Cartório de Registro Civil, sendo a presença do advogado dispensada. O advogado, nesses casos, poderia

[40] Vide um dos "CONSIDERANDOS" do Provimento 83 que cita a tese da Multiparentalidade acolhida pelo Supremo Tribunal Federal na Repercussão Geral 622: "CONSIDERANDO, o fato de que a paternidade socioafetiva declarada ou não em registro público, não impede o reconhecimento do vínculo de filiação concomitante baseado na origem biológica, com os efeitos jurídicos próprios (Supremo Tribunal Federal – RE 898.060/SC)". Vide também art. 11, § 3º, mantido pelo Provimento 83: § 3º. Constarão do termo, além dos dados do requerente, os dados do campo FILIAÇÃO e do filho que constam no registro, devendo o registrador colher a assinatura do pai e da mãe do reconhecido, caso este seja menor. Finalmente, observa-se que o Provimento 63/2017, com as respectivas alterações do Provimento 83/2019 não elencou como requisito para o reconhecimento da parentalidade socioafetiva a ausência de parentalidade estabelecida.

[41] CONSELHO NACIONAL DE JUSTIÇA. **Provimento nº 83, de 14 de agosto de 2019**. Altera a Seção II, que trata da Paternidade Socioafetiva, do Provimento n. 63, de 14 de novembro de 2017 da Corregedoria Nacional de Justiça. Disponível em: https://atos.cnj.jus.br/files//provimento/provimento_83_14082019_15082019095759.pdf. Acesso em 02 out. 2022.

orientar os pretendentes à parentalidade socioafetiva sobre as consequências irrevogáveis desse reconhecimento.[42]

5. Alimentos

Na legislação vigente, não existe o reconhecimento do dever de alimentos entre padrastos e madrastas e seus enteados e enteadas, que, apenas por mera liberalidade podem fornecer alimentos ao longo da vida conjunta.

No Brasil, a jurisprudência majoritária é contrária à concessão dos alimentos pelos padrastos ou madrastas aos seus enteados e enteadas e vice-versa.

O Tribunal de Santa Catarina[43], em 2015, deixou claro que a obrigação de prestar alimentos decorre de parentesco ou de guarda.

> Agravo de Instrumento. União Estável, Rompimento. Enteado. Pretensão aos Alimentos Provisórios. Dever Alimentar. Obrigação recaída primeiramente aos pais. Ampliação do dever de alimentos vedado. Decisão indeferitória mantida. Recurso desprovido. (TJSC, AI n. 2014.055014-4, de Blumenau, Rel. Fernando Carioni, Terceira Câmara de Direito Civil – j. 20/01/2015).
>
> "A obrigação de prestar alimentos decorre da relação de parentesco ou de guarda. 'Não se pode impor os deveres de cuidado, de carinho e de sustento a alguém que, não sendo o pai biológico, também não deseja ser pai sócio-afetivo' (REsp. n. 878.941/DF)".

O Tribunal do Rio Grande do Sul[44], em 2010, negou o pedido de alimentos do enteado em face da madrasta, por inexistência de parentesco entre eles e que os laços de afinidade não geram obrigação alimentar.

> Apelação Cível. Ação de alimentos. Pretensão deduzida pelo filho, em face da companheira do seu falecido pai. Descabimento, inexistente qual-

[42] Silva, Regina Beatriz Tavares da. Madrastas e Padrastos no Registro de Nascimento de uma Criança. Artigos **ADFAS**. Data da publicação: 29/11/2017. Disponível em: http://adfas.org.br/2017/11/29/madrastas-e-padrastos-no-registro-de-nascimento-de-uma-crianca/. Acesso em 02 out. 2022.

[43] SANTA CATARINA. TJSC. **AI n. 2014.055014-4**. Relator: Fernando Carioni, Terceira Câmara de Direito Civil, julgado em 20 de janeiro de 2015. Disponível em: http://busca.tjsc.jus.br/jurisprudencia/buscaForm.do#resultado_ancora. Acesso em 01 out. 2022.

[44] RIO GRANDE DO SUL. TJRS. **Apelação Cível n. 70032209322**. Relator: Desembargador André Luiz Planella Villarinho, julgado em 09 de junho de 2010. Disponível em: https://www.tjrs.jus.br/novo/buscas-solr/?aba=jurisprudencia&q=&conteudo_busca=ementa_completa. Acesso em: 17 set. 2022.

quer vínculo de parentesco entre o autor e a ré, sendo ele filho do falecido companheiro da requerida, não há dever de alimentos entre eles. Os laços de afinidade que porventura pudessem existir entre o autor e a ré, não geram obrigação alimentar. Pretensão não abrangida pelos arts. 1.694 e 1.696 do Código Civil. Desproveram a apelação.

Entendeu também o Tribunal do Rio Grande do Sul[45], em 2020, que embora o padrasto tenha tratado o enteado com carinho e atenções, e até mesmo ter auxiliado na sua educação e sustento durante a união estável com a genitora deste, isto não tem o condão de transformar o padrasto em pai, nem constitui título jurídico capaz de habilitar o enteado para pleitear alimentos em seu favor.

AÇÃO DE DISSOLUÇÃO DE UNIÃO ESTÁVEL. COM PEDIDO DE DECLARAÇÃO DE PATERNIDADE SOCIOAFETIVA. ALIMENTOS PROVISÓRIOS EM FAVOR DO ENTEADO. TUTELA PROVISÓRIA. DESCABIMENTO. 1. A tutela provisória de urgência ou de evidência (art. 294 a 311, CPC) consiste na concessão imediata do pleito deduzido na petição inicial, mas a sua concessão pressupõe a existência de elementos que evidenciem a probabilidade do direito reclamado pelo autor e, ainda assim, se houver perigo de dano ou o risco ao resultado útil do processo, consoante estabelece o art. 300 do CPC, ou ainda, na ausência de tais elementos, ficar caracterizada alguma das hipóteses do art. 311 do CPC, o que inocorre in casu. 2. É cabível o reconhecimento forçado da filiação quando o genitor deixa de reconhecer voluntariamente o seu filho biológico, pois não é possível impor a alguém o estabelecimento de filiação adotiva, nem socioafetiva, pois, para tanto, é imprescindível a voluntariedade do ato. 3. Somente existe paternidade socioafetiva quando alguém assume a condição de pai voluntariamente, sabendo da inexistência do liame biológico. 4. Revela-se juridicamente descabido, o pedido de transformação da mera guarda fática em adoção socioafetiva, pois o ex-companheiro da mãe nunca pretendeu adotar o enteado, que tem pai registral falecido, mesmo que ele já tenha requerido a extensão da guarda para si, em razão da realidade vivenciada. 5. O fato de ter o réu tratado o enteado com carinho e atenções, e até mesmo ter auxiliado na sua

[45] RIO GRANDE DO SUL. TJRS. **Agravo de Instrumento n. 70083402644**. Sétima Câmara Cível, Relator: Sérgio Fernando de Vasconcellos Chaves, julgado em 28 de abril de 2020. Disponível em: https://www.tjrs.jus.br/novo/buscas-solr/?aba=jurisprudencia&conteudo_busca=ementa_completa. Acesso em 17 set. 2022.

educação e sustento durante a relação com a genitora deste, não tem o condão de transformar o padrasto em pai nem constitui título jurídico capaz de habilitar o enteado para pleitear alimentos em seu favor. Recurso provido.

Conclusões

No Direito brasileiro não há qualquer norma que assegure deveres dos padrastos e madrastas em relação aos seus enteados e enteadas.

No entanto, existem deveres inerentes a todo aquele que convive com crianças e adolescentes, ou seja, assegurar a efetivação dos direitos referentes à vida, à saúde, à alimentação, ao respeito, à liberdade e à convivência familiar e comunitária (art. 4º, Estatuto da Criança e do Adolescente). Propiciar à criança e ao adolescente um ambiente que garanta seu desenvolvimento integral (art. 19, Estatuto da Criança e do Adolescente) e evitar a prática de atos de alienação parental (art. 2º, Lei n. 12.318/2010), como exemplos.

Por dever de solidariedade e por mera liberalidade, podem os padrastos e madrastas colaborar com o sustento e a criação dos seus enteados e enteadas.

Caso se desenvolva a parentalidade socioafetiva, o enteado ou a enteada serão considerados como filhos, tendo, portanto, direito à herança, alimentos e todos os direitos relativos aos filhos.

Se houvesse uma legislação semelhante à de Portugal e da Argentina, haveria mais segurança aos enteados e enteadas que teriam seus direitos assegurados e aos padrastos e madrastas, que não teriam o receio de no futuro serem demandados como pais socioafetivos e terem ainda que provar que o cuidado que despenderam foi por solidariedade e não pela intenção de serem pais.

Referências

ALMEIDA, José Luiz Gavião de. Reconhecimento de filiação. *In:* **Direito de Família no Novo Milênio.** Estudos em homenagem ao Professor Álvaro Villaça Azevedo. Silmara Juny de Abreu Chinellato et al (Org.). São Paulo: Atlas, 2010.

ALMEIDA, Susana. ASSIS, Zamira de. **Parentalidade Sócio-Afectiva**: Portugal e Brasil. Coimbra: Edições Almedina, 2012.

ARGENTINA. **Código Civil y Comercial de la Nación.** Aprobado por ley 26.994 Promulgado según decreto 1795/2014. Disponível em http://www.saij.gob.ar/docs-f/codigo/Codigo_Civil_y_Comercial_de_la_Nacion.pdf.

BRASIL. **Lei nº 11.924/2009, de 17 de abril de 2019**. Altera o art. 57 da Lei n. 6.015, de 31 de dezembro de 1973, para autorizar o enteado ou a enteada a adotar o nome de família do padrasto ou da madrasta. Disponível em: http://www.planalto.gov.br/ccivil_03/_ato2007-2010/2009/lei/l11924.htm. Acesso: 3 fev. 2023.

BRASIL. **Lei nº 10.406, de 10 de janeiro de 2002**. Institui o Código Civil. Disponível em: http://www.planalto.gov.br/ccivil_03/leis/2002/l10406.htm. Acesso: 3 fev. 2023.

BRASIL. Supremo Tribunal Federal. **RE 898.060**, SC. Relator Min. Luiz Fux. Julgamento 21/09/2016. Publicação 24/08/2017. Órgão Julgador: Tribunal Pleno. Disponível em: https://jurisprudencia.stf.jus.br/pages/search/sjur371896/false. Acesso em: 3 fev. 2023.

CONSELHO NACIONAL DE JUSTIÇA. **Provimento nº 63, de 14 de novembro de 2017**. Institui modelos únicos de certidão de nascimento, de casamento e de óbito, a serem adotadas pelos ofícios de registro civil das pessoas naturais, e dispõe sobre o reconhecimento voluntário e a averbação da paternidade e maternidade socioafetiva no Livro "A" e sobre o registro de nascimento e emissão da respectiva certidão dos filhos havidos por reprodução assistida. Disponível em: https://atos.cnj.jus.br/atos/detalhar/2525. Acesso em 3 fev. 2023.

CONSELHO NACIONAL DE JUSTIÇA. **Provimento Nº 83, de 14 de agosto de 2019**. Altera a Seção II, que trata da Paternidade Socioafetiva, do Provimento n. 63, de 14 de novembro de 2017 da Corregedoria Nacional de Justiça. Disponível em: https://atos.cnj.jus.br/files//provimento/provimento_83_14082019_15082019095759.pdf. Acesso em: 3 fev. 2023.

CHINELLATO, Silmara Juny. **Comentários ao Código Civil.** Parte Especial. Do Direito de Família. Artigos. 1.591 a 1.710. São Paulo: Saraiva, 2004. v. 18.

FACHIN, Luiz Edson. **Comentários ao Novo Código Civil**. Coord. Sálvio de Figueiredo Teixeira. Rio de Janeiro: Gen. Forense, 2008. v. 18.

GRISARD FILHO, Waldir. **Famílias Reconstituídas**. Novas uniões depois da separação. 2. ed. São Paulo: Revista dos Tribunais, 2010.

MADALENO, Rolf. **Direito de Família**.7 ed. Rio de Janeiro: Forense, 2017.

MONTEIRO, Washington de Barros, SILVA, Regina Beatriz Tavares da. **Curso de Direito Civil**. Direito de Família. 42 ed. São Paulo: Saraiva, 2012. v. 2.

OLIVEIRA, José Lamartine Correa de. MUNIZ, Francisco José Ferreira. **Curso de Direito de Família.** 4. ed. Curitiba: Juruá, 2001.

PORTUGAL. **Código Civil Português**. Disponível em: http://www.pgdlisboa.pt/leis/lei_mostra_articulado.php?ficha=1501&artigo_id=&nid=775&pagina=16&tabela=leis&nversao=&so_miolo=. Acesso em: 3 fev. 2023.

RIBEIRO, Nuno Cardoso. **Os novos direitos de padrastos e madrastas**. Publicado em 30/11/2018. Disponível em: https://www.divorciofamilia.com/parentais/padrastos-madrastas. Acesso em: 3 fev. 2023.

RIO GRANDE DO SUL. TJRS. **Agravo de Instrumento nº 70083402644**. Sétima Câmara Cível, Relator: Sérgio Fernando de Vasconcellos Chaves, julgado em: 28 de abril de 2020. Disponível em: https://www.tjrs.jus.br/novo/buscas-solr/?aba=jurisprudencia&conteudo_busca=ementa_completa. Acesso: 3 fev. 2023.

RIO GRANDE DO SUL. TJRS **Apelação Cível nº 70032209322**. Relator: Desembargador André Luiz Planella Villarinho, julgado em: 09 de junho de 2010. Disponível em: https://www.tjrs.jus.br/novo/buscas-solr/?aba=jurisprudencia&q=&conteudo_busca=ementa_completa. Acesso: 3 fev. 2023.

RODRIGUES, Sílvio. **Direito Civil**. Direito de Família. São Paulo: Saraiva, 2002. v. 6.

SANTA CATARINA. TJSC, **AI n. 2014.055014-4**. Rel. Fernando Carioni, Terceira Câmara de Direito Civil, julgado em: 20 de janeiro de 2015. Disponível em: http://busca.tjsc.jus.br/jurisprudencia/buscaForm.do#resultado_ancora. Acesso em: 3 fev. 2023.

SILVA, Regina Beatriz Tavares da. O Sobrenome do Enteado. **Artigos ADFAS**. Data da publicação: 08/11/2018. Disponível em: http://adfas.org.br/2018/11/08/o-sobrenome-do-enteado/. Acesso em: 3 fev. 2023.

SILVA, Regina Beatriz Tavares da. Madrastas e Padrastos no Registro de Nascimento de uma Criança. **Artigos ADFAS**. Data da publicação: 29/11/2017. Disponível em: http://adfas.org.br/2017/11/29/madrastas-e-padrastos-no-registro-de-nascimento-de-uma-crianca/. Acesso em: 3 fev. 2023.

SILVA, Regina Beatriz Tavares da. O CNJ Proibiu a Multiparentalidade em Cartório de Registro Civil. **Artigos ADFAS**. Data da publicação: 18/04/2019. Disponível em:adfas.porg.br/2019/04/18/o-cnj-proibiu-a-multiparentalidade-em-cartorio-de-registro-civil/. Acesso em: 3 fev. 2023.

10
O CONTRATO DE COPARENTALIDADE E OS DIREITOS EXISTENCIAIS: LIMITES DA AUTONOMIA PRIVADA

Fábio Ricardo Rodrigues Brasilino
Thiago Ribeiro Carvalho

Introdução

O presente estudo analisará a possibilidade de se realizar um contrato de coparentalidade e quais seriam as limitações da autonomia privada.

A discussão girará sobre a problemática envolta quanto a contratação que envolve direitos existenciais na perspectiva da personalização do Direito Privado. Para tanto, por meio do método monográfico, analisará a doutrina relacionada a temática.

O estudo será dividido em quatro tópicos. No primeiro, o objetivo é aferir a atual perspectiva que deve ser vista o Direito Privado. Se antes ele tinha apenas uma perspectiva de regular questões patrimoniais, na contemporaneidade outros desafios são impostos, já que o próprio Código Civil vai além da regulação de questões patrimoniais, ao positivar questões existenciais também.

Em um segundo momento a preocupação será de expor sobre a atual realidade das entidades familiares e como o Direito de Família deve acompanhar a evolução da sociedade e refletir algumas questões sobre a coparentalidade.

Após, será apresentada a nova realidade das relações jurídicas contratuais, justifica-se tal análise, pois é preciso entender que o contrato deixa de lado a ideia de mero instrumento da segurança jurídica e surge como instrumento de efetivação da própria dignidade da pessoa humana.

Por fim, a contribuição esperada com presente trabalho é estabelecer os limites aos contratos de coparentalidade trazendo esta discussão à comunidade jurídica.

1. Personalização do direito privado

Durante muito tempo a propriedade surge como categoria principal das relações privadas, inclusive levando título de sagrada.[1] É inegável a influência patrimonial na atual legislação e o próprio conceito de autonomia privada por vezes se relaciona com o de propriedade.[2]

Os estatutos jurídicos não podem apenas proteger as relações jurídicas dos proprietários (situações jurídicas patrimoniais), pois excluiriam as situações jurídicas subjetivas existenciais. Dessa forma não poderá ser considerada como relevante somente à atividade econômico-produtiva, mas também as existenciais, neste sentido "*L'attività giuridamente rilevante non è soltanto l'atività econômico-produttiva. Ocorre considerare attentamente l'attività nell'ambito convenzionalmente designato com l'etichetta 'non patrimoniale'*".[3] A partir dessa perspectiva que deve ser analisado o contrato de coparentalidade.

O sistema jurídico brasileiro tem como centro norteador a dignidade da pessoa humana, positivada no art. 1º, III da Constituição Federal, como fundamento do Estado. A autonomia privada, seja nas relações patrimoniais ou existenciais, deve ser pautada na promoção deste valor. Já que "a liberdade é, no quadro atual, a liberdade de ser e não a de ter".[4]

O Direito Civil teve sua gênese como o ramo regulador das relações privadas em que o objeto estava focado no ter uma vez que seus institutos continham nítido teor patrimonial. O Código Civil de 1916 poucas matérias eram trazidas cujo objeto fosse a pessoa, desvinculada do patrimônio. As pessoas são elementos da relação jurídica civil[5] de forma que "o sujeito

[1] ARENDT, Hanna. **A Condição Humana**. Rio de Janeiro: Forense Universitária, 2003, p. 71.

[2] PRATA, Ana. **A Tutela Constitucional da Autonomia Privada**. Coimbra: Almedina, 1982, p. 7.

[3] FEMIA, Pasquale. **Interessi e Conflitti Culturali nell'Autonomia Privata e nella Responsabilità Civile.** Napoli: Edizioni Scientifiche Italiane, 1996, p. 587.

[4] CORTIANO JUNIOR, Eroulths. Para além das coisas: breve ensaio sobre o direito, a pessoa e o patrimônio mínimo. *In:* BARBOZA, Heloisa Helena et. al. (org.). **Diálogos sobre Direito Civil**. Rio de Janeiro: Renovar, 2002, p. 157.

[5] CARVALHO, Orlando de. **A teoria da relação jurídica**: seu sentido e limites. Coimbra: Centelha, 1981, p. 60. ANDRADE, Manoel Antônio Domingues de. **Teoria geral da relação jurídica.** Coimbra: Almedina, 1974, p. 2.

não 'é' em si, mas 'tem' para si titularidades. Tal código teve influência pandectista conjugada com características liberais, exegética e patrimoniais.[6]

A atual sistematização tendo como base a "cláusula geral de tutela e promoção da pessoa humana" volta os olhares ao ser em detrimento do ter.[7]

A partir desse dirigismo estatal que o Direito Privado deve rever os seus ditames individualistas dos séculos passados. Ademais, com a ida dos direitos e garantias fundamentais para o campo constitucional, ao Direito Constitucional, compete ocupar o centro do Direito. Devem os demais ramos respeitar a integração do indivíduo com a sociedade, ou seja, o ser humano enquanto ser social.

Na chamada sociedade pós-moderna, os códigos, cedem espaço a diversos sistemas jurídicos, o que importa dizer na diversificação do Direito Privado, este que agora substituirá o Código por normas fundamentais.[8]

Nesse contexto que surge a ideia do caminho metodológico que visa analisar as relações privadas a partir da legalidade constitucional, este entendido como uma reconstrução axiológica que busca aplicar os valores constitucionais a todo ordenamento, inclusive ao Direito Privado, já que a Constituição Federal é norma hierarquicamente superior as demais.[9] O ideal é efetivar os fundamentos e objetivos do Estado Democrático de Direito que, no caso brasileiro, encontra guarida nos arts. 1º e 3º da CF/88.

Isso não importa dizer que o Direito Privado tenha como fonte normativa a Constituição, mas sim que há um inter-relacionamento entre elas, já que *"ambos aparecen como partes necesarias de un orden jurídico unitario que reciprocamente se complementan, se apoyan y se condicionan"*.[10]

O direito deve caminhar em prol da efetivação dos fins sociais. Ocorre uma interação nos ramos público e privado ao ponto de superar o modelo da incomunicabilidade. É a partir desta comunicabilidade, e partindo do pressuposto de ser o Direito um conjunto sistemático de normas, valores e princípios, que se busca a interação de todo o sistema jurídico.[11]

6 MORAES, Maria Celina Bodin de. **Constituição e Direito Civil**: tendências. Direito, Estado e Sociedade, PUC-RJ, 1999, p. 102.

7 PERLINGIERI, Pietro. **Perfis do Direito Civil.** Rio de Janeiro: Renovar, 1997, p. 155. TEPEDINO, Gustavo. A Tutela da Personalidade no Ordenamento Civil-Constitucional Brasileiro. *In:* TEPEDINO, Gustavo. **Temas de Direito Civil**. Rio de Janeiro: Renovar, 2008, p. 54.

8 LORENZETTI, Ricardo. **Fundamentos de direito privado**. São Paulo: RT, 1998, p. 45.

9 PERLINGIERI, op. cit., p. 5.

10 HESSE, Konrad. **Derecho Constitucional y Derecho Privado**. Madrid: Civitas, 1995, p. 88.

11 SILVA, Clóvis do Couto e. O princípio da boa-fé no direito brasileiro e português. *In:* **Estudos de direito civil brasileiro e português.** São Paulo: Revista dos Tribunais, 1980, p. 32-37.

O presente estudo adota a ideia da horizontalização dos direitos fundamentais.[12] Essa é entendida como a aplicabilidade das normas constitucionais de forma direta nas relações privadas, com esteio no art. 5º, § 1º, da CF/1988, ao estabelecer que as normas que definem direitos fundamentais têm subsunção imediata. Forte argumento para essa eficácia horizontal reside na premissa segundo a qual "é indispensável no contexto de uma sociedade desigual, na qual a opressão pode provir não apenas do Estado, mas de uma multiplicidade de atores privados, presentes em esferas como o mercado, a família, a sociedade civil e a empresa".[13]

Ao se falar em eficácia horizontal, na própria "origem histórica dos direitos humanos não existe base alguma que justifique a exclusão do âmbito das relações privadas, dos direitos fundamentais".[14] O problema surge quanto à discussão se teriam as normas constitucionais uma eficácia imediata ou mediata.

No que diz respeito à eficácia imediata, a teoria foi concebida na Alemanha, tendo como expoentes, entre outros, Hans Carl Nipperdey e Walter Leisner. Frise-se que foi o primeiro jurista aquele que a concebeu, sendo o segundo responsável por seu aperfeiçoamento. Para esses teóricos, existe a aplicabilidade direta das normas constitucionais nas relações privadas, sem qualquer entrave. Desse modo, seriam os direitos fundamentais instrumentos limitadores, por meio de cláusulas gerais, das relações particulares.[15] Nessa linha, José Joaquim Gomes Canotilho esclarece que "a imposição da observância directa dos direitos fundamentais, como princípios ordenadores da vida civil, implica que eles se apliquem nas relações privadas em que fica em perigo o mínimo de liberdade que os direitos fundamentais devem garantir como elementos da ordem objetiva da comunidade".[16]

Em contrapartida, tem-se a teoria da eficácia mediata, formulada por Güther Dürig, a qual sustenta a aplicabilidade das normas fundamentais

[12] SARLET, Ingo Wolfgang. **A eficácia dos direitos fundamentais**. Porto Alegre: Livraria do Advogado, 2012, p. 261-274.

[13] SARMENTO, Daniel. **Direitos fundamentais e relações privadas**. Rio de Janeiro: Lúmen Júris, 2004, p. 223.

[14] MARTÍNEZ, Gregório Peces-Barba. **Curso de derechos fundamentales:** teoría general. Madrid: Imprensa Nacional del Boletín Oficial del Estado, 1999, p. 620.

[15] KRETZ, Andrietta. **Autonomia da vontade e eficácia horizontal dos direitos fundamentais.** Florianópolis: Momento Atual, 2005, p. 92.

[16] CANOTILHO, José Joaquim Gomes. **Direito constitucional**. Coimbra: Almedina, 1980, p. 573.

de forma subsidiária, ou como forma de interpretar e integrar as regras privadas.

Com base nessas lições e partindo-se do pressuposto da eficácia horizontal dos direitos fundamentais e de sua aplicação imediata, supera-se o ideal de normas constitucionais meramente programáticas, dirigidas ao legislador e ao Estado, com eficácia vertical. Busca-se a concretização do amparo à pessoa humana e dos demais valores constitucionais. Com base nesses fundamentos hermenêuticos que o presente estudo analisará a possibilidade de ser realizado um contrato de coparentalidade, quais são seus limites e alcance. Mas antes se faz necessário tecer algumas considerações sobre a atual realidade das entidades familiares.

2. A atual realidade das entidades familiares e a coparentalidade

Ao se pensar no atual paradigma do Direito de Família, dentro da perspectiva da constitucionalização das relações privadas, este deve se sujeitar aos valores e princípios constitucionais que possuem características emancipacionistas dentro de uma perspectiva liberal.

Ao longo do tempo, conforme a própria sociedade, a família vai se transformando e modificando inclusive Daniela Braga Paiano traz, em seu livro, o posicionamento de Giselda Maria Fernandes Novaes Hironaka o qual descreve uma "relação simbiótica" entre a família e a sociedade, visto que, "ao mesmo tempo em que a forma, também parte dela para se reformular", assim, pode-se dizer que a família, além de constituir uma sociedade, também a modifica.[17]

Na pós-modernidade a família passa a ter novas características como: a) a ideia de pluralização, ou seja, a família não tem como única fonte o matrimônio; b) há uma verdadeira ideia de igualdade, em que o pátrio-poder se substitui pelo poder familiar; c) a socioafetividade ganha espaço, inclusive deixando de existir hierarquia e a filiação passa a não ter hierarquia; e por fim d) ocorre a dissolubilidade dos vínculos, ou seja, tira a noção de que os familiares são pertences.

[17] HIRONAKA, Giselda Maria Fernandes Novaes. O conceito de família e sua organização jurídica. *In:* PERERIA, Rodrigo da Cunha. (org.) **Tratado de Direito das Famílias.** Belo Horizonte: IBDFAM, 2015, p. 30 apud PAIANO, Daniela Braga. **A família atual e as espécies de filiação**: da possibilidade jurídica da multiparentalidade. Rio de Janeiro: Lumen Juris, 2017, p. 7.

É na ideia de constitucionalização do Direito de Família que o princípio da liberdade (art. 5 da CF e art. 1.513 do CC) ganha importância como centralizador das formações familiares, uma vez que não há obrigação a constituir ou pertencer a determinada família.

Nesse interim, há uma verdadeira modificação no conceito de família. Rolf Madaleno, afirma que as demais configurações familiares eram marginalizadas, mas após a promulgação da Constituição atual, "o vínculo do matrimônio deixou de ser o fundamento da família legítima", por conseguinte, a partir dela, "onde havia unidade passou a existir uma pluralidade".[18]

Sua conceituação está estabelecida no artigo 226 e seus parágrafos, no qual pode-se notar a substituição da palavra "família" para "entidade familiar", denotando-se assim, uma composição extensa do termo. É esta entidade familiar que deve ter a tutela estatal, pois é "a comunidade formada por qualquer dos pais e seus descendentes". Ademais, conforme leciona Adriana Caldas do Rego Freitas Dabus Maluf: "entende-se por família, tendo em vista a Constituição Federal, o *locus* onde cada ser desenvolverá sua personalidade, valorizando-se o princípio da dignidade da pessoa humana, sendo a proteção estatal conferida a cada membro que a constitui".[19]

Verifica-se que a família deve ser vista dentro de uma perspectiva de inclusão dos diversos grupos familiares para que estes estejam sob o manto de tutela estatal. Rolf Madaleno defende que:

> A família matrimonializada, patriarcal, hierarquizada, heteroparental, biológica, institucional vista como unidade de produção e de reprodução cedeu lugar para uma família pluralizada, democrática, igualitária, hetero ou homoparental, biológica ou socioafetiva, construída com base na afetividade e de caráter instrumental.[20]

[18] MADALENO, Rolf. **Direito de Família**. São Paulo: Grupo GEN, 2022. *E-book*. ISBN 9786559644872. Disponível em: https://app.minhabiblioteca.com.br/#/books/9786559644872/. Acesso em: 22 out. 2022. Não paginado.

[19] MALUF, Adriana Caldas do Rego Freitas Dabus. **Novas modalidades de família na pós-modernidade.** 2010. Tese (Doutorado) – Faculdade de Direito – Universidade de São Paulo. Disponível em: https://www.teses.usp.br/teses/disponiveis/2/2131/tde-31012011-154418/publico/TESE_COMPLETA_PDF_ADRIANA.pdf. Acesso em: 18 jan. 2023, p. 49.

[20] MADALENO, Rolf. **Direito de Família**. São Paulo: Grupo GEN, 2022. *E-book*. ISBN 9786559644872. Disponível em: https://app.minhabiblioteca.com.br/#/books/9786559644872/. Acesso em: 22 out. 2022. Não paginado.

Sob está ótica constitucional defendemos que a organização familiar deve-se pautar na liberdade. E a partir deste pensamento plural de cunho liberal que a Família Matrimonial, de influência religiosa, abre espaços a outras formas familiares, como por exemplo a família monoparental; a família anaparental, a família pluriparental ou mosaico; família socioafetiva e a união estável, esta última inclusive em diversos julgados do Supremo Tribunal Federal vem alcançando direitos próximos ao casamento.

A título de exemplo a decisão que discutiu a validade de dispositivos do Código Civil que atribuem direitos sucessórios distintos ao cônjuge e ao companheiro que restou assim ementada:

> Ementa: Direito constitucional e civil. Recurso extraordinário. Repercussão geral. Inconstitucionalidade da distinção de regime sucessório entre cônjuges e companheiros. 1. A Constituição brasileira contempla diferentes formas de família legítima, além da que resulta do casamento. Nesse rol incluem-se as famílias formadas mediante união estável. 2. Não é legítimo desequiparar, para fins sucessórios, os cônjuges e os companheiros, isto é, a família formada pelo casamento e a formada por união estável. Tal hierarquização entre entidades familiares é incompatível com a Constituição de 1988. 3. Assim sendo, o art. 1790 do Código Civil, ao revogar as Leis nºs 8.971/94 e 9.278/96 e discriminar a companheira (ou o companheiro), dando-lhe direitos sucessórios bem inferiores aos conferidos à esposa (ou ao marido), entra em contraste com os princípios da igualdade, da dignidade humana, da proporcionalidade como vedação à proteção deficiente, e da vedação do retrocesso. 4. Com a finalidade de preservar a segurança jurídica, o entendimento ora firmado é aplicável apenas aos inventários judiciais em que não tenha havido trânsito em julgado da sentença de partilha, e às partilhas extrajudiciais em que ainda não haja escritura pública. 5. Provimento do recurso extraordinário. Afirmação, em repercussão geral, da seguinte tese: "No sistema constitucional vigente, é inconstitucional a distinção de regimes sucessórios entre cônjuges e companheiros, devendo ser aplicado, em ambos os casos, o regime estabelecido no art. 1.829 do CC/2002".[21]

Se é fato que o Direito de Família é um ramo dinâmico, também o é que este deve acompanhar as novas formas de manifestações sociais. Nesse

[21] BRASIL. Supremo Tribunal Federal. **Recurso Extraordinário nº 878.694.** Relator: Roberto Barroso, Tribunal Pleno, Data de Julgamento: 10/05/2017, Data de Publicação: 06/02/2018.

ambiente plural, discute-se a possibilidade de uma nova modalidade familiar, a coparental.

A ideia da coparentalidade é a existência de parceiros materno/paterno que unem esforços afetivos, morais e patrimoniais no intuito de gerar e criar um filho. No caso, o que se verifica é a inexistência de relações afetivas entres os genitores, mas sim apenas uma vontade comum de manter um filho.

Essa nova modalidade de procriar ganha espaço e relevância a partir do momento em que as redes sociais possibilitam um maior intercâmbio de ideias de pessoas que optam por ter um filho, entretanto não desejam viver um relacionamento entre si.

A partir dessa ideia que se começa a discutir o contrato de coparentalidade, em que as partes irão previamente definir questões relacionadas a geração e criação do filho.

Nas palavras de Danilo Porfirio de Castro Vieira

> O referido contrato ou declaração estaria fundado nos princípios constitucionais do melhor interesse da criança/adolescente, paternidade responsável, pluralidade das formas de família, responsabilidade, mínima intervenção do Estado e todos sob a égide do macro princípio da dignidade humana, autorizando os indivíduos a constituírem famílias, conjugais ou parentais, da melhor forma que entenderem.
>
> O caso que contemporaneamente se levanta na mídia é o do falecido apresentador Gugu Liberato, cogitando-se a existência da família ectogenética ou a coparental. As famílias ectogenéticas são constituídas com a ajuda de técnicas de Reprodução Assistida, as barrigas de aluguel (útero de substituição) ou por doação de material genético a casal, intermediada por clínica especializada; e as famílias coparentais, proporcionadas por redes de amizades reais ou virtuais, em que as partes desejam ter filhos em sistema de cooperação.
>
> Como exposto nos veículos de comunicação, com a morte do apresentador, o problema evidencia-se na rusga entre os parceiros ou na morte de um deles, em função da divisão patrimonial. Na dificuldade de distinção entre união estável, namoro e coparentalidade, as dificuldades na solução de controvérsias deste tipo se agravam.
>
> No contrato de coparentalidade, ou de geração de filhos, o intuito é dispor do indisponível, ser (e como ser) pai e mãe e estabelecer uma boa relação entre os genitores (ditar "cláusulas de amizade"), com a possibilidade de

> amizade "colorida" (relação sexual eventual), além de se evitar a caracterização da união estável.
>
> Na distinção entre conjugalidade (elo amoroso sexual permanente) e parentalidade, deixa-se de lado algumas questões pertinentes ao direito de família: a constituição de vida comum (comunhão e solidariedade entre as partes), em tempos em que há publicidade da vida em comum ou da socioafetividade nas redes sociais e em outros veículos de comunicação, embora sem a publicidade da intimidade (sexual) dos parceiros, e da tendência de reconhecimento da união estável como ato-fato.[22]

Trata-se de importante discussão, pois duas questões surgem: a) primeiro se poderia ser feito o referido o contrato; e b) segundo quais seriam os limites para se contratar em tais situações.

3. A nova realidade das relações jurídicas contratuais

Antes de adentrar e trazer soluções práticas ao contrato de coparentalidade deve ser analisado a nova realidade das relações jurídicas contratuais. Conforme exposto, o Direito Privado reestrutura-se no intuito de almejar os objetivos do Estado. Os contratos, antes como instrumentos viabilizadores da autonomia plena da vontade, agora assumem a obrigação de ser elaborado de acordo com os anseios sociais, com a institucionalização da ingerência estatal em decorrência da Constituição de 1988.

Na visão liberal concebe-se, o contrato, como um instrumento de circulação de riquezas entre os indivíduos em que a vontade deve ser respeitada plenamente. Uma vez aceito o pacto torna-se lei entre as partes. Três são os princípios clássicos que devem ser seguidos: a) liberdade contratual, que está ligada a convencionar o que quiser respeitada a ordem pública[23]; b) obrigatoriedade do contrato (*pacta sunt servanda*); e c) relatividade dos efeitos contratuais (*res inter alios acta neque nocet neque prodest*).

[22] VIEIRA, Danilo Porfirio de Castro. **O contrato de coparentalidade e a finalidade (ir)resistível: A (des)caracterização da união estável.** Disponível em: https://cnbsp.org.br/2021/01/07/artigo-o-contrato-de-coparentalidade-e-a-finalidade-irresistivel-a-descaracterizacao-da-uniao-estavel-%C2%96-por-danilo-porfirio-de-castro-vieira/. Acesso em: 16 nov. 2022.

[23] Normas de ordem pública cerceiam a liberdade na busca pela igualdade (BOSMANS, Marc. Le controle judiciaire du contenu du contrat. *In:* BOURGOIGNE & GILLARDIN (coords.). **Droit des consommateurs**. Bruxelles: Facultés universitaires Saint-Louis, 1982, p. 56.).

Com o Estado Social as concepções liberais perdem espaço em prol de um dirigismo. O Estado deixa a neutralidade nas relações negociais, por meio do intervencionismo assistemático no intuito de fazer controle econômico.[24]

O Estado absenteísta não mais cabe na sociedade contemporânea de forma que, a atuação reguladora da economia, apenas irá variar os níveis de atividade controladora. Isto reflete nos contratos, o que não quer dizer que os princípios clássicos são abandonados, pelo contrário, eles permanecem, todavia, são relativizados e compatibilizados, com outros na perspectiva da *eticidade, socialidade* e *operalidade.*

O legislador ao instituir como regramento básico a *eticidade* busca se distanciar do tecnicismo institucional, ou seja, deixa de lado a perfeita subsunção das normas aos fatos ocupando lugar preceitos genéricos e cláusulas gerais, desta forma "elevam ao patamar de respeito pelo semelhante e de reflexo de um estado de confiança nas relações desenvolvidas",[25] com isso tutela valores como a boa-fé, a ética, bons costumes e a confiança.

Relativo à *sociabilidade* trata-se da superação do caráter individualista e egoísta anteriormente positivado, "valorizando a palavra *nós*, em detrimento da palavra *eu*".[26] Há uma limitação na liberdade de contratar na função social.

A *operalidade* visa superar a ideia do Juiz enquanto "*bouche de la loi*" na ânsia pela simplicidade e efetividade (concretude) adequando as normas privadas às necessidades da *praxi.* O que permite o preenchimento das cláusulas gerais com os valores e princípios constitucionais.

Desta forma somam-se, aos clássicos, os princípios: a) da boa-fé objetiva; e b) da função social do contrato.

O princípio da boa-fé objetiva estabelece que além do acordo de vontade celebrado, aos contratantes, instituem-se obrigações decorrentes da lei onde devem guardar na execução e conclusão do contrato os princípios da probidade e boa-fé. Trata-se de superar a tradicional boa-fé subjetiva

[24] Santos, Marília Lourido dos. Políticas públicas (econômicas) e controle. **Revista Cidadania e Justiça**, AMB, Brasília, n. 12, 2002, p. 138.

[25] Delgado, José. A ética e a boa-fé no novo Código Civil. *In*: Delgado, Mário Luiz e Alves, Jones Figueirêdo. **Questões controvertidas do novo Código Civil.** São Paulo: Método, 2003, p. 177.

[26] Tartuce, Flávio. **Função social dos contratos:** do Código de Defesa do Consumidor ao Código Civil de 2002. São Paulo: Método, 2007, p. 82.

(relacionada com o sujeito de direito), ao elemento vontade, acrescentar a análise da conduta em comparação ao que se poderia esperar do homem médio. Destarte, boa-fé objetiva, seria a boa intenção (boa-fé subjetiva) conjugada com a lealdade (probidade).[27] Assim têm-se as funções de: *interpretação* (art. 113 do CC), *integração* (art. 422 do CC) e *controle* (art. 187 do CC).

Busca-se valorizar o *princípio da eticidade* e respeitar os deveres acessórios recorrendo-se aos costumes do tráfego, neste sentido o art. 113 do Código Civil/2002.[28] Assim, enquanto dever paralelo, se traduz "(n)uma fonte autônoma de direitos e obrigações".[29] As partes são exigidos comportamento de lealdade, confiança e colaboração em todas as fases da obrigação e do contrato (*função de interpretação*).

Discussões existem em torno se a boa-fé deveria ser cumprida também na fase pré-contratual[30], pois o código não traz expressa tal situação no art. 422 do Código Civil/2002, limitando-se a dizer que "os contratantes são obrigados a guardar, assim na conclusão do contrato, como em sua execução, os princípios de probidade e boa-fé". Os Enunciados nº 25 e 170 das Jornadas de Direito Civil reconhecem a aplicação em todas as fases (*função de integração*).

A *função de controle* encontra respaldo positivo no art. 187 do Código Civil/2002 que prevê que "[...] comete ato ilícito o titular de um direito que, ao exercê-lo, excede manifestamente os limites impostos [...] pela boa-fé".

O princípio da função social nasce da *socialidade* que inspira o Código Civil, porém são necessárias técnicas para que tal dispositivo possa superar a condição de simples norma programática e que efetivamente funcione nas relações contratuais.

[27] Tartuce, Flávio. **Função social dos contratos:** do Código de Defesa do Consumidor ao Código Civil de 2002. São Paulo: Método, 2007, p. 218.

[28] Azevedo, Antonio Junqueira. Princípios do Novo Direito Contratual e Desregulamentação do Mercado. Direito de Exclusividade nas Relações Contratuais de Fornecimento. Função Social do Contrato e Responsabilidade Aquiliana de Terceiro que Contribui para o Inadimplemento contratual. **Revista dos Tribunais**, v. 750, p. 115-116, abr. 1998, p. 117.

[29] Silva, Clóvis do Couto e. O princípio da boa-fé no direito brasileiro e português. *In:* **Estudos de direito civil brasileiro e português.** São Paulo: Revista dos Tribunais, 1980, p. 47.

[30] Os primeiros entendimentos foram no Tribunal de Justiça do Rio Grande do Sul no conhecido *caso dos tomates*. Veja um julgado: TJRS. **Embargos Infringentes nº 591083357.** Relator: Adalberto Libório Barros, Data de Julgamento: 01/11/1991, Terceiro Grupo de Câmaras Cíveis.

Impõe a análise do contrato de acordo com o entorno social no qual está inserido e como norte a finalidade coletiva, de forma que "impõe, ao jurista, a proibição de ver o contrato como um átomo, algo que somente interessa às partes, desvinculado de tudo o mais. O contrato, qualquer contrato, tem importância para toda a sociedade".[31] Com base nisto o art. 421 do Código Civil/2002 estipula que "a liberdade de contratar será exercida em razão e nos limites da função social do contrato" e é reconhecido como matéria de ordem pública, nos termos do parágrafo único do art. 2.035 do Código Civil/2002, portanto não pode ser afastado por convenções ou disposições contratuais.

A função do contrato deixa de ter como fundamento a segurança jurídica e passa a atender aos fins da pessoa humana e "deve orientar-se não só pelo interesse individual, mas também pela utilidade que possa ter na consecução dos interesses gerais da comunidade".[32] Nesse pressuposto que se verifica a dupla eficácia do princípio[33]: *eficácia interna* e *eficácia externa.*

A *eficácia interna* é aquela que gera efeitos entre as partes e tem cinco aspectos: a) proteção dos vulneráveis contratuais (*v.g.* arts. 423 e 424 do CC); b) vedação da onerosidade excessiva ou desequilíbrio contratual (*v.g.* arts. 156, 157, 317 e 478 do CC); c) proteção da dignidade humana e dos direitos da personalidade no contrato; d) nulidade de cláusulas antissociais tidas como abusivas; e) tendência de conservação contratual.

Já a *eficácia externa* está ligada aos efeitos que pode gerar nas relações sociais e divide-se em dois aspectos: a) proteção dos direitos difusos e coletivos (função socioambiental do contrato); b) tutela externa do crédito (*v.g.* art. 608 do CC).

A função social do contrato, revestida de dupla eficácia, possibilita de um lado que os interesses em jogo sejam atendidos, por contrapartida resguarda os valores socialmente relevantes.

Por se tratar de preceito de ordem pública, aplica-se inclusive aos contratos celebrados no ordenamento anterior (CC/1916) e ganha fundamento

[31] AZEVEDO, Antonio Junqueira. Princípios do Novo Direito Contratual e Desregulamentação do Mercado. Direito de Exclusividade nas Relações Contratuais de Fornecimento. Função Social do Contrato e Responsabilidade Aquiliana de Terceiro que Contribui para o Inadimplemento contratual. **Revista dos Tribunais**, v. 750, p. 115-116, abr. 1998, p. 116.

[32] AMARAL, Francisco. O contrato e sua função institucional. **Studia iuridica**-Boletim da Faculdade de Direito, vol. 48, 1999/2000, p. 380.

[33] A ideia de dupla eficácia se dá pela interação indivíduo-sociedade. Uma vez que o contrato for ruim para qualquer um dos polos logo o será para o outro.

constitucional ao ser ladeado a função social da propriedade nos termos do art. 2.035, parágrafo único do Código Civil/2002.

Na sociedade pós-moderna é exigido respeitar a solidariedade em detrimento da individualidade, sempre com um olhar para a dignidade humana, assim é necessário que os contratos se atentem a essa nova concepção. O contrato contemporaneamente não pode ser encarado na perspectiva exclusiva de circulação de riquezas, uma vez que deve submeter à ordem social não permitindo a colisão de interesses individuais aos superiores valores constitucionais.

Feitas estas considerações o próximo passo é analisar quais seriam os limites dos contratos de coparentalidade.

4. Os limites aos contratos de coparentalidade

O direito é uma ciência que evolui sob a demanda da sociedade, à medida que ocorrem fatos e pleitos por reconhecimentos de direitos, reverberados por segmentos, classes e grupos que passam a demandar que o Estado normatize, fiscalize e desenvolva políticas públicas para atender a essas novas aspirações da população.

Nessa situação cabe aos intérpretes do direito verificar se o texto constitucional e as normas infraconstitucionais possuem alguma restrição ao acolhimento do direito pleiteado; se houver alguma restrição se essa pode ser superada por alteração legislativa; ou mesmo por alteração interpretativa. Entretanto, o mais desafiador é criar um ordenamento interpretativo coerente e integro, sem arestas e contradições.

Para discorrer a respeito dos limites do contrato de coparentalidade é necessário iniciar pelo tratamento constitucional que inclusive passou por alteração interpretativa após decisão do STF que ao interpretar o artigo 226 da Constituição Federal e o artigo 1.514 do Código Civil, concluiu pela possibilidade do casamento de pessoas do mesmo sexo. Portanto, se a família é constituída pelo casamento, e passou-se a assegurar o direito de se casar às pessoas do mesmo sexo, tem-se, portanto, a possibilidade de uma família formada por pessoas do mesmo sexo. Vale destacar que essa proteção se estende aos conviventes em união estável nos termos do §3º do art. 226 da Constituição Federal de 1988.

Entretanto, nesse momento se discute a possibilidade de um contrato de coparentalidade, o que certamente suscita questionamentos acerca da natureza jurídica desse contrato. Trata-se de uma espécie de família? Ou uma espécie de contrato? Ou de algo híbrido? Quais disposições relacionadas à família são aplicáveis? Quais as disposições contratuais são aplicáveis? Na hipótese de conflito prevalecem as disposições contratuais ou as disposições do Direito de Família? Colocados esses problemas acerca do tema, passamos a tratar de cada um deles.

Conforme mencionado anteriormente de passagem, o contrato de coparentalidade possui natureza jurídica híbrida, sendo em parte uma relação contratual e na outra um tema regido pelas normas do Direito de Família, por essa razão, os limites da autonomia contratual encontram limites em normas de ordem pública que regem ambas as matérias. Assim, para avançar em relação aos limites é necessário verificar no texto constitucional e nas normas infraconstitucionais quais são os limites impostos, para que a liberdade contratual seja exercida observadas as balizas normativas.

Em sede constitucional constata-se que a Constituição de 1988 atribui à família a função de base da sociedade, e assegura a sua proteção pelos poderes públicos (art. 226 Constituição Federal 1988). O constituinte outorgou ainda o dever solidário da família e do Estado de assegurar com absoluta prioridade o direito à vida, à saúde, à alimentação, à educação, ao lazer, à profissionalização, à cultura, à dignidade, ao respeito à liberdade, à convivência familiar e comunitária, e a proteção a qualquer forma de negligência, discriminação, exploração, violência, crueldade e opressão (art. 227).

Também parece salutar mencionar que o §5º do art. 226 da Constituição que os deveres derivados da entidade familiar são exercidos igualmente pelo homem, e pela mulher. O §7º do art. 226 da Constituição com fundamento nos princípios da dignidade da pessoa humana e da parentalidade responsável asseguram ao casal a livre decisão em relação ao planejamento familiar. Já o §6º do art. 227 assegura o direito a igualdade entre os filhos havidos ou não no casamento ou por adoção os mesmos direitos.

No âmbito cível – contratual deve ser observado os requisitos de validade contratual que são: a capacidade das partes; objeto lícito; a legitimidade das partes e o consentimento (bilateralidade e declaração de vontade). E não custa lembrar que conforme outrora dito dentro de uma perspectiva da função social do contrato, estes tendem a ideia de sua conservação e manutenção daquelas cláusulas que não vão de encontro às matérias de ordem pública.

Já no Direito de Família e no Estatuto da Criança e do Adolescente encontramos as seguintes balizas: a irrenunciabilidade do direito de exigir alimentos; (art. 1.707 do Cód. Civil), a impossibilidade de dispor acerca da impossibilidade de alterar o valor dos alimentos; o princípio da reciprocidade (art. 1.696 do Cód. Civil); a solidariedade na prestação dos alimentos (art. 1.697 do Cód. Civil) que possibilita a cobrança de alimentos dos ascendentes na linha reta, e na linha colateral de irmãos; a complementariedade que possibilita partilhar a responsabilidade alimentar com o parente de grau próximo, na impossibilidade de arcar com os alimentos sozinho (art. 1.699 Cód. Civil); a transmissibilidade que consiste na cobrança dos alimentos ao espólio nos limites da herança; o princípio do melhor interesse do menor (Lei 8.069/1990).

Após a menção aos textos normativos iniciamos as considerações a respeito da liberdade contratual relacionada ao contrato de coparentalidade, considerando que esse contrato possui natureza jurídica híbrida, sendo os seus limites calibrados pelas normas constitucionais e de ordem pública, conforme se passa a tratar especificamente.

Entidade familiar protegida pelo Estado – assim como foi estendida a união estável a sua proteção e reconhecimento como entidade familiar (§3º do art. 226 da CF/88), o mesmo deve ocorrer nos contratos de coparentalidade. Para fins de classificação, é possível considerar uma espécie do gênero família.

Capacidade e legitimidade – Em que pese ser despiciendo mencionar após a decisão do STF na ADI 4277 e na ADPF 132, a família pode ser constituída por pessoas de sexos diferentes ou do mesmo sexo.

Igualdade dos direitos e deveres decorrentes do contrato de coparentalidade – Isso significa que nenhuma cláusula pode outorgar a responsabilidade exclusiva, maior ou menor a um dos contratantes em relação a essas obrigações, sob pena de violação do art. 227 da CF/88 e do §5º do art. 226 da CF/88 que assegura a igualdade de direitos derivados da entidade familiar.

Impossibilidade de convencionar a respeito da solidariedade das responsabilidades – As cláusulas não podem excluir, restringir ou mitigar a responsabilidade solidária dos contratantes e do Estado de assegurarem com absoluta prioridade, o direito à vida, saúde, alimentação educação, lazer, profissionalização, cultura, dignidade, à liberdade, a convivência familiar e comunitária e a proteção a qualquer espécie de negligência, discriminação, exploração, violência, crueldade e opressão.

Limites à autonomia privada e ao objeto – é importante observar que a criança que será gerada não participou da avença, isso significa que não poderá ser oponível à criança nenhuma cláusula como por exemplo: a) a irrenunciabilidade do direito de exigir alimentos; (art. 1.707 do Cód. Civil); b) a impossibilidade de dispor acerca da impossibilidade de alterar o valor dos alimentos; c) o princípio da reciprocidade quanto a prestação dos alimentos (art. 1.696 do Cód. Civil); d) a solidariedade na prestação dos alimentos (art. 1.697 do Cód. Civil) que possibilita a cobrança de alimentos dos ascendentes na linha reta, e na linha colateral de irmãos; e) a complementariedade que possibilita partilhar a responsabilidade alimentar com o parente de grau próximo, na impossibilidade de arcar com os alimentos sozinho (art. 1.699 Cód. Civil); f) a transmissibilidade que consiste na cobrança dos alimentos ao espólio nos limites da herança; g) o princípio do melhor interesse do menor (Lei 8.069/1990).

Contrato – Forma – Diante da inexistência de dispositivos relacionados a esse ponto, a contratação pode ser feita por contrato particular ou por escritura pública.

Por fim, entende-se que é plenamente possível realizar o referido contrato, inclusive estabelecendo um programa parental a ser seguido pelas partes, desde que respeitadas as matérias de ordem pública.

Conclusões

Conforme outrora dito, a sociedade muda e as relações na contemporaneidade também, dessa maneira o ordenamento jurídico não pode ficar estático em relação a tais situações. A coparentalidade é uma realidade e com a atual perspectiva da personalização do Direito Privado, poder-se-ia questionar quanto a possibilidade de contratualização de tais relações e quais seriam seus desdobramentos no meio sociojurídico. Nesta perspectiva que deve ser analisada a questão do dirigismo contratual. Em decorrência do presente estudo, foi possível chegar as seguintes conclusões:

- Ao ganhar espaço no centro do ordenamento jurídico, a Constituição, tem em sua órbita as relações jurídicas e sociais;
- Ao se pensar no atual paradigma do Direito de Família, dentro da perspectiva da constitucionalização das relações privadas, este deve se sujeitar aos valores e princípios constitucionais que possuem características emancipacionistas dentro de uma perspectiva liberal.
- Ao longo do tempo, conforme a própria sociedade, a família vai se transformando e modificando e com isso deve-se discutir quais seriam os limites contratuais nesta seara;

- O contrato, antes como instrumento viabilizador da autonomia plena da vontade, agora assume a obrigação de ser elaborado de acordo com os anseios sociais, com a institucionalização da ingerência estatal em decorrência da Constituição de 1988.
- Além dos princípios liberais clássicos (liberdade contratual, obrigatoriedade dos contratos e relatividade dos efeitos contratuais), somam-se os da boa-fé objetiva e função social do contrato, os quais devem ser compatibilizados na perspectiva da eticidade, socialidade e operalidade;
- A boa-fé objetiva deve ser respeitada em todas as fases contratuais e tem as funções de: interpretação (art. 113 do CC), integração (art. 422 do CC) e controle (art. 187 do CC);
- O princípio da função social do contrato é revestido de dupla eficácia (interna e externa), possibilita de um lado que os interesses em jogo sejam atendidos, por contrapartida resguarda os valores socialmente relevantes;
- O contrato contemporaneamente não pode ser encarado na perspectiva exclusiva de circulação de riquezas, uma vez que deve submeter à ordem social não permitindo a colisão de interesses individuais aos superiores valores constitucionais;
- A ideia da coparentalidade é a existência de parceiros materno/paterno que unem esforços afetivos, morais e patrimoniais no intuito de gerar e criar um filho. No caso, o que se verifica é a inexistência de relações afetivas entres os genitores, mas sim apenas uma vontade comum de manter um filho;
- Essa nova modalidade de procriar ganha espaço e relevância a partir do momento em que as redes sociais possibilitam um maior intercâmbio de ideias de pessoas que optam por ter um filho, entretanto não desejam viver um relacionamento entre si;
- A partir dessa ideia que se começa a discutir o contrato de coparentalidade, em que as partes irão previamente definir questões relacionadas a geração e criação do filho;
- Como resumo do presente concebe-se a seguinte oração: é plenamente possível que os genitores contratem em uma perspectiva da coparentalidade, todavia tal contrato encontra limite nas normas de ordem pública. Eventuais cláusulas que ofendam – a ordem pública ou os princípios contratuais – devem ser invalidadas mantendo-se aquilo que for possível no pactuado.

Referências

AMARAL, Francisco. O contrato e sua função institucional. **Studia iuridica**-Boletim da Faculdade de Direito, vol. 48, 1999/2000.

ANDRADE, Manoel Antônio Domingues de. **Teoria geral da relação jurídica.** Coimbra: Almedina, 1974.

ARENDT, Hanna. **A Condição Humana**. Rio de Janeiro: Forense Universitária, 2003.

AZEVEDO, Antonio Junqueira. Princípios do Novo Direito Contratual e Desregulamentação do Mercado. Direito de Exclusividade nas Relações Contratuais de Fornecimento. Função Social do Contrato e Responsabilidade Aquiliana de Terceiro que Contribui para o Inadimplemento contratual. **Revista dos Tribunais**, v. 750, p. 115-116, abr. 1998.

BOSMANS, Marc. Le controle judiciaire du contenu du contrat. *In:* BOURGOIGNE & GILLARDIN (coords.). **Droit des consommateurs**. Bruxelles: Facultés universitaires Saint-Louis, 1982.

BRASIL. Supremo Tribunal Federal. **Recurso Extraordinário nº 878.694.** Relator: Roberto Barroso, Tribunal Pleno, Data de Julgamento: 10/05/2017, Data de Publicação: 06/02/2018.

CANOTILHO, José Joaquim Gomes. **Direito constitucional**. Coimbra: Almedina, 1980.

CARVALHO, Orlando de. **A teoria da relação jurídica**: seu sentido e limites. Coimbra: Centelha, 1981.

CORTIANO JUNIOR, Eroulths. Para além das coisas: breve ensaio sobre o direito, a pessoa e o patrimônio mínimo. *In:* BARBOZA, Heloisa Helena et. al. (org.). **Diálogos sobre Direito Civil.** Rio de Janeiro: Renovar, 2002.

DELGADO, José. A ética e a boa-fé no novo Código Civil. *In:* DELGADO, Mário Luiz e ALVES, Jones Figueirêdo. **Questões controvertidas do novo Código Civil.** São Paulo: Método, 2003.

FEMIA, Pasquale. **Interessi e Conflitti Culturali nell'Autonomia Privata e nella Responsabilità Civile.** Napoli: Edizioni Scientifiche Italiane, 1996.

HESSE, Konrad. **Derecho Constitucional y Derecho Privado.** Madrid: Civitas, 1995.

HIRONAKA, Giselda Maria Fernandes Novaes. O conceito de família e sua organização jurídica. *In:* PERERIA, Rodrigo da Cunha. (org.) **Tratado de Direito das Famílias.** Belo Horizonte: IBDFAM, 2015.

KRETZ, Andrietta. **Autonomia da vontade e eficácia horizontal dos direitos fundamentais.** Florianópolis: Momento Atual, 2005.

LORENZETTI, Ricardo. **Fundamentos de direito privado**. São Paulo: RT, 1998.

MADALENO, Rolf. **Direito de Família.** São Paulo: Grupo GEN, 2022. *E-book*. ISBN 9786559644872. Disponível em: https://app.minhabiblioteca.com.br/#/books/9786559644872/. Acesso em: 22 out. 2022.

MALUF, Adriana Caldas do Rego Freitas Dabus. **Novas modalidades de família na pós-modernidade.** 2010. Tese (Doutorado) – Faculdade de Direito – Universidade de São Paulo. Disponível em: https://www.teses.usp.br/teses/disponiveis/2/2131/tde-31012011-154418/publico/TESE_COMPLETA_PDF_ADRIANA.pdf.; Acesso em jan. 2023.

MARTÍNEZ, Gregório Peces-Barba. **Curso de derechos fundamentales***:* teoría general. Madrid: Imprensa Nacional del Boletín Oficial del Estado, 1999.

MORAES, Maria Celina Bodin de. **Constituição e Direito Civil**: tendências. Direito, Estado e Sociedade, PUC-RJ, 1999.

PAIANO, Daniela Braga. **A família atual e as espécies de filiação**: da possibilidade jurídica da multiparentalidade. Rio de Janeiro: Lumen Juris, 2017.

PERLINGIERI, Pietro. **Perfis do Direito Civil.** Rio de Janeiro: Renovar, 1997.

PRATA, Ana. **A Tutela Constitucional da Autonomia Privada.** Coimbra: Almedina, 1982.

SANTOS, Marília Lourido dos. Políticas públicas (econômicas) e controle. **Revista Cidadania e Justiça**, AMB, Brasília, n. 12, 2002.

SARLET, Ingo Wolfgang. **A eficácia dos direitos fundamentais**. Porto Alegre: Livraria do Advogado, 2012.

SARMENTO, Daniel. **Direitos fundamentais e relações privadas**. Rio de Janeiro: Lúmen Júris, 2004.

SILVA, Clóvis do Couto e. O princípio da boa-fé no direito brasileiro e português. *In:* **Estudos de direito civil brasileiro e português.** São Paulo: Revista dos Tribunais, 1980.

TARTUCE, Flávio. **Função social dos contratos:** do Código de Defesa do Consumidor ao Código Civil de 2002. São Paulo: Método, 2007.

TEPEDINO, Gustavo. A Tutela da Personalidade no Ordenamento Civil-Constitucional Brasileiro. *In:* TEPEDINO, Gustavo. **Temas de Direito Civil.** Rio de Janeiro: Renovar, 2008.

VIEIRA, Danilo Porfirio de Castro. **O contrato de coparentalidade e a finalidade (ir) resistível: A (des)caracterização da união estável.** Disponível em: https://cnbsp.org.br/2021/01/07/artigo-o-contrato-de-coparentalidade-e-a-finalidade-irresistivel--a-descaracterizacao-da-uniao-estavel-%C2%96-por-danilo-porfirio-de-castro-vieira/. Acesso em: 16 nov. 2022.

11
ANÁLISE DOS LIMITES DA INGERÊNCIA PARENTAL E ESTATAL NA VACINAÇÃO INFANTIL CONTRA A COVID-19

Daniela Braga Paiano
Henrique Name Colado Mariano
Júlia Mariana Cunha Perini

Introdução

A imunização de crianças e adolescentes é uma prática antiga e inerente ao cuidado que os pais exercem em favor de seus filhos, comumente chamado no âmbito jurídico de poder familiar ou autoridade parental. As características, limitações e reflexos advindos deste instituto são objetos de estudo das searas do Direito de Família e do Direito da Criança e do Adolescente.

No contexto da pandemia decorrente da propagação desenfreada do coronavírus, verificou-se no Brasil situações em que um ou ambos os pais ou responsáveis recusaram-se a vacinar seus filhos contra a COVID-19. Diante da emergência de saúde pública que se instaurou ao redor do mundo durante a pandemia e das estatísticas de contaminação e morte de crianças e adolescentes, surgiu uma dúvida acerca da possibilidade de os pais ou responsáveis se recusarem a vacinar seus filhos e da possibilidade de o Estado intervir com o intuito de garantir a vacinação, inerente ao direito fundamental à saúde.

Tais questionamentos apresentados acima compõem a temática deste artigo, que possui especial importância ao mundo jurídico e à sociedade devido a urgência na conscientização da população no que se refere à importância da vacinação de crianças e adolescentes contra o coronavírus.

Visando elucidar a problemática apresentada, será adotado o método da pesquisa bibliográfica e documental, sendo o artigo dividido em três principais partes.

Na primeira, analisar-se-á a origem e a expansão do movimento antivacina pelo mundo, especialmente após o início da pandemia da COVID-19, bem como os impactos negativos decorrentes desta corrente de pensamento. Já na segunda parte, realizar-se-á uma breve explicação da evolução histórica da autoridade parental e dos direitos da criança e do adolescente, assim como buscar-se-á explicar o conjunto de ferramentas adotadas pelo ordenamento jurídico pátrio, para orientar e limitar o exercício da autoridade parental.

Por derradeiro, na última parte, efetuar-se-á análise sobre o modo como o Estado brasileiro está tratando a questão da vacinação infantil contra a COVID-19 e da possível recusa pelos pais ou responsáveis pela criança ou adolescente. A partir desse trabalho, objetiva-se analisar os limites instituídos hodiernamente pelo ordenamento jurídico à liberdade parental e à ingerência estatal, em relação à vacinação infantil contra a COVID-19.

1. O direito à vacinação em tempos de covid-19

Por muitos anos o Brasil foi considerado um exemplo a ser seguido em matéria de vacinação infantil. No ano de 1994 a região das Américas foi a primeira a erradicar a poliomielite, sendo que o último caso registrado no Brasil ocorreu em 1987[1] e, em 2016, recebeu o certificado de erradicação do sarampo.[2] Entretanto, tais dados estão ameaçados e umas das causas é o crescimento global do movimento antivacina,[3] o qual ganhou maior publicidade e força no ano de 1998, após o médico britânico Andrew Wakefield ter divulgado um artigo na revista *Lancet*, denominado "*MMR Vaccination*

[1] ESTADÃO. **Poliomielite**: como a vacina erradicou a doença no Brasil. 19 out. 2020. Disponível em: https://summitsaude.estadao.com.br/desafios-no-brasil/poliomielite-como-a-vacina-erradicou-a-doenca-no-brasil/. Acesso em: 05 out. 2022.

[2] CONSELHO FEDERAL DE ENFERMAGEM. **Enfermagem é essencial para a erradicação do sarampo no Brasil.** 20 mai. 2022. Disponível em: http://www.cofen.gov.br/enfermagem-e-essencial-para-a-erradicacao-do-sarampo-no-brasil_99056.html. Acesso em: 05 out. 2022.

[3] BUTANTAN. Doenças erradicadas podem voltar: conheça quatro consequências graves da baixa imunização infantil. 11 jun. 2022. Disponível em: https://butantan.gov.br/noticias/doencas-erradicadas-podem-voltar-conheca-quatro-consequencias-graves-da-baixa-imunizacao-infantil-. Acesso em: 05 out. 2022.

and Autism", em que constava uma falsa ligação entre a vacina contra o sarampo e as síndromes ligadas ao espectro do autismo.[4]

Em que pese tal estudo tenha sido posteriormente desmentido e desautorizado pelas autoridades sanitárias, o medo e a hesitação em se vacinar espalharam-se pelo mundo, ocasionando quedas preocupantes nos índices de vacinação.[5]

Diversos outros motivos influenciaram na expansão do movimento antivacina, tais como as "*Fake News*", motivações de ordem filosófica e religiosa, bem como relativas ao medo de eventos adversos.[6] Ademais, um estudo desenvolvido com casais pertencentes às camadas médias da cidade de São Paulo/SP constatou que muitos pais justificam a sua decisão de não vacinar os filhos à argumentos de que a doença está eliminada ou apresenta efeitos leves; medo dos eventos adversos; crítica à composição e eficácia dos imunizantes; e escolha de outras formas "mais naturais" de proteção à saúde.[7]

Tais crenças contribuem negativamente à saúde infantil ao redor do mundo. De acordo com o Centro de Controle e Prevenção de Doenças (CDC), em 2013 foram registrados 189 casos de sarampo nos Estados Unidos, doença que foi declarada erradicada no país em 2000.[8] Igualmente, dados coletados no ano de 2021 demonstram que a primeira dose da vacina contra a Poliomielite alcançou apenas 67% do público-alvo no Brasil.

[4] CONTE, Juliana. Por que antivacinas optam por não imunizar seus filhos? **Portal Drauzio Varella.** Disponível em: https://drauziovarella.uol.com.br/saude-publica/por-que-antivacinas-optam-por-nao-imunizar-seus-filhos/. Acesso em: 05 out. 2022.

[5] DE MENEZES, Joyveane Bezerra; TEIXEIRA, Ana Carolina Brochado. Autoridade Parental e Vacinação Infantil: Vulnerabilidade e Superior Interesse da Criança e do Adolescente. *In*: RODRIGUES, Francisco Luciano Lima; DE MENEZES, Joyceane Bezerrra; DE MORAES, Maria Celina Bodin (org.). **Direito e Vacinação.** Rio de Janeiro: Processo, 2022, p. 06. *E-book.*

[6] LEVI, Guido Carlos. **Recusa de vacinas: causas e consequências**. São Paulo: Segmento Farma, 2013, p. 11. *E-book.* Disponível em: https://www.cedipi.com.br/wp-content/uploads/2017/05/Recusa-de-vacinas_Dr-Guido-Levi.pdf. Acesso em: 28 out. 2022.

[7] BARBIERI, Carolina Luisa Alves; COUTO, Márcia Thereza; AITH, Fernando Mussa Abujamra. A (não) vacinação infantil entre a cultura e a lei: os significados atribuídos por casais de camadas médias de São Paulo, Brasil. **Cadernos de Saúde Pública,** 2017, 33(2):e00173315, p. 07. Disponível em: https://www.scielo.br/j/csp/a/NDSjRVcpw95WS4xCpxB5NPw/?lang=pt&format=pdf. Acesso em: 05 out. 2022.

[8] CONTE, Juliana. Por que antivacinas optam por não imunizar seus filhos?. **Portal Drauzio Varella.** Disponível em: https://drauziovarella.uol.com.br/saude-publica/por-que-antivacinas-optam-por-nao-imunizar-seus-filhos/. Acesso em: 05 out. 2022.

Os reforços tiveram resultados ainda piores, na medida em que atingiram somente 52% das crianças.[9]

Vale ratificar que, apenas três anos depois de o Brasil ter recebido o certificado de eliminação do sarampo da OMS, constatou-se a reintrodução do vírus no país e a confirmação de novos casos.[10] Nesse contexto, verifica-se que a vacina tríplice viral, que registrou 86,2% de cobertura vacinal no ano de 2017 – porcentagem já insuficiente -, caiu para 71,4% em 2021.[11]

Com o advento da pandemia da COVID-19, o movimento antivacina potencializou-se e agravou o panorama da vacinação infantil. No início do mês de dezembro de 2019, identificou-se os primeiros casos do Coronavírus de Síndrome Respiratória Aguda Grave, em Wuhan, província de Hubei, na China e, em 30 de janeiro de 2020, a OMS declarou Estado de Emergência de Saúde Pública de Importância Internacional (EESPII), considerando o avanço da contaminação.[12] Na data de 11 de março de 2020, a instituição declarou a COVID-19 uma pandemia global [13] e, em 19 de outubro de 2022, a OMS afirmou que a pandemia "continua sendo um evento de saúde pública que segue afetando adversa e fortemente a saúde da população mundial."[14]

De acordo com os dados publicados pela Universidade Johns Hopkins até o dia 28 de outubro de 2022 foram registrados 629.645.465 casos de contaminação e 6.587.244 mortes em decorrência da COVID-19 em 191

[9] LACERDA, Nara. Poliomielite: com baixa cobertura vacinal, Brasil corre risco de retorno da doença. **Fiocruz**. Disponível em: https://www.epsjv.fiocruz.br/podcast/poliomielite-com-baixa-cobertura-vacinal-brasil-corre-risco-de-retorno-da-doenca. Acesso em: 05 out. 2022.

[10] BRASIL. Ministério da Saúde lança Plano de Ação para Interrupção do Sarampo no Brasil. **Gov.br**, 02 set. 2022. Disponível em: https://www.gov.br/saude/pt-br/assuntos/noticias/2022/setembro/ministerio-da-saude-lanca-plano-de-acao-para-interrupcao-do-sarampo-no-brasil. Acesso em: 05 out. 2022.

[11] BUTANTAN. **Queda nas taxas de vacinação no Brasil ameaça a saúde das crianças.** 07 mar. 2022. Disponível em: https://butantan.gov.br/noticias/queda-nas-taxas-de-vacinacao-no-brasil-ameaca-a-saude-das-criancas. Acesso em: 05 out. 2022.

[12] AGÊNCIA BRASIL. **Organização Mundial da Saúde declara pandemia de coronavírus.** 11 mar. 2020. Disponível em: https://agenciabrasil.ebc.com.br/geral/noticia/2020-03/organizacao-mundial-da-saude-declara-pandemia-de-coronavirus. Acesso em: 05 out. 2022.

[13] Ibid.

[14] MISHRA, Manas; RIGBY, Jennifer. OMS diz que covid-19 ainda é uma emergência de saúde global. **Agência Brasil**, 19 out. 2022. Disponível em: https://agenciabrasil.ebc.com.br/internacional/noticia/2022-10/oms-diz-que-covid-19-ainda-e-uma-emergencia-de-saude-global. Acesso em: 28 out. 2022.

países/regiões. No Brasil, especificamente, foram contabilizados 34.815.258 casos e 687.962 óbitos.[15]

Nesse contexto, observa-se que os motivos que embasam a ideologia antivacina permanecem variados. Em pesquisa realizada pela Fiocruz com 15.297 pais ou responsáveis por crianças e adolescentes, foram analisados os principais motivos da recusa a vacina, chegando-se às seguintes causas: a) o medo de reações adversas e supostos efeitos de longo prazo; b) a minimização da gravidade da pandemia e a falsa ideia de que quem contraiu o vírus não precisa se vacinar; c) a errônea ideia de que a imunidade natural é mais eficaz do que a adquirida com a vacinação e de que os infantes não têm nenhuma chance de ficar grave, se contraírem o vírus; d) a desconfiança com a relativa rapidez na produção e aprovação das vacinas.[16]

Em virtude dessas considerações, resta claro que conteúdos que estimulam a negação da pandemia e da vacinação e sugerem curas milagrosas ou medicamentos ineficazes trazem sérios riscos à saúde da população. Tais riscos, quando assumidos pelos pais ou responsáveis, em prol de uma razão ou crença particular e infundada, importam em grave prejuízo à criança e ao adolescente.

Como consequência, nota-se que a vacinação infantil contra a COVID-19 está caminhando a lentos passos[17], de modo que a doença já compreende a segunda causa de morte em crianças – atrás apenas dos acidentes de trânsito.[18] Além disso, desde o início da pandemia, o coronavírus matou cerca de 02 (duas) crianças menores de 05 (cinco) anos por dia no Brasil,

[15] Johns Hopkins. **COVID-19 Dashboard by the Center for Systems Science and Engineering (CSSE) at Johns Hopkins University (JHU).** Disponível em: https://coronavirus.jhu.edu/map.html. Acesso em: 28 out. 2022.

[16] Lisboa, Vinicius. Covid-19: Fiocruz investiga hesitação de pais em vacinar crianças. **Agência Brasil**, 17 jan. 2022. Disponível em: https://agenciabrasil.ebc.com.br/saude/noticia/2022-01/covid-19-fiocruz-investiga-hesitacao-de-pais-em-vacinar-criancas. Acesso em: 28 out. 2022.

[17] Tomazela, José Maria. Vacinação infantil contra covid-19 tem ritmo lento e sofre com falta de doses. **Estadão**, 12 ago. 2022. Disponível em: https://saude.estadao.com.br/noticias/geral,vacinacao-infantil-contra-covid-19-tem-ritmo-lento-e-sofre-com-falta-de-doses,70004130428. Acesso em: 26 out. 2022.

[18] BUTANTAN. **COVID-19 é a segunda causa de morte em crianças; veja o infográfico e entenda a importância da vacinação.** 20 jan. 2022. Disponível em: https://butantan.gov.br/noticias/covid-19-e-a-segunda-causa-de-morte-em-criancas--veja-o-infografico-e-entenda-a-importancia-da-vacinacao. Acesso em: 26 out. 2022.

sendo que, nos dois primeiros anos da pandemia, mais de 1.400 crianças desta faixa etária faleceram.[19]

Diante do exposto, revela-se necessário investigar a evolução do instituto da autoridade parental e dos direitos da criança e do adolescente até a concepção atual. A partir dessa análise, será possível verificar quais as limitações instituídas ao exercício da responsabilidade parental.

2. Limitações ao exercício da autoridade parental

A família, segundo Ana Carolina Brochado Teixeira, é considerada como a primeira organização social e, com o decorrer dos anos, passou por diversas transformações e continua em constante evolução, tornando-se cada vez mais inclusiva.[20] Diversos fatores influenciaram nestas mudanças, tais como os processos sociais, econômicos, políticos, culturais e religiosos,[21] que repercutiram decisivamente na evolução da entidade familiar e da autoridade parental na sociedade.

Nesse sentido, pretende-se neste tópico, analisar os fatores que provocaram as alterações e os institutos consolidados pelo ordenamento jurídico, visando orientar e limitar o exercício do poder-dever que os pais possuem, em relação aos seus filhos.

2.1. Evolução histórica

Na Roma Antiga, a família constituía, para além do âmbito doméstico, uma unidade política, religiosa e econômica, chefiada pela figura masculina do *pater famílias*. Assim, havia o predomínio de uma lógica de hierarquia nesses grupos sociais, nos quais o "pai de família" exercia um verdadeiro domínio sobre a sua esposa, seus filhos e seus escravos.[22] As crianças e os adolescentes eram vistos como objetos de propriedade paterna e não recebiam proteção jurídica.[23]

[19] LEVY, Bel. Covid-19 mata dois menores de 5 anos por dia no Brasil. **Fiocruz**, 28 jun. 2022. Disponível em: https://portal.fiocruz.br/noticia/covid-19-mata-dois-menores-de-5-anos-por-dia-no-brasil. Acesso em: 26 out. 2022.

[20] TEIXEIRA, Ana Carolina Brochado. **Família, guarda e autoridade parental**. 2. ed. Rio de Janeiro: Renovar, 2009, p. 12.

[21] TEIXEIRA, Ana Carolina Brochado. **Família, guarda e autoridade parental**. 2. ed. Rio de Janeiro: Renovar, 2009, p. 12.

[22] WALD, Arnoldo. **O novo direito de família**. 14. ed. São Paulo: Saraiva, 2002, p. 09.

[23] CORRAL, Alaéz Benito. **Minoría de edad y derechos fundamentales**. Madrid: Tecnos, 2003. Disponível em: https://www.unioviedo.es/constitucional/miemb/alaez/menor.pdf. Acesso em: 24 mai. 2022, p. 31. *E-book*.

Com o passar do tempo, diversos outros fenômenos contribuíram para a constante evolução da estrutura jurídica familiar, tais como o avanço dos movimentos sociais; a quebra da ideologia patriarcal; a revolução feminista; o ingresso da mulher no mercado de trabalho; a equiparação dos direitos entre os cônjuges; a descoberta da pílula anticoncepcional; a evolução do conhecimento científico, assim como a persistência, na sociedade democrática, dos ideais de liberdade, igualdade e fraternidade, provenientes da Revolução Francesa.[24]

Ainda, salienta-se que, a evolução das normas de proteção destinadas às crianças e aos adolescentes influenciou de maneira contundente na forma como a família se desenvolveu ao longo da história até alcançar a configuração atual. A partir das mudanças normativas, o legislador passou a atribuir uma igual importância a todos os membros da família, afastando-se do modelo hierárquico e autoritário da família romana e desenvolvendo o conceito de família vigente que privilegia o afeto acima dos demais fatores.

Nessa toada, pondera-se que o Código Civil de 1916 classificava a filiação de acordo com a sua origem e oferecia um tratamento normativo desigual aos filhos. O revogado art. 368 determinava que os filhos incestuosos e os adulterinos sequer poderiam ser reconhecidos.[25] Em 1979 foi promulgado o Código de Menores, visando principalmente regularizar a situação dos "menores irregulares". Contudo, o objetivo primordial desta lei não era o de garantir a proteção integral dos destinatários das normas, mas tratar de questões relativas à segurança pública.[26]

Em contrapartida, a Declaração Universal dos Direitos da Criança, adotada pela Assembleia das Nações Unidas em 20 de novembro de 1959 e ratificada pelo Brasil, assegurou, dentre outros direitos e garantias, a proteção da infância e o tratamento igualitário aos filhos concebidos dentro ou fora do casamento.[27]

[24] Teixeira, op. cit., p. 28.

[25] BRASIL. **Lei nº 10.406, de 10 de janeiro de 2002**. Institui o Código Civil. Disponível em: http://www.planalto.gov.br/ccivil_03/leis/2002/l10406compilada.htm. Acesso em: 01 mai. 2022.

[26] Dornelles, João Ricardo W. **Estatuto da Criança e do adolescente: estudos sócio-jurídicos.** *In*: Pereira, Tânia da Silva (coord.). Rio de Janeiro: Renovar, 1992, p. 127.

[27] DECLARAÇÃO Universal dos Direitos da Criança. **MPPR – Ministério Público do Paraná.** Disponível em: https://crianca.mppr.mp.br/pagina-1069.html#. Acesso em: 24 mai. 2022.

Sob essa mesma perspectiva, foi promulgada a Constituição Federal de 1988 e o Estatuto da Criança e do Adolescente, consolidando a ideia de que todas as crianças e adolescentes, não mais chamados de menores, são sujeitos de direitos e titulares de garantias fundamentais.

Além disso, com a promulgação do Código Civil de 2002, houve a substituição da expressão "pátrio poder", identificando-a como poder familiar.[28] Salienta-se que tal expressão não é completamente aceita na doutrina, pois, mesmo com a exclusão do termo "pátrio", foi mantido o vocábulo "poder", destacando-se as prerrogativas dos pais e a prevalência de seus interesses.[29]

Portanto, nada obsta a que se chame esse poder-dever de autoridade parental, em concordância com os autores Luiz Edson Fachin e Ana Carolina Brochado Teixeira,[30] pois o vocábulo autoridade transmite melhor a ideia de que se trata de uma função parental, para além de um poder, assim como percebe a importância jurídica, moral e espiritual existente nesta autoridade.

Salienta-se que tais encargos serão atribuídos aos pais mediante o reconhecimento do filho, independentemente de sua origem, da situação conjugal dos pais e da convivência familiar, tendo em vista que se trata de um direito irrenunciável, inalienável e imprescritível. Ainda, a Constituição atribui aos pais, em seu art. 229, o dever de assistir, criar e educar os filhos.[31] Igualmente, o Código Civil apresenta, em seu art. 1.634, um rol não-taxativo de deveres parentais.[32]

Diante do exposto, torna-se evidente que, a autoridade parental e a condição da criança e do adolescente evoluíram de tal modo que, hodiernamente, são concebidas de maneira absolutamente diferente do que se verificava na Roma Antiga. Esta observação revela o caráter protetivo da legislação atual que visa, prioritariamente, salvaguardar os direitos e os interesses da criança e do adolescente. Em prol deste objetivo, o ordena-

28 BRASIL, op. cit.

29 LÔBO, Paulo. **Direito civil**: famílias. São Paulo: Saraiva, 2008, p. 268.

30 LÔBO, Paulo Luiz Netto. **Código civil comentado**: direito de família, relações de parentesco, direito patrimonial: arts. 1.591 a 1.693. AZEVEDO, Álvaro Villaça de (coord.). São Paulo: Atlas; 2003. v. 16, p. 188.

31 BRASIL. [Constituição (1988)]. **Constituição da República Federativa do Brasil de 1988.** Disponível em: http://www.planalto.gov.br/ccivil_03/Constituicao/Constituiçao.htm. Acesso em: 01 mai. 2022.

32 BRASIL. **Lei nº 10.406, de 10 de janeiro de 2002**. Institui o Código Civil. Disponível em: http://www.planalto.gov.br/ccivil_03/leis/2002/l10406compilada.htm. Acesso em: 01 mai. 2022.

mento jurídico estipulou diversas limitações ao exercício da autoridade parental, conforme será analisado no próximo tópico.

2.2. Balizas legais

A criança e o adolescente possuem, em muitos aspectos, uma dependência dos pais ou responsáveis, os quais ocupam uma posição central e de suma importância à materialização de seus direitos. Diante desta responsabilidade, o ordenamento jurídico estabeleceu princípios e normas que configuram verdadeiras orientações e limitações ao exercício da autoridade parental.

Tais balizas estão pautadas na doutrina da proteção integral, a qual tem como origem a Declaração Universal dos Direitos da Criança de 1959, que preconiza a extensão dos direitos à todas as crianças, sem qualquer distinção ou discriminação.[33] Consoante a Convenção sobre os Direitos da Criança, promulgada em 20 de novembro de 1989, dispõe que crianças e adolescentes devem ser reconhecidos como sujeitos de direito em razão da sua peculiar condição de desenvolvimento, cujos direitos fundamentais devem ser garantidos com absoluta prioridade.[34]

Com o fito de compatibilizar o ordenamento jurídico com os preceitos das Convenções Internacionais, a Constituição Federal de 1988 afastou-se da doutrina da situação irregular e consolidou a doutrina da proteção integral. Em consonância, o Estatuto da Criança e do Adolescente, promulgado em 13 de julho de 1990, também adotou a doutrina da proteção integral.

Diante disso, pondera-se que a proteção integral das crianças e dos adolescentes visa assegurar os direitos fundamentais elencados no *caput* do artigo 227 da Constituição Federal[35] e do art. 4º do Estatuto da Criança e do Adolescente[36]. Destaca-se a evidente relevância dos direitos à vida e à

[33] PARANÁ. Declaração Universal dos Direitos da Criança. *In*: **MPPR – Ministério Público do Paraná.** Disponível em: https://crianca.mppr.mp.br/pagina-1069.html#. Acesso em: 24 mai. 2022.

[34] MACIEL, K. R. F. L. A (coord.). **Curso de Direito da Criança e do Adolescente.** 13. ed. São Paulo: Saraiva, 2021, p. 90-95. *E-book*.

[35] BRASIL. [Constituição (1988)]. **Constituição da República Federativa do Brasil de 1988.** Disponível em: http://www.planalto.gov.br/ccivil_03/Constituicao/Constituiçao.htm. Acesso em: 01 mai. 2022.

[36] BRASIL. **Lei nº 8.069, de 13 de julho de 1990.** Dispõe sobre o Estatuto da Criança e do Adolescente e dá outras providências. Disponível em: https://www.planalto.gov.br/ccivil_03/leis/l8069.htm. Acesso em: 19 jan. 2023.

saúde, visto que correspondem aos direitos fundamentais mais elementares e absolutos, pois indispensáveis para o exercício de todos os demais.[37]

O alcance do dever social, moral e ético, de priorizar a criança e o adolescente, é amplo e irrestrito,[38] abrangendo não somente o Estado, mas também a família, a comunidade e a sociedade em geral, conforme disposto no art. 227 da Carta Magna. As normas protetivas da infância e da juventude possuem, como propósito maior, a salvaguarda dos direitos e interesses que mais beneficiem os destinatários da ordem.

Como reflexo das normativas legais que colocam os interesses da criança e do adolescente como prioritários, consagrou-se no ordenamento o princípio do interesse superior, que tem como objetivo central orientar todos aqueles que lidam com as demandas da infância e da juventude, em todos os âmbitos em que porventura com elas se defrontar, a fim de efetivar e maximizar a proteção das crianças e dos adolescentes. Ainda, consiste em uma ordem destinada à família, à sociedade, à comunidade e ao Estado, em suas três esferas.[39]

O referido princípio jamais deve ser utilizado para prejudicar a criança ou adolescente, haja vista que o fato de atender ao melhor interesse do público infanto-juvenil não se restringe àquilo que os pais, com base apenas no seu saber e nas suas experiências de vida, muitas vezes entendem que é, de fato, o melhor para o filho. Dessa forma, deve-se adotar as medidas que objetivamente atendem as demandas apresentadas pela criança ou adolescente.

Ocorre que, devido a sua imprecisão e conteúdo demasiadamente vago, a sua aplicação no caso concreto confere grande margem de discricionariedade, sujeitando-o a noções e entendimentos pessoais, especialmente no contexto familiar.[40] É o que ocorre, por exemplo, nos casos em que os pais ou responsáveis se recusam a vacinar seus filhos, em prol de uma crença pessoal, sem compromisso com a ciência e com a garantia dos direitos da criança ou adolescente. Portanto, torna-se necessário investigar o tratamento que está sendo dado a tais situações no ordenamento jurídico pátrio.

[37] MACIEL, K. R. F. L. A (coord.). **Curso de Direito da Criança e do Adolescente**. 13. ed. São Paulo: Saraiva, 2021, p. 163. *E-book*.

[38] Ibid, p. 113.

[39] Ibid, p. 147.

[40] SKIVENES, Marit; SORSDAL, Line Marie. **The child's best interest principle across child protection jurisdictions. Human Rights in Child Protection**. Disponível em: https://link.springer.com/content/pdf/10.1007%2F978-3-319-94800-3.pdf. Acesso em: 06 out. 2022.

3. Livre exercício da autoridade parental *vs* heteronomia estatal

Conforme analisado anteriormente, a recusa injustificada dos pais ou responsáveis à vacinação do filho contra a COVID-19 representa um descumprimento dos deveres parentais, uma vez que gera graves riscos à criança ou adolescente, assim como pode vir a ocasionar danos irreparáveis à saúde e à vida do infante. Diante disso, sob o prisma do art. 227 da Constituição Federal, revela-se necessário verificar o modo como a legislação brasileira está tratando a questão da vacinação infantil contra a COVID-19 e da sua possível recusa, pelos pais ou responsáveis, de forma a assegurar os direitos das crianças e dos adolescentes e protegê-los da negligência parental.

3.1. A vacinação infantil contra a covid-19 no ordenamento jurídico atual

Com o advento da Lei nº 6.259, de 30 de outubro de 1975, houve a criação do Programa Nacional de Imunizações (PNI) que estabeleceu medidas de vigilância epidemiológica e vacinação e notificação compulsória de doenças no país.[41] Consoante o Decreto nº 78.231 de 1976, define a obrigatoriedade das vacinas definidas pelo Ministério da Saúde e estabelece como "dever de todo cidadão submeter-se e os menores dos quais tenha a guarda ou responsabilidade, à vacinação obrigatória". A dispensa da vacinação obrigatória ocorre somente com contraindicação médica.[42]

Em relação à vacinação infantil, o art. 14, §1° do Estatuto da Criança e do Adolescente[43], estabelece a obrigatoriedade da vacinação de crianças nos casos recomendados pelas autoridades sanitárias. Cabe ao Estado adquirir imunizantes em quantidade que atenda integralmente o público infanto-juvenil e gere uma efetiva cobertura vacinal e aos pais ou responsáveis garantir que a criança ou adolescente que está sob seus cuidados tenha acesso à vacina.[44]

[41] BRASIL. **Lei nº 6.259, de 30 de outubro de 1975**. Disponível em: http://www.planalto.gov.br/ccivil_03/leis/l6259.htm. Acesso em: 04 nov. 2022.

[42] BRASIL. **Decreto nº 78.231, de 12 de agosto de 1976**. Disponível em: https://www2.camara.leg.br/legin/fed/decret/1970-1979/decreto-78231-12-agosto-1976-427054-publicacaooriginal-1-pe.html. Acesso em: 04 nov. 2022.

[43] BRASIL. **Lei nº 8.069, de 13 de julho de 1990**. Dispõe sobre o Estatuto da Criança e do Adolescente e dá outras providências. Disponível em: https://www.planalto.gov.br/ccivil_03/leis/l8069.htm. Acesso em: 19 jan. 2023.

[44] PARÁ. Perguntas e respostas sobre a vacinação de crianças de 5 a 11 anos contra Covid-19. **MPPA – Ministério Público do Estado do Pará**. Disponível em: https://www2.mppa.mp.br/

Destaca-se que o Supremo Tribunal Federal (STF), no julgamento do RE 1.267.879/SP, que tratou a respeito da possibilidade de os pais deixarem de vacinar seus filhos com base em convicções filosóficas, religiosas, morais e existenciais, fixou, em 17 de dezembro de 2020, a tese de que é constitucional a obrigatoriedade de imunização por meio de vacina, registrada em órgão de vigilância sanitária, que tenha sido incluída no Programa Nacional de Imunizações e com aplicação obrigatória determinada em lei ou seja objeto de determinação da União, Estado, Distrito Federal ou Município, com base em consenso médico-científico.[45]

Desta forma, entende-se que, uma vez que a autoridade sanitária, incumbida de analisar as informações médico-científicas, recomende a aplicação da vacina como meio de proteção da saúde da criança e prevenção de doenças, não cabe aos pais ou responsáveis negar-lhes tal direito, com base em razões de foro íntimo.[46]

Reforça-se que, durante a pandemia da COVID-19, foi promulgada no Brasil a Lei nº 13.979 de 06 de fevereiro de 2020 que estabelece medidas para enfrentamento do coronavírus, dentre elas a vacinação.[47] No entanto, a imunização de adolescentes de 12 a 17 anos contra a COVID-19 se iniciou no segundo semestre do ano de 2021, enquanto a de crianças de 5 a 11 anos, no início de 2022,[48] bem como a vacinação de crianças de 6 meses a 4 anos contra o coronavírus foi aprovada pela Anvisa em 16 de setembro de 2022.[49]

areas/institucional/cao/infancia/perguntas-e-respostas-sobre-a-vacinacao-de-criancas-de-5-a-11-anos-contra-covid-19.htm. Acesso em: 04 nov. 2022.

45 BRASIL. Supremo Tribunal Federal (Tribunal Pleno). **Recurso Extraordinário com Agravo 1267879/SP**. Relator: Min. Roberto Barroso, 08 abr. 2021. Disponível em: https://jurisprudencia.stf.jus.br/pages/search/sjur443541/false. Acesso em: 06 nov. 2022.

46 Ibid.

47 BRASIL. **Lei nº 13.979, de 6 de fevereiro de 2020**. Dispõe sobre as medidas para enfrentamento da emergência de saúde pública de importância internacional decorrente do coronavírus responsável pelo surto de 2019. Disponível em: http://www.planalto.gov.br/ccivil_03/_Ato2019-2022/2020/Lei/L13979.htm. Acesso em: 04 nov. 2022.

48 VARELLA, Mariana. 10 dúvidas sobre a vacinação de crianças e adolescentes contra a covid-19. **Portal Drauzio Varella**, 7 jul. 2022. Disponível em: https://drauziovarella.uol.com.br/coronavirus/10-duvidas-sobre-a-vacinacao-de-criancas-e-adolescentes-contra-a-covid-19/. Acesso em: 04 nov. 2022.

49 BRASIL. COVID-19: Anvisa aprova vacina da Pfizer para crianças entre 6 meses e 4 anos. **Gov.br**, 16 set. 2022. Disponível em: https://www.gov.br/anvisa/pt-br/assuntos/noticias-anvisa/2022/covid-19-anvisa-aprova-vacina-da-pfizer-para-criancas-entre-6-meses-e-4-anos. Acesso em: 04 nov. 2022.

Nesse contexto, observa-se que o Supremo Tribunal Federal, no julgamento das Ações Diretas de Inconstitucionalidade nº 6.586 e 6.587/DF determinou, por maioria, que o Estado pode tornar obrigatória a vacinação, através de medidas indiretas – que restrinjam a circulação ou a prática de determinados atos, às pessoas que não se submeterem voluntariamente à imunização.[50] Igualmente, na Décima Sexta Tutela Provisória Incidental na Arguição de Descumprimento de Preceito Fundamental 754, que versa as condutas do Governo Federal relativas à política de vacinação contra o coronavírus o STF atestou, mais uma vez, a obrigatoriedade da vacina.[51]

Diante do exposto, resta claro que a legislação assegurou o direito à saúde da criança e do adolescente que, por sua vez, contempla o acesso à imunização. As decisões do STF apenas corroboram esse entendimento e ratificam a relevância e obrigatoriedade da imunização, nos casos recomendados pelas autoridades sanitárias. Resta, por fim, verificar se o Estado pode interferir diretamente em situações em que os pais ou responsáveis recusaram a vacinação da criança ou adolescente contra a COVID-19, assim como as limitações à atuação estatal.

3.2. Possibilidade e limitações da interferência estatal na vacinação infantil contra o coronavírus

Em que pese o amplo amparo jurídico e sanitário para a vacinação infantil contra a COVID-19, verifica-se que muitos pais ou responsáveis, deliberadamente, ignoram as normas e recomendações dos órgãos oficiais. Nesse contexto, importante frisar que, quando a Carta Magna confere aos pais a tarefa essencial de zelar pelos seus filhos, facultando-lhes a tomada de decisões, não lhes permite o abuso, uma vez que as escolhas dos responsáveis devem visar, acima de tudo, o melhor interesse da criança e do adolescente.

Acerca do assunto, Ana Carolina Brochado Teixeira argumenta que os pais "de um lado, têm a liberdade para eleger o que é melhor para si e para

[50] BRASIL. Supremo Tribunal Federal (Tribunal Pleno). **Ação Direta de Inconstitucionalidade ADI 6586/DF**. Relator: Min. Ricardo Lewandowski, 07 abr. 2021. Disponível em: https://jurisprudencia.stf.jus.br/pages/search/sjur443506/false. Acesso em: 06 nov. 2022.

[51] BRASIL. Supremo Tribunal Federal (Tribunal Pleno). **Décima Sexta em Tutela Provisória Incidental na Arguição de Descumprimento de Preceito Fundamental ADPF 754/DF**. Relator: Min. Ricardo Lewandowski, 26 mai. 2022. Disponível em: https://jurisprudencia.stf.jus.br/pages/search/sjur464895/false. Acesso em: 06 nov. 2022.

seus filhos, conforme os seus próprios valores morais, religiosos e ideológicos; mas de outro, não poderão sobrepor esses mesmos valores ao conjunto de direitos fundamentais da criança/adolescente".[52]

Portanto, infere-se que o ato de recusar injustificadamente a vacina comprovadamente segura e ratificada pelas autoridades sanitárias, caracteriza ato de negligência dos pais ou responsáveis, infringindo, por consequência, os deveres inerentes à autoridade parental.[53] Nesse cenário, justifica-se a intervenção estatal, de modo a salvaguardar a saúde do infante e garantir o cumprimento do dever de imunização, desde que não haja recomendação médica em sentido contrário.[54]

Cabe às autoridades supervisionar o comportamento dos pais ou responsáveis e controlar o exercício da autoridade parental, visto que este poder-dever não constitui um complexo absoluto de atributos que a legislação elege aos pais, que, por sua vez, devem cumprir as determinações judiciais.[55]

Conforme entendimento do STF – ADPF nº 754/DF[56], o Estado está obrigado a proporcionar a toda a população indicada o acesso à imunização contra o coronavírus, especialmente às crianças de 5 a 11 anos. Assim, tem-se que a liberdade parental coexiste com a heteronomia estatal, visto que o Estado, nos termos do art. 227 da Constituição Federal, também está incumbido do dever de zelar pela saúde das crianças e dos adolescentes, especialmente quando verificar que a decisão dos pais pode gerar grave prejuízo e danos irreparáveis ao filho.[57]

[52] De Menezes, Joyveane Bezerra; Teixeira, Ana Carolina Brochado. Autoridade Parental e Vacinação Infantil: Vulnerabilidade e Superior Interesse da Criança e do Adolescente. *In*: Rodrigues, Francisco Luciano Lima; De Menezes, Joyceane Bezerrra; De Moraes, Maria Celina Bodin (org.). **Direito e Vacinação.** Rio de Janeiro: Processo, 2022. *E-book*, p. 04.

[53] De Menezes, Joyveane Bezerra; Teixeira, Ana Carolina Brochado. Autoridade Parental e Vacinação Infantil: Vulnerabilidade e Superior Interesse da Criança e do Adolescente. *In*: Rodrigues, Francisco Luciano Lima; De Menezes, Joyceane Bezerrra; De Moraes, Maria Celina Bodin (org.). **Direito e Vacinação.** Rio de Janeiro: Processo, 2022. *E-book*, p. 07.

[54] Ibid, p. 343.

[55] Pereira, Caio Mário da Silva. **Instituições de Direito Civil:** Direito de Família. 27. ed. Rio de Janeiro: Forense, 2019. v. 5., p. 532.

[56] BRASIL. Supremo Tribunal Federal (Tribunal Pleno). **Décima Sexta em Tutela Provisória Incidental na Arguição de Descumprimento de Preceito Fundamental ADPF 754/DF**. Relator Min. Ricardo Lewandowski, 26 mai. 2022. Disponível em: https://jurisprudencia.stf.jus.br/pages/search/sjur464895/false. Acesso em: 06 nov. 2022.

[57] BRASIL. [Constituição (1988)]. **Constituição da República Federativa do Brasil de 1988**. Disponível em: http://www.planalto.gov.br/ccivil_03/Constituicao/Constituiçao.htm. Acesso em: 01 mai. 2022.

Cabe ressaltar que o controle estatal, no âmbito das decisões dos pais ou responsáveis, em relação à saúde e vacinação dos filhos, não se iniciou com o advento da pandemia da COVID-19. À guisa de exemplo, cite-se o acórdão proferido em 12 de dezembro de 2019, pela 4ª Câmara Cível do Tribunal de Justiça de Minas Gerais, que manteve a sentença de primeiro grau, a fim de condenar os requeridos a providenciar a administração aos filhos de todas as vacinas pendentes.[58]

Embora o STF tenha asseverado a constitucionalidade de vacinação obrigatória nas anteriormente mencionadas ADIs nº 6.586 e 6.587/DF, a Corte também apresentou uma interpretação em conformidade com a Constituição, fixando parâmetros à vacinação obrigatória, dentre eles a proibição da vacinação forçada e da adoção, pelo Estado, de quaisquer medidas invasivas, aflitivas ou coativas, que lesionariam o princípio da dignidade da pessoa humana.[59]

Ademais, argumenta-se que, a aplicação de medidas graves, como a destituição ou suspensão da autoridade parental ou a perda da guarda, a princípio, não parecem ser adequadas, pois o afastamento da família de origem é medida excepcional, visto que o ECA valoriza explicitamente a manutenção da criança ou adolescente na sua família de origem.

Logo, cabe ao Estado adotar técnicas de controle social, que elevem à condição jurídica privilegiada os indivíduos que cumprem as leis, ao invés de tentar, unicamente, obrigar os divergentes à obediência.[60] Para tanto, poderá utilizar-se das incumbências do Conselho Tutelar, Defensoria Pública e Ministério Público, nos termos da Constituição Federal e ECA.

Em caso de desacordo entre os pais ou responsáveis, entende-se que, basta que um dos genitores acompanhe o infante até uma unidade básica de saúde, para que a vacinação seja garantida. Porém, caso o conflito de posicionamento gere a provocação do Judiciário (art. 1.631, parágrafo único

[58] BRASIL. Tribunal de Justiça de Minas Gerais. **Apelação Cível nº 10518180076920001/MG.** Relator Dárcio Lopardi Mendes, 12 dez. 2019, Disponível em: https://www.jusbrasil.com.br/jurisprudencia/tj-mg/793583412/inteiro-teor-793583539. Acesso em: 07 nov. 2022.

[59] De Moraes, Maria Celina Bodin; Mostardeiro, Paulo. Vacinação Obrigatória: um imperativo de solidariedade social. *In*: Rodrigues, Francisco Luciano Lima; De Menezes, Joyceane Bezerrra; De Moraes, Maria Celina Bodin (org.), **Direito e Vacinação**, Editora Processo: Rio de Janeiro, 2022, p. 413.

[60] Bobbio, Norberto. **Da estrutura à função: novos estudos de teoria do direito**. Barueri: Manole, 2017, p. 12.

do Código Civil), poderá o Magistrado, a partir da análise do caso concreto, suprir o consentimento do outro genitor ou responsável, visando assegurar o cumprimento do direito à imunização da criança, uma vez que é entendimento consolidado pelo STF, através do já mencionado RE 1.267.879/SP. Tal demanda pode ser movida por qualquer um dos pais.[61]

Nesse sentido foi o julgado da 10ª Câmara de Direito Privado do Tribunal de Justiça de São Paulo, proferido em 02 de agosto de 2022, no qual a deu provimento ao recurso, determinando que a genitora, no prazo de 5 (cinco) dias, contados da publicação do acórdão, providenciasse a vacinação dos filhos ou autorizasse o genitor a fazê-lo, sob pena de multa diária de R$ 2.000,00 (dois mil reais), limitada a R$ 100.000,00 (cem mil reais).[62]

Por outro lado, na hipótese de ambos os genitores ou responsáveis recusarem a imunização, será possível obter o suprimento judicial da vontade de quem deveria garantir a vacinação do filho.[63] Além disso, o descumprimento do dever de vacinação, no caso de família monoparental, pode ensejar a atuação da rede de proteção da infância e da juventude, a fim de orientar, advertir e encaminhar o responsável, bem como aplicar-lhe as medidas necessárias.

Por derradeiro, compreende-se que, em casos de recusa à vacinação do filho contra a COVID-19, por um ou ambos os pais ou responsáveis, cada demanda deverá ser analisada com muita atenção e zelo, de modo a sopesar os direitos postos – os que se pretende tutelar e os que eventualmente poderão ser mitigados. Sendo assim, atenderá ao princípio do interesse superior da criança e do adolescente a decisão e as medidas que garantam os direitos fundamentais do público infantojuvenil em maior grau, sem discricionariedade ou puro subjetivismo.

[61] PARÁ. Perguntas e respostas sobre a vacinação de crianças de 5 a 11 anos contra Covid-19. **MPPA – Ministério Público do Estado do Pará**. Disponível em: https://www2.mppa.mp.br/areas/institucional/cao/infancia/perguntas-e-respostas-sobre-a-vacinacao-de-criancas-de-5-a-11-anos-contra-covid-19.htm. Acesso em: 04 nov. 2022.

[62] BRASIL. Tribunal de Justiça de São Paulo – TJSP. **Agravo interno nº 205268314202 28260000**. Relator: Elcio Trujillo, 02 ago. 2022. Disponível em: https://www.jusbrasil.com.br/jurisprudencia/tj-sp/1608692839/inteiro-teor-1608692894. Acesso em: 09 nov. 2022.

[63] De Andrade, Fábio Siebeneichler; Soares, Flaviana Rampazzo. Reflexões sobre a problemática do consentimento e da informação na vacinação de crianças e adolescentes. *In*: Rodrigues, Francisco Luciano Lima; De Menezes, Joyceane Bezerrra; De Moraes, Maria Celina Bodin (org.), **Direito e Vacinação**, Editora Processo: Rio de Janeiro, 2022, p. 247.

Conclusões

A partir dos estudos realizados, constatou-se que os pais ou responsáveis não podem recusar a vacinação do filho contra a COVID-19, sem que haja uma justificativa plausível. Isso se deve especialmente ao fato de que o ordenamento jurídico instituiu a proteção integral das crianças e dos adolescentes, a primazia dos direitos fundamentais e do melhor interesse.

Caso haja recusa injustificada à vacinação da criança ou do adolescente, o Estado pode agir através da atuação de todos os órgãos que compõem a rede de proteção visando proteger e garantir o direito à saúde. Nestes casos, a interferência estatal está amparada pela legislação e pelas decisões anteriormente mencionadas do STF, desde que não compreenda medidas aflitivas.

Diante de todo o exposto, para que haja a efetivação dos direitos ora debatidos no presente estudo, é necessária a conscientização da população sobre a importância da vacinação infantil contra a COVID-19. É imprescindível, também, a valorização da solidariedade social, a consolidação do interesse coletivo à proteção da saúde e a aplicação das vacinas cuidadosamente elaboradas, testadas e aprovadas pelas autoridades sanitárias.

O público infantojuvenil deve ser tratado como prioridade por toda a sociedade, de forma que seus direitos fundamentais sejam atendidos integralmente. Ademais, o Estado deve empenhar-se na atuação preventiva, por meio da conscientização da população acerca da segurança e da importância dos imunizantes.

Por outro norte, concluiu-se pelo aperfeiçoamento da legislação brasileira, a fim de que sejam previstas sanções expressas aplicáveis aos pais ou responsáveis que recusarem, injustificadamente, a vacinação de seus filhos. Tal medida, combinada com as demais, será um passo a mais para tentar-se coibir a negligência parental, ao mesmo tempo em que haverá um incentivo à paternidade responsável, indo justamente de encontro com os ditames constitucionais.

Referências

AGÊNCIA BRASIL. **Organização Mundial da Saúde declara pandemia de coronavírus.** 11 mar. 2020. Disponível em: https://agenciabrasil.ebc.com.br/geral/noticia/2020-03/organizacao-mundial-da-saude-declara-pandemia-de-coronavirus. Acesso em: 05 out. 2022.

BARBIERI, Carolina Luisa Alves; COUTO, Márcia Thereza; AITH, Fernando Mussa Abujamra. A (não) vacinação infantil entre a cultura e a lei: os significados atribuídos por casais de camadas médias de São Paulo, Brasil. **Cadernos de Saúde Pública,** 2017, 33(2):e00173315. Disponível em: https://www.scielo.br/j/csp/a/NDSjRVcpw95WS4xCpxB5NPw/?lang=pt&format=pdf. Acesso em: 05 out. 2022.

BOBBIO, Norberto. **Da estrutura à função: novos estudos de teoria do direito**. Barueri: Manole, 2017.

BRASIL. [Código Civil (1916)]. **Lei nº 3.071, de 1º de janeiro de 1916**. Art. 368. Disponível em: http://www.planalto.gov.br/ccivil_03/leis/l3071.htm. Acesso em: 01 mai. 2022.

BRASIL. [Código Civil (2002)] **Lei nº 10.406, de 10 de janeiro de 2002**. Disponível em: http://www.planalto.gov.br/ccivil_03/leis/2002/l10406compilada.htm. Acesso em: 01 mai. 2022.

BRASIL. [Constituição (1988)]. **Constituição da República Federativa do Brasil de 1988**. Disponível em: http://www.planalto.gov.br/ccivil_03/Constituicao/Constituiçao.htm. Acesso em: 01 mai. 2022.

BRASIL. COVID-19: Anvisa aprova vacina da Pfizer para crianças entre 6 meses e 4 anos. **Gov.br,** 16 set. 2022. Disponível em: https://www.gov.br/anvisa/pt-br/assuntos/noticias-anvisa/2022/covid-19-anvisa-aprova-vacina-da-pfizer-para-criancas-entre-6-meses-e-4-anos. Acesso em: 04 nov. 2022.

BRASIL. **Decreto nº 78.231, de 12 de agosto de 1976**. Disponível em: https://www2.camara.leg.br/legin/fed/decret/1970-1979/decreto-78231-12-agosto-1976-427054-publicacaooriginal-1-pe.html. Acesso em: 04 nov. 2022.

BRASIL. **Lei nº 13.979, de 6 de fevereiro de 2020**. Dispõe sobre as medidas para enfrentamento da emergência de saúde pública de importância internacional decorrente do coronavírus responsável pelo surto de 2019.Disponível em: http://www.planalto.gov.br/ccivil_03/_Ato2019-2022/2020/Lei/L13979.htm. Acesso em: 04 nov. 2022.

BRASIL. **Lei nº 6.259, de 30 de outubro de 1975**. Dispõe sobre a organização das ações de Vigilância Epidemiológica, sobre o Programa Nacional de Imunizações, estabelece normas relativas à notificação compulsória de doenças, e dá outras providências. Disponível em: http://www.planalto.gov.br/ccivil_03/leis/l6259.htm. Acesso em: 04 nov. 2022.

BRASIL. Supremo Tribunal Federal (Tribunal Pleno). **Ação Direta de Inconstitucionalidade ADI 6586/DF**. Relator: Min. Ricardo Lewandowski, 07 abr. 2021. Disponível em: https://jurisprudencia.stf.jus.br/pages/search/sjur443506/false. Acesso em: 06 nov. 2022.

BRASIL. Supremo Tribunal Federal (Tribunal Pleno). **Décima Sexta em Tutela Provisória Incidental na Arguição de Descumprimento de Preceito Fundamental ADPF 754/DF**. Relator: Min. Ricardo Lewandowski, 26 mai. 2022. Disponível em: https://jurisprudencia.stf.jus.br/pages/search/sjur464895/false. Acesso em: 06 nov. 2022.

BRASIL. Supremo Tribunal Federal (Tribunal Pleno). **Recurso Extraordinário com Agravo 1267879/SP**. Relator: Min. Roberto Barroso, 08 abr. 2021. Disponível em: https://jurisprudencia.stf.jus.br/pages/search/sjur443541/false. Acesso em: 06 nov. 2022.

BRASIL. Tribunal de Justiça de Minas Gerais. **Apelação Cível nº 10518180076920001/MG.** Relator Dárcio Lopardi Mendes, 12 dez. 2019, Disponível em: https://www.jusbrasil.com.br/jurisprudencia/tj-mg/793583412/inteiro-teor-793583539. Acesso em: 07 nov. 2022.

BRASIL. Tribunal de Justiça de São Paulo – TJSP. **Agravo Interno n° 2052683142022 260000**. Relator: Elcio Trujillo, 02 ago. 2022. Disponível em: https://www.jusbrasil.com.br/jurisprudencia/tj-sp/1608692839/inteiro-teor-1608692894. Acesso em: 09 nov. 2022.

BRASIL. Ministério da Saúde lança Plano de Ação para Interrupção do Sarampo no Brasil. **Gov.br**, 02 set. 2022. Disponível em: https://www.gov.br/saude/pt-br/assuntos/noticias/2022/setembro/ministerio-da-saude-lanca-plano-de-acao-para-interrupcao-do-sarampo-no-brasil. Acesso em: 05 out. 2022.

BUTANTAN. **COVID-19 é a segunda causa de morte em crianças; veja o infográfico e entenda a importância da vacinação**. 20 jan. 2022. Disponível em: https://butantan.gov.br/noticias/covid-19-e-a-segunda-causa-de-morte-em-criancas--veja-o-infografico-e-entenda-a-importancia-da-vacinacao. Acesso em: 26 out. 2022.

BUTANTAN. **Doenças erradicadas podem voltar: conheça quatro consequências graves da baixa imunização infantil.** 11 jun. 2022. Disponível em: https://butantan.gov.br/noticias/doencas-erradicadas-podem-voltar-conheca-quatro-consequencias-graves-da-baixa-imunizacao-infantil-. Acesso em: 05 out. 2022.

BUTANTAN. **Queda nas taxas de vacinação no Brasil ameaça a saúde das crianças.** 07 mar. 2022. Disponível em: https://butantan.gov.br/noticias/queda-nas-taxas-de-vacinacao-no-brasil-ameaca-a-saude-das-criancas. Acesso em: 05 out. 2022.

CONSELHO FEDERAL DE ENFERMAGEM. **Enfermagem é essencial para a erradicação do sarampo no Brasil.** 20 mai. 2022. Disponível em: http://www.cofen.gov.br/enfermagem-e-essencial-para-a-erradicacao-do-sarampo-no-brasil_99056.html. Acesso em: 05 out. 2022.

CONTE, Juliana. Por que antivacinas optam por não imunizar seus filhos? **Portal Drauzio Varella**. Disponível em: https://drauziovarella.uol.com.br/saude-publica/por-que-antivacinas-optam-por-nao-imunizar-seus-filhos/. Acesso em: 05 out. 2022.

CORRAL, Alaéz Benito. **Minoría de edad y derechos fundamentales**. Madrid: Tecnos, 2003. Disponível em: https://www.unioviedo.es/constitucional/miemb/alaez/menor.pdf. Acesso em: 24 mai. 2022. *E-book*.

DECLARAÇÃO Universal dos Direitos da Criança. **MPPR – Ministério Público do Paraná**. Disponível em: https://crianca.mppr.mp.br/pagina-1069.html#. Acesso em: 24 mai. 2022.

DE ANDRADE, Fábio Siebeneichler; SOARES, Flaviana Rampazzo. Reflexões sobre a problemática do consentimento e da informação na vacinação de crianças e adolescentes. *In*: RODRIGUES, Francisco Luciano Lima; DE MENEZES, Joyceane Bezerra; DE MORAES, Maria Celina Bodin (org.), **Direito e Vacinação**. Editora Processo: Rio de Janeiro, 2022.

DE MENEZES, Joyveane Bezerra; TEIXEIRA, Ana Carolina Brochado. Autoridade Parental e Vacinação Infantil: Vulnerabilidade e Superior Interesse da Criança e do Adolescente. *In*: RODRIGUES, Francisco Luciano Lima; DE MENEZES, Joyceane Bezerra; DE MORAES, Maria Celina Bodin (org.). **Direito e Vacinação.** Rio de Janeiro: Processo, 2022. *E-book*.

DE MORAES, Maria Celina Bodin; MOSTARDEIRO, Paulo. Vacinação Obrigatória: um imperativo de solidariedade social. *In*: RODRIGUES, Francisco Luciano Lima;

DE MENEZES, Joyceane Bezerrra; DE MORAES, Maria Celina Bodin (org.), **Direito e Vacinação.** Editora Processo: Rio de Janeiro, 2022.

DORNELLES, João Ricardo W. **Estatuto da Criança e do adolescente: estudos sócio--jurídicos.** *In*: PEREIRA, Tânia da Silva (coord.). Rio de Janeiro: Renovar, 1992, p. 127.

ESTADÃO. **Poliomielite:** como a vacina erradicou a doença no Brasil. 19 out. 2020. Disponível em: https://summitsaude.estadao.com.br/desafios-no-brasil/poliomielite-como--a-vacina-erradicou-a-doenca-no-brasil/. Acesso em: 05 out. 2022.

JOHNS HOPKINS. **COVID-19 Dashboard by the Center for Systems Science and Engineering (CSSE) at Johns Hopkins University (JHU).** Disponível em: https://coronavirus.jhu.edu/map.html. Acesso em: 28 out. 2022.

LACERDA, Nara. Poliomielite: com baixa cobertura vacinal, Brasil corre risco de retorno da doença. **Fiocruz**. Disponível em: https://www.epsjv.fiocruz.br/podcast/poliomielite-com-baixa-cobertura-vacinal-brasil-corre-risco-de-retorno-da-doenca. Acesso em: 05 out. 2022.

LEVI, Guido Carlos. **Recusa de vacinas: causas e consequências.** São Paulo: Segmento Farma, 2013. *E-book*. Disponível em: https://www.cedipi.com.br/wp-content/uploads/2017/05/Recusa-de-vacinas_Dr-Guido-Levi.pdf. Acesso em: 28 out. 2022.

LEVY, Bel. Covid-19 mata dois menores de 5 anos por dia no Brasil. **Fiocruz**, 28 jun. 2022. Disponível em: https://portal.fiocruz.br/noticia/covid-19-mata-dois-menores-de-5--anos-por-dia-no-brasil. Acesso em: 26 out. 2022.

LISBOA, Vinicius. Covid-19: Fiocruz investiga hesitação de pais em vacinar crianças. **Agência Brasil**, 17 jan. 2022. Disponível em: https://agenciabrasil.ebc.com.br/saude/noticia/2022-01/covid-19-fiocruz-investiga-hesitacao-de-pais-em-vacinar-criancas. Acesso em: 28 out. 2022.

LÔBO, Paulo. **Direito civil:** famílias. São Paulo: Saraiva, 2008.

LÔBO, Paulo Luiz Netto. **Código civil comentado:** direito de família, relações de parentesco, direito patrimonial: arts. 1.591 a 1.693. AZEVEDO, Álvaro Villaça de (coord.). São Paulo: Atlas; 2003. v. 16.

MACIEL, K. R. F. L. A (coord). **Curso de Direito da Criança e do Adolescente**. 13. ed. São Paulo: Saraiva, 2021. *E-book*.

MISHRA, Manas; RIGBY, Jennifer. OMS diz que covid-19 ainda é uma emergência de saúde global. **Agência Brasil**, 19 out. 2022. Disponível em: https://agenciabrasil.ebc.com.br/internacional/noticia/2022-10/oms-diz-que-covid-19-ainda-e-uma-emergencia-de-saude-global. Acesso em: 28 out. 2022.

ORGANIZAÇÃO MUNDIAL DE SAÚDE. **Dez ameaças à saúde que a OMS combaterá em 2019.** 17 jan. 2019. Disponível em: https://www.paho.org/pt/noticias/17-1--2019-dez-ameacas-saude-que-oms-combatera-em-2019. Acesso em: 05 out. 2022.

PARÁ. Perguntas e respostas sobre a vacinação de crianças de 5 a 11 anos contra Covid-19. **MPPA – Ministério Público do Estado do Pará**. Disponível em: https://www2.mppa.mp.br/areas/institucional/cao/infancia/perguntas-e-respostas-sobre-a-vacinacao-de--criancas-de-5-a-11-anos-contra-covid-19.htm. Acesso em: 04 nov. 2022.

PARANÁ. Declaração Universal dos Direitos da Criança. *In*: **MPPR – Ministério Público do Paraná**. Disponível em: https://crianca.mppr.mp.br/pagina-1069.html#. Acesso em: 24 mai. 2022.

PEREIRA, Caio Mário da Silva. **Instituições de Direito Civil:** Direito de Família. 27. ed. Rio de Janeiro: Forense, 2019. v. 5.

SKIVENES, Marit; SORSDAL, Line Marie. **The child's best interest principle across child protection jurisdictions. Human Rights in Child Protection**. Disponível em: https://link.springer.com/content/pdf/10.1007%2F978-3-319-94800-3.pdf. Acesso em: 06 out. 2022.

TEIXEIRA, Ana Carolina Brochado. **Família, guarda e autoridade parental**. 2. ed. Rio de Janeiro: Renovar, 2009.

TOMAZELA, José Maria. Vacinação infantil contra covid-19 tem ritmo lento e sofre com falta de doses. **Estadão**, 12 ago. 2022. Disponível em: https://saude.estadao.com.br/noticias/geral,vacinacao-infantil-contra-covid-19-tem-ritmo-lento-e-sofre-com-falta-de-doses,70004130428. Acesso em: 26 out. 2022.

VARELLA, Mariana. 10 dúvidas sobre a vacinação de crianças e adolescentes contra a covid-19. **Portal Drauzio Varella**, 7 jul. 2022. Disponível em: https://drauziovarella.uol.com.br/coronavirus/10-duvidas-sobre-a-vacinacao-de-criancas-e-adolescentes-contra-a-covid-19/. Acesso em: 04 nov. 2022.

WALD, Arnoldo. **O novo direito de família**. 14. ed. São Paulo: Saraiva, 2002.

12
A RESPONSABILIDADE CIVIL DECORRENTE DA FALSA IMPUTAÇÃO DE PATERNIDADE

ADILOAR FRANCO ZEMUNER
GABRIELA EDUARDA MARQUES SILVA
GLORYA MARIA OLDEMBURG DE MIRANDA

Introdução

O presente trabalho tem como objetivo discorrer acerca das consequências jurídicas decorrentes da falsa imputação de paternidade, especialmente sob o espectro da responsabilidade civil; cumpre consignar que para a realização deste trabalho, o método utilizado foi o dedutivo, que corresponde à extração discursiva do conhecimento a partir de evidências concretas passíveis de serem generalizadas, orientado por revisão bibliográfica, legislação, direito estrangeiro e jurisprudência.

Brevemente, a primeira seção se dedica à análise do contexto histórico de filiação, passando-se às disposições legais das Ordenações Filipinas, ao Código Civil de 1916, a Constituição Federal de 1937, a fim de compreender a relação de parentesco consanguínea em linha reta de primeiro grau entre uma pessoa que lhe deu a vida ou a recebe como se a tivesse gerado, assim como a tutela jurídica igualitária adotada pela Carta Magna de 1988 e o Código Civil de 2002.

A segunda seção objetiva explorar a ação de investigação de paternidade como direito fundamental para o conhecimento de suas origens genéticas, entendendo-se como uma das necessidades mais íntimas de qualquer ser humano e assegura aos envolvidos as consequências que, dentre elas podem ser elencadas: os sentimentos mais profundos de afetividade; o estreitar dos relacionamentos; os direitos; os deveres e as garantias previstas nas legislações pátria, especialmente pelo Código Civil.

Por fim, a terceira e a última seção apresentam o estudo do instituto da responsabilidade civil no âmbito do direito de família e da possibilidade de fixação de danos morais e materiais pela falsa imputação de paternidade.

1. Filiação

No Direito Romano o chefe do poder familiar era responsável por consagrar seus membros perante a igreja e o altar em celebração solene, portanto a prole era reconhecida pela sociedade e não existia distinção entre os filhos naturais, adotivos ou afetivos.

É nessa conjuntura familiar que resultam as primeiras noções do poder familiar, isso porque o magistério de Orlando Gomes define a família como "um conjunto de pessoas sujeitas ao poder do pater famílias, ora grupo de parentes unidos pelo vínculo de cognição, ora patrimônio, ora herança", fazendo com que aqueles que fossem apresentados perante a igreja se sujeitaram ao pater famílias.[1]

Contudo, quando a Igreja Católica se torna religião oficial do Império Romano as relações jurídicas passaram a ser regidas pelo Direito Canônico que se escorando no caráter monogâmico e indissolúvel do matrimônio puniu moralmente os filhos havidos fora do vínculo conjugal, criando-se as primeiras distinções entre os descendentes legítimos e ilegítimos.

Nessa época, o casamento não deve ser contemplado como um vínculo jurídico contraído entre duas pessoas, mas como um sagrado sacramento da Igreja porque a união entre os nubentes é uma intervenção espiritual. É nesse prisma em que o Direito Canônico (aliado com a Igreja Católica) passou a se empenhar para combater tudo o que viesse a desmoralizar o seio familiar, incluindo os filhos havido fora do casamento[2].

Durante o período Imperial, foi mantida a discriminação entre os filhos havidos fora da relação conjugal, mas segundo as Ordenações Filipinas,

[1] Gomes, Orlando. **Direito de Família.** Rio de Janeiro: Forense, 2002, p. 33.

[2] Alves, Paulo Antonio Nevares; Amorim, Wellington Lima. Principais diferenças do matrimônio canônico e o casamento civil. **Revista Húmus**, São Luís, v. 11, n. 34, p. 393, 2021. Disponível em: https://periodicoseletronicos.ufma.br/index.php/revistahumus/article/view/18152. Acesso em: 6 nov. 2022.

que adotando o critério consanguíneo, obrigava os pais a assumirem a responsabilidade de criar seus filhos sendo eles legítimos ou ilegítimos.[3]

Nesse diapasão, o Código Civil de 1916 continuou a distinguir os filhos em: legítimos (nascidos na constância do casamento), os ilegítimos (sem vínculo matrimonial entre os pais e/ou impedimento matrimonial entre eles) e os espúrios que se dividiam segundo a classificação dos artigos 209 e 210, podendo ser: sacrílegos, incestuosos ou adulterinos.[4]

Todavia, Pontes de Miranda não acompanha a categorização de filiação trazida à baila por Fujita, porque na visão do autor o parentesco se divide tão somente em: (a) legítimo quando oriundo de casamento válido, putativo, anulável o proveniente de outra simulação e, (b) ilegítimo quando do ajuntamento sexual ilícito, não comportando a classificação "filhos espúrios".[5]

Parte da sociedade brasileira se revoltava com a classificação "filhos espúrios", criando inúmeros movimentos voltados para modificar esse cenário, à exemplo do artigo 126 da Constituição Federal de 1937 que em seu texto original visou assegurar a igualdade entre os filhos, mas a eficácia do dispositivo legal foi alterada por um plebiscito realizado no mesmo ano que alterou sua redação para "aos filhos naturais, facilitando-lhes o reconhecimento, a lei assegurará igualdade com os legítimos, extensivo àqueles os direitos e deveres que em relação a estes incumbem aos pais".[6]

Em 1941, o Decreto Lei n. 3.200 em seu artigo 14 proibiu expressamente a menção, nas certidões de registro civil, a circunstância da filiação ser legítima ou não, exceto quando requerido pelo interessado ou em virtude de determinação judicial.[7]

[3] SILVA, Luisa Stella de Oliveira Coutinho. Como se de legítimo matrimónio nascida fora: A Construção da filiação no Império português a partir da legitimação de uma filha sacrílega na capitania da Paraíba. **Varia História**, Belo Horizonte, [s. l.], v. 38, n. 76, p. 106, 2022. Disponível em: https://www.scielo.br/j/vh/a/vQccbRcLWHVvKJfmWCYQD8F/?lang=pt. Acesso em: 6 nov. 2022.

[4] FUJITA, Jorge. Shiguemitsu. **Filiação**. 2. ed. São Paulo: Atlas. 2011, p. 20.

[5] MIRANDA, Francisco Cavalcante Pontes de. **Tratado de direito privado**: parte geral. 4. ed. São Paulo: Revista dos Tribunais, 1983, p. 74.

[6] BRASIL. Constituição (1937). **Constituição dos Estados Unidos do Brasil**. Rio de Janeiro, 1937. Disponível em: http://www.planalto.gov.br/ccivil_03/Constituicao/Constitui%C3%A7ao37.htm. Acesso em 06 out. 2022.

[7] BRASIL. **Decreto Lei nº 3.200**. Diário Oficial da União, Rio de Janeiro, 19 abr. 1941. Disponível em: https://www2.camara.leg.br/legin/fed/declei/1940-1949/decreto-lei3200-19-abril-1941-413239-publicacaooriginal-1-pe.html. Acesso em: 06 out. 2022

Em síntese, esses antecedentes legislativos são cruciais para que o artigo 227, § 6º, da Constituição Federal de 1988, para que passem a vedar a discrepância entre os filhos havidos fora da relação conjugal, equiparando-os em direito e obrigações, para Aluísio Pires de Oliveira:

> A equidade aplicada à filiação, entretanto, decorre igualmente da necessidade que a ampliação das formas de família trouxe para a disciplina do vínculo de filiação, uma vez que a admissão de outras formas de união familiar não poderia deixar os filhos havidos dessas uniões desguarnecidos da proteção do ordenamento.[8]

Promover a igualdade entre os descendentes é muito mais do que promover a dignidade da pessoa humana, mas também uma oportunidade de receber as novas formas de constituição familiar e não podendo negar a proteção jurídica para com esses filhos.

Nesse sentido, a vigente redação do artigo 1.596 do Código Civil [9]prevê que "os filhos, havidos ou não da relação de casamento, ou por adoção, terão os mesmos direitos e qualificações, proibidas quaisquer designações discriminatórias relativas à filiação", instituindo o princípio da igualdade de filiação e promovendo a dignidade da pessoa humana ao coibir a distinção entre os filhos concebidos dentro e fora do matrimônio.

Hodiernamente a doutrina contemporânea conceitua o estado de filiação como "a relação de parentesco consanguíneo em linha reta de primeiro grau entre uma pessoa e aqueles que lhe deram a vida ou a receberam como se a tivesse gerado".[10]

Compreendendo-se as relações de parentesco à luz do artigo 1.593 do Código Civil, o estado de filiação pode decorrer dos filhos naturais – quando concebidos por gestão e independentemente da relação formal de afeto dos genitores à época da concepção e os civis – decorrentes da adoção ou da socioafetividade.

[8] OLIVEIRA, Aluísio Pires de. Filiação consangüínea: da diferença à igualdade e suas consequências no Código Civil Brasileiro. **Revista da Faculdade de Direito da UFPR**, Curitiba, a. 27, n. 27, p. 154, 1993. Disponível em: https://revistas.ufpr.br/direito/article/view/8983/6289. Acesso em: 6 nov. 2022.

[9] BRASIL. **Lei nº 10.406, de 10 de janeiro de 2002**. Institui o Código Civil. Diário Oficial da União: seção 1, Brasília, DF, ano 139, n. 8, p. 1-74, 11 jan. 2002.

[10] FUJITA, Jorge. Shiguemitsu. **Filiação.** 2. ed. São Paulo: Atlas. 2011, p. 11.

Segundo Daniela Braga Paiano "pode-se dizer que a família possui três tipos de vínculo de filiação, que podem coexistir ou existir de modo separado. Seriam eles os vínculos de sangue, vínculos de direito e vínculos de afetividade"[11]. Na concepção da autora, a formação do vínculo de socioafetividade é pautada pelos laços de afeto formados pelas partes, acarretando o reconhecimento voluntário do estado de filiação.[12]

Para os fins científicos que permeiam o presente artigo científico, é imperioso compreender que a criação de vínculos afetivos entre a criança e o (suposto) genitor constitui óbice para a pretensão de se excluir a identificação paterna dos aposentos de registro civil, problemática que será investigada na próxima seção.

2. Investigação de paternidade

O conhecimento das origens de qualquer pessoa é uma das necessidades mais íntimas de qualquer ser humano e, o descortinar de sua paternidade gera implicações emocionais, materiais, psicológicas, sociais, entre outras. Assim, o reconhecimento da paternidade e/ou da filiação, assegura aos envolvidos – filho e pai – consequências que, dentre elas podem ser elencadas: os sentimentos mais profundos de afetividade, o estreitar dos relacionamentos, os direitos, os deveres e as garantias previstas nas legislações.

Registre-se que, no atual contexto pós-moderno, sob o influxo dos processos de globalização, em enfoque sintético, as louváveis mudanças progressistas relativamente ao direito de investigar a paternidade e/ou de reconhecer a filiação deveriam ser isonômicas. Partindo-se do ponto de vista natural de ser a filiação um vínculo a unir pais e filhos, não parece desprezível a indagação doutrinária de que ao pai, lhe poderia ser aberta a faculdade de investigar a filiação.

É verdade axiomática que o Direito deve adaptar-se à vida em sociedade![13]

Por isso, se ao filho, a legislação lhe reconhece e lhe outorga o direito de investigar a paternidade, por uma questão de reciprocidade, ao pai deveria ser-lhe concedido o direito de investigar e reconhecer a filiação; contudo, a legislação brasileira não traz em seu texto qualquer artigo que trate, espe-

[11] PAIANO, Daniela Braga. **A Família Atual e as Espécies de Filiação**: da possibilidade jurídica da multiparentalidade. Porto Alegre: Lumen Juris. 2017, p. 65

[12] Ibid.

[13] MOURA, Mário Aguiar. **Tratado Prático da Filiação**: investigação da paternidade. 2. ed. Rio de Janeiro: Aide, 1984. v. 11, p. 373.

cificamente, do instituto de investigação e reconhecimento da filiação, a despeito de estabelecer especial atenção e proteção do Estado à família.

Ocorre que, mesmo existindo o imperativo de equidade entres os filhos, determinado pela Carta Maior, os quais, a partir dela, são todos considerados filhos, sem qualquer distinção, na mesma esteira, o Código Civil vigente, que lhe é posterior às determinações constitucionais e lhe deve conformidade, em face do princípio da hierarquização das normas, atribuído pela Teoria de Hans Kelsen[14], ainda concede presunção de paternidade apenas aos filhos de pais casados e/ou conviventes.

2.1. Investigação de paternidade como medida judicial

Vale registrar um fato que se tem conhecimento, calcada nos pressupostos retro, qual seja, a propositura da Ação de Investigação e Reconhecimento de Filiação, proposta por suposto pai biológico contra um determinado infante, representado pela sua genitora, haja vista que, em sua Certidão de Nascimento, constou apenas as informações desta.

Acontece que, após algumas informações de terceiros, parentes em comum, o suposto pai biológico descobriu que, por ocasião do nascimento do infante, as informações prestadas pela genitora ao Registrador para expedir a Certidão de Nascimento, esta declarou que desconhecia totalmente o pai biológico. Nesse momento, o Registrador comunicou essa informação ao Ministério Público e, a requerimento deste, a Assistente Social Judicial visitou a genitora, a fim de obter informações do suposto pai biológico e intimá-lo a respeito do nascimento daquela criança, ocasião em que, a genitora afirmou desconhecê-lo, bem como, o seu paradeiro, motivos pelos quais o processo administrativo foi encerrado e arquivado.

O suposto pai biológico resolveu contratar advogado para viabilizar em seu nome, uma medida judicial, visando trazer-lhe a certeza de que aquele infante era ou não seu filho, por entender ser um direito seu.

Assim, apesar da inexistência de tipificação legal no direito brasileiro, foi promovida a ação acima referenciada, pelo suposto pai biológico, na condição de Requerente, contra o infante, com treze meses de vida, na condição de Requerido, representado pela genitora, cuja pretensão fora sustentada em dois grandes pilares, o primeiro e respaldado pelas legisla-

[14] KELSEN, Hans. **Teoria Pura do Direito.** Hans Kelsen; tradução Cretella Jr. e Agnes Cretella. 9. ed. São Paulo: Thomson Reuters Brasil, 2009.

ções pátrias (Estatuto da Criança e do Adolescente – Lei n. 8.069, de 13 de Julho de 1990) e (Código Civil brasileiro – Lei n. 10.406, de 10 de Janeiro de 2002), no princípio do melhor interesse do menor e, o segundo e respaldado no Art. 1.597, inciso II, do Código Civil[15], que diz:

> Presumem-se concebidos na constância do casamento os filhos:
>
> II – nascidos nos trezentos dias subsequentes à dissolução da sociedade conjugal, por morte, separação judicial, nulidade e anulação do casamento;

Referidas fundamentações foram apresentadas, haja vista que, por ocasião do nascimento do requerido, tramita a ação de dissolução de união estável, proposta pela convivente contra o requerente, ante a separação de corpos do casal. O exemplo real em destaque, nomeará doravante o suposto pai biológico, de requerente e, o infante contra quem foi promovida a ação, de requerido.

Assim, a ação foi promovida pelo requerente contra o requerido, este representado pela genitora, sem a oferta de alimentos, uma vez que o requerente, além de não ter recebido qualquer informação quanto ao requerido, com ele não teve qualquer relacionamento, bem como, não havia certeza de sua paternidade. Assim, a pretensão do requerente, na referida medida judicial, teve como um dos requerimentos, o deferimento pelo Magistrado, para a realização do exame de Desoxirribonucléico Ácido (DNA), a fim de esclarecer a sua condição de ser ou não ser o genitor do Requerido.

Após a citação da genitora, como representante legal do requerido, ela apresentou contestação, afirmando que o requerente não era o pai biológico e, que desconhecia o pai biológico, inclusive seu paradeiro. Contudo, mesmo com as afirmações da genitora do requerido, de que o requerente não era o pai biológico e, que desconhecia o suposto pai biológico, bem como, o seu paradeiro, o Magistrado deferiu a realização do Exame de DNA, determinando a intimação de ambos, quanto ao dia, o horário e Laboratório por ele designado, para a efetiva realização do exame.

Dessa decisão, o Advogado do Requerido interpôs recurso ao Tribunal de Justiça[16], visando reformá-la, não logrando êxito; contudo, a refe-

[15] BRASIL. **Lei n. 10.406, de 10 de janeiro de 2002.** Institui o Código Civil. Disponível em: http://www.planalto.gov.br/ccivil_03/leis/2002/l10406compilada.htm. Acessado em: 22 out.2022.

[16] BRASIL. Tribunal de Justiça do Paraná. **Agravo de Instrumento nº 0032966-97.2020.8.16.0000.** 12ª. Câmara Cível. Relator: Desembargador Luis Cesar de Paula

rida decisão proferida pelos Desembargadores, demorou cerca de quinze meses e, assim decidiram por meio do v. acórdão, a saber:

> AGRAVO DE INSTRUMENTO. AÇÃO PARA INVESTIGAÇÃO E RECONHECIMENTO DA PATERNIDADE AJUIZADA PELO SUPOSTO PAI. DECISÃO QUE AFASTA PRELIMINAR DE ILEGITIMIDADE ATIVA. INCONFORMISMO DO MENOR, REPRESENTADO POR SUA MÃE, QUE ENTENDE TRATAR-SE DE DIREITO PERSONALÍSSIMO DE FILHO. NÃO ACOLHIMENTO. INTERPRETAÇÃO EXTENSIVA DO ARTIGO 1597, II, DO CÓDIGO CIVIL, PARA AS UNIÕES ESTÁVEIS, O QUE POR SI SÓ JÁ PERMITIRIA O AJUIZAMENTO DA AÇÃO. MEDIDA QUE DEVE ATENDER OS INTERESSES DA CRIANÇA E DAQUELE QUE PODE SER PAI, QUE DETÉM LEGITIMIDADE ATIVA PARA PROPOSITURA DA AÇÃO. DECISÃO MANTIDA. RECURSO DESPROVIDO.

Portanto, a referida medida judicial promovida pelo requerente contra o requerido poderá, sim, ser fundamentada em institutos legais que, dado o caráter de igualdade entre as normas legislativas, assim como, os fatos registrados e as provas carreadas, serão acatadas pelo Magistrado que, deferiu a realização do exame de DNA, por primeiro pela busca da verdade e, por segundo pela outorga da dignidade da pessoa humana.

2.2. Evolução histórica da investigação de paternidade

A pretensão jurídica exposta no tópico anterior, demonstra com clareza meridiana que, efetivamente, tem havido ao longo dos últimos anos, uma crescente evolução do Direito de Família, quiçá aquele referentemente aos filhos e, mais, especificamente, quando se tratar da investigação e o reconhecimento da filiação.

É o escólio de Orlando Gomes[17], quando registra que "o estado da pessoa é uma qualificação jurídica que deriva da posição que os sujeitos ocupam na sociedade e da qual decorrem direitos e deveres".

Nesse sentido, a despeito das divergências legislativa quanto a reconhecer o direito do filho em pretender, por meio de medida judicial, investigar sua origem contra o suposto pai e, a não outorga ao suposto pai em

Espindola, julgamento em: 07 de maio de 2021, publicado em: 12 de maio de 2021. Disponível em: https://portal.tjpr.jus.br/jurisprudencia/j/4100000014079551/Ac%C3%B3rd%C3%A3o-0032966-97.2020.8.16.0000#. Acesso em: 15 fev. 2023.

[17] GOMES, Orlando. **Direito de Família**. Rio de Janeiro: Forense, 2002, p, 147.

promover a medida judicial adequada, visando investigar e reconhecer seu suposto filho, tanto a doutrina, quanto as decisões emanadas dos diversos Tribunais pátrios, em regra geral, têm acolhido a vontade arguida pelo suposto pai e, a ela tem dado guarida, em especial, pela realização da prova pericial, representada por meio do exame de DNA.

Vale ressaltar que, a chance do resultado é de 99,9%, posto a realização das comparações apresentadas pelas bases genéticas demonstradas no DNA de cada um dos indivíduos, as quais são alteradas de indivíduo para indivíduo e, quando essas bases se tornam simultâneas entre os examinados, o resultado encontrado é que se trata de pai e filho, sendo, portanto, declarado positivo, tendo, como consequência, reconhecida a paternidade.

Por derradeiro, a sentença será declaratória e outorgou ao investigado, a condição de filho, determinando os registros paternos em sua Certidão de Nascimento, bem como, concedendo-lhe todos os direitos e deveres da relação paterno filial.

3. Falsa atribuição de paternidade

De verdade presumida a verdade real, o que se nota é que a paternidade nunca perdeu sua importância na história, sendo certo que este instituto jurídico sofreu grandes alterações ao longo dos anos. Com o surgimento do DNA, o indivíduo obteve um meio de conhecer suas origens com maior segurança e ao genitor foi concedido um caminho para confirmar o vínculo biológico.

Neste diapasão, nota-se que o exame de DNA trouxe novos contornos à filiação; a mera declaração da genitora de que determinado indivíduo é o suposto pai torna-se irrefutável a depender do resultado do exame genético.

Ainda que a ciência tenha evoluído, existem princípios e direitos basilares no ordenamento jurídico que visam garantir a dignidade da pessoa humana e o melhor interesse do menor; por conseguinte, se a gestante indicar o suposto pai, ainda que este negue a paternidade, poderá ser ajuizada contra si ação para fixação de alimentos gravídicos, bem como, posteriormente, alimentos em face do menor.

Isso se dá em virtude da presunção legal de paternidade, previsto no artigo 1.597 do Código Civil[18], que presumem concebidos na constância do matrimônio os filhos:

[18] BRASIL. **Lei n. 10.406, de 10 de janeiro de 2002**. Institui o Código Civil. Disponível em: http://www.planalto.gov.br/ccivil_03/leis/2002/l10406compilada.htm. Acessado em: 22 out.2022.

I – nascidos cento e oitenta dias, pelo menos, depois de estabelecida a convivência conjugal;

II – nascidos nos trezentos dias subsequentes à dissolução da sociedade conjugal, por morte, separação judicial, nulidade e anulação do casamento;

III – havidos por fecundação artificial homóloga, mesmo que falecido o marido;

IV – havidos, a qualquer tempo, quando se tratar de embriões excedentários, decorrentes de concepção artificial homóloga;

V – havidos por inseminação artificial heteróloga, desde que tenha prévia autorização do marido.

Conforme entendimento do Superior Tribunal de Justiça[19], o disposto no inciso II do supramencionado artigo se estende à união estável:

> Assim, admitida pelo ordenamento jurídico pátrio (art. 1.723, do CC), inclusive pela CF (art. 226, §3º), a união estável e reconhecendo-se nela a existência de entidade familiar, aplicam-se lhe as disposições contidas no art. 1597, II, do CC.

A preocupação do legislador é a proteção da prole, uma vez que objetiva garantir que a criança não fique sem um pai reconhecido; contudo, sabe-se que esta presunção é relativa, ou seja, admite-se prova em contrário, como a realização de exame de DNA.

Ainda que a presunção de paternidade possa ser afastada, importante salientar que a confissão de adultério não é suficiente para afastar a parentalidade, conforme dispõe o artigo 1.602 do Código Civil; tal dispositivo visa evitar que "a paternidade seja um instrumento de represália contra os desencontros amorosos"[20].

Apesar da grande preocupação em garantir à criança o estado de filiação, é importante considerar as hipóteses em que há por parte da genitora a atribuição de uma falsa paternidade; isso porque esta pode gerar inúmeros abalos, tanto para o genitor, quanto para o menor, sendo que a atri-

[19] BRASIL. Superior Tribunal de Justiça. **REsp 1.194.059-SP.** 3ª Turma, Relator Ministro Massami Uyeda, julgado em: 6 de novembro de 2012. Precedentes citados: STF, ADPF 132-RJ, DJE, 14-10-2011; STJ, REsp 1.263.015-RN, DJE, 26-6-2012; REsp 646.259-RS, DJE, 24-8-2010.

[20] ROSA, Conrado Paulino da. **Direito de Família Contemporâneo**. São Paulo: Juspodivm, 2022, p. 484.

buição de paternidade gera deslindes no campo do direito, como o direito à alimentos gravídicos, obrigação atinentes à paternidade (art. 229, CF), como o dever de assistir, educar e cuidar dos filhos.

Destarte, uma vez que os alimentos são irrepetíveis e considerando que a paternidade é instituto intrínseco à personalidade e dignidade da pessoa humana, a falsa atribuição desta gera inúmeros abalados à personalidade, honra e dignidade do suposto pai e do menor; por um lado, tem-se o direito do suposto genitor de negar a paternidade em razão da verdade biológica, por outro lado, não há como o direito se olvidar do direito da criança de conhecer seu estado de filiação.

Para tanto, salutar se faz uma breve definição do que seria a "falsa imputação" de paternidade. Explica Pablo Stolze Gagliano[21] que o termo

> [...] tanto diz respeito à situação em que o indivíduo é induzido a crer na paternidade, procedendo-se ao consequente reconhecimento voluntário, por erro, de filho que não é seu, como também à hipótese em que a demanda judicial é manejada indevidamente, resultando em uma falsa atribuição judicial de paternidade.

Em resumo, tem-se que o reconhecimento de um filho pode se dar de forma voluntária ou através de via judicial, sendo que no presente estudo, a falsa imputação de paternidade pode se dar nas duas formas.

O que se verifica, portanto, é que a paternidade é um dos estatutos basilares da família, da formação de personalidade, do conhecimento do afeto, do estado de filiação etc., de forma que imputar a alguém falsa paternidade, a depender do caso concreto, pode ensejar a responsabilidade civil.

3.1. A responsabilidade civil nas demandas de direito de família

Com a evolução da família e a constitucionalização do Direito Civil através da Constituição Federal de 1988, o ramo do direito de família passou a ser também analisado sob o espectro da responsabilidade civil; isso porque, como em qualquer outra área, a ação ou omissão pode gerar o dever de indenizar.

[21] GAGLIANO, Pablo Stolze. A Responsabilidade Civil pela Falsa Imputação de Paternidade. *In:* MADALENO, Rolf; BARBOSA, Eduardo. **Responsabilidade Civil no Direito de Família**. Rio de Janeiro: Grupo GEN, 2015. *E-Book*, p. 339.

Ensinam Cristiano Chaves e Nelson Rosenvald[22]:

> Seguramente, a obrigação de reparar danos patrimoniais e extrapatrimoniais decorrentes da prática de um ato ilícito também incide no Direito das Famílias. Por certo, não se pode negar que as regas da responsabilidade civil invadem todos os domínios da ciência jurídica, ramificando-se pelas mais diversas relações jurídicas, inclusive as familiaristas.

A responsabilidade civil nas demandas familiaristas é subjetiva, de modo que o dever de indenizar pressupõe a verificação da culpa e a mera violação de um dever não enseja a responsabilização.

> A aplicação das regras de Responsabilidade Civil na seara familiar, portanto, dependerá da ocorrência de um ato ilícito, devidamente comprovado. A simples violação de um dever decorrente de norma de família não é idônea, por si só, para a reparação de um eventual dano. Assim, a prática de adultério, isoladamente, não é suficiente para geral dano moral indenizável. No entanto, um adultério praticado em local público, violando a honra do consorte, poderá gerar dano a ser indenizado, no caso concreto[23].

Desta forma, além dos elementos gerais ensejadores da responsabilidade civil (conduta humana, dano e nexo de causalidade), é indispensável a aferição da culpa, conforme leciona Pablo Stolze[24].

Além destes três elementos básicos, que são obrigatórios para a caracterização da responsabilidade civil em qualquer de suas modalidades, há de se lembrar do elemento anímico, a culpa, de caráter eventual, compreendida como a violação a um dever jurídico preexistente, notadamente de cuidado.

Ademais, a competência para julgamento das ações de responsabilidade civil em matéria de relações de família é da Vara de Família, "isso porque o que se vai discutir, com frequência, pressupõe o conhecimento – diríamos mais, a vivência – das complexidades inerentes aos conflitos familiares"[25].

22 FARIAS, Cristiano Chaves de; ROSENVALD, Nelson. **Curso de Direito Civil**. Direito das Famílias. Salvador: Juspodivm, 2013, p. 162.

23 Ibid., p. 129.

24 GAGLIANO, Pablo Stolze. A Responsabilidade Civil pela Falsa Imputação de Paternidade. *In:* MADALENO, Rolf; BARBOSA, Eduardo. **Responsabilidade Civil no Direito de Família**. Rio de Janeiro: Grupo GEN, 2015. *E-Book*, p. 333.

25 GAGLIANO, Pablo Stolze. A Responsabilidade Civil pela Falsa Imputação de Paternidade. *In:* MADALENO, Rolf; BARBOSA, Eduardo. **Responsabilidade Civil no Direito de Família**. Rio de Janeiro: Grupo GEN, 2015. *E-Book*, p. 332.

3.2. A responsabilidade civil decorrente da falsa atribuição de paternidade

A atribuição de falsa paternidade pode se dar tanto no reconhecimento voluntário, quanto no judicial; na primeira modalidade, trata-se daquele fundado em erro, ou seja, o indivíduo manifestou sua vontade, contudo, esta estava imbuída de vício; enquanto na segunda, a genitora, através de Ação Investigatória de Paternidade, aduz falsamente que o indivíduo é o pai da criança.

3.3. A responsabilidade civil por reconhecimento voluntário derivado de erro

Estar-se-á diante de um cenário em que o suposto pai reconhece voluntariamente o menor, acreditando ser este seu filho biológico; neste caso, há a presença de vício de consentimento, uma vez que foi induzido a erro quando no momento do reconhecimento.

Se tratando de situação em que o sujeito é induzido a reconhecer filho que não é seu, por genitora que conhecia a verdade biológica, configura-se o dolo (art. 145, CC); nos casos em que a genitora também se equivocou, ou seja, na ausência da má-fé, estar-se-á diante de erro ou ignorância (art. 138 CC) [26].

Em ambos os casos, qual seja, na presença ou não de dolo, o genitor pode pleitear em juízo a anulação do reconhecimento do estado de filiação; contudo, apenas em casos em que houve a verificação do dolo (má-fé) é que há a incidência da responsabilidade civil (responsabilidade subjetiva).

Admitir-se que a culpa – traduzida no simples erro da genitora (que acreditava naquela paternidade atribuída) – justificaria uma condenação, não se afiguraria justo e razoável, especialmente em se considerando a sensibilidade profunda deste tipo de relação humana, permeada por emoção e sentimento[27].

Após a confirmação de que não há vínculo biológico entre o genitor e o menor, não é certo o deferimento do pleito de anulação da paternidade; isso porque "a anulação do registro depende não apenas da ausência de

[26] Ibid, p. 341.

[27] GAGLIANO, Pablo Stolze. A Responsabilidade Civil pela Falsa Imputação de Paternidade. *In:* MADALENO, Rolf; BARBOSA, Eduardo. **Responsabilidade Civil no Direito de Família**. Rio de Janeiro: Grupo GEN, 2015. *E-Book*, p. 341.

vínculo biológico entre as partes, mas também de não ter sido solidificada uma situação perene de afetividade"[28].

Explica Pablo Stolze[29]:

> É possível que a argamassa do tempo, firmada na construção de uma firme relação socioafetiva, haja moldado o vínculo paterno-filial de tal maneira que não se afiguraria mais possível, na perspectiva do princípio da dignidade da pessoa humana, a sua desconstituição.

A impossibilidade de romper o vínculo de filiação pode subsistir mesmo em casos em que houve a verificação do dolo, em virtude da relação de afeto já configurada entre aquele que demanda em juízo e o menor.

3.4. A responsabilidade civil por falsa atribuição judicial de paternidade

Trata-se de casos em que a genitora demanda em juízo o reconhecimento da paternidade; é indiscutível que o ajuizamento da ação por si só não caracterizaria o dano moral nos casos em que ao final se comprova a inexistência do vínculo, a propositura da demanda é um direito – para a incidência da responsabilidade civil, salutar a demonstração do dolo.

Conforme entendimento jurisprudencial:

> AGRAVO REGIMENTAL EM AGRAVO EM RECURSO ESPECIAL. AÇÃO DE INDENIZAÇÃO POR DANOS MORAIS E MATERIAIS. VIOLAÇÃO AO ART. 535 DO CPC. INOCORRÊNCIA. AJUIZAMENTO DE AÇÃO. EXERCÍCIO REGULAR DE DIREITO. FUNDAMENTAÇÃO DEFICIENTE. AGRAVO NÃO PROVIDO. [...] 3. 'O ajuizamento de ação representa exercício regular de um direito, não podendo, a princípio, caracterizar responsabilidade de indenizar'.[30]

Destarte, para que haja a incidência do dano moral em demandas de investigação de paternidade, é imprescindível que seja demonstrado que a genitora possuía conhecimento da inexistência do vínculo biológico entre o suposto pai e a criança.

[28] ROSA, Conrado Paulino da. **Direito de Família Contemporâneo**. São Paulo: Juspodivm, 2022, p. 487.

[29] GAGLIANO, op. cit., p. 341.

[30] BRASIL. Tribunal de Justiça de São Paulo. **AgRg no Ag 704019/DF**, Rel. Ministra Nancy Andrighi, Terceira Turma, julgado em: 08 de novembro de 2005, p. 285.

Neste sentido, os Tribunais se posicionam fortemente na possibilidade de condenação em dano moral quando comprovada a presença do dolo:

AÇÃO DE INDENIZAÇÃO POR DANOS MATERIAIS E MORAIS – FALSA IMPUTAÇÃO DE PATERNIDADE BIOLÓGICA DE FILHO, CUJA CONCEPÇÃO E NASCIMENTO SE DEU NA CONSTÂNCIA DO CASAMENTO DOS LITIGANTES – ATO ILÍCITO CONFIGURADO PELA CONDUTA OMISSIVA DA GENITORA QUE PERMITIU A PERFILHAÇÃO MESMO CIENTE DA PROBABILIDADE DA PROLE SER FRUTO DE RELACIONAMENTO EXTRACONJUGAL – PREJUÍZO EXTRAPATRIMONIAL CARACTERIZADO – VIOLAÇÃO À HONRA SUBJETIVA DO AUTOR COM FORTES CONSEQUÊNCIAS PESSOAIS E SOCIAIS.[31]

Apelação. Responsabilidade civil. Ação de indenização por danos morais. Homem, ex-convivente, propõe ação objetivando reparação por dano moral alegando ter descoberto não ser pai biológico do filho da parte ré, ex-convivente mulher, apontando que a ré teria insistido em praticar comportamentos maliciosos e prejudiciais ao autor mesmo inteligente da não paternidade biológica da criança confirmada em exame de DNA particular e o colhido durante tramitação de ação negatória de paternidade pelo autor movida. Sentença de procedência parcial[32].

APELAÇÃO – DEMANDA INDENIZATÓRIA POR DANOS MATERIAIS E MORAIS – Autor e ré que foram casados, tendo-se divorciado em 2016 – Filho nascido na constância da sociedade conjugal -Falsa imputação de paternidade – Ausência de vínculo biológico entre o autor e criança, reconhecido em ação própria – Autor que descobriu não ser o genitor do menor depois de 3 anos do nascimento – Alegação de dor e sofrimento em decorrência da quebra da expectativa relativa à paternidade, e de humilhação perante amigos e conhecidos – Demonstração de que a requerida tinha ciência da real paternidade do menor, tendo induzido o autor a erro dolosamente – Violação à honra objetiva e subjetiva do requerente – Hipótese em que não se trata exclusivamente de violação dos deveres matrimoniais –Indenização decor-

[31] BRASIL. Tribunal de Justiça de São Paulo. **Apelação Cível nº 1008833-68.2019.8.26.0084.** Relator: César Peixoto, Órgão Julgador: 9ª Câmara de Direito Privado, julgado em: 03 de março de 2022.

[32] BRASIL. Tribunal de Justiça de São Paulo. **Apelação Cível nº 1013751-25.2019.8.26.0405.** Relator(a): Piva Rodrigues, Órgão Julgador: 9ª Câmara de Direito Privado, julgado em: 23 de fevereiro de 2022.

rente não exclusivamente do adultério, mas das consequências dele decorrentes, sobretudo a falta imputação de paternidade[33].

Observa-se que em todos os supramencionados casos houve condenação em dano moral mediante a demonstração do dolo; se tratando de responsabilidade civil na seara familiar, o elemento volitivo é fundamental para a condenação em danos morais.

3.5. A lacuna no direito brasileiro acerca da atribuição de falsa paternidade

Ainda que a imputação de falsa paternidade possa ser indenizada em virtude da aferição do dolo, não há como se olvidar de que os mecanismos existentes não são suficientes para combater a prática do referido ato ilícito, conforme será demonstrado a seguir.

Trata-se de situações muitas vezes devastadoras, podendo gerar grandes abalos, tanto naquele que acreditava ser pai, quanto na criança; o Estatuto da Criança e do Adolescente e a Constituição Federal protegem veementemente os menores, contudo, não há previsão de sanções efetivas ao comportamento de genitora que age com má fé quando da atribuição da paternidade.

O que se observa é uma forte preocupação do Estado com o interesse do menor, sem por vezes coibir o comportamento errôneo da genitora, de forma que prioriza a socioafetividade em face da verdade biológica mesmo em casos em que há interesse em romper a relação de parentesco por aquele que confirmou não ser pai.

No que se refere ao reconhecimento da paternidade através de medida judicial, sabe-se que a presunção de paternidade é suficiente inclusive para a fixação, em caráter antecedente, de fixação de alimentos gravídicos/alimentos. Ocorre que os alimentos são irrepetíveis, ou seja, ainda que comprovado que o suposto pai foi enganado, este não conseguirá obter em juízo os valores pagos.

Não há no ordenamento jurídico brasileiro, de forma explícita, nenhuma previsão legal acerca da falsa imputação de paternidade, cabendo ao código civil a solução da problemática, através do artigo 186 e 927 do Código Civil.

[33] BRASIL. Tribunal de Justiça de São Paulo. **Apelação Cível nº 1000675-28.2018.8.26.0288.** Relator: Marcus Vinicius Rios Gonçalves, Órgão Julgador: 6ª Câmara de Direito Privado, julgado em: 19 de novembro de 2020.

O que se observa é que os reflexos da atribuição de falsa paternidade são inúmeros, podendo traumatizar o menor envolvido ao vivenciar sentimentos de rejeição, bem como lesão à honra do indivíduo enganado que acreditava ser o genitor, além do abalo psíquico e emocional.

Ainda que a jurisprudência tenha admitido a condenação em danos materiais e morais, o que se verifica é que o quantum indenizatório é muito inferior quando comparado às inúmeras lesões de direitos a que são submetidos os envolvidos.

> Ação de indenização por danos materiais e morais – Falsa imputação de paternidade biológica de filho, cuja concepção e nascimento se deu na constância do casamento dos litigantes – Ato ilícito configurado pela conduta omissiva da genitora que permitiu a perfilhação mesmo ciente da probabilidade da prole ser fruto de relacionamento extraconjugal – Prejuízo extrapatrimonial caracterizado – Violação à honra subjetiva do autor com fortes consequências pessoais e sociais – Manutenção da quantia arbitrada pelo magistrado singular (R$ 9.980,00) – Atendimento os critérios da proporcionalidade e da razoabilidade – Valores desembolsados pelo ex-cônjuge a título de pensão alimentícia em favor do filho Wesley – Legitimidade do ressarcimento – Obrigação decorrente de conduta violadora do direito – Redução da indenização para R$ 6.194,77 (janeiro/2021) – Descontos realizados em folha de pagamento do alimentante que abarcaram a prestação acordada em favor do outro filho do casal – Manutenção da disciplina da sucumbência pelo decaimento ínfimo do autor – Recurso provido, em parte.[34]

No Direito Estrangeiro, a realidade é bastante parecida. No Japão, considera-se que o resultado de DNA negativo por si só não é suficiente para invalidar as obrigações paternas; na França, é proibido exame de DNA particular, prescindindo de autorização judicial; a Espanha não prevê compensação por alimentos ou qualquer despesa advinda daquele que tem confirmada a inexistência do vínculo biológico; em Portugal, há previsão expressa da impossibilidade, independente do caso, de restituição de alimentos provisórios recebidos[35].

[34] BRASIL. Tribunal de Justiça de São Paulo. **Apelação Cível 1008833-68.2019.8.26.0084.** Relator: César Peixoto, Órgão Julgador: 9ª Câmara de Direito Privado, julgado em: 03 de março de 2022.

[35] CABETTE, Eduardo Luiz Santos; CABETTE, Bianca Cristine Pires dos Santos. **Fraude Paternal**: Uma lacuna do direito. Disponível em: https://meusitejuridico.editorajuspodivm.com.br/2022/02/11/fraude-paternal-uma-lacuna-direito/ Acesso em: 30 out. 2022.

A Alemanha se mostra tímida na legislação acerca da temática, ao estabelecer que o pai biológico deverá restituir até dois anos de alimentos e outras despesas empreendidas, bem como obrigando a mãe cuja fraude for descoberta a indicar o nome do verdadeiro pai, sob pena de multa cominatória ou astreintes e até mesmo de prisão civil[36].

Em suma, as questões atinentes à falsa atribuição de paternidade resultam em filiação socioafetiva ou anulação do registro civil, a depender do caso concreto e, se verificado o dolo, poderá haver responsabilização civil e condenação em danos morais e materiais; não há tipificação penal desta conduta e a jurisprudência se mostra tímida quando na fixação do quantum indenizatório acerca da temática.

Conclusões

Conforme explanado no presente trabalho, conclui-se que, ainda que o ordenamento jurídico brasileiro possua arcabouço jurídico para responsabilizar a genitora por falsa imputação de paternidade, a legislação ainda se mostra insuficiente, especialmente por não tratar da temática de forma explícita.

A responsabilidade civil no âmbito familiar é uma realidade, de forma que se torna possível responsabilizar a genitora pelos danos advindos da ocorrência do ato ilícito; contudo, no que concerne a falsa imputação de paternidade, tem-se que só é possível a indenização mediante comprovação do dolo.

O surgimento do exame DNA foi um divisor de águas para que a presunção de paternidade deixasse de ser absoluta; no entanto, apenas a verdade biológica não é suficiente para afastar a paternidade, haja vista que o estado de filiação pode prevalecer quando constatada a socioafetividade.

É preciso considerar que ainda que a genitora possa estar incidindo em erro ao atribuir a paternidade, esta conhece o risco, uma vez que biologicamente, salvo casos de inseminação artificial, a genitora precisa copular para engravidar; destarte, para gerar dúvidas, é imprescindível que esta tenha tido relação sexual com mais de um indivíduo.

Seguindo esta linha, omitir a dúvida daquele a quem a genitora atribui a paternidade, por si só, já poderia lhe ferir a dignidade; o dolo se mostra presente pela omissão. Contudo, o entendimento jurisprudencial é de que o dolo precisa ser provado.

36 Ibid.

O Direito Alemão estabelece que o pai biológico deva restituir até dois anos de alimentos e outras despesas empreendidas pelo falso genitor e obriga a mãe a indicar o nome do verdadeiro pai, sob pena de multa e prisão civil, cujas providências não são possíveis de serem adotadas no Direito brasileiro.

No Brasil, a única sanção é a incidência do instituto da responsabilidade civil, de forma que, verificando-se o dolo da genitora em imputar a paternidade a quem sabe não ser pai, poderá haver responsabilização civil e condenação em danos morais e materiais, embora a jurisprudência pátria tenha se mostrado tímida quando na fixação do *quantum* indenizatório, estando a padronização e uniformização do dano muito distante da realidade contemporânea.

Referências

ALVES, Paulo Antonio Nevares; AMORIM, Wellington Lima. Principais d=iferenças do matrimônio canônico e o casamento civil. **Revista Húmus**, São Luís, v. 11, n. 34, p. 392-409, 2021. Disponível em: https://periodicoseletronicos.ufma.br/index.php/revistahumus/article/view/18152. Acesso em: 6 nov. 2022.

BRASIL. Constituição (1937) **Constituição dos Estados Unidos do Brasil**. Rio de Janeiro, 1937. Disponível em: http://www.planalto.gov.br/ccivil_03/Constituicao/Constitui%C3%A7ao37.htm. Acesso em 06 out. 2022.

BRASIL. **Decreto Lei nº 3.200, de 19 de abril de 1941**. Diário Oficial da União, Rio de Janeiro, 19 abr. 1941. Disponível em: https://www2.camara.leg.br/legin/fed/declei/1940-1949/decreto-lei3200-19-abril-1941-413239-publicacaooriginal-1-pe.html. Acesso em: 06 out. 2022.

BRASIL. **Lei nº 3.071, de 1º de janeiro de 1916**. Código Civil. (Revogada pela Lei nº 10.406, de 2002) Rio de Janeiro, 1º jan. 1916. Disponível em: http://www.planalto.gov.br/ccivil_03/leis/l3071.htm. Acesso em: 06 out. 2022.

BRASIL. Constituição (1988). **Constituição da República Federativa do Brasil.** Brasília, DF: Senado Federal: Centro Gráfico, 1988. Disponível em: https://www.planalto.gov.br/ccivil_03/constituicao/constituicao.htm. Acesso em: 6 fev. 2023.

BRASIL. **Lei nº 10.406, de 10 de janeiro de 2002**. Institui o Código Civil. Diário Oficial da União: seção 1, Brasília, DF, ano 139, n. 8, p. 1-74, 11 jan. 2002. Disponível em: https://www.planalto.gov.br/ccivil_03/leis/2002/l10406compilada.htm. Acesso em: 6 fev. 2023.

BRASIL. Tribunal de Justiça do Paraná. **Agravo de Instrumento nº 0032966-97.2020.8.16.0000**. 12ª. Câmara Cível. Relator: Desembargador Luis Cesar de Paula Espindola, julgamento em: 07 de maio de 2021, publicado em: 12 de maio de 2021. Disponível em: https://portal.tjpr.jus.br/jurisprudencia/j/4100000014079551/Ac%C3%B3rd%C3%A3o-0032966-97.2020.8.16.0000#. Acesso em: 15 fev. 2023.

BRASIL. Tribunal de Justiça de São Paulo. **AgRg no Ag 704019/DF.** Relatora: Ministra Nancy Andrighi, Terceira Turma, julgado em: 08 de novembro de 2005.

BRASIL. Tribunal de Justiça de São Paulo. **Apelação Cível nº 1000675-28.2018.8.26.0288.** Relator: Marcus Vinicius Rios Gonçalves, Órgão Julgador: 6ª Câmara de Direito Privado, julgado em: 19 de novembro de 2020.

BRASIL. Tribunal de Justiça de São Paulo. **Apelação Cível nº 1008833-68.2019.8.26.0084.** Relator: César Peixoto, Órgão Julgador: 9ª Câmara de Direito Privado, julgado em: 03 de março de 2022.

BRASIL. Tribunal de Justiça de São Paulo. **Apelação Cível nº 1013751-25.2019.8.26.0405.** Relator(a): Piva Rodrigues, Órgão Julgador: 9ª Câmara de Direito Privado, julgado em: 23 de fevereiro de 2022.

CABETTE, Eduardo Luiz Santos; CABETTE, Bianca Cristine Pires dos Santos. **Fraude Paternal**: Uma lacuna do direito. Disponível em: https://meusitejuridico.editorajuspodivm.com.br/2022/02/11/fraude-paternal-uma-lacuna-direito/ Acesso em: 30 out. 2022.

FARIAS, Cristiano Chaves de; ROSENVALD, Nelson. **Curso de Direito Civil**. Direito das Famílias. Salvador: Juspodivm, 2013.

FUJITA, Jorge Shiguemitsu. **Filiação**. 2. ed. São Paulo: Atlas. 2011.

GAGLIANO, Pablo Stolze. A Responsabilidade Civil pela Falsa Imputação de Paternidade. *In:* MADALENO, Rolf; BARBOSA, Eduardo. **Responsabilidade Civil no Direito de Família**. Rio de Janeiro: Grupo GEN, 2015. *E-book*.

GOMES, Orlando. **Direito de Família**. Rio de Janeiro: Forense. 2002.

GOMES. Orlando. **Introdução ao Direito Civil**. Atualizada por Edvaldo Brito e Reginalda Paranhos de Brito. 22. ed. Rio de Janeiro: Forense. 2019.

KELSEN, Hans. **Teoria Pura do Direito**. Hans Kelsen; tradução Cretella Jr. e Agnes Cretella. 9. ed. São Paulo: Thomson Reuters Brasil, 2009.

MIRANDA, Francisco Cavalcante Pontes de. **Tratado de direito privado**: parte geral. 4. ed. São Paulo: Revista dos Tribunais, 1983.

MOURA, Mário Aguiar. **Tratado Prático da Filiação**: investigação da paternidade. 2. ed. Rio de Janeiro: Aide, 1984. v. 11.

OLIVEIRA, Aluísio Pires de. Filiação consangüínea: da diferença à igualdade e suas consequências no Código Civil Brasileiro. **Revista da Faculdade de Direito da UFPR**, Curitiba, a. 27, n. 27, p. 141-202, 1993. Disponível em: https://revistas.ufpr.br/direito/article/view/8983/6289. Acesso em: 6 nov. 2022.

PAIANO, Daniela Braga. **A Família Atual e as Espécies de Filiação**: da possibilidade jurídica da multiparentalidade. Porto Alegre: Lumen Juris. 2017.

PEREIRA, Caio Mário da Silva. **Reconhecimento de Paternidade e Seus Efeitos**. 7. ed. São Paulo: Forense. 2015.

ROSA, Conrado Paulino da. **Direito de Família Contemporâneo**. São Paulo: Juspodivm, 2022.

SILVA, Luisa Stella de Oliveira Coutinho. Como se de legítimo matrimónio nascida fora: A Construção da filiação no Império português a partir da legitimação de uma filha sacrílega na capitania da Paraíba. **Varia História,** Belo Horizonte, [s. l.], v. 38, n. 76, p. 91-124, 2022. Disponível em: https://www.scielo.br/j/vh/a/vQccbRcLWHVvKJfmWCYQD8F/?lang=pt. Acesso em: 6 nov. 2022.

13

DA RESPONSABILIDADE CIVIL PELO ABANDONO AFETIVO PARENTAL: DEVER DE CUIDADO DOS GENITORES EM RELAÇÃO AOS FILHOS

Camila Bueno Romão
Guilherme Augusto Girotto

Introdução

A família, entendida como o local de formação psicológica, emocional e mental, constitui a essência para a defesa da Dignidade da Pessoa Humana das crianças e dos adolescentes e, do mesmo modo que os diversos institutos do Direito Civil, sofreu inúmeras transformações com a promulgação da Constituição Federal de 1988, a qual inseriu o indivíduo como ponto central do âmbito jurídico em prejuízo ao patrimônio.

Assim, por influência da constitucionalização do direito civil e, consequentemente, do Direito de Família, expandiu-se não somente a concepção do grupo familiar, como também incluiu nestas relações a afetividade enquanto prerrogativa máxima em defesa da proteção integral e melhor interesse da prole.

É nessa acepção que, desde a decretação da Magna Carta, verifica-se uma maior segurança à família, que passou a ser concebida como um instituto familiar não mais limitado à entidade do casamento, sendo também associado a esta organização a filiação bilateral, unilateral, socioafetivo, entre outras relações das quais se estabelecem no afeto recíproco.

Vê-se, portanto, que a Família Contemporânea é baseada na afetividade e na solidariedade, motivo pelo qual emergem diversas dúvidas, sobretudo quanto a manifestação destes vínculos e de como a falta de afeto pode refletir juridicamente, precipuamente diante da ausência de normatização intrínseca ao tema.

Por ser o afeto essencial à formação e desenvolvimento das crianças e adolescentes, sendo suporte à educação, segurança e proteção, sua inexistência pode gerar danos nos âmbitos materiais e morais. Outrossim, esta omissão de afeto colide com as diretrizes constitucionais, bem como pode estabelecer prejuízos suscetíveis de reparação civil.

Nessa perspectiva, o presente trabalho tem como finalidade constatar a possível retratação pelos danos suportados ao infante e ao adolescente, diante da ausência de afeto, justificado pelos comportamentos diversos do menor manifestados ao longo de sua vida e de suas relações sociais, bem como por contrariar inúmeros princípios e normas constitucionais.

Assim, para alcançar a finalidade deste estudo, valeu-se do método dedutivo, se baseando em pesquisas literárias, em doutrinas e artigos, com destaque na bibliografia jurídica brasileira concernente ao Direito de Família e Responsabilidade Civil. Não obstante, realizou-se análises de leis e jurisprudências.

1. A responsabilidade civil nas relações familiares

Antes de adentrar na questão da responsabilidade civil pelo abandono afetivo parental, é relevante tecer algumas ponderações relativas à aplicação da responsabilidade civil nas relações familiares, a qual outrora havia uma concepção de que estas relações seriam voltadas a um sistema de imunidade ou de exceção, de tal modo que a violação dos deveres familiares, não deveria acarretar condenação daquele que praticava o ato ilícito.

Contudo, a reparabilidade dos danos causados nas relações familiares passou a ser considerada na sociedade contemporânea, até mesmo nas Cortes Superiores e nos Tribunais Estaduais, com a finalidade de justa reparação a quem sofrer danos morais e materiais no convívio familiar.[1] No que concerne à evolução da responsabilidade civil no Direito de Família, Maria Celina Bodin de Moraes leciona que:

> A tendência individualista, antes referida, potencializou a autonomia privada nas relações conjugais, facilitando que se venha a reavaliar, como conse-

[1] Rosenvald, Nelson; Farias, Cristiano Chaves de; Netto, Felipe Peixoto Braga. **Novo Tratado de Responsabilidade Civil**. São Paulo: Editora Saraiva, 2019. *E-book*. Disponível em: https://app.minhabiblioteca.com.br/#/books/9788553612086/. Acesso em: 27 out. 2022.

quência dessa autonomia, se uma pessoa mantém ou não os seus compromissos de convivência – o que em muito aumenta, claramente, o número de separações, de divórcios, e também de famílias recompostas ou reconstituídas e de novos modelos familiares. Tal autonomia, porém, por outro lado, reduziu os fatores que tradicionalmente serviram para inibir a imposição de responsabilização civil entre familiares.[2]

Pode-se então afirmar que, conforme ensinamentos de Mário Luiz Delgado, a evolução da responsabilização na sociedade afasta-se dos direitos subjetivos patrimoniais em benefício a dignidade da pessoa humana, a fim de favorecer os interesses existenciais, bem como possibilitar à pessoa a oportunidade de postular a reparação dos danos que lhe foram causados.[3]

Contudo, ante as premissas de serem os deveres existenciais familiares exclusivos da instituição, necessários ao interesse da pessoa e sociedade conjugal, muito se discute acerca desta relação do instituto da responsabilidade civil com o Direito de Família. A corrente prima argumenta que não tornar-se-ia viável conceder a reparação por danos morais no âmbito familiar, porquanto o Direito de Família dispõe de proteções específicas, como o divórcio, a separação e a suspensão do poder familiar. Diante disso, esclarece Rolf Madaleno, que se receia, sobretudo nas relações conjugais,

> [...] uma abertura discriminada da reparação pelo dano moral, a ensejar ensandecidos debates processuais na busca de ressarcimento pecuniário pela dor moral sofrida pela ruptura da convivência estável ou conjugal, porque, de regra, toda e qualquer separação judicial naturalmente causa um abalo emocional e psicológico aos seus protagonistas.[4]

A segunda corrente alega que a reparabilidade civil no Direito de Família deve ser apreciada, sustentam que a mera violação a um dever familiar

[2] MORAES, Maria Celina Bodin de. A responsabilidade e a reparação civil no direito de família. *In:* PEREIRA, Rodrigo da Cunha (org.). **Tratado de direito das famílias**. Belo Horizonte: IBDFAM, 2015, p. 808.

[3] DELGADO, Mário Luiz. Responsabilidade civil por violação do direito fundamental à busca da felicidade: reflexões sobre um novo dano. *In:* DELGADO, Mário Luiz; ALVES, Jones Figueirêdo. (coord.). **Os grandes temas de direito civil nos 15 anos do Código Civil** – Homenagem especial ao Professor Álvaro Villaça Azevedo. São Paulo: IASP, 2017, p. 812.

[4] MADALENO, Rolf. **Curso de Direito de Família**. 3. ed. Rio de Janeiro: Forense, 2009, p. 290.

já caracteriza o dano moral. João Baptista Vilella[5] cita alguns dispositivos positivados no Código Civil que, ao serem violados, conseguem motivar o pedido reparatório de dano moral, sendo eles: artigo 12, 1.572, 1.573, 1.637, 1.638, 1.752, 1.814 e 1.995[6].

Por fim, os defensores da terceira corrente sustentam que pode haver a ocorrência da responsabilidade civil em âmbito familiar, contanto que reste disposto um ilícito absoluto, como previsto nos artigos 186 e 927 do Código Civil.[7] Neste sentido, utilizam-se dos pressupostos da instituição, ou seja, se houver um dano, este deve ser prontamente reparado. Nas palavras de Wesley de Oliveira Louzada Bernardo,

[5] VILLELA, João Baptista *apud* DIAS, Maria Berenice. **Manual de Direitos das Famílias**. 14. ed. Salvador: Editora JusPodivm, 2021, p. 132-133.

[6] **Art. 12**. Pode-se exigir que cesse a ameaça, ou a lesão, a direito da personalidade, e reclamar perdas e danos, sem prejuízo de outras sanções previstas em lei; **Art. 1.572**. Qualquer dos cônjuges poderá propor a ação de separação judicial, imputando ao outro qualquer ato que importe grave violação dos deveres do casamento e torne insuportável a vida em comum; **Art. 1.573**. Podem caracterizar a impossibilidade da comunhão de vida a ocorrência de algum dos seguintes motivos: I – adultério; II – tentativa de morte; III – sevícia ou injúria grave; IV – abandono voluntário do lar conjugal, durante um ano contínuo; V – condenação por crime infamante; VI – conduta desonrosa; **Art. 1.637**. Se o pai, ou a mãe, abusar de sua autoridade, faltando aos deveres a eles inerentes ou arruinando os bens dos filhos, cabe ao juiz, requerendo algum parente, ou o Ministério Público, adotar a medida que lhe pareça reclamada pela segurança do menor e seus haveres, até suspendendo o poder familiar, quando convenha; **Art. 1.638**. Perderá por ato judicial o poder familiar o pai ou a mãe que: I – castigar imoderadamente o filho; II – deixar o filho em abandono; III – praticar atos contrários à moral e aos bons costumes; IV – incidir, reiteradamente, nas faltas previstas no artigo antecedente; Art. **1.752**. O tutor responde pelos prejuízos que, por culpa, ou dolo, causar ao tutelado; mas tem direito a ser pago pelo que realmente despender no exercício da tutela, salvo no caso do art. 1.734, e a perceber remuneração proporcional à importância dos bens administrados; **Art. 1.814**. São excluídos da sucessão os herdeiros ou legatários: I – que houverem sido autores, co-autores ou partícipes de homicídio doloso, ou tentativa deste, contra a pessoa de cuja sucessão se tratar, seu cônjuge, companheiro, ascendente ou descendente; II – que houverem acusado caluniosamente em juízo o autor da herança ou incorrerem em crime contra a sua honra, ou de seu cônjuge ou companheiro; III – que, por violência ou meios fraudulentos, inibirem ou obstarem o autor da herança de dispor livremente de seus bens por ato de última vontade; **Art. 1.995**. Se não se restituírem os bens sonegados, por já não os ter o sonegador em seu poder, pagará ele a importância dos valores que ocultou, mais as perdas e danos.

[7] BRASIL. [Código Civil]. **Lei nº 10.406, de 10 de janeiro de 2002**. Brasília, DF, 2002. Disponível em: http://www.planalto.gov.br/ccivil_03/leis/2002/l10406compilada.htm. Acesso em: 29 out. 2022.

Entendemos, sim, que as relações de família não servem para qualificar, ampliando ou reduzindo, a responsabilidade civil. Ou seja, em qualquer situação que constituiria dano moral fora das relações de família poderá surgir o dever de indenizar se ocorrerem no interior do grupo familiar.[8]

Outrossim, o referido posicionamento está de acordo com as premissas da Constituição Federal de 1988, a qual promoveu a dignidade da pessoa humana como princípio da República Federativa do Brasil, ou seja, o indivíduo estando ou não inserido em um contexto familiar, tem direito a total proteção contra qualquer conduta que ofenda sua dignidade.

Nessa perspectiva, como ideia principal do presente estudo, adota-se a possibilidade de aplicação das regras gerais da responsabilidade civil ao domínio da relação familiar, seguindo a linha de estudo de que há a necessidade do ato ilícito para que se consiga mencionar a responsabilização civil, uma vez que o descumprimento normativo, o mero aborrecimento ou o incômodo, intrinsecamente, não podem ser suficientes para restar configurado o dano moral.

Ademais, para uma melhor organização metodológica, optou-se aqui por tratar de um caso pontual que gera a indenização do dano causado relacionado à proteção jurídica dos filhos.

2. Da responsabilidade civil pelo abandono afetivo parental

O abandono afetivo é um dos institutos mais atuais no âmbito do Direito de Família, estando em constante evolução perante os Tribunais Pátrios, uma vez que foi criado, sobretudo pela jurisprudência, dispondo, também, de auxílio dos doutrinadores. Este tema jurídico fundamenta-se nos princípios constitucionais brasileiros, tais como, a dignidade da pessoa humana, o direito à convivência familiar, a afetividade e o melhor interesse da criança e do adolescente.

Verifica-se que a família sucedeu diversas alterações estruturais ao logo dos anos, afastando-se do modelo patriarcal para dar oportunidade ao desenvolvimento do Poder Familiar, no qual os deveres quanto à evolução e criação da prole recai a ambos os genitores.[9]

[8] Bernardo, Wesley de Oliveira Louzada. Dano moral por abandono afetivo: uma nova espécie de dano indenizável. *In:* Tependino, Gustavo; Fachin, Luiz Edson (Org.). **Diálogos sobre Direito Civil**. vol. 2. Rio de Janeiro: Renovar, 2008, p. 498.

[9] Paiano, Daniela Braga; Furlan, Alessandra Cristina. Responsabilidade civil nas relações conjugais e convivenciais. **Revista Brasileira de Direito Civil**, *[S. l.]*, v. 27, n. 01, p. 37, 2021. Disponível em: https://rbdcivil.ibdcivil.org.br/rbdc/article/view/548. Acesso em: 14 set. 2022.

Nesse sentido, para que haja o cumprimento das obrigações que são impostas aos pais, estes devem observar, principalmente, do princípio do melhor interesse da criança e do adolescente, o qual tem como finalidade o desenvolvimento dos menores em convivência familiar saudável, servindo de base para a sua plena evolução de personalidade.[10]

Ademais, ainda que o direito ao afeto não esteja preceituado nos dispositivos legais, é o instituto que desempenha um papel primordial e essencial nas relações familiares, assim como o amor, atenção e carinho.[11]

Nessa perspectiva, pode-se considerar que há a admissibilidade da incidência dos pressupostos da responsabilidade civil no âmbito familiar, assim, atualmente, os juristas procuram adotar esta organização nas relações paterno-filiais. Dessa maneira, para a utilização deste organismo nestas relações, surge o que se convencionou chamar de abandono afetivo, ou seja, as situações nas quais os genitores deixam de atender ao dever de cuidado que deveriam ter em relação aos seus filhos menores, causando diversos prejuízos ao desenvolvimento deste.

Posto isto, sob o fundamento do princípio da dignidade da pessoa humana, do afeto e dos deveres dos genitores no desenvolvimento de sua prole, o instituto do abandono afetivo tem se tornado recorrente nos Tribunais de Justiça, devido a busca dos filhos de ressarcimento civil pelos pais em virtude do dano psíquico causado pela privação do afeto e do convívio na sua formação. Desse modo, este trabalho, tem como finalidade analisar esta questão e se há a possibilidade de ser resolvida na esfera da responsabilidade civil ante a indenização como forma de compensação dos prejuízos gerados.

2.1. Poder familiar: dos deveres dos genitores na formação dos filhos

A família sob a ótica constitucional tem acepção afetiva e solidária, visando o respeito aos direitos fundamentais de seus membros e o desenvolvimento da personalidade. Dessa forma, entende que os filhos possuem prioridade na família, visto que as normas constitucionais e infraconstitucionais visam a abrangente proteção deles.

[10] GAGLIANO, Pablo Stolze; PAMPLONA FILHO, Rodolfo. **Novo Curso de Direito Civil**: Direito de Família. 12. ed. São Paulo: SaraivaJur, 2022, p. 75.

[11] PEREIRA, Rodrigo da Cunha. **Dicionário de direito de família e sucessões**: ilustrado. São Paulo: Saraiva, 2015, p. 69.

É explícito no ordenamento o propósito do legislador na proteção das crianças e adolescentes na esfera familiar, referenciando em seus dispositivos ao princípio do melhor interesse da criança e do adolescente, além da dignidade da pessoa humana. O art. 227, caput, da Magna Carta prevê que é dever da família garantir-lhes o direito à vida, à saúde, à educação, à dignidade, à alimentação, à liberdade, ao respeito e à própria convivência familiar, dentre outros; bem como, o art. 229 dispõe do dever dos genitores em criar, assistir e educar a prole.[12]

De igual modo, o Código Civil elenca no art. 1.634 os deveres e direitos que tangem aos pais em relação aos filhos, e preceitua nos arts. 1.637 e 1.638 as condições de suspensão e perda do exercício do poder familiar. Da mesma maneira, no art. 1.566, ao enumerar os deveres dos cônjuges, aponta a guarda, a educação e o sustento dos filhos.[13]

O Estatuto da Criança e do Adolescente, no que lhe concerne, foi desenvolvido com o objetivo justamente de proteção àqueles que até então não alcançaram a maioridade, prevendo o direito dos menores de serem educados e criados no bojo de sua família (art. 19), atribuindo deveres aos pais (art. 22), bem como sanções a estes pelo descumprimento destes encargos (art. 249).[14]

Ademais, o Código Penal, inclusive, qualifica como delito o abandono material e intelectual dos filhos menores (arts. 244 e 246), capaz de condenação dos pais às penas de detenção e multa.[15]

Dessarte, a convivência familiar alcança um nível mais abrangente, no qual assegura ao menor o direito de obter de seus pais toda assistência imprescindível ao desenvolvimento de sua personalidade e ao cuidado

[12] BRASIL. [Constituição (1988)]. **Constituição da República Federativa do Brasil de 1988**. Brasília, DF: Presidência da República, [2016]. Disponível em: http://www.planalto.gov.br/ccivil_03/constituicao/constituicao.htm. Acesso em: 02 out. 2022.

[13] BRASIL. [Código Civil]. **Lei nº 10.406, de 10 de janeiro de 2002**. Brasília, DF, 2002. Disponível em: http://www.planalto.gov.br/ccivil_03/leis/2002/l10406compilada.htm. Acesso em: 02 out. 2022.

[14] BRASIL. [Estatuto da Criança e do Adolescente]. **Lei nº 8.069, de 13 de julho de 1990**. Brasília, DF, 1990. Disponível em: http://www.planalto.gov.br/ccivil_03/leis/l8069.htm. Acesso em: 15 set. 2022.

[15] BRASIL. [Código Penal]. **Decreto-lei nº 2.848, de 7 de dezembro de 1940**. Rio de Janeiro, RJ, 1940. Disponível em: http://www.planalto.gov.br/ccivil_03/decreto-lei/del2848compilado.htm. Acesso em: 11 out. 2022.

de sua dignidade.[16] Nessa perspectiva, a autora Maria Berenice Dias, leciona que:

> O conceito atual de família é centrado no afeto como elemento agregador, e exige dos pais o dever de criar e educar seus filhos sem lhes omitir o carinho necessário para a formação plena de sua personalidade. A enorme evolução das ciências psicossociais escancarou a decisiva influência do contexto familiar para o desenvolvimento sadio das pessoas em formação. Não se podendo mais ignorar essa realidade, tanto que se passou a falar em paternidade responsável. Assim, a convivência dos pais com os filhos não é um direito, é um dever.[17]

Assim, parte dos doutrinadores (Maria Berenice Dias, Cláudia Maria da Silva, Giselda Maria Fernandes Novaes Hironaka, entre outros) consideram a afetividade como um dever dos genitores, afirmando que a relação entre pais e filhos voltada ao amor e carinho é primordial para a evolução emocional do menor. A inobservância deste dever acarreta sérios infortúnios à criança e ao adolescente, de tal modo que a sanção de indenização pelo abandono afetivo se dá em consequência a lesão à sua dignidade, bem como elucida Giselda Maria Fernandes Novaes Hironaka:

> O abandono afetivo se configura, desta forma, pela omissão dos pais, ou de um deles, pelo menos relativamente ao *dever de educação*, entendido este na sua acepção mais ampla, permeada de afeto, carinho, atenção, desvelo. Esta a fundamentação jurídica para que os pedidos sejam levados ao Poder Judiciário, na medida em que a Constituição Federal exige um tratamento primordial à criança e ao adolescente e atribui o correlato dever aos pais, à família, à comunidade e à sociedade.[18]

[16] SILVA, Cláudia Maria da. Descumprimento do dever de convivência familiar e indenização por danos à personalidade do filho. **Revista Brasileira de Direito de Família**, v. 25, 2004, p. 138.

[17] DIAS, Maria Berenice. **Manual de Direito das Famílias**. 14. ed. Salvador: Editora JusPodivm, 2021, p. 139-140.

[18] HIRONAKA, Giselda Maria Fernandes Novaes. **Pressuposto, elementos e limites do dever de indenizar por abandono afetivo**. 22 abril 2007. Disponível em: https://ibdfam.org.br/artigos/288/Pressuposto,+elementos+e+limites+do+dever+de+indenizar+por+abandono+afetivo#:~:text=%22Assim%2C%20s%C3%B3%20os%20filhos%20menores,fase%20de%20forma%C3%A7%C3%A3o%20da%20personalidade. Acesso em: 05 nov. 2022.

Outrossim, note-se que os deveres atinentes aos genitores estão plenamente ligados ao instituto do poder familiar, uma vez que este estabelece normas de interesse e proteção dos menores, o qual pode ser estabelecido como "o conjunto de direitos e deveres atribuídos aos pais com relação aos filhos menores e não emancipados, com relação à pessoa destes e a seus bens".[19] No estudo de Inacio de Carvalho Neto[20], este organismo carrega dentro de si mesmo mais ônus do que propriamente poderes para seus titulares.

Porém, de acordo com alguns juristas, a expressão poder familiar não representa o real conteúdo do instituto, uma vez que previamente a um poder, corresponde a um dever dos genitores, não da família, como o nome insinua.[21] Assim, este dever dos genitores concebe-se em parâmetros pessoais e patrimoniais. Os primeiros se demonstram na educação, guarda e correção dos filhos. Já o pressuposto patrimonial abarca o gerenciamento de seus bens.

Não obstante, importante compreender que a guarda é um dos elementos do poder familiar, sendo este um direito e dever dos pais, de acordo com o art. 33 do ECA, visto que a falta de convívio perante a mesma casa não suprime e nem encerra esta obrigação. Diante disso, quando da ocorrência de dissolução dos genitores e do deferimento da guarda a um deles, incumbe ao outro o direito de visitas, permanecendo inviolado o seu poder familiar. Nos dizeres de Iara Rodrigues de Toledo, Paulo Cezar Dias e Melrian Ferreira da Silva Simões,

> O poder familiar é irrenunciável, intrasferível, inalienável, imprescritível e decorre tanto da paternidade natural como da filiação legal e da sócioafetiva. As obrigações que dele fluem são personalíssimas. Como os pais não podem renunciar aos filhos, os encargos que derivam da paternidade também não podem ser transferidos ou alienados. Nula é a renúncia ao poder familiar, sendo possível somente delegar a terceiros o seu exercício, preferencialmente a um membro da família.[22]

[19] VENOSA, Silvio de Salvo. **Direito civil**: Direito de Família. 11. ed. São Paulo: Atlas, 2011, p. 303-304.

[20] CARVALHO NETO, Inacio de. **Responsabilidade civil no direito de família**. 4. ed. Curitiba: Juruá, 2011, p. 463.

[21] RODRIGUES, Silvio. **Direito civil**: Direito de Família. v. 6. 28. ed. São Paulo: Saraiva, 2004, p. 355.

[22] TOLEDO, Iara Rodrigues de; DIAS, Paulo Cezar; SIMÕES, Melrian Ferreira da Silva (orgs.). **Ensaios acerca do direito das famílias**. Birigui: Boreal, 2016, p. 20.

Posto isto, salienta-se que é irrefutável que os genitores possuem a obrigação de educar e assistir os filhos material e moralmente, porquanto deixar os filhos desamparados, diante da omissão dos pais, é reputado grave, arriscando-se à perda do poder familiar, além de sanções dispostas no Código Penal pelos crimes de abandono material e intelectual.[23]

Portanto, como a convivência entre pais e filhos é duradoura, o seu término é atípico e árduo, sendo reputado apenas em circunstâncias de risco elevado ou de abuso.[24] Para Silvio Rodrigues[25], estas penalidades são consideradas ações em prol dos menores, as quais os afastam da influência prejudicial de seus genitores, ou seja, são impostas com o intuito de preservação do interesse dos filhos e não como sanção aos pais. Já Caio Mário da Silva Pereira[26] interpreta que a extinção do poder familiar é a penalidade mais séria posta aos pais por faltar ou falhar com seus deveres diante de sua condição materna ou paterna.

Em suma, diante da concepção da prole, devem os genitores incumbir-se de deveres, observando suas obrigações e deveres com sua prole, em consonância com o princípio da dignidade da pessoa humana.[27]

2.2. Definição de abandono afetivo

As relações familiares e o afeto são essenciais na evolução e concepção da pessoa humana, perante estes institutos que os genitores devem possibilitar a segurança emocional e material de seus filhos, posto que a formação e desenvolvimento do indivíduo ocorre no âmbito da família.[28]

Nesse sentido, é possível verificar que o afeto se encontra implícito na Constituição Federal, isso em razão de estar consolidado a alguns fundamentos essenciais, tais quais: a adoção como seleção afetiva com igualdade

[23] Toledo, Iara Rodrigues de; Dias, Paulo Cezar; Simões, Melrian Ferreira da Silva (orgs.). **Ensaios acerca do direito das famílias.** Birigui: Boreal, 2016, p. 371.

[24] Moraes, Maria Celina Bodin de. Danos morais em família? Conjugalidade, parentalidade e responsabilidade civil. **Revista Forense**, v. 386, 2006, p. 198.

[25] Rodrigues, Silvio. **Direito civil**: Direito de Família. v. 6. 28. ed. São Paulo: Saraiva, 2004, p. 368-369.

[26] Pereira, Caio Mário da Silva. **Instituições de direito civil**: direito de família. v. 5. 18. ed. Rio de Janeiro: Forense, 2010, p. 464.

[27] Dias, Maria Berenice. **Manual de Direito das Famílias**. 14. ed. Salvador: Editora JusPodivm, 2021, p. 139-140.

[28] Calderón, Ricardo. **Princípio da afetividade no direito de família**. 2. ed. Rio de Janeiro: Forense, 2017, p. 396.

de direitos (art. 227, §§5º e 6º), a igualdade entre os filhos, independentemente de sua origem (art. 227, §6º), a família formada por qualquer dos pais e sua prole, englobando os adotivos como prioridade absoluta da criança e do adolescente (art. 227).[29]

No tocante a esta nova ótica da família e da necessidade de convivência familiar, para que tenha o pleno desenvolvimento da prole faz-se fundamental a presença da proteção, segurança, afeto, limite, particularidades que não se exaurem no pagamento de alimentos e no dever de sustento. É imprescindível na formação do indivíduo o amor e o afeto, característicos do ser humano, além do exercício da maternidade e paternidade, com dedicação, disponibilidade, trabalho e tempo.[30]

Nesta circunstância é que surge o conceito de abandono afetivo, visto que a provação de afeto dos genitores com seus filhos pode suscitar danos insanáveis na sua evolução, sobretudo problemas emocionais, os quais podem afetar na formação saudável da prole. Nessa lógica se posiciona Maria Berenice Dias:

> Comprovado que a falta de convívio pode gerar danos, a ponto de comprometer o desenvolvimento pleno e saudável do filho, a omissão do pai gera dano afetivo suscetível de ser indenizado. A negligência justifica, inclusive, a perda do poder familiar, por abandono (CC 1.638 II). [...] A lei responsabiliza os pais no que toca aos cuidados com os filhos. A ausência do cuidado, o abandono moral violam a integridade psicofísica dos filhos, bem como o princípio da solidariedade familiar, valores protegidos constitucionalmente.[31]

Outrossim, neste mesmo posicionamento, preceitua o autor Rolf Madaleno:

> Dentre os inescusáveis deveres paternos figura o de assistência moral, psíquica e afetiva, e quando os pais ou apenas um deles deixa de exercitar o verdadeiro e mais sublime de todos os sentidos da paternidade, respeitante a interação do convívio e entrosamento entre pai e filho, principalmente quando

[29] Toledo, op cit, p.25.

[30] Groeninga, Giselle Câmara. **Direito à convivência entre pais e filhos**: análise interdisciplinar com vistas à eficácia e sensibilização de suas relações no poder judiciário. 2011. 260 f. Tese (doutorado) – Curso de Direito, Universidade de São Paulo, São Paulo. 2011.

[31] Dias, Maria Berenice. **Manual de Direito das Famílias**. 14. ed. Salvador: Editora JusPodivm, 2021, p. 404-405.

os pais são separados ou nas hipóteses de famílias monoparentais, onde um dos ascendentes não assume a relação fática de genitor, preferindo deixar o filho no mais completo abandono, sem exercer o direito de visitas, certamente afeta a higidez psicológica do descendente rejeitado.[32]

O dever de cuidado, como já exposto no item anterior, é um dever dos pais no que tange à sua prole, o qual se manifesta pela proteção dada constitucionalmente perante o princípio da dignidade da pessoa humana, pelo direito à convivência familiar, pela primazia a ser concedida à criança e ao adolescente e pelo planejamento familiar.

Portanto, o abandono afetivo pode ser concebido como a ausência de cuidado e colaboração dos genitores em relação à sua prole, abstendo-se de atender as obrigações jurídicas de paternidade. Isto é, esta privação de afeto poderá ser pelos pais socioafetivos, pelos genitores biológicos ou por qualquer outro indivíduo que exerça a função de família na vida do menor.

Ademais, em julgado proferido pela 30ª Câmara de Direito Privado do Tribunal de Justiça de São Paulo, o Excelentíssimo Desembargador Relator Ênio Santarelli Zuliani conceituou o instituto do abandono afetivo como sendo:

> [...] uma vertente da falta de cuidado instituído no art. 227, da CF, vencida a tese de que os pais não são obrigados a amar seus filhos. Não é sentimento, mas, sim, obrigação de respeitar e acompanhar o natural desenvolvimento (art. 1634, I e II, do CC), proporcionando meios de se realizar a dignidade humana. Não é necessário que o pai caminhe ao lado do filho, observe todos os seus atos e o aconselhe em tudo e para tudo, porque a liberdade que se concede aos poucos é fundamental para que se conquiste a individualidade e fortaleça a personalidade. Porém, nunca que se abandone e, principalmente, que se rejeite, porque o desprezo ou a ignomínia paterna não são obras do destino.[33]

Vê-se, dessarte, que os genitores possuem função essencial no pleno desenvolvimento dos menores. E, a ausência destes, causa danos que deve-

[32] MADALENO, Rolf. **Curso de Direito de Família.** 3. ed. Rio de Janeiro: Forense, 2009, p. 310.

[33] SÃO PAULO. Tribunal de Justiça da Comarca de São Paulo; Foro de Praia Grande (30ª Câmara Extraordinária de Direito Privado; 1ª Vara Cível). **Apelação Cível 0005279-45.2010.8.26.0477.** Relator Enio Zuliani. Data do Julgamento: 24/10/2017; Data de Registro: 30/10/2017.

rão ser efetivamente comprovados para que seja identificado o nexo causal entre a lesão e a conduta negligente dos pais ao se ausentar do dever de cuidado que lhe concernia.

Dessa forma, deverão ser demonstrados as seguintes premissas para que possa ser reconhecida a responsabilidade civil do genitor: a. conduta comissiva ou omissiva que viole direito; b. nexo causal e; c. dano, podendo ser este material ou moral.[34]

Ainda, notável enfatizar que a obrigação jurídica de afeto não é o mesmo que a presença real de afeto, visto que não se pode forçar o amor. Em outras palavras, o dever jurídico de afeto é previsto e a afetividade é uma obrigação imposta aos genitores, independentemente de desamor ou desafeição entre pais e filhos.[35]

Posto isto, a assistência dada pelo Estado é direcionada à proteção e ao melhor interesse da criança e do adolescente, objetivando o cuidado e evolução íntegra do infante dentro da sociedade, assim, há a defesa da prole da privação de afeto, dado que esta ausência de cautela gera danos irreparáveis à evolução do jovem, manifestando-se em sua conduta, comportamento e personalidade.

2.3. Configuração do dano moral: a indenização como forma de compensação

Em conformidade ao já exposto no item anterior do presente trabalho, o afastamento e a negligência estão inteiramente ligados aos danos psíquicos causados às crianças e adolescentes que foram afastados dos deveres necessários ao seu pleno desenvolvimento.[36]

Além disso, importante relembrar que não se pode coagir alguém a amar ou a sustentar um relacionamento afetivo, contudo o cuidado é algo exigido aos pais que exercem o poder familiar[37], isto é, a ausência de mani-

[34] GAGLIANO, Pablo Stolze; PAMPLONA FILHO, Rodolfo. **Novo curso de direito civil**: Responsabilidade Civil. v. 3. 12. ed. rev. e atual. São Paulo: Saraiva, 2014, p. 75.

[35] DIAS, Maria Berenice. **Manual de Direito das Famílias**. 14. ed. Salvador: Editora JusPodivm, 2021, p. 406.

[36] CHAVES, Luiz Cláudio da Silva. **A polêmica precificação do abandono afetivo**. Disponível em: https://domtotal.com/artigos/index.jsp?id=2739. Acesso em: 13 nov. 2022.

[37] PAIANO, Daniela Braga. Relações Familiares: uma análise da perspectiva da Responsabilidade Civil. *In:* PEREIRA, Rodrigo da Cunha (coord.); CRISARD FILHO, Waldyr; BORGUER, Luiz Francisco (orgs.). **Direito das famílias e sucessões**: concurso de artigos. Belo Horizonte: IBDFAM, 2017, p. 423.

festação de afeto dos genitores para com o filho ofende deveres de ordem moral, bem como dispositivos constitucionais e legais.

O amor e o afeto não se relacionam de nenhuma maneira com as obrigações materiais concedidas aos genitores, em outras palavras, mesmo que certa quantia seja atribuída pelos pais ao infante, não há a exoneração da participação no pleno desenvolvimento da prole. Nessa perspectiva, tem-se o seguinte pensamento:

> [...] o desenvolvimento humano pleno não prescinde de amor. Um filho carente de recursos financeiros, não obstante a pobreza material, pode ser um homem digno e equilibrado nas suas relações intersubjetivas; mas aquele que é vítima da falta de afeto e atenção possui carências que não podem jamais ser suprimidas, nem mesmo por quem as deu causa.[38]

Sendo assim, a indenização ajuizada pelo dano psicológico causado ao menor apresenta natureza pedagógica, visto que possui como finalidade substancial o desestimulo a comportamentos semelhantes, haja vista que "[...] dificilmente um genitor que teve de reparar o abandono de um filho reincidirá no dano em relação a outros descendentes, como também a tendência será a maior preocupação dos pais quanto ao seu papel de orientador e formador dos seus descendentes".[39]

Deste modo, embora a indenização não restitua o liame familiar, uma vez que o amor não é quantificável, o *quantum indenizatorium* tem como propósito primordial reparar, de certa maneira, o dano sofrido pelo afastamento do genitor no pleno desenvolvimento do filho, como forma de compensação.

Assim, é inconcussa a viabilidade de reconhecimento do direito à indenização aos filhos pois, embora o valor arbitrado não intente substituir os vínculos afetivos rompidos, mas assim como qualquer outra reparação moral, a indenização visa reparar o dano causado pela conduta negligente daquele que deveria ter agido com cuidado, amor e afeto.

[38] PEREIRA, Eddla Karina Gomes. **A precificação do abandono afetivo.** Disponível em: https://issuu.com/anacampelos/docs/a_precifica____o_do_abandono_afetiv. Acesso em: 13 nov. 2022.

[39] PEREIRA, Eddla Karina Gomes. **A precificação do abandono afetivo.** Disponível em: https://issuu.com/anacampelos/docs/a_precifica____o_do_abandono_afetiv. Acesso em: 13 nov. 2022.

Se o pai não tem culpa por não amar o filho, a tem por negligenciá-lo. O pai deve arcar com a responsabilidade de tê-lo abandonado, por não ter cumprido com o seu dever de assistência moral, por não ter convivido com o filho, por não tê-lo educado, enfim, todos esses direitos impostos pela Lei.

Posto isto, os juristas têm buscado conferir um valor legítimo ao que não pode ser apreçado, como forma de reparação à vítima, argumentando que quando há obrigação de fazer, a omissão deve ser repreendida, especialmente quando acarretar dano irreversível.

Conclusões

Com a evolução da sociedade, bem como com a promulgação da Constituição Federal de 1988 e de diversas regulamentações, o conceito de família foi submetido a transformações, excluindo-se o patriarcalismo e passando a existir o poder familiar.

Nesse contexto, exterioriza-se no âmbito familiar o termo "abandono afetivo", isto é, o termo utilizado pelos juristas e doutrinadores para caracterizar o instituto que viola as obrigações parentais, constitucionalmente previstos, que causam danos irreparáveis à prole. Posto isto, no que lhe concerne, inicia-se a se falar em dano, conferindo ensejo à responsabilidade civil por abandono afetivo.

Contudo, a grande problemática referente ao abandono afetivo exterioriza-se da indenização decorrente da ausência de afeto, popularmente conhecido como a "precificação pelo desamor". Isto pois, sendo o amor um sentimento, é aceito como incomensurável.

Desta forma, segundo bem deslindado no perpassar do trabalho, ao defender a indenização diante do abandono afetivo, objetiva compensar o dano moral provocado aos filhos diante da cessação do dever parental de cuidado, amparo emocional e zelo, dispostos, com destaque, nos artigos 226, 227 e 229 da Constituição Federal de 1988.

Além disso, a responsabilização por abandono afetivo dos menores se tenciona indenizar a vítima em razão de um dano sofrido, infortúnio de dano moral, ao atacar através da negligência dos genitores os direitos da personalidade dos menores.

Destarte, resta evidente a grande controvérsia do tema, principalmente por ser um dos institutos mais recentes no âmbito do Direito de Família. Ocorre que, a carência de um posicionamento consolidado, bem como a ausência de previsão legislativa, faz com que a insegurança jurídica impere quando tratar do abandono afetivo.

Assim, conclui-se que a colaboração material não é a única obrigação dos genitores e jamais substitui o dever de assistência emocional, por consequência, torna-se necessário enfatizar que a questão pecuniária relativa à obrigação alimentar dos pais em nada enfraquece o abandono afetivo. Compensar os danos auferidos por esta conduta, bem como restaurar qualquer dano moral, manifesta-se primordial para a manutenção da Dignidade da Pessoa Humana, proteção integral e melhor interesse das crianças e dos adolescentes.

Referências

BERNARDO, Wesley de Oliveira Louzada. Dano moral por abandono afetivo: uma nova espécie de dano indenizável. *In:* TEPENDINO, Gustavo; FACHIN, Luiz Edson (orgs.). **Diálogos sobre Direito Civil**. v. 2. Rio de Janeiro: Renovar, 2008.

BRASIL. [Código Civil]. **Lei nº 10.406, de 10 de janeiro de 2002**. Brasília, DF, 2002. Disponível em: http://www.planalto.gov.br/ccivil_03/leis/2002/l10406compilada.htm. Acesso em: 29 out. 2022.

BRASIL. [Código Penal]. **Decreto-lei nº 2.848, de 7 de dezembro de 1940**. Rio de Janeiro, RJ, 1940. Disponível em: http://www.planalto.gov.br/ccivil_03/decreto-lei/del2848compilado.htm. Acesso em: 11 out. 2022.

BRASIL. [Constituição (1988)]. **Constituição da República Federativa do Brasil de 1988**. Brasília, DF: Presidência da República, [2016]. Disponível em: http://www.planalto.gov.br/ccivil_03/constituicao/constituicao.htm. Acesso em: 02 out. 2022.

BRASIL. [Estatuto da Criança e do Adolescente]. **Lei nº 8.069, de 13 de julho de 1990**. Brasília, DF, 1990. Disponível em: http://www.planalto.gov.br/ccivil_03/leis/l8069.htm. Acesso em: 15 set. 2022.

CALDERÓN, Ricardo. **Princípio da afetividade no direito de família**. 2. ed. Rio de Janeiro: Forense, 2017.

CARVALHO NETO, Inacio de. **Responsabilidade civil no direito de família**. 4. ed. Curitiba: Juruá, 2011.

CHAVES, Luiz Cláudio da Silva. **A polêmica precificação do abandono afetivo**. Disponível em: https://domtotal.com/artigos/index.jsp?id=2739. Acesso em: 13 nov. 2022.

DELGADO, Mário Luiz. Responsabilidade civil por violação do direito fundamental à busca da felicidade: reflexões sobre um novo dano. *In:* DELGADO, Mário Luiz; ALVES, Jones Figueirêdo (coords.). **Os grandes temas de direito civil nos 15 anos do Código Civil** – Homenagem especial ao Professor Álvaro Villaça Azevedo. São Paulo: IASP, 2017.

DIAS, Maria Berenice. **Manual de Direito das Famílias**. 14. ed. Salvador: Editora JusPodivm, 2021.

GAGLIANO, Pablo Stolze; PAMPLONA FILHO, Rodolfo. **Novo Curso de Direito Civil**: Direito de Família. 12. ed. São Paulo: SaraivaJur, 2022.

GAGLIANO, Pablo Stolze; PAMPLONA FILHO, Rodolfo. **Novo curso de direito civil**: Responsabilidade Civil. v. 3. 12. ed. rev. e atual. São Paulo: Saraiva, 2014.

GROENINGA, Giselle Câmara. **Direito à convivência entre pais e filhos**: análise interdisciplinar com vistas à eficácia e sensibilização de suas relações no poder judiciário. 2011. 260 f. Tese (doutorado) – Curso de Direito, Universidade de São Paulo, São Paulo. 2011.

HIRONAKA, Giselda Maria Fernandes Novaes. **Pressuposto, elementos e limites do dever de indenizar por abandono afetivo**. 22 abril 2007. Disponível em: https://ibdfam.org.br/artigos/288/Pressuposto,+elementos+e+limites+do+dever+de+indenizar+por+abandono+afetivo#:~:text=%22Assim%2C%20s%C3%B3%20os%20filhos%20menores,fase%20de%20forma%C3%A7%C3%A3o%20da%20personalidade. Acesso em: 05 nov. 2022.

MADALENO, Rolf. **Curso de Direito de Família**. 3. ed. Rio de Janeiro: Forense, 2009.

MORAES, Maria Celina Bodin de. A responsabilidade e a reparação civil no direito de família. *In:* PEREIRA, Rodrigo da Cunha (org.). **Tratado de direito das famílias**. Belo Horizonte: IBDFAM, 2015.

MORAES, Maria Celina Bodin de. Danos morais em família? Conjugalidade, parentalidade e responsabilidade civil. **Revista Forense**, v. 386, 2006.

MORAES, Maria Celina Bodin de. Deveres parentais e responsabilidade civil. **Revista Brasileira de Direito de Família**, n. 31, 2005.

PAIANO, Daniela Braga. Relações Familiares: uma análise da perspectiva da Responsabilidade Civil. *In:* PEREIRA, Rodrigo da Cunha (coord.); CRISARD FILHO, Waldyr; BORGUER, Luiz Francisco (orgs.). **Direito das famílias e sucessões**: concurso de artigos. Belo Horizonte: IBDFAM, 2017.

PAIANO, Daniela Braga; FURLAN, Alessandra Cristina. Responsabilidade civil nas relações conjugais e convivenciais. **Revista Brasileira de Direito Civil**, *[S. l.]*, v. 27, n. 01, p. 37, 2021. Disponível em: https://rbdcivil.ibdcivil.org.br/rbdc/article/view/548. Acesso em: 14 set. 2022.

PEREIRA, Caio Mário da Silva. **Instituições de direito civil**: direito de família. v. 5. 18. ed. Rio de Janeiro: Forense, 2010.

PEREIRA, Rodrigo da Cunha (org.). **Tratado de direito das famílias**. Belo Horizonte: IBDFAM, 2015.

PEREIRA, Rodrigo da Cunha. **Dicionário de direito de família e sucessões**: ilustrado. São Paulo: Saraiva, 2015.

PEREIRA, Eddla Karina Gomes. **A precificação do abandono afetivo**. Disponível em: https://issuu.com/anacampelos/docs/a_precifica____o_do_abandono_afetiv. Acesso em: 13 nov. 2022.

RODRIGUES, Silvio. **Direito civil**: Direito de Família. v. 6. 28. ed. São Paulo: Saraiva, 2004.

ROSENVALD, Nelson; FARIAS, Cristiano Chaves de; NETTO, Felipe Peixoto Braga. **Novo Tratado de Responsabilidade Civil**. São Paulo: Editora Saraiva, 2019. *E-book.* Disponível em: https://app.minhabiblioteca.com.br/#/books/9788553612086/. Acesso em: 27 out. 2022.

SÃO PAULO. Tribunal de Justiça da Comarca de São Paulo; Foro de Praia Grande (30ª Câmara Extraordinária de Direito Privado; 1ª Vara Cível). **Apelação Cível 0005279-45.2010.8.26.0477**. Relator Enio Zuliani. Data do Julgamento: 24/10/2017; Data de Registro: 30/10/2017.

SILVA, Cláudia Maria da. Descumprimento do dever de convivência familiar e indenização por danos à personalidade do filho. **Revista Brasileira de Direito de Família,** v. 25, 2004.

TOLEDO, Iara Rodrigues de; DIAS, Paulo Cezar; SIMÕES, Melrian Ferreira da Silva (orgs.). **Ensaios acerca do direito das famílias**. Birigui: Boreal, 2016.

VENOSA, Silvio de Salvo. **Direito civil**: Direito de Família. 11. ed. São Paulo: Atlas, 2011.

14

PACTO ANTENUPCIAL: INSTRUMENTO DA AUTONOMIA PRIVADA DOS NUBENTES NAS FAMÍLIAS CONTEMPORÂNEAS

Ana Luiza Mendes Mendonça
Anelise Otaviano da Silva
Guilherme Augusto Girotto

Introdução

Inicialmente, para analisar a contratualização das relações familiares, é imperioso o estudo da autonomia privada: um instituto existente no direito, que entrelaça as relações dos seres humanos, especialmente nos aspectos patrimoniais, permitindo que estes criem normas dentro dos limites impostos legalmente.

No tocante à contratualização, percebe-se que, como forma de exercício dessa autonomia privada, os particulares criam normas jurídicas para si, respeitando os limites legais impostos, e podem fazer escolhas no campo das suas relações familiares. O presente trabalho abordará a autonomia por meio das escolhas quanto aos modelos de regime de bens apresentados pelo Código Civil, permitindo que as partes possam deliberar aspectos não previstos no ordenamento.

Assim, a pesquisa traz em sua primeira parte a evolução da autonomia privada, traçando um levantamento histórico acompanhado de uma tentativa de conceituação na doutrina especializada e as divergências apresentadas, a partir da visão clássica de Francisco Amaral. Apresentará também as limitações que o referido instituto possui e as críticas doutrinárias a seu respeito.

A segunda seção tratará aspectos contemporâneos dos pactos, os próprios regimes de bens tipificados, as espécies de regimes previstas na legislação pátria, e os regimes ditos atípicos, ou seja, aqueles que não estão previstos no Código, discutindo a possibilidade de os nubentes escolherem regimes diversos dos previstos em lei como exercício da autonomia privada e, ainda, inserir no pacto antenupcial as disposições existenciais.

Na última parte do trabalho, desenvolve-se a discussão acerca da possibilidade de cláusulas existenciais integrarem o mencionado instrumento negocial.

O objetivo principal da pesquisa se traduz em evidenciar a forma que a autonomia privada é vista pela doutrina especializada no contexto pós-moderno e como ela se faz presente nessa nova forma de contratualizar a relação familiar, bem como analisar se permite que questões existenciais sejam incluídas no pacto antenupcial.

A problemática e relevância do tema consistem no sentido de que, embora sejam temas já explorados e de conhecimento do cartorário registrador (e algumas vezes dos próprios nubentes), essas premissas afiguram-se superficiais, de modo que não garantem aos nubentes que pretendem exercer plenamente sua autonomia privada de forma que efetivamente atinjam o exato planejamento patrimonial e existencial do matrimônio que sucederá.

Utilizando-se do método lógico-dedutivo, que representa a extração lógica do conhecimento partindo de premissas gerais aplicáveis às hipóteses concretas, das técnicas de análise de documentos bibliográficos e legislativos específicos sobre autonomia privada e regimes de bens, toma como hipótese que a autonomia privada deve ser observada pelo Direito das Famílias, principalmente no momento de escolha do regime de bens e a possibilidade de inserção de cláusulas existenciais no pacto antenupcial, como uma forma possibilitadora de escolha acertada e individual.

1. Da autonomia da vontade à autonomia privada: conceito e evolução

A fim de propiciar uma adequada visão sobre o tema, imperioso se faz a elucidação de alguns termos utilizados ao longo do estudo, quais sejam, a vontade (psicológica e jurídica), a liberdade, a autonomia da vontade e a autonomia privada.

No que se refere ao aspecto psicológico, a vontade é o motor que dirige e orienta as faculdades e escolhas de realização humana, enquanto o direito lhe outorga relevância em razão de compor um dos principais elementos do ato jurídico e, assim, a partir de preceitos legais, a vontade acarreta a criação, modificação ou extinção de relações jurídica, caracterizando a vontade jurídica. A possibilidade de agir de acordo com a vontade configura a liberdade, e a liberdade jurídica é a oportunidade que o sujeito possui de regular as relações[1].

Emilio Betti, ao tecer comentários sobre a vontade, afirma que esta, sob o ponto de vista psicológico, é um fato interno, incompreensível e indomável, que existe no foro íntimo do consciente do ser.[2] E, assim, apenas quando externada por meio de anúncio/exposição ou condutas é que se interpreta e se exerce o juízo de valor. Somente esses são institutos dotados de possibilidade interpretativa, ou o instrumento da autonomia privada.

Com origem etimológica de norma ou regra para si mesmo, a palavra autonomia traduz esse sentimento humano de se autorregrar, partindo de conceitos como independência, liberdade e emancipação, evidenciada por se contrapor aos empecilhos do Estado (ou até de uma divindade). É nítido que essa liberdade de se comandar encontrou seu apogeu no humanismo, considerando que valorizou e, em certos termos, ditou o que é próprio do ser humano. Portanto, o querer humano aglutina-se à ideia de a pessoa ser a gênese normativa, e a 'vontade' decorrente dessa dinâmica[3], ou seja,

> [...] o fundamento da autonomia da vontade está na concepção de que o homem, por ser dotado de inteligência, é livre, diferentemente dos animais que são presos aos seus instintos, motivo pelo qual as ações daquele não são meramente impulsos, mas atos de decisão tomados após reflexão[4].

[1] AMARAL NETO, Francisco dos Santos. A autonomia privada como princípio fundamental da ordem jurídica. **Revista de Informação Legislativa,** v. 26, n. 102, p. 207-230, abr./jun. 1989, p. 211-212.

[2] BETTI, Emílio. **Teoria Geral do Negócio Jurídico**. Tradução: Servanda Editora. Campinas: Servanda, 2008, p. 89.

[3] RODRIGUES, Lia Palazzo. Algumas considerações sobre o Direito de Família no novo Código Civil e seus reflexos no regime supletivo de bens. *In:* WELTER, Belmiro Pedro; MADALENO, Rolf Hanssen (Coords.). **Direitos fundamentais do direito de família.** Porto Alegre: Livraria do Advogado, 2004, p. 113-115.

[4] BRANCO, Gerson Luiz Carlos. Os Princípios Reguladores da autonomia Privada: autonomia da vontade e boa-fé. **Revista Direito e Democracia**. v. 1, n. 1. Canoas: ULBRA, 1º. Semestre 2000, s.p.

Especificando o sentido da palavra autonomia dentro do direito privado, resume-se no espaço de liberdade que o sujeito pode usufruir; é este direito de se reger por suas próprias normativas que se denomina como a própria autonomia.

De acordo com Francisco Amaral Neto, a autonomia da vontade é princípio do direito privado segundo o qual este sujeito pode praticar um ato jurídico, conferindo-lhe o conteúdo, a forma e os efeitos. Por outro aspecto, a autonomia privada é o poder da pessoa em conceber/produzir normas jurídicas para seu próprio comportamento, que não é originário, mas deriva do ordenamento jurídico estatal, que impõe limites à autonomia privada[5].

Nesse diapasão, tem-se que a autonomia privada consubstancia-se na esfera do direito privado, especificamente no plano de atuação, por meio do direito imperativo da sistemática jurídica-estatal, que confere ao sujeito sua autorregulação jurídica. Por conseguinte, este poderá legislar sobre sua respectiva matéria jurídica, concebendo normas jurídicas que possuem eficácia reconhecida pelo Estado[6].

Com relação à dicotomia da autonomia da vontade e autonomia privada, Otavio Luiz Rodrigues Junior reproduz pensamentos de importantes nomes da história, como Immanuel Kant bem como do direito brasileiro, a exemplo de Antonio Junqueira de Azevedo, que alinhava o raciocínio de que a autonomia da vontade categorizou-se como princípio do Direito, o que decorre da ideia máxima da Revolução Francesa, cujo mote afirma que, nascendo os homens iguais e livres, é imprescindível conferir-lhes a liberdade de criar e produzir o direito[7].

Finaliza o autor Francisco dos Santos Amaral Neto[8] sustentando que, intrinsecamente conectada à concepção da autonomia da vontade como poder jurídico, existe a teoria normativa do negócio jurídico, e que é neste instrumento que se concretiza a autonomia privada, que se traduz na declaração de vontade autora de normas jurídicas.

[5] AMARAL NETO, Francisco dos Santos. A autonomia privada como princípio fundamental da ordem jurídica. **Revista de Informação Legislativa**, v. 26, n. 102, p. 207-230, abr./jun. 1989, p. 212-213.

[6] Ibid, p.213.

[7] RODRIGUES JUNIOR, Otavio Luiz. Autonomia da vontade, autonomia privada e autodeterminação: notas sobre a evolução de um conceito da Modernidade e na Pós-modernidade. **Revista de Informação Legislativa**, Brasília a. 41 n. 163 jul./set. 2004, p. 117-118.

[8] AMARAL NETO, op. cit.

De outro lado, Teresa Negreiros[9] expõe que 'autonomia privada' e 'autonomia da vontade' são expressões a respeito das quais os doutrinadores ainda não atingiram um consenso, tanto no que diz respeito ao significado quanto à origem. Entretanto, pode-se entender que ambas advêm da mesma realidade, sendo que a segunda expressão guarda maior relação histórica com o voluntarismo jurídico.[10]

O substrato está na liberdade do sujeito regular sozinho as próprias ações ou, mais especificamente, de os particulares envolvidos em uma conduta comum determinarem normas para tal comportamento. Mesmo sendo o panorama exemplar, há que se falar que tal posicionamento exerceu forte influência no pensamento jurídico, que acortina o liberalismo econômico e a revelação das normas jurídicas com força mercantil.[11]

Afirma-se que autonomia privada é o próprio poder jurídico do particular, no que se refere à sua natureza, já que se trata da possibilidade do sujeito de modificar situações jurídicas próprias ou de terceiros. O referido poder jurídico é efetivado pela criação de normas jurídicas, seja pelo Estado, que confere e regula por meio de leis ditas maiores, seja pelo particular, mediante negócios jurídicos, ou ainda de modo não-normativo consubstanciado, em atos jurídicos em senso estrito que não configuram manifestação de autonomia.[12]

Emilio Betti[13] observa que o princípio da autonomia privada se consolida no conteúdo do negócio jurídico. Caso não preencham os requisitos de existência, validade e/ou eficácia, acarretará a inexistência ou nulidade, portanto, primeiramente trata-se de um preceito concreto, ou seja, refere-se a interesses determinados, com a possibilidade de se transferir a outro. Em segundo, é um preceito social, ou seja, ainda que não jurídico, é considerado socialmente, fazendo relação entre a vida dos demais particulares. Em terceiro, é vinculativo, posto que traça liame de eficácia com os demais.

[9] NEGREIROS, Teresa. **Teoria dos contratos***:* novos paradigmas. 2. ed. Rio de Janeiro: Renovar, 2006, p. 2.

[10] Ibid., p. 3-4.

[11] PERLINGIERI, Pietro. **Perfis do Direito Civil:** Introdução ao Direito Civil Constitucional. Tradução de Maria Cristina de Cicco. 2. ed. Rio de Janeiro: Renovar, 2002, p. 17.

[12] AMARAL NETO, Francisco dos Santos. A autonomia privada como princípio fundamental da ordem jurídica. **Revista de Informação Legislativa**, v. 26, n. 102, p. 207-230, abr./jun. 1989, p. 214.

[13] BETTI, Emílio. **Teoria Geral do Negócio Jurídico.** Tradução: Servanda Editora. Campinas: Servanda, 2008, p. 236.

No que tange ao histórico dessa conceituação (autonomia da vontade), evidencia-se o seu fortalecimento em paralelo com a ascensão da burguesia e os fundamentos do liberalismo, na medida em que tal classe social não ficava mais adstrita dos ditames da nobreza que, ao comercializar produtos e fazer circular riquezas, demandava maior liberdade.

O direito privado regulava, portanto, a atuação dos sujeitos de direito, em especial o contratante e o proprietário, que aspiravam, na época, o aniquilamento de todos os privilégios feudais: poder contratar, fazer circular as riquezas, adquirir bens como expansão da própria inteligência e personalidade, sem restrições ou entraves legais.[14]

Assim, o liberalismo jurídico assenta o pensamento fundamental no próprio sujeito, consequentemente, atribuindo notável relevância à liberdade de contratar, o que era visto como a mais autêntica manifestação do livre arbítrio, restando ao Estado somente assegurar a execução destas manifestações. O direito de propriedade era um direito por excelência e, assim, a predominante liberdade conferida ao sujeito era de conquistar, manter e transmitir bens, cabendo ao Estado intervir apenas para garantir tais condições/direitos, sendo a proteção da propriedade a principal função deste.[15]

Deste *status* de expressão da vontade, iniciam-se reflexões no sentido de que a autonomia simplesmente como resultado da vontade tinha caráter reducionista do individualismo, abandonando o humanismo. Além disso, o forte vínculo com princípios tradicionais dos contratos passou a padecer de doutrinação com o objetivo de limitá-la e contê-la[16].

Outrossim, a liberdade contratual não é ilimitada ou absoluta, pois está sob a égide da supremacia da ordem pública, que veda convenções que lhe sejam contrárias e até mesmo aos denominados 'bons costumes', de modo que a vontade dos contratantes deve atender ao interesse coletivo.[17]

14 TEPEDINO, Gustavo. **Temas de Direito Civil.** 4. ed. rev. e atual. Rio de Janeiro: Renovar, 2008, p. 2.

15 SARMENTO, Daniel. Os princípios constitucionais da liberdade e da autonomia privada. **B. Cient.** ESMPU, Brasília, a. 4, n.14, p. 167-217, jan/mar 200, p. 188.

16 RODRIGUES JUNIOR, Otavio Luiz. Autonomia da vontade, autonomia privada e autodeterminação: notas sobre a evolução de um conceito da Modernidade e na Pós-modernidade. **Revista de Informação Legislativa**, Brasília a. 41 n. 163 jul./set. 2004, p. 120.

17 DINIZ, Maria Helena. **Curso de direito civil brasileiro**: teoria das obrigações contratuais e extracontratuais. v.3. Editora Saraiva, 2022, s.p. *E-book.* ISBN 9786555598711. Disponível em: https://app.minhabiblioteca.com.br/#/books/9786555598711/. Acesso em: 03 out. 2022.

Em uma visão contemporânea, Paulo Nalin, com base nos escritos de Pietro Rescigno, exemplifica que o princípio da autonomia privada se revela na liberdade de associação, ou seja, a liberdade de se associar prevista na Constituição, mas este não é o único exemplo encontrado. Em verdade, a autonomia privada (pós-moderna) se consubstancia em uma intrínseca relação entre esta, com a Constituição e com a solidariedade social.[18]

Até este ponto notou-se que a vontade atinge relevância jurídica quando o sujeito passa a ditar normas para si e para outrem. Configura-se autonomia da vontade em um primeiro momento histórico, que reconhece tal poder do ser humano, que nasce igual a todos e, principalmente livre, de ditar regras para si mesmo. Nesta toada, surge a chamada autonomia privada, que agora afirma que ao sujeito é permitido ditar normas para seu autorregramento conforme o ordenamento jurídico.

Todo este arcabouço narrado serve de substrato para dizer que, na vigência do Estado Liberal, a autonomia da vontade era predominante, posto que fosse necessário atender aos conclames dos revolucionários franceses, cuja vontade para contratar deveria ser ampla e livre, o contrato então era o instrumento capaz de promover o lucro na sociedade. O novo paradigma do negócio jurídico é regido por normas cogentes e imperativas, e a dignidade da pessoa humana, a função social do contrato e da propriedade e boa-fé objetiva devem ser observados, acarretando então a denominada autonomia privada.[19]

E neste cenário, evidencia-se a necessidade de traçar observações e considerações sobre as relações patrimoniais dentro Direito das Famílias, em especial no que se refere à autonomia privada existente na escolha do regime de bens. Na sequência, o trabalho apresentará os regimes de bens previstos no Código Civil (chamados típicos), para então mostrar o contexto atual de uma necessária releitura para as famílias atuais.

2. Aspectos contemporâneos do pacto antenupcial

Para a plena compreensão acerca das limitações do pacto antenupcial em cenário brasileiro, inicialmente deve-se analisá-lo de acordo com a legis-

[18] NALIN, Paulo. **Do contrato:** conceito pós-moderno (em busca de sua formulação na perspectiva civil-constitucional. 2. ed. Curitiba: Juruá, 2008, p. 170-173.

[19] AMARAL, Ana Claudia Corrêa Zuin Mattos do; HATOUM, Nida Saleh; HORITA, Marcos Massashi. O Paradigma Pós-Moderno Do Negócio Jurídico E A Necessidade De Uma Nova Concepção Na Contemporaneidade. **Scientia Iuris,** Londrina, v. 21, n. 2, p. 261-297, jul. 2017. DOI: 10.5433/2178-8189.2017v21n1p262. ISSN:2178-8189, p. 280.

lação civil. Nesse sentido, verifica-se que existe uma divergência doutrinária sobre a natureza jurídica do pacto: de um lado o pacto antenupcial é visto como contrato e de outro como negócio jurídico.

Segundo Maria Berenice Dias, o pacto se trata de um contrato conjugal, sob moldes de um negócio jurídico bilateral, detendo prestações e contraprestações equivalentes.[20] Ademais, os dispositivos que regulam o pacto antenupcial no Código Civil de 2002 estão entre os artigos 1.653 e 1.657. Entretanto, a norma que devidamente autoriza a pactuação está prevista nas disposições gerais do regime de bens (artigo 1.639 da mencionada lei).

O pacto antenupcial deve ser realizado mediante escritura pública para que este obtenha validade e produza os efeitos judiciais desejados pelas partes, podendo este ser também realizado perante procurador com poderes especiais.[21] Ainda, é indispensável salientar que a validade do pacto se encontra sob condição suspensiva em relação ao casamento. Ou seja, o pacto pode existir e ser válido, todavia, apenas obtém eficácia com o advento da solenidade do casamento, com as consequências de ordem patrimonial do casamento, sendo tal negócio jurídico eficaz até a morte das partes, divórcio, ou mesmo pela separação de fato.[22]

Nesse viés, o Código Civil[23] pontua a validade do negócio jurídico, sob âmbito geral, requerendo objeto lícito, possível determinado ou determinável. Dessa forma, para que o negócio se mantenha válido até possível condição de dissolução, como supracitado, faz-se necessário a adequação do conteúdo do pacto antenupcial ao ordenamento jurídico nacional vigente, sendo passível, quando isto não é cumprido, de nulidade do pactuado entre as partes.

Quanto à capacidade das partes para firmar o pacto, a exigência é a mesma encontrada no casamento: pode ser firmado o pacto antenupcial desde que as partes tenham idade mínima de 18 (dezoito) anos, ou até mesmo entre 16 (dezesseis) e 18 (dezoito) anos com relativa incapacidade desde que devidamente assistidas e com a devida autorização para fazê-lo,

[20] DIAS, Maria Berenice. **Manual de Direito das Famílias**. 14. ed. rev. ampl. e atual. Salvador: Editora JusPodivm, 2021, p. 697.

[21] VENOSA, Sílvio de Salvo. **Direito Civil**: família e sucessões. São Paulo: Atlas, v. 5, 2019, s.p. *E-book*.

[22] DIAS, op cit., p. 697.

[23] BRASIL. **Lei nº 10.406, de 10 de janeiro de 2002**. Institui o Código Civil. Diário Oficial da União: seção 1, Brasília, DF, ano 139, n. 8, p. 1-74, 11 jan. 2002. Disponível em: http://www.planalto.gov.br/ccivil_03/leis/2002/l10406compilada.htm. Acesso em: 17 ago. 2022.

se o caso de relativa incapacidade encontrarem-se no rol previsto no Código Civil de 2002[24], os pactuantes devem estar novamente assistidos por tutores ou curadores responsáveis.

Nessa perspectiva, são anuláveis os pactos firmados por pessoas relativamente incapazes quando feito de forma desassistida, ou apresentando vícios, tal anulação pode ser realizada em até quatro anos, sob pena de decadência. A nulidade do pacto pode atingi-lo de forma total ou apenas em algumas cláusulas.

Não obstante, para compreensão do pacto antenupcial na modernidade deve-se considerar o direito de família e sua evolução no mesmo espaço-tempo. Nesses moldes, seu objetivo contemporâneo consiste na realização pessoal dos membros da entidade familiar, visando ao melhor desenvolvimento possível para os seus membros, sem haver uma interferência estatal no aspecto particular dos cônjuges.[25] Ademais, o direito de família detém fortes influências de ordem moral, religiosa, e costumes socialmente e culturalmente reforçados.

Desta forma, um dos principais fins para o qual o pacto antenupcial é adotado se trata do planejamento sucessório, definindo antecipadamente questões de ordem patrimonial no cenário de dissolução do casamento pelo falecimento. No Brasil, observa-se que a sucessão *mortis causa* ainda se trata de uma esfera jurídica litigante, o que ocasiona abarrotamento do Poder Judiciário nessa seara. Todavia, como acima pontuado, o pacto antenupcial se apresenta como importante instrumento para o planejamento sucessório de modo a diminuir tais conflitos.

Apesar de sua eficácia em tal âmbito, o método de planejamento sucessório por meio da escolha do regime de bens não é adotado com maior frequência em razão de ser uma decisão a ser tomada antes ainda da vigência do casamento, e até mesmo pela cultura familiar em âmbito nacional e a idealização da ausência de conflitos patrimoniais e extrapatrimoniais durante o relacionamento e posteriormente a ele, como ocorre no caso de falecimento.

[24] BRASIL. **Lei nº 10.406, de 10 de janeiro de 2002.** Institui o Código Civil. Diário Oficial da União: seção 1, Brasília, DF, ano 139, n. 8, p. 1-74, 11 jan. 2002. Disponível em: http://www.planalto.gov.br/ccivil_03/leis/2002/l10406compilada.htm. Acesso em: 17 ago. 2022.

[25] PERLINGIERI, Pietro. **O direito civil na legalidade constitucional.** Tradução de Maria Cristina de Cicco. Rio de Janeiro: Renovar, 2008, s.p. *E-book*.

Contudo, de acordo com Thais Venturi, em sentido comparativo, observa-se que na cultura norte-americana o uso do acordo pré-nupcial é recorrente, podendo este ser feito antes ou depois do matrimônio. Nessa perspectiva, apesar da pluralidade de temas e objetivos que este acordo pode envolver nos Estados Unidos, este faz-se majoritariamente pela organização financeira que se busca por meio deste documento, proporcionando redução da litigância entre as partes, haja vista que os mesmos podem externar seus respectivos interesses para ter o acordo conferido por advogados, analisando assim se os interesses são válidos e eficazes pela legislação correspondente, ou até mesmo terem seus interesses protegidos por advogados próprios.[26]

Vencidas tais considerações, observa-se que o pacto antenupcial é um negócio jurídico, onde a vontade das partes atua no campo patrimonial e familiar. Assim, a seguir estudar-se-á os regimes de bens tipificados e não tipificados que podem ser escolhidos pelos futuros cônjuges.

2.1. Regimes de bens codificados (típicos)

Inicia-se a presente seção com a explanação sobre o regime de bens e a autonomia privada encontrada nestes contratos; posteriormente serão analisados os regimes codificados e, ao final, tratar-se-á dos regimes ditos atípicos, aqueles não previstos na legislação cível.

Destaca-se a importante elucidação de Gustavo Tepedino sobre as questões das especificidades da expansão das relações contratuais e o papel da boa-fé nas relações patrimoniais do Direito das Famílias, asseverando que, no ordenamento jurídico pátrio, a autonomia contratual neste ramo do direito despontaria com o texto constitucional que resguarda os princípios da igualdade, da democracia e dignidade da pessoa humana. Portanto, viabilizar-se-ia a liberdade da organização de uma vida segundo a pluralidade de modelos de famílias, segundo a concepção individual e as regras decorrentes.[27]

Esclarece-se que, enquanto perdurar a união (estável ou o casamento), os bens possuem situação jurídica de universalidade, caracterizando-se

[26] VENTURI, Thaís G. Pascolato, A cultura norte-america dos acordos pré-nupciais. **Migalhas.** Disponível em: https://www.migalhas.com.br/coluna/direito-privado-no-common-law/366463/a-cultura-norte-americana-dos-acordos-pre-nupciais. Acesso: 29 set. 2022.

[27] TEPEDINO, Gustavo. Contratos em Direito de Família. *In:* PEREIRA, Rodrigo da Cunha (Org.). **Tratado de Direito das Famílias.** Belo Horizonte: IBDFAM, 2015, p. 475-476.

pela fungibilidade do acervo patrimonial. Ocorre que as divergências começam com a assertiva de que tais bens compõe o condomínio, constituídos pelas metades dos bens conjugais. Porém, aduz Rolf Madaleno que não se trata de condomínio, na medida em que os bens seguem registrados no nome daquele que o adquiriu.[28]

Paulo Lôbo afirma que o regime de bens tem por objetivo normatizar as relações patrimoniais entre os cônjuges, especificamente quanto ao domínio e a administração do todo ou individualmente de cada um dos bens existentes previamente ou adquiridos durante a união conjugal. O regime é escolhido pelo casal a depender de suas opções, podendo ser um conglomerado de estipulações convencionais e de normas cogentes, ou somente comandos legislativos, quando não exercido o poder de escolha.[29]

Destaca-se, ainda, o hábito brasileiro referente ao extenso planejamento pelos nubentes da cerimônia que constituirá o casamento, que terá curta duração, e não despendem o mesmo cuidado e esforço para se planejarem quanto a administração do patrimônio familiar, que possui vários benefícios quando realizado, como assegurar melhor futuro aos integrantes, garantir melhor fruição do patrimônio, evitando-se o gasto desnecessário.[30]

A autonomia privada exprime-se diretamente no pacto antenupcial, posto que é nesse momento e por meio desse negócio jurídico que os nubentes escolhem o regime de bens que melhor desejarem[31], e padece de importantes restrições, já que os cônjuges não possuem a livre disposição dos bens particulares e do agregado conjugal durante a existência do casamento, posto que dependente de consentimento do consorte, seria a vênia conjugal, que embora possa ser suprimida por autorização judicial, limita a autonomia privada dos mesmos.[32]

Efetivamente no tocante ao planejamento patrimonial das relações afetivas, considera-se como regime de bens as regras que configurarão as

[28] MADALENO, Rolf. **Direito de Família**. 10. ed. rev. atual. e ampl. Rio de Janeiro: Forense, 2020, s.p. *E-book*.

[29] LÔBO, Paulo Luiz N. **Direito Civil** Volume 5 – Famílias. Editora Saraiva, 2022, s.p. *E-book*. Disponível em: https://app.minhabiblioteca.com.br/#/books/9786555596281/. Acesso em: 03 out. 2022.

[30] MAIA JÚNIOR, Mairan Gonçalves. **A Família e a Questão Patrimonial**. 3 ed. rev. atual. e ampl. São Paulo: Revista dos Tribunais. 2015. p. 148-149.

[31] DIAS, Maria Berenice. **Manual Direito das Famílias**. 14. ed. Salvador: JusPodivm, 2021, p. 697-698.

[32] MADALENO, op cit.

relações jurídicas pertencentes ao pretenso casal, iniciando com a celebração do casamento e extinguindo com o divórcio ou pela morte de um dos consortes e, em alguns casos, a separação de fato também poderá influir.[33]

O regime da comunhão parcial de bens é o estatuto legal, ou seja, no silêncio dos nubentes aplicar-se-á este, e assim, comunicam-se a integralidade de bens adquiridos onerosamente entre os cônjuges na constância do casamento, conforme a disciplina do art. 1.658 do Código Civil[34].

Rafael Calmon aduz que o regime da comunhão universal de bens sempre foi o regime supletivo disposto na legislação, deixando esse lugar com a entrada em vigor da Lei 6.515/77[35], para o regime anterior, necessário dizer que a comunicação de bens neste regime é muito superior ao do regime supramencionado, na medida que se comunicam os bens mesmo antes de constituída a entidade familiar. Atualmente sua regulamentação está prevista nos artigos 1.667 a 1.671 do Código Civil, ressalvando novamente a necessidade de elaboração do pacto antenupcial para o estabelecimento do mencionado regime.[36]

O terceiro regime a ser enfrentado é da separação de bens, previsto nos artigos 1.687 e 1.688 da legislação mencionada[37], e se trata da situação em que os consortes possuirão patrimônios inteiramente distintos um do outro, não impedindo que a administração seja exercida pelo outro cônjuge cujo exercício poderá ser efetivado por mera procuração ou ainda, fazendo relação imediata com o presente estudo, mediante disposição no pacto antenupcial.[38]

33 FONSECA, Priscila M. P. Corrêa da. **Manual do Planejamento Patrimonial das Relações Afetivas e Sucessórias**. 3. ed. rev. e atual. – São Paulo: Thomson Reuters Brasil. 2022, s.p. *E-book*. Disponível em: https://proview.thomsonreuters.com/launchapp/title/rt/monografias/155347789/v3/page/RB-2.1. Acesso em 30 set. 2022.

34 BRASIL. **Lei nº 10.406, de 10 de janeiro de 2002**. Institui o Código Civil. Disponível em: http://www.planalto.gov.br/ccivil_03/leis/2002/l10406compilada.htm. Acesso em: 25 nov. 2022.

35 Id. **Lei nº 6.515, de 26 de dezembro de 1977**. Regula os casos de dissolução da sociedade conjugal e do casamento, seus efeitos e respectivos processos, e dá outras providências. Disponível em: http://www.planalto.gov.br/ccivil_03/leis/l6515.htm. Acesso em 25 nov. 2022.

36 CALMON, Rafael. **Partilha de bens na separação, no divórcio e na dissolução da união estável**: aspectos materiais e processuais. 2. ed. São Paulo: Saraiva Educação, 2018, p. 86.

37 BRASIL, 2002, op cit.

38 FONSECA, Priscila M. P. Corrêa da. **Manual do Planejamento Patrimonial das Relações Afetivas e Sucessórias**. 3. ed. rev. e atual. – São Paulo: Thomson Reuters Brasil. 2022, s.p.

Neste último regime estudado incide a imposição aos maiores de 70 (setenta) anos, que deverão, obrigatoriamente, casar-se sob esta disposição patrimonial, neste ponto em específico há grande debate doutrinário posto que, além de violar a própria autonomia privada, também seria inconstitucional por afrontar a dignidade da pessoa humana.[39]

E assim, ainda neste aspecto há que falar da disposição do Enunciado 634 da CJF, aprovado na VII Jornada de Direito, que afirma que os nubentes podem estipular em pacto antenupcial o regime da separação de bens afastando a incidência da súmula 377 do STJ[40].

O último regime típico do Código Civil de 2002 (artigos 1.672 a 1.686)[41], com pouca utilização prática, é o denominado de participação final dos aquestos, o qual prevê que os cônjuges possuam bens particulares, ou seja, não se comunicam, porém, no momento de dissolução é apurado os aquestos, qual seja, bens adquiridos a título oneroso na vigência da união.[42]

Aos nubentes é lícita a celebração de um instrumento diversificado, ou seja, com regimes não definidos pela lei civil conforme supramencionados regimes, resultando em regime misto, atípico ou híbrido. Na sequência, discorrer-se-á sobre essa possibilidade de um regime de bens diferente dos modelos tipificados.

2.2. Regimes de bens não codificados (atípicos)

Vencidas as considerações sobre os regimes codificados, aqueles que estão expressamente previstos no Código Civil brasileiro, a doutrina passa a apresentar a possibilidade de os nubentes contraírem um regime de bens

E-book. Disponível em: https://proview.thomsonreuters.com/launchapp/title/rt/monografias/155347789/v3/page/RB-2.1. Acesso em 30 set. 2022.

39 CARDOSO, Fabiana Domingues. **Pacto antenupcial no Brasil***:* formalidades e conteúdo. 2009. Tese (doutorado): Pontifícia Universidade Católica de São Paulo (PUC-SP), 2009, p. 98. Disponível em: https://sapientia.pucsp.br/bitstream/handle/8473/1/Fabiana%20Domingues%20Cardoso.pdf. Acesso em 23 set 2022.

40 BRASIL. Superior Tribunal de Justiça (STJ). **Súmula 377**. Disponível em: https://www.cjf.jus.br/enunciados/enunciado/509. Acesso em: 25 nov. 2022, s.p.

41 BRASIL. **Lei nº 10.406, de 10 de janeiro de 2002**. Institui o Código Civil. Disponível em: http://www.planalto.gov.br/ccivil_03/leis/2002/l10406compilada.htm. Acesso em: 25 nov. 2022, s.p.

42 FONSECA, Priscila M. P. Corrêa da. **Manual do Planejamento Patrimonial das Relações Afetivas e Sucessórias**. 3. ed. rev. e atual. – São Paulo: Thomson Reuters Brasil. 2022, RB 1-2. Disponível em: https://proview.thomsonreuters.com/launchapp/title/rt/monografias/155347789/v3/page/RB-2.1. Acesso em 30 set. 2022. s.p.

misto, isto é, com cláusulas de mais de um regime ou estipulando suas próprias cláusulas.

A mencionada possibilidade decorre da autonomia privada abordada anteriormente, posto que o artigo 1.639, *caput*, prevê ser "lícito aos nubentes, antes de celebrado o casamento, estipular, quanto aos seus bens, o que lhes aprouver"[43]. Ou seja, no pacto antenupcial podem os contratantes escolher o que for mais interessante a esses, quanto às disposições patrimoniais.

Há assertiva no sentido de chancelar a liberdade dos cônjuges em dispor de seus bens, ressalvadas as hipóteses que contrariarem a ordem pública, a moral e os costumes. Além dos regimes típicos (comunhão universal, comunhão parcial, separação de bens, comunhão dos aquestos), ou seja, os descritos na lei, é permitido aos nubentes criarem o regime que melhor atender aos seus interesses, lhes é facultado até mesmo a combinação de diferentes normas dos diversos regimes típicos. Cabe ao tabelião alertar os contratantes (nubentes) que, ao optar por regime diverso da comunhão parcial de bens, deve-se formalizar o pacto antenupcial, a ser lavrado em tabelionato de notas e incluído no processo de habilitação. E ainda, que o regime distinto do regime legal (regime da comunhão parcial), deve ser pactuado antes do casamento, por pacto antenupcial e observar a forma solene, qual seja a escritura pública.[44]

Ademais, o Legislador, na gênese do Código, não limitou a contratualização dos nubentes aos regimes típicos já mencionados, possibilitando de forma aberta e ampla dispor 'o que lhes aprouver'. Sob esse raciocínio, consigna-se em primeiro momento que aos nubentes é conferida a liberdade de pactuar, no momento de estipulação do pacto antenupcial, regime misto ou diverso do previsto em lei, não limitando apenas a reunião de normas pré-estabelecidas, mas estipular seu próprio regime.

Nesse cenário, o regime misto seria decorrente da elaboração do pacto antenupcial firmado pelos nubentes, e que possui em seu conteúdo cláusulas que misturam regras dos regimes tipificados pela legislação.[45] Tal regime ainda poderá configurar uma nova espécie, diversa das normas previstas pela legislação cível.

[43] BRASIL. Lei nº 10.406, de 10 de janeiro de 2002. Institui o Código Civil. Disponível em: http://www.planalto.gov.br/ccivil_03/leis/2002/l10406compilada.htm. Acesso em: 25 nov. 2022, s.p.

[44] LOUREIRO, Luiz Guilherme. **Registros Públicos**: Teoria e Prática. Salvador: JusPodivm, 2016, p. 917.

[45] BRASIL. Lei nº 10.406, de 10 de janeiro de 2002. Institui o Código Civil. Disponível em: http://www.planalto.gov.br/ccivil_03/leis/2002/l10406compilada.htm. Acesso em: 25 nov. 2022, s.p.

As limitações encontradas são as mesmas expostas anteriormente, de que não se pode dispor contra texto de lei, por óbvio, e ainda acrescenta Paulo Lôbo[46], ao conceituar o pacto antenupcial, que existe autonomia, e ela consiste na obediência ao modo como será estabelecida a disposição das relações patrimoniais após o casamento, com liberdade. Ressalva-se que não lhes é permitido fraudar a lei ou ser contra os legítimos interesses de terceiro, dessa forma, poderiam os nubentes fundirem tipos de regimes, modificando o previsto em lei, e conceber um regime completamente novo.

Assim, é oportunizada a escolha entre os regimes típicos. Além de garantir a adoção pura desses regimes pré-determinados, também é garantida às partes a liberdade de sua modificação, misturando suas disposições, gerando novos modelos, até mesmo os mais personalizados e adequados a peculiar situação patrimonial do casal. Logo, evidencia-se que, adotando cláusulas dos regimes típicos, apenas unindo as disposições legais dos mencionados regimes, serão eles mistos ou heterogêneos e, havendo a escolha de novos regramentos, serão denominados regimes personalizados.

Frisa-se que existem tipos primários, ou seja, aqueles regimes previstos em lei, cujo objetivo é traçar diretriz patrimonial como modelo e a administração atendente à concepção ética e jurídica do Código Civil brasileiro, enquanto os tipos secundários referem-se ao regime de bens complementar, permitindo aos nubentes a liberdade de pactuar, segundo seu projeto de vida.[47]

Assevera-se que os limites para disposições são injunções estatais, nulificando qualquer cláusula que contravenha disposição absoluta de lei (artigo 1.655 do Código Civil), qualquer convenção sobre direitos sucessórios (artigo 426, do Código Civil), sobre obrigações alimentícias e, por fim, que tenham conteúdo atinente a direitos e deveres expressos dos consortes e conviventes – artigos 1.566 e 1.724 também do Código Civil[48]. Elenca, também, dois principais regimes atípicos que podem ser adotados, o regime da comunhão proporcional de bens e o regime de bens familiares.

[46] Lôbo, Paulo Luiz N. **Direito Civil** Volume 5 - Famílias. Editora Saraiva, 2022, s.p. *E-book*. ISBN 9786555596281. Disponível em: https://app.minhabiblioteca.com.br/#/books/9786555596281/. Acesso em: 03 out. 2022.

[47] Madaleno, Rolf. Do regime de bens entre os cônjuges. *In:* Dias, Maria Berenice e Pereira, Rodrigo da Cunha. (coord). **Direito de Família e o novo Código Civil**. 3. ed., rev. atual. e ampl. Belo Horizonte: Del Rey, 2003, p. 220.

[48] Ibid., p. 184.

O denominado regime da comunhão proporcional de bens atende à disciplina do artigo 1.688 do Código Civil, que afirma pela correspondência econômica do casal, ou seja, o regime de bens será proporcional à capacidade de cada um dos cônjuges[49]. Assim, durante a vigência do casamento cada um deles contribuiria e, consequentemente, em caso de dissolução, a cada um restaria a proporção de sua contribuição. A fórmula empregada para o denominado regime proporcional de bens refere-se à atenção sob a efetiva capacidade econômica dos cônjuges, existindo a possibilidade de modificação conforme a renda familiar particular e inicial de cada um na vigência do vínculo matrimonial, citando como exemplo o caso de um deles aumentar sua renda, a eventual partilha observaria esses novos rendimentos[50].

O regime de bens familiares decorre do interesse ser notadamente maior em relação ao regime de bens de separação, visto que os regimes de bens de comunhão encontram-se, na prática, colocados em segundo plano. A lei chilena apresenta tal regime, elencando como familiares os bens que possuem função essencial no núcleo familiar.

Este modelo poderia ser importado à praxe forense brasileira, com um regime de comunhão de bens familiares segundo sua função essencial na vida cotidiana da família, como, por exemplo, de moradia, de lazer. Logo, o regime seria misto, de comunidade de bens com finalidades específicas para entidade familiar tidas como essenciais; e de outra classe, que constituiriam a propriedade do cônjuge adquirente, como empresas e imóveis destinados a investimento.[51]

Diversas outras modalidades de regime de bens podem ser pensadas e adotadas pelos nubentes no momento de celebração do pacto antenupcial atendendo à sua autonomia privada, assim como abarcando o negócio jurídico na realidade pós-moderna, na medida que muito da realidade vivenciada não encontra respaldo na norma positivada.

[49] BRASIL. **Lei nº 10.406, de 10 de janeiro de 2002**. Institui o Código Civil. Disponível em: http://www.planalto.gov.br/ccivil_03/leis/2002/l10406compilada.htm. Acesso em: 25 nov. 2022.

[50] MADALENO, Rolf. A crise conjugal e o colapso dos Atuais modelos de regime de bens. **Revista brasileira de direito das famílias e sucessões**, Porto Alegre: Magister, 2007, p. 323. Disponível em: https://ibdfam.org.br/assets/upload/anais/284.pdf. Acesso em 03 de set. 2022.

[51] Ibid, p. 324

Portanto, conferindo efetividade à autonomia privada, deve-se aprimorar o estudo no sentido de garantir aos nubentes a possibilidade de se regrarem patrimonialmente, segundo a melhor disposição que entenderem como salutares naquele momento de suas vidas, considerando que o ordenamento jurídico pátrio já assim permite, e a sociedade demanda tal postura do Estado e do operador do Direito, sendo imperioso que além dos conhecimento básicos sobre os regimes de bens já elucidados, seja feita a elaboração de um verdadeiro planejamento.

3. Das disposições existenciais

Considerando a autonomia privada como cerne do pacto antenupcial, o conteúdo desse negócio jurídico que envolve uma entidade familiar pode versar não apenas sobre normas acerca do patrimônio dos nubentes. Assim, passa-se a analisar a disposições existenciais do pacto antenupcial.

Pietro Perlingieri ao tratar sobre o tema de família, inicia o estudo aduzindo que cada composição familiar possui sua própria e autônoma importância jurídica, com o objetivo primordial de desenvolvimento da pessoa, não sendo crível que se considere um modelo de família superior em detrimento de outras. Também critica a necessidade da família se reduzir às exigências do Estado, quais sejam, formatar-se em conceito pré-determinados, em nome de uma concordância específica: "em uma inaceitável lógica corporativa."[52]

Nesta mesma toada, Paulo Nalin afirma que a essência e o objeto do contrato hoje em dia não mais se resumem à circulação de bens e riquezas, mas com o atual conceito de autonomia privada, relações existenciais revelam-se presentes.[53]

Por sua vez, Rafael Calmon sustenta que não há como afastar a possibilidade da liberdade de disposição existencial, uma vez que ampliar a autonomia privada frente a ingerência do Estado é a tendência, devendo ainda alguns institutos serem reapreciados e interpretados sob a perspectiva constitucional.[54]

[52] PERLINGIERI, Pietro. **Perfis do Direito Civil**: Introdução ao Direito Civil Constitucional. Tradução de Maria Cristina de Cicco. 2. ed. Rio de Janeiro: Renovar, 2002, p. 246-248.

[53] NALIN, Paulo. **Do contrato**: conceito pós-moderno (em busca de sua formulação na perspectiva civil-constitucional. 2ª ed. Curitiba: Juruá, 2008, p. 243.

[54] CALMON, Rafael. **Partilha de bens na separação, no divórcio e na dissolução da união estável**: aspectos materiais e processuais. 2. ed. São Paulo: Saraiva Educação, 2018, p. 53-54.

Há doutrinadores que também apontam que a pouca utilização deste instrumento jurídico deve-se não apenas ao aspecto sociológico, mas também na ausência de clareza doutrinária sobre a natureza jurídica e a sua operacionalização[55/56], afigurando-se então imprescindível que os operadores do direito passem a tomar conhecimento das possibilidades que este negócio jurídico pode proporcionar, revelando-se a notória relevância para comunidade acadêmica que o estudo do pacto pré-nupcial avance e seja aprofundado.

Ademais, crível asseverar que a liberdade contratual estampada no artigo 421 do Código Civil[57] é corroborada com o enunciado 635 da VIII Jornada de Direito Civil de 2018, o qual afirma: "Art. 1.655. o pacto antenupcial e o contrato de convivência podem conter cláusulas existenciais, desde que estas não violam os princípios da dignidade da pessoa humana, da igualdade entre os cônjuges e da solidariedade familiar."[58]

Ressalvando que as mencionadas disposições não poderão ferir preceitos constitucionais tampouco colocar em submissão, desigualdade ou dependência uma das partes, bem como, não poderão restringir liberdades ou violar a já mencionada dignidade humana ou solidariedade familiar, cabe ao Estado velar para que determinados assuntos sejam regulados pelos envolvidos.[59]

No âmbito internacional, o pacto norte-americano traz limitações referentes à proteção dos legítimos interesses de membros da família. Dessa maneira, diferentemente do cenário do Direito Civil brasileiro, a autonomia privada, apesar de menos limitada, não pode interferir, no caso do acordo pré-nupcial, em relações de terceiros familiares, e estipulação de possibilidade ou não de filhos entre o casal, apesar de o conteúdo ter a

[55] BIAZI, João Pedro de Oliveira de. Pacto Antenupcial: uma leitura à luz da teoria do negócio jurídico. **Revista Jurídica Luso Brasileira**, Lisboa, ano 2, n. 1, 2016, p. 241. Disponível em: https://www.cidp.pt/revistas/rjlb/2016/1/2016_01_0229_0264.pdf. Acesso em: 17 set. 2022.

[56] Afirma o autor que em 2008 apenas 311 pactos antenupciais foram registrados frente a 255.603 casamentos.

[57] BRASIL. **Lei nº 10.406, de 10 de janeiro de 2002**. Institui o Código Civil. Diário Oficial da União: seção 1, Brasília, DF, ano 139, n. 8, p. 1-74, 11 jan. 2002. Disponível em: http://www.planalto.gov.br/ccivil_03/leis/2002/l10406compilada.htm. Acesso em: 17 ago. 2022, s.p.

[58] Id. Conselho da Justiça Federal. Enunciado nº 635. **VIII Jornada de Direito Civil**. Brasília, 2018. Disponível em: https://www.cjf.jus.br/enunciados/enunciado/1174. Acesso em: 25 nov. 2022, s.p.

[59] Tais assertivas decorrem da justificativa do mencionado enunciado.

possibilidade de ser amplo, como deveres matrimoniais correspondentes, os acordos não podem conter cláusulas ou situações que preveem obrigações conjugais extrapatrimoniais.[60]

Ademais, há na doutrina a divisão didática das disposições existenciais, como vivência conjugal, que se refere a disposições de deveres tradicionais, e às cláusulas diversas, que trata de deveres pessoais, psicológicos e de costumes. No tocante ao primeiro, a doutrina majoritária manifesta-se pela impossibilidade de se afastarem os deveres conjugais (sejam eles: fidelidade, monogamia, condutas sexuais etc.)[61]

Com certa contrariedade, Gustavo Tepedino defende que cada caso deve ser analisado individualmente, observando se a disposição fere a dignidade da pessoa do cônjuge e o princípio da isonomia, permanece a ideia de ausência de vedação[62].

Retomando à segunda esfera de compreensão das disposições extrapatrimoniais elencadas alhures (cláusulas diversas), são concebidas como cláusulas não necessariamente patrimoniais, mas, relativas à organização familiar e à própria vivência diária dos futuros cônjuges e, neste aspecto, Fabiana Domingues Cardoso afirma que são poucas as doutrinas e literaturas a este respeito, sendo então de caráter improtelável o enfrentamento da temática.[63]

Desta feita, observa-se que normas existenciais podem ser incluídas nas disposições do pacto pré-nupcial pelos nubentes visando a uma melhor adaptabilidade dos próprios envolvidos, desde que essas não sejam contrárias às disposições cogentes, tampouco violem os princípios regentes, mormente da dignidade da pessoa humana.

[60] Venturi, Thaís G. Pascolato, A cultura norte-america dos acordos pré-nupciais. **Migalhas,** 2022, s.p. Disponível em: https://www.migalhas.com.br/coluna/direito-privado-no-common-law/366463/a-cultura-norte-americana-dos-acordos-pre-nupciais Acesso: 29 set. 2022.

[61] Cardoso, Fabiana Domingues. **Pacto antenupcial no Brasil***:* formalidades e conteúdo. 2009. Tese (doutorado): Pontifícia Universidade Católica de São Paulo (PUC-SP), 2009, p. 98. Disponível em: https://sapientia.pucsp.br/bitstream/handle/8473/1/Fabiana%20Domingues%20Cardoso.pdf. Acesso em 23 set 2022, p. 191.

[62] Tepedino, Gustavo. Contratos em Direito de família. *In:* PEREIRA, Rodrigo da Cunha (Org.). **Tratado de direito das famílias**. belo Horizonte: IBDFAM, 2015, p. 479.

[63] Cardoso, op. cit., p. 196.

Conclusões

Pelo exposto, verificou-se que a autonomia privada deve estar presente nas relações familiares, em especial, no que se refere às suas contratualizações. Porém, limitar a possibilidade das partes e, neste caso, dos nubentes, de regerem seu patrimônio e sua própria existência durante a vigência do casamento ou da união estável, sem que seja para atender à dignidade da pessoa humana, a função social da propriedade e do contrato, e ainda a boa-fé objetiva revela-se errônea.

Concluiu-se que não encontra mais espaço a antes chamada autonomia da vontade, tida como presente no Estado Liberal para atender aos preceitos da Revolução cuja classe burguesa precisava se separar dos ditames da monarquia e circular bens, objetos e propriedade acarretando uma enorme liberdade contratual e rechaçando a participação do Estado.

Observou-se que os nubentes, quando forem celebrar o pacto antenupcial, podem escolher o regime de bens como melhor satisfaçam os interesses patrimoniais e existenciais naquele momento, segundo o artigo 1.639 do Código Civil. Deste modo, o casal tem a possibilidade de criar um regime com cláusulas totalmente inovadoras e inéditas, bem como escolher, dentre as já existentes ou misturá-las, desde que compatível. Trata-se, aqui, da própria autonomia privada revelada na escolha do regime de bens.

Critica-se a necessidade de se adotar o regime de separação total de bens após os 70 (setenta) anos, e as demais imposições legais do artigo 1.641 do Código Civil, posto que nem sempre aos nubentes é o regime que melhor atende às necessidades naquele momento, e ceifando a autonomia das partes. Tal impasse poderia ser resolvido com cláusulas de incomunicabilidade de alguns dos bens, caso fosse de seu interesse, ou a progressão de aquisição de patrimônio com o transcorrer do tempo, exemplificativamente.

Revelou-se, então, que a autonomia privada deve ser privilegiada pelo ordenamento jurídico, observando que, na contemporaneidade, os sujeitos demandam a existência de negócios jurídicos que não encontram correspondente direto na norma jurídica positivada, mas, sim, a formação de negócios jurídicos que exigem respeito à individualidade e à dignidade da pessoa humana.

Este mote maior será alcançado com a ampla divulgação das possibilidades de se entabularem acordos pré-nupciais segundo as necessidades dos nubentes e dos princípios vigentes, conforme exposto.

Frisa-se que não há vedação legal para disposições existenciais, ao revés, o art. 421 do Código Civil autoriza a livre contratação, desde que atendida a função social do contrato: esta é a limitação. Outrossim, o parágrafo único deste artigo afirma que ao Estado será reversada intervenção mínima e o enunciado 635 do CJF afirma pela possibilidade de os nubentes disporem de cláusulas existenciais no pacto antenupcial.

O contributo maior e mais significativo do presente estudo concentrou-se em suprir eventual ausência de estudos quanto à possibilidade de planejamento patrimonial e existencial posto que a doutrina especializada aponta por diversas vezes a ausência de adoção adequada do pacto antenupcial, uma vez que os nubentes deixam a cargo do cartorário a escolha do regime não reservando tempo adequado para a mencionada estruturação, nem para a real necessidade de serem aconselhados por profissional especializado para tanto.

Referências

AMARAL NETO, Francisco dos Santos. A autonomia privada como princípio fundamental da ordem jurídica. **Revista de Informação Legislativa**, v. 26, n. 102, p. 207-230, abr./jun. 1989.

AMARAL, Ana Claudia Corrêa Zuin Mattos do; HATOUM, Nida Saleh; HORITA, Marcos Massashi. O Paradigma Pós-Moderno Do Negócio Jurídico E A Necessidade De Uma Nova Concepção Na Contemporaneidade. **Scientia Iuris**, Londrina, v. 21, n. 2, p. 261-297, jul. 2017. DOI: 10.5433/2178-8189.2017v21n1p262. ISSN:2178-8189.

BETTI, Emílio. **Teoria Geral do Negócio Jurídico**. Tradução: Servanda Editora. Campinas: Servanda, 2008.

BIAZI, João Pedro de Oliveira de. Pacto Antenupcial: uma leitura à luz da teoria do negócio jurídico. **Revista Jurídica Luso Brasileira**, Lisboa, ano 2, n. 1, 2016, p. 241. Disponível em: https://www.cidp.pt/revistas/rjlb/2016/1/2016_01_0229_0264.pdf. Acesso em: 17 set. 2022.

BRANCO, Gerson Luiz Carlos. Os Princípios Reguladores da autonomia Privada: autonomia da vontade e boa-fé. **Revista Direito e Democracia**. v. 1, n. 1. Canoas: ULBRA, 1º. Semestre 2000.

BRASIL. Conselho da Justiça Federal. Enunciado nº 635. **VIII Jornada de Direito Civil**. Brasília, 2018. Disponível em: https://www.cjf.jus.br/enunciados/enunciado/1174. Acesso em: 25 nov. 2022.

BRASIL. **Lei nº 6.515, de 26 de dezembro de 1977**. Regula os casos de dissolução da sociedade conjugal e do casamento, seus efeitos e respectivos processos, e dá outras providências. Disponível em: http://www.planalto.gov.br/ccivil_03/leis/l6515.htm. Acesso em 25 nov. 2022.

BRASIL. **Lei nº 10.406, de 10 de janeiro de 2002**. Institui o Código Civil. Diário Oficial da União: seção 1, Brasília, DF, ano 139, n. 8, p. 1-74, 11 jan. 2002. Disponível em:

http://www.planalto.gov.br/ccivil_03/leis/2002/l10406compilada.htm. Acesso em: 17 ago. 2022.

BRASIL. Superior Tribunal de Justiça (STJ). **Súmula 377**. Disponível em: https://www.cjf.jus.br/enunciados/enunciado/509. Acesso em: 25 nov. 2022.

CALMON, Rafael. **Partilha de bens na separação, no divórcio e na dissolução da união estável**: aspectos materiais e processuais. 2. ed. São Paulo: Saraiva Educação, 2018.

CARDOSO, Fabiana Domingues. **Pacto antenupcial no Brasil***:* formalidades e conteúdo. 2009. Tese (doutorado): Pontifícia Universidade Católica de São Paulo (PUC-SP), 2009. Disponível em: https://sapientia.pucsp.br/bitstream/handle/8473/1/Fabiana%20Domingues%20Cardoso.pdf. Acesso em 23 set 2022.

DIAS, Maria Berenice. **Manual Direito das Famílias**. 14. ed. Salvador: JusPodivm, 2021.

DINIZ, Maria Helena. **Curso de direito civil brasileiro:** teoria das obrigações contratuais e extracontratuais. v.3. Editora Saraiva, 2022. *E-book*. ISBN 9786555598711. Disponível em: https://app.minhabiblioteca.com.br/#/books/9786555598711/. Acesso em: 03 out. 2022.

FONSECA, Priscila M. P. Corrêa da. **Manual do Planejamento Patrimonial das Relações Afetivas e Sucessórias**. 3. ed. rev. e atual. – São Paulo: Thomson Reuters Brasil. 2022. Disponível em: https://proview.thomsonreuters.com/launchapp/title/rt/monografias/155347789/v3/page/RB-2.1. Acesso em 30 set. 2022.

LÔBO, Paulo Luiz N. **Direito Civil** Volume 5 – Famílias. Editora Saraiva, 2022. *E-book*. ISBN 9786555596281. Disponível em: https://app.minhabiblioteca.com.br/#/books/9786555596281/. Acesso em: 03 out. 2022.

LOUREIRO, Luiz Guilherme. **Registros Públicos***:* Teoria e Prática. Salvador: JusPodivm, 2016.

MADALENO, Rolf. A crise conjugal e o colapso dos Atuais modelos de regime de bens. **Revista brasileira de direito das famílias e sucessões**, Porto Alegre: Magister, 2007. Disponível em: https://ibdfam.org.br/assets/upload/anais/284.pdf. Acesso em 03 de set. 2022.

MADALENO, Rolf. **Direito de Família**. 10. ed. rev. atual. e ampl. Rio de Janeiro: Forense, 2020.

MADALENO, Rolf. Do regime de bens entre os cônjuges. *In:* DIAS, Maria Berenice e PEREIRA, Rodrigo da Cunha. (coord). **Direito de Família e o novo Código Civil**. 3. ed., rev. atual. e ampl. Belo Horizonte: Del Rey, 2003.

MAIA JÚNIOR, Mairan Gonçalves. **A Família e a Questão Patrimonial**. 3 ed. rev. atual. e ampl. São Paulo: Revista dos Tribunais. 2015.

NALIN, Paulo. **Do contrato**: conceito pós-moderno (em busca de sua formulação na perspectiva civil-constitucional). 2. ed. Curitiba: Juruá, 2008.

NEGREIROS, Teresa. **Teoria dos contratos***:* novos paradigmas. 2. ed. Rio de Janeiro: Renovar, 2006.

PERLINGIERI, Pietro. **Perfis do Direito Civil***:* Introdução ao Direito Civil Constitucional. Tradução de Maria Cristina de Cicco. 2. ed. Rio de Janeiro: Renovar, 2002.

PERLINGIERI, Pietro. **O direito civil na legalidade constitucional**. Tradução de Maria Cristina de Cicco. Rio de Janeiro: Renovar, 2008. *E-book.*

RODRIGUES JUNIOR, Otavio Luiz. Autonomia da vontade, autonomia privada e autodeterminação: notas sobre a evolução de um conceito da Modernidade e na Pós-modernidade. **Revista de Informação Legislativa**, Brasília a. 41 n. 163 jul./set. 2004, p. 117-118.

RODRIGUES, Lia Palazzo. Algumas considerações sobre o Direito de Família no novo Código Civil e seus reflexos no regime supletivo de bens. *In:* WELTER, Belmiro Pedro; MADALENO, Rolf Hanssen (Coords.). **Direitos fundamentais do direito de família.** Porto Alegre: Livraria do Advogado, 2004.

SALOMAO, Luis F. **Direito Civil** – Diálogos Entre a Doutrina e a Jurisprudência – Volume 2. Grupo GEN, 2020. *E-book.* ISBN 9788597026344. Disponível em: https://app.minhabiblioteca.com.br/#/books/9788597026344/. Acesso em: 23 set. 2022.

SARMENTO, Daniel. Os princípios constitucionais da liberdade e da autonomia privada. **B. Cient.** ESMPU, Brasília, a. 4, n.14, p. 167-217, jan/mar 2000.

TEPEDINO, Gustavo. Contratos em Direito de Família. *In:* PEREIRA, Rodrigo da Cunha (Org.). **Tratado de Direito das Famílias.** Belo Horizonte: IBDFAM, 2015.

TEPEDINO, Gustavo. **Temas de Direito Civil.** 4. ed. rev. e atual. Rio de Janeiro: Renovar, 2008.

VENOSA, Sílvio de Salvo. **Direito Civil**: família e sucessões. São Paulo: Atlas, v. 5, 2019.

VENTURI, Thaís G. Pascolato, A cultura norte-america dos acordos pré-nupciais. **Migalhas,** Disponível em: https://www.migalhas.com.br/coluna/direito-privado-no-common-law/366463/a-cultura-norte-americana-dos-acordos-pre-nupciais Acesso: 29 set. 2022.

15
DA POSSIBILIDADE E OS EFEITOS DO CONTRATO DE NAMORO

Maria Raquel de Figueiredo Bacovis

Introdução

Por muitos anos o instituto do namoro passou despercebido pelo direito. Por outro lado, e diferentemente do namoro, as uniões estáveis protagonizaram ao longo dos anos grandes discussões na doutrina e na jurisprudência, até chegar a sua inclusão e regulamentação na legislação brasileira.

O namoro não é caracterizado como entidade familiar, tampouco como uma figura jurídica. Trata-se de um relacionamento amoroso entre os envolvidos que tem como peculiaridade a temporariedade e provisoriedade, ou seja, o namoro é um instituto passageiro que dá lugar ao casamento ou a união estável, ou se dissolve por vontade das partes.

Já a união estável espelha semelhança com o casamento, inclusive são equiparados pelo direito brasileiro e possuem especial proteção do Estado. Preenchidos os requisitos e elementos identificadores da união estável, há consequências jurídicas especialmente no âmbito patrimonial, as quais podem gerar repercussões mesmo quando não desejadas.

A dificuldade de identificar e diferenciar no plano prático a relação fática do namoro para a relação jurídica da união estável fez com que advogados, no intuito de assessorar melhor seus clientes, criassem o contrato de namoro. A ideia central desse tipo de contrato é justamente a prevenção dos efeitos patrimoniais, caso o namoro seja confundido com a união estável. Nesse sentido é que o contrato de namoro vem ocupando espaço em discussões entre os juristas na área familiarista.

Com o avanço do tema sobre o afeto e suas eventuais consequências jurídicas, o namoro torna-se objeto de reflexão, tendo em vista as possíveis consequências jurídicas que dele advém. O surgimento e atual frequência na realização dos contratos de namoro pelos profissionais levanta debates sobre a sua possibilidade, bem como a dúvida a respeito das limitações nesse tipo de negócio. Nesse sentido, questiona-se se o contrato de namoro é capaz de surtir os efeitos desejados no ordenamento jurídico brasileiro.

O direito de família não é imutável porque a sociedade modifica com o passar dos anos a sua forma de pensar e de agir. A sociedade evolui e o direito de família tenta acompanhar os novos arranjos familiares que surgem em decorrência da modernidade, logo, institutos jurídicos nascem ou se adaptam aos existentes para atender às novas demandas sociais.

A missão de identificar os elementos que configuram a união estável perpassa pelos profissionais do ramo do direito há muitos anos, tanto que a legislação atual regulamenta de forma exaustiva a união estável, de modo a equipará-la ao casamento. Não isento de críticas, a equiparação da união estável ao casamento permite compreender que seus efeitos patrimoniais podem ser gerados mesmo quando os envolvidos não manifestam de forma expressa e documental a vontade de dividir responsabilidades e direitos durante a convivência.

Compreender a distinção entre a união estável e o namoro é imprescindível quando se aborda os possíveis efeitos advindos da relação jurídica da união estável. Isso se justifica porque muitas vezes há confusão no plano fático, o que pode ocasionar deveres, especialmente de ordem patrimonial, para aqueles que não os pretendem.

Nessa linha, os contratos de namoro surgiram para atender as relações que não são familiares, mas que podem estar muito próximas da configuração da união estável. O namoro nem sempre evolui para o casamento ou para união estável, que têm intenção definitiva, e ainda prescinde de convivência duradoura, pública e contínua.

Os contratos de namoro tomam espaço nas discussões entre juristas familiaristas. Nesse sentido, é que o tema, não sendo pacífico na doutrina e nos tribunais, necessita de debate e aprofundamento, uma vez que já integra o cotidiano jurídico.

Discutir as possibilidades e os limites dos contratos de namoro permite compreender os seus efeitos jurídicos, especialmente patrimoniais. A verdade é que esse tipo de negócio jurídico está cada vez mais comum no espaço jurídico, e por essa razão é necessário identificar e entender se é possível, bem como quais são os seus limites sob pena de invalidade.

Sendo assim, o objetivo geral do estudo é identificar qual o objetivo dos contratos de namoro e verificar se estão aptos a surtir os efeitos desejados no ordenamento jurídico brasileiro. Visando atingir o objetivo geral, elegeu-se como objetivos específicos: compreender os aspectos gerais do contrato, identificar a união estável e seus efeitos patrimoniais e pessoais; distinguir o namoro da união estável, e por fim, analisar o conteúdo do contrato de namoro.

O método a ser utilizado será o dedutivo, o qual corresponde à extração discursiva do conhecimento a partir de premissas gerais aplicáveis a situações concretas. Serão analisados os aspectos gerais do contrato, no intuito de verificar e identificar a possibilidade, assim como os limites do contrato de namoro no ordenamento jurídico brasileiro.

Segundo o procedimento técnico a pesquisa tem caráter bibliográfico e documental, por ser, no campo jurídico, o método por excelência de que dispõe o pesquisador para o estudo em geral ou para a realização de um trabalho em particular. O estudo, desse modo, foi desenvolvido a partir de livros e artigos científicos.

1. Aspectos gerais do contrato

Como aponta a doutrina, os contratos são tão antigos quanto a existência da sociedade. Firmar pactos sempre fez parte do desenvolvimento da sociedade, independentemente do local, áreas e assuntos, tendo como finalidade central a realização e conquista de objetivos congruentes pelos envolvidos.

Imprescindível compreender, inicialmente, o conceito de contrato como um "ato jurídico bilateral dependente de pelo menos duas declarações de vontade, cujo objetivo é a criação, a alteração ou até mesmo a extinção de direitos e deveres de conteúdo patrimonial".[1] Trata-se, como complementa o referenciado autor, de todos os tipos de convenções ou estipulações que possam ser criadas pelo acordo de vontades e por outros fatores acessórios.

Os contratos são classificados doutrinariamente como atos jurídicos em sentido amplo e tem como elemento central a vontade humana, sendo

[1] TARTUCE, Flávio. **Direito Civil:** Teoria Geral dos Contratos e Contratos em Espécie. São Paulo: Grupo GEN, 2022, p. 21.

indispensáveis determinados elementos, tais como a boa-fé, o conteúdo lícito, a observância dos bons costumes e do ordenamento jurídico.[2]

Para complementar o conceito de contratos, imperioso mencionar definições trazidas por diferentes civilistas.

Álvaro Villaça de Azevedo conceitua contrato como "a manifestação de duas ou mais vontades, objetivando criar, regulamentar, alterar e extinguir uma relação jurídica (direitos e obrigações) de caráter patrimonial".[3] Arnaldo Rizzardo define contrato como "o mútuo consenso de duas ou mais pessoas sobre o mesmo objeto".[4] No mesmo entendimento, para Paulo Lôbo, "o contrato é o instrumento por excelência da autocomposição dos interesses e da realização pacífica das transações ou do tráfico jurídico, no cotidiano de cada pessoa".[5] Complementa Maria Helena Diniz que "o contrato é o acordo de duas ou mais vontades, na conformidade da ordem jurídica, destinado a estabelecer uma regulamentação de interesses entre as partes, com o escopo de adquirir, modificar ou extinguir relações jurídicas de natureza patrimonial".[6]

Tartuce, ao citar Paulo Nalin destaca que o instituto dos contratos vem passando por transformações. "Para o doutrinador paranaense, o contrato constitui 'a relação jurídica subjetiva, nucleada na solidariedade constitucional, destinada à produção de efeitos jurídicos existenciais e patrimoniais, não só entre os titulares subjetivos da relação, como também perante terceiros".[7]

Caio Mario da Silva Pereira afirma que um contrato se origina por uma declaração de vontade necessariamente livre, que possui força obrigatória, que deve atender a sua função social e observar o princípio da boa-fé. Lições preciosas o autor ministra sobre a liberdade de contratar. Primeiro, aduz que nos contratos há o arbítrio de decidir em contratar ou não contratar; segundo, tal liberdade dispõe em escolher com quem e sobre o que

[2] Ibid., p. 21.

[3] Azevedo, Álvaro V. **Curso de Direito Civil**: Teoria Geral dos Contratos. São Paulo: Saraiva, 2018, p. 24.

[4] Rizzardo, Arnaldo. **Contratos.** São Paulo: Grupo Gen, 2020, p. 5.

[5] Lôbo, Paulo. **Direito Civil 3:** Contratos. São Paulo: Saraiva, 2017, p. 16.

[6] Diniz, Maria H. **Curso de direito civil brasileiro:** teoria das obrigações contratuais e extracontratuais. v.3: Editora Saraiva, 2022, p. 16.

[7] Tartuce, Flávio. **Direito Civil:** Teoria Geral dos Contratos e Contratos em Espécie. São Paulo: Grupo GEN, 2022, p. 22.

contratar; por terceiro, implica a liberdade de determinar o conteúdo do contrato; e por fim, como produto torna-se fonte formal do direito, de forma a autorizar qualquer das partes a acionar o Estado a fazer cumpri-lo e respeitá-lo, bem como assegurar a sua execução.[8]

Os contratos não estão restritos ao campo das obrigações, mas também se mostram presentes em outros ramos do direito, tal como no direito de família e também no administrativo.[9] Não somente nessas áreas, mas também é comum encontrar a elaboração de contratos em muitas outras áreas do direito, como as sucessões, consumidor, empresarial, entre outras.

A regulamentação geral dos contratos está prevista no Código Civil de 2002. Com a sua inauguração no ano de 2002, o diploma civilista passou a adotar o princípio da socialidade como um de seus pilares, junto com a eticidade e a operabilidade. Os valores coletivos passam a se destacar sobre os individuais, fazendo com que as relações privadas mudem o foco para além do indivíduo em prol da observância do social na elaboração e interpretação dos contratos.[10] Sobre o tema, o artigo 421[11] do diploma legal determina que a liberdade de contratar será exercida em razão dos limites da função social do contrato.[12]

Em caso de confronto entre um interesse social e um individual, o social deverá prevalecer. A ideia da autonomia da vontade, em que pese ser uma das principais características do direito privado, não é absoluta, consoante evidencia a noção da função social dos contratos. Ainda sobre o tema, Gonçalves complementa que o atendimento à função social pode ser enfocado em um aspecto individual, que diz respeito aos interesses próprios e individuais dos contratantes, e outro aspecto público, que trata sobre o interesse coletivo na mesma avença. Conclui que a função social será atingida "quando a sua finalidade – distribuição de riquezas – for

[8] PEREIRA, Caio Maio da Silva. **Instituições de Direito Civil:** Contratos. Vol. 3. São Paulo: Grupo GEN, 2021, p. 23.

[9] GONÇALVES, Carlos Roberto. **Direito Civil Brasileiro**. Vol. 3. São Paulo: Saraiva, 2021, p. 6.

[10] GONÇALVES, Carlos Roberto. **Direito Civil Brasileiro**. Vol. 3. São Paulo: Saraiva, 2021, p. 6.

[11] BRASIL. **Lei nº 10.406, de 10 de janeiro de 2002**. Institui o Código Civil. Disponível em: http://www.planalto.gov.br/ccivil_03/leis/2002/l10406compilada.htm. Acesso em: 25 nov. 2022.

[12] Art. 421. CC. A liberdade contratual será exercida nos limites da função social do contrato. Parágrafo único. Nas relações contratuais privadas, prevalecerão o princípio da intervenção mínima e a excepcionalidade da revisão contratual.

atingida de forma justa, ou seja, quando o contrato representar uma foto de equilíbrio social."[13]

A função social dos contratos é cláusula geral[14], e exige que os contratantes se comportem com probidade e de acordo com a boa-fé objetiva, conforme os artigos 422 e 2.035 do Código Civil brasileiro[15]/[16]. É possível perceber que a autonomia negocial não é absoluta, por mais que o direito privado prestigie a elaboração de contratos de forma livre que não contrarie os preceitos de ordem pública.

É necessário que o contrato preencha as condições de validade para que produza os efeitos desejados pelos agentes envolvidos. Carlos Roberto Gonçalves ensina que as condições de validade se dividem em duas espécies, sendo a primeira de ordem geral, que constitui os requisitos previstos no artigo 104 do Código Civil e a segunda de ordem especial, que diz respeito ao consentimento recíproco.[17]

Entre os requisitos subjetivos, assim tratados pela doutrina, o primeiro trata sobre a capacidade genérica dos contratantes, que de forma geral se encontra prevista no artigo 4º do Código Civil[18], devendo ser suprida pela representação ou assistência quando o agente for absoluto ou relativamente incapaz. A aptidão específica, que também é elemento, complementa a capacidade geral porque determina que em determinadas situações se faz necessário ter poder de disposição das coisas, como o consentimento de descendentes e outorga uxória, por exemplo. O consentimento é o principal elemento para a validade dos contratos, e deve ser livre e espontâneo.

[13] Gonçalves, op. cit., p. 28.

[14] Cláusulas gerais são normas orientadoras sob forma de diretrizes, dirigidas precipuamente ao juiz, vinculando-o, ao mesmo tempo em que lhe dão liberdade para decidir. São elas formulações contidas na lei, de caráter significativamente genérico e abstrato, cujos valores devem ser preenchidos pelo juiz, autorizado para assim agir em decorrência da formulação legal da própria cláusula geral (Gonçalves, 2021, p. 28).

[15] BRASIL, op. cit.

[16] Art. 422. Os contratantes são obrigados a guardar, assim na conclusão do contrato, como em sua execução, os princípios de probidade e boa-fé. Art. 2.035. CC. Nenhuma convenção prevalecerá se contrariar preceitos de ordem pública, tais como os estabelecidos por este Código para assegurar a função social da propriedade e dos contratos.

[17] Gonçalves, Carlos Roberto. **Direito Civil Brasileiro**. Vol. 3. São Paulo: Saraiva, 2021, p. 28.

[18] BRASIL. **Lei nº 10.406, de 10 de janeiro de 2002**. Institui o Código Civil. Disponível em: http://www.planalto.gov.br/ccivil_03/leis/2002/l10406compilada.htm. Acesso em: 25 nov. 2022.

Importante relembrar que um negócio jurídico não pode ser afetado por vícios, tal como erro, dolo, coação, estado de perigo e fraude.

Entre os requisitos objetivos estão os relacionados ao objeto do contrato, assim estão a licitude do objeto, a possibilidade física e jurídica do objeto, e a determinação do objeto. Primeiramente, o objeto lícito é aquele que não é contrário a lei, a moral e aos bons costumes. Ademais, o objeto do contrato precisa ser possível do ponto de vista físico e também jurídico, ou seja, não pode contrariar leis físicas ou naturais, e também não pode contrariar o ordenamento jurídico brasileiro.[19]

Os requisitos formais tratam da necessidade de observar solenidades quando prescritas em lei. Nesse sentido, como a legislação civil determina, em algumas situações se faz imprescindível cumprir formalidades. Gonçalves leciona que os contratos podem ter forma livre, especial e contratual. A forma livre é a regra no direito brasileiro, uma vez que não se faz necessário nenhuma, exceto quando a lei determina. A forma especial aparece quando determinada formalidade é exigida pela lei como requisito de validade de negócios jurídicos, como é o caso da necessidade de escritura pública para alienações imobiliárias. Por fim, a forma contratual é a pactuada pelos agentes, ou seja, os próprios contratantes podem adicionar cláusulas que devam ser cumpridas para que o negócio jurídico seja válido.[20]

Ao discorrer sobre os princípios gerais do direito contratual, Venosa elenca inicialmente a autonomia da vontade como um dos principais norteadores da elaboração e interpretação dos contratos. A autonomia da vontade não é ilimitada no direito brasileiro, de modo com que os agentes necessitam observar as regras previstas na legislação, especialmente as de ordem pública. No entanto, a liberdade de contratar permite que os pactuantes escolham modelos contratuais previstos no ordenamento jurídico – contratos típicos – ou criem nova modalidade para melhor atender as suas necessidades – contratos atípicos.[21]

A força obrigatória dos contratos dispõe que uma vez pactuado entre as partes de forma válida um contrato precisa necessariamente ser cumprido pelas partes. Trata da *pacta sunt servanda*. Em complemento ao prin-

[19] GONÇALVES, Carlos Roberto. **Direito Civil Brasileiro**. Vol. 3. São Paulo: Saraiva, 2021, p. 12.

[20] Ibid., p. 13.

[21] VENOSA, Sílvio de S. **Direito Civil:** Família e Sucessões. Vol. 5. São Paulo: Grupo Gen, 2021, p. 35.

cípio referido acima, decorre o princípio da intangibilidade do contrato, ou seja, um contrato não pode ser alterado de forma unilateral por um dos contratantes, ou pelo juiz.[22]

O princípio da relatividade dos contratos determina que o contrato só vincula as partes que dele participam, sendo que os efeitos da avença não podem nem prejudicar e nem aproveitar a terceiros.[23] Nesse sentindo, a respeito do princípio da boa-fé e da proibição de comportamento contraditório, a legislação determina que, como previsto no artigo 422 do Código Civil, os contratantes são obrigados a guardar, assim na conclusão do contrato, como em sua execução, os princípios de probidade e boa-fé.

A proibição do comportamento contraditório consiste em "circunstância de um sujeito de direito buscar seu favorecimento em processo judicial, assumindo conduta que contradiz outra que a precede no tempo e assim constitui um proceder injusto, e, portanto, inadmissível".[24] Venosa destaca que o princípio diz respeito a um imperativo em prol da credibilidade e da segurança das relações sociais e jurídicas para que os contratantes tenham um comportamento coerente, sendo, portanto, considerado uma conduta ilícita.[25]

Paulo Lôbo discorre sobre o princípio da equivalência material como sendo uma importante ferramenta para preservar o equilíbrio real de direitos e deveres no contrato. Os contratos devem preservar o equilíbrio entre os envolvidos, tanto de direitos como de deveres, pretensões e obrigações. Trata de observar normas fundamentais da Constituição Federal como os princípios da solidariedade e da justiça social, conforme aponta o referido autor.[26]

2. Planos de análise dos contratos

Como já abordado, os contratos são uma espécie do gênero negócios jurídicos, em que se aplica a teoria geral tradicionalmente conhecida como Escada Ponteana, teoria esta desenvolvida pelo jurista Pontes de Miranda,

[22] Venosa, Sílvio de S. **Direito Civil:** Família e Sucessões. Vol. 5. São Paulo: Grupo Gen, 2021, p. 37.

[23] Ibid., p. 38.

[24] Stiglitz, 1990, p. 491 apud Venosa, Sílvio de S. **Direito Civil:** Família e Sucessões. Vol. 5. São Paulo: Grupo Gen, 2021, p. 42.

[25] Venosa, op. cit., p. 43.

[26] Lôbo, Paulo. **Direito Civil 3:** Contratos. São Paulo: Saraiva, 2017, p. 73.

que tem como objetivo estruturar os planos de formação do negócio jurídico. A denominação Escada Ponteana remete a uma escada onde cada plano de formação do negócio jurídico é representado por um degrau, cujos requisitos devem ser atendidos para que se possa passar para o próximo degrau.

Inicialmente, para que um contrato exista são necessários que quatro elementos estejam presentes na confecção e elaboração do negócio, são eles: agente, manifestação da vontade, existência de um objeto jurídico, que trate de uma atividade a ser desenvolvida, como uma prestação de dar, fazer ou não fazer; também, imprescindível para a existência de do contrato uma forma para que ele se exteriorizar.[27]

Após preenchidos os requisitos de existência, passam os pressupostos de validade do contrato, que conforme aponta a doutrina, tratam dos requisitos de existência com qualificados ou adjetivos. A vontade externalizada precisa ser feita de maneira livre e de boa-fé, o agente precisa ter capacidade e legitimidade para manifestar a vontade, o objeto do contrato precisa ser lícito, possível e determinável, ademais, a forma do contrato precisa ser observada quando prescrita em lei ou não defesa em lei.[28]

No plano de eficácia dos negócios jurídicos, o último degrau da escada, tem-se que um contrato estará apto a surtir seus efeitos imediatamente após cumpridos os requisitos de existência e validade. Os efeitos só estarão limitados caso existam elementos acidentais, tais como termo, condição ou o encargo, que podem impedir o início ou fazem cessar tais efeitos.

O contrato é importante instrumento para a sociedade porque visa a regulamentação da vontade entre os pactuantes a fim de criar, elaborar, ou extinguir direitos e deveres que são passíveis de disposição. Entretanto, a legislação pátria elenca uma série de requisitos para tornar o contrato mais justo e equilibrado. Dessa forma, a elaboração de um contrato, por mais que siga fundamentalmente a vontade entre as partes, deve seguir critérios legais para que possam surtir efeitos.

3. União estável e namoro: traços diferenciais

O Código Civil determina que é reconhecida como entidade familiar a união estável entre o homem e a mulher, configurada na convivência

[27] Gonçalves, Carlos Roberto. **Direito Civil Brasileiro**. Vol. 3. São Paulo: Saraiva, 2021. p. 12.
[28] Ibid., p. 13.

pública, contínua e duradoura e estabelecida com o objetivo de constituição de família (art. 1.723).[29] A Constituição Federal, no artigo 226[30], que trata sobre a família, protege a instituição da união estável ao prever que trata de entidade familiar.

No entanto, nem sempre a união estável foi protegida pelo ordenamento jurídico brasileiro. Segundo Gonçalves, a primeira regulamentação legal que tratou sobre o tema foi a Lei nº 8.971 de 1994, a qual elencou a palavra "companheiros", para definir os que conviviam em união estável na época.[31] Em seguida, a Lei nº 9.278 de 1996[32] reconheceu o instituto como entidade familiar logo no primeiro artigo da referida lei[33], outrossim, substituiu o termo companheiro para conviventes, que é usado até a atualidade.

Com o Código Civil de 2002 houve grande mudança no instituto, sendo inserido um título específico sobre a união estável no Livro de Família. O Código Civil trata do tema em cinco artigos (1.723 a 1.727), e também ao longo do capítulo referente ao direito sucessório[34].

A ausência de formalismo é uma das características da união estável que mais a difere do casamento, tendo em vista que este imprescinde de formalismo ao exigir habilitação, publicação dos proclamas, entre outras solenidades exigidas em lei.[35] Para a constituição da união estável não se faz necessário documento escrito, pois o início pode se dar com a simples união de fato, sem qualquer escritura ou contrato. Contudo, é recomendado que a constituição da união estável seja formalizada por meio de

[29] BRASIL. **Lei nº 10.406, de 10 de janeiro de 2002**. Institui o Código Civil. Disponível em: http://www.planalto.gov.br/ccivil_03/leis/2002/l10406compilada.htm. Acesso em: 25 nov. 2022.

[30] BRASIL. [Constituição (1988)]. **Constituição da República Federativa do Brasil de 1988**. Brasília, DF: Presidência da República, [2016]. Disponível em: http://www.planalto.gov.br/ccivil_03/Constituicao/Constituicao.htm. Acesso em: 25 nov. 2022.

[31] GONÇALVES, Carlos Roberto. **Direito Civil Esquematizado**: Responsabilidade Civil – Direito de Família – Direito das Sucessões. São Paulo: Saraiva, 2021, p. 628.

[32] BRASIL. **Lei nº 9.278, de 10 de maio de 1996**. Regula o § 3° do art. 226 da Constituição Federal. Disponível em: http://www.planalto.gov.br/ccivil_03/leis/l9278.htm. Acesso em: 14 dez. 2022.

[33] Art. 1º É reconhecida como entidade familiar a convivência duradoura, pública e contínua, de um homem e uma mulher, estabelecida com objetivo de constituição de família.

[34] BRASIL. **Lei nº 10.406, de 10 de janeiro de 2002**. Institui o Código Civil. Disponível em: http://www.planalto.gov.br/ccivil_03/leis/2002/l10406compilada.htm. Acesso em: 25 nov. 2022.

[35] GONÇALVES, op. cit., p. 630.

contrato de convivência a fim de regularizar o início, o regime de bens, e demais preocupações advindas da convivência entre o casal.

Diante da informalidade apresentada pelo instituto da união estável, alguns requisitos devem ser preenchidos para a sua configuração, que são observados no plano fático, diante da desnecessidade de documento escrito para constituí-la. São os requisitos da união estável: a convivência (more uxório); o ânimo de constituir familiar (affectio maritalis); durabilidade; continuidade; inexistência de impedimentos matrimoniais; e relação monogâmica.[36] A doutrina divide os pressupostos de ordem subjetiva e de ordem objetiva. São requisitos de ordem subjetiva, a convivência e o ânimo de constituir família.

Nos termos do artigo 1.723 do Código Civil[37] a convivência necessita ser pública, contínua e duradoura, sendo dispensável a coabitação ou a vida sob o mesmo teto[38]. Gonçalves frisa que em vários julgados têm se afastado o entendimento de que a coabitação não é indispensável à união estável, entretanto, ainda prevalece o entendimento pela desnecessidade do casal viver sob o mesmo teto. Entretanto, em eventual discussão sobre a caracterização da união estável, a coabitação se mostra como forte indicativo de sua existência.[39]

O ânimo de constituir família diz respeito a intenção dos conviventes em estabelecer vínculos a fim de compartilhar projetos em comum por meio da comunhão plena de vida. Tepedino discorre que a união estável é capaz de aceitar modelos flexíveis de convivência capazes de revelar a comunhão de vida, "com efeito, não é dado ao Direito enquadrar em padrões rígidos e estanques as formas com que as pessoas constroem a sua realidade familiar, cuja constituição, portanto, será verificada em análise casuística".[40] Aliado a isso, a existência de filhos não é requisito para reconhecimento ou demonstração da união estável.

[36] Ibid, p. 636.

[37] BRASIL. **Lei nº 10.406, de 10 de janeiro de 2002**. Institui o Código Civil. Disponível em: http://www.planalto.gov.br/ccivil_03/leis/2002/l10406compilada.htm. Acesso em: 25 nov. 2022.

[38] No mesmo sentido dispõe a Súmula 382 do Supremo Tribunal Federal: a vida em comum sob o mesmo teto, more uxório, não é indispensável à caracterização do concubinato".

[39] GONÇALVES, Carlos Roberto. **Direito Civil Esquematizado**: Responsabilidade Civil – Direito de Família – Direito das Sucessões. São Paulo: Saraiva, 2021, p. 636.

[40] TEPEDINO, Gustavo. **Fundamentos do Direito Civil**: Direito de Família. Vol. 6. São Paul: Grupo GEN, 2020, p. 184.

Como pressupostos de ordem subjetiva, inicialmente tem-se a diversidade de sexos. Em razão da equiparação da união estável com o casamento, a doutrina e jurisprudência considerava imprescindível a heteroafetividade para fins de validação da união estável. As uniões homoafetivas ficavam à margem das discussões do direito de família, sendo tratadas apenas no âmbito do direito obrigacional durante muito tempo no Brasil.[41]

A discussão evoluiu e o Supremo Tribunal Federal, em 05 de maio de 2011, ao julgar a Ação Direta de Inconstitucionalidade 4.277[42] e a Arguição de Descumprimento de Preceito Fundamental 132[43] reconheceu a união homoafetiva como entidade familiar equiparando-as com as uniões heteroafetivas. Logo, a partir de 2011 as uniões homoafetivas são reconhecidas como entidades familiares, e consequentemente reconhecidas como união estável.

A convivência em união estável necessita de publicidade, nesse sentido, o casal precisa ser reconhecido socialmente e demonstrar ao público que o relacionamento não é clandestino, ou que trata de um relacionamento amoroso com interesse apenas sexual.[44]

Aliado aos demais elementos mencionados, é imprescindível que a união não tenha caráter temporário ou passageiro, logo, se faz necessário o *animus* de permanência e definitividade. A legislação não traz, tampouco a doutrina, duração específica em anos ou meses para caracterizar a união estável. A exigência de tempo de permanência deixou de ser requisito com a Lei nº 9.278/1996[45]. Sobre o tema, Gagliano e Pamplona complementam que a união estável não se coaduna com a eventualidade, e que justamente por isso é equiparada ao casamento em termos de reconhecimento jurídico.[46]

[41] Ibid., p. 185.

[42] BRASIL. Supremo Tribunal Federal. **Ação direta de inconstitucionalidade** nº 4.277/DF – Distrito Federal. Relator: Ministro Ayres Britto.

[43] BRASIL. Superior Tribunal Federal. **Arguição de Descumprimento de Preceito Fundamental** 132. Tribunal Pleno Relator: Ministro Ayres Britto, Brasília, 05 maio 2011.

[44] STOLZE, Pablo; PAMPLONA FILHO, Rodolfo. **Novo Curso de Direito Civil:** Direito de Família. São Paulo: Saraiva, 2021, p. 157.

[45] BRASIL. **Lei nº 9.278, de 10 de maio de 1996**. Regula o § 3° do art. 226 da Constituição Federal. Disponível em: http://www.planalto.gov.br/ccivil_03/leis/l9278.htm. Acesso em: 14 dez. 2022.

[46] STOLZE, op. cit., p. 158.

A união estável necessita de estabilidade, nos termos do artigo 1.723 do Código Civil[47]. A intenção do legislador é justamente diferenciar e proteger as uniões estáveis das relações que não tem o objetivo de constituir família, para distingui-las dos relacionamentos clandestinos, temporários e dos namoros.[48]

A inexistência dos impedimentos matrimoniais também é requisito para a caracterização da união estável, nos termos do artigo 1.723, § 1º, do Código Civil.[49] Os impedimentos estão previstos no artigo 1.521 e tratam de empecilhos para a celebração do casamento, sendo aplicada também a união estável. São impedidos de casar os ascendentes os ascendentes com os descendentes, seja o parentesco natural ou civil; os afins em linha reta; o adotante com quem foi cônjuge do adotado e o adotado com quem o foi do adotante; os irmãos, unilaterais ou bilaterais, e demais colaterais, até o terceiro grau inclusive; o adotado com o filho do adotante; as pessoas casadas; e cônjuge sobrevivente com o condenado por homicídio ou tentativa de homicídio contra o seu consorte.[50]

No entanto, o inciso que se refere as pessoas casadas não é impedimento a caracterização da união estável se a pessoa casada se achar separada de fato ou judicialmente. Sendo assim, pela aplicação do Código Civil, pessoas casadas podem constituir união estável, mas precisam estar separadas. As causas suspensivas previstas no artigo 1.523 do Código Civil, aplicadas aos casamentos, não impedem a caracterização da união estável, conforme dispõe o § 2º do artigo 1.723 da mesma lei.

A relação monogâmica é imprescindível para a constituição da união estável, assim como no casamento. No ordenamento jurídico brasileiro não são protegidas as relações poliafetivas[51], em que pese existirem no mundo fático. Contudo, o tema traz discussões nos tribunais do país diante da necessidade, bem como da complexidade, de organizar os efeitos de uma situação fática que não tem – ainda – amparo legal.

[47] BRASIL. **Lei nº 10.406, de 10 de janeiro de 2002**. Institui o Código Civil. Disponível em: http://www.planalto.gov.br/ccivil_03/leis/2002/l10406compilada.htm. Acesso em: 25 nov. 2022.

[48] Tepedino, Gustavo. **Fundamentos do Direito Civil**: Direito de Família. Vol. 6. São Paul: Grupo GEN, 2020, p. 185.

[49] BRASIL, 2002, op. cit.

[50] Ibid.

[51] Uniões afetivas entre mais de duas pessoas.

Carlos Roberto Gonçalves adiciona elementos acidentais a caracterização da união estável, que dizem respeito as circunstâncias de fato, que não são essenciais a caracterização da união estável, mas que facilitam a sua demonstração ao juízo. São os elementos caracterizadores: o tempo de convivência, existência de prole e a coabitação. Tais elementos não são essenciais, mas facilitam a demonstração da união estável quando necessário.[52]

Com efeito, a união estável deve obedecer aos deveres de lealdade, respeito e assistência, e também a guarda, sustento e educação dos filhos, que são elencados no artigo 1.724 do Código Civil[53]. Tratam de direitos e deveres recíprocos diferentes do casamento, mas que possuem consequências na esfera jurídica. Gonçalves lembra que o dever de fidelidade não está elencado de forma explícita à união estável, entretanto trata de espécie no gênero lealdade.[54]

Com a caracterização da união estável e o seu reconhecimento como entidade familiar previsto na Constituição Federal, há proteção específica de ordem pessoal e patrimonial que podem ser observados em caso de dissolução do vínculo, seja em razão do rompimento afetivo ou em caso de falecimento de um dos conviventes.[55]

Primeiramente, tem-se o direito a alimentos quando comprovada a necessidade e a possibilidade de pagamento pelo convivente, devendo a fixação observar a proporcionalidade. Trata da observância do dever de assistência previsto no artigo 1.724 do Código Civil.[56] As regras dos alimentos aos conviventes são as mesmas aplicadas ao casamento, logo, utiliza-se o rito especial previsto na Lei nº 5.478/68 (Lei de Alimentos).[57]

Os alimentos devidos ao convivente devem seguir as exigências previstas no Código Civil, sendo necessários os que são indispensáveis à subsistência do convivente. A questão probatória é de extrema relevância na

[52] GONÇALVES, Carlos Roberto. **Direito Civil Esquematizado**: Responsabilidade Civil – Direito de Família – Direito das Sucessões. São Paulo: Saraiva, 2021, p. 245.

[53] BRASIL. **Lei nº 10.406, de 10 de janeiro de 2002**. Institui o Código Civil. Disponível em: http://www.planalto.gov.br/ccivil_03/leis/2002/l10406compilada.htm. Acesso em: 25 nov. 2022.

[54] GONÇALVES, op. cit.

[55] Ibid., p. 249.

[56] BRASIL, op. cit.

[57] BRASIL. **Lei nº 5.478, de 25 de julho de 1968**. Dispõe sobre ação de alimentos e dá outras providências. Disponível em: http://www.planalto.gov.br/ccivil_03/leis/l5478.htm. Acesso em: 14 dez. 2022.

fixação dos alimentos entre conviventes, assim como entre cônjuges, no sentido de que deve ser comprovado, por exemplo, que o convivente não possui condições de ser inserido no mercado de trabalho imediatamente após a separação, ou que houve alteração significativa no padrão de vida ocasionada pelo rompimento da convivência.

Além dos alimentos devidos pelo convivente, outro efeito de significativa importância no reconhecimento da união estável é o direito a meação em caso de dissolução da união estável. O Código Civil preconiza às relações patrimoniais na união estável o regime da comunhão parcial de bens, exceto se houver contrato escrito que determine de forma diversa. Sendo assim, em linhas gerais, tudo que foi adquirido a título oneroso durante a constância da união estável deve ser dividido de forma igualitária entre os conviventes. Utiliza-se, portanto, as regras previstas nos artigos 1.658 e seguintes do Código Civil.[58]

Outro efeito de grande importância com a configuração da união estável diz respeito a sucessão hereditária, em caso de morte de um dos conviventes. Por mais que a união estável seja equiparada ao casamento, ainda na questão sucessória há discussões doutrinárias e jurisprudenciais acerca dos direitos referentes a herança do convivente sobrevivente.

Em 2017 o Supremo Tribunal Federal julgou sobre a inconstitucionalidade do artigo 1.790 do Código Civil[59/60], com a finalidade de resolver sobre as diferenças e possível hierarquia entre o casamento e a união estável, especialmente no âmbito sucessório. No referido julgamento, como pontua Tartuce, o tribunal entendeu ser inconstitucional a diferenciação entre os regimes sucessórios aplicados ao casamento e a união estável, devendo serem aplicados o regime do artigo 1.829 do Código Civil aos companheiros.

58 BRASIL. **Lei nº 10.406, de 10 de janeiro de 2002**. Institui o Código Civil. Disponível em: http://www.planalto.gov.br/ccivil_03/leis/2002/l10406compilada.htm. Acesso em: 25 nov. 2022.

59 Ibid.

60 Art. 1.790. A companheira ou o companheiro participará da sucessão do outro, quanto aos bens adquiridos onerosamente na vigência da união estável, nas condições seguintes: (Vide Recurso Extraordinário nº 646.721) (Vide Recurso Extraordinário nº 878.694) I – se concorrer com filhos comuns, terá direito a uma quota equivalente à que por lei for atribuída ao filho; II – se concorrer com descendentes só do autor da herança, tocar-lhe-á a metade do que couber a cada um daqueles; III – se concorrer com outros parentes sucessíveis, terá direito a um terço da herança; IV – não havendo parentes sucessíveis, terá direito à totalidade da herança.

Nessa linha pode-se compreender que no âmbito do direito sucessório, a princípio, equipara-se os direitos dos companheiros aos dos cônjuges, entretanto, ainda persistem discussões acerca da temática, tal como se a equiparação atinge todos os direitos sucessórios, e se o companheiro é herdeiro necessário ou não, entre outros.[61]

Prevalece que os companheiros são herdeiros na forma do artigo 1.829 do Código Civil.[62] De fato, devem ser observadas as questões relacionadas ao regime de bens antes da análise da questão sucessória, como determina as normas civilistas, uma vez que caso exista direito à meação, não haverá de início o direito à herança.

A declaração de existência da união estável implica uma série de efeitos na ordem jurídica. A principal é a elevação do relacionamento afetivo ao patamar de entidade familiar protegida assim pela Constituição Federal. Em decorrência disso, muitos efeitos surgem com a confirmação da união estável, em síntese, estão entre eles os direitos relacionados aos alimentos, os direitos sucessórios, os direitos patrimoniais e também os previdenciários. Em caso de inexistir documento que declare pelo casal a existência da união estável, a questão pode ser levada a juízo, onde os elementos configuradores desta entidade familiar deverão ser provados pelo convivente.

4. Contrato de namoro: possibilidade e efeitos no ordenamento jurídico brasileiro

Há diversas relações afetivas que fazem parte das relações sociais que não são familiares, como é o caso do namoro, da amizade, da relação entre padrinhos e afilhados, entre outras.

Os relacionamentos afetivos tradicionalmente iniciam com o namoro, seguem para o noivado, e em seguida constituem o casamento ou a união estável. Tem-se que o namoro e o noivado são sempre passageiros, não tendo o objetivo imediato de constituir família, mas tendem a evoluir ao estágio final denominado matrimônio. Nesse prisma, como aponta Paulo

[61] TARTUCE, Flávio. **STF encerra o julgamento sobre a inconstitucionalidade do art. 1.790 do Código Civil**. E agora? Disponível em:www.migalhas.com.br/coluna/familia-e-sucessoes/259678/stf-encerra-o-julgamento-sobre-a-inconstitucionalidade-do-art--1-790-do-codigo-civil--e-agora. Acesso em 17 fev. 2022.

[62] BRASIL. **Lei nº 10.406, de 10 de janeiro de 2002**. Institui o Código Civil. Disponível em: http://www.planalto.gov.br/ccivil_03/leis/2002/l10406compilada.htm. Acesso em: 25 nov. 2022.

Lôbo "todas essas relações fazem parte da vida social. O namoro pode ou não evoluir para uma relação familiar, mas com esta não se confunde necessariamente".[63]

A discussão sobre as diferenças entre o namoro e a união estável tem avançado diante da complexidade e modernização das relações presentes na sociedade. Rolf Madaleno explica que é possível caracterizar o chamado "namorado qualificado" para identificar relações afetivas em que estão presentes o namoro prolongado e com congresso íntimo, em que o casal de namorados não objetivam de imediato a constituição de família, mesmo que compartilhem inúmeros momentos durante o relacionamento afetivo duradouro.[64]

> Daí a importância de delinear a diferença entre namoro e união estável, já que no primeiro, a relação inexiste o compromisso com a mútua assistência. Todo relacionamento começa por meio de um namoro e não é estável desde o início. A estabilidade é alcançada com o tempo, à medida em que a intimidade é criada. De forma gradativa surge a comunhão de vida, por força da convivência, sendo renovada de forma constante pelo acordo, ainda que tácito, das partes.[65]

A expressão "namoro qualificado" tem sido utilizada em decisões para caracterizar namoros de longa duração, mas que não apresentam os elementos essenciais identificadores da união estável, especialmente o animus de constituir família imediatamente.[66]

O namoro é um relacionamento amoroso que tem caráter temporário e passageiro, em que o casal tem como objetivo compartilhar momentos, mas não almeja em primeiro momento contrair deveres e direitos na esfera jurídica. O namoro não tem o propósito de atribuir obrigações, sobretudo na órbita patrimonial e familiar, por mais que aconteça durante longo período de tempo.

É temerária a confusão no plano fático que o namoro seja confundido com a união estável, visto que esta, como já abordado anteriormente,

[63] Lôbo, Paulo. **Direito Civil 3:** Contratos. São Paulo: Saraiva, 2017, p. 147.

[64] Madaleno, Rolf. Direito de Família. 12. ed. Grupo GEN, 2022. p. 1325.

[65] Tepedino, Gustavo. **Fundamentos do Direito Civil**: Direito de Família. Vol. 6. São Paulo: Grupo GEN, 2020, p. 186.

[66] Tartuce, Flávio. **Direito Civil**: Direito de Família. Vol. 5: Grupo GEN, 2021, p. 443.

implica uma série de consequências jurídicas que adentram especialmente na esfera patrimonial do convivente. Sendo assim, com o intuito de afastar a caracterização de união estável, e com ela seus efeitos, a qual possui proteção constitucional, os contratos de namoro são criados a fim de proteger aqueles que não desejam partilhar o patrimônio através da meação, tampouco contrair as demais obrigações decorrentes da união estável.

O contrato de namoro deve ser elaborado por advogado e celebrado por meio de escritura pública. O seu teor é razoavelmente simples e declaratório, visto que os contratantes declaram essencialmente que não tem a intenção de constituir família. É possível declarar há quantos anos o casal namora e renunciar possível dever de mútua assistência, bem como eventuais direitos sobre bens móveis e imóveis adquiridos durante o namoro.[67]

É possível, ainda, a declaração no contrato de namoro que o casal reside separadamente inexistindo a coabitação, mas que deixam pertences e recebe correspondências na casa do outro. Nigri relembra que é aceitável que o casal fixe prazo de vigência do contrato de namoro por determinado número de meses, geralmente doze, de modo a ser repactuado todos os anos.[68]

Como o contrato de namoro ainda é novo e não unânime no país, a maioria dos que adotam incluem que, em caso de configuração de união estável, será adotado o regime de bens da separação total previsto nos artigos 1.687 e seguintes do Código Civil, a fim de transformá-lo em contrato de convivência, sendo este utilizado quando da existência de união estável.[69]

O contrato de namoro é um instrumento recente no campo do direito civil, e tem sido utilizado por advogados familiaristas. Entretanto, ainda há questionamento sobre se esse negócio jurídico é valido no campo dos contratos. A doutrina, bem como a jurisprudência, tem discutido o tema, mas ainda não há consenso sobre a validade do contrato de namoro.

Sobre a sua validade, inicialmente é necessário frisar que no que tange ao objeto desse tipo de contrato, o pacto não é capaz de alterar o estado civil das pessoas, conforme rememora Luciano Figueiredo e Roberto Figueiredo.[70]

[67] NIGRI, Tânia. **Contrato de Namoro**. São Paulo: Blucher, 2021, p. 16.

[68] NIGRI, Tânia. **Contrato de Namoro**. São Paulo: Blucher, 2021, p. 17.

[69] Ibid., p. 18.

[70] FIGUEIREDO, L.; FIGUEIREDO, R. **Manual de direito civil**. São Paulo: JusPodivm, 2021, p. 1.552.

Para Farias e Rosenvald, o instrumento tem como objetivo frustrar as etapas naturais do relacionamento afetivo que caminham para a configuração da união estável. Ainda, concluem que os signatários do contrato de namoro não pretendem namorar, mas mascarar a realidade fática existente no relacionamento. Sendo assim, opinam que o contrato de namoro não tem o condão de afastar a configuração da união estável.[71]

De entendimento minoritário a doutrina de Luciano Figueiredo e Roberto Figueiredo alerta que a existência desse contrato tem como ponto central o objetivo de afastar o elemento subjetivo para a caracterização da união estável no momento em que declaram, via escritura pública e seguindo os trâmites contratais necessários, que não tem a intenção de constituir família. Logo, nessa vertente, o pacto tem presunção de validade e diante da inexistência de vícios capazes de macular os elementos pilares do contrato, podem surtir seus efeitos.[72]

Contudo, alertam que não se trata de um instrumento absoluto porque diante de um caso concreto em que se discute o teor do contrato de namoro com a existência de elementos fáticos que podem caracterizar a união estável, o magistrado deve analisar e avaliar as provas encontradas nos autos a fim de decidir se o contrato firmado tinha como objetivo fraudar a realidade, o que certamente não poderá ser admitido.[73]

Como a verificação e comprovação da união estável não necessita de documento que a afirme sua existência, sendo os elementos identificadores no plano fático capazes de rotular o relacionamento entre as partes como união estável, e como consequência desdobrar todos os direitos e obrigações decorrentes desta entidade familiar, a maioria da doutrina entende pela observância do princípio da primazia da realidade, que deve ser aplicado no caso concreto.

Na vertente de Rolf Madaleno:

> Com efeito, a união estável exige pressupostos mais concretos de configuração, não bastando o mero namoro, por mais firme ou qualificado que se apresente, porquanto apenas a convivência como casal estável, de comunhão

[71] FARIAS, C. C.; ROSENVALD, N. **Curso de direito civil**: famílias. Vol. 6. São Paulo: JusPodivm, 2021, p. 541.

[72] FIGUEIREDO, L.; FIGUEIREDO, R. op cit, p. 1.553.

[73] FIGUEIREDO, L.; FIGUEIREDO, R. **Manual de direito civil**. São Paulo: JusPodivm, 2021, p. 1.552.

> plena e vontade de constituir família concretiza a relação durável, da qual o namoro é apenas um projeto que ainda não desenvolveu e talvez sequer evolua como entidade familiar. Portanto, nenhuma validade terá um precedente *contrato de namoro* firmado entre um par afetivo que tencione evitar efeitos jurídicos de sua relação de amor, porque seus efeitos não decorrem do contrato e sim do comportamento socioafetivo que o casal desenvolver, pois, se com o tempo eles alcançaram no cotidiano a sua mútua satisfação, como se fossem um casal e não mais apenas namorados, expondo sua relação com as características do artigo 1.723 do Código Civil, então de nada serviu o contrato preventivo de namoro e que nada blinda se a relação se transmudou em uma inevitável união estável, pois diante destas evidências melhor teria sido que tivessem firmado logo um *contrato de convivência* modelado no regime da completa separação de bens.[74]

Ainda nessa linha, Tepedino relembra que o contrato de namoro não é capaz de afastar a comunicação de bens adquiridos pelo casal com esforço comum, sob pena de permitir o enriquecimento sem causa. Complementa que o intérprete precisa avaliar a relação que concretamente foi desenvolvida com o objetivo de averiguar se há estabilidade na relação e com isso a configuração da união estável, ou se identifica a existência do namoro sem consolidar efeitos patrimoniais.[75]

Gagliano e Stolze definem o contrato de namoro como "um negócio celebrado por suas pessoas que mantêm relacionamento amoroso — namoro, em linguagem comum — e que pretendem, por meio da assinatura de um documento, a ser arquivado em cartório, afastar os efeitos da união estável".[76]

O contrato de namoro, numa perspectiva hermenêutica e absoluta, não poderá ser considerado um "salvo-conduto" dos namorados a fim de impedir os efeitos decorrentes da união estável, nos termos de Gagliano e Stolze, mas pode contribuir para o convencimento do juiz de que inexiste o *animus* de constituir família com o relacionamento afetivo.[77]

[74] MADALENO, Rolf. **Direito de Família.** 12. ed. Grupo GEN, 2022, p. 23.

[75] TEPEDINO, Gustavo. **Fundamentos do Direito Civil**: Direito de Família. Vol. 6. São Paul: Grupo GEN, 2020, p. 188.

[76] STOLZE, Pablo; PAMPLONA FILHO, Rodolfo. **Novo Curso de Direito Civil:** Direito de Família. São Paulo: Saraiva, 2021, p. 53.

[77] Ibid., p. 54.

Na vertente de Venosa, o casamento é um negócio jurídico, enquanto que a união estável é um fato jurídico, portanto impossível que se tenha validade um contrato cujo objetivo seja afastar o reconhecimento de algo que plenamente existe no mundo fático e produz efeitos. Por se tratarem de normas cogentes e de ordem pública, e logo indisponíveis pela vontade das partes, o contrato de namoro seria nulo, em razão da impossibilidade jurídica do objeto.[78]

Ainda, o autor complementa que a finalidade dos contratos de namoro ou contratos de intenções afetivas recíprocas e outros termos análogos, tem como finalidade e intenção proteger aquele que possui o patrimônio em detrimento daquele que não tem, sendo ofensivo aos princípios da dignidade da pessoa humana e do direito de família.[79]

Na mesma linha, Gonçalves, expõe que:

> O denominado "contrato de namoro" tem, todavia, eficácia relativa, pois a união estável é, como já enfatizado, um fato jurídico, um fato da vida, uma situação fática, com reflexos jurídicos, mas que decorrem da convivência humana. Se as aparências e a notoriedade do relacionamento público caracterizarem uma união estável, de nada valerá contrato dessa espécie que estabeleça o contrário e que busque neutralizar a incidência de normas cogentes, de ordem pública, inafastáveis pela simples vontade das partes.[80]

Em síntese, para análise do contrato de namoro se faz necessário observar os três planos do negócio jurídico, conhecidos como Escada Ponteana.[81] Tem-se que nesse tipo de negócio jurídico os agentes são os namorados, que declaram preferencialmente por escritura pública que apenas namoram e que não tem intenção no momento de constituir família.

O segundo degrau da escada, o plano de validade, exige que os agentes tenham capacidade, que a vontade seja livre e sem vícios, que o objeto seja lícito, possível e determinado, e que a forma deve ser observada quando

[78] VENOSA, Sílvio de S. **Direito Civil:** Família e Sucessões. Vol. 5. São Paulo: Grupo Gen, 2021, p. 404.

[79] Ibid., p. 405.

[80] GONÇALVES, Carlos Roberto. **Direito Civil Esquematizado**: Responsabilidade Civil – Direito de Família – Direito das Sucessões. São Paulo: Saraiva, 2021, p. 794.

[81] TARTUCE, Flávio. **Direito Civil**: Teoria Geral dos Contratos e Contratos em Espécie: Grupo GEN, 2022. p. 21.

prescrita em lei.[82] Da observância do plano de validade seria possível compreender que o contrato de namoro encontra obstáculos para que possa evitar os efeitos indesejados pelos pactuantes.

Não há relevantes considerações no que diz respeito a capacidade dos agentes e nem sobre a forma. Entretanto o obstáculo está em discutir se o objeto desse pacto é lícito, uma vez que em sua essência pode estar sendo utilizado para mascarar a realidade da constituição fática de união estável. Se o objetivo é esconder a existência de união estável que está a existir no plano fático e já apto a surtir os efeitos dela decorrentes, imperioso que o contrato seja considerado inválido, até porque no ordenamento jurídico brasileiro se prestigia a realidade.

Como visto, a doutrina majoritária entende que caso os elementos da união estável estejam presentes, esta deve ser declarada, mesmo diante da existência do contrato de namoro. Nesse raciocínio, percebe-se que poderia haver colisão entre o declarado em contrato *versus* elementos fáticos identificados da união estável, mas é cristalino notar que a união estável é protegida pela Constituição Federal, tendo caráter de entidade familiar, ou seja, possui proteção especial do Estado.

A doutrina e a jurisprudência tendem pela primazia da realidade, ou seja, quando encontrados os elementos da união estável, os efeitos de sua declaração serão necessariamente observados. Contudo, o contrato de namoro é ainda tema de discussões, que ainda não estão vencidas, porque tem como conteúdo a declaração da vontade dos agentes em não constituir família. Sendo assim, não é possível ignorar a existência de documento regularmente confeccionado que declaram que os pactuantes não desejam ser uma família.

Assim, os contratos de namoro isolados não são capazes de afastar a existência da união estável, mas são importantes indicativos da vontade do casal, o que certamente diante de discussão deverá ser levado em consideração no contexto em que foi realizado, bem como em conjunto com os demais elementos trazidos em debate.

Conclusões

Os contratos são importantes ferramentas de regulamentação da vida civil, sendo conceituados como atos jurídicos com o objetivo de criar, alterar ou

[82] TARTUCE, Flávio. **Direito Civil**: Teoria Geral dos Contratos e Contratos em Espécie: Grupo GEN, 2022. p. 22.

extinguir direitos e deveres de conteúdo patrimonial. Tratam de congruência de ao menos duas declarações de vontade protegidas e previstas no Código Civil.

A confecção de um contrato deve preservar a liberdade dos pactuantes em contratar, entretanto, tal liberdade não é absoluta, pois ainda que o tema esteja alocado no diploma civilista, existe o dever de observância do interesse social, assim como deveres de probidade e boa-fé objetiva.

Aliado a isso, outros princípios dos contratos merecem destaque, como a proibição do comportamento contraditório, em que determina que o sujeito não pode buscar seu favorecimento em processo judicial assumindo conduta que contradiz outra que a precede no tempo. Outrossim, o princípio da equivalência material também se mostra como importante ferramenta a fim de equilibrar de forma real os direitos e deveres entre os pactuantes.

Os contratos não atendem apenas no campo das obrigações, mas também em outros ramos, como no Direito de Família. Dessa forma, é natural que o direito contratual transite na área familiarista, e com isso apareçam contratos atípicos, e com eles novas discussões acerca de sua validade e a possibilidade de surtir efeitos.

Por se tratar de tema recente, ainda não pacífico entre a doutrina e jurisprudência, e ainda sem previsão legal, o estudo teve como objetivo identificar a finalidade dos contratos de namoro e verificar se estão aptos a surtir os efeitos desejados no ordenamento jurídico brasileiro.

Nesse prisma, o contrato de namoro é criado em razão da dificuldade de identificar e diferenciar no plano prático a relação entre o namoro e a união estável. O contrato de namoro surgiu justamente com a finalidade de rotular a relação como namoro e com isso afastar a caracterização da união estável, ante a série de consequências, especialmente de ordem patrimonial, que a união estável traz em caso de dissolução.

Como abordado, a união estável prescinde de formalismo para a sua caracterização, sendo identificada e apta a surtir efeitos quando presentes os elementos essenciais mesmo sem a presença de documento escrito. Entre os elementos imprescindíveis estão o ânimo de constituir família, a convivência pública, contínua e duradoura, bem como a união monogâmica e a ausência dos impedimentos matrimoniais previstos no Código Civil. Por outro lado, os elementos acidentais contribuem para a identificação da união estável, mas não são imprescindíveis, sendo eles a coabitação, o tempo de convivência e a existência de filhos.

A união estável possui proteção especial da Constituição Federal e é considerada entidade familiar, com equiparação ao casamento. Logo, em caso de dissolução há consequências que serão observadas. Entre as principais consequenciais estão o direito a alimentos, a partilha de bens adquiridos durante a união, os direitos sucessórios e também os direitos previdenciários.

Já o namoro é um relacionamento amoroso que tem caráter temporário e passageiro, em que o casal não tem imediata intenção de constituir família, sendo assim não há propósito de atribuir obrigações de ordem patrimonial e familiar. Em caso de rompimento do namoro, não há qualquer consequência jurídica ou proteção no âmbito do direito de família.

Como é temerária a confusão no plano fático entre o namoro e a união estável criou-se os contratos de namoro com a finalidade central de declarar que o casal não tem a intenção de constituir família, e que não há direitos e obrigações decorrentes daquela relação. Contudo, o instrumento contrato de namoro traz a discussão se pode ser usado com fins de afastar a união estável.

A maioria da doutrina entende que o contrato de namoro tem como objetivo frustrar a realidade, logo, não tem o condão de afastar a caracterização da união estável quando presentes os elementos essenciais dessa entidade familiar, mesmo que exista o contrato de namoro. Entretanto, trata de instrumento importante que, em conjunto com outros elementos, podem afastar a identificação da união estável e suas consequências. Contudo, sozinho o contrato de namoro mostra não ser apto a afastar a caracterização da união estável, especialmente porque deve ser observado o princípio da primazia da realidade.

O estudo não teve como objetivo o esgotamento do tema, mas trazer a discussão sobre a possibilidade de o contrato de namoro surtir efeitos no ordenamento jurídico, e com isso afastar a caracterização da união estável e suas consequências. Sendo assim, por se tratar de tema recente e que tem tomado espaço na área do direito de família, a temática ainda não é uníssona, em que pese haver tendência de utilizar o contrato de namoro apenas como uma prova em eventual discussão, mas não como instrumento capaz de afastar uma entidade familiar que tem proteção inclusive em ordem constitucional.

Referências

AZEVEDO, Álvaro V. Curso de Direito Civil: **Teoria Geral dos Contratos**. São Paulo: Saraiva, 2018.

BRASIL. [Constituição (1988)]. **Constituição da República Federativa do Brasil de 1988**. Brasília, DF:Presidência da República, [2016]. Disponível em: http://www.planalto.gov.br/ccivil_03/Constituicao/Constituicao.htm. Acesso em: 25 nov. 2022.

BRASIL. **Lei nº 5.478, de 25 de julho de 1968**. Dispõe sobre ação de alimentos e dá outras providências. Disponível em: http://www.planalto.gov.br/ccivil_03/leis/l5478.htm. Acesso em: 14 dez. 2022.

BRASIL. **Lei nº 9.278, de 10 de maio de 1996**. Regula o § 3° do art. 226 da Constituição Federal. Disponível em: http://www.planalto.gov.br/ccivil_03/leis/l9278.htm. Acesso em: 14 dez. 2022.

BRASIL. **Lei nº 10.406, de 10 de janeiro de 2002**. Institui o Código Civil. Disponível em: http://www.planalto.gov.br/ccivil_03/leis/2002/l10406compilada.htm. Acesso em: 25 nov. 2022.

BRASIL. Supremo Tribunal Federal. **Ação direta de inconstitucionalidade** nº 4.277/DF – Distrito Federal. Relator: Ministro Ayres Britto.

BRASIL. Superior Tribunal Federal. **Arguição de Descumprimento de Preceito Fundamental** 132. Tribunal Pleno Relator: Ministro Ayres Britto, Brasília, 05 maio 2011.

DINIZ, Maria H. **Curso de direito civil brasileiro:** teoria das obrigações contratuais e extracontratuais. v.3: Editora Saraiva, 2022.

FARIAS, C. C.; ROSENVALD, N. **Curso de direito civil:** famílias. Vol. 6. São Paulo: JusPodivm, 2021.

GONÇALVES, Carlos Roberto. **Direito Civil Brasileiro**. Vol. 3. São Paulo: Saraiva, 2021.

GONÇALVES, Carlos Roberto. **Direito Civil Esquematizado**: Responsabilidade Civil – Direito de Família – Direito das Sucessões. São Paulo: Saraiva, 2021.

FIGUEIREDO, L.; FIGUEIREDO, R. **Manual de direito civil**. São Paulo: JusPodivm, 2021.

LÔBO, Paulo. **Direito Civil 3:** Contratos. São Paulo: Saraiva, 2017.

MADALENO, Rolf. **Direito de Família**. 12. ed. Grupo GEN, 2022.

NIGRI, Tânia. **Contrato de Namoro**. São Paulo: Blucher, 2021.

PEREIRA, Caio Maio da Silva. **Instituições de Direito Civil:** Contratos. Vol. 3. São Paulo: Grupo GEN, 2021.

RIZZARDO, Arnaldo. **Contratos.** 19. ed. São Paulo: Forense, 2020.

STOLZE, Pablo; PAMPLONA FILHO, Rodolfo. **Novo Curso de Direito Civil:** Direito de Família. São Paulo: Saraiva, 2021.

TARTUCE, Flávio. **Direito Civil**: Direito de Família. Vol. 5: Grupo GEN, 2021

TARTUCE, Flávio. **Direito Civil:** Teoria Geral dos Contratos e Contratos em Espécie. São Paulo: Grupo GEN, 2022.

TARTUCE, Flávio. **STF encerra o julgamento sobre a inconstitucionalidade do art. 1.790 do Código Civil. E agora?**. Disponível em:www.migalhas.com.br/coluna/familia-e-sucessoes/259678/stf-encerra-o-julgamento-sobre-a-inconstitucionalidade-do-art--1-790-do-codigo-civil--e-agora. Acesso em 17 fev. 2022.

Tepedino, Gustavo. **Fundamentos do Direito Civil**: Direito de Família. Vol. 6. São Paul: Grupo GEN, 2020.

Venosa, Sílvio de S. **Direito Civil:** Família e Sucessões. Vol. 5. São Paulo: Grupo Gen, 2021.

16

NAMORO QUALIFICADO: A UNIÃO DOS REQUISITOS LEGAIS E DA REALIDADE FÁTICA COMO PRESSUPOSTOS DE VALIDADE E EFICÁCIA DO CONTRATO DE NAMORO

Dirce do Nascimento Pereira
Zilda Mara Consalter

"Entre namorar e amar, está o reflectir."
(Camilo Castelo Branco)

Introdução

Não é possível estabelecer momentos estanques para identificar a transformação da família ao longo da sua história, porém o cenário atual remete ao poliformismo dos arranjos familiares, que por sua vez traz a lume a necessidade de discutir questões que, na mesma medida, ampliam as consequências jurídicas das relações afetivas.

Neste contexto, surgem as conformações familiares reconhecidas atualmente pela norma jurídica brasileira, como a família monoparental, a família constituída pelo casamento e pela união estável. Apresentam-se também arranjos familiares reconhecidos socialmente, porém preteridos em termos normativos, como as uniões poliafetivas, simultâneas e paralelas. Concomitantemente, emergem formas extrafamiliares de convivência que, embora estejam abarcadas por outras searas do Direito, tangenciam as normas que regulamentam o Direito das Famílias, como é o caso do namoro, que por não ser caracterizado como entidade familiar está inserido essencialmente no âmbito obrigacional. Porém, a linha tênue que o separa da união estável, por vezes, remete a discussões na seara familiarista.

A celeuma jurídica que abriga atualmente as relações afetivas e que têm início a partir do namoro não era objeto de discussão até meados do Século XX, considerando-se que o clássico namoro, embora representasse uma etapa importante da vida dos futuros nubentes, tolhia completamente a liberdade das partes de regular seus próprios comportamentos. A relação era emoldurada pela cautela, acatamento e ausência de privacidade e intimidade, caracterizando-se por um período experiencial, prévio ao noivado e ao matrimônio e cuja liberdade sexual, coabitação e eventual brevidade do enlace eram elementos totalmente desconexos desta relação.

Além destes aspectos, o ordenamento jurídico brasileiro, até a Constituição de 1988, não havia recepcionado a união estável com o *status* de entidade familiar com previsão de direitos e deveres impostos aos companheiros, havendo tão somente a previsão do casamento como a única forma legítima de constituição de família. Assim, não havia nenhuma similitude entre o namoro clássico e o casamento e, portanto, ambas as relações estavam em grau de complexidade e formalidade totalmente diferenciadas, não gerando discussão jurídica acerca da constituição e manutenção destas relações.

No entanto, diante do advento da Magna Carta de 1988 e o reconhecimento da união estável como entidade familiar, bem como a mudança no comportamento social, a partir da conquista de direitos como por exemplo a liberdade sexual, a igualdade de gênero e o reconhecimento da afetividade como amálgama das relações conjugais/convivenciais e parentais, a moldura que antes delineava as relações afetivas e as colocava em estágios delimitados, fragmentou-se para dar lugar a uma nova tessitura relacional com reflexos jurídicos que espraiam enfáticos debates.

A partir destes plúrimos padrões comportamentais, propõe-se neste ensaio delimitar a temática para analisar, sob a perspectiva da convivencialidade, os aspectos jurídicos que permeiam o enlace afetivo entre pessoas que se encontram em mútuo processo de conhecimento, contexto em que se estabelece o namoro, que ao aproximar-se das características de uma união estável convencionou-se pela doutrina e jurisprudência pátria, denominá-lo como namoro qualificado.

O objetivo geral da investigação consiste em apresentar o aporte teórico que fundamenta a discussão acerca do namoro qualificado, bem como do contrato de namoro essencialmente, a partir das contribuições teóricas de Gustavo Tepedino, Marcos Bernardes de Mello, Paulo Lobo, Maria Berenice Dias, Rolf Madaleno e Zeno Veloso, além de contributos referenciais extraídos das decisões jurisprudenciais acerca da temática, culminando com a formulação do problema de pesquisa que consiste em identificar se o contrato de namoro é um instrumento negocial que gera efeitos jurídicos capazes de afastar os consectários legais da união estável, bem como para prevenir litígios patrimoniais e ainda para estabelecer algumas regras para a boa convivência (a permanência de residências individuais, por exemplo) e para a hipótese de dissolução que não sejam daquele jaez (como a guarda de animais de estimação, apenas como uma hipótese ilustrativa).

Os objetivos específicos desta pesquisa consistem em apontar as características e similitudes entre o namoro qualificado e a união estável; apresentar as convergências e divergências acerca da natureza jurídica da união estável; analisar a jurisprudência nacional que traz em seu bojo o "contrato de namoro" devidamente formalizado e verificar se a manifestação de vontade das partes prevalece em relação à discussão acerca da existência de eventual união estável, buscando finalmente trazer subsídios para responder ao problema de pesquisa ora proposto.

Salienta-se que a pesquisa se desenvolveu sob o método de abordagem que privilegia os preceitos lógico-dedutivos, tendo partido da identificação genérica do contrato de namoro, seguindo-se, após, para a avaliação de seus meandros de natureza obrigacional e do direito das famílias. E para se chegar à conclusão, o texto ainda traz à discussão o posicionamento jurisprudencial pátrio acerca da matéria.

E, por fim, esclareça-se que todas as etapas da pesquisa, que é de natureza eminentemente teórica, foram desenvolvidas com o suporte das técnicas documentais indiretas, seja de cunho legislativo, doutrinário ou jurisprudencial (frente a esta última, foi efetuada coleta e posterior análise quantitativa e qualitativa, consoante descrito no bojo do texto), todas devidamente referenciadas ao final do texto que, espera-se, seja de profícua leitura e construtivas reflexões.

1. *Design* jurídico do contrato de namoro ou namoro qualificado

Sob a égide do Código Civil de 1916, as relações matrimoniais se estruturavam a partir de uma concepção eminentemente patrimonialista, em cujo diploma ficavam à sua margem eventuais questões subjetivistas e, evidentemente, efeitos gerados por laços afetivos entre as pessoas. Assim, o casamento, à época, era imposto pela tradição ou pela comunidade, sendo vedada a sua dissolução, eis que a preservação do patrimônio era considerada essencial não somente para a família legitimamente constituída, mas também para a própria sociedade, que sentiria os efeitos da desagregação se a família tivesse a liberdade de autorregular-se.

Por outro lado, as relações de convivência diversas do casamento não eram objeto de proteção, tal como ocorria com as relações concubinárias e aquelas fundadas no namoro eram objeto dos chamados esponsais, pactos escritos pelos quais os noivos se comprometiam ao casamento (Consolidação das Leis Civis de 1784, artigos 76 em diante).[1] Este era incluído numa fase que antecedia o noivado e o casamento, e no namoro "à moda antiga se fazia cauteloso e era até difícil chegar aos beijos e abraços, o que só acontecia depois de certo tempo de espera e da aprovação familiar (era comum o namoro incipiente no sofá da sala dos pais da moça, sob olhares críticos e vigilantes dos donos da casa)".[2]

No entanto, na condição do namoro, revelava-se o envolvimento de determinado casal, mas de forma superficial, além de "[...] baseado em pouco ou nenhum conhecimento um do outro, tratando-se, de realidade, de um período experimental, que, posteriormente, nas gerações que ficaram para trás, era substituído pelo noivado [...]".[3]

Atualmente, este envolvimento se transformou para abrigar um relacionamento – perene ou efêmero – permeado por laços de afeto e que objetiva a satisfação de interesses pessoais, não condicionante a determinada etapa de um enlace com maior solidez. Ademais, a elevação do número de anos na expectativa de vida fez com que muitas pessoas, já em idade mais madura, já tendo tido outros relacionamentos, com família já constituída, mas ainda com vida emocional ativa, tenham preocupações de ordem jurídica quanto aos efeitos que seus relacionamentos possam vir a surtir para si próprio ou a eventuais herdeiros. Neste aspecto, os pertencentes à chamada "terceira idade", somam-se aos jovens na parcela da população

[1] DIAS, Maria Berenice. **Manual de Direito das Famílias**. 11. ed. São Paulo: Editora Revista dos Tribunais, 2016, p. 98.

[2] OLIVEIRA, Euclides de. A escalada do afeto no direito de família: ficar, namorar, conviver. **Instituto Brasileiro de Direito de Família (IBDFAM)**, 2005. Disponível em: https://ibdfam.org.br/assets/upload/anais/13.pdf#:~:text=Consiste%20numa%20rela%C3%A7%C3%A3o%20de%20puro,de%20interven%C3%A7%C3%A3o%20cartor%C3%A1ria%20ou%20judicial. Acesso em: 22 ago. 2022.

[3] MADALENO, Rolf. **Direito de Família**. 8. ed. Rio de Janeiro: Forense, 2018, p. 1222.

interessada nesse instrumento jurídico voltado, sobretudo, para a prevenção de litígios.

A realidade fática recente, portanto, suscitou a necessidade de elevar à discussão, a possibilidade de regulação patrimonial por parte daqueles que buscam relações afetivas desvinculadas de imposições legais. E nesse sentido, a doutrina e a jurisprudência foram compelidas a se pronunciar e definir esta nova modalidade de relação que restou denominada "namoro qualificado", recebendo esta adjetivação por aproximar-se da união estável, sem haver, no entanto, repercussão jurídica na esfera familiar e sucessória.

Nos dizeres de Priscila Satil[4] para que o namoro seja qualificado é necessário estarem presentes alguns requisitos como a publicidade, continuidade e durabilidade e essa duração não está atrelada a quantidade de anos. Esse namoro é chamado de qualificado justamente por apresentar a maioria dos requisitos da união estável, mas difere-se pelo fato de não haver objetivo de constituir família e, por consequência, não haver qualquer vinculação patrimonial.

Desta forma, a relação consubstanciada no namoro não constitui uma entidade familiar, ainda que as partes que o mantém tenham a pretensão de futuramente constituir uma família, ou seja "os namorados por mais profundo que seja o envolvimento deles, não desejam e não querem – ou ainda não querem – constituir uma família, estabelecer uma entidade familiar, conviver numa comunhão de vida, no nível do que os antigos chamavam de *affectio maritalis*".[5] Nessa linha decidiu o Superior Tribunal de Justiça (STJ)[6] admitindo que os elementos objetivos inerentes à união

[4] SATIL, Priscila de Araújo. Diferenciação entre namoro qualificado e união estável. **WebArtigos,** Juiz de Fora/MG, 15 nov. 2011. Disponível em: https://www.webartigos.com/artigos/diferenciacao-entre-namoro-qualificado-e-uniao-estavel/79824/. Acesso em: 29 ago. 2022.

[5] VELOSO, Zeno. É namoro ou união estável? **Instituto Brasileiro de Direito de Família (IBDFAM)**, 2016. Disponível em: https://ibdfam.org.br/noticias/6060. Acesso em: 19 ago. 2022.

[6] [...] ADMINISTRATIVO E CIVIL. PENSÃO ESTATUTÁRIA POR MORTE. COMPANHEIRO. CONDIÇÃO NÃO OSTENTADA. UNIÃO ESTÁVEL. INEXISTÊNCIA. NAMORO QUALIFICADO. REQUISITOS OBJETIVOS. PUBLICIDADE, CONTINUIDADE E DURABILIDADE PREENCHIMENTO. ELEMENTO SUBJETIVO (AFFECTIO MARITALIS). AUSÊNCIA. FORMAÇÃO DA FAMÍLIA. PROJEÇÃO PARA O FUTURO. CONCESSÃO DO BENEFÍCIO. IMPOSSIBILIDADE. SENTENÇA DE PROCEDÊNCIA REFORMADA. BRASIL. Superior Tribunal de Justiça (STJ). **AREsp 1149402/RJ 2017/0196452-8.** Relator:

estável são coincidentes à relação fundada no namoro qualificado, restando diverso unicamente o elemento subjetivo configurado no ânimo de constituir família que, para a união estável é uma projeção presente e para o namoro qualificado é um eventual porvir.

Diante desta proximidade fática e conceitual – e consequentemente da insegurança jurídica que emerge desta nova modalidade de relação – recentemente as partes interessadas passaram a celebrar o denominado contrato de namoro, que na concepção de Marília Pedroso Xavier trata-se de "uma espécie de negócio jurídico no qual as partes que estão tendo um relacionamento afetivo acordam consensualmente que não há entre elas objetivo de constituir família".[7] E Zeno Veloso por sua vez, acrescenta se tratar de:

> [...] uma declaração bilateral em que pessoas maiores, capazes, de boa-fé, com liberdade, sem pressões, coações ou induzimento, confessam que estão envolvidas num relacionamento amoroso, que se esgota nisso mesmo, sem nenhuma intenção de constituir família, sem o objetivo de estabelecer uma comunhão de vida, sem a finalidade de criar uma entidade familiar, e esse namoro, por si só, não tem qualquer efeito de ordem patrimonial ou conteúdo econômico.[8]

Embora contrário à adoção deste instrumento para afastar a comunicabilidade patrimonial, Gustavo Tepedino afirma que o contrato de namoro se trata de "contrato com o intuito de tentar evitar a *priori* a configuração de união estável, declarando-se, expressamente, a inexistência de vida em comum".[9] E Maria Berenice Dias, também contrária à formalização de contrato por parte dos namorados, cujo instrumento tenha por finalidade "assegurar a ausência de comprometimento recíproco e a incomunicabilidade do patrimônio presente e futuro", manifesta-se no sentido

Ministro Og Fernandes, data de publicação: 15 de setembro de 2017. Disponível em: https://www.jusbrasil.com.br/jurisprudencia/stj/499312520/decisao-monocratica-499312535. Acesso em: 19 ago. 2022.

[7] Xavier, Marília Pedroso. **Contrato de namoro**: amor líquido e direito de família mínimo. 2. ed. 3. reimpressão. Belo Horizonte: Fórum, 2020, p. 102-103.

[8] Veloso, Zeno. É namoro ou união estável? **Instituto Brasileiro de Direito de Família (IBDFAM)**, 2016. Disponível em: https://ibdfam.org.br/noticias/6060. Acesso em: 19 ago. 2022.

[9] Tepedino, Gustavo. Contratos em Direito de Família. *In:* Pereira, Rodrigo da Cunha (org.). **Tratado de Direito das Famílias.** Belo Horizonte: IBDFAM, 2015, p. 495.

de que "esse tipo de avença, com o intuito de prevenir responsabilidades, não dispõe de nenhum valor, a não ser o de acabar monetarizando singela relação afetiva".[10]

É possível afirmar, portanto, que o contrato de namoro se trata de um instrumento que tem a pretensão de viabilizar que o casal, que possui uma relação íntima de afeto e, que por vezes, mantém coabitação, estabeleça e manifeste a vontade de que o relacionamento se constitua tão somente num namoro, não havendo o intuito de constituir família, a fim de salvaguardar o patrimônio particular e responsabilidades advindas da união estável.

Assim, busca-se afastar por meio deste pacto, por exemplo, a partilha/meação de patrimônio pela dissolução do relacionamento em vida ou em caso de morte, desobrigar eventual pagamento de pensão alimentícia, bem como relegar direito sucessório pleno (no caso de ausência de herdeiros legítimos e necessários e legatários, hipótese em que a parte sobrevivente, na condição de companheiro, receberia a totalidade do patrimônio) ou concorrencial (no caso da existência de descendentes e/ou ascendentes, situação em que a parte teria direito à parcela do patrimônio, a título de herança).

Além desses aspectos, ainda se deve mencionar que o pacto pode objetivar organizar a vida cotidiana, estabelecendo como ocorrerá a habitação dos parceiros, como fica a responsabilidade por animais de estimação, como procederão quanto a viagens e outros compromissos sociais, de que modo haverá contribuição financeira para tanto e assim por diante. Além disso, o instrumento ainda poderá conter disposições acerca de eventual dissolução da relação de afeto e a destinação de objetos comuns de menor valor, como fotografias, objetos de estima, guarda dos pets, gestão de redes sociais e perfis comuns, contas e eventual monetização delas advindas, responsabilidade pela conclusão de contratos em conjunto e outros.

Considerando as vozes dissonantes no que se refere à (in)eficácia do contrato de namoro para afastar os efeitos jurídicos da união estável e consequentemente prevenir litígios patrimoniais, é essencial pontuar quais os fundamentos jurídicos gravitam em torno desta modalidade de relação afetiva.

[10] DIAS, Maria Berenice. Contrato de namoro. **Associação dos Registradores de Pessoas Naturais do Estado de São Paulo.** Notícias. São Paulo, 06 maio 2005. Disponível em: https://www.arpensp.org.br/noticia/2373#. Acesso em: 29 set. 2022.

Para tanto, parte-se, agora, à análise desta modalidade pactual sob a perspectiva do direito obrigacional e a forma como vem sendo estruturada para, na sequência, tratar da sua diferenciação para com a união estável.

2. O contrato de namoro sob a ótica obrigacional: planos de validade e eficácia

Dados divulgados pela Revista VEJA[11] tendo como fonte o Colégio Notarial Seção São Paulo, dão conta que o número de contratos de namoro formalizados cresceu 54,5% no período de janeiro a abril de 2019 – 17 contratos, em relação ao mesmo período do ano anterior, 11 contratos –, sendo que durante todo o ano de 2018 há registro de 37 contratos celebrados. Estes dados são setorizados e dizem respeito a contratos lavrados mediante escritura pública, podendo este número ser superior em razão da opção pelo instrumento particular.

Em que pese não haver dados específicos e atuais acessíveis para consulta, no que se refere a quantidade de contratos de namoro formalizados em âmbito nacional, é possível vislumbrar que este pacto vem ganhando espaço no âmbito das relações afetivas, o que demonstra a importância e a necessidade de discutir os aspectos que permeiam a adoção deste instrumento.

Ao formalizar a manifestação de vontade das partes mediante escritura pública, o notário busca atender especialmente, os termos previstos no artigo 215 do Código Civil (CC), porém não obstante o documento lavrado ser dotado de fé pública, a veracidade das declarações constantes no referido instrumento possui presunção *juris tantum* – presunção relativa – nos termos do artigo 219 do CC. Assim, preenchidos os requisitos legais e objetivos para a lavratura da escritura pública, esta será formalizada independentemente da análise e investigação da situação fática vivenciada pelas partes.

Desta forma, a perspectiva obrigacional denota que os negócios jurídicos são a fonte mediata principal das obrigações civis havendo permissão jurídica para a celebração de contratos atípicos, nos termos do artigo 425 CC, levando em consideração os princípios da liberdade contratual, especificamente o seu desmembramento na autonomia privada (artigo 421

[11] ROMANI, André. Cresce a procura por contratos de namoro no Brasil. **Revista VEJA**, 2019. Disponível em: https://veja.abril.com.br/economia/cresce-a-procura-por-contratos-de-namoro-no-brasil/. Acesso em: 06 ago. 2022.

CC) e da boa-fé (artigo 422 CC). Nestes termos, o contrato de namoro, objetiva regulamentar interesses convergentes de partes capazes e legitimadas, cuja manifestação de vontade seja livre e de boa-fé, vez que não há vedação legal em relação à sua forma.

Segundo Zeno Veloso, o contrato de namoro "não é acordo de vontades que tem por objeto determinar, singelamente, a existência de um namoro, que, se assim fosse, nem contrato tecnicamente, seria".[12] O autor ressalta que no contrato de namoro "as partes declaram, expressa e inequivocamente, sem conotação de fraude, intuito dissimulatório ou ilicitude, observados os princípios da probidade e boa-fé, e sem violar normas imperativas, a ordem pública e os bons costumes, a **inexistência de uma relação jurídica**"[13] (grifo nosso).

Levando em consideração o atendimento aos pressupostos e requisitos de existência e validade do negócio jurídico (artigo 104 CC), paira a discussão acerca da invalidade deste instrumento com fulcro no artigo 166, VI CC, que remete à nulidade do acordo bilateral de vontades, em função do objetivo de fraudar lei imperativa, posicionamento corroborado por Sílvio de Salvo Venosa, que afirma a sua propensão em seguir a corrente doutrinária que admite "que esses contratos de namoro são nulos (art. 166, VI do Código Civil). Sua finalidade, na massiva maioria das vezes, é proteger o partícipe que possui patrimônio em detrimento daquele que não o tem, com nítida ofensa aos princípios da dignidade humana e do direito de família".[14]

Neste mesmo sentido, Marcos Bernardes de Mello manifesta-se afirmando que o contrato de namoro "é uma maneira que se cria, aparentemente legítima, de evitar a incidência do artigo 1.723 CC, portanto isso é uma fraude à lei ou uma maneira de evitar a incidência de uma norma cogente (artigo 1.723 CC) que não dá permissão para que se evite a sua incidência".[15]

[12] VELOSO, Zeno. É namoro ou união estável? **Instituto Brasileiro de Direito de Família (IBDFAM)**, 2016. Disponível em: https://ibdfam.org.br/noticias/6060. Acesso em: 19 ago. 2022.
[13] Ibid.
[14] VENOSA, Sílvio de Salvo. **Direito civil**: direito de família. 14. ed. São Paulo: Atlas, 2014, p. 453.
[15] MELLO, Marcos Bernardes. **União estável e contrato de namoro**. Instagram, 18 maio 2022. 1 vídeo (60 m. e 40 s.). Transmitido pelo instagram @marcosbernardesdemello. Disponível em: https://www.instagram.com/p/CduAGz1gWB2/. Acesso em: 29 ago. 2022.

Por outro lado, Marília Pedroso Xavier ao analisar o posicionamento da doutrina civilista acerca da nulidade do contrato de namoro por fraude à lei imperativa, afirma que se trata "de uma posição maniqueísta, a qual apregoa que sempre haverá expressiva incongruência entre o que foi avençado e a realidade".[16]

Com a devida vênia, antever a ocorrência de fraude e afirmar que de forma massiva esta seria a finalidade quando da celebração do contrato de namoro, corresponde à presunção de que as partes agiram de má-fé no momento da declaração de vontade, hipótese que se contrapõe ao disposto no artigo 113 do CC que prevê o dever de que os negócios jurídicos sejam interpretados conforme a boa-fé, ou seja, a boa-fé se presume sendo que o comportamento dissonante é que deve ser comprovado. Comprovando-se a conduta fraudulenta, independentemente da modalidade de negócio jurídico, este estará eivado de nulidade, o que não é justificável é a presunção da sua ocorrência em se tratando especificamente do contrato de namoro.

Rolf Madaleno não aprofunda a questão da nulidade do negócio jurídico por fraude, mas afirma que "nenhuma validade terá um precedente contrato de namoro firmado entre um par afetivo que tencione evitar efeitos jurídicos de sua relação de amor, porque seus efeitos não decorrem do contrato e sim do comportamento socioafetivo que o casal desenvolver [...]".[17]

Gustavo Tepedino, por sua vez, enfatiza a sua "inutilidade [...] embora seja válida e eficaz a declaração individual de vontade, que esclarece a situação patrimonial do casal no momento da pactuação, a autonomia negocial não tem o condão de negar futura configuração de união estável, a partir da constatação fática de seus requisitos".[18]

Claudia Elisabeth Pozzi traz à discussão a fragilidade do contrato de namoro enquanto prova documental para demonstrar a inexistência da união estável quando desabrigada da realidade fática, "[...] a suposta eficácia da manifestação de vontade das partes estará condicionada – conditio juris – à inexistência de situação fática a configurar união estável".[19]

[16] Xavier, Marília Pedroso. **Contrato de namoro**: amor líquido e direito de família mínimo. 2. ed. 3. reimpressão. Belo Horizonte: Fórum, 2020, p. 104.

[17] Madaleno, Rolf. **Direito de Família**. 8. ed. Rio de Janeiro: Forense, 2018, p. 1.138.

[18] Tepedino, Gustavo. Contratos em Direito de Família. *In:* Pereira, Rodrigo da Cunha (org.). **Tratado de Direito das Famílias**. Belo Horizonte: IBDFAM, 2015, p. 495.

[19] Pozzi, Cláudia Elisabeth. O conteúdo econômico das famílias: Apontamentos sobre o contrato de união estável. **Anais do IV Congresso Brasileiro de Direito de Família**. Belo

Observa-se que a doutrina não é uníssona em relação a validade ou eficácia do contrato de namoro, pelos fundamentos corroborados. No entanto, para aprofundar a questão especialmente da eficácia deste instrumento, ou seja, se a sua formalização é apta a afastar a configuração da união estável – bem como propiciar a incomunicabilidade patrimonial – é importante avaliar também o posicionamento doutrinário e jurisprudencial acerca da natureza jurídica da união estável, principalmente no que se refere à necessária presença do elemento volitivo para a conformação da entidade familiar, a partir do objetivo de constituir família.

3. O namoro qualificado sob a perspectiva do direito das famílias: distinção para com a união estável

Como visto alhures, a relação afetiva que pode ser formalizada por meio do contrato de namoro qualificado, além de dizer respeito ao Direito Negocial e Obrigacional, também tangencia a esfera do Direito das Famílias na medida em que pode se aproximar das características da união estável. É nesta seara que se busca trazer à discussão a natureza jurídica da união estável, principalmente no que se refere ao elemento volitivo, para compreender se este dado seria ou não essencial para a configuração da entidade familiar.

A união estável, reconhecida constitucionalmente[20] como entidade familiar teve seus elementos caracterizadores delimitados pelo legislador infraconstitucional. Nesse sentido, a legislação que vigora atualmente é a norma constante no artigo 1.723 do CC que assim estabelece: "É reconhecida como entidade familiar a união estável entre o homem e a mulher, configurada na convivência pública, contínua e duradoura e estabelecida com o objetivo de constituição de família.".[21] Este dispositivo deve ser interpretado conforme decisão proferida pelo Supremo Tribunal Federal (STF)

Horizonte: IBDFAM, 2003, p. 10. Disponível em: https://ibdfam.org.br/assets/upload/anais/91.pdf. Acesso em: 24 ago. 2022.

[20] Artigo 226, § 3º. Para efeito da proteção do Estado, é reconhecida a união estável entre o homem e a mulher como entidade familiar, devendo a lei facilitar a sua conversão em casamento. BRASIL. Constituição da República Federativa do Brasil de 1988. **Diário Oficial da União**, Brasília, 05 out. 1988. Disponível em: http://www.planalto.gov.br/ccivil_03/constituicao/constituicao.htm. Acesso em: 25 ago. 2022.

[21] BRASIL. **Lei nº 10.406, de 10 de janeiro de 2002.** Institui o Código Civil. Diário Oficial da União, Brasília, 11 jan. 2002. Disponível em: http://www.planalto.gov.br/ccivil_03/leis/2002/l10406compilada.htm. Acesso em: 24 ago. 2022.

no julgamento da ADI 4.277[22] que reconheceu a união homoafetiva como entidade familiar.

No que se refere à natureza jurídica da união estável, Paulo Lôbo trata do fato jurídico e suas especificidades, baseado na doutrina de Pontes de Miranda e Marcos Bernardes de Mello e afirma "que a relação jurídica de união estável é **ato-fato jurídico**, cujos efeitos independem da vontade das pessoas envolvidas"[23] (grifo nosso). No mesmo sentido, Zeno Veloso define como uma "**situação de fato**" nos termos propostos por Paulo Lôbo, que a respeito, considera tratar-se de um "'**ato-fato jurídico**', que não depende para a sua constituição ou dissolução de formalidade ou solenidades, como o casamento"[24] (grifo nosso).

Rolf Madaleno não define a natureza jurídica da união estável, porém atribui relevância à vontade para sua configuração, o que denota a divergência em relação ao posicionamento manifestado pela corrente que entende tratar-se de ato-fato jurídico. Afirma que perquirir a presença ou ausência do ato volitivo para constituir família é, possivelmente, "a maior tarefa do julgador quando enfrenta uma demanda declaratória de união estável, sendo impossível reconhecer qualquer formação de entidade familiar quando a relação se ressente desse livre e consciente objetivo de seus partícipes".[25]

Com base nos fundamentos inicialmente defendidos por Marcos Bernardes de Mello, Marília Pedroso Xavier "defende que a união estável deve ser compreendida como ato jurídico compósito, no qual além de suporte fático (*convivência pública, contínua e duradoura*) deve necessariamente haver a manifestação do elemento volitivo do *objetivo de constituir família*".[26] (grifo da autora)

[22] BRASIL. Supremo Tribunal Federal (STF). **ADI 4277/DF.** Relator: Ayres Britto, 05 de maio de 2011. Disponível em: https://www.jusbrasil.com.br/jurisprudencia/stf/20627236. Acesso em: 29 ago. 2022.

[23] LÔBO, Paulo. A concepção da união estável como ato-fato jurídico e suas repercussões processuais. **Instituto Brasileiro de Direito de Família (IBDFAM),** 2014. Disponível em: https://ibdfam.org.br/artigos/953/A+concep%C3%A7%C3%A3o+da+uni%C3%A3o+est%C3%A1vel+como+ato-fato+jur%C3%ADdico+e+suas+repercuss%C3%B5es+processuais#:~:text=Por%20ser%20ato%2Dfato%20jur%C3%ADdico,converta%2Dse%20em%20rela%C3%A7%C3%A3o%20jur%C3%ADdica. Acesso em: 22 ago. 2022.

[24] VELOSO, Zeno. É namoro ou união estável? **Instituto Brasileiro de Direito de Família (IBDFAM)**, 2016. Disponível em: https://ibdfam.org.br/noticias/6060. Acesso em: 19 ago. 2022.

[25] MADALENO, Rolf. **Direito de Família.** 8. ed. Rio de Janeiro: Forense, 2018, p. 1.105.

[26] XAVIER, Marília Pedroso. **Contrato de namoro**: amor líquido e direito de família mínimo. 2. ed. 3. reimpressão. Belo Horizonte: Fórum, 2020, p. 114.

No entanto, atualmente, Marcos Bernardes de Mello mudou seu posicionamento para atribuir à união estável a natureza jurídica de **negócio jurídico**, inclusive afirmando o reconhecimento do seu grave equívoco, em razão de que o ato jurídico *stricto sensu* não comporta manifestação de vontade bilateral, mas tão somente unilateral e, portanto, não admite negociação quanto aos seus termos e condições.[27]

O Superior Tribunal de Justiça (STJ), em recente decisão monocrática, sob a relatoria do Ministro Jorge Mussi, afirmou que a natureza jurídica da união estável é ato-fato jurídico reportando seu posicionamento na doutrina de Paulo Lôbo, afirmando que "é ato-fato jurídico que não exige nenhuma manifestação ou declaração de vontade para produzir efeitos, bastando-lhe a existência fática a fim de que recaiam sobre ela as normas constitucionais e legais cogentes e supletivas para a conversão da relação fática".[28]

Considerando a análise do elemento volitivo nos posicionamentos acima apresentados verifica-se que este é essencial em se tratando da definição da natureza jurídica como ato-jurídico *stricto sensu* compósito, na esteira da sustentação de Marcos Bernardes de Mello. Nesta hipótese, seria necessário conjugar a manifestação de vontade, no sentido de constituir família ao suporte fático da publicidade, continuidade e estabilidade presentes no artigo 1.723 do CC.

Sob essa perspectiva, o contrato de namoro teria o condão oposto, ou seja, o de afastar o objetivo de constituir família, a partir da declaração expressa das partes, desde que o suporte fático estivesse presente, o que afastaria a possibilidade do reconhecimento da união estável, a partir da formalização do contrato de namoro.

Ao definir a natureza jurídica da união estável como negócio jurídico, nos termos propostos atualmente por Marcos Bernardes de Mello, bastaria a formalização do contrato de namoro perante o notário, desde que presentes os requisitos essenciais do negócio jurídico para que a relação

[27] MELLO, Marcos Bernardes. **União estável e contrato de namoro**. Instagram, 18 maio 2022. 1 vídeo (60 m. e 40 s.). Transmitido pelo instagram @marcosbernardesdemello. Disponível em: https://www.instagram.com/p/CduAGzlgWB2/. Acesso em: 29 ago. 2022.

[28] BRASIL. Superior Tribunal de Justiça (STJ). **RE nos EDcl no REsp: 1761887/MS 2018/0118417-0**. Relator: Ministro Jorge Mussi, data de publicação: 08 de setembro de 2021. Disponível em: https://www.jusbrasil.com.br/jurisprudencia/stj/1277197570/decisao-monocratica-1277197575. Acesso em: 06 set. 2022.

afetiva estivesse concretizada, independentemente da necessária conjugação entre o elemento volitivo e o suporte fático. Bastaria, portanto, a manifestação de vontade no sentido de afastar o objetivo de constituir família, para que o contrato de namoro tivesse repercussão jurídica e gerasse os efeitos desejados pelos namorados.

Ao definir como ato-fato jurídico, na esteira de Paulo Lôbo, que segue a corrente majoritária neste sentido, a vontade, portanto, "está em sua gênese, mas o direito a desconsidera e apenas atribui juridicidade ao fato resultante".[29]

Nesta hipótese, há grande relevância da realidade fática que norteia os efeitos jurídicos da relação convivencial, independentemente da manifestação de vontade das partes, ou seja, o contrato de namoro não poderia, por si só, afastar o elemento volitivo (e os consequentes efeitos não desejados), considerando que os efeitos jurídicos da união estável independem da vontade das partes.

Assim, para haver o afastamento do enquadramento do namoro como união estável – e a consequente geração de efeitos jurídicos na esfera familiar e obrigacional – será preciso tanto a manifestação de vontade consubstanciada e materializada no documento, bem como que o mesmo reflita, verazmente, a realidade dos namorados.

Então, caso estes se comportem como parceiros estáveis, reconhecidos como tais pela sociedade, mesmo havendo o instrumento em análise, não bastará este para afastar os consectários jurídicos que surgem da concretude da convivência (mesmo não havendo a *affectio maritalis,* assim declarada naquele).

4. O contrato de namoro: análise quantitativa e qualitativa dos posicionamentos jurisprudenciais sobre o tema

Para analisar a jurisprudência pátria acerca da repercussão jurídica da formalização de um contrato de namoro, buscou-se no sítio eletrônico

[29] LÔBO, Paulo. A concepção da união estável como ato-fato jurídico e suas repercussões processuais. **Instituto Brasileiro de Direito de Família (IBDFAM),** 2014. Disponível em: https://ibdfam.org.br/artigos/953/A+concep%C3%A7%C3%A3o+da+uni%C3%A3o+est%C3%A1vel+como+ato-fato+jur%C3%ADdico+e+suas+repercuss%C3%B5es+processuais#:~:text=Por%20ser%20ato%2Dfato%20jur%C3%ADdico,converta%2Dse%20em%20rela%C3%A7%C3%A3o%20jur%C3%ADdica. Acesso em: 22 ago. 2022.

de consulta jurisprudencial[30] a expressão "contrato de namoro". Todos os órgãos julgadores disponíveis foram marcados. A consulta gerou 42 (quarenta e dois) resultados exibidos por ordem de data (mais recente para mais antiga). A partir deste resultado todos os processos listados foram consultados individualmente.

O objetivo da consulta foi analisar o conteúdo de cada decisão para verificar em que contexto o termo "contrato de namoro" foi utilizado, ou seja, se efetivamente este instrumento fazia parte dos autos e foi objeto da decisão proferida ou se o termo foi mencionado num contexto geral, porém sem que as partes tivessem utilizado este instrumento para formalização da relação afetiva.

Optou-se por identificar como "AUSÊNCIA DE CONTRATO DE NAMORO", as hipóteses em que o termo foi utilizado como referência a determinadas obras com este título que subsidiaram a decisão ou ainda, por haver menção somente a título de comparação entre a união estável e o namoro qualificado.

Utilizou-se o termo "EXISTÊNCIA DE CONTRATO DE NAMORO NÃO APRECIADO NOS AUTOS", para as decisões em que houve menção da existência do instrumento, porém por questões processuais o documento não foi objeto de apreciação nos autos.

Por fim, fez-se uso do termo "EXISTÊNCIA DE CONTRATO DE NAMORO APRECIADO NOS AUTOS", para os julgados em que o instrumento foi objeto de análise e integrou os termos da decisão.

Do prisma quantitativo, a análise resultou no levantamento constante no gráfico a seguir, sendo que a "ausência de contrato de namoro" integrou 30 (trinta) dos processos, considerando que outros 2 (dois) processos listados estavam repetidos. A "existência de contrato de namoro não apreciado nos autos" ocorreu em 2 (dois) processos. A "existência de contrato de namoro apreciado nos autos" esteve presente em 5 (cinco) dos processos analisados, considerando que outros 3 (três) processos listados estavam repetidos. A consulta realizada resultou no total de 42 (quarenta e dois) processos listados por ocasião da pesquisa. No entanto, considerando os 5 (cinco) processos repetidos, o total de processos efetivamente analisados foram 37 (trinta e sete).

30 JUSBRASIL. **Jurisprudência**. Disponível em: https://www.jusbrasil.com.br/jurisprudencia/. Acesso em: 09 set. 2022.

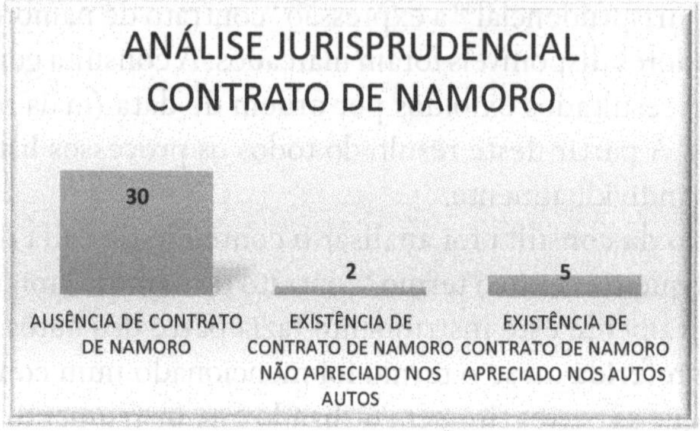

Fonte: as autoras (2022)

Dos processos consultados que resultaram na "ausência de contrato de namoro" há 30 (trinta) com esta indicação, considerando que há repetição de processos na listagem, sendo um deles do Tribunal de Justiça de Santa Catarina (TJSC) e outro processo do Superior Tribunal de Justiça (STJ).

Da mesma forma, os processos consultados que resultaram na "existência de contrato de namoro não apreciado nos autos" há 02 (duas) referências com a mencionada indicação, sendo uma delas do TJSC e outra do STJ.

Esclareça-se que serão analisados qualitativamente neste ensaio as decisões proferidas nos 5 (cinco) processos em que o contrato de namoro, devidamente formalizado foi apreciado nos autos.

O **primeiro julgado** é proveniente da 6ª Câmara de Direito Privado do Tribunal de Justiça de São Paulo (TJSP) e trata-se de Apelação Cível da Comarca de Sertãozinho em que a autora recorre anexando o contrato de namoro aos autos, cujo documento é questionado pelo réu que afirma tratar-se de pacto antenupcial e não contrato de namoro. O relator entendeu que "o documento acostado a fls. 20/21 é um contrato de namoro, não possuindo a natureza de contrato de união estável nem de pacto antenupcial", afirmando ainda que quando o contrato de namoro foi firmado pelas partes "fica evidente que não pretendiam constituir família com a união estável, tampouco compartilhar bens e negócios. Tais contratos visam a proteção patrimonial dos apaixonados, afastando qualquer possibilidade de se confundir com a união estável, que sabidamente, gera efeitos patrimoniais".

Apelação. Família. Ação de divórcio litigioso, alimentos e partilha de bens. Sentença que decreta o divórcio e partilha, na proporção de 50% para cada um, os valores pagos pelo imóvel **durante o casamento**. Recurso de ambas as partes. **Partes que firmaram contrato de namoro, que exclui a existência de união estável anterior ao casamento.** Contrato firmado que não constitui pacto antenupcial. [...]. Sentença mantida. RECURSOS DESPROVIDOS[31] (grifo nosso).

No voto não houve menção acerca da validade ou eficácia do contrato de namoro. No entanto ocorreu o seu reconhecimento, que considerou a manifestação de vontade das partes, para afastar a partilha de bens adquiridos no período da manutenção da relação afetiva (namoro) e a concessão de direitos à parte, somente no período da relação matrimonial.

O **segundo julgado** é proveniente da 9ª Câmara de Direito Privado do Tribunal de Justiça de São Paulo (TJSP) e diz respeito à Apelação Cível da Comarca de Ituverava em que a parte autora sustenta ter provado a alegada união estável. No entanto, o relator afirma não haver elementos de prova que demonstrem a "intenção de constituição de uma entidade familiar entre o ora apelante e a apelada" e analisa especialmente "o contrato de namoro firmado pelas partes (fls. 41/43), que foi celebrado dentro dos ditames do artigo 104, do Código Civil, inexistindo patente vício de vontade que poderia ensejar, de plano, o reconhecimento de eventual nulidade. De tal sorte, é válido.".

APELAÇÃO. Ação de reconhecimento e dissolução de união estável cumulada com partilha de bens. Sentença que julgou improcedente a ação. Inconformismo da parte autora. Não preenchidos os elementos essenciais caracterizadores da união estável previstos na lei. **Contrato de namoro firmado pelas partes. Caracterizado simples namoro, sem intenção de formação de núcleo familiar**. Sentença mantida. Recurso desprovido[32] (grifo nosso).

31 BRASIL. Tribunal de Justiça do Estado de São Paulo (TJSP). **Apelação 1007161-38.2019.8.26.0597.** Relatora: Cristina Medina Mogioni, 6ª Câmara de Direito Privado, 02 de junho de 2021. Disponível em: https://www.jusbrasil.com.br/jurisprudencia/tj-sp/1226383598/inteiro-teor-1226383618. Acesso em: 09 set. 2022.

32 BRASIL. Tribunal de Justiça do Estado de São Paulo (TJSP). **Apelação 1000884-65.2016.8.26.0288.** Relator: Rogério Murillo Pereira Cimino, 9ª Câmara de Direito Privado, 25 de junho de 2020. Disponível em: https://www.jusbrasil.com.br/jurisprudencia/tj-sp/895719366/inteiro-teor-895719431. Acesso em: 09 set. 2022.

Nesta hipótese, o contrato de namoro foi analisado sob a perspectiva da sua validade, em razão da ausência de vício de consentimento aliado ao suporte fático constante nos autos, vez que os elementos caracterizadores da união estável não restaram preenchidos e, portanto o instrumento foi considerado válido para subsidiar a decisão proferida.

O **terceiro julgado** é proveniente da 8ª Câmara Cível do Tribunal de Justiça do Rio Grande do Sul (TJRS) e se refere à Apelação Cível da Comarca de Tapes, em que o relator se manifestou pela inépcia da inicial por falta de pedido e de causa de pedir. Nos autos, o apelante nega o relacionamento, afirmando que foram somente namorados, juntando contrato de namoro que não foi contestado pela parte contrária. O relator questiona a sentença proferida em primeira instância, considerando não ter havido alegação por parte da autora, acerca do tempo de duração do relacionamento com o apelante "interregno que foi mencionado em memoriais (fl. 108) –, sendo aquela data inicial referida como apontado no contrato de namoro da fl. 55". Assim, finaliza afirmando que a sentença não pode subsistir no que se refere ao eventual reconhecimento da existência de união estável e partilha patrimonial.

> APELAÇÃO CÍVEL. UNIÃO ESTÁVEL. PARTILHA. ALIMENTOS. INÉPCIA DA INICIAL. ALIMENTOS AO FILHO. ADEQUAÇÃO DO BINÔMIO ALIMENTAR. 1. INÉPCIA DA INICIAL. Deve ser reformada a sentença na parte em que rejeitou pedido do apelante para extinção parcial do feito quanto ao reconhecimento e dissolução de união estável, e por consequência da partilha, pois não há na petição inicial pedido e causa de pedir. [...] Por consequência, **deve ser reformada a sentença para revogar da decisão o reconhecimento de união estável e a partilha de bens** [...][33] (grifo nosso).

No voto não houve menção acerca da validade ou eficácia do contrato de namoro muito provavelmente por não ter sido objeto de manifestação da parte contrária, bem como pela inadequação da petição inicial. No voto constou inclusive a possibilidade destas questões virem "a ser repristinadas

[33] BRASIL. Tribunal de Justiça do Estado do Rio Grande do Sul (TJRS). **Apelação 70082676859.** Relator: Luiz Felipe Brasil Santos, 8ª Câmara Cível, 30 de janeiro de 2020. Disponível em: https://www.jusbrasil.com.br/jurisprudencia/tj-rs/805384192/inteiro-teor-805384222. Acesso em: 09 set. 2022.

em ação própria, com uma petição inicial adequada", considerando que não ficou comprovado a estabilidade do relacionamento.

O **quarto julgado** é proveniente da 4ª Câmara de Direito Privado do Tribunal de Justiça de São Paulo (TJSP) e se refere à Apelação Cível da Comarca de Ribeirão Preto, "em que a autora alega que manteve relacionamento amoroso com o requerido no período de novembro de 2011 até 31 de março de 2017 como se marido e mulher fossem". O réu, por outro lado, "nega a ocorrência da aludida união estável, aduzindo que o relacionamento mantido pelas partes se tratou de simples namoro, informando que nunca residiram juntos, ambos possuíam outros relacionamentos, e não mantinham compromisso um com o outro".

No voto, o relator analisou o conjunto probatório e afastou a análise do contrato de namoro para concluir "que o relacionamento mantido entre as partes foi público e notório, havendo evidências concretas que eles possuíam laços efetivos, suficientes para o reconhecimento da união estável alegada, já que havia deliberação mútua de constituir uma família [...]"

> Ação de reconhecimento e dissolução de união estável – Sentença de procedência em parte – Autora beneficiária da gratuidade de justiça – **Preenchimento dos requisitos legais exigidos para a configuração da união estável** – Provas documental e oral satisfatórias – Período de tempo bem delimitado pela r. sentença – Recursos não providos. Nega-se provimento aos recursos[34] (grifo nosso).

Nesta hipótese o conjunto probatório foi analisado para a decisão pela configuração da união estável. O contrato de namoro, que pela manifestação do relator intui-se que não fora assinado pela parte, não foi analisado para fins de consideração do tempo de convivência: "o documento de fls. 58/60 'termo de namoro' que o requerido queria que a autora assinasse não se mostra suficiente para atestar que o relacionamento 'more uxório' perdurou até a data ali indicada".

O **quinto julgado** é proveniente da 3ª Câmara de Direito Privado do Tribunal de Justiça de São Paulo (TJSP) e diz respeito à Apelação da

[34] BRASIL. Tribunal de Justiça do Estado de São Paulo (TJSP). **Apelação 1015043-04.2017.8.26.0506.** Relatora: Marcia Dalla Déa Barone, 4ª Câmara de Direito Privado, 21 de novembro de 2019. Disponível em: https://www.jusbrasil.com.br/jurisprudencia/tj-sp/905056800/inteiro-teor-905056869. Acesso em: 09 set. 2022.

Comarca de Santo André em que os requerentes apelaram "alegando que ajuizaram a presente ação pretendendo a homologação do contrato de namoro e sua dissolução, bem como a doação de um imóvel para a requerente [...]". O relator por sua vez, sustentou que "o pedido posto na inicial é de ação de reconhecimento e dissolução de contrato de namoro consensual. Essa pretensão não encontra amparo no ordenamento jurídico, não podendo ser posta em juízo para solução pelo Poder Judiciário.".

> AÇÃO DE RECONHECIMENTO E DISSOLUÇÃO DE CONTRATO DE NAMORO CONSENSUAL. Falta de interesse de agir e impossibilidade jurídica do pedido. Inicial Indeferida. Processo Julgado Extinto. Sentença mantida. RECURSO DESPROVIDO.[35]

Nesta situação, embora tenha havido menção ao contrato de namoro e a sua possível dissolução, o relator manifestou-se pela impossibilidade jurídica do pedido por "ausência de previsão legal que reconheça o denominado 'contrato de namoro'. Inclusive o contrato não fora juntado aos autos, "parecendo se tratar de contrato verbal".

Também será objeto de análise a decisão proferida pela 2ª turma do STJ que se manifestou acerca do contrato de namoro, embora nos autos em apreço, o instrumento não tenha sido acostado. O mencionado processo figurou nesta pesquisa no grupo denominado "ausência de contrato de namoro". No entanto, optou-se pela análise deste julgado considerando tratar-se de decisão proferida por Tribunal Superior, bem como por haver manifestação expressa, por parte da Corte, acerca do mencionado contrato. Ao tratar das declarações escritas e depoimentos colhidos em audiências, o relator entendeu importante apontar duas observações, quais sejam:

> A primeira diz respeito à natureza jurídica da união estável Trata-se de fato jurídico que gera efeitos jurídicos. A união estável não é inaugurada nem criada por um negócio jurídico. A essência da relação não é definida pelo contrato, muito menos pelo olhar da sociedade, ou de testemunhas em audiência. Essa modalidade de união é uma situação de fato que se consolida

[35] BRASIL. Tribunal de Justiça do Estado de São Paulo (TJSP). **Apelação 1025481-13.2015.8.26.0554**. Relatora: Beretta da Silveira, 3ª Câmara de Direito Privado, 28 de junho de 2016. Disponível em: https://www.jusbrasil.com.br/jurisprudencia/tj-sp/355995849/inteiro-teor-355995892. Acesso em: 09 set. 2022.

com o decorrer do tempo (donde surgiu o requisito "relação duradoura", ou "razoável duração") e não depende de nenhum ato formal para se concretizar.

Nessa ordem de ideias, pela regra da primazia da realidade, um "contrato de namoro" não terá validade nenhuma em caso de separação, se, de fato a união tiver sido estável. A contrário senso, se não houver união estável, mas namoro qualificado que poderá um dia evoluir para uma união estável o "contrato de união estável" celebrado antecipadamente à consolidação desta relação não será eficaz ou seja, não produzirá efeitos no mundo jurídico.

PROCESSUAL CIVIL E ADMINISTRATIVO. AGRAVO INTERNO NO AGRAVO EM RECURSO ESPECIAL. [...] UNIÃO ESTÁVEL. NÃO CONFIGURAÇÃO. REVISÃO DO JULGADO. IMPOSSIBILIDADE. REEXAME DAS PROVAS DOS AUTOS. INCIDÊNCIA DA SÚMULA 7/STJ. [...] 2. **O Tribunal a quo, soberano na análise do material cognitivo produzido nos autos, concluiu pela não configuração de união estável entre o agravante e a servidora pública falecida, em virtude da ausência de demonstração de comunhão de vidas e de esforços, consubstanciada na assistência moral e material recíproca irrestrita,** não fazendo jus, portanto, ao recebimento de pensão por morte pleiteada na hipótese vertente [...] (grifo nosso)[36].

No que tange a esta decisão, o que deve ser destacado é que parece apressada a conclusão de que uma relação *sempre* deve evoluir ou para outra mais formal ou então para o rompimento. É que no exercício da exegese, não se deve presumir nem fraude e nem qualquer outro ato de má-fé, devendo esta ser sempre provada, caso ocorra.

Como dito no introito deste texto, esse tipo de negócio jurídico se presta de modo bastante comum àqueles que já experimentaram outros relacionamentos – e, talvez, os dissabores do seu rompimento – e, portanto, não desejam mais enfrentar consequências jurídicas de sua união de afeto e companheirismo, sem pensar e sem projetar ao futuro um destino diferente do que tem no presente.

Então, ao que parece, os namorados que pactuam entre si o afastamento de efeitos condizentes com a união estável, bem como celebram combinações acerca de questões comezinhas do cotidiano e da vida conjunta sem

[36] BRASIL. Superior Tribunal de Justiça (STJ). **AgInt no AREsp 1149402/RJ 2017/0196452-8.** Relator: Ministro Og Fernandes, 21 de março de 2018. Disponível em: https://www.jusbrasil.com.br/jurisprudencia/stj/860096022/inteiro-teor-860096031. Acesso em: 09 set. 2022.

um compromisso formal (dentro dos limites legais e no exercício de sua autonomia privada e da vontade), desejam justamente isto: permanecer como estão, pelo simples fato de estarem felizes e realizados desta forma, não querendo "evoluir" a ponto algum e desejando, simplesmente, continuar a vida sem preocupações jurídicas relativas a herança, patrimônio ou outras das quais já possuem alguma experiência. E caso haja alguma desconexão com a realidade, bem como alguma fraude ou qualquer outro vício, como qualquer outro negócio jurídico, deverá passar pelo crivo judicial face aos planos de validade e eficácia.

Conclusões

Consoante descrito e discutido neste texto, o contrato de namoro, ou namoro qualificado, é um negócio jurídico que tem vários objetivos, sejam eles extintivos, sejam eles constitutivos, devendo ser sempre fruto da autonomia privada e da livre vontade dos seus pactuantes.

Ele pode servir apenas para demonstrar a vontade dos namorados em não estabelecer uma entidade familiar, em permitir a confusão patrimonial, ou até a comunicação de patrimônios amealhados durante o relacionamento.

Todavia, esse mesmo pacto pode se prestar a finalidades mais comezinhas, cotidianas, e que foram entendidas pelos namorados como importantes de serem estabelecidas, tais como a adoção de um animal de estimação, periodicidade dos encontros e viagens, divisão da contribuição para eventuais despesas não contínuas, dentre outras que não tem cunho patrimonial direto.

Assim, o negócio jurídico se mostra como um eficiente instrumento de prevenção de litígios e também uma maneira de permitir que os namorados levem um relacionamento leve e sem as preocupações com eventuais efeitos jurídicos que possam dele advir.

E veja-se: essas preocupações podem ser apenas dos próprios parceiros, mas também de filhos ou outros parentes herdeiros. Então, o instrumento acaba por mostrar-se, também, um meio de evitar dissabores no âmbito familiar. Tudo isto, se, realmente, não houver a cabal e reconhecida união estável e se o instrumento não se prestar apenas a alguma fraude ou desvio patrimonial, ocasião em que deverá passar pelo crivo judicial, com a consequente perda da validade ou eficácia.

Adicione-se a estes fatos, a "questão futuro": não há qualquer problema em que o namoro se torne uma união estável ou até um matrimônio.

Nestas hipóteses, o relacionamento passará a provocar os efeitos jurídicos que lhes são correlatos. Por outra via, caso se encerre, nenhum efeito ou consequência jurídica persistirá. E caso permaneçam as coisas como da época da pactuação, os efeitos previstos no pacto serão aqueles definidos pelos convenentes. Essa não deve ser uma preocupação dos julgadores, eis que a própria realidade dos fatos levará a produção de efeitos diversos.

Agora, quando houver qualquer indício, prova de fraude ou qualquer outro vício do consentimento ou social, bem como lesão à lei ou aos bons costumes, não restará outra alternativa que não a decretação judicial da sua nulidade, anulabilidade ou ineficácia, o que deverá ser feito mediante a cabível ação judicial a ser ajuizada por quem tiver seu direito subjetivo violado (seja o próprio pactuante, seja algum terceiro interessado e legitimado para tanto).

Dessa maneira, o namoro qualificado é um negócio jurídico possível juridicamente, mas sempre deverá coadunar com a realidade fática e, acima de tudo, permeado pelos princípios da autonomia privada e da boa-fé (este, enquanto princípio norteador da interpretação do mesmo e, também, como baliza para a definição da sua legalidade ou não).

E somente a união do aspecto concreto acerca da manifesta vontade das partes e dos pressupostos e requisitos de qualquer negócio jurídico é que demarcará a possibilidade da sua concreta aquiescência pelo ordenamento jurídico nacional.

Referências

BRASIL. **Constituição da República Federativa do Brasil de 1988**. Diário Oficial da União, Brasília, 05 out. 1988. Disponível em: http://www.planalto.gov.br/ccivil_03/constituicao/constituicao.htm. Acesso em: 25 ago. 2022.

BRASIL. **Lei nº 10.406, de 10 de janeiro de 2002**. Institui o Código Civil. Diário Oficial da União, Brasília, 11 jan. 2002. Disponível em: http://www.planalto.gov.br/ccivil_03/leis/2002/l10406compilada.htm. Acesso em: 24 ago. 2022.

BRASIL. Superior Tribunal de Justiça (STJ). **AgInt no AREsp 1149402/RJ 2017/0196452-8.** Relator: Ministro Og Fernandes, 21 de março de 2018. Disponível em: https://www.jusbrasil.com.br/jurisprudencia/stj/860096022/inteiro-teor-860096031. Acesso em: 09 set. 2022.

BRASIL. Superior Tribunal de Justiça (STJ). **AREsp 1149402/RJ 2017/0196452-8.** Relator: Ministro Og Fernandes, data de publicação: 15 de setembro de 2017. Disponível em: https://www.jusbrasil.com.br/jurisprudencia/stj/499312520/decisao-monocratica-499312535. Acesso em: 19 ago. 2022.

BRASIL. Superior Tribunal de Justiça (STJ). **RE nos EDcl no REsp: 1761887/MS 2018/0118417-0**. Relator: Ministro Jorge Mussi, data de publicação: 08 de setembro de 2021. Disponível em: https://www.jusbrasil.com.br/jurisprudencia/stj/1277197570/decisao-monocratica-1277197575. Acesso em: 06 set. 2022.

BRASIL. Supremo Tribunal Federal (STF). **ADI 4277/DF.** Relator: Ayres Britto, 05 de maio de 2011. Disponível em: https://www.jusbrasil.com.br/jurisprudencia/stf/20627236. Acesso em: 29 ago. 2022.

BRASIL. Tribunal de Justiça do Estado de São Paulo (TJSP). **Apelação 1015043-04.2017.8.26.0506.** Relatora: Marcia Dalla Déa Barone, 4ª Câmara de Direito Privado, 21 de novembro de 2019. Disponível em: https://www.jusbrasil.com.br/jurisprudencia/tj-sp/905056800/inteiro-teor-905056869. Acesso em: 09 set. 2022.

BRASIL. Tribunal de Justiça do Estado de São Paulo (TJSP). **Apelação 1000884-65.2016.8.26.0288**. Relator: Rogério Murillo Pereira Cimino, 9ª Câmara de Direito Privado, 25 de junho de 2020. Disponível em: https://www.jusbrasil.com.br/jurisprudencia/tj-sp/895719366/inteiro-teor-895719431. Acesso em: 09 set. 2022.

BRASIL. Tribunal de Justiça do Estado de São Paulo (TJSP). **Apelação 1007161-38.2019.8.26.0597**. Relatora: Cristina Medina Mogioni, 6ª Câmara de Direito Privado, 02 de junho de 2021. Disponível em: https://www.jusbrasil.com.br/jurisprudencia/tj-sp/1226383598/inteiro-teor-1226383618. Acesso em: 09 set. 2022.

BRASIL. Tribunal de Justiça do Estado de São Paulo (TJSP). **Apelação 1025481-13.2015.8.26.0554**. Relatora: Beretta da Silveira, 3ª Câmara de Direito Privado, 28 de junho de 2016. Disponível em: https://www.jusbrasil.com.br/jurisprudencia/tj-sp/355995849/inteiro-teor-355995892. Acesso em: 09 set. 2022.

BRASIL. Tribunal de Justiça do Estado do Rio Grande do Sul (TJRS). **Apelação 70082676859.** Relator: Luiz Felipe Brasil Santos, 8ª Câmara Cível, 30 de janeiro de 2020. Disponível em: https://www.jusbrasil.com.br/jurisprudencia/tj-rs/805384192/inteiro-teor-805384222. Acesso em: 09 set. 2022.

DIAS, Maria Berenice. Contrato de namoro. **Associação dos Registradores de Pessoas Naturais do Estado de São Paulo.** Notícias. São Paulo, 06 maio 2005. Disponível em: https://www.arpensp.org.br/noticia/2373#. Acesso em: 29 set. 2022.

DIAS, Maria Berenice. **Manual de Direito das Famílias**. 11. ed. São Paulo: Editora Revista dos Tribunais, 2016.

JUSBRASIL. **Jurisprudência**. Disponível em: https://www.jusbrasil.com.br/jurisprudencia/. Acesso em: 09 set. 2022.

LÔBO, Paulo. A concepção da união estável como ato-fato jurídico e suas repercussões processuais. **Instituto Brasileiro de Direito de Família (IBDFAM),** 2014. Disponível em: https://ibdfam.org.br/artigos/953/A+concep%C3%A7%C3%A3o+da+uni%C3%A3o+est%C3%A1vel+como+ato-fato+jur%C3%ADdico+e+suas+repercuss%C3%B5es+processuais#:~:text=Por%20ser%20ato%2Dfato%20jur%C3%ADdico,converta%2Dse%20em%20rela%C3%A7%C3%A3o%20jur%C3%ADdica. Acesso em: 22 ago. 2022.

MADALENO, Rolf. **Direito de Família**. 8. ed. Rio de Janeiro: Forense, 2018.

MELLO, Marcos Bernardes. **União estável e contrato de namoro**. Instagram, 18 maio 2022. 1 vídeo (60 m. e 40 s.). Transmitido pelo instagram @marcosbernardesdemello. Disponível em: https://www.instagram.com/p/CduAGz1gWB2/. Acesso em: 29 ago. 2022.

OLIVEIRA, Euclides de. A escalada do afeto no direito de família: ficar, namorar, conviver. **Instituto Brasileiro de Direito de Família (IBDFAM)**, 2005. Disponível em: https://ibdfam.org.br/assets/upload/anais/13.pdf#:~:text=Consiste%20numa%20rela%C3%A7%C3%A3o%20de%20puro,de%20interven%C3%A7%C3%A3o%20cartor%C3%A1ria%20ou%20judicial. Acesso em: 22 ago. 2022.

POZZI, Cláudia Elisabeth. O conteúdo econômico das famílias: Apontamentos sobre o contrato de união estável. **Anais do IV Congresso Brasileiro de Direito de Família.** Belo Horizonte: IBDFAM, 2003. Disponível em: https://ibdfam.org.br/assets/upload/anais/91.pdf. Acesso em: 24 ago. 2022.

ROMANI, André. Cresce a procura por contratos de namoro no Brasil. **Revista VEJA**, 2019. Disponível em: https://veja.abril.com.br/economia/cresce-a-procura-por-contratos-de-namoro-no-brasil/. Acesso em: 06 ago. 2022.

SATIL, Priscila de Araújo. Diferenciação entre namoro qualificado e união estável. **WebArtigos,** Juiz de Fora/MG, 15 nov. 2011. Disponível em: https://www.webartigos.com/artigos/diferenciacao-entre-namoro-qualificado-e-uniao-estavel/79824/. Acesso em: 29 ago. 2022.

TEPEDINO, Gustavo. Contratos em Direito de Família. *In:* PEREIRA, Rodrigo da Cunha (org.). **Tratado de Direito das Famílias**. Belo Horizonte: IBDFAM, 2015.

VELOSO, Zeno. É namoro ou união estável? **Instituto Brasileiro de Direito de Família (IBDFAM)**, 2016. Disponível em: https://ibdfam.org.br/noticias/6060. Acesso em: 19 ago. 2022.

VENOSA, Sílvio de Salvo. **Direito civil**: direito de família. 14. ed. São Paulo: Atlas, 2014.

XAVIER, Marília Pedroso. **Contrato de namoro**: amor líquido e direito de família mínimo. 2. ed. 3. reimpressão. Belo Horizonte: Fórum, 2020.

17
CONSEQUÊNCIAS JURÍDICAS DA UNIÃO ESTÁVEL E DO NAMORO: DIFERENCIAÇÕES E IMPLICAÇÕES

Daniela Braga Paiano
Franciele Barbosa Santos
Isabela Nabas Schiavon

Introdução

A dinâmica social, os comportamentos e costumes se transformam com o passar do tempo e não seria diferente com as relações interpessoais, com ênfase na família. Esta, por muito tempo, restou atrelada aos laços matrimoniais, entretanto, a partir da Constituição Federal de 1988, passou a reconhecer outras formas de constituição de família como "entidades familiares", ampliando, portanto, o conceito do instituto.

Seu conceito, nessa conjuntura, é dinâmico, uma vez que transmuta com as relações sociais, bem como em razão do reconhecimento legal. O Direito passa a atender a realidade das novas formações familiares e a oferecer proteção jurídica.

É nesse contexto que restou reconhecido como entidade familiar a união estável, formada por duas pessoas com o intuito de constituir família. Ressalta-se que o seu reconhecimento era extremamente necessário já que a realidade demandava essa atuação do Direito. Para tanto, estabeleceu-se, legalmente, requisitos para a sua configuração, os quais atendiam a demanda daquela realidade.

Entretanto, em razão da realidade ser mutável, bem como as configurações pelas quais as pessoas se relacionam, passou-se a vislumbrar inseguranças jurídicas, ante a mudança no relacionamento de namoro, o qual passou a ser mais leve e com menos regramento em razão do afrouxamento dos costumes sociais. Dessa forma, casais de namorados passaram a correr o risco de ter reconhecida uma união estável no seu relacionamento de namoro, conferindo, assim, insegurança aos seus relacionamentos.

Os casais de namorados passaram a lidar com relacionamentos que se apresentam de forma bastante semelhante à união estável, mas com efeitos da configuração distintos. Assim, a pesquisa apresenta relevância na medida em que se coaduna com o cenário atual, o qual têm gerado inquietudes aos que vivenciam tal situação.

O presente trabalho, portanto, tem como objetivo demonstrar a diferenciação entre ambos os relacionamentos e as implicações que o reconhecimento da união estável pode trazer aos casais. Pretende-se, ainda, explicitar a insegurança que passam os relacionamentos atuais, bem como apontar mudanças com o intuito de abarcar as novas formas de namoro.

Para tanto, utilizar-se-á o método dedutivo, mediante extração discursiva do conhecimento, partindo de premissas gerais aplicáveis a hipóteses concretas, pautando-se a metodologia em pesquisas documentais, legislativas e bibliográficas. O problema da pesquisa será desenvolvido em uma perspectiva descritiva, de caráter exploratório, que interpreta e analisa os fenômenos do objeto de estudo.

A fim de atingir o objetivo almejado, o estudo passa pela análise do relacionamento de namoro antigo em contraste com o namoro atual. Após, aborda a conceituação da união estável no ordenamento pátrio, assim como cita-se requisitos para a sua configuração. Em seguida, analisa-se o namoro atual contrapondo-o à união estável. Por fim, apresenta as implicações jurídicas que o reconhecimento da união estável pode trazer ao relacionamento de namoro, bem como a necessidade de mecanismos para atribuir maior segurança aos enamorados.

1. Das relações afetivas: namoro antigo x namoro atual

A família é um acontecimento social e cultural e se transforma juntamente com a sociedade, uma vez que os aspectos sociais influenciam diretamente no que se entende por família naquele determinado período. Assim, o que se considera como família num contexto definido pode sofrer modificações com a transformação social, não sendo, portanto, um conceito estático.

O papel social atribuído à família impacta diretamente na sua compreensão. Dessa forma, a família passa a sofrer alterações com as mudanças no cenário econômico, industrial e político no final do século XX. Nessa conjuntura, cita-se os estudos de Zygmunt Bauman o qual passou a descrever as relações do final do século XX como líquidas, em razão da desintegração das instituições da modernidade.[1]

> Não se trata de uma mera crise econômica por desestabilidade monetária ou especulativa, mas sim de algo estrutural para a sociedade, capaz de afetar as economias mais estáveis do planeta, projetando-se da seguinte para Habermas: tendo como ponto de origem o sistema econômico, uma crise econômica de caráter sistêmico; tendo como ponto de origem o sistema político, uma crise de racionalidade de caráter sistêmico e uma crise de legitimação (identidade); tendo como ponto de origem o sistema sócio-cultural, uma crise de motivação.[2]

A pós-modernidade é entendida como um período de revisão de padrões pré-estabelecidos, bem como de revisão das heranças modernas até então. Nesse período vislumbra-se rupturas com o então tradicional, sendo introduzidas novas definições axiológicas, causando um certo abalo nas estruturas consolidadas.[3]

Ocorre, portanto, uma flexibilização na configuração de família. Os modelos de família sofrem variações e se alteram com os costumes, com as modificações dos valores e com a introdução de novos comportamentos e de novos princípios. Isso não significa afirmar que uma configuração familiar é melhor ou pior que a outra, mas que são distintas entre si.[4]

A independência econômica da mulher, o surgimento da pílula anticoncepcional e consequente controle de natalidade, bem como a escolarização da mulher e o advento do divórcio, ocasionam a alteração na dinâmica

[1] Bauman, Zygmunt. **Vida a crédito**: conversas com Citlali Rovirosa-Madrazo. Tradução: Alexandre Werneck. Rio de Janeiro: Jorge Zahar, 2010, p. 8.

[2] Bittar, Eduardo Carlos Bianca. O direito na pós-modernidade. **Revista Sequência,** nº 57, p. 131-157, dez. 2008, p. 143.

[3] Ibid, p. 142.

[4] Hironaka, Giselda Maria Fernandes Novaes. A incessante travessia dos tempos e a renovação dos paradigmas: a família, seu status e seu enquadramento na pós-modernidade. **Revista da Faculdade de Direito da Universidade de São Paulo,** São Paulo, v. 101, p. 153-167, jan./dez. 2006, p. 154.

familiar. Mas acima de tudo salienta-se a mudança da família pautada na continuidade patrimonial para a família pautada no afeto como parâmetro modificador das relações familiares.[5]

Até então, as relações familiares possuíam uma formatação pré-determinada e reconhecida pelo Estado, sendo que quaisquer relações à margem do disposto na legislação não eram reconhecidas pelo ordenamento e seus efeitos eram ignorados pelo Direito, ou seja, eram tidas como inexistentes. Nesse sentido,

> Mudam os homens. Mudam os agrupamentos sociais. Mudam as instituições. Mudam os institutos jurídicos. Muda a família. Mudam as relações familiais, não para serem outras, mas para desempenharem novos e distintos papéis. Constrói-se uma família eudemonista, na qual se acentual as relações de sentimentos entre os membros do grupo: valorizam-se as funções afetivas da família que se torna o refúgio privilegiado das pessoas contra as pressões econômicas e sociais. É o fenômeno social da família conjugal, ou nuclear ou de procriação, onde o que mais conta, portanto é a intensidade das relações pessoais de seus membros [...].[6]

O namoro, que até então não representava qualquer preocupação jurídica, uma vez que era de fácil reconhecimento e diferenciação das demais relações, já que possuía características bem delineadas, não possuindo quaisquer efeitos jurídicos, passa, na pós-modernidade, a apresentar riscos para os enamorados ante a sua proximidade com o instituto da união estável.

No século XX, o namoro possuía características próprias e consistia em clara configuração para casamento, ou seja, o namoro precedia o casamento de forma quase como obrigatória. Era considerado um compromisso sério frente ao casal e terceiros, sendo que "[...]o namoro à moda antiga se fazia cauteloso e era até difícil chegar aos beijos e abraços, o que só acontecia depois de certo tempo de espera e da aprovação familiar".[7]

[5] Hironaka, Giselda Maria Fernandes Novaes. A incessante travessia dos tempos e a renovação dos paradigmas: a família, seu status e seu enquadramento na pós-modernidade. **Revista da Faculdade de Direito da Universidade de São Paulo**, São Paulo, v. 101, p. 153-167,jan./dez. 2006, p. 154-155.

[6] Ibid., p. 156.

[7] Oliveira, Euclides de. A escalada do afeto no direito de família: ficar, namorar, conviver, casar. Belo Horizonte: IBDFAM, 2005. **Anais do V Congresso de Direito de Família**. Disponível em: http://www.ibdfam.org.br/assets/upload/anais/13.pdf, p. 13. Acesso em: 16 ago. 2022.

O namoro, nos moldes anteriores, acontecia no sofá da sala, sob os olhares do pai atento e vigilante[8], era impensável que os enamorados passassem algum tempo desacompanhados ou que pernoitassem juntos. Assim o namoro de antigamente era facilmente diferenciado quando comparado com qualquer entidade familiar, seja o casamento ou a união estável, uma vez que nestas havia a presença de relações sexuais, enquanto no namoro eram inexistentes.[9]

O namoro atual se demonstra com mais liberdade. Atualmente os enamorados pernoitam juntos, viajam juntos e, muitas vezes, até residem juntos sem, contudo, desejarem uma configuração familiar. Ressalta-se, ainda, que é comum namoros prolongados "[...] esvalando na prática convivência familiar e reforçando-se com a realização de economia e investimentos em conjunto (poupar para aquisição de casa, compra de terreno, etc)".[10]

Frisa-se que a mudança nos relacionamentos e o modo como o namoro se apresenta atualmente não é melhor ou pior de que os namoros do século passado, mas indica que houve mudança nas relações sociais e nas interpessoais. Tal mudança pode ter sido ocasionada tanto pela inadequação do modelo pré-existente para abarcar as relações atuais, quanto em razão de mudanças socioeconômicas, pelas crises que afetam diversos aspectos da vida organizada em sociedade[11], até em razão do papel social de cada ente que compõe a família.

O namoro de antigamente, concebido como uma fase pré-nupcial, da qual precedia quase que obrigatoriamente o casamento, já não é mais a única forma como o namoro se apresenta e nem a mais comum. Na atualidade, o namoro é e pode ser considerado como um fim em si mesmo, não consistindo, portanto, como uma fase que precede o casamento. Significa o namoro, assim, "o relacionamento entre duas pessoas sem caracterizar uma entidade familiar".[12]

[8] OLIVEIRA, Euclides de. A escalada do afeto no direito de família: ficar, namorar, conviver, casar. Belo Horizonte: IBDFAM, 2005. **Anais do V Congresso de Direito de Família**. Disponível em: http://www.ibdfam.org.br/assets/upload/anais/13.pdf, p. 13. Acesso em: 16 ago. 2022.

[9] TEIXEIRA, Ana Carolina Brochado. Prefácio. *In:* XAVIER, Marília Pedroso. **Contrato de namoro**: amor líquido e direito de família mínimo. 2. ed. Belo Horizonte: Fórum, 2020, p. 16-17.

[10] OLIVEIRA, op. cit., p. 14.

[11] HIRONAKA, Giselda Maria Fernandes Novaes. A incessante travessia dos tempos e a renovação dos paradigmas: a família, seu status e seu enquadramento na pós-modernidade. **Revista da Faculdade de Direito da Universidade de São Paulo**, São Paulo, v. 101, p. 153-167, jan./dez. 2006, p. 156.

[12] PEREIRA, Rodrigo da Cunha. **Direito das famílias.** Rio de Janeiro: Forense, 2020, p. 180.

O namoro, na conjuntura atual, é um relacionamento que, assim como qualquer outro, pode terminar, mas diferentemente de uma entidade familiar, o término do namoro não deve – ao menos não deveria – acarretar consequências jurídicas, uma vez que "[...] o namoro não é uma categoria jurídica da conjugalidade no Direito de Família", mas sim um fato social que "por opção legislativa, atualmente, não recebe tutela jurídica de família, de modo que, qualquer divergência entre os pares, deverá ser resolvida mediante aplicação de outras normas".[13]

Sendo assim, em razão do dinamismo presente nos relacionamentos atuais, caracterizado por Bauman como líquidos, é que tais relacionamentos não devem possuir o mesmo tratamento que relações sólidas, ou seja, de entidades familiares. Entretanto, percebe-se que cada vez mais as relações se aproximam, sendo de difícil caracterização para o julgador.

É inevitável que as mudanças aconteçam, uma vez que "[...] o mundo é um projeto inacabado; a história é seu eixo de movimentação e realização. Em contínua construção e reconstrução de seus valores [...]".[14] Dessa forma, o Direito deve estar preparado para atender às demandas da sociedade pós-moderna, uma vez que o mundo ainda está em construção, bem como que as mudanças são pressupostos da existência humana.

2. Da união estável no ordenamento jurídico brasileiro

Diferentemente do namoro, a união estável é uma entidade familiar devidamente reconhecida pela Constituição Federal de 1988. Até então, apenas era reconhecido como família aquela formação advinda do matrimônio. Entretanto, até o advento da Constituição de 1988 um terço das famílias viviam em uniões informais, sendo assim, passou-se a regulamentar tais uniões, uma vez que o Direito se preocupa com a sua formalização justamente para regulamentar os efeitos que elas causam.[15]

[13] BORTOLATTO, Ariani Folharini; GHILARDI, Dóris. Existir, valer, ser eficaz: o que a teoria dos fatos jurídicos diz sobre o "contrato de namoro"? *In:* GHILARDI, Dóris. **Estudos avançados de direito de família e sucessões.** v. 1. Rio de Janeiro: Lumen Juris, 2020, p. 09.

[14] BITTAR, Eduardo Carlos Bianca. O direito na pós-modernidade. **Revista Sequência,** nº 57, p. 131-157, dez. 2008, p. 144.

[15] DA SILVA, Regina Beatriz Tavares; CORREIA, Atalá; DE SOLAVAGIONE, Alícia García. União familiar de fato e seu estudo comparatístico. *In:* DA SILVA, Regina Beatriz T.; CORREIA, Atalá; DE SOLAVAGIONE, Alicia García (coord.). **Tratado da união de fato**. São Paulo: Almedida, 2021, p. 40-44.

Em que pese até então ser admitido pelo ordenamento pátrio a formação familiar apenas advinda do matrimônio, rejeitando-se quaisquer formações que diferissem dessa, fato é que o Direito deve passar a regulamentar as situações fáticas, devendo, então, se modificar a partir das mudanças sociais. No caso da união estável, vislumbra-se que o Direito não podia mais se esquivar dessa regulamentação, uma vez que se tratava de uma realidade latente.

O surgimento da união estável remonta os tempos romanos em que se considerava como se casados fossem a situação em que um homem e uma mulher, de elevada classe social, viviam juntos.[16] Após houve a generalização desse fato social, da união estável, razão pela qual restou reconhecida em alguns países, como em Portugal, na Espanha, na França, na Alemanha, na Itália, na Argentina, entre outros.[17]

Assim, a união estável consiste numa união de fato devidamente regulamentada e reconhecida pelo Direito. Passou a ser reconhecida como entidade familiar, no Brasil, a partir da previsão do artigo 226, parágrafo 3º da Constituição Federal, o qual prevê que a união estável é a união entre um homem e uma mulher que possuem convivência pública, contínua e duradoura, com o objetivo de constituir família.[18] A união estável também está prevista na Lei n. 9.278 de 1996[19], a qual regula a união estável no ordenamento pátrio, cujo conceito foi repetido no Código Civil de 2002 em seu artigo 1.723.[20]

A união estável consiste numa entidade familiar na qual duas pessoas convivem como se casadas fossem, para qual o ordenamento pátrio atribuiu direitos e deveres. É a "[...] ligação marcada pela ausência da celebra-

[16] MALUF, Carlos Alberto Dabus. União estável no direito brasileiro. *In:* DA SILVA, Regina Beatriz T.; CORREIA, Atalá; DA SOLAVAGIONE, Alicia García (coord.). **Tratado da união de fato**. São Paulo: Almedida, 2021, p. 287.

[17] Ibid, p. 287-288.

[18] BRASIL. [Constituição (1988)]. **Constituição da República Federativa do Brasil de 1988.** Brasília, DF: Presidência da República, [2016]. Disponível em: http://www.planalto.gov.br/ccivil_03/Constituicao/Constituicao.htm. Acesso em: 17 ago. 2022.

[19] BRASIL. **Lei nº 9.278, de 10 de maio de 1996**. Regula o § 3° do art. 226 da Constituição Federal. Disponível em: http://www.planalto.gov.br/ccivil_03/leis/l9278.htm. Acesso em: 17 ago. 2022.

[20] BRASIL. **Lei nº 10.406, de 10 de janeiro de 2002**. Institui o Código Civil. Disponível em: http://www.planalto.gov.br/ccivil_03/leis/2002/l10406compilada.htm. Acesso em: 17 ago. 2022.

ção de casamento, mas que apresente *animus* de se manter uma comunhão de vida estável, duradoura e pública, com aparência de casamento, onde se atribui aos companheiros o dever de lealdade similarmente ao dever de fidelidade [...]".[21]

Essa entidade familiar se consolida com o tempo, uma vez que não possui uma data determinada para o seu início. Ao contrário do casamento, a união estável não se inicia com um ato solene, mas com a comunhão de vidas com o intuito de constituir família. Insere-se entre as condições para a configuração da união estável a estabilidade, a unicidade de vínculo, a finalidade de constituição de família, a ausência de impedimentos matrimoniais, bem como o *affectio maritalis*.[22]

No que se refere a natureza jurídica da união estável a doutrina diverge. Há duas correntes predominantes, a primeira, defendida por Paulo Lôbo, o qual entende que a união estável é uma ato-fato jurídico, uma vez que é inexigível qualquer manifestação de vontade para que produza efeitos jurídicos.[23] De outro vértice, aponta Marcos Bernardes de Mello que a união estável consiste num negócio jurídico, pois há uma gama de liberdade para a sua configuração ou não e depende da vontade das partes.[24] Por fim, há uma terceira corrente, não predominante, mas que traz que a união estável consiste num contrato não solene, o qual é firmado por escrito ou verbal, sendo que as suas principais características é a ausência de formalismo para a sua configuração.[25]

No que se refere à exigência da diversidade de sexos, prevista no artigo 1.723 do Código Civil, restou autorizado pelo Supremo Tribunal Federal em 2011 o reconhecimento da união estável entre duas pessoas do mesmo sexo[26]. No mesmo ano foi autorizado o casamento de duas mulheres no

[21] MALUF, Carlos Alberto Dabus. União estável no direito brasileiro. *In:* DA SILVA, Regina Beatriz T.; CORREIA, Atalá; DA SOLAVAGIONE, Alicia García (coord.). **Tratado da união de fato**. São Paulo: Almedina, 2021, p. 289.

[22] Ibid, p. 290-291.

[23] LÔBO, Paulo. **Direito Civil**: famílias. v. 5. 11. ed. São Paulo: Saraiva, 2021, s.p., l. 76. *E-book*.

[24] MELLO, Marcos Bernardes de. Breves notas sobre o perfil jurídico da união estável. **Revista Ibdfam**: Família e Sucessões, v. 39, p. 138-164, maio/jun. 2020, p. 161-162.

[25] MALUF, Carlos Alberto Dabus. União estável no direito brasileiro. *In:* DA SILVA, Regina Beatriz T.; CORREIA, Atalá; DA SOLAVAGIONE, Alicia García (coord.). **Tratado da união de fato**. São Paulo: Almedina, 2021, p. 291.

[26] Vide: ADPF 132 e ADI 4277.

sul do Brasil.[27] Restou rechaçado, portanto, quaisquer discriminações no que tange ao reconhecimento dessas uniões.

Por ser considerada uma entidade familiar, a constituição da união estável possui efeitos e obrigações. O artigo 1.724 do Código Civil apregoa que "as relações pessoais entre os companheiros obedecerão aos deveres de lealdade, respeito e assistência, e de guarda, sustento e educação dos filhos".[28] Vislumbra-se, portanto, que a assistência prevista no artigo em questão refere-se a questão material e imaterial, compreendendo a guarda, a criação dos filhos, o auxílio econômico, a obrigação alimentar, dentre outros.

Além do mais, os efeitos vão para além da união. No que se refere aos direitos patrimoniais, enfatiza-se, além da prestação de alimentos[29], o direito à meação e regime de bens, bem como o direito à sucessão hereditária, conforme apregoa o artigo 1.829 do Código Civil.

Apesar de ser uma união que acarreta efeitos importantes entre as partes, tem-se que seus requisitos são demasiadamente instáveis, uma vez que são condições de singularidade no caso em concreto, de significativo caráter subjetivo, previstas na lei, principalmente em razão da inexistência de exigência legal de tempo mínimo para a sua configuração, o que implica em desequilíbrio na segurança jurídica dessas situações fáticas.

Além disso, é importante ressaltar que o ordenamento brasileiro caminha na contramão dos demais, uma vez que, quando comparado com diversos países, como Angola, Argentina, Colômbia, Chile, Paraguai e Portugal, que exigem como requisitos ou um ato formal para a configuração da união estável – cita-se a declaração formal da vontade para a configuração dos efeitos e reconhecimento da união estável, ou um tempo mínimo para a sua configuração –, o Brasil é o único país no qual a lei é silente e deixa de delimitar requisitos delineados e lapso temporal, trazendo insegurança jurídica.[30]

[27] Maluf, Carlos Alberto Dabus. União estável no direito brasileiro. *In:* DA SILVA, Regina Beatriz T.; Correia, Atalá; Da Solavagione, Alicia García (coord.). **Tratado da união de fato.** São Paulo: Almedina, 2021, p. 293.

[28] BRASIL. **Lei nº 10.406, de 10 de janeiro de 2002**. Institui o Código Civil. Disponível em: http://www.planalto.gov.br/ccivil_03/leis/2002/l10406compilada.htm. Acesso em: 17 ago. 2022.

[29] Maluf, op cit, p. 303.

[30] Da Silva, Regina Beatriz Tavares. A frouxidão dos requisitos da união estável e a equiparação de seus efeitos aos do casamento no direito brasileiro. *In:* Da Silva, Regina Beatriz T.; Correia, Atalá; Da Solavagione, Alicia García (coord.). **Tratado da união de fato.** São Paulo: Almedina, 2021, p. 53-60.

Assim, diversos casais que mantêm namoros longos ou que passaram a conviver em razão de conveniência, bem como aqueles que ainda não se encontram preparados ou que sequer desejam formar uma família, têm se surpreendido por um reconhecimento de entidade familiar, juntamente com os efeitos dela decorrentes.

3. Da tênue diferenciação entre namoro e união estável

O instituto da união estável é reconhecido como entidade familiar, trata-se de uma situação de fato que tem quatro requisitos para sua configuração, ou seja, para que produza efeitos no mundo jurídico: a convivência pública, contínua, duradoura e estabelecida com o objetivo de constituição de família (*animus familiae*). O *animus familiae* é a vontade, a intenção que o casal tem de constituir família, de ser reconhecido pela sociedade como se fossem casados, é também o único requisito com caráter subjetivo para o reconhecimento da união estável.

Diante disso, em razão da ausência do estabelecimento de um tempo determinado para a configuração da união estável e da subjetividade da sua composição, encontra-se diante de um limbo jurídico, um estado de indefinição em que passa a se confundir o instituto da união estável com o namoro, tendo em vista que a maneira como as relações de namoro se caracterizam no cenário pós-moderno se assemelham muito à união estável.

Por esses motivos é que se recomenda aos casais que documentem, por meio de um contrato, qual é a verdadeira situação fática em que vivem, no intuito de alcançarem maior estabilidade e segurança na sua relação afetiva, observando que essa formalização feita em contrato somente será válida até o momento em que a realidade fática se coadunar com os fatos descritos no instrumento contratual. A união afetiva, quando configurada em união estável, é formalizada pelo contrato de convivência ou pacto de convivência, já quando configurada como namoro, é formalizada pelo contrato de namoro.

O namoro em si não tem repercussão no mundo jurídico, entretanto o contrato de namoro não é vedado pela legislação, trata-se de um contrato atípico que vem assegurar a autonomia das partes em manifestar a sua vontade, exteriorizando o elemento subjetivo da vontade, qual seja o desejo de não constituir família, representado no instrumento negocial pela declaração de que não se vive em união estável. Ressalta-se que ambos os instrumentos devem ser registrados em forma de escritura pública no tabelionato de notas para garantia da publicidade da manifestação da vontade e maior segurança jurídica.

Na atualidade, casais de namorados passam a morar juntos, dividir as despesas de aluguel, das contas de casa, até mesmo cuidam de um animal de estimação em conjunto, todavia essa formação não configura uma união estável, isto é, o simples fato de morarem juntos não significa que o casal deseja ser reconhecido perante a sociedade como se casados fossem, uma vez que não possuem o ânimo de expressar que são uma família.

Em que pese na prática essa situação se assemelhe a uma união estável, é preciso que se analise a vontade de constituição de família, de estabelecer uma comunhão de vida que deve ser de ambos os companheiros, isto é, o *animus* do casal em ser reconhecido perante a sociedade como se casados fossem. Nesse caso, em que não há a intenção presente de constituir família, o casal vive em um namoro qualificado[31], mas, por óbvio, em razão da própria essência do namoro, com a vontade da constituição de família em um momento futuro. O namoro é, portanto, uma relação afetiva em potência que em um momento futuro virá a constituir um casamento ou até mesmo uma união estável.

> [...] a situação pode se assemelhar – e muito – a uma união estável. Parece, mas não é! Pois falta um elemento imprescindível da entidade familiar, o elemento interior, anímico, subjetivo: ainda que o relacionamento seja prolongado, consolidado, e por isso tem sido chamado de "namoro qualificado", os namorados por mais profundo que seja o envolvimento deles, não desejam e não querem – ou ainda não querem – constituir uma família, estabelecer

[31] Vide voto do Relator: "Nesse contexto, é de se reconhecer a configuração, na verdade, de um namoro qualificado, que tem, no mais das vezes, como único traço distintivo da união estável, a ausência da intenção presente de constituir uma família. Quando muito há, nessa espécie de relacionamento amoroso, o planejamento, a projeção de, no futuro, constituir um núcleo familiar. [...] A cronologia do relacionamento pode ser assim resumida: namoro, noivado e casamento. E, como é de sabença, não há repercussão patrimonial decorrente das duas primeiras espécies de relacionamento. Aliás, se a entidade familiar já estava constituída, o desejo de formalização dessa união por meio do matrimônio deveria, expressamente, abranger esse período, por meio da conversão da união estável em casamento".
BRASIL. Superior Tribunal de Justiça. Informativo nº 557. **Recurso Especial nº 1.454.643/RJ.** Relator: Ministro Marco Aurélio Bellizze, julgado em 03 de março de 2015. Disponível em: https://scon.stj.jus.br/SCON/GetInteiroTeorDoAcordao?num_registro=201400677815&dt_publicacao=10/03/2015. Acesso em: 05 out. 2022.

uma entidade familiar, conviver numa comunhão de vida, no nível do que os antigos chamavam de *affectio maritalis*.[32]

A dificuldade em torno do tema é compreender o momento em que o namoro deixa de ser potência e se torna ato[33], uma vez que essa mudança de chave nem sempre é de imediato visível em um momento determinado perante a sociedade. Em uma primeira situação, como é o caso do casamento, o namoro se transforma em um noivado, já no caso da alteração do namoro para união estável, a transformação se dá com a alteração da situação fática em que vive o casal, observando-se os requisitos para a constituição da união estável. Isto é, o namoro pode ser entendido como a possibilidade de transformação em noivado e posterior casamento e pode também se transformar em união estável.

Nesse sentido, com essa transformação de *status*, o namoro passará a ter a publicidade, o reconhecimento pela sociedade de que naquela relação já existe uma família – e não uma futura família. Isto é, quando o namoro passa a ser união estável já se observa o objetivo de constituição de família, se verifica a existência de uma família, já há a comunhão de vida, de obrigações, responsabilidades, direitos e deveres recíprocos de assistência moral e material, nota-se uma família que tem uma convivência contínua com caráter de estabilidade, de solidez no tempo, que tem uma união duradoura, que não seja breve ou transitória.

Com relação ao período de convivência, observa-se que já foi determinado o período de cinco anos para a configuração da união estável no art. 1º da Lei nº 8.971 de 1994, todavia tal previsão legal foi revogada pela Lei nº 9.278 de 1996, não existindo mais um prazo determinado para o reconhecimento da união estável no ordenamento jurídico brasileiro, "andou bem o legislador ao afastar um prazo mínimo para reconhecer a existência de uma união estável, porque importa ao relacionamento a sua qualidade e não o tempo da relação".[34]

[32] ZENO, Veloso. **É namoro ou união estável?** IBDFAM, 20 jul. 2016. Disponível em: https://ibdfam.org.br/noticias/6060. Acesso em: 30 out. 2022.

[33] Remete-se aos conceitos de ato e potência na Metafísica de Aristóteles, em que, de forma muito simplificada, representam aquilo que naquele momento não é, todavia pode vir a ser (potência) e aquilo já é em um determinado momento (ato), refletindo as mudanças, uma nova forma de ser. Por exemplo, o mármore tem potência de se tornar uma estátua. Vide: ARISTÓTELES. **Metafísica.** São Paulo: Edições Loyola, 2001.

[34] MADALENO, Rolf. **Direito de Família.** 8. ed. Rio de Janeiro: Forense, 2018, s.p., l. 08. *E-book.*

Em que pese não haja um lapso temporal determinado legalmente, em análises casuísticas, o STJ entendeu que relacionamentos com curta duração não configuram união estável por não se demonstrarem suficientemente duradouros para demonstrar a estabilidade do relacionamento, a comunhão de vida, ou seja a formação de uma entidade familiar. Em sede de Recurso Especial, o STJ não reconheceu união estável no relacionamento de um casal com dois meses de namoro com duas semanas de coabitação, aduziu que "exige a norma que a convivência seja duradoura, em período suficiente a demonstrar a intenção de constituir família, permitindo que se dividam alegrias e tristezas, que se compartilhem dificuldades e projetos de vida, sendo necessário um tempo razoável de relacionamento".[35] No mesmo sentido, o STJ afirma que o período de cinco meses de relacionamento não foi insuficiente para a configuração da união estável após separação do casal, de retorno da vida em comum, e que o auxílio de tratamento prestado durante esse tempo somente se deu em razão da enfermidade do ex-cônjuge, não configurando reconciliação.[36]

Dessa forma, o lapso temporal de convivência do casal é determinado casuisticamente, conforme as circunstâncias do caso concreto. Ressalta-se que a convivência deve ser analisada em consonância com os requisitos trazidos pelo art. 1.723 do Código Civil[37], especialmente no que tange à continuidade e a durabilidade, uma vez que a união deve existir por um período de tempo em que se observe estabilidade, solidez e constância no relacionamento.

[35] BRASIL. Superior Tribunal de Justiça. **Recurso Especial nº 1.761.887/MS.** Relator: Ministro Luis Felipe Salomão, julgado em 06 de agosto de 2019. Disponível em: https://processo.stj.jus.br/processo/revista/documento/mediado/?componente=ITA&sequencial=1847226&num_registro=201801184170&data=20190924&formato=PDF. Acesso em: 05 out. 2022.

[36] BRASIL. Superior Tribunal de Justiça. **Agravo Interno no Recurso Especial nº 1.602.194/MG.** Relator: Ministro Raul Araújo, julgado em 25 de abril de 2017. Disponível em: https://processo.stj.jus.br/processo/revista/documento/mediado/?componente=ITA&sequencial=1594605&num_registro=201101049044&data=20170512&formato=PDF. Acesso em: 05 out. 2022.

[37] Art. 1.723. É reconhecida como entidade familiar a união estável entre o homem e a mulher, configurada na convivência pública, contínua e duradoura e estabelecida com o objetivo de constituição de família. BRASIL. **Lei nº 10.406, de 10 de janeiro de 2002.** Institui o Código Civil. Disponível em: http://www.planalto.gov.br/ccivil_03/leis/2002/l10406compilada.htm. Acesso em: 29 set. 2022.

Deve-se observar que a lei não coloca como requisitos para a configuração da união estável a existência de filhos ou a coabitação do casal, por entender que esses elementos isolados não são essenciais para garantia da estabilidade de uma união. Há casais que mesmo casados não coabitam, pois trabalham em cidades diferentes, por exemplo. Ao passo que dois colegas universitários que moram juntos, evidentemente não vivem em união estável. Todavia, há de se questionar se um casal de namorados que vivem juntos com um filho advindo do relacionamento não configuraria união estável?

Para isso é preciso também que se possa constatar os demais requisitos como a publicidade, a continuidade e a duração do relacionamento entre o casal, juntamente com objetivo de constituir família, uma vez que podem ter um filho e estarem coabitando, mas não vivendo uma relação afetiva como casal, convivendo dessa forma apenas temporariamente, para dividir despesas ou até mesmo para que um possa auxiliar o outro com os cuidados do filho, caso ainda seja bebê, por exemplo.

Coloca-se como situações objetivas para a configuração da união estável a divisão de despesas entre o casal, contas conjuntas, o compartilhamento de senhas, publicações em redes sociais, dependências em planos de saúde, todavia, ainda que se verifique tais circunstâncias é necessário que se possa observar no caso concreto a existência do objetivo de constituição de família. Nesse sentido se deu o entendimento do seguinte julgado:

> [...] faltou um requisito essencial para caracterizá-lo como união estável: inexistiu o objetivo de constituir família. Com efeito, durante os longos anos de namoro mantido entre os litigantes, eles sempre mantiveram vidas próprias e independentes. Realizaram várias viagens juntos, comemoraram datas festivas e familiares, participavam de festas sociais e entre amigos, a autora realizava compras para a residência do réu – pagas por ele -, às vezes ela levava o carro dele para lavar, e consta que ela gozou licença-prêmio para auxiliar o namorado num momento de doença. Contudo, ainda que o relacionamento amoroso tenha ocorrido nesses moldes, nunca tiveram objetivo de constituir família.[38]

[38] BRASIL. Tribunal de Justiça do Estado do Rio Grande do Sul. **Embargos Infringentes nº 70008361990**. Relator: José Ataídes Siqueira Trindade, julgado em 13 de agosto de 2004. Disponível em: https://processo.stj.jus.br/processo/revista/documento/mediado/?componente=ITA&sequencial=1594605&num_registro=201101049044&data=20170512&formato=PDF. Acesso em: 05 out. 2022.

Tendo em vista que o namoro e a união estável possuem elementos muito semelhantes em razão da maneira pela qual as pessoas se relacionam na atualidade, pode-se diferenciá-los pelo elemento do objetivo de constituição de família, isso porque o namoro pode ser público, duradouro e contínuo, mas não se verifica no namoro a existência de uma entidade familiar, a efetiva constituição de uma família, tal qual se observa na união estável.

4. Das implicações jurídicas patrimoniais do reconhecimento da união estável em uma relação de namoro

Quando o namoro se transforma em uma união estável, direitos e deveres jurídicos, efeitos de ordem patrimonial decorrentes da legislação, passam a ser reconhecidos sobre a relação afetiva do casal, quais sejam a incidência de obrigação alimentícia, de regime de bens, de partilha de bens e de direitos sucessórios. Incidem, também, sobre a união estável, os deveres de lealdade, respeito e assistência entre o casal, bem como os deveres de guarda, sustento e educação dos filhos (art. 1.724, CC).

No que tange aos efeitos patrimoniais do reconhecimento de uma união estável, observa-se que com a equiparação do regime sucessório da união estável com o casamento foi declarada a inconstitucionalidade do art. 1.790 do Código Civil pelo STF, no julgamento do Recurso Extraordinário nº 878.694 com repercussão geral reconhecida no Tema nº 809[39], reforçando a inexistência de hierarquia entre os dois institutos, bem como estabelecendo tratamento equânime entre cônjuge e companheiro nos efeitos da sucessão concorrencial.

Assim, a união estável não formalizada por instrumento negocial (contrato de convivência ou pacto de convivência) implica necessariamente na incidência do direito de meação e de herança ao companheiro sobrevivente, uma vez que na ausência de regulamentação de regime de bens pelos companheiros incide o regime legal da comunhão parcial de bens, nos termos

[39] "É inconstitucional a distinção de regimes sucessórios entre cônjuges e companheiros prevista no artigo 1.790 do CC/2002, devendo ser aplicado, tanto nas hipóteses de casamento quanto nas de união estável, o regime do artigo 1.829 do CC/2002". BRASIL. Supremo Tribunal Federal. **Recurso Extraordinário nº 878.694**. Relator: Ministro Roberto Barroso, julgado em 10 de maio de 2017. Disponível em: https://redir.stf.jus.br/paginadorpub/paginador.jsp?docTP=TP&docID=14300644. Acesso em: 05 out. 2022.

do art. 1.725, CC[40], isto é, em regra, os bens adquiridos na constância da união estável serão de propriedade comum ao casal.

Nesse sentido, sob a ótica da sucessão, em razão da aplicação do regime da comunhão parcial de bens, quando falecido o companheiro, o companheiro sobrevivente concorrerá com os herdeiros sobre os bens que eram incomunicáveis na constância da união estável, quais sejam os eventuais bens particulares deixados pelo falecido. Desse modo, no que tange aos bens que adquiriram na constância da união estável, o companheiro sobrevivente será meeiro, haverá a meação dos bens em que metade será sua e a outra metade, correspondente a parte do falecido, será destinada aos seus herdeiros. Já com relação aos bens particulares do falecido, o companheiro sobrevivente será herdeiro em concorrência com os descendentes ou ascendentes, na ausência destes herdará sozinho toda a herança.

Dessa forma, o reconhecimento da união estável em uma relação de namoro implica na aplicação do regime da comunhão parcial de bens, trata-se do regime legal escolhido pelo legislador para ser aplicado no reconhecimento da união estável nos casos em que os próprios companheiros não tenham convencionado, com a finalidade de estabelecer um conjunto de normas que regulamentam as relações patrimoniais entre os companheiros. Assim, no caso de eventual dissolução da união estável será feita a partilha dos bens, isto é, a divisão igualitária entre os companheiros dos bens adquiridos por eles no período em que conviveram.

Por outro lado, a divisão dos bens acontece de forma diversa no fim do namoro. Após o término do namoro, se o casal adquiriu um bem em conjunto é preciso que haja um processo, que se promova uma ação indenizatória para reivindicar a sua metade na aquisição do bem[41], portanto não há disposição legal do Direito de Família e Sucessões que autorize de imediato essa divisão dos bens dos namorados, uma vez que o namoro sequer está previsto no mundo jurídico e tal questão será resolvida pelo Direito das Obrigações.

[40] Art. 1.725. Na união estável, salvo contrato escrito entre os companheiros, aplica-se às relações patrimoniais, no que couber, o regime da comunhão parcial de bens. BRASIL. **Lei nº 10.406, de 10 de janeiro de 2002**. Institui o Código Civil. Disponível em: http://www.planalto.gov.br/ccivil_03/leis/2002/l10406compilada.htm. Acesso em: 20 out. 2022.

[41] DIAS, Maria Berenice. **Manual de Direito das Famílias**. 10. ed. São Paulo: Revista dos Tribunais, 2015, p. 255.

Sob a ótica da cooperação mútua, são direitos e deveres dos companheiros a assistência recíproca (art. 1.724, CC), que se aplica não somente enquanto durar a união estável, mas também após a dissolução. Dessa maneira, se for reconhecido que o namoro passou a ser união estável, tem-se como implicação jurídica a obrigação de pagar alimentos ao ex-companheiro.[42] Ademais, quando a dissolução da união estável acontecer em razão da morte de um dos companheiros "o sobrevivente terá direito real de habitação, enquanto viver ou não constituir nova união ou casamento, relativamente ao imóvel destinado à residência da família" (art. 7º, parágrafo único, Lei nº 9.278/1996.[43]

A união estável representa uma entidade familiar e em razão disso tem-se como implicação jurídica do reconhecimento da união estável o direito ao benefício de pensão por morte, conforme a legislação previdenciária,[44] sendo presumida a relação de dependência econômica entre companheiros, isto é, essa relação de dependência não precisa ser comprovada (art. 16, §4º, da Lei nº 8.213/1991). Todavia não basta o reconhecimento da condição de companheiro, a alteração do *status* de namorado para companheiro, para o recebimento do benefício, uma vez que a Lei exige que se

[42] Art. 1.694. Podem os parentes, os cônjuges ou companheiros pedir uns aos outros os alimentos de que necessitem para viver de modo compatível com a sua condição social, inclusive para atender às necessidades de sua educação. BRASIL. **Lei nº 10.406, de 10 de janeiro de 2002**. Institui o Código Civil. Disponível em: http://www.planalto.gov.br/ccivil_03/leis/2002/l10406compilada.htm. Acesso em: 20 out. 2022.

Art. 7° Dissolvida a união estável por rescisão, a assistência material prevista nesta Lei será prestada por um dos conviventes ao que dela necessitar, a título de alimentos. BRASIL. **Lei nº 9.278, de 10 de maio de 1996**. Regula o § 3° do art. 226 da Constituição Federal. Disponível em: http://www.planalto.gov.br/ccivil_03/leis/l9278.htm. Acesso em: 17 ago. 2022.

[43] BRASIL. **Lei nº 9.278, de 10 de maio de 1996**. Regula o § 3° do art. 226 da Constituição Federal. Disponível em: http://www.planalto.gov.br/ccivil_03/leis/l9278.htm. Acesso em: 17 ago. 2022.

Vide: Enunciado nº 117 da Jornada de Direito Civil: "O direito real de habitação deve ser estendido ao companheiro, seja por não ter sido revogada a previsão da Lei 9.278/96, seja em razão da intepretação analógica do art. 1.831, informado pelo art. 6º, caput, da CF/88". Disponível em: https://www.cjf.jus.br/enunciados/enunciado/758. Acesso em: 18 out. 2022.

[44] Art. 16. São beneficiários do Regime Geral de Previdência Social, na condição de dependentes do segurado: I – o cônjuge, a companheira, o companheiro e o filho não emancipado, de qualquer condição, menor de 21 (vinte e um) anos ou inválido ou que tenha deficiência intelectual ou mental ou deficiência grave. BRASIL. **Lei nº 8.213, de 24 de julho de 1996**. Dispõe sobre os Planos de Benefícios da Previdência Social e dá outras providências. Disponível em: http://www.planalto.gov.br/ccivil_03/leis/l8213cons.htm. Acesso em: 17 out. 2022.

comprove o vínculo com indício de prova material produzida nos últimos 24 meses antes do falecimento do segurado, bem como que o casal vivia em união estável há pelo menos 2 anos antes do falecimento (art. 16, §5º, da Lei nº 8.213/1991).[45]

Conclusões

Diante da dinamicidade e complexidade das relações familiares pós-modernas, a maneira como as pessoas formam as suas relações afetivas acabaram por demandar a criação de novas normas jurídicas que viessem a regulamentar essas situações fáticas. Trata-se do ingresso de um fato social que passa a ser tutelado como fenômeno jurídico sob a perspectiva dos novos valores adotados.

Os relacionamentos, tradicionalmente, se davam sob a forma de namoro, seguido do noivado que culminava no casamento, observando uma cronologia ascendente da formalidade dessas relações. Com a alteração da forma como a sociedade se organizava economicamente, com a independência da mulher e com o advento do divórcio, as pessoas passaram a se relacionar afetivamente como se casados fossem, mas sem efetivamente se casarem, isto é, sem as implicações jurídicas e formalidades de um casamento. Essa relação se denominou união estável.

A união estável já existiu somente como fato social, sem regulamentação no mundo jurídico, para além disso, vista em uma posição de inferioridade ao casamento tendo sido, inclusive, comparada ao concubinato, não sendo reconhecida como se família fosse. Somente na Constituição Federal de 1988 é que a união estável passou a ser reconhecida como entidade familiar, como núcleo formado por pessoas casais que se entendem como família e vivem como se casados fossem, lhes tendo sido atribuídos direitos e obrigações.

Concomitantemente, o namoro também foi assumindo novas formas de configuração passando a se demonstrar como uma forma de se relacionar com mais liberdade, uma vez que os casais passaram a ter relações mais íntimas, dividirem despesas e até mesmo a residir juntos, se assemelhando, portanto, ao instituto da união estável. Entretanto, o namoro se

[45] BRASIL. **Lei nº 8.213, de 24 de julho de 1996.** Dispõe sobre os Planos de Benefícios da Previdência Social e dá outras providências. Disponível em: http://www.planalto.gov.br/ccivil_03/leis/l8213cons.htm. Acesso em: 17 out. 2022.

diferencia da união estável por duas razões principais: é apenas um fato social, não sendo tutelado pelo ordenamento jurídico e, não há a intenção de se enquadrar como uma família, não há a vontade de que seja reconhecido pela sociedade como núcleo familiar.

As pessoas que mantêm relações de namoro têm o receio de que o seu relacionamento seja confundido com uma união estável, isso se dá em razão das implicações jurídicas patrimoniais que advém do reconhecimento da união estável, que representam a divisão ou redução de patrimônio. Isso porque se uma relação de namoro ao longo de sua duração se transformou em união estável e assim foi reconhecida juridicamente, essa passará a ser regida pelas normas do regime de comunhão parcial de bens, que em situação de dissolução da união resulta em partilha de bens em meação e sucessão, bem como direito real de habitação. Além disso, terá como implicações jurídicas a obrigação alimentar em razão da mútua assistência e, também, reflexos previdenciários, na divisão do benefício com os demais beneficiados.

Isso posto, a fim de se evitar a incidência indesejada do reconhecimento da união estável em uma relação de namoro e por conseguinte as suas implicações jurídicas patrimoniais, recomenda-se que os casais declarem o *status* do seu namoro por intermédio de um instrumento negocial que manifeste a sua vontade. O contrato de namoro, portanto, declarará que o casal não vive em união estável e que não tem objetivo de constituição de família, o que privilegia o elemento subjetivo da vontade do indivíduo nas suas relações afetivas. O contrato de namoro, por si só já possui eficácia jurídica servindo como meio de prova, todavia para maior segurança jurídica, no caso de eventual alegação de vício de vontade e para publicidade perante terceiros, indica-se que seja registrado em escritura pública em um tabelionato de notas.

Por fim, ressalta-se que somente se afastam os efeitos jurídicos da união estável quando o contrato de namoro refletir a realidade, isto é, quando o casal, verdadeiramente, estiver vivendo como namorados, uma vez que a união estável reflete uma situação de fato, isto é, a sua existência não se configura por um registro formal, mas sim pela sua presença na realidade fática. Assim, caso o contrato de namoro não reflita a verdade dos fatos, será considerado nulo.

Referências

BAUMAN, Zygmunt. **Vida a crédito**: conversas com Citlali Rovirosa-Madrazo. Tradução: Alexandre Werneck. Rio de Janeiro: Jorge Zahar, 2010.

BITTAR, Eduardo Carlos Bianca. O direito na pós-modernidade. **Revista Sequência**, n. 57, p. 131-157, dez. 2008.

BRASIL. [Constituição (1988)]. **Constituição da República Federativa do Brasil de 1988**. Brasília, DF: Presidência da República, [2016]. Disponível em: http://www.planalto.gov.br/ccivil_03/Constituicao/Constituicao.htm. Acesso em: 17 ago. 2022.

BRASIL. **Lei nº 8.213, de 24 de julho de 1996**. Dispõe sobre os Planos de Benefícios da Previdência Social e dá outras providências. Disponível em: http://www.planalto.gov.br/ccivil_03/leis/l8213cons.htm. Acesso em: 17 out. 2022.

BRASIL. **Lei nº 9.278, de 10 de maio de 1996**. Regula o § 3° do art. 226 da Constituição Federal. Disponível em: http://www.planalto.gov.br/ccivil_03/leis/l9278.htm. Acesso em: 17 ago. 2022.

BRASIL. **Lei nº 10.406, de 10 de janeiro de 2002**. Institui o Código Civil. Disponível em: http://www.planalto.gov.br/ccivil_03/leis/2002/l10406compilada.htm. Acesso em: 17 ago. 2022.

BRASIL. Superior Tribunal de Justiça. **Agravo Interno no Recurso Especial nº 1.602.194/MG**. Relator: Ministro Raul Araújo, julgado em 25 de abril de 2017. Disponível em: https://processo.stj.jus.br/processo/revista/documento/mediado/?componente=ITA&sequencial=1594605&num_registro=201101049044&data=20170512&formato=PDF. Acesso em: 05 out. 2022.

BRASIL. Superior Tribunal de Justiça. Informativo nº 557. **Recurso Especial nº 1.454.643/RJ**. Relator: Ministro Marco Aurélio Bellizze, julgado em 03 de março de 2015. Disponível em: https://scon.stj.jus.br/SCON/GetInteiroTeorDoAcordao?num_registro=201400677815&dt_publicacao=10/03/2015. Acesso em: 05 out. 2022.

BRASIL. Superior Tribunal de Justiça. **Recurso Especial nº 1.761.887/MS**. Relator: Ministro Luis Felipe Salomão, julgado em 06 de agosto de 2019. Disponível em: https://processo.stj.jus.br/processo/revista/documento/mediado/?componente=ITA&sequencial=1847226&num_registro=201801184170&data=20190924&formato=PDF. Acesso em: 05 out. 2022.

BRASIL. Supremo Tribunal Federal. **Recurso Extraordinário nº 878.694**. Relator: Ministro Roberto Barroso, julgado em 10 de maio de 2017. Disponível em: https://redir.stf.jus.br/paginadorpub/paginador.jsp?docTP=TP&docID=14300644. Acesso em: 05 out. 2022.

BRASIL. Tribunal de Justiça do Estado do Rio Grande do Sul. **Embargos Infringentes nº 70008361990**. Relator: José Ataídes Siqueira Trindade, julgado em 13 de agosto de 2004. Disponível em: https://www.tjrs.jus.br/buscas/jurisprudencia/exibe_html.php. Acesso em: 05 out. 2022.

BORTOLATTO, Ariani Folharini; GHILARDI, Dóris. Existir, valer, ser eficaz: o que a teoria dos fatos jurídicos diz sobre o "contrato de namoro"? *In:* GHILARDI, Dóris. **Estudos avançados de direito de família e sucessões**. v. 1. Rio de Janeiro: Lumen Juris, 2020.

DA SILVA, Regina Beatriz Tavares; CORREIA, Atalá; DE SOLAVAGIONE, Alícia García. União familiar de fato e seu estudo comparatístico. *In:* DA SILVA, Regina Beatriz T.; CORREIA, Atalá; DE SOLAVAGIONE, Alicia García (coord.). **Tratado da união de fato**. São Paulo: Almedina, 2021.

DA SILVA, Regina Beatriz Tavares. A frouxidão dos requisitos da união estável e a equiparação de seus efeitos aos do casamento no direito brasileiro. *In:* DA SILVA, Regina Beatriz T.; CORREIA, Atalá; DA SOLAVAGIONE, Alicia García (coord.). **Tratado da união de fato.** São Paulo: Almedina, 2021.

DIAS, Maria Berenice. **Manual de Direito das Famílias**. 10. ed. São Paulo: Revista dos Tribunais, 2015.

HIRONAKA, Giselda Maria Fernandes Novaes. A incessante travessia dos tempos e a renovação dos paradigmas: a família, seu status e seu enquadramento na pós-modernidade. **Revista da Faculdade de Direito da Universidade de São Paulo**, São Paulo, v. 101, p. 153-167, jan./dez. 2006.

LÔBO, Paulo. **Direito Civil**: famílias. v. 5. 11. ed. São Paulo: Saraiva, 2021. *E-book.*

MADALENO, Rolf. **Direito de Família.** 8. ed. Rio de Janeiro: Forense, 2018. *E-book.*

MALUF, Carlos Alberto Dabus. União estável no direito brasileiro. *In:* DA SILVA, Regina Beatriz T.; CORREIA, Atalá; DA SOLAVAGIONE, Alicia García (coord.). **Tratado da união de fato**. São Paulo: Almedina, 2021.

MELLO, Marcos Bernardes de. Breves notas sobre o perfil jurídico da união estável. **Revista Ibdfam:** Família e Sucessões, v. 39, p. 138-164, maio/jun. 2020.

OLIVEIRA, Euclides de. A escalada do afeto no direito de família: ficar, namorar, conviver, casar. Belo Horizonte: IBDFAM, 2005. **Anais do V Congresso de Direito de Família.** Disponível em: http://www.ibdfam.org.br/assets/upload/anais/13.pdf. Acesso em: 16 ago. 2022.

PEREIRA, Rodrigo da Cunha. **Direito das famílias**. Rio de Janeiro: Forense, 2020.

TEIXEIRA, Ana Carolina Brochado. Prefácio. *In:* XAVIER, Marília Pedroso. **Contrato de namoro**: amor líquido e direito de família mínimo. 2. ed. Belo Horizonte: Fórum, 2020.

ZENO, Veloso. **É namoro ou união estável?** IBDFAM, 20 jul. 2016. Disponível em: https://ibdfam.org.br/noticias/6060. Acesso em: 30 out. 2022.

18
UMA BREVE INTERLOCUÇÃO ENTRE O CONTRATO DE CONVIVÊNCIA E A(S) LIBERDADE(S)

ARTHUR LUSTOSA STROZZI

Introdução

A concepção de família, proveniente da Constituição de 1988, concretizou o reconhecimento de uniões de fato, o que provocou uma mudança de paradigma. O afeto foi devidamente – e por fim – valorado como elemento identificador das famílias. Quando da sua concepção, as uniões estáveis – também denominadas uniões livres – contavam com ampla liberdade, que vem sendo atacada por algumas decisões judiciais.

A revolução sexual e de costumes repercutiu e repercute fortemente no Direito das Famílias e Sucessões. O casamento, instrumento histórico e presente, não é mais o único legitimador das relações afetivas. Tal mudança de costumes obriga o Direito Civil a reconstruir conceitos jurídicos, para que a liberdade continue sendo seu núcleo formador.

A união estável como ato-fato jurídico leva muitas pessoas a desconhecer quando o namoro se transformou em entidade familiar tutelada pela Constituição Federal e pelo Código Civil. Claro que a confusão pode ser evitada se os namorados e companheiros estabelecerem um contrato escrito que prevê questões de natureza patrimonial e existencial. A proposta do presente artigo é a analisar o contrato de convivência à luz da liberdade social.

1. O pacto de convivência dentro da sistemática nacional

O Código Civil de 2002, em vigor desde 11 de janeiro de 2003, dedica um capítulo especial à União Estável, compreendendo os arts. 1.723 a 1.726, com sua conceituação, impedimentos, direitos e deveres dos companheiros, regime de bens e conversão em casamento, além do art. 1.727, que define o concubinato[1]. Ainda, outras disposições esparsas em outros capítulos do Código Civil tratam de efeitos patrimoniais da união estável, como nos casos de obrigação alimentar (1.694) e do declarado inconstitucional direito sucessório do companheiro (art. 1.790).

Segundo os dados do Relatório *Casamentos e Uniões Estáveis no Brasil*, publicado em 12 de agosto de 2021, advindo do Observatório Nacional da Família que é vinculado ao Ministério da Mulher, da Família e dos Direitos Humanos, o número absoluto de casamentos no Brasil, entre 2015 e 2019, reduziu de 1.137.321 para 1.024.676; a Taxa Bruta de Nupcialidade caiu de 7,09, em 2014, para 6,18, em 2019 e conclui que a diminuição da taxa nupcial não significa que os brasileiros estejam simplesmente parando de for-

[1] Utilizam-se aqui os ensinamentos de Álvaro Villaça Azevedo, que diferencia o concubinato em sentido amplo ou lato sensu, que ele subclassifica em outros dois conceitos: (i) concubinato *puro*, ou união estável, hipótese em que os companheiros são solteiros, viúvos, divorciados ou separados de fato, judicial ou extrajudicialmente. Vale destacar que não se recomenda a utilização do termo, sendo melhor o uso da expressão *união estável*, reconhecida, inclusive, pelo próprio autor; e (ii) concubinato *impuro*, trata-se da convivência estabelecida entre um indivíduo ou um grupo de pessoas que são impedidas de se casar e não podem ter entre si uma união estável. Recomenda-se, nesse caso, a utilização da expressão concubinato, que é vista até hoje como mera sociedade de fato (Súmula 380 do Supremo Tribunal Federal). Evidentemente que o debate sobre a temática do concubinato merece uma ampla investigação, especialmente do tratamento amplo dado tanto pelo Supremo Tribunal Federal quanto pelo Superior Tribunal de Justiça. Inclusive, recentemente, o Recurso Extraordinário 883.168/SC, de Relatoria do Ministro Dias Toffoli, publicado em 07.10.2021, Tema n. 526, reafirmou em sede de repercussão geral que é incompatível com a Constituição Federal o reconhecimento de direitos previdenciários (pensão por morte) à pessoa que manteve, durante longo período e com aparência familiar, união com outra casada, porquanto o concubinato [*impuro*] não se equipara para fins de proteção estatal às uniões afetivas resultantes do casamento e da união estável. No plano doutrinário, destacam-se, ainda, o reconhecimento de direitos ao amante, como se pode retirar da obra de Pablo Stolze e Rodolfo Pamplona Filho, os quais expõem a tendência de equiparação do concubinato à união estável, em determinadas hipóteses, bem como Giselda Maria Fernandes Novaes Hironaka, que entende a necessidade do Direito permanecer atento à realidade humana e as situações existentes, sendo que a ausência de legislação pertinente sobre o tema é uma hipocrisia do Legislativo e um cerrar os olhos do Judiciário.

mar unidades familiares, mas que muitos estão constituindo suas famílias no contexto de uniões estáveis[2].

O relatório *Cartório em Números*, elaborado pela Associação dos Notários e Registradores do Brasil (ANOREG), publicado em 2021, indica que 1.820.488 escrituras públicas de Uniões Estáveis foram realizadas em todo o território nacional entre 2006 e novembro de 2021, sendo que o Paraná figura em 5º lugar em número de escrituras de união estável por estado[3].

Sabe-se que "os institutos de Direito Civil se destinam à produção de contributos em torno de liberdade(s), seja para o exercício, a conservação ou a expansão das liberdades dos particulares, em seus diferentes perfis"[4]. Consequentemente, o debate sobre os limites e as possibilidades da intervenção do Estado nas famílias tem se amplificado a fim de que os companheiros, nubentes e cônjuges possam, em nome da comunhão plena de vida, instituir de forma livre e democrática[5] as regras de convivência que repercutirão nas aspirações e objetivos comuns e a fórmula pessoal de realização baseada no afeto[6].

A manifestação de vontade ganha relevância como espaço das liberdades legítimas no contrato de convivência, campo experimental do âmbito privado, juntamente com os outros elementos de validade do negócio jurí-

[2] BRASIL. Ministério da Mulher, da Família e dos Direitos Humanos. **Fatos e números: casamentos e uniões estáveis no Brasil.** Disponível em: www.gov.br/mdh/pt-br/navegue-por-temas/observatorio-nacional-da-familia/fatos-e-numeros/FatoseNmerosCasamento.pdf. Acesso em: 08 ago. 2022.

[3] ASSOCIAÇÃO NACIONAL DOS NOTÁRIOS E REGISTRADORES DO BRASIL. **Cartório em números.** Disponível em: https://www.anoreg.org.br/site/wp-content/uploads/2021/12/Anoreg_BR-Cart%C3%B3rios-em-N%C3%BAmeros-2021-3%C2%AA-Edi%C3%A7%C3%A3o.pdf. Acesso em: 08 ago. 2022.

[4] RUZYK, Carlos Eduardo Pianovski. As fronteiras da responsabilidade e o princípio da liberdade. **Revista de Direito da Responsabilidade.** Coimbra (Portugal), Ano 4, p. 312-340, 2022, p. 314.

[5] Ver: BODIN DE MORAES, Maria Celina. A família democrática. *In:* **Na medida da pessoa humana: estudos de direito civil.** Rio de Janeiro: Renovar, 2010, p. 207-234.

[6] Para Ricardo Calderón, o afeto é princípio no Direito das Famílias, atua como norte regulador de todos o sistema familiarista, tem substrato e força jurídica generalizante, a guiar o intérprete e aplicador do Direito; por sua vez, Cristiano Chaves de Farias e Conrado Paulino da Rosa defendem que o afeto é postulado, não se enquadrando na dimensão das regras, uma vez que a plasticidade e a dinâmica mostram-se incompatíveis com o instituto. Para maiores informações, ver: CALDERÓN, Ricardo. **Princípio da afetividade no direito de família**. 2. ed. Rio de Janeiro: Forense, 2017; CHAVES DE FARIAS, Cristiano; PAULINO DA ROSA, Conrado. **Teoria geral do afeto.** 3. ed. Salvador: Juspodivm, 2022.

dico (art. 104 do Código Civil brasileiro)[7]. Conjuntamente com o pacto antenupcial, é o negócio jurídico de direito de família designado pela doutrina e jurisprudência como meio próprio a estabelecer um estatuto patrimonial para os companheiros.

Pelo contrato de convivência, os integrantes de uma união estável promovem a autorregulamentação do seu relacionamento, seja no plano econômico ou existencial. Tem-se notícia, por meio da *Carta de Avila*, datada de 1361, que a mencionada modalidade contratual era prática encontrada desde os séculos X e XI na Europa, sob o título de "carta de mancebia ou companheirismo", com força do senhor conceder à sua companheira, ainda que de forma unilateral, os direitos de perceber rendas e de compartilhar da mesa, dos talheres e dos alimentos[8].

2. Por uma liberdade social dentro das uniões estáveis

O presente texto, ao partir do prisma da autonomia existencial[9], entende que os indivíduos, dentro de suas relações intersubjetivas, devem realizar a concretude das suas liberdades no projeto individualizado de vida e felicidade, refletindo, por exemplo, na possibilidade de escolha do seu parceiro afetivo, a forma de determinar a vida em comum e romper essa relação sem qualquer ingerência indevida do Estado. Para tanto, torna-se

[7] Este contrato não reclama nenhuma forma preestabelecida ou já determinada para sua eficácia, embora se tenha como necessário seja escrito, e não apenas verbal. A eficácia fica condicionada (*condicio iuris*) à caracterização, pelos elementos necessários (art. 1.723 CCB), da união estável. A convenção não cria a união estável: esta se verifica no comportamento dos companheiros, não pela vontade manifestada apenas por escrito. Não basta, portanto, a capacidade do contratante, exige-se a legitimidade para a convenção, representada pela qualidade, atual ou projetada, de conviventes. Sendo um contrato, exige agente capaz, objeto lícito e forma prescrita ou não defesa em lei, sendo livre a escolha do contrato particular ou público, embora o último seja mais seguro juridicamente.

[8] ALONSO, Eduardo Estrada. **Las uniones extramatrimoniales en el Derecho Civil español**. 2. ed. Madrid: Civitas, 1986, p. 139.

[9] Para Thamis Dalsenter Viveiros de Castro, a autonomia existencial pode ser vista como espécie do gênero autonomia privada e se caracteriza como instrumento da liberdade individual para realização dos potenciais existenciais da pessoa humana e de seus interesses não patrimoniais, recaindo nas situações jurídicas subjetivas situadas na esfera extrapatrimonial cujo referencial objetivo é o próprio titular no livre espaço democrático de desenvolvimento da personalidade. (VIVEIROS DE CASTRO, Thamis Dalsenter. A função da cláusula de bons costumes no Direito Civil e a teoria tríplice da autonomia privada existencial. **Revista Brasileira de Direito Civil – RBDCivil**, Belo Horizonte, v. 14, p. 99-125, out./dez. 2017, p. 101).

fundamental estabelecer os conceitos de liberdade positiva, liberdade negativa e um terceiro caminho possível que é a liberdade social proposta por Axel Honneth[10].

Inicia-se com a concepção liberal de liberdade (negativa). A filosofia política do liberalismo[11] retoma algumas teses do Direito Natural moderno, em especial a questão da liberdade individual. Desde o início, com a perspectiva proposta por John Locke, o liberalismo clássico[12] procurou avaliar e julgar a legitimidade e a extensão do poder da sociedade política, vinculando-se a finalidade à questão do alcance da ação livre dos indivíduos diante desse poder, traduzindo o pensamento na seguinte questão: até onde somos governados? No século XX, a discussão foi equacionada pelas análises de Isaiah Berlin, no ensaio *Two Concepts of Liberty*[13] (1958), que estabeleceu a díade da liberdade e sua compreensão nos sentidos negativo e positivo.

[10] HONNETH, Axel. **O direito da liberdade.** Tradução de Saulo Krieger. São Paulo: Martins Fontes, 2015.

[11] Trata-se de tarefa hercúlea e perigosa a unificação em uma unidade teórica questões da filosofia política que estão presentes na grande tradição do liberalismo, que compreende tanto o liberalismo clássico, com John Locke, Charles Louis de Secondat (Montesquieu), Benjamin Constant, John Stuart Mill, Adam Smith, Alexis de Tocqueville, Thomas Jefferson, Jeremy Bentham, Lord Dalberg-Acton, Th. H. Green, John Dewey, como o contemporâneo, representado por Isaiah Berlin, John Buchanan, Friedrich von Hayek, John Rawls, Ronald Dworkin, entre outros. O recorte teórico se faz com base nas análises das questões discutidas por essa tradição, tais como: (i) a valorização do indivíduo e das suas liberdades; (ii) a limitação do Estado e a legitimidade do poder político subordinado aos interesses da sociedade civil; (iii) as vantagens da democracia e a defesa do pluralismo ético-político; e (iv) o alcance e as possibilidades da liberdade diante das sociedades modernas plurais.

[12] Em 1819, Benjamin Constant publica o texto **Da liberdade dos antigos comparada com a dos modernos**, em que desenvolve a distinção fulcral entre a liberdade considerada como esfera garantidora da independência individual (a liberdade dos modernos) e a liberdade como direito de tomar parte do Estado (Governo) e de participar das decisões e deliberações coletivas (a liberdade dos antigos). Na visão de Constant, para os modernos, a liberdade é um instrumento para a segurança privada, sendo que as instituições sociais e políticas representam uma garantia para a fruição dessa liberdade, ou seja, quanto mais o indivíduo é livre para cuidar de seus interesses, a liberdade lhe será cada vez mais preciosa. Ao ponto de defender que a liberdade individual é a verdadeira liberdade moderna. (CONSTANT, Benjamin. **De la liberté chez les modernes**. Paris: Hachette, 1980, p. 506-509).

BERLIN, Isaiah. Two Concepts of Liberty. *In:* BERLIN, Isaiah, **Four Essays on Liberty**, London: Oxford University Press, 1969, p. 166-217.

[13] Ibid.

No sentido negativo, a liberdade define-se como a ausência de impedimentos (obstáculos, constrangimentos ou interferência de outros). Conforme Berlin, a utilização do conceito negativo de liberdade encontra-se na resposta à pergunta: "Qual é o espaço dentro do qual o sujeito – um indivíduo ou um grupo de pessoas – é ou deve ser deixado de fazer ou ser o que ele é capaz de fazer ou ser sem a interferência de outras pessoas?"[14/15]. Ser livre significa, na visão de Berlin[16], não sofrer interferências dos outros. Quanto mais ampla a área de não-interferência, maior a liberdade. Portanto, os indivíduos serão livres se forem os sujeitos das suas escolhas e decisões, determinadas num campo não arbitrário de interferência. A liberdade passa a ser denominada "negativa" pela ausência de ações que possam criar impedimentos indevidos à livre atividade dos sujeitos[17].

No sentido positivo, ela pode ser entendida como a possibilidade e a capacidade de autodeterminação do indivíduo na plenitude do exercício da autonomia da vontade. A compreensão da liberdade positiva pode ser vista na resposta da pergunta: "O que ou quem constitui a origem do controle ou da interferência capaz de determinar que alguém faça isto em vez daquilo?"[18] [19] O sentido positivo da palavra liberdade tem origem, portanto, no desejo do indivíduo de ser seu próprio senhor, isto é, "quero, acima de tudo, ser cônscio de mim mesmo, como um ser que pensa, deseja e age, assumindo a responsabilidade por minhas opções e capaz de explicá-las mediante referências as minhas próprias ideias e a meus próprios objetivos"[20].

O modelo liberal da política transfere para o direito a normatividade das ações humanas. O regramento jurídico da vida e das relações sociais estabelece os limites da liberdade individual, resguarda e tutela os direi-

[14] BERLIN, Isaiah. Two Concepts of Liberty. *In:* BERLIN, Isaiah, **Four Essays on Liberty**, London: Oxford University Press, 1969, p. 121-122.

[15] Tradução livre de: "What is the area within which the subject – a person or group of persons – is or should be left to do or be what he is able to do or be, without interference by other persons?"

[16] BERLIN, Isaiah. **Quatro ensaios sobre a liberdade**. Tradução de Wamberto Hudson Ferreira. Brasília: Editora Universidade Brasília, 1981, p. 136.

[17] RAMOS, Cesar Augusto. O modelo liberal e republicano de liberdade: uma escolha disjuntiva? *In:* **Trans/Form/Ação**, Marília, v. 34, n. 1, p. 43-66, 2011, p. 46.

[18] Tradução livre de "What, or who, is the source of control or interference that can determine someone to do, or be, this rather than that?"

[19] BERLIN, op. cit., 1969, p. 121-122.

[20] BERLIN, op. cit., 1981, p. 142.

tos bem como define o alcance do poder político. Dito de outra maneira, o ponto de partida é a liberdade individual; a finalidade da vida não se trata da fruição política da cidadania na dimensão pública, mas da autonomia dos indivíduos na esfera privada da sociedade civil.

O liberalismo estabeleceu-se como filosofia que permitiu uma resposta hegemônica à grande questão da política sobre o que é liberdade e como uma sociedade deve tornar-se livre. Assim sendo, o denominado Estado de Direito liberal foi criado como uma instituição que se autorregula por princípios constitucionais, os quais buscam a organização social, econômica e política de uma determinada sociedade e o seu principal objetivo é a proteção dos direitos individuais, sobretudo as liberdades.

O modelo de liberdade negativa desloca a compreensão normativa das ações humanas da política e da ética para o direito. Essa mudança de direção estabelece o regramento da vida e das relações sociais de acordo com os limites da liberdade individual, na tentativa de tutelar os direitos e definir o alcance do poder político.

Contudo, autores da filosofia política moderna, por exemplo Phillip Pettit, buscam demonstrar que esse modelo de liberdade negativa não se finda na forma hegemônica de se pensar a política segundo o paradigma jurídico do liberalismo. O resgate da tradição do republicanismo – e a adoção de uma outra forma de concepção de liberdade – propõe corrigir a noção liberal de liberdade, a partir de uma análise mais larga que permite compreendê-la num sentido mais apropriado, diante do fato concreto do poder e do domínio de indivíduos ou grupos, na sociedade. Para isso, não recorre à estratégia dos direitos subjetivos naturais, que se tornaram preponderantes.

Pettit entende que uma terceira concepção de liberdade faz-se necessária, qual seja a liberdade como não-dominação, pois dominação implica viver à deriva de outrem, "ser não-livre é estar sujeito ao domínio arbitrário: sujeito à vontade potencialmente caprichosa ou ao julgamento potencialmente idiossincrático de outro. Liberdade envolve emancipação de toda subordinação, liberação de toda dependência"[21/22]. Para o autor, dominação

[21] Tradução livre de: "Being unfree consists rather in being subject to arbitrary sway: being subject to the potential capricious will or the potentially idiosyncratic judgement of another. Freedom involves emancipation from any such subordination, liberation from any such dependency."

[22] PETTIT, Pettit. **Republicanism: a theory of freedom and government**. New York: Oxford University Press, 1997, p. 5.

e interferência são fenômenos distintos: se a segunda for compreendida em sentido amplo, incluindo a coação física e da vontade, o castigo ou a ameaça de castigo e outras maneiras de manipulação acarretam a dominação sem interferência. É o caso, por exemplo, do escravo que, mesmo não sofrendo a interferência do senhor, é por esse dominado.

A liberdade, portanto, se interpretada de forma única pela via da liberdade negativa da ausência de impedimentos, concretiza-se como forma impeditiva do normativismo formal do direito. Assim, a liberdade negativa, concebida conforme Berlin, afirma que somos livres na medida em que estamos livres de interferência, isto é, quando se manifesta a negação de impedimentos, barreiras ou obstáculos que interditam o agir individual. A liberdade política, na visão republicana, sustenta que pode haver dominação sem interferência.

Por outro lado, a liberdade positiva, na visão do próprio Berlin[23], é retrógrada e potencialmente despótica, porque pressupõe um conceito potencialmente disciplinar de uma vontade não subsumida à concepção de bem comum. Sem negar o valor da liberdade positiva, a concepção negativa impõe-se de forma incontornável, uma vez que ela supõe o pluralismo ético, amparado na diversidade de concepções sobre a ideia de bem viver e diferentes estilos comportamentais que os indivíduos podem, invariavelmente, escolher. Berlin[24] defende que os dois conceitos de liberdade envolvem concepções distintas e até irreconciliáveis sobre os fins e o sentido da vida.

Com o objetivo de garantir a liberdade individual e o pluralismo ético como resultado das diversas formas de viver, a filosofia política do liberalismo adota um paradigma jurídico que estabelece procedimentos equitativos e – supostamente – imparciais na construção e na defesa daquilo que é adequado e justo para a sociedade. Em outras palavras, o Direito Natural moderno pensa o Estado a partir do indivíduo; dessa organização decorre a autoridade política de um corpo artificial produzido pelo contrato que tem por finalidade, segundo maior ou menor grau de poder, proteger a liberdade e os direitos individuais, particularmente o de propriedade, elementos importantes para o bem-estar dos cidadãos.

[23] BERLIN, Isaiah. **Quatro ensaios sobre a liberdade**. Tradução de Wamberto Hudson Ferreira. Brasília: Editora Universidade Brasília, 1981.

[24] Ibid.

No confronto com a tese liberal da liberdade como não-dominação, ou da liberdade negativa, compreendida como o uso de um espaço de ação individual sem interferências de outrem – indivíduo ou Estado –, a concepção republicana de liberdade tem uma relação de proximidade crítica. Cesar Augusto Ramos questiona qual a real diferença entre a compreensão da liberdade republicana da liberal: "se o ideal republicano de liberdade é a não dominação, qual a diferença com a concepção liberal que argumenta, justamente, a não ingerência como elemento principal para eliminar a dominação?"[25] Para o autor, um modelo de liberdade mais adequado às sociedades modernas não pode ser constituído em termos de escolha entre duas possibilidades – liberalismo ou republicanismo – tendo em vista que os problemas e as deficiências dos modelos de liberdade, se considerados cada qual em sua particularidade teórica, excluem possíveis formas de correção de que diferentes teorias necessitam, caso elas sejam confrontadas dialeticamente. Expõe Ramos: "nem o conceito liberal, nem republicano, se considerados na unilateralidade das suas posições, são suficientes para dar conta da rica e complexa significação da categoria política da liberdade para uma sociedade democrática moderna"[26].

O conceito de liberdade deve ser compatível com as sociedades democráticas modernas marcadas exatamente pelo pluralismo de grupos divergentes e pela diversidade dos interesses individuais que buscam a tutela dos seus direitos. Deve-se optar por uma alternativa que implica na rejeição de aspectos essenciais do liberalismo e do republicanismo com o intuito de construir um conceito de liberdade que seja adaptado a modernidade.

Tal escolha pode ser encontrada na obra de Georg Wilhelm Friedrich Hegel, que tem no princípio da liberdade o elemento fundamental para a análise do Estado e da sociedade. Como crítico das posições do jusnaturalismo moderno e do liberalismo clássico, Hegel enfatiza que o grande progresso da modernidade consiste no reconhecimento da subjetividade como momento absoluto. A liberdade subjetiva, para ele, configura-se a partir da autonomia da vontade individual, determinando a ação e o pen-

[25] Ramos, Cesar Augusto. O modelo liberal e republicano de liberdade: uma escolha disjuntiva? *In:* **Trans/Form/Ação**, Marília, v. 34, n. 1, p. 43-66, 2011, p. 57.

[26] Ramos, Cesar Augusto. O modelo liberal e republicano de liberdade: uma escolha disjuntiva? *In:* **Trans/Form/Ação**, Marília, v. 34, n. 1, p. 43-66, 2011.

samento não mais por critérios exteriores. Para ele, o que move os tempos modernos apoia-se sobre um princípio que basta a si mesmo: a liberdade[27].

Hegel entende que a ideia de liberdade e, em última instância, o Estado, devem ser vistos como o momento ético substancial, isto é, o fundamento e a condição necessária para a liberdade individual. A ação individual é manifestada pelo princípio da particularidade, o interesse de cada indivíduo, a busca da felicidade pessoal, a defesa e a promoção dos direitos individuais devem ser respeitados e submetidos à mediação da vontade livre do sujeito, constituindo-se, portanto, uma conquista dos tempos modernos[28].

Para Hegel, o direito não tem o significado estrito de leis jurídicas, mas de uma filosofia que compreende a realidade social, política e jurídica dos indivíduos. O propósito da Filosofia do Direito é, portanto, a exposição do desenvolvimento dialético da realização da liberdade: "o sistema do direito é o império da liberdade realizada"[29]. O desenvolvimento da tese se constrói com base no movimento que percorre o direito abstrato, passando pela moralidade, e culmina à efetividade na eticidade (*Sittlichkeit*) das esferas comunitárias da família e da sociedade civil burguesa resultando no Estado.

Hegel entende que é no espaço comum da eticidade, das instituições e das práticas sociais que se produzem hábitos, assim a liberdade individual perde o estatuto abstrato de algo referido e recluso à tautologia do princípio formal e autorreferente da liberdade. Ensina Albrecht Wellmer, "a liberdade negativa é transformada em liberdade comunitária através das instituições e das práticas de autodeterminação, uma tal liberdade comunitária"[30]. Em termos hegelianos, isso significa dizer que, quando a liberdade individual do direito abstrato torna-se objeto de ação no espaço público, ela se transforma em algo autorreferente. Para Hegel, diferentemente da concepção liberal, a autoridade pública deve intervir na sociedade civil burguesa para assegurar os direitos da pessoa e o bem-estar daqueles que são prejudicados pelo funcionamento liberal do sistema econômico desta sociedade[31].

[27] HEGEL, Georg Wilhelm Friedrich. **Princípios da Filosofia do Direito**. Tradução de Orlando Vitorino. São Paulo: Martins Fontes, 1997, p. 273-275.

[28] Ibid, p. 110.

[29] HEGEL, op cit, p. 12.

[30] WELLMER, Albrecht. Modèles de la liberté dans le monde moderne. *In:* **Critique**, T. XLV, nº. 505-506, 1989. Paris, 1989, p. 536.

[31] HEGEL, Georg Wilhelm Friedrich. **Princípios da Filosofia do Direito**. Tradução de Orlando Vitorino. São Paulo: Martins Fontes, 1997, p. 273-275.

Contudo, a solução hegeliana não satisfaz plenamente o contraponto da tensão proveniente da conciliação entre a liberdade negativa e a liberdade comunitária, que se encontra no âmago do próprio projeto político da modernidade. Se a liberdade no mundo moderno repousa sobre o mencionado dualismo normativo – liberdade negativa *versus* liberdade positiva –, então a ideia universalizante de liberdade comporta ela própria uma tensão dialética, representada entre o individualismo e o espírito de comunidade na ideia moderna de democracia; afinal, a liberdade negativa é ao mesmo tempo uma condição que antecede a liberdade comunitária no mundo moderno e uma possível fonte de conflitos, que ameaça os laços de solidariedade entre os indivíduos. A liberdade negativa, tal como Hegel interpretou, representa o núcleo da desunião, que é constitutiva de toda forma moderna de liberdade comunitária[32].

Como a data da primeira publicação da obra *Princípios da Filosofia do Direito de Hegel* é 1820, a mesma encontra-se desatualizada para o contexto contemporâneo, sobretudo no que diz respeito à ideia de família. Exatamente por essa razão, o paradigma teórico do trabalho será de base neo-hegeliana: *O direito da liberdade*, de Axel Honneth, autor pertencente à vertente denominada Teoria Crítica alemã, que não se limita a narrar o funcionamento da sociedade, mas compreendê-la pela emancipação que, ao mesmo tempo, pode servir de bloqueio pela própria lógica da organização social estabelecida.

Honneth trabalha o conceito de liberdade individual como o valor central da sociedade capitalista e democrática moderna e contemporânea. O autor demonstra como a liberdade individual representa um momento normativo sempre presente no desenvolvimento social e econômico das sociedades industrializadas – momento em que será possível operacionalizar uma crítica social centrada nas noções de patologia social e de desenvolvimento errado. Na obra mencionada, Honneth acentua que os valores legítimos das modernas sociedades liberal-democráticas unificaram-se, a saber, na liberdade individual nos seus sentidos plurais que se conhecem, não porque a liberdade represente em si um valor superior aos outros, mas porque a própria sociedade moderna ocidental lhe atribui este valor superior.

O conceito de liberdade individual honnethiano considera que o indivíduo está sempre vinculado a um contexto social caracterizado pela existên-

[32] Wellmer, op. cit., p. 537.

cia de instituições e de práticas sociais, ao passo de distinguir a liberdade em três tipos: (i) a *negativa* ou *jurídica*[33]; (ii) a *reflexiva* ou *moral*; e (iii) a liberdade *social*. Ao analisar as três diferentes formas de liberdade, o autor utiliza dois conceitos que permitem descrever fenômenos que ameaçam o próprio valor da liberdade individual. No caso das formas negativa ou jurídica e reflexiva ou moral, ele se serve do conceito de patologia social; no caso da liberdade social, do conceito de desenvolvimento errado (*Fehlentwicklung*). Para ele, é tarefa da filosofia política identificar e analisar as patologias sociais – processos revolucionários da sociedade que atrapalham ou até impossibilitam os indivíduos de se autorrealizarem ou de chegarem a formas bem-sucedidas de vida. A patologia social assume papel central no que diz respeito à liberdade jurídica e à liberdade moral.

O autor entende que a ideia de liberdade associada ao direito moderno pode ser mal interpretada somente no sentido de que os direitos subjetivos, pensados como garantias de proteção, aparecem no lugar de toda orientação à ação mediada intersubjetivamente. Os indivíduos encontram-se tão ligados à busca de suas ponderações e fins puramente privados que se comportam apenas como entidades jurídicas estrategicamente posicionadas, perdendo a conexão com as práticas comunicativas de seu ambiente social[34]. Além disso, existe uma segunda possibilidade de incompreensão da liberdade jurídica: a recusa de laços vinculadores. Em tais casos, não são tomadas integralmente as opções de ação juridicamente permitidas, mas o adiamento e a interrupção de toda pretensão comunicativa, de modo que já nem a formação de aspirações e de convicções duradouras chega a prosperar.

A patologia social que surge dessas duas possibilidades é expressa na formação característica que pode ser descrita como indecisão e estado de se deixar levar: "a subjetividade do indivíduo não é imobilizada em função

[33] A liberdade jurídica está conexa à existência de um sistema de direitos subjetivos, surgido na modernidade por um processo histórico. Honneth é peremptório ao reconhecer que tais direitos subjetivos tiveram, de forma inaugural, um caráter econômico, com o primado do direito à propriedade. Contudo, com o passar do tempo, os direitos subjetivos alcançaram um espaço de proteção do indivíduo, que lhe possibilita desenvolver autonomamente seu plano de vida independentemente das concepções e valores socialmente dominantes, exemplo disso é o pluralismo ético que caracteriza as sociedades modernas e representa a concessão ao indivíduo de escolher entre valores e visões éticas diferentes.

[34] HONNETH, Axel. **O direito da liberdade**. Tradução de Saulo Krieger. São Paulo: Martins Fontes, 2015, p. 170.

da entidade jurídica, mas, na verdade, apenas reproduz o caráter suspensivo do direito, ao se manter livre de toda decisão vinculadora"[35]. Portanto, "a mera função de postergação e interrupção que essa forma institucionalizada de liberdade detém seria mal compreendida no sentido de sugerir uma vida sob duradoura precaução, na qual se evitam aspirações e intenções de alcance profundo"[36].

De forma sintética, o indivíduo reduz-se à soma de suas pretensões jurídicas e fecha o fluxo comunicativo que o une às outras pessoas. Os direitos são utilizados como uma barreira oposta às exigências de justificação que provêm dos outros indivíduos, gerando a possível patologia da liberdade jurídica.

A liberdade não pode ser vista apenas no seu aspecto restritivo e limitador, como mera escolha de opções ou alternativas que se colocam diante do sujeito, mas, sobretudo, na dinâmica do reconhecimento que opera como elemento constituinte da liberdade. Há, assim, a necessidade do reconhecimento público de que os indivíduos, como cidadãos, dispõem da liberdade de se opor à ação dos outros e às tentativas de dominação por parte de terceiros. Nesse sentido, a própria liberdade, embora individual, está atrelada à presença constitutiva e positiva de outrem numa relação de reciprocidade, já que a ausência de arbítrio consiste no reconhecimento da liberdade do outro.

Por esse motivo, Honneth entende que se experimenta a liberdade individual somente no contexto de obrigações sociais que surgem do fato de se desempenhar certos papéis sociais, seja enquanto parceiros, pais, amigos, agentes econômicos, produtores, consumidores, cidadãos etc.). Esta é exatamente a liberdade social, pois longe de isolar o indivíduo do contexto social no qual se encontra, só é vivida dentro de tal contexto, isto é, na interação com outros indivíduos.

A liberdade social dos indivíduos é realizada em três esferas[37]: (i) a das relações íntimas; (ii) a do mercado; e (ii) a do Estado democrático. Para

[35] HONNETH, Axel. **O direito da liberdade**. Tradução de Saulo Krieger. São Paulo: Martins Fontes, 2015, p. 171.

[36] Ibid, p. 173.

[37] O modelo seguido por Honneth é equivalente ao da *Filosofia do Direito* de Hegel. Não somente as três formas de pensar a liberdade – jurídica, moral e a social – nas três seções do texto hegeliano (a liberdade jurídica corresponde ao direito abstrato, a moral, à seção da moralidade e, a social, à seção da eticidade), mas a própria divisão da realização da liberdade

Honneth, as relações familiares encontram-se subscritas nas relações íntimas, ou seja, possui estreita relação com a liberdade social que exige, nas famílias de nossos dias, um aumento de liberdade. Nos últimos anos, na visão do autor, quando a coesão das famílias modernas não é posta em xeque ela se torna uma comunidade de vida[38]. Para constituir o elemento da liberdade intersubjetiva nas famílias, deve existir um espaço de ampla liberdade democrática entre os seus membros, os quais aprendem a lidar de maneira lúdica com seus limites naturais num espelhamento recíproco, isto é, cada qual realiza uma forma singular de liberdade no um-com-o--outro institucionalizado.

Para Honneth, as famílias modernas encontram-se em via de desenvolvimento normativo para, como nunca na história, exercerem e praticarem, de maneira socializatória, formas de interação consentidas, democráticas e cooperativas[39]. Ao considerar que a família, no processo de mudanças institucionais, tornou-se uma instituição educacional dos modos de proceder, o liberalismo político equivoca-se ao continuar tratando-a como condição dada naturalmente nos ordenamentos sociais liberal-democráticos. Contudo, toda esfera pública democrática deveria ter um interesse vital em criar relações econômicas sob as quais todas as famílias poderiam se apropriar das práticas já institucionalmente disponíveis.

As relações contratuais no âmbito familiar permaneceram, durante séculos, restritas ao formalismo matrimonial, decorrente do prestígio conferido ao casamento, invulnerável à sobreposição de qualquer entidade familiar. A autonomia privada restringia-se às hipóteses de pactos antenupciais. Com a "repersonalização" do Direito Civil, conforme as lições de Pietro Perlingieri e Gustavo Tepedino, a pessoa humana foi colocada no centro das preocupações do Direito. O humanismo e o personalismo ético passaram a orientar toda a compreensão do fenômeno jurídico. Somente a partir da incorporação da noção de dignidade humana às constituições ao redor do mundo e do processo de constitucionalização do direito, desvencilhou-se a noção de personalidade jurídica como atributo concedido

social corresponde à subdivisão das três esferas de realização da liberdade social corresponde à subdivisão das três esferas do mundo ético da terceira seção da *Filosofia do Direito*: família, sociedade civil e Estado.

[38] HONNETH, Axel. **O direito da liberdade.** Tradução de Saulo Krieger. São Paulo: Martins Fontes, 2015, p. 315.

[39] Ibid, p. 323.

pelo próprio ordenamento jurídico para que o sujeito de direitos pudesse ser titular de direitos e obrigações e viabilizou-se a efetiva tutela da pessoa.

Deve-se resguardar, cada vez mais, a expressão da individualidade, de escolhas que os indivíduos fazem em relação à forma como pretendem desenvolver suas vidas e expressar suas identidades, orientando-se segundo seus interesses. Resgata-se a clássica e emblemática abordagem de Virgílio de Sá Pereira que definia a fática entidade familiar, nos seguintes termos:

> Agora dizei-me: que é que vedes quando vedes um homem e uma mulher, reunidos sob o mesmo teto, em torno de um pequeno ser, que é o fruto de seu amor? Vereis uma família. Passou por lá o juiz, com a sua lei, ou o padre, com o seu sacramento? Que importa isso? O acidente convencional não tem força para apagar o fato natural"; [...] A família é fato natural, o casamento é uma convenção social. A convenção social é estreita para o fato, e este então se produz fora da convenção. O homem quer obedecer ao legislador, mas não pode desobedecer à natureza, e por toda a parte ele constitui a família, dentro da lei se é possível, fora da lei se é necessário.[40]

Essa situação fática merece o reconhecimento da juridicidade a ela inerente, pois repousa seu fundamento, em última análise, na dignidade humana, cuja força normativa tem assento constitucional. A observação do fenômeno jurídico sob a ótica do direito subjetivo atendeu aos interesses de um período em que a pessoa não ocupava posição de destaque. O giro do patrimônio à pessoa, como menciona Luiz Edson Fachin[41], foi a "Virada de Copérnico" no direito. De tal mudança de rumo, infere-se a necessidade de ampliar o horizonte para que se observe toda a potencialidade iluminadora do sol de proteção à pessoa que nasce, mas que jamais deve se pôr.

Conclusões

A livre união de pessoas indubitavelmente é anterior ao instituto do casamento. Tal afirmação pode se confirmada somente ao observar a própria natureza humana, que prefere viver dentro de agrupamentos do que de

40 PEREIRA, Virgílio de Sá. **Direito de família**. 2. ed. Rio de Janeiro: Freitas Bastos, 1959, p. 89.

41 FACHIN, Luiz Edson. Aspectos de alguns pressupostos histórico-filosóficos hermenêuticos para o contemporâneo direito civil brasileiro: elementos constitucionais para uma reflexão crítica. *In:* **Revista do Tribunal Superior do Trabalho**, São Paulo, v. 77, n. 4, p. 186-203, out./dez. 2011, p. 196.

isoladamente. Inclusive, a família surge como um fato natural e, nos primórdios, em defesa da subsistência.

O tempo passou e as uniões livres teve na Constituição da República Federativa de 1988 o seu marco de elevação do concubinato à condição de união estável, ao enunciar no artigo 226, parágrafo 3º, que: "para efeito de proteção do Estado, é reconhecida a união estável entre homem e a mulher como entidade familiar, devendo a lei facilitar sua conversão em casamento". Assim sendo, o aval constitucional permitiu a união estável adquirir o *status* de entidade familiar, posta ao lado do casamento e da família monoparental, causando uma modificação jurídica e social, quando o matrimônio sempre fora o único modo legítimo de constituir família.

A Constituição de 1988, ao garantir proteção à família, retirou a ilegitimidade e a clandestinidade que por um longo período permeou as relações familiares de afeto, cuja configuração decorre do exercício pleno da autonomia privada. Ocorre que, desde a promulgação do texto constitucional até os tempos atuais, parte da doutrina e da jurisprudência vêm igualando na prática institutos diferentes, quais sejam, a união estável e o casamento, o exemplo clássico é a defesa do companheiro como herdeiro necessário, fato que não se concretiza, tendo-se em vista que o artigo 1.790 é norma restritiva de direito, constituindo, por isso, exceção no ordenamento jurídico e, conforme as regras ancestrais de hermenêutica não se pode dar interpretação ampliativa à norma limitante.

Quando da sua concepção e necessária regulamentação para coibir injustiças históricas ao proteger a parte economicamente mais fraca, a união estável era vista como a entidade familiar, com tutela constitucional, com maior liberdade em comparação ao casamento, por exemplo. Ocorre que um paradoxo ascende: quanto mais se regulamenta a união estável, mais próxima ela fica do casamento; quanto mais próxima do casamento for, ao diluir as diferenças entre um instituto e outro, a distância aumenta da sua ideia original. Caso seja equivalente ao casamento, ela deixa de existir e, com isso, um importante instrumento de liberdade do Direito das Famílias e das Sucessões será extinto.

Desta feita, o que se defende é a utilização do contrato de convivência como instrumento pelo qual a liberdade dos participantes seja exercida na sua forma mais plena. Ao estabelecer regulamentações quanto aos reflexos da relação, que vão muito além do mero aspecto patrimonial, os companheiros podem prescrever questões existenciais, de natureza pessoal e convivencional.

Com base na teoria de Axel Honneth, verificou-se que toda esfera pública democrática deveria ter um interesse vital em criar relações econômicas sob as quais todas as famílias poderiam se apropriar das práticas já institucionalmente disponíveis. O problema prático que se enfrenta hoje é a insegurança jurídica. Quando os companheiros estabelecem aspectos patrimoniais e existenciais dentro do contrato de convivência, a intervenção do Estado ocorre, em várias oportunidades, de forma abusiva, exemplo disso é o atual posicionamento do Superior Tribunal de Justiça, que entende que a eleição de regime de bens da união estável por contrato de convivência é dotada de efetividade *ex nunc*, sendo inválidas cláusulas que estabeleçam a retroatividade dos efeitos patrimoniais do pacto, apesar do artigo 1.725 do Código Civil afirmar, de forma peremptória, que na união estável, salvo contrato escrito entre os companheiros, aplica-se às relações patrimoniais, no que couber, o regime da comunhão parcial de bens.

Se a união estável se iniciou e perdurou até o momento em que, pela primeira vez, os companheiros decidem adotar um regime de comunhão de bens diverso do supletório, deve-se observar que nunca houve a alteração do referido. Logo, se antes não havia regime de bens formalizado entre os conviventes, quando do estabelecimento do contrato de convivência o que se busca não é a criação da união estável, pois sua constituição decorre do atendimento dos requisitos legais, mas sim o estabelecimento de regras patrimoniais e existenciais livres.

O pacto de convivência não trata da alteração do regime, mas, sim, da lícita instituição ou formalização do regime que, desde o início da união, entre os companheiros vigorava, isso se dá exatamente pela inexistência de qualquer coação. Assim sendo, o contrato de convivência deve ser visto como o *locus* privilegiado das relações familiares.

Referências

ALONSO, Eduardo Estrada. **Las uniones extramatrimoniales en el Derecho Civil español.** 2. ed. Madrid: Civitas, 1986.

ASSOCIAÇÃO NACIONAL DOS NOTÁRIOS E REGISTRADORES DO BRASIL. **Cartório em números**. Disponível em: https://www.anoreg.org.br/site/wp-content/uploads/2021/12/Anoreg_BR-Cart%C3%B3rios-em-N%C3%BAmeros-2021-3%C2%AA-Edi%C3%A7%C3%A3o.pdf. Acesso em: 08 ago. 2022.

BERLIN, Isaiah. Two Concepts of Liberty. *In:* BERLIN, Isaiah, **Four Essays on Liberty**, London: Oxford University Press, 1969.

BERLIN, Isaiah. **Quatro ensaios sobre a liberdade**. Tradução de Wamberto Hudson Ferreira. Brasília: Editora Universidade Brasília, 1981.

BODIN DE MORAES, Maria Celina. A família democrática. *In:* **Na medida da pessoa humana: estudos de direito civil**. Rio de Janeiro: Renovar, 2010, p. 207-234.

BRASIL. **Constituição da República Federativa do Brasil, de 05 de outubro de 1988.** Disponível em: http://www.planalto.gov.br/ccivil_03/Constituicao/Constituicao.htm. Acesso em: 09 ago. 2022.

BRASIL. **Lei nº. 10.406, de 10 de janeiro de 2002**. Institui o Código Civil. Disponível em: http://www.planalto.gov.br/ccivil_03/leis/2002/l10406compilada.htm. Acesso em: 10 ago. 2022.

BRASIL. Ministério da Mulher, da Família e dos Direitos Humanos. **Fatos e números: casamentos e uniões estáveis no Brasil**. Disponível em: www.gov.br/mdh/pt-br/navegue-por-temas/observatorio-nacional-da-familia/fatos-e-numeros/FatoseNmerosCasamento.pdf. Acesso em: 08 ago. 2022.

CAHALI, Francisco José. **Contrato de convivência na união estável**. São Paulo: Saraiva, 2002.

CALDERÓN, Ricardo. **Princípio da afetividade no direito de família**. 2. ed. Rio de Janeiro: Forense, 2017.

CHAVES DE FARIAS, Cristiano; PAULINO DA ROSA, Conrado. **Teoria geral do afeto.** 3. ed. Salvador: Juspodivm, 2022.

FACHIN, Luiz Edson. Aspectos de alguns pressupostos histórico-filosóficos hermenêuticos para o contemporâneo direito civil brasileiro: elementos constitucionais para uma reflexão crítica. *In:* **Revista do Tribunal Superior do Trabalho**, São Paulo, v. 77, n. 4, p. 186-203, out./dez. 2011.

HEGEL, Georg Wilhelm Friedrich. **Princípios da Filosofia do Direito**. Tradução de Orlando Vitorino. São Paulo: Martins Fontes, 1997.

HONNETH, Axel. **O direito da liberdade**. Tradução de Saulo Krieger. São Paulo: Martins Fontes, 2015.

PEREIRA, Virgílio de Sá. **Direito de família**. 2. ed. Rio de Janeiro: Freitas Bastos, 1959, p. 89.

PETTIT, Pettit. **Republicanism: a theory of freedom and government**. New York: Oxford University Press, 1997.

RAMOS, Cesar Augusto. O modelo liberal e republicano de liberdade: uma escolha disjuntiva? *In:* **Trans/Form/Ação**, Marília, v. 34, n. 1, p. 43-66, 2011.

RUZYK, Carlos Eduardo Pianovski. As fronteiras da responsabilidade e o princípio da liberdade. *In:* **Revista de Direito da Responsabilidade**. Coimbra (Portugal), Ano 4, p. 312-340, 2022.

RUZYK, Carlos Eduardo Pianovski. **Institutos fundamentais do direito civil e liberdade(s): repensando a estrutura funcional do contrato, da propriedade e da família**. Rio de Janeiro: GZ, 2011.

VIVEIROS DE CASTRO, Thamis Dalsenter. A função da cláusula de bons costumes no Direito Civil e a teoria tríplice da autonomia privada existencial. *In:* **Revista Brasileira de Direito Civil – RBDCivil**, Belo Horizonte, v. 14, p. 99-125, out./dez. 2017.

WELLMER, Albrecht. Modèles de la liberté dans le monde moderne. *In:* **Critique**, T. XLV, nº. 505-506, 1989. Paris, 1989.

19

CONVERSÃO DE SEPARAÇÃO JUDICIAL EM DIVÓRCIO: ESTUDO DE CASO PRÁTICO À LUZ DA CONSTITUIÇÃO FEDERAL

Juliana Kiyosen Nakayama
Isabella Savieto Pompeu

Introdução

Será adotada a metodologia empírica indutiva, de método qualitativo e, por isso, a importância de realizar a pesquisa de um caso final. Depois, será realizado um levantamento de documentos juntados nos autos e, como contribuição tem o objetivo de uma descrição do caso concreto para que sirva de base para demais casos, tendo em vista o sigilo que envolve o divórcio.

Nessa pesquisa qualitativa não se parte de hipótese estabelecida e não há preocupação em buscar dados ou evidências que corroborem ou neguem tais suposições. Parte-se de questões ou focos de interesses amplos que vão se tornando mais diretos e específicos no transcorrer da investigação. As abstrações são construídas a partir dos dados, em um processo de baixo para cima. Quando há orientação qualitativa, o pesquisador planeja desenvolver um tipo de teoria sobre o que está estudando, construindo um quadro teórico aos poucos, à medida que coleta dados e os examina.[1]

O método a ser adotado nesta pesquisa será do empírico-indutivo. Assim sendo, cabe, assim, ao analista criar e recriar continuamente categorias que tenham uma correspondência real com o objeto do estudo, ou

[1] Gouveia, Arilda Schmidt. Introdução à pesquisa qualitativa e suas possibilidades. **Revista de administração de empresas**, São Paulo: RA, v. 35, n. 2, p.57-63, mar./abr. 1995.

seja, qualquer estudo empírico está mais voltado para questões de rigor ou precisão metodológica que um estudo não empírico[2]. O enfoque funcionalista é empírico e mais rigoroso do que um enfoque baseado exclusivamente em intuições. E, por isso, conforme Galembeck o estudo empírico demonstra que há fenômenos que escapam à formalização. Portanto, podem ser formuladas hipóteses que não correspondam a meras intuições, mas sim a dados reais recorrentes no corpus. [3]

Foi apresentado um estudo de caso para que o advogado identifique os elementos necessários para ingresso de ação de divórcio. Assim, o advogado é incentivado a analisar os fatos, identificar os pontos controvertidos, desenvolver argumentos lógicos e jurídicos para propor soluções ao caso.[4] Definido o corpus, é necessário reproduzir questionamentos, incertezas e soluções para o processo.[5]

Na busca por informações distintas, "o pesquisador retira a teoria de foco, aceitando o empírico como via de produção do conhecimento e possibilidade de construção de novas teorias", isso decorre principalmente do fato de a teoria simbolizar um processo vivo que está em desenvolvimento e construção.[6]

1. Ensino jurídico e o escritório de aplicação de assuntos jurídicos (eaaj)

O perfil desejado do formando em Direito, conforme normativa do Ministério da Educação, repousa em uma sólida formação geral e humanística, com capacidade de análise e articulação de conceitos e argumentos, de

[2] NAKAYAMA, Juliana Kiyosen. **Análise do tópico discursivo nas sustentações orais do caso Cesare Battisti.** 2016. 163 f. Tese (Doutorado) – Curso de Estudos da Linguagem, Centro de Letras e Ciências Humanas, Universidade Estadual de Londrina, Londrina, 2016. Disponível em: http://www.bibliotecadigital.uel.br/document/?code=vtls000208766. Acesso em: 8 ago. 2022.

[3] GALEMBECK, P. T. Metodologia de pesquisa em português falado. *In:* RODRIGUES, Ângela Cecília de Souza; ALVES, Ieda Maria; GOLDSTEIN, Norma Seltzer (orgs.). **I Seminário de Filologia e Língua Portuguesa**. São Paulo: Humanitas, 1999.

[4] INSPER. **O que é um estudo de caso?** Disponível em: http://www.insper.edu.br/casos/estudo-caso/. Acesso em: 30 jan. 2020.

[5] SUGETA, Edmeire Aoki; NAKAYAMA, Juliana Kiyosen. Estudo de caso: divórcio no Japão entre brasileiro e peruana. *In:* SILVA, A. C et al. (org.). **Contexto jurídico das relações familiares no Brasil**. Londrina: Thoth, 2020.

[6] ANDRADE, Celana Cardoso; HOLANDA, Adriano Furtado. Apontamentos sobre pesquisa qualitativa e pesquisa empírico-fenomenológica. **Estud. psicol.**, Campinas, v. 27, n. 2, jun. 2010.

interpretação e valoração dos fenômenos jurídico-sociais, aliada a uma postura reflexiva e visão crítica que fomente a capacidade de trabalho em equipe, favoreça a aptidão para aprendizagem autônoma e dinâmica, além da qualificação para a vida, o trabalho e o desenvolvimento da cidadania.

Quanto à metodologia definida, conforme recomendação do Ministério da Educação, para desenvolver as atividades do curso está plenamente comprometida com a interdisciplinaridade, com o desenvolvimento do espírito científico e com a formação de sujeitos autônomos e cidadãos.[7]

Assim sendo, para alcançar o perfil desejado do formando, o curso jurídico deve propiciar a seus alunos o desenvolvimento e a prática pedagógica, ao menos, das seguintes habilidades: (a) leitura, compreensão e elaboração de textos e documentos; (b) interpretação e aplicação do Direito; (c) pesquisa e utilização da legislação, da jurisprudência, da doutrina e de outras fontes do Direito; (d) correta utilização da linguagem – com clareza, precisão e propriedade –, fluência verbal e escrita, com riqueza de vocabulário; (e) utilização de raciocínio jurídico, de argumentação, de persuasão e de reflexão crítica; (f) julgamento e tomada de decisões; e (g) domínio de tecnologias e métodos para permanente compreensão e aplicação do Direito[8].

No curso de Direito da Universidade Estadual de Londrina, a prática jurídica curricular e alguns projetos de ensino, de pesquisa e de extensão são desenvolvidos no Escritório de Aplicação de Assuntos Jurídicos.

O Escritório de Aplicação de Assuntos Jurídicos – EAAJ, fundado em 1973 é um Órgão Suplementar da Universidade Estadual de Londrina, vinculado administrativamente à Reitoria e pedagogicamente ao Centro de Estudos Sociais Aplicados (CESA). Criado inicialmente como "Escritório de Aplicação", em 12 de agosto de 1.972, através da Resolução CU n° 112. Iniciou suas atividades de funcionamento em 1973, na gestão do 1º Reitor da Universidade Estadual de Londrina, Professor Doutor Ascêncio Garcia Lopes, oferecendo estágio optativo aos alunos do 4º e 5º ano do Curso de

[7] TESHIMA, Márcia. NAKAYAMA, Juliana Kiyosen. Mudança de nome do transexual no contexto dos direitos humanos: uma análise sob a ótica da metodologia empírica. **Boletim da sociedade brasileira de Direito Internacional,** a. CV, n. 146-150, v. 107, jul./dez. 2019. Disponível em: https://drive.google.com/file/d/1wi37djYrBkTqiTVrBs4H-X0EG1bCCkb1/view. Acesso em: 01 jul. 2022.

[8] MINISTÉRIO DA EDUCAÇÃO. **Parecer CNE/CES 211/2004 e Resolução CNE/CES 09/2004**. Disponível em: http://portal.mec.gov.br/cne/arquivos/pdf/2004/CES0211_2004.pdf. Acesso em: 08 fev. 2022.

Direito, conforme Lei Federal nº 5.842, de 06/12/1972, alterado pela Lei nº 5.960, de 10/12/1973, conforme exigência do Egrégio Conselho Federal de Educação sendo denominado Estágio de "Prática Forense e Organização Judiciária".[9]

Em 26 de fevereiro de 1.981 passa a ser denominado Escritório de Aplicação de Assuntos Jurídicos – EAAJ, através da Resolução CU nº 609. Até o ano de 1995, os alunos que realizavam o estágio no EAAJ eram dispensados do Exame da Ordem dos Advogados do Brasil, realizando, após 02 (dois) anos de estágio uma avaliação final, no âmbito interno, mas com a participação de Representante designado pela OAB. A partir de 1995 o estágio passou a ser curricular por força de dispositivos legais e reformulação do Curso de Direito[10].

Caracteriza-se como um Escritório Escola e sua missão institucional abrange o trabalho Social e o ensino. O EAAJ oferece o serviço de assistência jurídica à população economicamente carente de Londrina e seus distritos, permitindo que estas pessoas tenham acesso à justiça e ao exercício da cidadania. Esta dimensão permite ao EAAJ ficar em sintonia com as finalidades descritas no Estatuto da UEL, reforçando a responsabilidade social da Universidade.[11]

2. Caso concreto *corpus*

O casal heterossexual envolvido neste caso residem em Londrina. Os requerentes estão separados judicialmente desde 31 de maio de 2005, conforme certidão de casamento com a devida averbação em anexo. Desta união tiveram 01 (um) filho, que tem mais de 20 anos. Não possuíram durante a constância do casamento quaisquer bens. As partes dispensaram alimentos entre si desde a separação judicial.

Tendo em vista que o prazo de 01 (um) ano, previsto no art. 1.580 do Código Civil para a conversão de separação em divórcio já foi cumprido, como também com a Emenda Constitucional nº 66/2010 extinguiu tacitamente a separação judicial, os requerentes ingressaram com a ação de conversão de separação judicial em divórcio, no intuito de que seja decre-

[9] ESCRITÓRIO de Assuntos Jurídicos da Universidade Estadual de Londrina. **EAAJ/UEL.** Disponível em: http://www.uel.br/eaaj/portal/. Acesso em: 01 jul. 2022.

[10] Ibid.

[11] ESCRITÓRIO de Assuntos Jurídicos da Universidade Estadual de Londrina. **EAAJ/UEL.** Disponível em: http://www.uel.br/eaaj/portal/. Acesso em: 01 jul. 2022.

tado o divórcio consensual de forma definitiva para findar o casamento. Diante da ruptura fática da sociedade conjugal, o período desde a decretação da separação judicial até os dias de hoje, não há qualquer possibilidade de reconciliação, inclusive cabe reiterar o óbice da oficialização de novo matrimônio para ambos, devendo, pois, ser reconhecido o divórcio como direito potestativo e extintivo do matrimônio.

A mulher modificou seu nome, a partir da separação judicial devidamente sentenciada, não havendo necessidade de averbação no registro civil. Teshima e Nakayama relatam que o direito ao nome é condição essencial para a proteção da dignidade da pessoa humana, princípio basilar da Constituição Federal de 1988, que também foi recepcionado no artigo 16 do Código Civil de 2002, o qual compreende nome e prenome.[12] Assim, em respeito ao princípio da dignidade da pessoa humana, a jurisprudência brasileira admite a adequação do registro civil e autoriza a mudança do nome.

A petição inicial foi juntada aos autos com assinatura das partes em todas as vias da petição. Defensoria do RJ explana que o Código de Processo Civil no artigo 1.120, que trata da separação judicial, é explícito ao exigir a assinatura de ambos os cônjuges na petição inicial, norma esta que se aplica também ao divórcio, e assim a norma processual atende um postulado da norma de direito material, que caracteriza tanto a separação judicial quanto o divórcio como ações personalíssimas (a norma do artigo 24, parágrafo único, da Lei n° 6.515/77, aduz que "O pedido somente competirá aos cônjuges, podendo, contudo, ser exercido, em caso de incapacidade, por curador, ascendente ou irmão").[13] O Código de Processo Civil vai repetir a norma, determinando que a petição inicial da separação ou do divórcio consensual seja subscrita por ambos os cônjuges. A partir daí faz-se uma interpretação dessas normas com a lei do processo eletrônico (Lei n° 11.419/06), que prevê a assinatura eletrônica por meio de certificação digital ou cadastro do usuário no sistema do respectivo Tribunal,

[12] TESHIMA, Márcia. NAKAYAMA, Juliana Kiyosen. Mudança de nome do transexual no contexto dos direitos humanos: uma análise sob a ótica da metodologia empírica. **Boletim da sociedade brasileira de Direito Internacional,** a. CV, n. 146-150, v. 107, jul./dez. 2019. Disponível em: https://drive.google.com/file/d/1wi37djYrBkTqiTVrBs4H-X0EG1bCCkbl/view. Acesso em: 01 jul. 2022.

[13] DEFENSORIA/RJ. **Assinatura das partes na petição inicial.** Disponível em: https://defensoria.rj.def.br/uploads/arquivos/ebecaf4feef849e3bed3e78294a4b958.pdf. Acesso em: 01 nov. 2022.

sendo essa a forma de subscrição das peças eletrônicas (artigo 1º, inciso III, e artigo 2º). A assinatura das partes na petição inicial não representa exigência apenas para validar a transação quanto a alimentos, convivência e guarda, pelo que a procuração outorgada ao advogado não supriria a omissão das assinaturas, visto que são exigidas por se tratar especialmente de ato personalíssimo dos cônjuges. Destaca-se o questionamento de parte da doutrina quanto a eventual impedimento para o divórcio por procuração se, para a habilitação e para a celebração do casamento, o Código Civil permite que os nubentes sejam representados por procurador com poderes especiais (artigos 1.525, caput, e 1.535). Contudo, o Código de Processo Civil manteve a exigência de assinatura dos cônjuges na petição inicial do divórcio consensual, mesmo tendo sido elaborado anos após a entrada em vigor do Código Civil de 2002 e da Lei do Processo Eletrônico de 2006.[14]

Documentos juntados no processo: procuração da mulher, procuração do homem, RG da mulher, RG do homem, Declaração de hipossuficiência econômica de ambos, Certidão de averbação da certidão de casamento, Carteira de Trabalho de ambos, Comprovante de residência de ambos, Carteira de motorista do homem.

A petição inicial foi protocolada em 14/04/2021, nesse mesmo dia houve a distribuição por dependência tendo em vista processo judicial anterior de separação judicial. Assim, anteriormente houve 3 processos anteriores: processo da separação judicial e outros processos de cumprimento de sentença para prestar alimentos. Nos casos de continência ou conexão de várias causas, a competência para todas elas já está definida pela prevenção do juiz que se tornou competente para o primeiro processo, o processo da separação judicial. A distribuição dos feitos subsequentes (conversão da separação judicial em divórcio, execução de alimento) será feita, por isso, por dependência, isto é, os feitos conexos serão atribuídos pelo distribuidor ao mesmo juiz da causa anterior.

Logo em seguida, foi remetido os autos para o Ministério Público, porém prescinde sua participação tendo em vista que o filho já é maior, assim, não há interesse público envolvido.

A transação foi homologada em 22/06/2021, assim houve um intervalo de 68 dias entre a distribuição do processo e a decisão judicial de homologação. Houve o trânsito em julgado em 02/07/2021, mandado de averbação

[14] Ibid.

emitido em 16/07/2021 e, finalmente a baixa do processo em 21/09/2021 e um dia depois o arquivamento definitivo do processo. Entre o protocolo da petição inicial e o arquivamento definitivo dos autos durou 160 dias.

Não houve emissão da guia de recolhimento de custas do processo para o FUNREJUS, no valor de R$520,00, pelo fato que houve a deferimento de justiça gratuita para as partes. Souza ensina que o valor da causa no sistema processual brasileiro tem implicação sobre o procedimento sob vários aspectos e, entre eles, o pagamento das custas iniciais[15], que por vezes representa obstáculo para muitas pessoas, que se encontram impossibilitadas de efetuar, o pagamento antecipado. Outros encargos existem e, em muitos casos, baseados no valor da causa que se não impedem o acesso à justiça, pelo menos dificultam, tais como preparo recursal, sucumbência e multas entre outros.

O sistema constitucional brasileiro adotou o princípio da inafastabilidade do acesso à justiça de modo que nenhuma lei infraconstitucional poderá afastar da apreciação do Poder Judiciário, qualquer alegação de ameaça ou lesão a direito (art. 5º, XXXV, da CF)[16]. Mesmo não se podendo afastar o acesso à justiça através do Poder Judiciário, mesmo assim, o Código de Processo Civil exige para se propor qualquer ação a necessidade de se atribuir o valor à causa, sob pena de sua petição inicial ser indeferida. Nesse caso em estudo, foi dado R$3000,00 (três mil reais) pelo valor da causa.

Os autores da ação requereram justiça gratuita, sob as penas da Lei, declarando que não tem condições de arcar com as custas do processo e os honorários de advogado, sem prejuízo do sustento próprio e/ou de sua família. Por essa razão, respaldado nas garantias constitucionais do acesso à justiça e da assistência jurídica integral (art. 5º, incisos XXXV e LXXIV, respectivamente da Constituição Federal do Brasil[17]), e, ainda, com base nas Leis Federais nº 1.060/50 (LAJ) e Lei 7.115/83,[18] E, ainda, as partes

[15] SOUZA, Gelson Amaro de. **Valor da Causa**, junho 2018. Enciclopédia jurídica da PUCSP. Disponível em https://enciclopediajuridica.pucsp.br/verbete/190/edicao-1/valor-da-causa. Acesso em: 08 ago. 2022.

[16] BRASIL. Constituição 1988. **Constituição Federativa do Brasil.** Brasília, DF. Disponível em http://www.planalto.gov.br/ccivil_03/constituicao/constituicao.htm. Acesso em: 08 ago. 2022.

[17] BRASIL. Constituição 1988. **Constituição Federativa do Brasil.** Brasília, DF. Disponível em http://www.planalto.gov.br/ccivil_03/constituicao/constituicao.htm. Acesso em: 08 ago. 2022.

[18] BRASIL. **Lei Federal nº 1.060, de 05 de fevereiro de 1950**. Estabelece normas para a concessão de assistência judiciária aos necessitados. Disponível em: https://www.planalto.

requereram o prazo em dobro, tendo em vista a prerrogativa funcional dos escritórios de prática jurídica das faculdades de Direito no Brasil, reconhecidas na forma da lei, com necessidade de observação do artigo 186, § 3º do Código de Processo Civil, acerca da contagem em dobro de todos os prazos e intimação pessoal de todos os atos do processo.

3. Conversão de separação judicial em divórcio à luz da emenda constitucional 66/2010

O divórcio no Brasil pode ser contextualizado a partir do Brasil Império, grande era o poder e a influência da Igreja nas matérias do Estado e diversas foram as tentativas de diminuir essa interferência, mas sem muito sucesso, com o advento da Proclamação da República em 1889 houve a separação da Igreja e do Estado. Assim, dentre outras necessidades, houve a necessidade de regulamentar o casamento.

A primeira regulamentação do Brasil República quanto ao casamento, foi estabelecida pelo Decreto nº 521 de 1890, dispondo que o casamento civil, deveria proceder cerimônia religiosa de qualquer culto, e também indicando as causas aceitáveis para a separação de corpos, sendo elas: adultério; sevícia ou injúria grave; abandono voluntário do domicílio conjugal por dois anos contínuos; e mútuo consentimento dos cônjuges, se fossem casados há mais de dois anos. Assim, foi descrita a ementa da lei no original: *Prohibe cerimonias religiosas matrimoniaes antes de celebrado o casamento civil, e estatue a sancção penal, processo e julgamento applicaveis aos infractores.*[19]

No cenário do ano de 1890, ante a realização exclusiva do casamento católico, foi expedido Decreto, no 521, em 26 de junho de 1890, dispondo que o casamento civil, deveria preceder as cerimônias religiosas de qualquer culto. Foi disciplinada a separação de corpos, sendo indicadas as causas aceitáveis: adultério; sevícia ou injúria grave; abandono voluntário do

gov.br/ccivil_03/leis/l1060.htm#:~:text=LEI%20N%C2%BA%201.060%2C%20DE%205%20DE%20FEVEREIRO%20DE%201950.&text=Estabelece%20normas%20para%20a%20concess%C3%A3o%20de%20assist%C3%AAncia%20judici%C3%A1ria%20aos%20necessitados. Acesso em: 14 set. 2022.

[19] BRASIL. **Decreto nº 521, de 26 de junho de 1890**. Proibe Cerimônias Religiosas Matrimoniais Antes De Celebrado O Casamento Civil, E Institue A Sanção Penal, Processo E Julgamentos Aplicáveis Aos Infratores. Disponível em: https://www2.camara.leg.br/legin/fed/decret/1824-1899/decreto-521-26-junho-1890-504276-publicacaooriginal-1-pe.html. Acesso em: 14 set. 2022.

domicílio conjugal por dois anos contínuos; e mútuo consentimento dos cônjuges, se fossem casados há mais de dois anos.[20]

Em 1893, foi apresentado o primeiro projeto divorcista ao Parlamento brasileiro, por Erico Marinho, o qual também foi responsável por reapresentar o projeto em 1896 e 1899, na Câmara e no Senado, mas foi derrubado todas as vezes. Não obstante, as Constituições até 1969 uma após a outra, reiteraram a indissolubilidade de casamento sendo admitido apenas a separação de corpos ou que se chamava de "desquite".

O termo desquite foi empregado no art. 315, III, do chamado Código Civil dos Estados Unidos do Brasil, de 1º de janeiro de 1916, projeto de, Clóvis Beviláqua, para regular a forma de dissolução da sociedade conjugal, por meio da separação de corpos e bens dos cônjuges, sem extinção do vínculo matrimonial, o que correspondeu à separação judicial, mas não ao divórcio.[21]

Percorrendo na linha do tempo, a Constituição de 10 de novembro de 1937 reiterou que a família é constituída pelo casamento indissolúvel, sem se referir à sua forma (art. 124). O mesmo preceito foi repetido nas constituições de 1946 e de 1967[22].

Em 26 de dezembro, finalmente foi sancionada a lei que instituiu o divórcio no país. Fruto de uma emenda constitucional proposta pelo Senado, a Lei do Divórcio (Lei 6.515/1977) permitiu uma profunda mudança social no Brasil. Até então, o casamento era indissolúvel. A maridos e esposas infelizes só restava o desquite – o que encerrava a sociedade conjugal, com a separação de corpos e de bens, mas não extinguia o vínculo matrimonial.[23] As pessoas desquitadas não podiam casar novamente. Quando voltavam a

[20] IBDFAM. **A trajetória do divórcio no Brasil**: a consolidação do Estado Democrático de Direito. 2010. Disponível em: https://ibdfam.jusbrasil.com.br/noticias/2273698/a-trajetoria-do-divorcio-no-brasil-a-consolidacao-do-estado-democratico-de-direito. Acesso em: 08 fev. 2023.

[21] Cintra, Guilherme. **Do desquite ao divórcio.** 2014. Disponível em: https://juridicocerto.com/p/jgcintra/artigos/do-desquite-ao-divorcio-371. Acesso em: 08 fev. 2023.

[22] IBDFAM. **A trajetória do divórcio no Brasil**: a consolidação do Estado Democrático de Direito. 2010. Disponível em: https://ibdfam.jusbrasil.com.br/noticias/2273698/a-trajetoria-do-divorcio-no-brasil-a-consolidacao-do-estado-democratico-de-direito. Acesso em: 08 fev. 2023.

[23] Beltrao, Tatiana. Divórcio demorou a chegar no Brasil. **Notícias do Senado**, 2017. Disponível em: https://www12.senado.leg.br/noticias/especiais/arquivo-s/divorcio-demorou-a-chegar-no-brasil. Acesso em: 03 mar. 2022.

se unir a alguém, a união não tinha respaldo legal. E os filhos eram considerados ilegítimos, como se gerados em relacionamentos extraconjugais. Além de não terem amparo da legislação, esses casais – que viviam "em concubinato", segundo o termo jurídico – sofriam preconceito, especialmente as mulheres.

A Lei do Divórcio permitiu que centenas de milhares de homens e mulheres voltassem a casar no civil para constituir famílias legítimas aos olhos da lei. A adoção do divórcio sofria forte oposição da Igreja Católica e de setores conservadores da sociedade, que lutavam para manter o preceito constitucional – inserido na Constituição de 1934 e mantido nas constituições seguintes – de que o casamento era indissolúvel. O primeiro projeto divorcista foi apresentado ao Parlamento em 1893. Outros se seguiram ao longo dos anos, sempre derrubados, até junho de 1977, quando o senador Nelson Carneiro (MDB-RJ), depois de 26 anos de luta política pelo divórcio, conseguiu aprovar no Congresso uma emenda constitucional, dele e do senador Accioly Filho (Arena-PR), para alterar o trecho da Constituição que impedia a dissolução do vínculo matrimonial. Foi essa mudança que abriu caminho para a Lei do Divórcio.[24]

Oliveira disserta que a introdução do artigo 226, §6º, da Constituição Federal brasileira, pela Emenda Constitucional nº 66, de 14 de Julho de 2010, transformou o direito de família, uma vez que introduziu a possibilidade de dissolver imediatamente o casamento pelo divórcio. Dessa forma, deixou de ser obrigatório esperar um ano após a sentença de separação judicial ou dois anos após a separação dos cônjuges, para colocar "fim à sociedade conjugal em todos os seus termos e efeitos"[25]. A partir dessa emenda, não há necessidade de apresentar motivos ou fundamentos, além da vontade ou iniciativa de qualquer uma das partes, para se divorciar.

Além disso, a possibilidade de realizar o divórcio amigável por escritura pública, em tabelionato, simplificou ainda mais o processo de divórcio no Brasil. No entanto, esse tipo de dissolução de casamento só poderá ocorrer quando o casal não possui filhos menores ou incapazes e quando

[24] BELTRAO, Tatiana. Divórcio demorou a chegar no Brasil. **Notícias do Senado**, 2017. Disponível em: https://www12.senado.leg.br/noticias/especiais/arquivo-s/divorcio-demorou-a-chegar-no-brasil. Acesso em: 03 mar. 2022.

[25] OLIVEIRA, Euclides de. **Separação ou divórcio? Considerações sobre a EC 66**. 2010. Disponível em: https://ibdfam.org.br/artigos/682/Separa%C3%A7%C3%A3o+ou+Div%C3%B3rcio%3F+Considera%C3%A7%C3%B5es+Sobre+a+EC+66. Acesso em: 01 set. 2022.

os cônjuges chegam a um acordo sobre o divórcio, caso contrário o procedimento continuará judicial.

> A inovação constitucional no Brasil, facilitadora do divórcio, reveste-se de eficácia imediata, pelo seu claro teor dispositivo, caso típico de autoexecutoriedade da norma. Enseja, assim, pronto cumprimento, em sobreposição às regras da legislação ordinária, que previam um escalonamento da prévia separação judicial ou da separação de fato por determinado tempo, como uma espécie de trampolim para a definitiva concessão do divórcio.[26]

De acordo com Santos, a separação judicial consistia na formalização da separação dos cônjuges e consequente extinção da obrigatoriedade de coabitação, fidelidade e sociedade matrimonial, e poderia ser consensual ou litigiosa. [27]Além disso, exigia-se um tempo mínimo entre a separação de corpos e a propositura da ação de divórcio. Até o ano de 2007, o divórcio deveria ser formalizado judicialmente. Apenas a partir desse ano passou a ser prevista a possibilidade do divórcio extrajudicial, realizado em cartório de registro civil, diretamente pelos cônjuges, desde que consensual[28].

No ano de 2010, uma importante modificação legislativa aconteceu no âmbito do Direito das Famílias. Aprovou-se a Emenda Constitucional nº 66, que representou a facilitação da dissolução do vínculo matrimonial por meio da extinção dos requisitos de separação judicial de mais de um ano ou comprovação de separação de fato por mais de dois anos para a tramitação do pedido de divórcio. Tal emenda suprimiu do texto constitucional a disposição acerca de prazos e requisitos prévios, consolidando a possibilidade do divórcio direto (TJRS, 2017). A partir da Emenda Constitucional de nº 66 do ano de 2010, passou-se a entender o divórcio como um direito potestativo[29].

[26] OLIVEIRA, Euclides de. **Separação ou divórcio? Considerações sobre a EC 66**. 2010. Disponível em: https://ibdfam.org.br/artigos/682/Separa%C3%A7%C3%A3o+ou+Div%C3%B3rcio%3F+Considera%C3%A7%C3%B5es+Sobre+a+EC+66. Acesso em: 01 set. 2022.

[27] SANTOS, Washington dos. **Dicionário jurídico brasileiro**. Belo Horizonte: Del Rey, 2001. Disponível em: https://www.academia.edu/4656485/ DICIONARIO_JURIDICO_BRASILEIRO. Acesso em: 20 jul. 2019.

[28] FERNANDES, Beatriz Scherpinski; NAKAYAMA, Juliana Kiyosen. O divórcio impositivo como garantia da autonomia privada. *In:* BERTOLAZO, I. N. e NAKAYAMA, J. K. (orgs). **Contexto jurídico das novas famílias do século XXI**. Londrina: Thoth, 2022. v. 3.

[29] Ibid.

Para Isabel Gallotti "a separação, extingue a sociedade conjugal colocando fim aos deveres de coabitação, fidelidade e ao regime de bens"[30], enquanto o divórcio extingue todo o casamento, refletindo diretamente sobre o estado civil da pessoa. Assim, a separação é uma medida temporária e, por isso, os envolvidos podem optar, a qualquer momento, restabelecer a sociedade conjugal, ou então converter a separação em divórcio para que ocorra a dissolução do casamento. Segundo a ministra,

> o estado não pode intervir na liberdade de escolha de cônjuges que queiram formalizar a separação a fim de resguardar legalmente seus direitos patrimoniais e da personalidade, preservando a possibilidade de um futuro entendimento entre o casal. Ainda que o novo Código de Processo Civil manteve em diversos dispositivos referências à separação judicial, a exemplo dos artigos 693 e 731, o que, em sua opinião, demonstra a intenção da lei de preservar a figura da separação no ordenamento jurídico brasileiro.[31]

O Divórcio, assim como a morte e a anulação, pode ser entendido como uma das formas de dissolução do casamento ou mesmo como "dissolução do vínculo matrimonial; modo de extinção da sociedade conjugal, liberando os cônjuges para contraírem novas núpcias; desvinculação jurídica definitiva entre aqueles que se separam legalmente [...]" [32]. No ordenamento jurídico brasileiro, o surgimento do divórcio se deu com a Lei nº 6.515/77[33], que apresentava limitações como a restrição numérica de casamentos, sendo possibilitado apenas mais um após o divórcio. A limitação da restrição numérica teve fim com a Constituição Federal de 1988, que estabeleceu a possibilidade de dissolução do casamento civil por meio

[30] QUARTA TURMA define que separação judicial ainda é opção à disposição dos cônjuges. **Notícias STJ,** 2017. Disponível em: https://www.stj.jus.br/sites/portalp/Paginas/Comunicacao/Noticias-antigas/2017/2017-03-22_08-43_Quarta-Turma-define-que-separacao-judicial-ainda-e-opcao-a-disposicao-dos-conjuges.aspx. Acesso em: 02 out. 2022.

[31] QUARTA TURMA define que separação judicial ainda é opção à disposição dos cônjuges. **Notícias STJ,** 2017. Disponível em: https://www.stj.jus.br/sites/portalp/Paginas/Comunicacao/Noticias-antigas/2017/2017-03-22_08-43_Quarta-Turma-define-que-separacao-judicial-ainda-e-opcao-a-disposicao-dos-conjuges.aspx. Acesso em: 02 out. 2022.

[32] SANTOS, Washington dos. **Dicionário jurídico brasileiro**. Belo Horizonte: Del Rey, 2001. Disponível em: https://www.academia.edu/4656485/ DICIONARIO_JURIDICO_BRASILEIRO. Acesso em: 20 jul. 2019.

[33] BRASIL. **Lei nº 6.515, de 26 de dezembro de 1977.** Disponível em: http://www.planalto.gov.br/ccivil_03/leis/l6515.htm. Acesso em: 25 set. 2022.

do divórcio. Entretanto, ainda na vigência da Constituição Cidadã e do Código Civil de 2002, a lei brasileira estabelecia a necessidade de prévia separação como requisito do pedido de divórcio. [34]

Conclusões

A petição inicial foi protocolada em 14/04/2021, nesse mesmo dia houve a distribuição por dependência tendo em vista processo judicial anterior de separação judicial. Logo em seguida, foi remetido os autos para o Ministério Público, porém prescindiu sua participação tendo em vista que não tem interesse do filho já maior no processo, assim, não há interesse público envolvido.

A transação foi homologada em 22/06/2021, assim houve um intervalo de 68 dias entre a distribuição do processo e a decisão judicial de homologação. Houve o trânsito em julgado em 02/07/2021, mandado de averbação emitido em 16/07/2021 e finalmente, a baixa do processo em 21/09/2021 e um dia depois o arquivamento definitivo do processo. Entre o protocolo da petição inicial e o arquivamento definitivo dos autos durou 160 dias.

Referências

ANDRADE, Celana Cardoso; HOLANDA, Adriano Furtado. Apontamentos sobre pesquisa qualitativa e pesquisa empírico-fenomenológica. **Estud. psicol.**, Campinas, v. 27, n. 2, jun. 2010.

BELTRAO, Tatiana. Divórcio demorou a chegar no Brasil. **Notícias do Senado**, 2017. Disponível em: https://www12.senado.leg.br/noticias/especiais/arquivo-s/divorcio-demorou-a-chegar-no-brasil. Acesso em: 03 mar. 2022.

BRASIL. Constituição 1988. **Constituição Federativa do Brasil.** Brasília, DF. Disponível em http://www.planalto.gov.br/ccivil_03/constituicao/constituicao.htm. Acesso em: 08 ago. 2022.

BRASIL. **Decreto nº 521, de 26 de junho de 1890**. Proibe Cerimônias Religiosas Matrimoniais Antes De Celebrado O Casamento Civil, E Institue A Sanção Penal, Processo E Julgamentos Aplicáveis Aos Infratores. Disponível em: https://www2.camara.leg.br/legin/fed/decret/1824-1899/decreto-521-26-junho-1890-504276-publicacaooriginal-1-pe.html. Acesso em: 14 set. 2022.

BRASIL. **Lei Federal nº 1.060, de 05 de fevereiro de 1950**. Estabelece normas para a concessão de assistência judiciária aos necessitados. Disponível em: https://www.planalto.gov.br/ccivil_03/leis/l1060.htm#:~:text=LEI%20N%C2%BA%201.060%2C%20

[34] FERNANDES, Beatriz Scherpinski; NAKAYAMA, Juliana Kiyosen. O divórcio impositivo como garantia da autonomia privada. *In:* BERTOLAZO, I. N. e NAKAYAMA, J. K. (orgs). **Contexto jurídico das novas famílias do século XXI**. Londrina: Thoth, 2022. v. 3.

DE%205%20DE%20FEVEREIRO%20DE%201950.&text=Estabelece%20normas%20para%20a%20concess%C3%A3o%20de%20assist%C3%AAncia%20judici%C3%A1ria%20aos%20necessitados. Acesso em: 14 set. 2022.

BRASIL. **Lei nº 6.515, de 26 de dezembro de 1977.** Disponível em: http://www.planalto.gov.br/ccivil_03/leis/l6515.htm. Acesso em: 25 set. 2022.

CINTRA, Guilherme. **Do desquite ao divórcio.** 2014. Disponível em: https://juridicocerto.com/p/jgcintra/artigos/do-desquite-ao-divorcio-371. Acesso em: 08 fev. 2023.

DEFENSORIA/RJ. **Assinatura das partes na petição inicial.** Disponível em: https://defensoria.rj.def.br/uploads/arquivos/ebecaf4feef849e3bed3e78294a4b958.pdf. Acesso em: 01 nov. 2022.

ESCRITÓRIO de Assuntos Jurídicos da Universidade Estadual de Londrina. **EAAJ/UEL.** Disponível em: http://www.uel.br/eaaj/portal/. Acesso em: 01 jul. 2022.

FERNANDES, Beatriz Scherpinski; NAKAYAMA, Juliana Kiyosen. O divórcio impositivo como garantia da autonomia privada. *In:* BERTOLAZO, I. N. e NAKAYAMA, J. K. (orgs). **Contexto jurídico das novas famílias do século XXI**. Londrina: Thoth, 2022. v. 3.

GALEMBECK, P. T. Metodologia de pesquisa em português falado. *In:* RODRIGUES, Ângela Cecília de Souza; ALVES, Ieda Maria; GOLDSTEIN, Norma Seltzer (orgs.). **I Seminário de Filologia e Língua Portuguesa**. São Paulo: Humanitas, 1999.

GOUVEIA, Arilda Schmidt. Introdução à pesquisa qualitativa e suas possibilidades. **Revista de administração de empresas**, São Paulo: RA, v. 35, n. 2, p.57-63, mar./abr. 1995.

IBDFAM. **A trajetória do divórcio no Brasil**: a consolidação do Estado Democrático de Direito. 2010. Disponível em: https://ibdfam.jusbrasil.com.br/noticias/2273698/a-trajetoria-do-divorcio-no-brasil-a-consolidacao-do-estado-democratico-de-direito. Acesso em: 08 fev. 2023.

INSPER. **O que é um estudo de caso?** Disponível em: http://www.insper.edu.br/casos/estudo-caso/. Acesso em: 30 jan. 2020.

MINISTÉRIO DA EDUCAÇÃO. **Parecer CNE/CES 211/2004 e Resolução CNE/CES 09/2004**. Disponível em: http://portal.mec.gov.br/cne/arquivos/pdf/2004/CES0211_2004.pdf. Acesso em: 08 fev. 2022.

NAKAYAMA, Juliana Kiyosen. **Análise do tópico discursivo nas sustentações orais do caso Cesare Battisti.** 2016. 163 f. Tese (Doutorado) – Curso de Estudos da Linguagem, Centro de Letras e Ciências Humanas, Universidade Estadual de Londrina, Londrina, 2016. Disponível em: http://www.bibliotecadigital.uel.br/document/?code=vtls000208766. Acesso em: 8 ago. 2022.

OLIVEIRA, Euclides de. **Separação ou divórcio? Considerações sobre a EC 66**. 2010. Disponível em: https://ibdfam.org.br/artigos/682/Separa%C3%A7%C3%A3o+ou+Div%C3%B3rcio%3F+Considera%C3%A7%C3%B5es+Sobre+a+EC+66. Acesso em: 01 set. 2022.

QUARTA TURMA define que separação judicial ainda é opção à disposição dos cônjuges. **Notícias STJ,** 2017. Disponível em: https://www.stj.jus.br/sites/portalp/Paginas/Comunicacao/Noticias-antigas/2017/2017-03-22_08-43_Quarta-Turma-define-que-separacao-judicial-ainda-e-opcao-a-disposicao-dos-conjuges.aspx. Acesso em: 02 out. 2022.

SANTOS, Washington dos. **Dicionário jurídico brasileiro**. Belo Horizonte: Del Rey, 2001. Disponível em: https://www.academia.edu/4656485/ DICIONARIO_JURIDICO_BRASILEIRO. Acesso em: 20 jul. 2019.

SOUZA, Gelson Amaro de. **Valor da Causa**, junho 2018. Enciclopédia jurídica da PUCSP. Disponível em https://enciclopediajuridica.pucsp.br/verbete/190/edicao-1/valor-da-causa. Acesso em: 08 ago. 2022.

SUGETA, Edmeire Aoki; NAKAYAMA, Juliana Kiyosen. Estudo de caso: divórcio no Japão entre brasileiro e peruana. *In:* SILVA, A. C et al. (org.). **Contexto jurídico das relações familiares no Brasil**. Londrina: Thoth, 2020.

TESHIMA, Márcia. NAKAYAMA, Juliana Kiyosen. Mudança de nome do transexual no contexto dos direitos humanos: uma análise sob a ótica da metodologia empírica. **Boletim da sociedade brasileira de Direito Internacional,** a. CV, n. 146-150, v. 107, jul./dez. 2019. Disponível em: https://drive.google.com/file/d/1wi37djYrBkTqiTVrBs4H-X0EG1bCCkb1/view. Acesso em: 01 jul. 2022.

20
NEGÓCIOS JURÍDICOS PROCESSUAIS NAS DEMANDAS DE FAMÍLIA E SUCESSÕES

Silas Silva Santos
Marina Neves Balan
Henrique Cremonez Marcassi
João Pedro Silva Perenha Pinhel

Introdução

A celebração de negócios jurídicos processuais esteve presente na esfera jurídica desde antes da promulgação do Código de Processo Civil de 2015. Levando-se em conta a primordialidade ancestral do jusnaturalismo, sujeitos litigantes sempre tiveram a necessidade de fazer o direito pelo bom senso, pela racionalidade, pelo pragmatismo, e fazer uso do que melhor pudesse ser alocado dentro de suas necessidades específicas. No entanto, por muito se limitou a liberdade processual à ideia puramente positivista do direito.

Com o desenvolvimento da sociedade como um todo, impôs-se ao ordenamento jurídico a criação de outra categoria desse instrumento, mais ampla, mais livre: os negócios jurídicos processuais atípicos. Assim, com a concessão de autonomia privada aos indivíduos para que pudessem versar sobre negócios processuais que não estão expressamente elencados na legislação, abriram-se portas a uma nova ideia de processo, individualizando-o às reais necessidades e especificidades dos litígios. Contudo, em respeito à ordem do legislativo e do Direito Processual como um todo, promoveu-se a necessidade de imposição de algumas condições limitadoras para a vontade das partes.

Em vista disso, observa-se no Direito das Famílias e das Sucessões que a celebração dos negócios jurídicos processuais ocorre por meio de instrumentos como o pacto antenupcial e o testamento. Dessa forma, torna-se possível discutir nessas ferramentas questões relacionadas à convivência, ao patrimônio e ao procedimento das demandas judiciais; contudo, aqui far-se-á necessária atenção ainda maior quanto à necessidade de garantir a ordem do devido processo legal.

A lei, ao chegar nas famílias e nas sucessões, lidará com o que há de, provavelmente, mais sensível na abordagem jurídica. São pessoas, pais, mães, filhos, crianças, na vida e na morte, em seus direitos indisponíveis e em seus patrimônios, sujeitos que, na maioria dos casos, socorrem-se à tutela jurisdicional transbordados de emoção, de sentimentalismos, e que precisarão de uma sensibilidade maior do Estado. Assim, por óbvio, o processo familiar/sucessório pode e deve adotar todas as técnicas possíveis de liberdade, autonomia e celeridade de procedimento, porém, com a cautela e o controle do estado-juiz ao se ter a ciência que decidirá assuntos envolvendo menores de idade, divórcios litigiosos, alienação parental, briga de herdeiros, dilapidação de patrimônio etc.

Nesse desafio, em um primeiro momento e através da pesquisa doutrinária e jurisprudencial, sob uma metodologia explicativa-descritiva, o presente trabalho buscará traçar e alcançar uma justificativa histórica e evolucional do Direito Processual Civil Brasileiro e suas abordagens sobre os negócios jurídicos processuais, além de definir e delimitar as principais características dos negócios jurídicos processuais típicos e atípicos.

Além disso, o estudo se embasa na pesquisa acerca dos avanços à autonomia privada e seus limites na celebração das convenções processuais, bem como analisar o impacto desse instrumento no Direito de Família e Sucessões.

1. Dos negócios jurídicos processuais

Observa-se, hoje, que a sociedade é composta por indivíduos que possuem a necessidade de formar relações interpessoais como, por exemplo, de afeto, de comércio, de trocas, de acordos, entre outras. Tais relações promovem as mais variadas formas de contato. Do contato surgem confrontos de ideias e, desse choque, o litígio e a necessidade de sua resolução para que as relações sociais passem a fluir da melhor maneira possível. Nesse contexto, para as situações em que não se é possível solucionar as controvérsias entre os próprios sujeitos, faz-se necessária a presença do Estado e sua atuação em nome da coletividade.

Importante ressaltar que a atuação do Estado por meio do juiz de direito é delimitada por regras processuais impostas pelo ordenamento jurídico. Estas regras estão presentes desde a promulgação do Regulamento nº 737 que definiu procedimentos ao Direito Comercial no Brasil Império do século XIX. Após, com a Constituição de 1934, a competência para legislação de matéria processual foi concedida de forma exclusiva à União. Contudo, as mudanças sociais exigiram que os Códigos Processuais fossem sendo aprimorados até que, então, foi criado o Código de Processo Civil de 1973.

Com 1.220 artigos e delimitando três espécies de processo (de conhecimento, de execução e cautelar)[1], o dispositivo era dotado de um excessivo tecnicismo e de um enorme caráter individualista; o direito de ação, seus pressupostos e procedimentos eram institutos disciplinados quase que exclusivamente para atender pura e simplesmente a individualidade do autor, como sujeito ativo, e do réu, como sujeito passivo, sem muitos anseios à adaptação social.

Frente às evolutivas demandas da sociedade, o Código de Processo Civil de 1973 sofreu diversas reformas no intuito de dinamizar a prestação jurisdicional, trazendo procedimentos mais econômicos, desburocratizados e flexíveis às necessidades dos indivíduos frente à coletividade.[2] Humberto Theodoro Júnior defende, nesse contexto, que a ideia de tutela jurisdicional se adequou, e "processo efetivo" torna-se aquele que seja justo, com a máxima celeridade possível, com respeito à segurança jurídica e que proporciona às partes o real resultado desejado pelo direito material.[3]

Até 1973 sustentava-se que não era possível a realização de negócios jurídicos abrangendo os procedimentos processuais. Os atos processuais não poderiam ser determinados simplesmente pela vontade das partes integrantes do processo. A partir dessa ideia, Dinamarco explica que "os

[1] DINAMARCO, Cândido Rangel. **Teoria Geral do Processo.** 33. ed. São Paulo: Malheiros, 2021, p. 164-167.

[2] THEODORO JÚNIOR, Humberto. **Curso de Direito Processual Civil.** v. 1. 58. ed. Rio de Janeiro: Forense, 2017, p. 21-24.

[3] Ibid, p. 25.

atos processuais são voluntários, mas apenas no sentido de que sua realização depende da vontade; o sujeito limita-se a escolher entre praticar e não praticar o ato, não lhe deixando a lei margem alguma de liberdade para a escolha dos efeitos deste".[4] Igualmente, era posto em xeque o fato de que, em sede de autonomia privada, admite-se a vontade como suporte fático, porém envencilhado da regulamentação legal, restringindo a livre autonomia nos interesses privados à função social e à superioridade do coletivo.[5]

Assim, com a vigência do dispositivo de 1973, passou-se a considerar a vontade dos indivíduos no processo de forma que foi permitido às partes convencionarem pactos relacionados aos procedimentos como, por exemplo, a eleição de foro (art. 111 do CPC/1973), suspensão da demanda (art. 256, II, CPC/1973), distribuição do ônus da prova (art. 453, I, CPC/1973), dentre outros exemplos. Ocorre, contudo, que tais negócios jurídicos eram todos taxativos e positivados no texto legal.[6] Assim, observava-se uma mitigação da liberdade das partes nessas convenções processuais.

Em suma, perpassando a ideia histórica, importante trazer o recorte dado pelo professor Pedro Henrique Nogueira:

> Na vigência do regulamento nº 737, de 1850 – considerando o primeiro código processual nacional, que regulava o processo das causas comerciais, revogando-se no particular a legislação filipina –, previram vário atos (hoje) de possível enquadramento na categoria de negócios processuais, tais como: a conciliação prévia nos processos judiciais (art. 23), a convenção para estipulação do foro (art.62), a estipulação de escolha do procedimento sumário (art. 245) [...]. Superada a fase fragmentária dos Códigos estaduais, sobreveio a unificação do Direito processual civil com o Código de processo civil de 1939, a prever figuras negociais com a transação (art. 206). [...] Com o advento do Código de 1973, [...] introduziu-se um regime geral dos atos processuais, [...] que permite, por si só justificar a presença de negócios processuais prati-

[4] DINAMARCO, Cândido Rangel. **Teoria Geral do Processo.** 33. ed. São Paulo: Malheiros, 2021, p. 401.

[5] CARVALHO, Roberto Ribeiro Soares de. DUARTE, Jessica L. Cunha. A Vontade das Partes no Novo Código de Processo Civil. **Revista Ciências Jurídicas e Empresariais**, Londrina, v. 17, n. 2, p. 80-84, mar. 2016.

[6] GAJARDONI, Fernando da Fonseca. Convenções Processuais Atípicas na Execução Civil. **Revista Eletrônica de Direito Processual (RESP)**, Rio de Janeiro, a. 15, v. 22, n. 1, jan./abr. 2021, p. 284.

cados pelas partes. Com a aprovação do Código de processo civil de 2015, o tema entrou em efervescência.[7]

Sabe-se que a autonomia privada dos sujeitos deve estar em consonância com a coletividade e o propósito social do Estado em promover justiça, contudo, com os avanços legislativos, abrem-se portas ao que muitos chamam de neoprocessualismo[8], uma forma de aumentar a eficácia da tutela jurisdicional com o objetivo de satisfazer as necessidades dos sujeitos litigantes. Em vista disso, nasce o Código de Processo Civil de 2015, com o objetivo de ampliar as possibilidades de celebração das convenções processuais.

O novo código admite, então, que a vontade das partes afete de forma direta os procedimentos da tutela do Estado, com os chamados, e agora efetivamente consolidados para além da positivação, negócios jurídicos processuais.[9]

Os negócios jurídicos processuais, também chamados de convenções processuais, são atos com caráter negocial, majoritariamente bilaterais, que são provocados pelas partes dentro de um processo e constituem, modificam ou extinguem uma situação jurídica processual.[10]

[7] Nogueira *apud* Carmo, Gabriela Martins; Carvalho, Alexandre Perazo Nunes de. Os limites dos negócios jurídicos processuais nas ações de família no direito brasileiro. **Revista de Derecho Privado**, ISSN: 0123-4366, E-ISSN: 2346-2442, nº 36, 2019, 301-318.

[8] A evolução desse entendimento, principalmente em face da atual e saudável constitucionalização dos ramos do direito, defende o estudo do direito processual a partir de uma nova premissa metodológica, qual seja, a metodologia do neoconstitucionalismo (destacando-se a força normativa da Constituição e a concretização material dos Direitos fundamentais). Embora seja apenas uma visão evoluída do período instrumentalista do processo, alguns processualistas acreditam se tratar de uma nova fase processual, denominando-a neoprocessualismo ('estudo do Direito Processual à luz do neoconstitucionalismo'). Donizetti, Elpidio. Evolução (fases) do processualismo: sincretismo, autonomia, instrumentalismo e neoprocessualismo. **Jusbrasil**, 2012. Disponível em: https://elpidiodonizetti.jusbrasil.com.br/artigos/121940209/evolucao-fases-do-processualismo-sincretismo-autonomia-instrumentalismo-e-neoprocessualismo. Acesso em: 09 set. 2022.

[9] Gajardoni, Fernando da Fonseca. Convenções Processuais Atípicas na Execução Civil. **Revista Eletrônica de Direito Processual (RESP)**, Rio de Janeiro, a. 15, v. 22, n. 1, jan./abr. 2021, p. 285.

[10] Souza *apud* Nogueira, Pedro Henrique Pedrosa. Negócios Jurídicos Processuais: Análise dos Provimentos Judiciais como Atos Negociais. Orientador: Prof. Dr. Fredie Didier Jr. Salvador. 2011. 243 f. Tese (Doutorado em Direito) – Universidade Federal da Bahia, Salvador, 2011.

Como se sabe, as convenções processuais já existiam no Código de Processo Civil de 1973. Dessa forma, o código sucessor promulgado em 2015 traz a ampliação de suas possibilidades, dentre as mais comuns estão a eleição de foro (art. 63, NCPC), o calendário processual (art. 191, §§ 1º e 2º, NCPC), o acordo de suspensão do processo (art. 313, NCPC), a escolha do ônus probatório (art. 373, §§ 3º e 4º, NCPC) e de perito (art. 471, NCPC), etc. Estes, explica Fredie Didier Jr., são os negócios jurídicos processuais chamados de típicos.[11]

A grande inovação do CPC de 2015 foi dar às partes do processo a possibilidade de acordarem sobre negócios para além do que está necessariamente previsto. O art. 190 do dispositivo assim redige:

> Art. 190. Versando o processo sobre direitos que admitam autocomposição, é lícito às partes plenamente capazes estipular mudanças no procedimento para ajustá-lo às especificidades da causa e convencionar sobre os seus ônus, poderes, faculdades e deveres processuais, antes ou durante o processo.

Com base nessa redação, Eduardo Talamini explana que a convenção processual pode celebrar-se "antes ou durante" o processo, explicitando que o novo CPC afirma com clareza a natureza *processual* dessas convenções, e finalmente veicula uma cláusula geral autorizadora de negócios que sempre existiram no ordenamento processual, mas que antes apresentavam-se de maneira *numerus clausus* – hipóteses taxativas, dependentes de uma específica previsão geral.[12]

Nota-se, então, a promoção de uma espécie de autorregramento no processo. Didier Jr. aborda alguns dos negócios atípicos mais usuais, como o acordo de instância única, o de ampliação ou redução de prazos, acordo de superação de preclusão, rateio de despesas processuais, retirada do efeito suspensivo do recurso de apelação, acordo para tornar ilícita uma prova, dentre várias outras possibilidades.[13]

[11] DIDIER JR., Fredie. **Curso de Direito Processual Civil:** Introdução ao Direito Processual Civil, parte geral e processo de conhecimento. 19. ed. Salvador: Ed. Jus Podivm, 2017, p. 426.

[12] TELAMINI, Eduardo. CARMO, Gabriela Martins; CARVALHO, Alexandre Perazo Nunes de. Os limites dos negócios jurídicos processuais nas ações de família no direito brasileiro. **Revista de Derecho Privado**, ISSN: 0123-4366, E-ISSN: 2346-2442, nº 36, 2019, 301-318.

[13] DIDIER JR., Fredie. **Curso de Direito Processual Civil:** Introdução ao Direito Processual Civil, parte geral e processo de conhecimento. 19. ed. Salvador: Ed. Jus Podivm, 2017, p. 430-431.

Frisa-se, ainda, que existem pré-requisitos para a celebração dos negócios jurídicos processuais. Primeiramente, as partes devem ser plenamente capazes de demandar em juízo, seguindo os entendimentos comuns de capacidade processual. Porém, o parágrafo único do art. 190 traz, além do mais, uma especificação quanto à vulnerabilidade, isto é, havendo desequilíbrio entre os sujeitos da relação jurídica, a convenção deixa de ser válida.[14] Igualmente se faz necessária, por óbvio, a licitude do objeto e a forma prevista ou não defesa em lei.[15]

Nessa toada, apesar do avanço promovido pelo art. 190 do CPC, parte da doutrina defende que é necessário o aperfeiçoamento do texto legal. Cassio Scarpinella Bueno defende que o artigo supracitado deixa de alcançar certos negócios jurídicos processuais atípicos. Nas palavras do autor:

> As escolhas feitas pelo legislador nos mais diversos campos do direito processual civil não podem ser alteradas pelas partes a seu próprio alvedrio. A liberdade delas com relação ao procedimento, aos seus próprios ônus, poderes, faculdades, deveres processuais fica restrita àqueles casos em que o ato processual não é regido por norma cogente. Não se trata de exigir ou deixar de exigir forma específica. Disto se ocupa suficientemente o art. 188. Trata-se, isto sim, de negar validade e aplicação a negócios processuais que queiram alterar o que não é passível de alteração nos precisos termos da primeira parte do parágrafo único do art. 190 [...].[16]

O jurista ainda explica que existem óbices com relação à satisfação das necessidades das partes no processo e que muitos negócios jurídicos processuais não passam de uma renúncia ao direito material (Bueno, 2022). Também defende que é necessário ter cautela para que não se fira o inciso XI do art. 24 da Constituição Federal, o qual delimita que competirá à União, aos Estados e ao Distrito Federal legislar concorrentemente sobre procedimentos em matéria processual, não se podendo simplesmente tomar as rédeas dos procedimentos processuais para si.[17]

[14] Ibid, p. 436.

[15] Gajardoni, Fernando da Fonseca. Convenções Processuais Atípicas na Execução Civil. **Revista Eletrônica de Direito Processual (RESP)**, Rio de Janeiro, a. 15, v. 22, n. 1, jan./abr. 2021, p. 287.

[16] Bueno, Cassio Scarpinella. **Manual de Direito Processual Civil**. 8. ed. São Paulo: SaraivaJur, 2022.

[17] BRASIL. Constituição da República Federativa do Brasil de 1988. **Diário Oficial da União**, Brasília, 05 out. 1988. Disponível em: http://www.planalto.gov.br/ccivil_03/constituicao/constituicao.htm. Acesso em: 25 nov. 2022.

Posto isso, não restam dúvidas de que a desburocratização promovida pelo Direito Processual Civil foi benéfica, assim como as medidas de cautela para assegurar a legalidade e a essência da tutela jurisdicional do Estado, principalmente com relação ao Direito de Família e das Sucessões.

2. Convenções processuais no direito das familias e das sucessões

Esclarecidas a definição e a caracterização dos negócios jurídicos processuais, pode-se partir para análise desse conceito no âmbito do Direito de Família e das Sucessões.

O Direito de Família e das Sucessões faz uso de forma categórica das convenções processuais em seu favor, buscando resolução do litígio processual com maior celeridade e eficácia, já que é a área do direito que demanda atenção especial por tratar de disposições personalíssimas e geralmente indisponíveis. Assim, o alicerce do uso do negócio jurídico na área do direito envolvendo relações familiares está na autonomia privada dos sujeitos. Nessa toada, observa-se que em seu art. 334, o Código de Processo Civil determinou a realização de audiência de conciliação ou de mediação após o recebimento da petição inicial com o objetivo de promover estímulo à resolução da demanda, buscando evitar a movimentação desnecessária da máquina estatal.

Nesse mesmo sentido, o legislador promove a celebração dos negócios jurídicos processuais, mesmo quando a convenção não esteja prevista em lei. Observa-se, portanto, o incentivo ao exercício do princípio da autonomia privada dos indivíduos. Alexandre de Carvalho e Gabriela Carmo explicam que a autonomia privada permite a celebração de negócio jurídicos processuais no âmbito do Direito de Família, tendo em vista que essa ferramenta confere autonomia às partes que o utilizam. Em suas próprias palavras:

> [...] aduz-se que a autonomia privada seja a "chave" que permite aos negócios jurídicos serem utilizados em situações familiares, tendo em vista que os negócios jurídicos processuais conferem justamente autonomia às partes que utilizam e, por isso, cabe sim a utilização desses, até porque ninguém melhor do que as próprias partes (ou melhor, os próprios familiares) para saberem qual o procedimento processual que eles querem seguir.[18]

[18] Carmo, Gabriela Martins; Carvalho, Alexandre Perazo Nunes de. Os Limites dos Negócios Jurídicos Processuais nas Ações de Família no Direito Brasileiro. **Revista de**

Logo, a autonomia privada que os negócios jurídicos processuais promovem é fundamental para o pleno exercício dos direitos individuais.

Embarcando para o campo prático, temos no Direito de Família o pacto antenupcial, previsto no art. 1.639 do Código Civil, entendido também como instrumento apto para a celebração de negócio jurídico processual. Nas palavras de Pablo Stolze e Rodolfo Pamplona Filho, o pacto antenupcial é:

> [...] negócio jurídico solene, condicionado ao casamento, por meio do qual as partes escolhem o regime de bens que lhes aprouver, segundo o princípio da autonomia privada [...] admite-se, ainda, nessa mesma linha, que os nubentes conciliem regras de regimes diversos, de maneira a adotar um estatuto patrimonial híbrido. Vale dizer, podem, por exemplo, no pacto, conjugar regras da separação convencional com dispositivos aplicáveis ao regime de participação final nos aquestos.[19]

Aos nubentes cabe o direito de definir, além das questões de regime de bens, cláusulas de instituição de arbitragem para conflitos patrimoniais do casal, rateio de despesas processuais e até mesmo pacto de prévia estipulação de provas que podem ou não ser utilizadas em eventual divórcio, havendo salvaguarda da vontade dos nubentes, uma vez que o acordo regerá futuros litígios entre eles.

No âmbito do Direito das Sucessões, tem-se como exemplo prático das convenções processuais o instituto do testamento, no qual o testador, além de dispor sobre a destinação de seus bens, pode dispor sobre o procedimento de inventário e partilha. Assenta Carlos Roberto Gonçalves que o testamento é ato de última vontade, pelo qual o autor da herança dispõe de seus bens para depois da morte e faz disposições diversas do que se daria pela sucessão legítima, tais como a escolha de legatário ou a forma que cada sucessor receberá a herança, disposições essas que também podem dizer respeito ao processo jurídico de inventário dos bens e de partilha aos herdeiros, ocorrendo um negócio processual anterior à instauração do processo.[20]

Derecho Privado, Bogotá, n. 36, p. 301-318, jun. 2019. Disponível em: http://www.scielo.org.co/scielo.php?script=sci_arttext&pid=S0123-43662019000100301. Acesso em: 16 set. 2022.

[19] GAGLIANO, Pablo Stolze; PAMPLONA FILHO, Rodolfo. **Novo Curso de Direito Civil**: Direito de Família. 11. ed. São Paulo: Saraiva, 2021, p. 113. *E-book*.

[20] GONÇALVES, Carlos Roberto. **Direito das Sucessões**. 21. ed. São Paulo: Saraiva, 2020. *E-book*.

Ressalte-se que as convenções processuais devem ter objeto lícito, ou seja, não devem ter por propósito gerar efeito *contra legem*, a exemplo de cláusula em contrato antenupcial que determine a proibição de produção de prova em ação de divórcio. Nesse sentido, Dayanne Nunes coloca que "a convenção de negócios jurídicos processuais não pode gerar total interferência nos regramentos obrigatórios previstos em lei e, nem tampouco, gerar prejuízo ao processo como um todo ou a uma das partes que sairia em total desvantagem".[21] Nunes segue dispondo "[...] que embora não caiba ao juiz interferir ou ditar juízo de valor na criação do negócio jurídico processual, poderá este analisar a validade das estipulações. Na verdade, o intuito é validar e analisar a presença da boa-fé processual e da cooperação na resolução da demanda." [22].

Logo, a negociação processual é pensada, acordada e elaborada pelas partes para então ser verificada e validada pelo juízo, sem que o magistrado emita qualquer juízo de valor, cabendo-lhe tão somente verificar a consonância do negócio jurídico processual com a lei.

Conclusões

Como visto no início do presente trabalho, observou-se que a ideia predominante no Brasil até o Código Civil de 1973 era a de que os atos processuais não poderiam ser determinados pela vontade dos sujeitos. Todavia, tendo em vista a trajetória do presente estudo, observou-se que esta retrógrada corrente jurídica está mais do que superada pela benéfica desburocratização que as convenções processuais promoveram para o Direito Processual Civil a partir do Código de Processo Civil de 1973 e principalmente com seu sucessor, o Código Civil de 2015, que expande as convenções processuais entre as partes para além do que é previsto em lei.

Tal triunfo dos negócios jurídicos no âmbito processual se manifesta na celeridade e satisfação na resolução do litígio entre as partes que os negócios jurídicos processuais atípicos proporcionam, posta de forma precípua no art. 334 do Código de Processo Civil de 2015, o qual determina a audiência de conciliação ou mediação após recebimento da petição inicial,

[21] NUNES, Dayanne. A Possibilidade de Criação de Negócios Jurídicos Processuais no Direito das Famílias e os Limites de sua Extensão. **Migalhas de peso**, 16 nov. 2021. Disponível em: https://www.migalhas.com.br/depeso/354810/criacao-de-negocios-juridicos-processuais-no-direito-das-familias. Acesso em: 09 set. 2022.

[22] Ibid.

visando à preferência, posta pelo próprio sistema judiciário brasileiro, pela autocomposição, a qual muitas vezes evita o longo desenrolar dos procedimentos e fases processuais que podem ser resolvidos de maneira mais célere e satisfatória com o acordo/negociação/convenção entre as partes.

Com o Direito de Família e das Sucessões as convenções processuais não mostram caminho diferente, também atuando de forma extremamente benéfica tanto para o sistema judiciário, quanto para os sujeitos parte dos litígios envolvendo família e sucessão áreas do direito em que as temáticas e os objetos de litígios possuem tom mais sensível por tratar de relações entre parentes (a exemplo do conflito de herdeiros), cônjuges (a exemplo do divórcio litigioso), menores de idade (a exemplo da alienação parental), dentre outras.

A autonomia privada dos indivíduos, que nos negócios jurídicos processuais se mostra como o exercício dos direitos individuais também na seara processual, se manifesta na prática por meio do pacto antenupcial, possibilitando aos nubentes acordarem fatos decorrentes da futura relação matrimonial, por meio do testamento, possibilitando o *de cujos* escolher sucessores e formas de sucessão diversas daquelas que se dariam pela forma legítima de sucessão, dentre diversos outros institutos e dispositivos do Direito de Família e das Sucessões. Ratifica-se com veemência que essas convenções processuais sempre devem estar em consonância com o Estado e com a norma vigente, não sendo possível negócio jurídico que viole o ordenamento jurídico, devendo assim o juiz exercer papel atuante de fiscalização nos negócios jurídicos processuais.

Dessa forma, o cenário ideal em uma relação entre indivíduos que pode futuramente ser dotada de caráter processual judicial ou que já possua esse caráter é atender as necessidades e obrigatoriedades das leis postas pelo Estado enquanto se atende às vontades e ao comum acordo das partes sobre como conduzir a relação jurídica e seus efeitos, convencionado anteriormente ou no decorrer do processo, sem que haja atrito nesses dois caminhos, Estado/Lei e Convenções/Autonomia Privada, que devem percorrer juntos.

Abarca-se nessa toada que o negócio jurídico processual deve ser utilizado como instrumento para contribuir com a desburocratização do sistema judiciário, a autonomia privada e com o exercício dos direitos dos indivíduos dentro do Direito de Família e das Sucessões, onde, apesar dos litígios serem de natureza muito mais delicada, ainda possuem ampla recepção para negociação/convenção entre as partes, atendendo ao desafio de adotar técnicas possíveis de liberdade, autonomia e celeridade de procedimento sob a fiscalização do estado-juiz.

Referências

BRASIL. Constituição da República Federativa do Brasil de 1988. **Diário Oficial da União**, Brasília, 05 out. 1988. Disponível em: http://www.planalto.gov.br/ccivil_03/constituicao/constituicao.htm. Acesso em: 25 nov. 2022.

BUENO, Cassio Scarpinella. **Manual de Direito Processual Civil**. 8. ed. São Paulo: SaraivaJur, 2022.

CARMO, Gabriela Martins; CARVALHO, Alexandre Perazo Nunes de. Os Limites dos Negócios Jurídicos Processuais nas Ações de Família no Direito Brasileiro. **Revista de Derecho Privado**, Bogotá, n. 36, p. 301-318, jun. 2019. Disponível em: http://www.scielo.org.co/scielo.php?script=sci_arttext&pid=S0123-43662019000100301. Acesso em: 16 set. 2022.

CARVALHO, Roberto Ribeiro Soares de. DUARTE, Jessica L. Cunha. A Vontade das Partes no Novo Código de Processo Civil. **Revista Ciências Jurídicas e Empresariais**, Londrina, v. 17, n. 2, p. 80-84, mar. 2016.

DIDIER JR., Fredie. **Curso de Direito Processual Civil:** Introdução ao Direito Processual Civil, parte geral e processo de conhecimento. 19. ed. Salvador: Ed. Jus Podivm, 2017.

DINAMARCO, Cândido Rangel. **Teoria Geral do Processo**. 33. ed. São Paulo: Malheiros, 2021.

GAGLIANO, Pablo Stolze; PAMPLONA FILHO, Rodolfo. **Novo Curso de Direito Civil**: Direito de Família. 11. ed. São Paulo: Saraiva, 2021. p. 113. *E-book*.

GAJARDONI, Fernando da Fonseca. Convenções Processuais Atípicas na Execução Civil. **Revista Eletrônica de Direito Processual (RESP)**, Rio de Janeiro, a. 15, v. 22, n. 1, jan./abr. 2021.

GONÇALVES, Carlos Roberto. **Direito das Sucessões**. 21. ed. São Paulo: Saraiva, 2020. *E-book*.

NOGUEIRA, Pedro Henrique Pedrosa. **Negócios Jurídicos Processuais:** Análise dos Provimentos Judiciais como Atos Negociais. Orientador: Prof. Dr. Fredie Didier Jr. Salvador. 2011. 243 f. Tese (Doutorado em Direito) – Universidade Federal da Bahia, Salvador, 2011.

NUNES, Dayanne. A Possibilidade de Criação de Negócios Jurídicos Processuais no Direito das Famílias e os Limites de sua Extensão. **Migalhas de peso**, 16 nov. 2021. Disponível em: https://www.migalhas.com.br/depeso/354810/criacao-de-negocios-juridicos-processuais-no-direito-das-familias. Acesso em: 09 set. 2022.

THEODORO JÚNIOR, Humberto. **Curso de Direito Processual Civil**. v. 1. 58. ed. Rio de Janeiro: Forense, 2017.

21
MEDIAÇÃO DE CONFLITOS FAMILIARES: ATRIBUIÇÃO AOS CARTÓRIOS EXTRAJUDICIAIS E O ACESSO À JUSTIÇA

WILLI LUCAS PAIVA DOS SANTOS
JOSÉ RICARDO SUTER

Introdução

Trata-se de estudo acerca do notariado e suas competências em contexto geral, através de uma investigação histórica do papel do notariado no Direito, diante da necessidade social de formalizar e registrar conquistas, que trilha a mesma linha do fundamento da mediação de conflitos.

É certo que os conflitos são características instintivas às relações humanas e que influenciam diretamente nos diferentes litígios que obstruem o bom funcionamento do Judiciário, afastando um acesso de qualidade à justiça, principalmente no que se refere a esfera familiar, que exige maiores cuidados em razão das fortes conexões. Nessa perspectiva, os tabeliães, desde os primórdios de sua existência, nasceram da vontade de formalizar a vontade entre particulares, atuando com imparcialidade e cuidado no cumprimento do anseio social.

Dessa forma, a valorização dos métodos adequados de solução de conflitos e a busca pela desjudicialização do poder judiciário (movimento responsável pela faculdade de atuar no litígio fora da esfera judicial), estão diretamente ligadas aos aspectos sociais que acarretaram na publicação do Provimento nº 67/2018 do Conselho Nacional de Justiça, que resultou na implementação da mediação nas serventias extrajudiciais. Diante disso, trouxe a possibilidade utilizá-la em favor das relações e conflitos familiares.

Objetiva-se demonstrar a atuação dos cartórios extrajudiciais na mediação de conflitos familiares, ainda em tempos de desequilíbrios emocionais, a partir da oportunização da comunicação saudável aos indivíduos e proposições de medidas capazes de amenizar os estragos causados em suas relações, pondo fim aos litígios.

No desenvolvimento, realiza-se uma análise do direito da família dentro das serventias extrajudiciais (cartórios) seguido pelo estudo do instituto da Mediação de conflitos através de uma análise de leis específicas. Por fim, será esclarecida a importância dos notários na resolução dos conflitos familiares, dada a natureza de suas atribuições, com autorização conferida pelo Conselho Nacional de Justiça, com possível aplicação aos conflitos familiares.

A metodologia de pesquisa utilizada é a dedutiva e hipotética de resultados, apresentada se fundamentando em revisões bibliográficas, literárias e um estudo aprofundado das legislações brasileiras, tais como a Constituição Federal, o Código de Processo Civil, a Lei de Mediação (Lei nº. 13.140/2015), o Lei nº 8.935/94, o Provimento nº 67/2018 do Conselho Nacional de Justiça e a Resolução nº. 125/2010 do CNJ, resultando em conclusões importantes acerca das questões abordadas durante a investigação.

1. Direito notarial

O direito Notarial é regulamentado pela Constituição Federal de 1988, precisamente no art. 236, dispondo acerca da regulamentação do exercício de atividades:

> Art. 236. Os serviços notariais e de registro são exercidos em caráter privado, por delegação do Poder Público. (Regulamento)
>
> § 1º Lei regulará as atividades, disciplinará a responsabilidade civil e criminal dos notários, dos oficiais de registro e de seus prepostos, e definirá a fiscalização de seus atos pelo Poder Judiciário.
>
> § 2º Lei federal estabelecerá normas gerais para fixação de emolumentos relativos aos atos praticados pelos serviços notariais e de registro. (Regulamento)
>
> § 3º O ingresso na atividade notarial e de registro depende de concurso público de provas e títulos, não se permitindo que qualquer serventia fique vaga, sem abertura de concurso de provimento ou de remoção, por mais de seis meses.[1]

[1] BRASIL. [Constituição (1988)]. **Constituição da República Federativa do Brasil.** Brasília, DF: Senado Federal: Centro Gráfico, 1988. Disponível em: http://www.planalto.gov.br/ccivil_03/constituicao/constituicao.htm. Acesso em: 28 fev. 2022.

Partindo desse pressuposto, nota-se que as atividades notariais são efetuadas por meio de delegação do Estado e toda a responsabilidade civil e criminal pelos atos praticados pelo tabelião de notas, estarão sujeitas a fiscalização do Poder Judiciário.

Contudo, apesar da delegação da atividade ser do Estado, o desempenho e a execução dos serviços são atribuídos ao particular, conforme narrado no §3º, do artigo outrora citado da Constituição Brasileira, e ocorre mediante aprovação no concurso público de provas e títulos, sendo que, após o ingresso, o profissional responsável pelo gerenciamento da serventia é denominado tabelião.[2]

Em síntese, o tabelião é um profissional do direito titular da fé-pública, a quem o Estado delega o exercício da atividade notarial, conforme estabelecido no artigo 3º da lei 8.935/94.

A atividade notarial pressupõe de uma necessidade humana de registrar as próprias atuações, o exercício de atos jurídicos na vida civil, tais como, compra e venda de bens móveis ou imóveis, respaldado de segurança jurídica.[3]

2. Competência dos cartórios

Diante da evolução notarial, os tabelionatos passaram por diversas mudanças em suas atribuições, precisamente com a promulgação da Lei nº. 8.935 de 18 de novembro de 1994, a denominada Lei dos Notários e Registradores, que regulamentou a previsão do art. 236 da CRFB/88[4], que dispõe dos serviços dos cartórios.

Notadamente vejamos que aos Notários:

> Art. 6º Aos notários compete:
>
> I – Formalizar juridicamente a vontade das II – intervir nos atos e negócios jurídicos a que as partes devam ou queiram dar forma legal ou autenticidade, autorizando a redação ou redigindo os instrumentos adequados, conservando os originais e expedindo cópias fidedignas de seu conteúdo; III – autenticar fatos.[5]

[2] BRASIL. [Constituição (1988)]. **Constituição da República Federativa do Brasil**. Brasília, DF: Senado Federal: Centro Gráfico, 1988. Disponível em: http://www.planalto.gov.br/ccivil_03/constituicao/constituicao.htm. Acesso em: 28 fev. 2022.

[3] BRANDELLI, Leonardo. **Teoria geral do direito notarial**. 3. ed. São Paulo: Saraiva, 2009, p. 03.

[4] BRASIL, op. cit.

[5] BRASIL. **Lei nº. 8.935 de 18 de novembro de 1994.** Lei dos Notários e Registradores. Brasília/DF: Senado Federal: 1994. Disponível em http://www.planalto.gov.br/ccivil_03/leis/l8935.htm. Acesso em 02 abr. 2022.

Vê-se que este dispositivo legal define de forma genérica as diversas modalidades de tabeliões, existentes tal como prevê o art. 5º da mesma norma.

Ainda nessa temática, miramos atenção ao art. 7º. da Lei 8.935/94, estabelece com exclusividade aos tabeliães de notas compete, *in verbs*:

> Art. 7º Aos tabeliães de notas compete com exclusividade:
> I – Lavrar escrituras e procurações, públicas;
> II – Lavrar testamentos públicos e aprovar os cerrados;
> III – Lavrar atas notariais;
> IV – Reconhecer firmas;
> V – Autenticar cópias.[6]

Superado entendimento acerca da jurisdição concedida aos profissionais da área estudada, a Constituição Federal, veda aos entes federativos a recusa a uso da fé documentos públicos, garantindo segurança jurídica, nos termos expressamente descrito em seu art. 19, II.

Como todo campo jurídico existe para proteger um bem jurídico, no âmbito dos serviços notariais, a própria Lei 8.935/94 estabelece a finalidade da existência atividade e dispõe em seu artigo primeiro: "Art. 1º Serviços notariais e de registro são os de organização técnica e administrativa destinados a garantir a publicidade, autenticidade, segurança e eficácia dos atos jurídicos".[7]

3. O direito das famílias no cartório

O grande marco histórico para o direito as famílias em conjunto ao direito notarial, foi a publicação da Lei 11.441, de 04 de janeiro de 2007, que alterou o antigo Código de Processo Civil, possibilitando a realização de inventários, partilhas, separação e divórcios consensuais através das vias administrativas.[8]

[6] BRASIL. **Lei nº. 8.935 de 18 de novembro de 1994.** Lei dos Notários e Registradores. Brasília/DF: Senado Federal: 1994. Disponível em http://www.planalto.gov.br/ccivil_03/leis/l8935.htm. Acesso em 02 abr. 2022.

[7] Ibid.

[8] BRASIL. **Lei nº 11.441, de 04 de janeiro de 2007.** Altera dispositivos da Lei no 5.869, de 11 de janeiro de 1973 – Código de Processo Civil, possibilitando a realização de inventário, partilha, separação consensual e divórcio consensual por via administrativa. Brasília/DF.

Com o advento de tal legislação, assegurou-se aos familiares a utilização dos cartórios como forma de garantir um processo mais célere, desde que presentes os requisitos estabelecidos pela norma. Tal mudança se tornou um grande avanço para a desburocratização do poder judiciário, visto que processos dessa natureza que levam anos para desenrolar, findam-se em até dias.

É certo que a própria legislação estabelece que a figura do advogado é indispensável, sendo estabelecido que tal lavratura de escritura só poderá ser realizada na presença dois advogados pré-constituídos pelas partes.

Tal acontecimento, instigou a publicação da resolução 35/2007 do CNJ, prevendo as diretrizes disciplinando a formalização dos atos notariais relacionados ao ramo do direito da família. Assim, essa mudança legislativa trouxe diversos pontos positivos, que facilitaram o desempenho do direito fundamental do acesso à justiça.

Dentre esses pontos positivos, é imprescindível destacar que tais atos realizados em cartórios não necessitam de homologação judicial, conferindo caráter equivalente, sendo títulos hábeis para o registro civil e o registro imobiliário, dada a redação da referida resolução.[9]

Trilhando a mesma perspectiva do direito notarial, a mediação de conflitos se torna um mecanismo essencial para o desenrolar dos litígios, proporcionando maior efetividade ao cumprimento do acesso ao judiciário. Assim, diante a autorização pelo Provimento 67/2018, surge uma nova modalidade de competência aos notários. Desta forma, pretende-se desvincular a ideia de que o acesso à justiça se restringe ao poder judiciário e expandir seu entendimento às demais formas de resolução de conflitos, tais como, o uso da mediação.

4. Mediação de conflitos

A mediação atua como ferramenta jurídica, utilizada como forma de sanar conflitos, em que um terceiro neutro competente e tecnicamente qualificado intermedia a comunicação e o diálogos entre os envolvidos, sem pro-

Senado Federal. 2007. Disponível em: http://www.planalto.gov.br/ccivil_03/_ato2007-2010/2007/lei/l11441.htm. Acesso em: 09 set. 2022.

9 CONSELHO NACIONAL DE JUSTIÇA, (Brasil). **Resolução nº 35, de 24 de abril de 2007.** Disciplina a lavratura dos atos notariais relacionados a inventário, partilha, separação consensual, divórcio consensual e extinção consensual de união estável por via administrativa. 2007. Disponível em: https://atos.cnj.jus.br/atos/detalhar/179. Acesso em: 09 set. 2022.

por ou sugerir quanto ao mérito, possibilitando a comunicação interativa, conduzindo a solução adequada pelos próprios litigantes.[10]

Esta técnica ajuda a construir uma sociedade equilibrada e, por sua vez, possibilita aos envolvidos a adoção de medidas que satisfaçam o bem comum, preservando suas relações.[11]

Constituindo-se como método com relevância cada vez maior na sociedade, a mediação corrobora diretamente com a resolução de conflitos familiares, especialmente nos desequilíbrios de relações que advém de separações conjugais, dentre elas a disputa pela guarda dos filhos, das visitas, entre outras.[12]

O conceito jurídico da mediação de conflitos pode ser definido pelas disposições da própria Lei de Mediação, na forma do art. 1º, parágrafo único, vejamos: "considera-se mediação a atividade técnica exercida por terceiro imparcial sem poder decisório, que, escolhido ou aceito pelas partes, as auxilia e estimula a identificar ou desenvolver soluções consensuais para a controvérsia".[13]

A mediação, altera a percepção de um indivíduo a respeito do confronto, modificando o próprio conflito, pois é possível mudar o comportamento do indivíduo entre as pessoas durante a relação conflituosa.[14]

Nesta base, o instituto da mediação visa alargar o acesso à justiça, viabilizando um processo de garantia a cidadania a partir do meio alternativo

[10] SALES, Lilia Maia de Morais. CHAVES, Emmanuela Carvalho Cipriano. Mediação e Conciliação Judicial – A Importância da Capacitação e de seus Desafios. **Revista Scielo**, Florianópolis, n. 69, p. 255-280, 2014. Disponível em: https://www.scielo.br/j/seq/a/99rC4BwcCsr5tyYjjfqcYHR/?format=pdf&lang=pt. Acesso em: 10 abr. 2022.

[11] SUTER, José Ricardo; CACHAPUZ, Rozane da Rosa. A Atuação e a Importância do Advogado na Mediação de Conflitos frente à Cultura da Pacificação. **XXV Congresso Nacional do CONPEDI**. Curitiba: 2016, p. 6-21. Disponível em: http://site.conpedi.org.br/publicacoes/02q8agmu/x741469v/B2OaJWG1X6A39wOo.pdf. Acesso em: 10 abr. 2022.

[12] CORREIA, Valdir Rosa. **Escuta da criança na mediação familiar**. 2009. 126f. Orientador: Dr. Leandro Oltramari Trabalho de conclusão de curso (Psicologia) – Universidade do Sul de Santa Catarina, Palhoça, 2009. Disponível em: https://repositorio.animaeducacao.com.br/bitstream/ANIMA/10171/1/99684_Valdir.pdf. Acesso em: 07 set. 2022.

[13] BRASIL. Lei nº 13.105, de 16 de março de 2015. **Código de Processo Civil.** Brasília/DF: Senado Federal. Ano de 2015. Disponível em: http://www.planalto.gov.br/ccivil_03/_ato2015-2018/2015/lei/l13105.htm. Acesso em: 16 abr. 2022.

[14] GABBAY, Daniela Monteiro. **Mediação e Judiciário no Brasil e nos EUA:** condições, desafios e limites para a institucionalização da mediação no Judiciário. Brasília: Gazeta Jurídica, 2013.

de solução amigável, permitindo que os vínculos das partes sejam mantidos e proporcionando diálogo e discussão do conflito.[15]

Autocomposição é toda forma de resolução de conflitos com maior eficiência e economia. Nesta, o terceiro intervém e intermedia a situação problema, prezando pela conclusão negocial sem impor uma medida coercitiva ou impositiva ao resultado útil do processo. A mediação, dada a sua natureza consensual de solução de conflito, é considerada medida autocompositiva e é, atualmente, devidamente regulamentada pelo ordenamento jurídico brasileiro, através do Código de Processo Civil, da Lei de Mediação e da resolução nº 125/2010, do Conselho Nacional de Justiça.[16]

Nesse sentido, a interpretação do art. 165 do Código de Processo Civil de 2015, reconhece a existência de órgãos responsáveis pela aplicação dos métodos amigáveis para solução de conflitos, devendo o Estado, ainda que por delegação, proporcionar a tutela jurisdicional adequada para a proteção dos direitos individuais e coletivos, promovendo o acesso à justiça.

O parágrafo 3º do art. 165 do mesmo diploma legal define sucintamente o papel do mediador, da seguinte forma:

> Art. 165. §3º O mediador, que atuará preferencialmente nos casos em que houver vínculo anterior entre as partes, auxiliará aos interessados a compreender as questões e os interesses em conflito, de modo que eles possam, pelo restabelecimento da comunicação, identificar, por si próprios, soluções consensuais que gerem benefícios mútuos.[17]

Ressalta-se que sua função não deve ser confundida com o papel do conciliador, que atua de forma semelhante na lide, no entanto, pode sugerir meios para sanar a conflito, desde que sem utilizar de métodos que de alguma forma ameace, intimide ou constranja as partes, vide §2º do 165

[15] BORDONI, Jovina d'Avila; TONET, Luciano. **A Mediação como Instrumento de Solução de Conflitos Familiares**. Publica Direito, 2014. Disponível em: http://www.publicadireito.com.br/artigos/?cod=bf0c0d36a5a3f240. Acesso em: 11 abr. 2022.

[16] AMORIM, Luciano José Machado do, Conciliação e mediação nos tabelionatos de Notas: Uma atribuição natural do notariado latino. **Revista de Direito Notarial**, Colégio Notarial do Brasil Seção São Paulo, São Paulo v.4. n.1, p. 202. 2022. Disponível em: http://rdn.cnbsp.org.br/index.php/direitonotarial/article/view/50/46. Acesso em: 02 set. 2022.

[17] BRASIL. Lei nº 13.105, de 16 de março de 2015. **Código de Processo Civil**. Brasília/DF: Senado Federal. Ano de 2015. Disponível em: http://www.planalto.gov.br/ccivil_03/_ato2015-2018/2015/lei/l13105.htm. Acesso em: 16 abr. 2022.

da Lei 13.105/2015. Na mediação, em contrapartida, a intervenção de um terceiro como facilitador do diálogo permite encontrar por conta própria encontrem a solução adequada aos seus interesses.[18]

O CPC reservou seção própria para a disciplina do mediador nos art. 165 ao 175 e posteriormente foi promulgada da Lei nº. 13.140/2015, que dispõe mediação como meio de solução de conflitos entre indivíduos e como forma de autocomposição para a administração pública, nos termos do art. 1º.

4.1. Mediação como garantia ao acesso à justiça

É sabido que o acesso à justiça é direito fundamental, garantido constitucionalmente sob fundamento do caput e inciso XXXV do art. 5º da Magna Carta, devendo o direito estender a todos de forma igualitária, sem distinção de nacionalidade, raça, gênero, cor, idade, religião ou quaisquer formas de discriminação.

> Art. 5º Todos são iguais perante a lei, sem distinção de qualquer natureza, garantindo-se aos brasileiros e aos estrangeiros residentes no País a inviolabilidade do direito à vida, à liberdade, à igualdade, à segurança e à propriedade, nos termos seguintes:
>
> XXXV – a lei não excluirá da apreciação do Poder Judiciário lesão ou ameaça a direito.[19]

O acesso à justiça é um direito fundamental, direcionado ao cidadão respaldado de amparo jurídico, que contribui para uma vida digna, um mínimo existencial já que, nas palavras de Sardinha e Debs, a existência de uma sociedade justa e igualitária só existe quando há a efetivação do direito ao acesso à justiça, *in verbis:*

> Somente existe de fato uma sociedade justa e igualitária, quando há a aplicabilidade efetiva do direito de acesso à justiça. Afinal, tal direito é por lógica, a condição primeira e essencial, para que os outros direitos que também são de natureza fundamental sejam efetivados.[20]

[18] Ibid.

[19] BRASIL. [Constituição (1988)]. **Constituição da República Federativa do Brasil**. Brasília, DF: Senado Federal: Centro Gráfico, 1988. Disponível em: http://www.planalto.gov.br/ccivil_03/constituicao/constituicao.htm. Acesso em: 28 fev. 2022.

[20] SARDINHA, Cristiano de Lima Vaz. DEBS, Martha El. **Cartórios e Acesso à Justiça**: A contribuição das serventias extrajudiciais para a sociedade contemporânea como alternativa ao Poder Judiciário. JusPodivm: Salvador: 2021, p. 14.

É indubitável que em diversas situações as partes não são bem sucedidas na adoção de medidas capazes de assegurar o acesso à justiça de qualidade, principalmente porque diversos fatores dificultam o desenvolvimento do processo, tais com o alto custo para litigar e as grandes polêmicas derivadas da cultura contenciosa inerente ao indivíduo, além dos inúmeros processos pendentes que abarrotam o bom funcionamento da justiça.

Alguns desses fatores, podem ser elencados no direito da família, devido à grande diversidade de formas de famílias atualmente. Desta forma, os conflitos inerentes a elas são levados aos tribunais do poder judiciário para solução. No entanto, o judiciário se depara com a tarefa desafiadora de resolver os conflitos familiares que surgem principalmente em situações emocionais e afetuosas.

Assim, diante da premissa constitucional que assegura a inafastabilidade de peticionar em juízo, tutelando a proteção do bem jurídico lesionado ou sob ameaça do direito, nasce uma cultura contenciosa de litigar, o instinto do primitivo de batalhar e enfrentar obstáculos alheios aos seus interesses, repercute no aumento de conflitos, acúmulo de processos e a insatisfação da intervenção estatal.[21]

É necessário, portanto, superar esses obstáculos, pois na sua concepção esta deve mudada, pois novas necessidades ditam que o acesso à justiça deve possibilitar essa conexão entre as pessoas que são impedidas de usar o sistema de justiça, por fatores de impedimentos.[22]

Desta forma, o acesso à justiça deve ser aprimorado e estruturado, para que os membros individuais da sociedade possam gozar de segurança jurídica e cessar processos desgastantes. Incumbe aos métodos consensuais de resolução de conflitos, intervir a esta problematização, táticas como a mediação de conflito tornam-se efetivas na prática do acesso justiça.[23]

[21] SUTER, José Ricardo; CACHAPUZ, Rozane da Rosa. A Atuação e a Importância do Advogado na Mediação de Conflitos frente à Cultura da Pacificação. **XXV Congresso Nacional do CONPEDI**. Curitiba: 2016, p. 6-21. Disponível em: http://site.conpedi.org.br/publicacoes/02q8agmu/x741469v/B2OaJWG1X6A39wOo.pdf. Acesso em: 10 abr. 2022.

[22] CABRAL, Marcelo Malizia. Os Meios Alternativos De Resolução De Conflitos: Instrumentos De Ampliação Do Acesso À Justiça. **Biblioteca Virtual FGV**, Rio de Janeiro, 2012. Disponível em: https://bibliotecadigital.fgv.br/dspace/bitstream/handle/10438/18756/marcelo_cabral.pdf?sequence=1&isAllowed=y. Acesso em: 06 maio. 2022.

[23] SUTER, José Ricardo; CACHAPUZ, Rozane da Rosa. A Atuação e a Importância do Advogado na Mediação de Conflitos frente à Cultura da Pacificação. **XXV Congresso**

Além disso, devemos lembrar que durante o recente surto de pandemia da Covid-19, a virtualização dos procedimentos cotidianos da sociedade aumentou devido à necessidade de isolamento social e, nesse sentido, Pinho, destaca que:

> em suma, as novas tecnologias estimulam e valorizam a autocomposição, ampliando o acesso à justiça (arts. 5º, XXXV, da CF e 3º do CPC) e racionalizando a prestação jurisdiciona, apesar de algumas incertezas e críticas que são ínsitas a qualquer processo de mudança.[24]

Assim, com a virtualização do poder judiciário o acesso à justiça está mais acessível, com procedimentos que dificilmente era alcançado em comunidades mais carentes, levando acesso ao direito aos desamparados, socialmente e economicamente.

Desta forma, a mediação tende a proporcionar as condições em que seja possível proporcionar, andando lado a lado com o princípio garantidor de acesso ao judiciário.

Com base nisso, é possível compreender que a mediação de conflitos é possível alcançar uma medida mais humanitária de resolução de conflitos, tendo como, objetivo inicial preservar o acesso adequado a justiça, bem como as relações familiares afetuosas, principalmente em tempos de crise.

4.2. Mediação de conflitos no direito de família

Logo, é certo destacar que intervir em demandas que versam sobre direito de família, exige ética, prudência e sensibilidade, pois os indivíduos envolvidos, podem ser dotados de laços indissolúveis, sendo essencial, proporcionar um ambiente em que os familiares conflitantes possam expressar suas opiniões e sentimentos, o que é possível por meio da mediação familiar, conforme já retratada anteriormente. O que aparentemente parece ser a forma mais adequada de propor medidas menos traumáticas de resolver estes conflitos e de facilitar o acesso à justiça.

Nacional do CONPEDI. Curitiba: 2016, p. 6-21. Disponível em: http://site.conpedi.org.br/publicacoes/02q8agmu/x741469v/B2OaJWG1X6A39wOo.pdf. Acesso em: 10 abr. 2022.

24 PINHO, Humberto Dalla Bernardina de. **A mediação on line e as novas tendências em tempos de virtualização por força da pandemia de COVID-19**. 2020. Disponível em: http://conhecimento.tjrj.jus.br/documents/5736540/7186707/AMEDIACCAOONLINEEASNOVASTENDENCIASEMTEMPOSDEVIRTUALIZACAOPORFORCADAPANDEMIADECOVID19. Acesso em: 07 jul. 2022.

E é uma das medidas que visam buscar soluções mais céleres e efetivas aos conflitos, decorrentes de separação conjugal, partilhas (ou seja, litígios de cunho familiar). Entende-se que para uma criança, envolvida na relação familiar, deve de certo receber proteção e permitir a escuta de sua vontade, assim sendo, percebe-se a necessidade de proporcionar a devida atenção e priorizar os seus interesses, pois inseri-las no contexto das sessões de mediação, garante diminuir os impactos negativos no momento de um rompimento conjugal por exemplo.[25]

As demandas judiciais em que se fundam nessa matéria, deve ser prestada em caráter especial, afinal de conta, a Constituição Federal, elenca a família com a base da sociedade, devendo o Estado garantir proteção de forma especial.[26]

No entanto, normalmente o Direito não acompanham as grandes mudanças sociais, no tocante ao contexto familiar contemporâneo, as medidas adotadas para resolução dessas demandas devem ultrapassar a norma jurídica e as suas regras propriamente ditas, que por si só não são capazes de compreender o caso discussão, o que pode consequentemente acarretar uma falha no que tange a proteção dos direitos dos envolvidos nas questões familiares.[27]

É convicto que o direito deve acompanhar as mudanças sociais, "modernizando e democratizando os mecanismos de acesso à justiça, criando soluções adequadas e necessárias à manutenção da paz e da ordem no Estado de Direito".[28]

No tocante a essa falha, imperioso destacar que os métodos autocompositivos nos conflitos existentes de laços afetivos, tonar-se o meio mais

[25] CORREIA, Valdir Rosa. **Escuta da criança na mediação familiar.** 2009. 126f. Orientador: Dr. Leandro Oltramari Trabalho de conclusão de curso (Psicologia) – Universidade do Sul de Santa Catarina, Palhoça, 2009. Disponível em: https://repositorio.animaeducacao.com.br/bitstream/ANIMA/10171/1/99684_Valdir.pdf. Acesso em: 07 set. 2022.

[26] TAKASSI, Gilmara Aparecida Rosas; BERTONCINI, Carla. Pacificação familiar no judiciário: a mediação como forma de manutenção do vínculo de afetividade. **XXV Congresso Nacional do CONPEDI**. Curitiba: 2016, p. 74-92. Disponível em: http://site.conpedi.org.br/publicacoes/02q8agmu/8v3pu3uq/Mv20a6lh6AH6F9l6.pdf. Acesso em: 10 abr. 2022.

[27] SUTER, José Ricardo. **Mediação no direito de família:** gestão democrática de conflitos. Rio de Janeiro: Lumen Juris, 2018.

[28] MUNIZ, Tânia Lobo. O conflito, os modelos de solução, o acesso à justiça e a estrutura oficial de solução de conflitos. *In:* MUNIZ, Tânia Lobo; ARAÚJO JUNIOR, Miguel Etinger de (orgs.). **Estudos em direito negocial e os mecanismos contemporâneos de resolução de conflitos**. Birigui, SP: Boreal Editora, 2014, p. 58.

viável em solucionar problemas, pois os sentimentos individuais são a base da convivência humana, devendo serem respeitadas, tais como os preceitos trazidos pela mediação de conflitos.

Por isso, é imprescindível demostrar que a análise dos conflitos decorrentes da ruptura dos laços afetivos justifica a necessidade de uma análise que promova uma sensação de paz entre os envolvidos, e não apenas uma medida judicial que não seja capaz de satisfazer as necessidades e os anseios pessoais de cada um dos litigantes.

Nessa perspectiva, Kazuo Watanabe, observa que:

> Observa-se, na prática, que alguns conflitos, principalmente aqueles que ocorrem entre duas pessoas em contato permanente (marido e mulher, dois vizinhos, pessoas que moram no mesmo condomínio), exigem uma técnica de solução como a mediação, em virtude de se buscar nesses conflitos muito mais a pacificação dos conflitantes do que a solução do conflito [...].[29]

Em consideração a isso, análise ao pré-disposto no Código de Processo Civil de 2015, acerca da atuação do mediador em relação aos conflitos envolvendo o direito das Famílias:

> Art. 165, §3º: O mediador, que atuará preferencialmente nos casos em que houver vínculo anterior entre as partes, auxiliará aos interessados a compreender as questões e os interesses em conflito, de modo que eles possam, pelo restabelecimento da comunicação, identificar, por si próprios, soluções consensuais que gerem benefícios mútuos. [30]

Assim, há um cuidado maior em relação a interação humana, devendo o direito cuidar e preservar esses laços, que muitas das vezes são indissolúveis, evitando danos irreparáveis para as relações afetuosas dessas famílias. Por consequência, a adotar-se as técnicas de mediação é essencial, haja vista, prezar pela necessidade de estabelecer comunicação saudável aos envolvidos, proporcionando ambiente saudável e ocasionando em resultados frutíferos quanto a relacionamento entre as partes.

[29] WATANABE, Kazuo. Modalidade de Mediação. *In:* DELGADO, José Augusto *et al.* **Mediação: um projeto inovador.** Brasília: Centro de Estudos Judiciários, CJF, 2003, p. 56.

[30] BRASIL. Lei nº 13.105, de 16 de março de 2015. **Código de Processo Civil**. Brasília/DF: Senado Federal. Ano de 2015. Disponível em: http://www.planalto.gov.br/ccivil_03/_ato2015-2018/2015/lei/l13105.htm. Acesso em: 16 abr. 2022.

4.3. Mediação de conflitos familiares nos cartórios

O direito notarial trilha nessa perspectiva da mediação de conflitos, desde a criação nos primórdios das civilizações o ser humano tem a necessidade de formalizar seus interesses como maneira de impor suas convicções, emergindo a necessidade de nomear a figura de um terceiro, capaz e responsável de formalizar esses atos, sem envolvimento pessoal aos envolvidos.

Formalizar à vontade é uma atribuição natural da função do notário (tabelião), o Estado delega poderes a um responsável, dotado de fé-pública, capaz e confiável para representar os interesses do Estado e da sociedade de forma imparcial, esses são denominados tabeliões e nomeados por investidura em concurso público.

Kumpel e Ferrari, destacam que o rol de atos praticados por notário será sempre exemplificativo, uma vez que o princípio da legalidade não é estritamente aplicado e não existe massa de legalidade que permita atuar em todas as situações não expressamente proibidas, por lei ou por consolidações normativas ou por normas de serviço a que está sujeita.[31]

Não podendo de pronto, afastar a possibilidade de atribuir aos notários a possibilidade de lidar com mediação familiar, devendo ser analisado o contexto todo, das competências e habilidades do profissional em lidar com situações mais delicadas, como ocorre nos conflitos inerentes a família.

Fernanda Tartuce, entende destaca adotar de diferentes meios resolução de conflitos requer cuidado, para não as partes não se sintam constrangidas, tampouco intimidadas e não ocorra procrastinação indevida do processo, respeitando assim, o princípio da autonomia de vontade das partes.[32]

Como já é sabido a família é a base da sociedade, e o Estado deve proporcionar maior cautela em lidar com situações emergentes das desavenças familiares, proporcionando ambientes especiais, com procedimentos próprios que permitam a garantia desse direito.[33]

Acerca disso, Leonardo Brandelli, narra que a natureza preventiva da função notarial está diretamente ligada à base da existência dos direi-

[31] KUMPEL, Vitor Frederico; FERRARI, Carla Modina. **Tratado Notarial e Registral** – Tabelionato de Notas. São Paulo: YK Editora, 2017. v. 3.

[32] TARTUCE, Fernanda. **Mediação nos conflitos civis**. 3. ed. Rio de Janeiro: Forense; São Paulo: Método, 2016.

[33] BRASIL. [Constituição (1988)]. **Constituição da República Federativa do Brasil**. Brasília, DF: Senado Federal: Centro Gráfico, 1988. Disponível em: http://www.planalto.gov.br/ccivil_03/constituicao/constituicao.htm. Acesso em: 28 fev. 2022.

tos notariais e da própria função notarial, que é a intervenção do Estado. Através de um representante no domínio da evolução voluntária da legal, garantindo adequado cumprimento e evitando o surgimento de novos conflitos de interesse.[34]

No entanto, ao contrário do que possa parecer à primeira vista, a premissa da atividade do notário não é a ausência de conflito. Essa etapa possibilita chegar a um consenso sobre a manifestação de intenção perante o notário, ainda que havido conflitos anteriormente.[35]

Para tanto, o tabelião é o terceiro que presta assessoria jurídica às partes na busca de consenso, lavrando a escritura pública. Leonardo Brandelli, sustenta ainda que o notariado molda juridicamente o desejo das partes, adequando-o ao direito. A escritura pública é o ato notarial, pelo qual o tabelião manifesta os anseios dos envolvidos, dessa forma, qualquer negócio jurídico deve instrumentalizado por este documento público.[36]

Nesse diapasão, é totalmente possível ao tabelião, de atuar como mediador, haja vista que atuam sob fé-pública e conferindo credibilidade dentro da comunidade,[37] além disso, passa segurança aos envolvidos.

Fernanda Tartuce, acredita que mais mudanças legislativas adicionais ou institucionais, não são suficientes para prestigiar as formas autocompositivas, mas sim adoção de inciativas com uma nova perspectiva do problema conduzindo os envolvidos ao caminho do consenso.[38]

E nessa mesma linha de atuação, está a mediação de conflitos, que faz a nomeação do mediador, um terceiro imparcial, será capaz de conduzir

[34] BRANDELLI, Leonardo. **Teoria geral do direito notarial.** 3. ed. São Paulo: Saraiva, São Paulo. Ano de 2009.

[35] AMORIM, Luciano José Machado do. Conciliação e mediação nos tabelionatos de Notas: Uma atribuição natural do notariado latino. **Revista de Direito Notarial**, Colégio Notarial do Brasil Seção São Paulo, São Paulo v.4. n.1, p. 202, 2022. Disponível em: http://rdn.cnbsp.org.br/index.php/direitonotarial/article/view/50/46. Acesso em: 02 set 2022.

[36] BRANDELLI, Leonardo. **Teoria geral do direito notarial.** 3. ed. São Paulo: Saraiva, São Paulo. Ano de 2009.

[37] BALDUS, Margiane. **A mediação e conciliação de conflitos no âmbito das serventias extrajudiciais:** a desjudicialização e o acesso à justiça. Orientador: Prof. Jeferson Puel. 2018. 75 f. Trabalho de conclusão de curso (Direito) – Universidade do Sul de Santa Catarina, Florianópolis, 2018. Disponível em: https://repositorio.animaeducacao.com.br/bitstream/ANIMA/7034/1/MONOGRAFIA%20MARGIANE.pdf. Acesso em: 28 fev. 2022.

[38] TARTUCE, Fernanda. Mediação de conflitos: proposta de emenda constitucional e tentativas consensuais prévias à jurisdição. **Revista Magister de Direito Civil e Processual Civil**, Porto Alegre, v. 14, n. 82, p. 5-21, 2018.

a sessão, sendo aceito por ambas as partes, proporcionar um diálogo amigável para que a situação seja resolvida de forma honesta, justa, prezando por um bem comum aos envolvidos.[39]

De fato, o CPC tornou-se mais democrático, exercendo a cidadania com o intuito de alcançar a contemporaneidade e garantir às partes envolvidas o uso da mediação para a resolução de suas disputas, superando o mesmo modelo tradicional de litígio, trazendo novas perspectivas que favorecem a redução do conflito em um pré-conceito de justiça consensual.[40]

Assim, devido as contínuas mudanças que ocorrem na constituição das famílias exigem que o direito de família seja adequado para acompanhar e satisfazer as necessidades de quem busca a resolução de conflitos. Afinal, devido à peculiar conjunção dos conflitos familiares, insta o Estado uma especial atenção e estar preparado para resolvê-los.[41]

E para que um determinado procedimento seja normatizado, leva o tempo, em 2013, através do provimento 17 da Corregedoria Geral de Justiça de São Paulo deu início ao marco regulatório, regulamentando a possibilidade da realização da mediação nas serventias extrajudiciais como proveito da competência dos notários.[42]

No entanto, Fernanda Tartuce, verbalizou "embora não tenha tido êxito em uma perspectiva imediata, o provimento teve o mérito de estimular o debate em torno da adequada realização de meios consensuais no âmbito dos cartórios".[43]

Desta forma, o Conselho Nacional de Justiça diante a valorização dos métodos autocompositivos, juntamente ao que já fora proposto pelo movi-

[39] PRUDENTE, Neemias Moretti. A mediação e os conflitos familiares. **Âmbito Jurídico**, Rio Grande, XI, n. 52, abr. 2008. Disponível em: https://www.mpes.mp.br/Arquivos/Anexos/207504ca-5f81-4596-9a9e-1827b1f15524.pdf. Acesso em: 07 jun. 2022.

[40] SUTER, José Ricardo. **Mediação no direito de família:** gestão democrática de conflitos. Rio de Janeiro: Lumen Juris, 2018.

[41] Ibid.

[42] BALDUS, Margiane. **A mediação e conciliação de conflitos no âmbito das serventias extrajudiciais:** a desjudicialização e o acesso à justiça. Orientador: Prof. Jeferson Puel. 2018. 75 f. Trabalho de conclusão de curso (Direito) – Universidade do Sul de Santa Catarina, Florianópolis, 2018. Disponível em: https://repositorio.animaeducacao.com.br/bitstream/ANIMA/7034/1/MONOGRAFIA%20MARGIANE.pdf. Acesso em: 28 fev. 2022.

[43] TARTUCE, Fernanda. **Mediação nos conflitos civis.** 3. ed. Rio de Janeiro: Forense; São Paulo: Método, 2016, p. 288.

mento de desjudicialização, publicou o Provimento 67, que visa regulamentar a mediação de conflitos no âmbito dos cartórios extrajudiciais.[44]

Destarte, através deste provimento, as inúmeras serventias Extrajudiciais, podem se valer dessa prática consensual de resolução de conflitos e desta maneira, ensejando no maior resultado de litígios concluídos, garantindo assim, a satisfação da intervenção estatal, da pacificação social e ao cumprimento do princípio constitucional do acesso à justiça.[45]

E para o direito da família, é interessante, haja vista à natureza do litígio, cercado de fortes emoções, laços afetivos, as relações indissolúveis, torna-se a prática da mediação, o método mais adequado para uma gestão democrática de conflitos. O que exige do profissional, experiencia e cuidado.

Embora mediação tenha resultados mais positivos sob o abarrotamento de processos judiciais, estes não devem ser os parâmetros para adotá-la, visto que as relações humanas, são dotadas de sentimentos e laços indissolúveis, devendo o legislador analisar suas próprias peculiaridades, tais como, consenso, autonomia da vontade a boa-fé e principalmente a quais relações o profissional está lidando que devem estes orientar a utilização dessas técnicas.[46]

Destarte, delegar aos tabeliães de notas lavratura das atas dos acordos firmados em mediação nos conflitos familiares, decorre de uma atribuição natural e, dessa forma, formaliza juridicamente os termos discutidos durante as sessões. Contudo, tal fundamento não afasta a necessidade e a relevância do Provimento 67/2018 do Conselho Nacional de Justiça, que por sua vez, tem a capacidade de externalizar esses poderes, permitindo o melhor aproveitamento do encargo.

Vale lembrar que para desempenhar tal atribuição, é imprescindível que o tabelião promova sua capacitação técnica para tanto, com o aperfeiçoamento em mediação de conflitos, com a devida reciclagem periódica conforme determina-se o próprio provimento 67/2018 do CNJ:

[44] BALDUS, op. cit.

[45] Ibid.

[46] BALDUS, Margiane. **A mediação e conciliação de conflitos no âmbito das serventias extrajudiciais:** a desjudicialização e o acesso à justiça. Orientador: Prof. Jeferson Puel. 2018. 75 f. Trabalho de conclusão de curso (Direito) – Universidade do Sul de Santa Catarina, Florianópolis, 2018. Disponível em: https://repositorio.animaeducacao.com.br/bitstream/ANIMA/7034/1/MONOGRAFIA%20MARGIANE.pdf. Acesso em: 28 fev. 2022.

> Art. 6º Somente poderão atuar como conciliadores ou mediadores aqueles que forem formados em curso para o desempenho das funções, observadas as diretrizes curriculares estabelecidas no Anexo I da Resolução CNJ n. 125/2010, com a redação dada pela Emenda n. 2, de 8 de março de 2016.
> (...)
> § 3º Os conciliadores e mediadores autorizados a prestar o serviço deverão, a cada 2 (dois) anos, contados da autorização, comprovar à CGJ e ao NUPEMEC a que estão vinculados a realização de curso de aperfeiçoamento em conciliação e em mediação.[47]

Desta forma, a mediação para o direito da família, desempenha um papel importante nesse contexto de crise ou desequilíbrio sentimental, pois é uma técnica democrática de gestão de resolução de conflitos que permite às partes resolver suas demandas de forma mais rápida e, muitas vezes, com menos fricção, contribuindo para o restabelecimento da comunicação e do diálogo entre os familiares envolvidos.[48]

Portanto, torna-se notório uma naturalidade dos tabeliães em mediar nas causas familiares, devido ao cuidado e aos atos naturalmente delegados ao direito notarial, em causas como inventários que exigem maior rigor na sua análise e levando em conta sua representatividade na sociedade, abastecido de fé pública, segurança jurídica, bem como pelo exercício imparcial diante dos interesses conflitantes das partes.

Conclusões

A sociedade está em constante mudança, e em determinadas situações os vínculos afetuosos das relações humanas, passam por períodos de desequilíbrios, consequentemente em uma cultura contenciosa, pois a ambição em se destacar da concorrência, tomam conta no calor do momento.

Pensando nisso, o legislador precisa estar atento, agindo cautelosamente e perceber que além do desejo das partes frente a lide, os impulsos tomados no ápice do conflito, podem acarretar maus resultados, assim, preservar o

[47] CONSELHO NACIONAL DE JUSTIÇA, (Brasil). **Provimento nº 67, de 26 de março de 2018.** Dispõe sobre os procedimentos de conciliação e de mediação nos serviços notariais e de registro do Brasil. Disponível em: https://atos.cnj.jus.br/atos/detalhar/2532. Acesso em: 19 abr. 2022.

[48] SUTER, José Ricardo. **Mediação no direito de família:** gestão democrática de conflitos. Rio de Janeiro: Lumen Juris, 2018.

vínculo social, tornando-se o bem jurídico mais importante na resolução de conflitos, em especial os conflitos familiares.

Assim, com a publicação da Resolução nº. 125/2010, trouxe incentivos paras essas formas autocompositivas de solução de conflitos, sendo estes os principais aspectos ulteriores que levaram também a publicação do Provimento nº. 67/2018, do Conselho Nacional de Justiça. Logo, este último, trata-se da utilização da mediação e a conciliação dentro das serventias extrajudiciais e apesar do caráter normativo, esse, não teve capacidade delegatória dessa atividade, o que não afasta a possibilidade de serem realizadas dentro das serventias.

Ademais, o Provimento nº. 67/2018 do Conselho Nacional de Justiça tem o como incentivo propor medidas de resolução de conflitos de forma consensual, vislumbrando a desjudicialização, facilitar o acesso à justiça, reforçar a segurança jurídica, eficácia, celeridade, fé-pública e permitindo melhor apreciação da tutela a jurisdicional do Estado, respondendo a problematização apresentada pela presente pesquisa.

E que apesar de haver essa naturalidade em virtude de sua especialidade na prática de seus atos, indispensável se faz a especialização para tanto, pois, no direito da família, ou seja, nas relações familiares prezam pelo cuidado. Um profissional especializado tecnicamente na prática da mediação, garante maior segurança na utilização dessa ferramenta na gestão de conflitos.

Lidar com família, exige experiência e principalmente conhecimento próprio, o menor descuido, porém acarretar sérios prejuízos emocionais àqueles que necessitam dos procedimentos especiais, como o de mediar nos litígios familiares. E neste caso, o tabelião, no exercício de suas atribuições no desempenho como mediador, necessitando de reciclagem periódica dos conhecimentos como mediador e, principalmente de um estudo dirigido as relações familiares, assim como determina o próprio provimento.

Por fim, a atuação dos cartórios não está vinculada a ausência de conflito, mas à suas competências naturais, de avaliar e assessorar a vontade dos envolvidos com auxílio do instrumento público, perpetuando juridicamente os interesses pretendidos. Nessa perspectiva, mediante a formação especializada para desempenhar a função de mediador, o tabelião deve prestar-se a analogia dos valores sociais, para tanto, restando resultados positivos, podendo garantir do acesso à justiça e paz social.

Referências

AMORIM, Luciano José Machado do, Conciliação e mediação nos tabelionatos de Notas: Uma atribuição natural do notariado latino. **Revista de Direito Notarial**, Colégio Notarial do Brasil Seção São Paulo, São Paulo v.4. n.1, p. 202. 2022. Disponível em: http://rdn.cnbsp.org.br/index.php/direitonotarial/article/view/50/46. Acesso em: 02 set. 2022.

BALDUS, Margiane. **A mediação e conciliação de conflitos no âmbito das serventias extrajudiciais:** a desjudicialização e o acesso à justiça. Orientador: Prof. Jeferson Puel. 2018. 75 f. Trabalho de conclusão de curso (Direito) – Universidade do Sul de Santa Catarina, Florianópolis, 2018. Disponível em: https://repositorio.animaeducacao.com.br/bitstream/ANIMA/7034/1/MONOGRAFIA%20MARGIANE.pdf. Acesso em: 28 fev. 2022.

BORDONI, Jovina d'Avila; TONET, Luciano. **A Mediação como Instrumento de Solução de Conflitos Familiares.** Publica Direito, 2014. Disponível em: http://www.publicadireito.com.br/artigos/?cod=bf0c0d36a5a3f240. Acesso em: 11 abr. 2022.

BRANDELLI, Leonardo. **Teoria geral do direito notarial.** 3. ed. São Paulo: Saraiva, 2009.

BRASIL. [Constituição (1988)]. **Constituição da República Federativa do Brasil.** Brasília, DF: Senado Federal: Centro Gráfico, 1988. Disponível em: http://www.planalto.gov.br/ccivil_03/constituicao/constituicao.htm. Acesso em: 28 fev. 2022.

BRASIL. **Lei nº 11.441, de 04 de janeiro de 2007.** Altera dispositivos da Lei no 5.869, de 11 de janeiro de 1973 – Código de Processo Civil, possibilitando a realização de inventário, partilha, separação consensual e divórcio consensual por via administrativa. Brasília/DF. Senado Federal. 2007. Disponível em: http://www.planalto.gov.br/ccivil_03/_ato2007-2010/2007/lei/l11441.htm. Acesso em: 09 set. 2022.

BRASIL. Lei nº 13.105, de 16 de março de 2015. **Código de Processo Civil.** Brasília/DF: Senado Federal. Ano de 2015. Disponível em: http://www.planalto.gov.br/ccivil_03/_ato2015-2018/2015/lei/l13105.htm. Acesso em: 16 abr. 2022.

BRASIL. **Lei nº. 8.935 de 18 de novembro de 1994.** Lei dos Notários e Registradores. Brasília/DF: Senado Federal: 1994. Disponível em http://www.planalto.gov.br/ccivil_03/leis/l8935.htm. Acesso em 02 abr. 2022.

CABRAL, Marcelo Malizia. Os Meios Alternativos De Resolução De Conflitos: Instrumentos De Ampliação Do Acesso À Justiça. **Biblioteca Virtual FGV**, Rio de Janeiro, 2012. Disponível em: https://bibliotecadigital.fgv.br/dspace/bitstream/handle/10438/18756/marcelo_cabral. pdf?sequence=1&isAllowed=y. Acesso em: 06 maio. 2022.

CONSELHO NACIONAL DE JUSTIÇA, (Brasil). **Provimento nº 67, de 26 de março de 2018.** Dispõe sobre os procedimentos de conciliação e de mediação nos serviços notariais e de registro do Brasil. Disponível em: https:/atos.cnj.jus.br/atos/detalhar/2532. Acesso em: 19 abr. 2022.

CONSELHO NACIONAL DE JUSTIÇA, (Brasil). **Resolução nº 35, de 24 de abril de 2007.** Disciplina a lavratura dos atos notariais relacionados a inventário, partilha, separação consensual, divórcio consensual e extinção consensual de união estável por via administrativa. 2007. Disponível em: https://atos.cnj.jus.br/atos/detalhar/179. Acesso em: 09 set. 2022.

CORREIA, Valdir Rosa. **Escuta da criança na mediação familiar**. 2009. 126f. Orientador: Dr. Leandro Oltramari Trabalho de conclusão de curso (Pscicologia) – Universidade do Sul de Santa Catarina, Palhoça, 2009. Disponível em: https://repositorio.animaeducacao.com.br/bitstream/ANIMA/10171/1/99684_Valdir.pdf. Acesso em: 07 set. 2022.

GABBAY, Daniela Monteiro. **Mediação e Judiciário no Brasil e nos EUA:** condições, desafios e limites para a institucionalização da mediação no Judiciário. Brasília: Gazeta Jurídica, 2013.

KUMPEL, Vitor Frederico; FERRARI, Carla Modina. **Tratado Notarial e Registral** – Tabelionato de Notas. São Paulo: YK Editora, 2017. v. 3.

MUNIZ, Tânia Lobo. O conflito, os modelos de solução, o acesso à justiça e a estrutura oficial de solução de conflitos. *In:* MUNIZ, Tânia Lobo; ARAÚJO JUNIOR, Miguel Etinger de (orgs.). **Estudos em direito negocial e os mecanismos contemporâneos de resolução de conflitos.** Birigui, SP: Boreal Editora, 2014.

PINHO, Humberto Dalla Bernardina de. **A mediação on line e as novas tendências em tempos de virtualização por força da pandemia de COVID-19**. 2020. Disponível em: http://conhecimento.tjrj.jus.br/documents/5736540/7186707/AMEDIACCAOONLINEEASNOVASTENDENCIASEMTEMPOSDEVIRTUALIZACAOPORFORCADAPANDEMIADECOVID19. Acesso em: 07 jul. 2022.

PRUDENTE, Neemias Moretti. A mediação e os conflitos familiares. **Âmbito Jurídico**, Rio Grande, XI, n. 52, abr. 2008. Disponível em: https://www.mpes.mp.br/Arquivos/Anexos/207504ca-5f81-4596-9a9e-1827b1f15524.pdf. Acesso em: 07 jun. 2022.

SALES, Lilia Maia de Morais. CHAVES, Emmanuela Carvalho Cipriano. Mediação e Conciliação Judicial – A Importância da Capacitação e de seus Desafios. **Revista Scielo**, Florianópolis, n. 69, p. 255-280, 2014. Disponível em: https://www.scielo.br/j/seq/a/99rC4BwcCsr5tyYjjfqcYHR/?format=pdf&lang=pt. Acesso em: 10 abr. 2022.

SARDINHA, Cristiano de Lima Vaz. DEBS, Martha El. **Cartórios e Acesso à Justiça**: A contribuição das serventias extrajudiciais para a sociedade contemporânea como alternativa ao Poder Judiciário. JusPodivm: Salvador: 2021.

SUTER, José Ricardo. **Mediação no direito de família:** gestão democrática de conflitos. Rio de Janeiro: Lumen Juris, 2018.

SUTER, José Ricardo; CACHAPUZ, Rozane da Rosa. A Atuação e a Importância do Advogado na Mediação de Conflitos frente à Cultura da Pacificação. **XXV Congresso Nacional do CONPEDI**. Curitiba: 2016, p. 6-21. Disponível em: http://site.conpedi.org.br/publicacoes/02q8agmu/x741469v/B2OaJWG1X6A39wOo.pdf. Acesso em: 10 abr. 2022.

TAKASSI, Gilmara Aparecida Rosas; BERTONCINI, Carla. Pacificação familiar no judiciário: a mediação como forma de manutenção do vínculo de afetividade. **XXV Congresso Nacional do CONPEDI**. Curitiba: 2016, p. 74-92. Disponível em: http://site.conpedi.org.br/publicacoes/02q8agmu/8v3pu3uq/Mv20a6lh6AH6F9l6.pdf. Acesso em: 10 abr. 2022.

TARTUCE, Fernanda. Mediação de conflitos: proposta de emenda constitucional e tentativas consensuais prévias à jurisdição. **Revista Magister de Direito Civil e Processual Civil**, Porto Alegre, v. 14, n. 82, p. 5-21, 2018.

TARTUCE, Fernanda. **Mediação nos conflitos civis**. 3. ed. Rio de Janeiro: Forense; São Paulo: Método, 2016.

WATANABE, Kazuo. Modalidade de Mediação. *In:* DELGADO, José Augusto *et al.* **Mediação:** um projeto inovador. Brasília: Centro de Estudos Judiciários, CJF, 2003.

22
A EXTENSÃO ANÁLOGA DA DECISÃO APOIADA À PESSOA IDOSA

Mateus Panzeri Fasolo
Humberto Harb Mori
Ivana Nobre Bertolazo

Introdução

Dentre as grandes virtudes que o Direito possibilita, uma delas é a de, em determinado caso, aplicar analogia a outros institutos que demonstram similaridade entre si. Nestes termos se observa que a Tomada de Decisão Apoiada, instituto que o Código Civil Brasileiro apresentou como parte da legislação assistencial, não deve ficar restrita para as pessoas com deficiências. É no referido contexto que se encontra a temática do presente estudo.

O corrente artigo objetiva indicar acerca da possibilidade dos considerados idosos na visão legal – aqueles que possuem mais de sessenta (60) anos – se enquadrarem no instituto da Tomada de Decisão Apoiada. Para isso, de maneira primária, precisa-se entender o que é a Tomada de Decisão Apoiada e qual é a sua relevância no Código Civil de 2002. Por sequência se verifica a questão da pessoa idosa e qual é a proteção que a legislação trouxe para esse grupo, da Constituição Federal de 1988 até o Estatuto do Idoso.

Após, objetiva-se formar uma relação entre o que a lei define como sendo a Tomada de Decisão Apoiada e a pessoa idosa, muitas vezes excluída de procedimentos civis em decorrência de problemas físicos originados por conta de sua idade.

Por assim, o objetivo será de formar uma proposição que confirme ser possível que – ainda em sede de conhecimento – o juiz reconheça analogicamente a extensão do instituto para as pessoas idosas. Isso, se dará pelo fim social o qual a legislação protegeu e a necessidade de a justiça se adequar aos costumes e novas ocorrências socioculturais. Nesta feita, por uma revisão bibliográfica doutrinária e legislativa, pretende-se alcançar a hipótese cerne do corrente artigo.

Para fins de método da pesquisa, se utilizará a pesquisa empírica qualitativa. Isso pois não se intenciona realizar uma vista originária de pensamento autônomo, mas sim fortalecer uma proposição de pesquisa sólida, com argumentos que se fundamentarão no referencial pesquisado. Além disso formaliza-se que se intenciona abrir mais a discussão sobre o tema, como forma de garantir um debate acerca de sua relevância.

1. O instituto da tomada de decisão apoiada

Seguindo as diretrizes estabelecidas pela Convenção Internacional sobre os Direitos das Pessoas com Deficiência e seu Protocolo Facultativo, assinados em Nova York, em 30 de março de 2007, na qual se reafirmava a necessidade de garantir que todas as pessoas com deficiência exerçam os direitos humanos e liberdades fundamentais plenamente, sem discriminação, fora instituída no Brasil a Lei nº 13.146/2015, intitulada Lei Brasileira de Inclusão da Pessoa com Deficiência (Estatuto da Pessoa com Deficiência).

O Estatuto da Pessoa com Deficiência apresenta a ideia de que a deficiência não afeta a plena capacidade civil. Com base nisso, Pablo Gagliano expõe:

> A partir de sua entrada em vigor, a pessoa com deficiência – aquela que tem impedimento de longo prazo, de natureza física, mental, intelectual ou sensorial, nos termos do seu art. 2º não deve ser mais tecnicamente considerado civilmente incapaz, na medida em que os arts. 6º e 84, do mesmo diploma, deixam claro que a deficiência não afeta a plena capacidade da pessoa.[1]

Dentre as várias inovações trazidas pela referida Lei, destacou-se a criação do instituto da Tomada de Decisão Apoiada, observado no art. 1783-A, que o conceitua como:

[1] Gagliano, Pablo Stolze. É o fim da interdição? **Revista Jus Navigandi,** Teresina, a. 21, n. 4605, 9 fev. 2016, n. p. Disponível em: https://jus.com.br/artigos/46409/e-o-fim-da-interdicao. Acesso em: 20 ago. 2022.

> [...] o processo pelo qual a pessoa com deficiência elege pelo menos 2 (duas) pessoas idôneas, com as quais mantenha vínculos e que gozem de sua confiança, para prestar-lhe apoio na tomada de decisão sobre atos da vida civil, fornecendo-lhes os elementos e informações necessários para que possa exercer sua capacidade.[2]

O referido instituto é inspirado no Código Civil italiano que trouxe a figura do administrador de apoio ou *"amministrazione di sostegno"*, uma resposta ao antigo instituto de interdição. Sobre tal temática, conceitua Vítor que:

> A adoção de medidas diferentes da curatela é algo que pode ser encontrado na experiência estrangeira. Apresentam-se ora através da criação de novos modelos que excluem a curatela do sistema, como no caso da austríaca Sachwalterschaft e da alemã Betreuung; ora com a criação de modelos alternativos que não excluem a curatela do sistema, mas esperam provocar o seu desuso, como se deu com a criação do "administrador" belga e da figura do *amministrazione di sostegno* italiana; e por vezes simplesmente como figura que conviverá com a curatela, como na *sauvegarde de justice* francesa.[3]

Logo, entende-se que a Tomada de Decisão Apoiada é caracterizada como uma alternativa de assistência, não podendo ser confundida com incapacidade relativa, visto que:

> [...] as figuras dos apoiadores apenas auxiliam a pessoa com deficiência na formação de sua vontade, tanto que na petição inicial deverá constar, além da indicação do nome dessas pessoas, os limites do apoio, compromissos dos apoiadores e o prazo de vigência deste acordo. Portanto, a pessoa submetida a esse instituto mantém a sua plena capacidade de fato e a decisão de se submeter, ou não, é personalíssima.[4]

[2] BRASIL. **Lei n. 13.105, de 16 de março de 2015.** Código de Processo Civil. Disponível em: http://www.planalto.gov.br/ccivil_03/_ato2015-2018/2015/lei/l13105.htm. Acesso em: 17 set. 2022.

[3] VÍTOR, Paula Távora. **A administração do património das pessoas com capacidade diminuída.** Coimbra: Coimbra, 2008, p. 175-176.

[4] MAIO, Iadya Gama. O envelhecimento e a capacidade de tomada de decisão: aspectos jurídicos de proteção ao idoso. **Revista Portal de Divulgação**, n. 58, a. IX, out./nov./dez. 2018, p. 21. Disponível em: https://www.revistalongeviver.com.br/index.php/revistaportal/article/viewFile/740/801. Acesso em: 14 ago. 2022.

Por tratar-se de um instituto que traz outrem para fornecer auxílio para que a pessoa com deficiência possa exercer sua capacidade, muitas vezes acaba sendo confundido com a Interdição Judicial. Esta, por sua vez, consiste em declarar a incapacidade de uma pessoa para a prática de determinadas ações da vida civil. Com a interdição, o patrimônio do interditado é transferido sob a curatela de um adulto considerado capaz pela Justiça.

Em seu art. 85, *caput*, o Estatuto da Pessoa com Deficiência, traz que "a curatela se restringe aos atos relacionados aos direitos de natureza patrimonial e negocial",[5] ou seja, pode haver limitação da capacidade da pessoa com deficiência com relação ao exercício de atos que reflitam na esfera patrimonial. A nomeação de curador provisório requer, inclusive, a demonstração de que o processo de Tomada de Decisão Apoiada é insuficiente, como observado na jurisprudência do Tribunal de Justiça do Paraná:

> DIREITO CIVIL E PROCESSUAL CIVIL. AGRAVO DE INSTRUMENTO.AÇÃO DE CURATELA PROVISÓRIA. DECISÃO PELA QUAL O JUÍZO DE ORIGEM DEFERIU TUTELA PROVISÓRIA PARA NOMEAR UM DOS FILHOS DO INTERDITANDO COMO CURADOR PROVISÓRIO. INSURGÊNCIA DO REQUERIDO. ALEGAÇÃO DE AUSÊNCIA DE PROVAS DA ALEGADA INCAPACIDADE PARA GESTÃO DOS AUTOS DA VIDA CIVIL. PROVIMENTO. DECISÃO REFORMADA. CONFIRMAÇÃO DA LIMINAR DEFERIDA NO RECEBIMENTO DO RECURSO. ACOLHIMENTO DO PARECER MINISTERIAL.1. A nomeação de curador provisório requer a demonstração da insuficiência do procedimento de Tomada de Decisão Apoiada, bem como da presença alternativa dos requisitos previstos no art. 1.767 do Código Civil: I – aqueles que, por causa transitória ou permanente, não puderem exprimir sua vontade; III – os ébrios habituais e os viciados em tóxico; V – os pródigos. 2. No caso dos autos, não há demonstração de qualquer das hipóteses legais mencionadas, tampouco da maneira como a curatela provisória seria exercida por pessoa que reside a cerca de 300 quilômetros de distância do domicílio do interditando. RECURSO CONHECIDO E PROVIDO.[6]

[5] BRASIL. **Lei n. 13.146, de 6 de julho de 2015.** Lei Brasileira de Inclusão da Pessoa com Deficiência. Disponível em: http://www.planalto.gov.br/ccivil_03/_Ato2015-2018/2015/Lei/L13146.htm. Acesso em: 10 set. 2022.

[6] BRASIL. Tribunal de Justiça do Estado do Paraná (TJPR). **Agravo de Instrumento 0068238-55.2020.8.16.0000.** Relatora: Des. Ivanise Maria Tratz Martins, 12ª Câmara Cível. Data de publicação: 12 de abril de 2021. Disponível em: https://portal.tjpr.jus.br/jurisprud

> AGRAVO DE INSTRUMENTO. PROCEDIMENTO DE interdição com pedido liminar de antecipação dos efeitos da curatela. decisão AGRAVADA que deferiu a liminar requerida. insurgência do ministério público. curatelada portadora de mal de Alzheimer. atestado médico que afirma a incapacidade da curatelada de exercer as atividades da vida civil. curatela restrita ao recebimento e gestão dos benefícios de aposentadoria. ausência de prova de má gestão. decisão mantida. PARECER DA PROCURADORIA DE JUSTIÇA PELO NÃO PROVIMENTO. recurso conhecido e não provido.[7]

Assim sendo, uma vez que verificada a permanência de sua condição de vulnerabilidade, o interditado pode optar pelo novo instituto em detrimento da curatela, como observado na jurisprudência do Tribunal de Justiça de Rondônia:

> Apelação Cível. Interdição e curatela. Estatuto da Pessoa com Deficiência. Conversão para tomada de decisão. Limites. Com a entrada em vigor do Estatuto da Pessoa com Deficiência os processos de interdição em trâmite podem ser convertidos para Tomada de Decisão Apoiada ou ainda consignado os limites da curatela.[8]

A Tomada de Decisão Apoiada preserva a capacidade para atos que reflitam no patrimônio apenas introduzindo um auxílio para a pessoa apoiada, que pode inclusive discordar da opinião do apoiador. Nesse sentido, conforme trata o § 6º da mesma Lei "em caso de negócio jurídico que possa trazer risco ou prejuízo relevante, havendo divergência de opiniões entre a pessoa apoiada e um dos apoiadores, deverá o juiz, ouvido o Ministério Público, decidir sobre a questão".[9]

encia/j/4100000015871481/Ac%C3%B3rd%C3%A3o-0068238-55.2020.8.16.0000#. Acesso em: 07 set. 22.

[7] BRASIL. Tribunal de Justiça do Estado do Paraná (TJPR) **Agravo de Instrumento 0025409-25.2021.8.16.0000.** Relator: Sigurd Roberto Bengtsson, 11ª Câmara Cível. Data de publicação: 16 de agosto de 2021.

[8] BRASIL. Tribunal de Justiça do Estado de Rondônia (TJRO). **Apelação 0001370-73.2015.822.0010.** Relator: Des. Alexandre Miguel, 2ª Câmara Cível. Data de publicação: 28 de abril de 2016. Disponível em https://www.jusbrasil.com.br/jurisprudencia/tj-ro/389121858. Acesso em: 17 set. 2022.

[9] BRASIL. **Lei n. 13.146, de 6 de julho de 2015.** Lei Brasileira de Inclusão da Pessoa com Deficiência. Disponível em: http://www.planalto.gov.br/ccivil_03/_Ato2015-2018/2015/Lei/L13146.htm. Acesso em: 10 set. 2022.

De acordo com Nelson Rosenvald:

> [..] a tomada de decisão é extremamente diferente da curatela, já que é um instituto mais flexível, em que se preserva a capacidade civil da pessoa com deficiência, sendo-lhe ofertada apenas um auxílio em determinados atos. Enquanto isso, a curatela foi um instituto que tutelava o patrimônio da família e a segurança na sociedade. Assim, a Tomada de Decisão Apoiada pode ser considerada como uma libertação do estigma de interdição.[10]

O novo instituto beneficia principalmente aquelas pessoas com impossibilidade física ou sensorial, como observado também por Nelson Rosenvald ressaltando que:

> [...] o beneficiário conservará sua capacidade de fato e não sofrerá restrição em seu estado de plena capacidade, apenas será privada de legitimidade para praticar episódicos atos da vida civil. O novo modelo beneficia a pessoa com capacidade psíquica plena, porém com impossibilidade física ou sensorial (v.g., tetraplégicos, obesos mórbidos, cegos, sequelados de AVC e portadores de outras enfermidades que as privem de dambulação *(sic)* para a prática de negócios e atos jurídicos de cunho econômico.[11]

Por tratar-se de um auxílio e não interdição, sempre deve haver conhecimento do apoiado dos atos realizados por quem o apoia, bem como justificativa por parte desse. O § 5º do art. 1.783-A, nesse sentido, traz que "o terceiro com quem a pessoa apoiada mantenha relação negocial pode solicitar que os apoiadores contra-assinem o contrato ou acordo, especificando, por escrito, sua função em relação ao apoiado".[12]

Em caso de divergências de opiniões entre a pessoa apoiada e os apoiadores, deve o Ministério Público ser ouvido, bem como a esse pode ser apresentada denúncia, por parte da pessoa apoiada, por negligência, pressão indevida ou inadimplência das obrigações assumidas pelo apoiador.

[10] ROSENVALD, Nelson. A tomada de decisão apoiada: primeiras linhas sobre um novo modelo jurídico promocional da pessoa com deficiência. **Revista IBDFAM:** Família e Sucessões, Belo Horizonte, v. 10, 2015. Disponível em: https://ibdfam.org.br/assets/upload/anais/253.pdf. Acesso em: 17 set. 2022.

[11] Ibid.

[12] BRASIL. **Lei n. 13.146, de 6 de julho de 2015.** Lei Brasileira de Inclusão da Pessoa com Deficiência. Disponível em: http://www.planalto.gov.br/ccivil_03/_Ato2015-2018/2015/Lei/L13146.htm. Acesso em: 10 set. 2022.

O término do acordo pode ser solicitado, em qualquer momento, pela pessoa apoiada. Por outro lado, quando solicitada a exclusão pelo apoiador do processo de Tomada de Decisão Apoiada, caberá ao juiz permitir seu desligamento, observado o conteúdo da matéria.

Portanto, observa-se que tal instituto visa fornecer suporte à pessoa com deficiência, devendo os apoiadores seguirem os termos observados na legislação e fixados em juízo, tendo sempre em consideração as reais necessidades da pessoa apoiada. O apoiado terá sua autodeterminação conservada, para todos os seus atos ordinários, tendo sua capacidade civil plena e respeitada.

2. A pessoa idosa e o estatuto do idoso

Os constituintes de 1988, preocuparam-se em tutelar o instituto familiar, principalmente a figura dos indivíduos mais vulneráveis e excluídos, demonstrando atenção para com suas peculiaridades e fragilidades. Dentre tais indivíduos, observam-se os idosos. Sobre a exclusão desses, Maristela Indalencio afirma:

> Ao contrário de determinadas culturas, onde a velhice é relacionada à maturidade e à sabedoria, na moderna sociedade capitalista de consumo o idoso é tratado de forma extremamente preconceituosa, visto, não raro, como hipossuficiente, ou seja, um indivíduo cuja precária condição físicobiológica *(sic)* não lhe confere condições de ingressar na esfera competitiva própria ao mercado. Ademais, como se encontra afastado da cadeia produtiva (não por acaso o núcleo formador das associações em defesa do idoso formou-se junto a grupos de aposentados), o idoso também não é considerado como consumidor em potencial e, logo, salvo poucas exceções, permanece em constante situação de desigualdade social, inserindo-se em um mundo que não parece admiti-lo com a mesma facilidade de outros grupos.[13]

O art. 230 da Constituição expõe que: "A família, a sociedade e o Estado têm o dever de amparar as pessoas idosas, assegurando sua participação

[13] Indalencio, Maristela Nascimento. **Estatuto do Idoso e Direitos Fundamentais:** fundamentos da proteção da pessoa idosa no ordenamento jurídico brasileiro. 2007. 114 f. Dissertação (Mestrado). Curso de Curso de Pós-graduação Stricto Sensu em Ciência Jurídica, Univali, Itajaí, 2007, p. 43-44. Disponível em: https://siaiap39.univali.br/repositorio/handle/repositorio/2049. Acesso em: 21 fev. 2021.

na comunidade, defendendo sua dignidade e bem-estar e garantindo-lhes o direito à vida".[14]

Os idosos passam por um processo natural de fragilização do corpo humano, sendo comum o aparecimento de algumas enfermidades, como perda de audição e memória, além de doenças como o Alzheimer e Parkinson. Nesse sentido, Celso Ribeiro Bastos e Ives Gandra da Silva Martins[15] conceituam que o idoso:

> [...] a que se refere é aquele sem condições de auto-sustentação, *(sic)* dependente, como o são as crianças na sua primeira infância ou os adolescentes que não trabalham, com o que tanto a própria família quanto a sociedade em que se integram, ou o Estado, que tem a obrigação de por eles zelar, são responsáveis por seu bem-estar, devendo ampará-los.

A posteriori, em 1º de outubro de 2003, fora sancionada a Lei nº 10.741, também conhecida como Estatuto do Idoso, que trouxe, de forma inédita, princípios de proteção integral às pessoas com mais de 60 anos.[16] A idade foi escolhida com base no critério cronológico, aplicando de forma homogênea dispositivos e institutos para a terceira idade, garantido segurança jurídica. Entretanto, tal critério é alvo de debates, visto que, por exemplo, um trabalhador rural de uma região pouco desenvolvida, que enfrentou longas jornadas de trabalho, provavelmente terá, mais cedo, redução de suas condições físico-biológicas do que um trabalhador urbano de uma região com melhores índices socioeconômicos.

Nessa perspectiva, o art. 2º da referida lei traz que:

> A pessoa idosa goza de todos os direitos fundamentais inerentes à pessoa humana, sem prejuízo da proteção integral de que trata esta Lei, assegurando-se-lhe *(sic)*, por lei ou por outros meios, todas as oportunidades e facilidades, para preservação de sua saúde física e mental e seu aperfeiçoamento moral, intelectual, espiritual e social, em condições de liberdade e dignidade.[17]

[14] BRASIL. **Constituição da República Federativa do Brasil de 1988.** Disponível em: http://www.planalto.gov.br/ccivil_03/constituicao/constituicao.htm. Acesso em: 01 out. 2022.

[15] BASTOS, Celso Ribeiro; MARTINS, Ives Gandra da Silva. **Comentários à Constituição do Brasil**. 2. ed. São Paulo: Saraiva, 1988. 8. v., p. 1.109.

[16] BRASIL. **Lei nº 10.741, de 1º de outubro de 2003**. Dispõe sobre o Estatuto da Pessoa Idosa e dá outras providências. Disponível em: http://www.planalto.gov.br/ccivil_03/leis/2003/l10.741.htm. Acesso em: 06 set. 2022.

[17] Ibid.

Ademais, o art. 3º, colocou outras instituições além do próprio Poder Público como uma espécie de "defensores" dos idosos, em especial vale ressaltar a família. O professor Vilas Boas[18] faz a seguinte consideração a respeito do referido artigo:

> O Poder Público, no traçar de suas generalidades, ficou por último nas atribuições que lhe competiriam. Em primeiro lugar, foi convocada a família, depois a comunidade e em seguida a sociedade. A obrigação familiar é uma decorrência de princípios maiores. Ela, no contágio com a lei ordinária, age por contaminação, material e moralmente. A prova da afirmação está contida no art. 230 da Lei Constitucional [...]. Sobre a obrigação familiar, o art. 3º do Estatuto do Idoso muito pouco acrescentou de novidade.

A partir do Estatuto, pela primeira vez, vide o art. 4º, entendeu-se que a negligência, discriminação, violência de diferentes tipos, inclusive a financeira, e atos de crueldade e opressão contra o idoso são passíveis de punição.

> É obrigação da família, da comunidade, da sociedade e do Poder Público assegurar ao idoso, com absoluta prioridade, a efetivação do direito à vida, à saúde, à alimentação, à educação, à cultura, ao esporte, ao lazer, ao trabalho, à cidadania, à liberdade, à dignidade, ao respeito e à convivência familiar e comunitária.[19]

Com relação à saúde, tema essencial para tratar do tema aqui analisado, observa-se nos artigos 15 a 19 da norma em exame que o idoso receberá atenção integral via Sistema Único de Saúde, sendo-lhe assegurado direito a estar acompanhado, quando ocorrer internação hospitalar. Conforme trata o art. 17, é direito do idoso escolher o tratamento de saúde que deseja receber, desde que esteja no domínio de suas faculdades mentais. Ademais, vale ressaltar que o § 5º do art. 15 veda a exigência do comparecimento de pessoa idosa perante órgão público.[20] No caso, as exigências podem ser cumpridas por meio de agente do poder público ou procurador legalmente constituído.

[18] VILAS BOAS, Marco Antônio. **Estatuto do Idoso comentado.** 4 ed. Rio de Janeiro: Forense, 2014, p. 07.

[19] BRASIL. **Lei nº 10.741, de 1º de outubro de 2003.** Dispõe sobre o Estatuto da Pessoa Idosa e dá outras providências. Disponível em: http://www.planalto.gov.br/ccivil_03/leis/2003/l10.741.htm. Acesso em: 06 set. 2022.

[20] Ibid.

A previdência é outro aspecto relevante a ser discutido em especial, devido à mudança da pirâmide etária da população. No Estatuto do Idoso, o tema é tratado nos artigos 29 a 32. Entende Felix que:

> A Previdência Social, como é consabido, é espécie do gênero Seguridade Social, que inclui também entre suas espécies a Saúde e a Assistência Social. É regime contributivo que tem por fim assegurar aos seus beneficiários meios indispensáveis de manutenção, por motivo de incapacidade, desemprego involuntário, idade avançada, tempo de serviço, encargos familiares e prisão ou morte daqueles de que dependiam economicamente.[21]

Com relação à assistência social, essa é regulada entre os artigos 33 e 36, tendo como base a Lei nº 8.742/93 (LOAS).[22] Essa garante às pessoas idosas, a partir de 65 anos, que não possuam meios para prover sua subsistência, o benefício mensal de 1 (um) salário-mínimo.

A sociedade atual, em virtude da globalização e da facilidade em saber aquilo que é prejudicial à saúde, bem como ao avanço da medicina, tende ao envelhecimento. Cada vez mais o Estatuto do Idoso será destinado a um número maior de pessoas, devendo ser aprimorado e adequado para tal realidade, de forma a garantir igualdade e principalmente solidariedade para com um grupo de pessoas, que apesar de todos os obstáculos, tem conseguido, por meio da tutela do Estado, oportunidades para o sustento de uma vida digna.

3. Interface entre o estatuto da pessoa com deficiência e o estatuto do idoso

A primeira semelhança que se nota entre a situação da pessoa com deficiência e a situação do idoso, é que ambos possuem legislação própria em formato de estatuto. Dessa forma, ambos são grupos que necessitam de uma atenção especial por parte do poder público.

Com o avanço da medicina e da qualidade das políticas públicas voltadas ao idoso observou-se o aumento desse público. Juntamente com o aumento da longevidade da população, vieram problemas tais como: deficiência auditiva, visual, diminuição de mobilidade ou até mesmo uma deficiência

[21] FELIX, Renan Paes. **Estatuto do Idoso.** 6 ed. Salvador: JusPODIVM, 2014, p. 106.

[22] BRASIL. **Lei nº 8.742, de 7 de dezembro de 1993.** Lei Orgânica de Assistência Social (LOAS). Disponível em: http://www.planalto.gov.br/ccivil_03/leis/l8742.htm. Acesso em: 01 out. 2022.

física ou mental. Em razão disso, os grupos acabam sendo "unidos". Como exemplo disso observa-se a Lei Orgânica de Assistência Social (LOAS), que concede até salário-mínimo mensal ao idoso ou pessoa com deficiência.[23]

Ademais, podemos observar semelhanças nos próprios Estatutos, vide temas como educação, saúde e transportes. O art. 21 do Estatuto do Idoso assegura que o poder público criará oportunidades de acesso da pessoa idosa à educação, adequando currículos, metodologias e material didáticos aos programas educacionais[24]. Da mesma forma, o art. 27 do Estatuto da Pessoa com Deficiência traz que:

> A educação constitui direito da pessoa com deficiência, assegurados sistema educacional inclusivo em todos os níveis e aprendizado ao longo de toda a vida, de forma a alcançar o máximo desenvolvimento possível de seus talentos e habilidades físicas, sensoriais, intelectuais e sociais, segundo suas características, interesses e necessidades de aprendizagem.[25]

A reserva de vagas nas universidades para pessoa com deficiência é um dos exemplos do esforço do Estado em contribuir para a inclusão deste no mercado de trabalho qualificado, promovendo, como trata o art. 27 da referida Lei, ao máximo o desenvolvimento de seus talentos e habilidades intelectuais.[26]

Com relação a saúde, o art. 15 do EDI (Estatuto de Defesa do Idoso) e o art. 18 do EPD (Estatuto da Pessoa com Deficiência), asseguram atenção integral à saúde, por intermédio do SUS, garantindo, conforme visto na Constituição,[27] acesso universal e igualitário. As pessoas com deficiência, de acordo com a legislação, podem, sempre que necessário, procurar as equipes das unidades especializadas de reabilitação, que devem ser multiprofissionais e trabalhar de forma interdisciplinar, facilitando o desenvolvimento integrado de processos de inclusão. Da mesma forma, o atendimento ao idoso tem suas particularidades.

[23] Ibid.

[24] BRASIL. **Lei n. 13.146, de 6 de julho de 2015.** Lei Brasileira de Inclusão da Pessoa com Deficiência. Disponível em: http://www.planalto.gov.br/ccivil_03/_Ato2015-2018/2015/Lei/L13146.htm. Acesso em: 10 set. 2022.

[25] Ibid.

[26] Ibid.

[27] BRASIL. **Constituição da República Federativa do Brasil de 1988.** Disponível em: http://www.planalto.gov.br/ccivil_03/constituicao/constituicao.htm. Acesso em: 01 out. 2022.

Por fim, outro tema interessante e que se conecta com ambos os Estatutos é o Transporte Coletivo. É comum os ônibus conterem placas que indicam assento preferencial aos idosos ou destinado as pessoas com deficiência. Tais situações estão previstas nas referidas leis da seguinte forma:

> Art. 39 [...]
>
> § 2º Nos veículos de transporte coletivo de que trata este artigo, serão reservados 10% (dez por cento) dos assentos para as pessoas idosas, devidamente identificados com a placa de reservado preferencialmente para pessoas idosas.[28]
>
> Art. 48 [...]
>
> § 2º São asseguradas à pessoa com deficiência prioridade e segurança nos procedimentos de embarque e de desembarque nos veículos de transporte coletivo, de acordo com as normas técnicas.[29]

Portanto, entende-se que as referidas leis são simbólicas, no sentido que de tratam de forma semelhante ambos os grupos e de perfazem uma certa igualdade social. Ambos os grupos, muitas vezes, não possuem condições de prover sua subsistência, nem de tê-la provida por sua família. É necessária que a sociedade dialogue e compartilhe dos princípios que embasam tal legislação, levando informações que facilitem o entendimento de tais grupos sobre seus direitos.

4. A possibilidade de aplicação de decisão apoiada para pessoa idosa

Após o trabalho discorrer acerca do que é a decisão apoiada e como a pessoa idosa é juridicamente entendida, faz-se preciso passar para a problemática central da pesquisa, que é a tentativa de justificar-se o cabimento do instituto para as pessoas idosas. Essa tratativa, contudo, ainda possui dificuldades evidenciadas. Estas não somente no plano material, mas também subjetivo, quando não se tem uma formalidade definida, estando certas decisões em mãos de um juízo competente.

[28] BRASIL. **Lei nº 10.741, de 1º de outubro de 2003.** Dispõe sobre o Estatuto da Pessoa Idosa e dá outras providências. Disponível em: http://www.planalto.gov.br/ccivil_03/leis/2003/l10.741.htm. Acesso em: 06 set. 2022.

[29] BRASIL. **Lei n. 13.146, de 6 de julho de 2015.** Lei Brasileira de Inclusão da Pessoa com Deficiência. Disponível em: http://www.planalto.gov.br/ccivil_03/_Ato2015-2018/2015/Lei/L13146.htm. Acesso em: 10 set. 2022.

Como argumento basilar, se tem o texto da Lei de Introdução às Normas do Direito Brasileiro (LINDB). Neste texto, em seu artigo 4º[30] se pontua que em caso de omissão, pode o juiz decidir com base em certos ditames. Entre estes, está a analogia. Portanto, necessitando, pode o magistrado da causa aplicar um dispositivo legal a um caso prático, caso vislumbre situações de similaridades entre o que o legislador buscou proteger e a tutela ensejada. Isto forma uma visão necessária para o direito como um todo, permitindo que o princípio da igualdade, ou isonomia, seja potencializado, por não restringir uma lei ao seu texto literal, mas sim ao sentido subjetivo a ela atribuído.

Figueiredo, Souza e Filardi concordam que o princípio da isonomia traz para si instruções de ordem protetiva e socorristas.[31] As primeiras são utilizadas no caso de proteger a distinção, garantindo que todos serão tratados e analisados de mesma forma nos casos em que podem estar. Por seguinte, os institutos socorristas são aqueles que se aplicam no caso de, por fatos naturais ou não, ser necessário resgatar uma pessoa de uma situação de desigualdade.

O que na época do Código Civil de 2002, com o anteprojeto tendo por base o códice de 1916, era algo excepcional, hoje não mais pode ser entendido. Segundo dados do Instituto Brasileiro de Geografia e Estatística (IBGE) em 2019 a expectativa de vida ao nascer era de 76,6 anos.[32] Então, o que fica perceptível é que a evolução de uma vida mais longa acarreta a necessária complementação de formas para garantir a dignidade da pessoa humana para todos os sujeitos, de maneira semelhante.

O que mais se observa não é uma segregação, colocando pessoas de mais idade como sujeitos incapazes de tomarem decisões, longe disso, mas sim uma forma de auxiliar o exercício da liberdade e autonomia destes, quando

[30] BRASIL. **Decreto-Lei nº 4.657, de 4 de setembro de 1942.** Lei de Introdução às Normas do Direito Brasileiro. Disponível em: http://www.planalto.gov.br/ccivil_03/decreto-lei/del4657compilado.htm. Acesso em: 08 set. 2022.

[31] FIGUEIREDO, Leila Adriana Vieira Seijo de; LIMA, Fernando Gaburri de Souza; FILARDI, Sansulce de Oliveira Lopes. Incapacidade, Tomada de Decisão Apoiada e a pessoa idosa sem deficiência. **Revista do Ministério Público Brasileiro**, n. 1, p. 90-119, 2022, p. 94. Disponível em: http://revista.cdemp.org.br/index.php/revista/article/view/21. Acesso em: 17 set. 2022.

[32] IBGE. Expectativa de vida era de 76,6 anos. **Agência IBGE Notícias**, 2020. Disponível em: https://agenciadenoticias.ibge.gov.br/agencia-sala-de-imprensa/2013-agencia-de-noticias/releases/29502-em-2019-expectativa-de-vida-era-de-76-6-anos. Acesso em: 27 abr. 2022.

estão mais vulneráveis, em virtude de condições biológicas.[33] Na visão de Menezes,[34] tal situação se conceitua na não ausência de capacidades intelectuais ou físicas de sujeitos idosos, mas sim de uma colocação de apoio com maior pontualidade em determinados momentos.

Conforme o artigo 1.783-A, do diploma Civil,[35] a Tomada de Decisão Apoiada precisa vir de um ato do próprio apoiado, que declarará duas pessoas – de seu círculo de confiança – para atuarem como "suportes". Tal momento pode ser justificado, inclusive, com o artigo 3º, inc. IV, do Estatuto da Pessoa Idosa. A referida legislação dispõe, *in litteris*, que:

> Art. 3º É obrigação da família, da comunidade, da sociedade e do poder público assegurar à pessoa idosa, com absoluta prioridade, a efetivação do direito à vida, à saúde, à alimentação, à educação, à cultura, ao esporte, ao lazer, ao trabalho, à cidadania, à liberdade, à dignidade, ao respeito e à convivência familiar e comunitária. [...]
>
> IV – viabilização de formas alternativas de participação, ocupação e convívio da pessoa idosa com as demais gerações;[36]

O que pode ser compreendido, então, é que as medidas alternativas são formas claras de se dizer que toda maneira de inclusão, em lei prevista, pode ser utilizada de maneira subsidiária para a pessoa idosa. Porquanto essa possibilidade não seja adequada, haja vista sua ausência no tipo legal específico, Ribeiro qualifica tal feito como sendo um "poder criativo do juiz",[37] haja vista a necessidade de que seja o juízo da causa quem denote que o postulante a decisão apoiada, desta realmente necessite.

[33] FIGUEIREDO, op. cit., p. 109.

[34] MENEZES, Joyceane Bezerra de. Tomada de Decisão Apoiada e sua Correlação com Institutos Afins. *In:* HIRONAKA, Giselda Maria Fernandes Novaes; SANTOS, Romualdo Baptista dos (coords.). **Direito Civil:** Estudos-Coletânea do XV Encontro dos Grupos de Pesquisa. IBDCIVIL. São Paulo: Blucher, 2018, p. 83-102.

[35] BRASIL. **Lei nº 10.406, de 10 de janeiro de 2002**. Código Civil Brasileiro. Disponível em: http://www.planalto.gov.br/ccivil_03/leis/2002/l10406compilada.htm. Acesso em: 01 out. 2022.

[36] BRASIL. **Lei nº 10.741, de 1º de outubro de 2003.** Dispõe sobre o Estatuto da Pessoa Idosa e dá outras providências. Disponível em: http://www.planalto.gov.br/ccivil_03/leis/2003/l10.741.htm. Acesso em: 06 set. 2022.

[37] RIBEIRO, Ana Cecília Rosário. A tomada de decisão apoiada e a revisão da teoria clássica das incapacidades civil. *In:* MELO, Auricelia do Nascimento; MAGALHÃES, Joseli Lima (org.). **Ensaios e reflexões sobre o Direito**. Porto Alegre: Fi, 2018, p. 53.

É celebre, tão logo, o decidido pelo Tribunal de Justiça do Estado do Paraná (TJPR). A corte estadual colacionou que em uma ação de curatela, se o procedimento de Tomada de Decisão Apoiada fosse pontual, poderia substituir a solicitação de curadoria. Nisto, os desembargadores acordaram que os requisitos da curatela (art. 1.767)[38] servem de maneira a subsidiar a própria Tomada de Decisão Apoiada:

> DIREITO CIVIL E PROCESSUAL CIVIL. AGRAVO DE INSTRUMENTO. AÇÃO DE CURATELA PROVISÓRIA. DECISÃO PELA QUAL O JUÍZO DE ORIGEM DEFERIU TUTELA PROVISÓRIA PARA NOMEAR UM DOS FILHOS DO INTERDITANDO COMO CURADOR PROVISÓRIO. INSURGÊNCIA DO REQUERIDO. ALEGAÇÃO DE AUSÊNCIA DE PROVAS DA ALEGADA INCAPACIDADE PARA GESTÃO DOS AUTOS DA VIDA CIVIL. PROVIMENTO. DECISÃO REFORMADA. CONFIRMAÇÃO DA LIMINAR DEFERIDA NO RECEBIMENTO DO RECURSO. ACOLHIMENTO DO PARECER MINISTERIAL.1. A nomeação de curador provisório requer a demonstração da insuficiência do procedimento de Tomada de Decisão Apoiada, bem como da presença alternativa dos requisitos previstos no art. 1.767 do Código Civil: I – aqueles que, por causa transitória ou permanente, não puderem exprimir sua vontade; III – os ébrios habituais e os viciados em tóxico; V – os pródigos. 2. No caso dos autos, não há demonstração de qualquer das hipóteses legais mencionadas, tampouco da maneira como a curatela provisória seria exercida por pessoa que reside a cerca de 300 quilômetros de distância do domicílio do interditando. RECURSO CONHECIDO E PROVIDO.[39]

Em mesmo sentido, o juízo paranaense também deferiu que, havendo presença da capacidade de expor suas vontades, a tomada de decisão serviria como metodologia subsidiária para o caso:

[38] BRASIL. **Lei nº 10.406, de 10 de janeiro de 2002.** Código Civil Brasileiro. Disponível em: http://www.planalto.gov.br/ccivil_03/leis/2002/l10406compilada.htm. Acesso em: 01 out. 2022.

[39] BRASIL. Tribunal de Justiça do Estado do Paraná (TJPR). **Agravo de Instrumento 0068238-55.2020.8.16.0000.** Relatora: Des. Ivanise Maria Tratz Martins, 12ª Câmara Cível. Data de publicação: 12 de abril de 2021. Disponível em: https://portal.tjpr.jus.br/jurisprudencia/j/4100000015871481/Ac%C3%B3rd%C3%A3o-0068238-55.2020.8.16.0000#. Acesso em: 07 set. 22.

APELAÇÃO CÍVEL. AÇÃO DE INTERDIÇÃO. SENTENÇA DE PROCEDÊNCIA. RECURSO. INSURGÊNCIA DO MINISTÉRIO PÚBLICO. CURATELA. MEDIDA PROTETIVA EXTRAORDINÁRIA E TEMPORÁRIA. **DECRETO PROPORCIONAL ÀS NECESSIDADES E ÀS CIRCUNSTÂNCIAS DE CADA CASO.** ARTIGO 84, § 3º, DO ESTATUTO DA PESSOA COM DEFICIÊNCIA. **REQUERIDA QUE TEM CONTROLE DE SUAS VONTADES. SITUAÇÃO QUE RECOMENDA APOIO PARA EXERCÍCIO DA CAPACIDADE LEGAL. PRESTÍGIO A SEGURANÇA E VALIDADE DOS NEGÓCIOS JURÍDICOS.** AUTOR E MINISTÉRIO PÚBLICO QUE EXTERNAM INTERESSE NA TOMADA DE DECISÃO APOIADA (ARTIGO 1.783-A DO CÓDIGO CIVIL). FACULDADE DA PESSOA A SER APOIADA. LEGITIMIDADE EXCLUSIVA (ENUNCIADO 639 DAS JORNADAS DE DIREITO CIVIL CJF/STJ-2018). PROSSEGUIMENTO. PRESTÍGIO AO DIREITO DE OBTENÇÃO DA SOLUÇÃO INTEGRAL DO MÉRITO. APELO CONHECIDO E PARCIALMENTE PROVIDO PARA DETERMINAR O PROSSEGUIMENTO NA ORIGEM PARA APURAR O INTERESSE DA REQUERIDA NA TOMADA DE DECISÃO APOIADA.[40] (grifo nosso)

Assim, a Tomada de Decisão Apoiada, ainda que qualificada pelo legislador civil como uma instituição pessoal das pessoas com deficiência, não pode ser vista dessa forma, restrita. Percebe-se que é ampla a doutrina que defende o direito da pessoa idosa, com fulcro em evitar o preconceito com pessoas de idade avançada e garantir o respeito e acesso à justiça.

Conclusões

O presente artigo teve por fulcro demonstrar que a Tomada de Decisão Apoiada pode ser estendida, por analogia simples, aos cidadãos de maior idade. Analisando a legislação, em especial a legislação civil, percebe-se que o Direito possui brechas que autorizam a ampliar a atuação da Tomada de Decisão Apoiada também aos idosos. Isso fica ainda mais evidente quando se dispõe dos julgados apresentados, neste caso, do Tribunal de Justiça do Paraná.

[40] BRASIL. Tribunal de Justiça do Estado do Paraná (TJPR). **Apelação 0002905-68.2019.8.16.0170.** Relatora. Des. Lenice Bodstein, 12ª Câmara Cível. Data de publicação: 13 de outubro de 2020. Disponível em: https://portal.tjpr.jus.br/jurisprudencia/j/4100000013946901/Ac%C3%B3rd%C3%A3o-0002905-68.2019.8.16.0170#. Acesso em: 08 set. 2022.

O instituto aqui estudado é classificado como uma alternativa ao processo de interdição de portadores de deficiência que, por razões diversas, ainda possuem capacidade de expor sua vontade e exercer a vida civil. Aqui, considera-se que a pessoa com deficiência, dependendo da deficiência que a acomete, tem dificuldades em perceber certas situações sociais ou precisa de auxílio na tomada de alguma decisão civil (por exemplo, comprar uma casa, fazer um empréstimo bancário), uma necessidade de apoio para a manutenção do direito de liberdade e autonomia da vontade. Assim sendo, o idoso que, por razões biológicas não é capaz de exprimir por completo seus ensejos, deve ser visto – de maneira análoga – aos portadores de alguma deficiência.

Esta afirmação não tem por base qualquer discriminação, mas sim de que um instituto que pode ser de maior auxílio a população de mais idade deve a estes ser aplicado, por dizeres próprios do Estatuto da Pessoa Idosa. Portanto, a possibilidade da Tomada de Decisão Apoiada ser estendida por analogia é uma questão plenamente provada nos estudos doutrinários apresentados e com julgados paranaenses que já indicam sua aplicabilidade, ainda que não o tenham feito.

É neste texto que se qualifica o artigo como célebre naquilo que se propôs, trazendo uma proposição ainda nova no campo do Direito Assistencial, mas com possibilidades de tornar firme uma visão ainda não tão explorada. Essa é a extensão de um instituto por analogia. O que se propõe, com maiores discussões que necessitam ser realizadas pela academia jurídica, seria justificar que o idoso necessita de instrumentos jurídicos para exercer sua vontade, quando não puder expô-la de maneira plena, mas sim com certos condicionantes que podem ser superados com a ajuda que necessita.

Referências

BASTOS, Celso Ribeiro; MARTINS, Ives Gandra da Silva. **Comentários à Constituição do Brasil**. 2. ed. São Paulo: Saraiva, 1988. 8. v.

BRASIL. **Decreto-Lei nº 4.657, de 4 de setembro de 1942.** Lei de Introdução às Normas do Direito Brasileiro. Disponível em: http://www.planalto.gov.br/ccivil_03/decreto-lei/del4657compilado.htm. Acesso em: 08 set. 2022.

BRASIL. **Constituição da República Federativa do Brasil de 1988.** Disponível em: http://www.planalto.gov.br/ccivil_03/constituicao/constituicao.htm. Acesso em: 01 out. 2022.

BRASIL. **Lei nº 8.742, de 7 de dezembro de 1993.** Lei Orgânica de Assistência Social (LOAS). Disponível em: http://www.planalto.gov.br/ccivil_03/leis/l8742.htm. Acesso em: 01 out. 2022.

BRASIL. **Lei nº 10.406, de 10 de janeiro de 2002**. Código Civil Brasileiro. Disponível em: http://www.planalto.gov.br/ccivil_03/leis/2002/l10406compilada.htm. Acesso em: 01 out. 2022.

BRASIL. **Lei nº 10.741, de 1º de outubro de 2003**. Dispõe sobre o Estatuto da Pessoa Idosa e dá outras providências. Disponível em: http://www.planalto.gov.br/ccivil_03/leis/2003/l10.741.htm. Acesso em: 06 set. 2022.

BRASIL. **Lei n. 13.105, de 16 de março de 2015.** Código de Processo Civil. Disponível em: http://www.planalto.gov.br/ccivil_03/_ato2015-2018/2015/lei/l13105.htm. Acesso em: 17 set. 2022.

BRASIL. **Lei n. 13.146, de 6 de julho de 2015.** Lei Brasileira de Inclusão da Pessoa com Deficiência. Disponível em: http://www.planalto.gov.br/ccivil_03/_Ato2015-2018/2015/Lei/L13146.htm. Acesso em: 10 set. 2022.

BRASIL. Tribunal de Justiça do Estado de Rondônia (TJRO). **Apelação 0001370-73.2015.822.0010.** Relator: Des. Alexandre Miguel, 2ª Câmara Cível. Data de Publicação: 28 de abril de 2016. Disponível em https://www.jusbrasil.com.br/jurisprudencia/tj-ro/389121858. Acesso em: 17 set. 2022.

BRASIL. Tribunal de Justiça do Estado do Paraná (TJPR). **Agravo de Instrumento 0068238-55.2020.8.16.0000.** Relatora: Des. Ivanise Maria Tratz Martins, 12ª Câmara Cível. Data de Publicação: 12 de abril de 2021. Disponível em: https://portal.tjpr.jus.br/jurisprudencia/j/4100000015871481/Ac%C3%B3rd%C3%A3o-0068238-55.2020.8.16.0000#. Acesso em: 30 set. 2022.

BRASIL. Tribunal de Justiça do Estado do Paraná (TJPR) **Agravo de Instrumento 0025409-25.2021.8.16.0000.** Relator: Sigurd Roberto Bengtsson, 11ª Câmara Cível. Data de Publicação:16 de agosto de 2021.

BRASIL. Tribunal de Justiça do Estado do Paraná (TJPR). **Agravo de Instrumento 0068238-55.2020.8.16.0000.** Relatora: Des. Ivanise Maria Tratz Martins, 12ª Câmara Cível. Data de Publicação: 12 de abril de 2021. Disponível em: https://portal.tjpr.jus.br/jurisprudencia/j/4100000015871481/Ac%C3%B3rd%C3%A3o-0068238-55.2020.8.16.0000#. Acesso em: 07 set. 22.

BRASIL. Tribunal de Justiça do Estado do Paraná (TJPR). **Agravo de Instrumento 0014295-89.2021.8.16.0000**. Relatora: Rosana Amara Girardi Fachin, 12ª Câmara Cível. Data de Publicação: 20 de setembro de 2021. Disponível em: https://www.jusbrasil.com.br/jurisprudencia/tj-pr/1285320851. Acesso em: 17 set. 2022.

BRASIL. Tribunal de Justiça do Estado do Paraná (TJPR). **Apelação 0002905-68.2019.8.16.0170**. Relatora. Des. Lenice Bodstein, 12ª Câmara Cível. Data de Publicação: 13 de outubro de 2020. Disponível em: https://portal.tjpr.jus.br/jurisprudencia/j/4100000013946901/Ac%C3%B3rd%C3%A3o-0002905-68.2019.8.16.0170#. Acesso em: 08 set. 2022.

FELIX, Renan Paes. **Estatuto do Idoso.** 6 ed. Salvador: JusPODIVM, 2014.

FIGUEIREDO, Leila Adriana Vieira Seijo de; LIMA, Fernando Gaburri de Souza; FILARDI, Sansulce de Oliveira Lopes. Incapacidade, Tomada de Decisão Apoiada e a pessoa idosa sem deficiência. **Revista do Ministério Público Brasileiro**, n. 1, p. 90-119, 2022. Disponível em: http://revista.cdemp.org.br/index.php/revista/article/view/21. Acesso em: 17 set. 2022.

GAGLIANO, Pablo Stolze. É o fim da interdição? **Revista Jus Navigandi,** Teresina, a. 21, n. 4605, 9 fev. 2016. Disponível em: https://jus.com.br/artigos/46409/e-o-fim-da-interdicao. Acesso em: 20 ago. 2022.

IBGE. Expectativa de vida era de 76,6 anos. **Agência IBGE Notícias**, 2020. Disponívelem:https://agenciadenoticias.ibge.gov.br/agencia-sala-de-imprensa/2013-agencia-de-noticias/releases/29502-em-2019-expectativa-de-vida-era-de-76-6-anos. Acesso em: 27 abr. 2022.

INDALENCIO, Maristela Nascimento. **Estatuto do Idoso e Direitos Fundamentais:** fundamentos da proteção da pessoa idosa no ordenamento jurídico brasileiro. 2007. 114 f. Dissertação (Mestrado). Curso de Curso de Pós-graduação Stricto Sensu em Ciência Jurídica, Univali, Itajaí, 2007. Disponível em: https://siaiap39.univali.br/repositorio/handle/repositorio/2049. Acesso em: 21 fev. 2021.

MAIO, Iadya Gama. O envelhecimento e a capacidade de tomada de decisão: aspectos jurídicos de proteção ao idoso. **Revista Portal de Divulgação**, n. 58, a. IX, out./nov./dez. 2018. Disponível em: https://www.revistalongeviver.com.br/index.php/revistaportal/article/viewFile/740/801. Acesso em: 14 ago. 2022.

MENEZES, Joyceane Bezerra de. Tomada de Decisão Apoiada e sua Correlação com Institutos Afins. *In:* HIRONAKA, Giselda Maria Fernandes Novaes; SANTOS, Romualdo Baptista dos (coords.). **Direito Civil:** Estudos-Coletânea do XV Encontro dos Grupos de Pesquisa. IBDCIVIL. São Paulo: Blucher, 2018.

RIBEIRO, Ana Cecília Rosário. A tomada de decisão apoiada e a revisão da teoria clássica das incapacidades civil. *In:* MELO, Auricelia do Nascimento; MAGALHÃES, Joseli Lima (org.). **Ensaios e reflexões sobre o Direito**. Porto Alegre: Fi, 2018.

ROSENVALD, Nelson. A tomada de decisão apoiada: primeiras linhas sobre um novo modelo jurídico promocional da pessoa com deficiência. **Revista IBDFAM:** Família e Sucessões, Belo Horizonte, v. 10, 2015. Disponível em: https://ibdfam.org.br/assets/upload/anais/253.pdf. Acesso em: 17 set. 2022.

ROSENVALD, Nelson. **Tomada de Decisão Apoiada.** Disponível em: http://me-dia.wix.com/ugd/d27320_ad4936f4ed4e41088be63d7bf571cf61.pdf. Acesso em: 05 maio 2018.

VILAS BOAS, Marco Antônio. **Estatuto do Idoso comentado.** 4 ed. Rio de Janeiro: Forense, 2014.

VÍTOR, Paula Távora. **A administração do património das pessoas com capacidade diminuída.** Coimbra: Coimbra, 2008.

23

NÃO SE CALE! DENUNCIE: O IMPACTO NA RELAÇÃO COM A LEI MARIA DA PENHA NA VIOLÊNCIA CONTRA A MULHER – POSSIBILIDADES E LIMITES DE ENFRENTAMENTO

Amanda Cristina Carvalho Canezin
Claudete Carvalho Canezin
Thays Cristina Carvalho Canezin

Introdução

O preconceito é a fonte primária da violência de gênero. Ele é tão vivenciado e difundido nas sociedades que passa a fazer parte da cultura e do dia a dia da população, principalmente através da disseminação dos estereótipos criados.

Resultado de um longo processo de construção histórica, que emoldurou a sociedade de forma patriarcal e sexista, a brutalidade contra a mulher advém de um amplo cenário de repressão na esfera social e familiar. Sua submissão em relação à figura masculina e sua exclusão de quase a totalidade das atividades sociais persistiu por muitos séculos na história da humanidade. É a partir dessa distorção das representações sociais, da valorização desigual entre homens e mulheres que surge um acesso, também desigual, ao poder e aos recursos, hierarquizando as relações e promovendo as desigualdades e discriminações.

Anos se passaram. Muitas conquistas merecem ser comemoradas. Mas, infelizmente, essa ideologia patriarcal ainda subsiste na sociedade contemporânea, ainda que muitas vezes disfarçada. Desde a infância o menino é encorajado a ser forte, viril, a não demonstrar fraqueza. Afetividade e sensibilidade não são encorajadas como expressões da masculinidade e, por se sentir superior, provedor, o homem se entende proprietário do corpo e da vontade da mulher e dos filhos. Essa desigualdade sociocultural é a principal razão da discriminação feminina.

A fim de se criar mecanismos mais contundentes de combate à violência e à discriminação, em 7 de agosto de 2006, a Lei 11.340/2006, conhecida como Lei Maria da Penha, foi promulgada no país. Criando mecanismos efetivos de combate à violência contra as mulheres e estabelecendo medidas para a prevenção, assistência e proteção das mulheres em situação de violência.

Em que pese a Lei Maria da Penha tenha introduzido profundas inovações jurídicas na legislação nacional em relação à violência doméstica e familiar, a violência de gênero é assunto bastante complexo que envolve elementos históricos e culturais que influenciam no comportamento social e, muitas vezes, naturalizam práticas nocivas ao princípio da dignidade humana, como a violência e a discriminação.

Pela maneira histórica que essa discriminação foi introduzida no cenário social há uma resistência cultural e institucional no reconhecimento deste tipo de violência, muitas vezes, pela própria vítima das agressões, o que dificulta a aplicação da Lei Maria da Penha.

O fortalecimento da lei, portanto, e de outras medidas de prevenção, passa necessariamente pela implementação de políticas públicas sociais nos mais diversos setores, como saúde, educação e assistência social. O problema do preconceito e da discriminação contra a mulher se torna, portanto, um problema de inclusão.

O conceito de gênero é muito importante para a construção do que se entende por justiça social, posto que trata do caráter fundamentalmente social das diferenças que são atribuídas à homens e mulheres. É preciso que esses estereótipos relacionados ao gênero sejam desconstruídos a fim de que a balança social da justiça seja reequilibrada e para que as mulheres tenham a possibilidade de desenvolverem seu pleno potencial, tendo acesso às mesmas oportunidades.

Somente assim, através da promoção da equidade de gênero, é possível romper com as amarras culturais que contribuem para a dependência psicológica das vítimas em relação a seus agressores, destacando ser essa subordinação um dos maiores problemas de enfrentamento da violência doméstica.

1. Preconceito e discriminação – o grito da violência

Em linhas gerais, o preconceito pode ser entendido como um julgamento prévio, uma posição irrefletida, preconcebida, irracional. Significa dizer que o preconceito é a adoção sumária de uma opinião ou critério, antes mesmo de passar pelo filtro de um julgamento justo, constituindo, assim, uma ofensa moral.[1]

Por criar estereótipos, o preconceito acaba remetendo a uma violência moral, exercida nem sempre de maneira explícita ou visível em relação ao outro, mas que contribuem para a prática de atitudes discriminatórias. É o preconceito, portanto, a mola central e o reprodutor mais algoz da discriminação e da desigualdade, constituindo-se em um mecanismo eficiente e atuante cuja lógica pode atuar em todas as esferas da vida. Pode ser encontrado nos mais diversos setores da sociedade, podendo estar relacionado à classe social, religião, etnia e ao gênero.

Às vezes de difícil percepção, o preconceito se introduz na vida cotidiana, nas relações pessoais, espalhando-se, ainda, nos espaços de trabalho. É neste contexto sombrio que o preconceito discrimina, marginaliza, dando margem a práticas de brutalidade, seja por sua carga ideológica, seja por seu atrevimento, acaba provocando situações hostis e violentas.

Marilena Chauí defende que o preconceito possui algumas marcas significativas. A primeira delas é a familiaridade, ou seja, o preconceito exige que tudo seja familiar, próximo, compreensível. Nesse caso, o preconceito está inserido no quadro de ideias e juízos preconcebidos, encarregados de dar sentido ao mundo visto, mas nunca dito ou pensado.[2]

A segunda marca do preconceito exprime sentimentos de medo, angústia, e insegurança diante do desconhecido, transformando tais sentimentos em ideias certas sobre as coisas, os fatos e as pessoas, criando assim, estereótipos, isto é, "modelos gerais de coisas, fatos e pessoas por meio dos quais se julga tudo quanto ainda não se havia visto".[3] As ideias disseminadas sobre o nordestino e o índio serem preguiçosos; negros serem bandidos; e sobre as loiras serem burras servem de exemplo para a construção dos estereótipos.

[1] DINES, Alberto. Mídia, civilidade, civismo. *In*: LERNER, J. (Org.). **O preconceito.** São Paulo: Imprensa Oficial do Estado, 1997, p. 46.

[2] CHAUÍ, Marilena. Senso comum e transparência. *In*: LERNER, J. (Org.), **O preconceito**. São Paulo: Imprensa Oficial do Estado, 1997, p. 97.

[3] Ibid., p. 56.

A terceira marca citada pela autora é a disposição a reduzir o desconhecido ao já conhecido e indubitável, ou seja, o preconceito é um obstáculo ao conhecimento e à transformação, sendo conservador e ignorante.

Pela grave afronta à dignidade da pessoa humana, a Constituição Federal de 1988 elencou no art. 3º, IV, que preconceitos de origem, raça, sexo, cor e idade constituem-se em crimes inafiançáveis e imprescritíveis, sujeitos à pena de reclusão nos termos da lei, tal qual previsto no art. 3º, XLII, do mesmo diploma legal.

É neste contexto de preconceito e discriminação que desponta a violência de gênero. Os estereótipos infringidos contra as mulheres precisam ser analisados, vigiados e punidos sob todas as suas formas, mas, acima de tudo, deve ser analisado o sentido irracional de se pensar que um ser humano possa ser humilhado e desprezado por razões de identidade de gênero. A esse sentimento de desmerecimento do outro ou da concepção de que esse outro, por qualquer motivo, possa ser considerado alguém de menor valor e possuidor de menos direitos é o que se chama de preconceito. Do ponto de vista jurídico, uma sociedade que incita a construção diferenciada, e não plural, de seus membros, como signo de preconceito, está fadada a instauração da violência nas suas mais variadas formas.

Quase a totalidade dos casos de mulheres que sofrem agressão são causados por homens que integram o seu grupo doméstico e/ou familiar, como maridos, ex-companheiros, pais, padrastos e namorados. Infelizmente, as estatísticas de vitimização feminina são contundentes no sentido de assinalar que a estrutura da conjugalidade em particular, e a da família em geral, no que implica uma ordenação de gênero, abriga uma virtualidade de violência.

A violência contra as mulheres, costumeiramente chamada de violência doméstica, é consequência das desigualdades entre homens e mulheres e da hierarquia de gênero. Neste contexto, muitas vezes, a mulher é "isolada" da sociedade, ficando condenada a cuidar do lar e da família, fazendo com que, muitas vezes, desconheça seus direitos, "e isso se soma à violência social e à perda de valores éticos, como o respeito e a solidariedade".[4] É uma realidade que assola grande parte da sociedade brasileira. Geral-

[4] NASCIMENTO, Maria Lucidalva. **Violência doméstica e sexual contra as mulheres**. Psiqweb. Disponível em: http://www.elacso.org. Revisto em 2002. Acesso em 10 ago. 2022, p. 22.

mente esta violência permanece às escuras, no âmbito da relação familiar, seja por vergonha, seja por medo da reação do agressor

A violência pode ser física, moral ou psicológica, independente da forma como se manifesta, todas demonstram a vontade explícita do homem de colocar a mulher numa posição de inferioridade, de submetê-la às suas vontades. A violência física é a mais visível das formas, pois manifesta-se através de beliscões, mordidas, socos e pontapés. Muitas vezes, nas agressões ainda mais violentas, as mulheres são esfaqueadas, espancadas, tem seu cabelo arrancado e, muitas vezes, são até mesmo alvejadas por armas de fogo.

Apesar de silenciosa, e muitas vezes invisível aos olhos da sociedade, a violência psicológica e moral são igualmente devastadoras. No cotidiano social é possível presenciar a violência contra a mulher implícita em letras de músicas que trazem um apelo sensual ou sexual, fazendo apologia à mulher como um objeto sensual, excitante e erótico a serviço do imaginário e dos desejos masculinos.

Da mesma forma, existe uma "fala social", construída ao longo da história, que se utiliza de adjetivos ou expressões pejorativas para se referir à mulher, como "biscate", "vagabunda" ou "gostosona". Essas falas têm a clara intenção de inferiorizar a mulher uma vez que, socialmente, são designações estereotipadas que se aplicam àquelas que se encontram à margem da sociedade.

Essas falas sociais tentam humilhar as mulheres, apegando-se a vários aspectos como a vaidade, a autoestima, o mercado profissional e a dependência econômica. Em uma sociedade em que a beleza dita valores, é possível compreender como essas questões podem afetar o estado psicológico feminino. É uma tentativa de depreciar a feminilidade, diminuindo a mulher, fazendo com que esta tenha sua autoestima aviltada e, portanto, sinta-se inferior, sinta-se incapaz de ser amada e aceita pelo outro.[5] A mulher é colocada como dependente, econômica e emocionalmente. Quando não está inserida no mercado de trabalho, seu valor se perde ainda mais. Cuidar da casa e da família nada representa na visão do homem machista que, agressivamente, coloca a mulher em situação de "acomodada", de "inútil", fazendo-a sentir-se incapaz de sobreviver sozinha.

[5] CANEZIN, Claudete Carvalho; PANICHI, Edina Regina Pugas. Lei Maria da Penha: Um estudo sob a ótica da semântica argumentativa. *In:* **Anais do IV CONELIN – Congresso de Estudos da Linguagem.** UENP/campus de Cornélio Procópio, 2016.

O preconceito e a discriminação, que incitam a violência doméstica, e que permeiam as relações vividas pelas mulheres, sejam elas profissionais ou pessoais, são verdadeiras barbáries contrárias à ordem jurídica justa, além de ser uma afronta à moral, aos bons costumes e à dignidade da pessoa humana, merecendo ser, por esta razão, julgado e condenado na forma da lei.

2. Violência de gênero – aspectos legais e subordinação psicológica

É uníssono na doutrina o reconhecimento de que a violência de gênero, acometida contra as mulheres, é assunto antigo, encontrando-se intrinsecamente relacionada ao papel histórico que a sociedade e o Estado lhes determinavam no cenário social. Eram submissas aos pais e aos maridos, sempre consideradas propriedades de algum homem. Não tinham capacidade civil ou qualquer poder sobre a família, nos moldes do antigo pátrio poder.

Após as grandes revoluções feministas as mulheres ganharam espaço no cenário social. No entanto, ainda continuam lutando pelo reconhecimento de seus direitos e contra uma cultura machista e sexista. Continuam sendo vítimas de violência doméstica, de preconceitos e de muitos estereótipos.

O termo "gênero" começou a ser utilizado para se referir à organização social da relação entre os sexos. Passou a definir, então, o comportamento social das pessoas, tentando explicar como se desenvolvem e são aceitas no meio social e cultural onde vivem. O gênero rejeita explicitamente as justificativas biológicas, tornando-se um meio de indicar as construções sociais, a criação inteiramente social das ideias sobre os papéis próprios atribuídos a homens e mulheres. Essas relações sociais, também chamadas de representações sociais, são as relações que compreendem a vida em sociedade, onde cada cidadão é reconhecido e valorizado por sua participação na vida cotidiana[6] determinando papéis e funções, impostos e adaptados a cada período histórico, com suas ideologias, cultura e religião.

A violência de gênero é comentada e enfrentada na vida adulta. O fato é que antes mesmo do nascimento, o processo de construção social do gênero já está instalado. Basta considerar as expectativas despejadas sobre este

[6] TEIXEIRA, Vanessa Lopes. **O trabalho feminino numa agricultura familiar em crise**. Trabalho de Conclusão de Curso (graduação). Universidade Federal Fluminense, Niterói, 1999.

bebê que ainda está por nascer: será menina, será menino; vai se parecer com quem; vai ser jogador de futebol ou bailarina...Ora, nem nascemos e já se tem um modelo a ser seguido sobre "o que é ser homem e o que é ser mulher". O problema é que este modelo se baseia em estereótipos.

A violência de gênero, portanto, pode ser entendida como uma decantação do preconceito, da discriminação e do sentimento de intolerância pelos quais as mulheres passaram, e ainda vêm passando, ao longo dos anos. Ocorre motivada pelas expressões de desigualdades baseadas na condição de sexo e que, infelizmente, começam no universo familiar, onde as relações de gênero se constituem no protótipo de relações hierárquicas.

A forma como a sociedade se moldou e se estruturou, com características eminentemente machistas e patriarcais, contribuiu, e muito, para a disseminação deste tipo de violência, pois que delega aos homens o direito de dominar e controlar suas mulheres, podendo para isso utilizar a violência. A ordem patriarcal, portanto, é vista como um fator determinante na produção da violência de gênero, uma vez que está na base das representações de gênero que legitimam a desigualdade e a dominação masculina internalizadas por homens e mulheres.

A violência de gênero se enraizou no pensamento estereotipado de homens e mulheres que vivem em uma sociedade herdeira de pensamentos e de crenças ultrapassadas. Uma sociedade hierarquicamente estruturada e que compreendia a mulher como um ser inferior,

> [...] daí a violência física, o estupro, os assassinatos, o aborto indesejado, as torturas psicológicas e a mutilação genital, entre tantos outros atos de violência, sem falar na discriminação contra a condição feminina, principalmente quando o baixo nível social, econômico, as origens étnicas e raciais das mulheres vítimas de violência se coadunam com essas condições.[7]

Esta violência nem sempre é explícita. Ela está acobertada no mascaramento e na subordinação da linguagem cotidiana; no uso de expressões maliciosas; na criação de estereótipos que moldam formas singulares de preconceito e discriminação. A violência contra a mulher, portanto, constitui-se em fenômeno social persistente, multiforme e proferido por facetas psicológica, moral e física.

[7] Dimenstein, G. **Democracia em pedaços**: direitos humanos no Brasil. São Paulo: Cia das Letras, 1996, p. 87.

Na Declaração sobre a Eliminação da Violência Contra a Mulher, adotada pela Assembleia Geral das Nações Unidas, em 1993, a violência doméstica é definida como:

> Todo ato de violência baseado em gênero, que tem como resultado, possível ou real, um dano físico, sexual ou psicológico, incluídas as ameaças, a coerção ou a privação arbitrária da liberdade, seja a que aconteça na vida pública ou privada. Abrange, sem caráter limitativo, a violência física, sexual e psicológica na família, incluídos os golpes, o abuso sexual às meninas, a violação relacionada à herança, o estupro pelo marido, a mutilação genital e outras práticas tradicionais que atentem contra mulher, a violência exercida por outras pessoas – que não o marido – e a violência relacionada com a exploração física, sexual e psicológica e ao trabalho, em instituições educacionais e em outros âmbitos, o tráfico de mulheres e a prostituição forçada e a violência física, sexual e psicológica perpetrada ou tolerada pelo Estado, onde quer que ocorra.[8]

A violência de gênero, portanto, desmembra-se em violência física, violência moral ou psicológica. A violência física costuma ser bastante agressiva, e de fácil percepção, uma vez que envolve ações como chutes, socos, facadas e pontapés, por exemplo, que deixam marcas físicas como hematomas e lacerações. Já, a violência psicológica, caracteriza-se por ser uma ação que envolve agressão emocional, ainda que não seja consciente e deliberada.

Trata-se de substrato para todos os demais tipos de violência de gênero, podendo ocorrer sem ofensa verbal explícita, por meio de gestos, atitudes ou olhares, uma vez que se desenvolve no cotidiano, geralmente em ambientes familiares para a vítima. São exemplos da violência moral: humilhação, intimidação, ridicularização, coação moral e desvalorização cotidiana da mulher, seja abalando sua autoestima, seja questionando sua capacidade profissional, ou ainda tentando incutir na cabeça da vítima que a mesma não conseguirá sobreviver, emocional ou financeiramente, longe de seu agressor. Por nem sempre ocorrer de forma explícita, a violência psicológica não recebe a atenção merecida, podendo-se dizer, até mesmo, que ela é negligenciada.

[8] OMS. Organização Mundial de Saúde. Organização Pan-Americana de Saúde. La unidad de salud de la mujer de la OMS (WHD). **Violencia contra la mujer**: un tema de salud prioritario. Ginebra, 1998. (Sexta Sesión Plenaria, 25 de mayo de 1996. Junio 1998 – A 49-vr-6), p. 7.

É importante destacar que a violência psicológica não afeta somente a vítima de forma direta. Ela atinge a todos que presenciam ou convivem com a situação de violência, contribuindo para a formação de um ciclo vicioso e perigoso. Por exemplo, filhos que testemunham a violência psicológica entre os pais podem passar a reproduzi-la por identificação ou mimetismo, reproduzindo essa violência com a irmã, colegas de escola e, futuramente, com a namorada e companheira. Motivo pelo qual é considerada um problema de saúde pública, muito embora faltem meios e empenho para impedir sua ocorrência.

Alguns autores se dedicaram ao estudo mais aprofundado da violência psicológica. É o caso, por exemplo, de Miller, que discorre ser possível identificar algumas características em crianças que vivenciam, ou presenciam, este tipo de violência. Segundo a autora, de modo geral, as consequências da violência doméstica em crianças são:

> [...] ansiedade, que pode desencadear sintomas físicos, como dores de cabeça, úlceras, erupções cutâneas ou ainda problemas de audição e fala; dificuldades de aprendizagem; preocupação excessiva; dificuldades de concentração; medo de acidentes; sentimento de culpa por não ter como cessar a violência e por sentir afeto (amor e ódio) pelo agressor; medo de separar-se da mãe para ir à escola ou a outras atividades cotidianas; baixa autoestima; depressão e suicídio; comportamentos delinquentes (fuga de casa, uso de drogas, álcool etc.); e problemas psiquiátricos. [9]

Acredita-se que uma das principais formas, senão a principal, de quebrar este círculo vicioso e romper com as amarras patriarcais e machistas, frutos da história, é a promoção da igualdade de gênero. A igualdade de gênero é um conceito que se refere ao igual usufruto de direitos, recursos e oportunidades, independentemente do gênero. Isto não significa dizer que mulheres e homens são iguais, mas que o gênero não pode ser um fator limitante em suas vidas.

Em setembro de 2015, durante a Cúpula de Desenvolvimento Sustentável, os 193 países membros da Organização das Nações Unidas (ONU,) lançaram o que ficou conhecido por "Agenda 2030". Tal agenda, cujo foco

[9] MILLER, Luiz. **Protegendo as mulheres da violência doméstica.** Seminário de treinamento para juízes, procuradores, promotores e advogados no Brasil. Trad. Osmar Mendes. 2 ed. Brasília: Tahirid Justice Center, 2002.

central é a promoção do Desenvolvimento Sustentável, é composta por 17 itens, tais como erradicar a pobreza, a fome e assegurar educação inclusiva. Objetivos estes que devem ser implementados por todos os países do mundo até 2030.

Alcançar a igualdade de gênero corresponde ao 5° dos Objetivos de Desenvolvimento Sustentável (ODS) elencados na Agenda 2030. Seu princípio consiste em "alcançar a igualdade de gênero e empoderar todas as mulheres e meninas", acabando com todas as formas de discriminação de gênero, nas suas intersecções com raça, etnia, idade, deficiência, orientação sexual, identidade de gênero, territorialidade, cultura, religião e nacionalidade, em especial para as meninas e mulheres.[10]

Defender a igualdade de gênero é defender que homens e mulheres tenham os mesmos direitos e deveres em uma sociedade. A equidade é a base para a criação de um mundo livre de preconceitos e discriminações, onde homens e mulheres tenham a liberdade de fazer suas próprias escolhas e desenvolver suas capacidades individuais sem as limitações e os estigmas dos estereótipos.

3. Lei maria da penha – significados e desafios

O conceito de gênero trouxe enorme contribuição para o estudo do fenômeno da violência, enriquecendo a tradição do pensamento sociológico brasileiro de que a violência não se origina, exclusivamente, das desigualdades de classe; ela se expressa em relações que recortam o conjunto de todos os segmentos da sociedade.

A violência sempre ocupou um lugar de destaque na sociologia nacional, principalmente por enfocar o tema da distribuição e do exercício do poder. Coube ao estudo do gênero demonstrar a existência de uma modalidade específica de violência, aquela que se origina no modo como se armam as relações entre homens e mulheres no âmbito doméstico e familiar.

Quase a totalidade dos casos de mulheres que sofrem agressão são causados por homens que integram o seu grupo doméstico e/ou familiar, como maridos, ex-companheiros, pais, padrastos e namorados. Infelizmente, as estatísticas de vitimização feminina são contundentes no sentido de assinalar que a estrutura da conjugalidade em particular, e a da família em

[10] ONU. Organização das Nações Unidas. **Resolution adopted by the General Assembly on 25 September 2015.** Disponível em: https://documents-dds-ny.un.org/doc/UNDOC/GEN/N15/291/89/PDF/N1529189.pdf?OpenElement. Acesso em: 15 fev. 2023.

geral, no que implica uma ordenação de gênero, abriga uma virtualidade de violência.

Com o intuito de combater a violência, o Código Penal brasileiro de 1890 já previa, em seu art. 27, a punição para crimes passionais, ainda que a culpa e a punição pelos mesmos fossem avaliadas pela natureza ou pelo comportamento sexual dos agressores e das vítimas.

A legislação evoluiu e, em 1940, o Código Penal eliminou a licitude relativa à perturbação dos sentidos e da inteligência, que deixava impune os assassinos passionais, adotando a categoria de "homicídio privilegiado", onde o crime não ficava impune, mesmo que com pena menor que nos casos de homicídio simples.

Como uma das primeiras atuações da esfera jurídica em relação ao combate à violência contra a mulher, destaca-se a atuação dos Juizados Especiais Criminais (JeCrim's), criados pela Lei nº 9.099/95, cuja competência é julgar os crimes classificados como de "menor potencial ofensivo". Os conflitos conjugais julgados de acordo com tal lei não eram analisados em sua dimensão sociológica e cultural, muito menos como uma questão relacionada ao gênero, e acabavam sendo banalizados como crimes de "menor potencial ofensivo".

Bem discorreu Bandeira[11] acerca da questão destacando que os aplicadores da lei tinham pouco alcance para perceber que o conflito doméstico apresenta uma potencialidade lesiva capaz de perpetuar-se durante anos e ultrapassar a definição de menor potencial ofensivo, estendendo-se ao direito das mulheres a uma vida sem violência. Ademais, a violência contra a mulher, sob a ótica de menor potencial ofensivo, desloca a centralidade do tratamento ao agressor e não à vítima, sendo incapaz de protegê-la.

Em que pese alguns avanços legislativos no tocante à questão, fato é que crimes brutais, motivados pela violência de gênero, continuaram acontecendo em todo o território nacional. É certo que os registros de casos engrossam cada dia mais as estatísticas, motivados por políticas que encorajam as vítimas a denunciarem seus agressores. Mas estas denúncias ainda não traduzem a realidade.

[11] BANDEIRA, Lourdes Maria. Violência de gênero: a construção de um campo teórico e de investigação. **Sociedade e Estado**, Brasília, v. 29, n. 2, p. 449-469, ago. 2014. DOI: http://dx.doi.org/10.1590/S0102-69922014000200008. Disponível em: http://www.scielo.br/scielo.php?script=sci_arttext&pid=S0102-69922014000200008&lng=pt&nrm=iso. Acesso em: 15 fev. 2023.

Apenas em 2006, motivados pelo apelo social e impulsionados pelos movimentos feministas, foi promulgada uma lei específica a fim de coibir os casos de violência contra a mulher. Foi quando surgiu a Lei Maria da Penha, que despontou num contexto social marcado pela diferença de gênero, surgindo como uma via legal para coibir a cultura da violência e dos preconceitos contra a mulher.

Interessante destacar que a Lei Maria da Penha se enquadra nas Leis Penais extravagantes, ou leis especiais, e assim como o Código Penal, tipifica os crimes. No caso específico, os crimes de violência doméstica. Igualmente, vale frisar que a Lei foi muito além das medidas de caráter penal, uma vez que apresentou várias medidas de proteção à mulher.

A definição da violência doméstica contra a mulher é tratada pela Lei Maria da Penha no art. 5º, da seguinte forma: "configura-se violência doméstica contra a mulher "qualquer ação ou omissão baseada no gênero que lhe cause morte, lesão, sofrimento físico, sexual ou psicológico e dano moral ou patrimonial". O mesmo artigo, estabelece os ambientes em que essa violência pode ocorrer: No âmbito da unidade doméstica; no âmbito da família; em decorrência de uma relação íntima de afeto.[12]

Ao se referir "no âmbito da unidade doméstica", a Lei abrange o espaço de convívio permanente de pessoas, o que inclui a convivência com pessoas com as quais a mulher não tem vínculo familiar e as esporadicamente agregadas ao seio da família. Já, quando se refere ao "âmbito da família", o legislador inclui os indivíduos com ou sem laços naturais, sanguíneos, podendo ser parentes por afinidade. Por fim, quando se refere a "relação íntima de afeto" quer dizer qualquer sinal de troca de intimidade, não havendo necessidade de coabitação.

Da mesma forma, a Lei define, no art. 7º, as formas de violência praticadas contra as mulheres, sendo elas: física, psicológica, sexual, patrimonial e moral. A violência Física deve ser entendida como qualquer conduta que

[12] BRASIL. **Lei 11.340, de 7 de agosto de 2006**. Cria mecanismos para coibir a violência doméstica e familiar contra a mulher, nos termos do § 8º do art. 226 da Constituição Federal, da Convenção sobre a Eliminação de Todas as Formas de Discriminação contra as Mulheres e da Convenção Interamericana para Prevenir, Punir e Erradicar a Violência contra a Mulher; dispõe sobre a criação dos Juizados de Violência Doméstica e Familiar contra a Mulher; altera o Código de Processo Penal, o Código Penal e a Lei de Execução Penal; e dá outras providências. Disponível em: http://www.planalto.gov.br/ccivil_03/_ato2004-2006/2006/lei/l11340.htm. Acesso em 19 de jul. de 2022.

ofenda a integridade ou a saúde corporal da mulher. As infrações penais que configuram essa forma de violência são a lesão corporal e as vias de fato, constituindo-se em ação penal pública incondicionada.

A violência Psicológica é aquela entendida como qualquer conduta que cause à mulher dano emocional e diminuição da autoestima. Pode estar relacionada a qualquer forma de controle de ações, como humilhações e constrangimentos.

A violência Sexual caracteriza-se por qualquer conduta que a constranja a presenciar, a manter ou a participar de relação sexual não desejada. Um exemplo muito comum da violência sexual é o chamado "estupro conjugal", onde a esposa ou companheira é obrigada a satisfazer as fantasias eróticas de seus parceiros, mesmo não sendo essa sua vontade.

A Patrimonial deve ser entendida como qualquer conduta que configure retenção, subtração, destruição parcial ou total de seus bens, objetos, ou documentos pessoais. Por fim, a violência Moral, muitas vezes utilizada como sinônimo da violência psicológica, deve ser entendida como qualquer conduta que configure calúnia, injúria ou difamação.

Além de definir o que é e quais são as formas de violência, a Lei Maria da Penha consolidou estratégias de prevenção, assistência e proteção às mulheres, articulando as três esferas do poder. Vários institutos da Lei nº 9.099/95, que dispõe sobre os Juizados Especiais Cíveis e Criminais, foram adequados ao contexto de relações domésticas violentas, possibilitando maior sensibilização e visibilidade para as questões de gênero. Enfim, a mulher foi reconhecida como a parte lesada.

Com a promulgação da Lei foi possível perceber um aumento significativo no número de denúncias de agressão, principalmente através do Disque Denúncia – 180. Concomitantemente, começaram a ocorrer campanhas em todo o território nacional, inclusive veiculadas na mídia. Em junho de 2014, a partir da campanha nacional "Violência Contra a mulher – Eu Ligo 180", e com sua conversão em disque-denúncia, as denúncias de abuso e violência perfaziam um total aproximado de 20 mil ligações dia. Um número que, por si só, já é bastante chocante.

De fato, a legislação brasileira tem avançado, e muito, no tocante à proteção à mulher, especialmente nos casos que envolvem violência doméstica, ainda que, na prática, o Estado tenha dificuldades para efetivá-la.

A fim de se adequar às novas realidades sociais, e na expectativa de coibir novos casos de violência, a Lei Maria da Penha sofreu algumas alterações no de 2019. Uma dessas mudanças, e que ensejou muitas discussões, diz respeito a medida protetiva de urgência que permite o afastamento do agressor do local de convivência com a vítima, antes mesmo de autorização judicial (Lei 13.827/2019). Questionada pela Associação dos Magistrados Brasileiros, a medida foi levada a pauta para o STF que, de maneira unânime, considerou válida a medida.

Medidas protetivas nada mais são do que determinações do juiz para que a mulher, em situação de violência doméstica, sinta-se protegida, sendo que as medidas são estabelecidas de acordo com as necessidades da solicitante. No caso em tela, a alteração legislativa permitiu a concessão de medida protetiva de urgência, decretada pelo Delegado de Polícia, quando o Município não for sede de comarca. Caso não haja Delegado de Polícia, e o Município não seja sede de comarca, o policial está autorizado a concessão de medidas.

Nessas duas situações extraordinárias, o fato deverá ser comunicado ao juiz em até 24h, que decidirá em igual prazo, da manutenção ou revogação da medida aplicada, que se caracteriza pelo afastamento do agressor do lar, domicílio ou local de convivência com a ofendida.

Recentemente, em 2020, a promulgação da Lei 13.984 trouxe significativas mudanças relativas as medidas protetivas urgentes, na Lei Maria da Penha, acrescentando dois incisos no art. 22 da Lei Maria da Penha, estabelecendo o seguinte:

> Art. 22. Constatada a prática de violência doméstica e familiar contra a mulher, nos termos desta Lei, o juiz poderá aplicar, de imediato, ao agressor, em conjunto ou separadamente, as seguintes medidas protetivas de urgência, entre outras: [...] VI – Comparecimento do agressor a programas de recuperação e reeducação; [...] VII – acompanhamento psicossocial do agressor, por meio de atendimento individual e/ou em grupo de apoio[13]

[13] BRASIL. **Lei 11.340, de 7 de agosto de 2006**. Cria mecanismos para coibir a violência doméstica e familiar contra a mulher, nos termos do § 8º do art. 226 da Constituição Federal, da Convenção sobre a Eliminação de Todas as Formas de Discriminação contra as Mulheres e da Convenção Interamericana para Prevenir, Punir e Erradicar a Violência contra a Mulher; dispõe sobre a criação dos Juizados de Violência Doméstica e Familiar contra a Mulher; altera o Código de Processo Penal, o Código Penal e a Lei de Execução Penal; e dá outras providências. Disponível em: http://www.planalto.gov.br/ccivil_03/_ato2004-2006/2006/lei/l11340.htm. Acesso em 19 de jul. de 2022.

Interessante ainda destacar que no mês de abril do presente ano, (2022), a 6ª Turma do Superior Tribunal de Justiça (STJ), decidiu, de maneira inédita, que a Lei Maria da Penha pode ser aplicada na proteção de mulheres transexuais. A sentença vale, a princípio, para o caso julgado de mulher trans agredida pelo pai, que não aceitava o fato da mesma se identificar com outro gênero, mas abre precedente para ser aplicada a outras situações em tramitação no Judiciário.[14]

Infelizmente, nem tudo são flores. Dezesseis anos após a promulgação da Lei Maria da Penha, e apesar das várias conquistas na esfera legislativa, alguns desafios ainda precisam ser superados para a efetivação dos direitos assegurados às mulheres na referida Lei.

Entre os maiores desafios a serem enfrentados citam-se a falta de suporte (efetivo) para as vítimas de violência e o encaminhamento dos processos de violência psicológica que, como já mencionado anteriormente, carecem de atenção por parte das autoridades por caracterizarem uma forma de violência silenciosa, muitas vezes imperceptível aos olhos da lei.

A título de exemplo, cita-se o caso de Bárbara Penna, vítima e agora ativista dos direitos das mulheres. Em um forte depoimento, Bárbara relatou as dores da violência que sofreu, e as trágicas consequências de episódio tão brutal. "Lá em 2013 eu não tive nenhum tipo de suporte". Desabafa ela. [15]

No ano de 2013, em uma manhã de domingo, Bárbara acordou sendo agredida pelo ex-companheiro. Foi queimada viva e jogada pela janela do terceiro andar do apartamento que morava com os filhos, ainda em chamas. Por um milagre Bárbara não entrou para a triste estatística dos casos de feminicídios ocorridos no Brasil. Mas infelizmente, os filhos de apenas 2 anos e 7 meses e um bebê de apenas 3 meses não tiveram a mesma sorte. Morreram asfixiados com a fumaça do incêndio provocado pelo agressor. Diga-se de passagem, pai das crianças. Mesmo final trágico de um vizinho idoso, que ao perceber a situação tentou socorrer as crianças e se asfixiou com a fumaça.

[14] Apesar de a Lei Maria da Penha não trazer expressamente a figura da mulher trans, o entendimento dominante da doutrina é de que a legislação é aplicada a todas as mulheres. Foi isso que a decisão do STJ entendeu. Alguns juízes, de forma geral, já vinham aplicando a Lei Maria da Penha para mulheres trans antes mesmo dessa decisão, justamente seguindo esse raciocínio. A decisão do STJ é bastante otimista e vem ampliar a proteção à mulher, especialmente nos casos de mulher trans.

[15] NASCIMENTO, Mainary. **15 anos da Lei Maria da Penha, 2021**. Disponível em: https://changebrasil.org/2021/08/09/15-anos-da-lei-maria-da-penha/. Acesso em 15 fev. 2023.

Bárbara relata que criou coragem e tentava pôr fim a um relacionamento abusivo que vivia com o então companheiro, e desejava seguir a vida com os dois filhos pequenos. Descreveu que o processo de denúncia foi bastante turbulento e complicado e, agora, do outro lado da história, engajada na causa, e ouvindo as histórias de tantas outras vítimas da mesma violência, percebe a mesma situação. Ou seja, quando as vítimas finalmente criam coragem para denunciar seus agressores, "geralmente são atendidas por homens, são maltratadas, ignoradas, desrespeitadas e não recebem a proteção adequada". E lamenta:

> **Todos os dias o grito de socorro é mais uma voz silenciada** [...] temos que ter tolerância zero nesse combate. São vidas ceifadas que não retornam mais, **psicológicos destruídos,** famílias arruinadas e uma sociedade que carece de atenção (grifos da autora).[16]

Bárbara é enfática ao mencionar que a promulgação da Lei Maria da Penha foi uma atitude muito "bonita" e que de fato voltou os olhares para a problemática da violência doméstica. Contudo, destaca que, na prática, a Lei, infelizmente, é ainda ineficaz quando a vítima precisa de proteção. Neste sentido, a fim de que a Lei, tão importante na luta das mulheres contra a violência e pela equidade de gênero, não se torne obsoleta, Bárbara lançou um abaixo-assinado, cuja petição já conseguiu mais de 640 mil assinaturas, requerendo mais algumas adequações na Lei maria da Penha a fim de que ela se molde de acordo com as necessidades das vítimas.

Dentre as alterações sugeridas estão: maior conscientização da sociedade para a identificação e ajuda das vítimas; o uso de tornozeleira eletrônica para o acusado desde o primeiro dia da medida protetiva; a retirada do endereço da vítima do boletim de ocorrência; que os governos forneçam um local seguro para o acolhimento da mulher e filhos e, por fim, a exigência da presença de um profissional de Psicologia em cada delegacia da mulher para o atendimento às vítimas (PENNA, 2021).

De fato, a falta de suporte e amparo adequado para as mulheres que decidem denunciar seus agressores, inclusive no aspecto psicológico, é a grande reclamação das mulheres que gritam por socorro. Outro clamor recorrente, e que aqui merece nossa atenção, diz respeito à violência psi-

[16] NASCIMENTO, Mainary. **15 anos da Lei Maria da Penha, 2021**. Disponível em: https://changebrasil.org/2021/08/09/15-anos-da-lei-maria-da-penha/. Acesso em 15 fev. 2023.

cológica. As vítimas relatam que muitos policiais resistem ou se negam a fazer o termo de ocorrência, principalmente nos casos de violência psicológica, donde se incluem as ameaças de *morte*.

Em que pese sua indiscutível importância na luta contra a violência doméstica e na busca pela igualdade de gênero, a Lei Maria da Penha ainda precisa superar alguns desafios. É preciso maior empenho dos agentes e órgãos públicos a fim de que ofereçam uma estrutura de amparo e acolhimento às vítimas que corajosamente decidem denunciar seus agressores. As mulheres precisam se sentir seguras, amparadas, para que seus gritos de socorro sejam, efetivamente, um grito de libertação contra séculos de tortura e discriminação.

4. As dificuldades de enfrentamento e libertação

A violência contra a mulher é fruto de um processo histórico-cultural enraizado na sociedade e transmitido através das gerações. Remete aos processos primários de socialização e às formas como as sociedades se estruturaram e se desenvolveram ao longo dos anos, onde as pilastras das atividades públicas, sociais e familiares giravam em torno da figura masculina.

É, pois, uma violência que advém de uma herança cultural e machista de que o homem e seu poder se sobressaem como instrumentos de dominação e subjugação da mulher. Motivo pelo qual alguns autores definem a violência de gênero como "permissão social" concedida e acordada com os homens na sociedade.[17]

Este é um dos motivos que dificultam o rompimento da relação violenta, ou seja, os atos e sentimentos apreendidos socio-culturalmente levam a mulher a acreditar que essas atitudes fazem parte da natureza do homem e, assim, alimentam a esperança de o agressor mudar de comportamento. Da mesma forma, por entenderem ser este comportamento algo natural, sentem medo de sofrer represálias, inclusive por parte da família, caso denunciem a violência.

De fato, a ideologia de gênero é um dos principais fatores que levam as mulheres a permanecerem em uma relação abusiva uma vez que, muitas vezes, elas internalizam a dominação masculina como algo natural e não conseguem romper com a situação de violência e opressão em que vivem.

[17] Machado, Lia Z. **Feminismo em movimento.** São Paulo: Francis, 2010.

Além da ideologia de gênero outros motivos são frequentemente verificados como obstáculos às denúncias, tais como: a dependência emocional e econômica da vítima em relação ao seu agressor; a valorização e idealização da família e do casamento; a preocupação com os filhos, e a falta de suporte legal para recomeçar a vida, geralmente junto com os filhos, especialmente quando a mulher não tem nenhum apoio familiar ou social. Da mesma forma, outro fator alarmante é que muitas mulheres deixam de denunciar seus agressores por medo da impunidade, por desacreditarem na justiça e temerem, inclusive, um aumento na violência como represália dos agressores pelas denúncias.

O processo pelo qual a mulher passa até o momento em que decide denunciar a agressão é um processo bastante doloroso. Além da dor física e dos traumas psicológicos, é preciso muita coragem para romper com uma situação de submissão e maus tratos. O medo do desconhecido, as dúvidas e incertezas e, às vezes, até mesmo, a falta de condições mínimas de subsistência são fatores sempre levados em consideração. Razão pela qual a denúncia é tão importante.

Ela é um momento de ruptura onde a mulher decide se retirar da condição de submissa. Ao mesmo tempo, é um momento bastante vulnerável, uma vez que admite que sofre violência e que precisa de ajuda. Pode significar também um primeiro passo para o seu "empoderamento". Por isso, é fundamental que por ocasião da denúncia ela tenha um bom acolhimento e seja devidamente orientada e amparada em suas necessidades, sejam elas jurídicas, materiais ou psicológicas.

Muitas vezes, quando as mulheres procuravam denunciar seus agressores, eram atendidas por homens, que tratavam o assunto com descaso, desinteresse, muitas vezes levando a mulher agredida a constrangimentos, humilhações e *revitimização.* Isso, somado ao despreparo dos agentes, desestimulavam novas denúncias. Daí a importância da criação das Delegacias Especializadas no Atendimento à Mulher, DEAM, especializadas no atendimento às vítimas de violência doméstica.

A Lei Maria da Penha, art. 8º, IV, prevê "a implementação de atendimento policial especializado para as mulheres, em particular nas Delegacias de Atendimento à Mulher". Além de punir os agressores, as DEAMs surgiram com o objetivo de criar um ambiente mais acolhedor para as vítimas, bem como de ampará-las, explicando e defendendo seus direitos, estimulando, assim, as denúncias das agressões.

Ao mesmo tempo em que criou as delegacias especializadas em atender as mulheres, o Governo Federal, no ano de 2019, por meio da Secretaria de Políticas para as Mulheres, também criou o projeto "Casa da Mulher Brasileira", cujo objetivo

> [...] era reunir em um só espaço delegacias especializadas, juizados e varas, defensorias, promotorias, equipe psicossocial e orientação para emprego e renda, serviços de saúde e de abrigamento, tudo com a finalidade de oferecer à denunciante um ambiente de maior acolhimento e atenção às suas reclamações, de forma a otimizar os resultados das investigações e das medidas de suporte à vítima. [18]

Apesar de boas intenções, fato é que, por motivos que vão desde a falta de verba até a falta de estrutura e pessoal qualificado, não se conseguiu chegar a um modelo ideal voltado para a proteção à mulher. Outro obstáculo no enfrentamento da questão diz respeito à própria percepção social do problema. Primeiro, porque grande parte desta violência ocorre entre "quatro paredes", ocorrendo majoritariamente no ambiente doméstico, sob o manto da privacidade do lar, nem sempre perceptível aos olhos de terceiros. Segundo, porque suportada em silêncio, albergada pela lei e pelos costumes sedimentados em uma sociedade baseada em dominação tradicional e de gênero. [19]

Finalmente, e talvez o mais difícil, e perigoso, obstáculo para a libertação da violência doméstica diz respeito à violência psicológica, e à subordinação que lhe é peculiar. Ora, a violência psicológica caracteriza-se por toda ação ou omissão que causa ou visa causar dano à autoestima, à identidade ou ao desenvolvimento da pessoa, podendo incluir ameaças, humilhações, discriminação, enfim, tudo aquilo que contribua para diminuir sua autoestima e lhe manter subordinada ao agressor.

[18] A primeira unidade foi inaugurada pela ex-presidente Dilma Roussef em 2015, em Campo Grande (Mato Grosso do Sul). Seguiram-se casas em Brasília, Curitiba e São Luís. Com gestão compartilhada entre a União, os Estados e os municípios, a Casa oferece serviços especializados para vítimas de violência, com apoio de psicólogos, assistentes sociais, defensores públicos e outros profissionais.

[19] Marabezzi, Natália Montezori. **Direitos Humanos e Violência Contra a Mulher**: um estudo de gênero sobre homicídio passional no Código Penal Brasileiro. Piracicaba: UNIMEP, 2010.

A violência psicológica começa a se manifestar de forma sutil. O agressor reclama da roupa e maquiagem, proíbe que a mulher se encontre com amigos e familiares, parte para o cerceamento da liberdade individual da vítima, avançando para o constrangimento e humilhação. Tudo isso com a finalidade de deixar a mulher cada vez mais sozinha e dependente do agressor. Este movimento da violência é sutil e, muitas vezes, imperceptível. Com frequência, a vítima tende a justificar o padrão de comportamento de seu agressor, o que a torna, de certa forma, conivente com ele. São comuns falas como estas: "Ele estava nervoso, não fez porque quis"; "Ele tinha bebido um pouco; se estivesse sóbrio não o faria"; "Ele tinha razão de ficar chateado, pois o meu vestido não estava bom". [20]

Tais falas são formas de legitimar as atitudes do agressor, contribuindo para que a violência se instale e se enraíze ainda mais. Faz parte da própria situação de violência que a mulher interiorize opiniões do companheiro sobre si reforçando, ainda mais, sua baixa autoestima. É muito comum também que elas absorvam as opiniões e os desejos do companheiro, anulando suas vontades e opiniões próprias. Faz parte do processo de subordinação psicológica.

Conclusões

Diante dos fatos não há argumentos. Pela quantidade absurda de atos recorrentes de violência de gênero é possível perceber que a estrutura social, patriarcal e sexista, que rege as hierarquias e determinam os papeis de homens e mulheres que prevalece no interior dos espaços domésticos e que, por consequência, acabam se projetando em outras esferas, ainda é presente na sociedade contemporânea.

O aumento do grau de esclarecimento acerca do assunto, maior acesso às informações e o grande número de campanhas direcionadas às mulheres contribuiu para o aumento das denúncias dos casos de violência. A promulgação da Lei Maria da Penha bem como a construção de delegacias especializadas para atender aos casos de violência contra a mulher também são fatores que contribuíram para a conscientização das mulheres contra a opressão masculina e pela busca de cidadania. De fato, sem uma atenção especial, a violência contra as mulheres continuaria impune e quase legitimada pelo senso comum dominante.

[20] AZEVEDO, M.A.; GUERRA, V.N.A. **Violência psicológica doméstica**: vozes da juventude. São Paulo: Lacri- Laboratório de Estudos da Criança/PSA/IPUSP, 2001, p. 25.

Apesar dos dissabores que margeiam a dignidade feminina, muitas conquistas podem ser comemoradas. As mulheres conquistaram direitos na área da família, muitas são chefes do lar. Ganharam espaço no mercado de trabalho e, mesmo que a passos lentos, vem conquistando sua liberdade sexual. Por outro lado, na contramão dessas conquistas todas, ainda são vítimas de preconceito e discriminação.

Infelizmente, ainda persistem problemas nos serviços públicos voltados ao combate e ao atendimento deste tipo de violência. São restrições referentes à capacitação e sensibilização dos recursos humanos, que ainda possuem representações patriarcais sobre a mulher, bem como carência de recursos e falta de equipamentos necessários aos procedimentos de investigação e ao acompanhamento dos casos. Somado a isso, a vergonha que algumas mulheres têm de o caso ser exposto diante de toda a sociedade; o medo de que com a denúncia seus companheiros se tornem ainda mais agressivos; e a dependência econômica da vítima em relação ao seu agressor são fatores limitantes à denúncia de novos casos de agressão.

A violência doméstica faz parte de uma gama maior de violência, que abarca as violências social e institucional. A prevenção da violência contra a mulher, portanto, deve ser pensada como uma estratégia de cautela, de cuidado, da violência de modo geral. A violência deferida no ambiente doméstico, criando um ambiente violento, pode reproduzir um padrão de comportamento violento, que repercutirá na sociedade de uma maneira geral.

De fato, há um longo caminho a ser trilhado para a construção de uma sociedade onde as disparidades de gênero deixem de existir. Compreendemos, pois, que a luta pelos direitos humanos, contra a violência, o preconceito e a discriminação, não só contra as mulheres, mas contra todos aqueles que são vítimas, deve ser encarado como um mal a ser combatido. Busca-se, pois, uma sociedade mais ética, mais tolerante, mais justa e menos violenta. Onde as pessoas sejam amadas e valorizadas pelo que de fato são, e não pelo gênero.

Referências

AZEVEDO, M.A.; GUERRA, V.N.A. **Violência psicológica doméstica**: vozes da juventude. São Paulo: Lacri- Laboratório de Estudos da Criança/PSA/IPUSP, 2001.

BALLONE Geraldo José. **Violência doméstica**. Psiqweb. Disponível em: http://www.piqweb.med.br/infantil/violdome.html. Revisto em 2003. Acesso em 10 de junho de 2016.

BANDEIRA, Lourdes Maria. Violência de gênero: a construção de um campo teórico e de investigação. **Sociedade e Estado**, Brasília, v. 29, n. 2, p. 449-469, ago. 2014. DOI: http://dx.doi.org/10.1590/S0102-69922014000200008. Disponível em: http://www.scielo.br/scielo.php?script=sci_arttext&pid=S0102-69922014000200008&lng=pt&nrm=iso. Acesso em: 15 fev. 2023.

BRASIL. **Lei 11.340, de 7 de agosto de 2006**. Cria mecanismos para coibir a violência doméstica e familiar contra a mulher, nos termos do § 8º do art. 226 da Constituição Federal, da Convenção sobre a Eliminação de Todas as Formas de Discriminação contra as Mulheres e da Convenção Interamericana para Prevenir, Punir e Erradicar a Violência contra a Mulher; dispõe sobre a criação dos Juizados de Violência Doméstica e Familiar contra a Mulher; altera o Código de Processo Penal, o Código Penal e a Lei de Execução Penal; e dá outras providências. Disponível em: http://www.planalto.gov.br/ccivil_03/_ato2004-2006/2006/lei/l11340.htm. Acesso em 19 de jul. de 2022.

CANEZIN, Claudete Carvalho; PANICHI Edinạ. **O discurso jurídico nos processos da Vara Maria da Penha**: uma abordagem estilístico-discursiva. Londrina: Eduel, 2019.

CANEZIN, Claudete Carvalho; PANICHI, Edina Regina Pugas. Lei Maria da Penha: Um estudo sob a ótica da semântica argumentativa. *In:* **Anais do IV CONELIN – Congresso de Estudos da Linguagem.** UENP/campus de Cornélio Procópio, 2016.

CHAUÍ, Marilena. Senso comum e transparência. *In:* LERNER, J. (Org.), **O preconceito**. São Paulo: Imprensa Oficial do Estado, 1997.

DIMENSTEIN, G. **Democracia em pedaços**: direitos humanos no Brasil. São Paulo: Cia das Letras, 1996.

DINES, Alberto. Mídia, civilidade, civismo. *In:* LERNER, J. (Org.). **O preconceito.** São Paulo: Imprensa Oficial do Estado, 1997.

MACHADO, Lia Z. **Feminismo em movimento**. São Paulo: Francis, 2010.

MARABEZZI, Natália Montezori. **Direitos Humanos e Violência Contra a Mulher**: um estudo de gênero sobre homicídio passional no Código Penal Brasileiro. Piracicaba: UNIMEP, 2010.

MILLER, Luiz. **Protegendo as mulheres da violência doméstica.** Seminário de treinamento para juízes, procuradores, promotores e advogados no Brasil. Trad. Osmar Mendes. 2 ed. Brasília: Tahirid Justice Center, 2002.

NASCIMENTO, Mainary. **15 anos da Lei Maria da Penha, 2021**. Disponível em: https://changebrasil.org/2021/08/09/15-anos-da-lei-maria-da-penha/. Acesso em 15 fev. 2023.

NASCIMENTO, Maria Lucidalva. **Violência doméstica e sexual contra as mulheres**. Psiqweb. Disponível em: http://www.elacso.org. Revisto em 2002. Acesso em: 10 ago. 2022.

OMS. Organização Mundial de Saúde. Organização Pan-Americana de Saúde. La unidad de salud de la mujer de la OMS (WHD). **Violencia contra la mujer**: un tema de salud prioritario. Ginebra, 1998. (Sexta Sesión Plenaria, 25 de mayo de 1996. Junio 1998 – A 49-vr-6).

ONU. Organização das Nações Unidas. **Resolution adopted by the General Assembly on 25 September 2015**. Disponível em: https://documents-dds-ny.un.org/doc/UNDOC/GEN/N15/291/89/PDF/N1529189.pdf?OpenElement. Acesso em: 15 fev. 2023.

SAFFIOTI, H.I.B. **Contribuições feministas para o estudo da violência de gênero.** Cadernos Pagu,16, p.115-136, 2001.

TEIXEIRA, Vanessa Lopes. **O trabalho feminino numa agricultura familiar em crise**. Trabalho de Conclusão de Curso (graduação). Universidade Federal Fluminense, Niterói, 1999.

24
OS REFLEXOS DA PANDEMIA COVID-19 NA INTENSIFICAÇÃO DOS CASOS DE VIOLÊNCIA DOMÉSTICA E FAMILIAR CONTRA A MULHER

CLAUDETE CARVALHO CANEZIN
MELISSA TEREZA MODENUTTI GOMES

Introdução

Entende-se por pandemia Covid-19 a propagação repentina da doença infecciosa causada pelo vírus SARS-CoV-2 (Coronavírus), no qual modificou demasiadamente a ordem social, econômica, cultural e jurídica. Sendo assim, fora imprescindível a adoção de medidas sanitárias e higiênicas para evitar o contágio, em especial o isolamento social, esquivando-se de aglomerações e contatos físicos.

Desta forma, infere-se que tal cenário contribuiu para a intensificação das relações familiares e afetivas, tais quais de suas ramificações, acrescentado pela maior convivência nos lares.

Em alternativa, embora imagem promissora, impulsionou, concomitantemente, a vulnerabilidade dos indivíduos que já se encontravam em risco, em especial no meio familiar e doméstico, no qual apenas conservaram a violência e miserabilidade existida, minimizando, assim, a possibilidade de denúncia e frustração do ciclo de violência. Então, destaca-se a figura notável da mulher, na qual é vítima de violência doméstica e familiar.

Logo, delimitando-se à figura da mulher vítima, realça-se os entornos da Lei Maria da Penha (Lei nº 11.340/2006), cuja concebe mecanismos para coibir a violência doméstica e familiar contra a mulher. Contudo, insta salientar que seu êxito se perfaz nas prerrogativas da atuação multidisciplinar, isto é, social; preventivo e assistencialista. Desta forma, visando amparar e salvaguardar esta, a norma a coloca em presunção de vulnerabilidade, posto aos casos de violência ser imensuravelmente maior que a dos homens.

Assim, nas palavras de Winfried Hassemer, citado por Rogério Greco em sua obra, menciona:

> Entre os grupos de vítimas que mais estão representadas nas atuais pesquisas de vitimização e que são objeto de estudos especiais e investigações, se encontram as mulheres maltratadas no âmbito familiar por seu companheiro ou cônjuge. Provavelmente nenhuma relação de convivência humana é tão conflitiva e produtora de violência como a família, e dentro dela a conjugal ou de companheirismo. [1]

Nesse sentindo, atentando-se a legislação em análise, esta dispõe as modalidades de violência neste âmbito, conforme preleciona seu art.7, que ressalta a física (conduta que ofenda a integridade ou saúde corporal da mulher); psicológica (conduta que causa dano emocional); moral (comentários ofensivos, humilhação pública); patrimonial (retenção; subtração ou destruição de objetos e bens da mulher) e sexual (atos que constrangem).

Dentro desse panorama, insta frisar que a mulher vítima de violência doméstica, ante ao advento da pandemia Covid-19, fora cerceada dos meios de ajuda, posto à supervisão e controle diário pelo agressor, embora a rede de apoio, como os programas e instituições públicas, permanecer ativa. Entretanto, paralelamente, intensificou exacerbadamente os casos de agressão, conforme será especificado ao longo deste.

Nesta toada, atentando-se as finalidades do artigo, este visa explanar e especificar detalhadamente os reflexos da pandemia Covid-19 na intensificação dos casos de violência doméstica contra a mulher, no plano nacional. Bem como, a ampliação do número de medidas protetivas, inquéritos policiais e ações judiciais contra o agressor, através do quadro comparativo dos anos posteriores.

Assim, em se tratando da metodologia abordada, infere-se que o presente artigo levando em consideração seus objetivos, se qualifica como

[1] Greco, Rogério. **Curso de direito penal**: volume 2: parte especial : artigos 121 a 212 do Código Penal. 14. ed. rev., ampl. e atual., até 1º de janeiro de 2017. Niterói, RJ: Impetus, 2017. 1090 p. ISBN 9788576269311.

exploratório e descritivo, ratificando-se a partir do momento em que se pretende encontrar os elementos necessários que permitem, em contato com determinada população, obter os resultados desejados e colacionados na realidade fática.

Ressalta-se, ainda, que o método de pesquisa empregado para o alcance dos resultados fora o método dedutivo, através de análises bibliográficas, quanto legislativas e doutrinárias, tendo em vista a interpretação de diferentes aspectos do tema objetivando a obtenção de dados para sua revisão e aprofundamento. Ademais, dentro desta metodologia, evidencia-se os estudos conceituais de Leis e da Constituição Federal de 1988.

Desta forma, visa-se manter a coerência entre o objetivo proposto e os métodos utilizados para sua consecução. Notabiliza-se que a pesquisa bibliográfica procura explicar e discutir um tópico ou conflito com base em referências publicadas em livros, periódicos, revistas enciclopédias, dicionários, jornais, sites, anais de congressos, entre outros. Então, qualifica-se paralelamente, quanto aos procedimentos técnicos, como um estudo documental e qualitativo.

Em suma, especifica e mapeia-se abaixo o aumento dos casos de violência doméstica contra a mulher, em suas inúmeras modalidades, no período anterior e atual de pandemia Covid-19, apresentando contexto ratificativos e corroborativos conforme a realidade fática.

1. Os reflexos da pandemia covid-19 na intensificação dos casos de violência doméstica e familiar contra a mulher

Entende-se por violência doméstica qualquer agressão empreendida entre os membros que habitam o ambiente familiar de modo comum, sendo ou não consanguíneos. Assim, atentando-se a figura da mulher, a Lei Maria da Penha conceitua tal contexto, em seu artigo 5º, como:

> Art. 5º Para os efeitos desta Lei, configura violência doméstica e familiar contra a mulher qualquer ação ou omissão baseada no gênero que lhe cause morte, lesão, sofrimento físico, sexual ou psicológico e dano moral ou patrimonial:
>
> I – no âmbito da unidade doméstica, compreendida como o espaço de convívio permanente de pessoas, com ou sem vínculo familiar, inclusive as esporadicamente agregadas;
>
> II – no âmbito da família, compreendida como a comunidade formada por indivíduos que são ou se consideram aparentados, unidos por laços naturais, por afinidade ou por vontade expressa;

III – em qualquer relação íntima de afeto, na qual o agressor conviva ou tenha convivido com a ofendida, independentemente de coabitação.

Parágrafo único. As relações pessoais enunciadas neste artigo independem de orientação sexual.[2]

Ante tal conceituação, insta reiterar que a doutrina brasileira especifica a violência doméstica em duas vertentes. Assim, a primeira designa-se naquela de sentido estrito, compreendendo aos atos qualificados no Código Penal, como a ameaça; injúria; difamação; entre outros. Por outro lado, tem-se o sentido lato, na qual se finda na violação de domicílio, devassa da vida privada, violação da obrigação alimentar, furto e demais outros.

Nesse sentido, consoante a legislação sobreposta, inclui-se qualquer âmbito familiar ou de foro afetuoso e íntimo, no qual a mulher é agredida, constrangida físico ou psicologicamente. Assim, nas palavras de Machado e Gonçalves (2003) em seu livro "Violência e vítimas de crime", conforme:

> Considera-se violência doméstica qualquer ato, conduta ou omissão que sirva para infligir, reiteradamente e com intensidade, sofrimentos físicos, sexuais, mentais ou económicos, de modo direto ou indireto (por meio de ameaças, enganos, coação ou qualquer outro meio) a qualquer pessoa que habite no mesmo agregado doméstico privado (pessoas – crianças, jovens, mulheres adultas, homens adultos ou idosos – a viver em alojamento comum) ou que, não habitando no mesmo agregado doméstico privado que o agente da viol4ência, seja cônjuge ou companheiro marital ou ex cônjuge ou ex companheiro marital.[3]

Então, conforme já evidenciado as formas de violência neste cenário familiar e doméstico, denota-se que a física e psicológica encontram-se em

[2] BRASIL. **Lei 11.340, de 7 de agosto de 2006**. Cria mecanismos para coibir a violência doméstica e familiar contra a mulher, nos termos do § 8º do art. 226 da Constituição Federal, da Convenção sobre a Eliminação de Todas as Formas de Discriminação contra as Mulheres e da Convenção Interamericana para Prevenir, Punir e Erradicar a Violência contra a Mulher; dispõe sobre a criação dos Juizados de Violência Doméstica e Familiar contra a Mulher; altera o Código de Processo Penal, o Código Penal e a Lei de Execução Penal; e dá outras providências. Disponível em: http://www.planalto.gov.br/ccivil_03/_ato2004-2006/2006/lei/l11340.htm. Acesso em 19 de jul. de 2022.

[3] MACHADO, Carla; GONÇALVES, Rui Abrunhosa. **Violência e Vítimas de Crimes.** Coimbra: Quarteto, 2003, p.120.

evidência. De modo que a primeira condiz a qualquer conduta que dane a integridade e saúde corporal da vítima, mediante uso da força, empreendendo-se sob as múltiplas ações. Ainda, infere-se que neste inclui, conjuntamente, aqueles decorridos da negligência, assinalado como a omissão de cuidado em uma situação de risco.

Em alternativa, delimitando-se a violência psicológica, esta se perfaz em qualquer ato que lese o emocional ou estado psíquico da vítima, inibindo assim seu desenvolvimento e evolução pessoal. Por isso, ante ao intenso incidente destes, bem como sua relevância, aborda-os abaixo detalhadamente no contexto da pandemia Covid-19, em especial ante a jornada dupla da mulher em casa.

1.1. Noções gerais da violência doméstica e familiar contra a mulher

Sabe-se que a violência doméstica e familiar contra a mulher não se mostra atual, posto que advém da histórica sociedade patriarcal, cuja permanece e tem reflexos na contemporaneidade. Por isso, notabiliza-se que a agressão lesa veementemente a gama de direitos fundamentais, integridade física e psicológica da vítima, bem como, indiretamente, o meio social e o desenvolvimento econômico do país. Por isso, finda-se em um problema público, cujo possui maior visibilidade social e política, ante sua ascensão no decorrer dos anos.

A vista disso, infere-se a conceituação apresentada pela Convenção de Belém do Pará de 1994, no qual aponta sua amplitude no artigo 1º, definindo violência contra as mulheres como "qualquer ação ou conduta, baseada no gênero, que cause morte, dano ou sofrimento físico, sexual ou psicológico à mulher, tanto no âmbito público como no privado".[4]

Assim, conforme já elencado, esta apresenta suas diversas formas, no entanto ressalta-se que o feminicídio é o modo mais grave e violento deste, no qual conforme estudos de Aline Brilhante (2020), professora da Universidade de Fortaleza (UNIFOR), Corina Mendes e Suely Deslandes, pesquisadoras do IFF/Fiocruz, "o Brasil está entre o quarto e quinto lugares dentre os cinco países com maior número de feminicídios do mundo,

[4] BRASIL. **Decreto nº 1.973, de 1º de agosto de 1996**. Promulga a Convenção Interamericana para Prevenir, Punir e Erradicar a Violência contra a Mulher, concluída em Belém do Pará, em 9 de junho de 1994. Disponível em: http://www.planalto.gov.br/ccivil_03/decreto/1996/d1973.htm#:~:text=D1973&text=DECRETO%20N%C2%BA%201.973%2C%20DE%201%C2%BA,9%20de%20junho%20de%201994. Acesso em: 15 fev. 2023.

o que demonstra uma histórica perpetuação de violência de gênero e de violências fatais contra as mulheres".[5]

Portanto, verifica-se a ilusão da superioridade do agressor, agregado a dependência financeira e emocional da vítima, no qual apenas vem ratificar a concepção imaginária de sua interiorização, a fim de esquivar-se da denúncia. Assim, nesses entornos, a Lei Maria da Penha mostra-se uma conquista social ao atender e conferir respaldo jurídico aos inúmeros casos de violência, que antes ficavam sem respostas ou apoio especializado assistencial, a fim de sobreveio e superação do sucedido.

Ainda, frisa-se que esta destoa-se das demais violências, posto que atinge mulheres com indicadores socioeconômicos diversos. No entanto, reitera-se que as hipossuficientes se encontram em maior vulnerabilidade, posto que ficam à deriva, ante a ausência de informação dos meios de superação. Então, nas palavras da estudiosa Tânia Rocha de Andrade Cunha, abaixo.

> A violência doméstica não discrimina nível de escolaridade ou camada social. Pode ocorrer com frequência, considerando que se projeta no espaço das relações familiares, envolvendo atos repetidos que se agravam intensamente por humilhações, agressões físicas e sexuais, desqualificações e ameaças e, o que pode ocasionar danos físicos e psicológicos duradouros. [6]

Além do mais, neste contexto, insta primordial auferir sobre a decisão do Supremo Tribunal Federal, de fevereiro de 2012 no julgamento da ADIN nº 4.424/DF[7], o qual estabeleceu que qualquer pessoa pode registrar formalmente a denúncia de violência contra a mulher e não somente à vítima, ilimitando-se ao âmbito familiar ou doméstico. Então, ratificou que a ação penal é pública e incondicionada, ou melhor, independe da vontade desta.

[5] BRASIL. Portal de boas práticas em saúde da mulher, da criança e do adolescente. **Principais questões sobre violência contra a mulher na pandemia e após**. Disponível em: https://portaldeboaspraticas.iff.fiocruz.br/atencao-mulher/principais-questoes-sobre-violencia-contra-a-mulher-na-pandemia-e-pos-pandemia/. Acesso em: 15 fev. 2023.

[6] CUNHA, Tânia Rocha Andrade. (2008). Violência conjugal: Os ricos também batem. **Publicatio UEPG**. v. 16 (1), p. 167-176, jun. 2008. Disponível em: https://revistas.uepg.br/index.php/humanas/article/view/628. Acesso em: 15 ago. 2022.

[7] BRASIL. Supremo Tribunal Federal. **ADI 4424.** Relator (a): Min. MARCO AURÉLIO, Tribunal Pleno. Julgado em 09/02/2012. Disponível em: https://redir.stf.jus.br/paginadorpub/paginador.jsp?docTP=TP&docID=6393143#:~:text=Relat%C3%B3rio-,ADI%204.424%20%2F%20DF,dos%20casos%20de%20viol%C3%AAncia%20dom%C3%A9stica. Acesso em: 14 ago. 2022.

1.1.1. Período anterior à pandemia Covid-19

Desta forma, insta ratificar o supra anunciado, denotando sobre os estudos e análises fáticas da sociedade brasileira acerca da violência doméstica e familiar contra a mulher, em especial no período precedente à pandemia COVID-19. Todavia, salienta-se desde logo, que a maioria das vítimas, embora cotidiano penoso, não promovem a denúncia ou qualquer ato jurídico contra o agressor. Por isso, não se tem conhecimento da integralidade das vítimas deste cenário.

Nesse sentido, atentando-se as indagações e pesquisas, de âmbito nacional, realizadas pelo Instituto de Pesquisa DataSenado, conjuntamente com o Observatório da Mulher contra a Violência, ao ano de 2017, empregando a metodologia indutiva; através da exploração prática e experiência sensível na extensão do país, aufere-se o aumento da violência doméstica e familiar contra a mulher no decurso dos anos, periodicamente, conforme índice abaixo reiterado de seu laudo social científico.

Gráfico 1 – Crescimento violência doméstica ou familiar contra a mulher

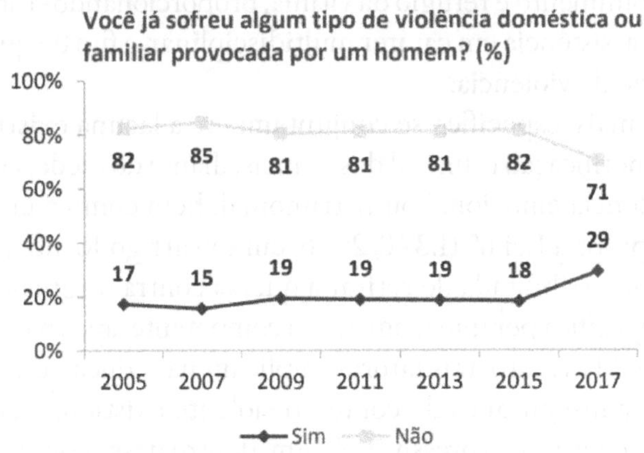

Fonte: DataSenado (2019)

Dentro desse panorama, conforme já exposto no tópico anterior, no qual delimita as modalidades de violências padecidas pelas vítimas, esclarece-se com o índice abaixo, reiterado da mesma pesquisa prática, que a violência física e psicológica são as mais recorrentes, tais quais encontram-se em ascensão e destaque na sociedade brasileira, conforme.

Gráfico 2 – Modalidades de violência doméstica

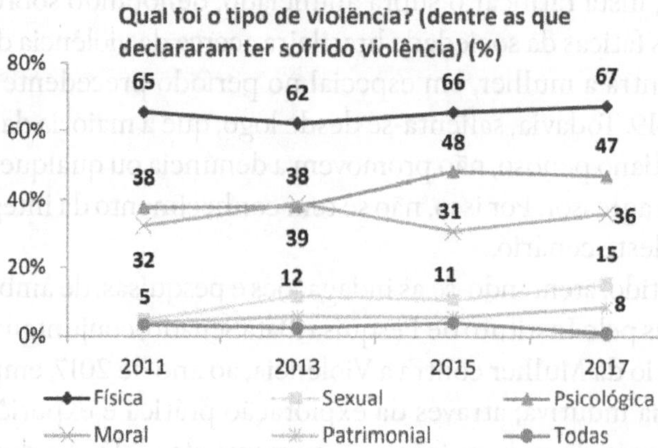

Fonte: DataSenado (2019)

Logo, salienta-se a relevância da Lei especial de 2006, na qual atenta-se a prevenção da violência doméstica/familiar e aos mecanismos especiais de apoio, acolhimento e refúgio da vítima, proporcionando-a atendimento psicológico, assistência em caráter multidisciplinar, a fim de que se exceda e suste o ciclo de violência.

Além do mais, especifica-se conjuntamente a lacuna existida, posto a ausência da notificação criminal das vítimas, diante do medo; coação; ameaça; dependência emocional ou patrimonial, bem como o critério especificado na própria Lei nº 11.340/2006, em seu artigo 16, no qual salienta que esta é impossibilitada de retirar a queixa contra o agressor, salvo em audiência específica perante magistrado competente, após oitiva do Ministério Público.[8] Portanto, tais fatores implicam na redução das denúncias, concebendo a insegurança do contexto violento existido, sendo as notórias, ínfimas, contudo, expressivas. Assim, dentro desse contexto, destaca-

[8] BRASIL. **Lei 11.340, de 7 de agosto de 2006**. Cria mecanismos para coibir a violência doméstica e familiar contra a mulher, nos termos do § 8º do art. 226 da Constituição Federal, da Convenção sobre a Eliminação de Todas as Formas de Discriminação contra as Mulheres e da Convenção Interamericana para Prevenir, Punir e Erradicar a Violência contra a Mulher; dispõe sobre a criação dos Juizados de Violência Doméstica e Familiar contra a Mulher; altera o Código de Processo Penal, o Código Penal e a Lei de Execução Penal; e dá outras providências. Disponível em: http://www.planalto.gov.br/ccivil_03/_ato2004-2006/2006/lei/l11340.htm. Acesso em 19 de jul. de 2022.

-se abaixo o quadro estatístico, o qual expõe o aumento das omissões das agressões, conforme.

Gráfico 3 – Conduta das vítimas ante a violência sofrida

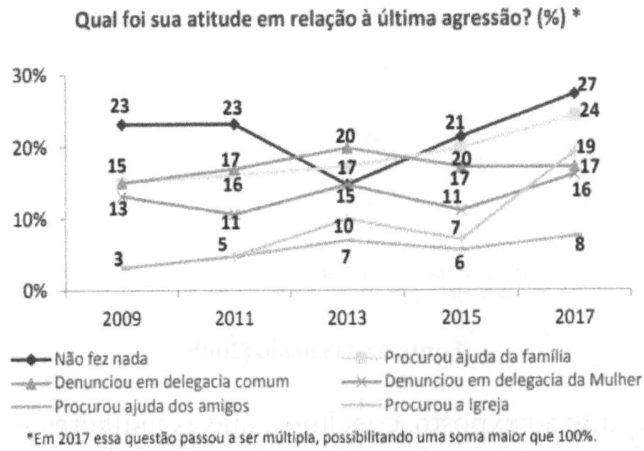

Fonte: DataSenado (2019)

Assim, ante ao sobreposto, em especial pautando-se ao ano de 2017, é notório que embora o acréscimo das mulheres omissas, as quais não delatam o agressor, a violência, conforme no segundo quadro juntado neste item, ampliou concomitantemente. Portanto, é notório o contexto ambíguo, de modo que a violência familiar e doméstica contra a mulher intensificou de tal modo que, apesar de poucas denúncias, já ultrapassaram os índices dos anos posteriores.

Outrossim, enfatiza-se que a Central de Atendimento à Mulher, na qual sucede através da via telefônica em caráter ininterrupto, criou e fomentou mecanismo de fácil acesso à vítima, fazendo com que a queixa não se promova somente por si, contudo, conjuntamente, pela testemunha da violência doméstica. Em contrapartida, a ausência de informação e conhecimento, bem como, o temor, se sobrevêm a isto.

Por fim, insta apresentar sobre os indicativos do ano de 2019, no qual simboliza o pregresso da pandemia Covid-19. De modo que se verifica o significativo aumento, desde já, da violência psicológica (qualificada pelo dano emocional), tal qual a redução da física, entretanto, ambas permanecem em destaque na sociedade brasileira, conforme.

Gráfico 4 – Crescimento das modalidades de violência sofrida pelas mulheres

Fonte: DataSenado (2019)

Em suma, ante ao exposto, conclui-se que as mulheres sofrem as inúmeras formas de violência dentro de seus lares. De modo que embora políticas públicas e assistência conferidas, não se mostrou suficiente para a diminuição desta nos dias habituais, pelo contrário.

1.1.2. Período pandêmico

Desta forma, resta notório o crescimento gradual da violência doméstica contra a mulher no Brasil, de modo que os altos índices foram conservados e, em contrapartida, aquelas demais modalidades, a qual perfaziam-se ínfimos, despontaram. A vista disso, discrimina-se abaixo o desdobramento desse contexto durante a pandemia COVID-19, sucedida desde março de 2020 até o ano de 2022.

Assim, salienta-se desde já as palavras do psicólogo Bernardo Dolabella Melo, sobre o tema, abaixo.

> A violência por si só consiste em fenômeno social, complexo e multifatorial que atinge pessoas, famílias e comunidades. É considerada problema de saúde pública pela Organização Mundial de Saúde – OMS, e exige dos países atenção e muita cautela em sua contenção, principalmente nesse momento de quarentena, onde todos devem se manter confinados com seus familiares dentro de suas residências. Posto que a pandemia tem causado bruscas alterações bruscas na vida das famílias e no convívio social em geral. A restrição aos deslocamentos que foi imposta como forma de prevenir ou redu-

> zir o percentual de transmissão da Covid-19, tem atingido a rotina de todos, o que pode dar ensejo a novos focos de tensão e estresse. Ainda, as crianças não podem ir para as escolas, e, muitas vezes, acabam transmitindo seu tédio, incômodos e tensões aos seus pais ou responsáveis. Homens e mulheres estão utilizando da modalidade home office para trabalhar de forma remota, e acabam se estressando com o desafio de conciliar trabalho, trabalho doméstico e cuidado com filhos e/ou outros membros da família.[9]

Sendo assim, conforme já exposto anteriormente, o período pandêmico impôs a obrigação do isolamento social como medida de proteção, afastando as pessoas do contato externo. Então, em se tratando das mulheres vítimas deste contexto, devido a fixação em seus lares, fora intensificado o convívio com o agressor, por conseguinte, a violência. Contudo, esclarece-se que o fator primordial deste cenário se finda na desigualdade de gênero, tais quais questões estruturais; históricas; políticas e culturais.

Ademais, cabe divulgar que para amparar a mulher vítima de violência doméstica, ao ano de 2022, encontra-se em trâmite de aprovação o Projeto de Lei nº 116 de 2020[10], no qual enseja a modificação da Lei Maria da Penha, a fim de incluir os meios eletrônicos como ambientes passíveis da ocorrência das violências destacadas na norma. Ampliando assim, a defesa da gama de direitos das mulheres, bem como, a proteção de sua integridade física e psíquica nos ambientes físicos ou virtuais.

Nesse sentido, atentando-se aos estudos fáticos, segundo a nota técnica e pesquisa do Fórum Brasileiro de Segurança Pública (2020), intensificou-se o número de feminicídios durante a pandemia da COVID-19, conforme relatam:

> O crescimento no número de feminicídios registrados nos 12 estados analisados foi de 22,2%, saltando de 117 vítimas em março/abril de 2019 para 143 vítimas em março/abril de 2020. No Acre o crescimento chegou a 300%, pas-

[9] MELO, Bernardo Dolabella *et al.* (org). **Saúde mental e atenção psicossocial na pandemia COVID19:** violência doméstica e familiar na COVID-19. Rio de Janeiro: Fiocruz, 2020. Disponível em: https://idonline.emnuvens.com.br/id/article/viewFile/2613/4133. Acesso em: 18 ago. 2022.

[10] BRASIL. **Projeto de Lei nº 116, de 2020**. Altera a Lei nº 11.340, de 07 de agosto de 2006, para caracterizar, dentre outras, a forma de violência eletrônica contra a mulher. Disponível em: https://www25.senado.leg.br/web/atividade/materias/-/materia/140519#:~:text=Altera%20a%20Lei%20Maria%20da,ou%20moral%20contra%20a%20mulher. Acesso em: 15 fev. 2023.

sando de 1 para 4 vítimas este ano; no Maranhão o crescimento foi de 166,7%, de 6 para 16 vítimas; no Mato Grosso o crescimento foi de 150%, passando de 6 para 15 vítimas.[11]

Ainda, nas palavras da pesquisadora deste Fórum, Amanda Pimentel para a revista Gênero e Número, sendo:

> A violência doméstica na pandemia é um movimento global que aconteceu em quase todos os países que decretaram a quarentena, em razão das medidas restritivas, que, embora sejam necessárias para o combate à doença, trouxeram uma série de problemas para as mulheres. As medidas acabaram por impor uma limitação à locomoção e um convívio muito mais duradouro e hostil da vítima com seu agressor, que na maioria das vezes é o companheiro, namorado e marido.[12]

Desse modo, insta imprescindível relatar acerca do instituto da medida protetiva, na qual finda-se em uma tutela de urgência autônoma outorgada pelo magistrado, com o fim de resguardar a vítima que se encontra em risco; vulnerabilidade ou perigo. Sendo assim, a Lei Maria da Penha em seu artigo 22º, dispõe o rol deste mecanismo, no contexto de agressão contra a mulher, visando singularmente assegurar sua integridade física, psíquica, moral e sexual, bem como o afastamento do agressor.

Assim, denota-se a tabela abaixo reiterada do site da Coordenadoria Estadual da Mulher em Situação de Violência Doméstica e Familiar – CEVID, órgão do Tribunal de Justiça do Estado do Paraná (TJPR), a qual veicula detalhadamente o número de medidas protetivas conferidas às vítimas nos períodos anterior (ano de 2019) e durante (anos de 2020 e 2021) a pandemia COVID-19, no estado do Paraná.[13]

[11] FÓRUM BRASILEIRO DE SEGURANÇA. Violência Doméstica durante a Pandemia COVID-19 – ED2. Nota Técnica. Brasília, 2020. **Nota técnica**. Disponível em: https://forumseguranca.org.br/wp-content/uploads/2020/06/violencia-domestica-covid-19-ed02-v5.pdf. Acesso em: 17 ago. 2022.

[12] PIMENTEL, Amanda Silva. Lei Maria da Penha completa 14 anos em meio ao crescimento da violência doméstica na pandemia. **Gênero e Número**, São Paulo, 2021. Disponível em: https://www.generonumero.media/lei-maria-da-penha-completa-14-anos-em-meio-ao-crescimento-da-violencia-domestica-na-pandemia/. Acesso em: 28 ago. 2022.

[13] BRASIL. Tribunal de Justiça do Estado do Paraná. **Comparativo de medidas protetivas de urgência autuadas nos mesmos períodos (2019, 2020, 2021 e 2022).** Disponível em: https://www.tjpr.jus.br/web/cevid/banco-de-dados. Acesso em: 15 fev. 2023.

Todavia, notabiliza-se desde logo, que no ano de 2020, houve uma queda no número de medidas protetivas facultadas, tendo em vista a ausência de contato externo da vítima, tal qual dos meios para esquivar-se dos agressores, posto que para a promoção desta é imprescindível a presença física da vítima, bem como do boletim de ocorrência, o que no princípio da pandemia, era inexequível. De outra forma, esta oscilação em sua concessão, durante o período de isolamento social, apontou a intensa dificuldade de acesso a este mecanismo de proteção às mulheres em situação de violência doméstica.

Por isso, após a reafirmação das políticas públicas e centrais de ajudas, em 2021 esta fora acentuada, conforme segue.

Gráfico 5 – Medidas Protetivas de Urgências autuadas

MEDIDAS PROTETIVAS DE URGÊNCIA AUTUADAS

	ANO 2019	ANO 2020	ANO 2021	ANO 2022
JANEIRO	3.387	3.591	3.534	3.667
FEVEREIRO	2.903	3.233	3.178	3.455
MARÇO	3.094	3.073	3.327	3.929
ABRIL	3.196	2.431	3.278	3.073
MAIO	3.035	2.505	2.958	3.146
JUNHO	2.485	2.589	3.117	3.040
JULHO	3.105	2.839	3.083	3.377
AGOSTO	2.244	2.211	3.420	
SETEMBRO	3.040	3.355	3.441	
OUTUBRO	3.595	3.445	3.214	
NOVEMBRO	3.299	3.246	3.876	
DEZEMBRO	2.886	3.081	3.620	
TOTAL	36.269	[illegible]	40.046	

Aumento do número de autuações
Diminuição do número de autuações

Fonte: CEVID/TJPR (2022)

Outrossim, ante ao sobreposto, cabe salientar que em 2022, somente os meses de janeiro a junho já ultrapassaram a metade dos valores totais dos anos posteriores, alcançando a expressão de 23.687 casos. Portanto, verifica-se o contexto distendido e alarmante.

Assim, é claro que o início da pandemia COVID-19 propiciou um intenso crescimento nos casos de violência doméstica e familiar contra a mulher. Todavia, diante dos dados ambíguos abaixo, reiterados do site do Tribunal de Justiça do Estado do Paraná (TJPR), onde se notabiliza o aumento da violência e, paralelamente, a ausência de denúncia ou medida jurídica para o caso, conforme queda na última tabela.

Gráfico 6 – Intensificação no período pandêmico

Paraná - 2019			
Meses	Casos Novos de Conhecimento em Violência Doméstica	Casos Novos de Conhecimento em Feminicídio	Feitos em Geral (Casos Novos de Execução, e Inquéritos)
janeiro	3629	22	2361
fevereiro	3450	19	2295
março	3485	19	1951
abril	3847	13	2129
maio	4058	17	2446
junho	2871	14	1933
julho	3767	20	2878
agosto	3721	20	2336
setembro	3932	18	2558
outubro	3119	22	2757
novembro	4036	17	2019
dezembro	2928	15	1720
Total	42843	216	27383

*Pesquisa praticada nas "Mesa CEVID" da Ferramenta de B.I. do Tribunal e Justiça;
*Aferição feita em 22.04.2021, para dados dos anos 2019, 2020 e 2021;
*Parâmetros de busca para Casos Novos de Conhecimento em Violência Doméstica:CnCVD.
*Parâmetros de busca para Casos Novos de Conhecimento em Feminicídio:CnCFEM.
*Parâmetros de busca para Feitos em Geral: ExeJudCrimFEM1°, ExeJudCrimVD1°, InqNFEM1° e InqNVD1°

Paraná - 2020			
Meses	Casos Novos de Conhecimento em Violência Doméstica	Casos Novos de Conhecimento em Feminicídio	Feitos em Geral (Casos Novos de Execução, e Inquéritos)
janeiro	3868	14	2404
fevereiro	3457	22	1907
março	4166	23	2199
abril	3775	31	1829
maio	3494	11	1955
junho	3266	20	1844
julho	3557	8	1887
agosto	3705	10	2026
setembro	4019	18	1972
outubro	3698	20	1969
novembro	3582	15	1726
dezembro	2451	19	1343
Total	43038	211	23061

*Pesquisa praticada nas "Mesa CEVID" da Ferramenta de B.I. do Tribunal e Justiça;
*Aferição feita em 22.04.2021, para dados dos anos 2019, 2020 e 2021;
*Parâmetros de busca para Casos Novos de Conhecimento em Violência Doméstica:CnCVD.
*Parâmetros de busca para Casos Novos de Conhecimento em Feminicídio:CnCFEM.
*Parâmetros de busca para Feitos em Geral: ExeJudCrimFEM1°, ExeJudCrimVD1°, InqNFEM1° e InqNVD1°.

Fonte: CEVID/TJPR (2020)

Logo, verifica-se que uma das consequências diretas deste contexto, além do aumento dos casos de violência, finda-se a diminuição das denúncias, uma vez que, conforme já relatado, em função do isolamento muitas mulheres não têm conseguido sair de casa para empreendê-la ou têm medo de realizá-la pela aproximação do parceiro. Entretanto, aquelas denunciadas já ultrapassam os anos posteriores.

Assim, nas palavras de Rogério Albuquerque Maranhão, conforme.

> A partir disso, é possível que os gestores elaborem e implementem medidas preventivas para fins de diminuir a vulnerabilidade das mulheres nesse período de quarentena e isolamento social por causa da Covid-19, tais como: criação de comitês de contra a violência de gênero; intensificação do policiamento nas ruas; aumento dos canais de comunicação para a realização de denúncias ou pedido de ajuda; e a divulgação nas mídias acerca da temática e das formas que a mulher tem para se proteger ou denunciar possíveis situações de violência a qual esteja sendo submetida.[14]

[14] MARANHÃO, Romero Albuquerque. Novo coronavírus (2019-nCoV): uma abordagem preventiva para o setor hoteleiro. **Brazilian Journal of health Review**, Curitiba, v. 3, n. 2, p. 2814-2828 mar/apr. 2020. p. 30.

Outrossim, sinaliza-se para a relevância do combate deste problema público através da atuação dos profissionais do direito, tais quais da saúde e assistência social. Posto que inúmeras as vítimas do cenário pandêmico, recebem apoio interdisciplinar nas unidades médicas e assistenciais, tornando-se meio de esquivo e sobreveio.

Portanto, há responsabilidade dos profissionais envolvidos de identificar e direcionar as mulheres vítimas de violência doméstica ou familiar, para as redes de cuidados que tal contexto impõe, devendo estes ser capacitados para o correto direcionamento, tal qual, proteger a vítima e prezar pelo atendimento sensível e digno.

Conclusões

Ante ao apresentado, é fato que a violência doméstica e familiar contra a mulher advém do machismo estrutural e desigualdade de gênero da sociedade brasileira, de modo que apesar dos êxitos logrados pelos movimentos feministas, tal qual da legislação que assegurou a gama de direitos às mulheres, ainda na atualidade, esta tem-se preservado, bem como a concepção de subordinação e inferioridade destas ao homem agressor.

Assim, fora primordial proteger esta classe, posto a vulnerabilidade e risco que se encontram, através da criação da Secretaria Especial de Políticas para as Mulheres da Presidência da República (SPM-PR) em 2003, sendo a primeira iniciativa ao combate no país, bem como posterior, a primordial Lei Maria da Penha de 2006, cuja reconhece a violência doméstica e familiar como violação aos direitos humanos fundamentais.

Então, nas palavras da delegada Luciane Lemos da Silva, abaixo.

> A violência tem, como pano de fundo, uma relação que, mesmo desfeita, ainda deixou questões inacabadas". Os vínculos afetivos permanecem permeados por mágoas, ressentimentos ou dependência psicológica, que dificultam a identificação da vítima sobre uma situação de violência. Ofensas constantes estabelecem uma agressão emocional tão intensa quanto a física, o pior da violência doméstica não é a violência propriamente dita, mas a angústia psíquica e a convivência com o medo e o terror.[15]

[15] SILVA, Luciane Lemos da; COELHO, Elza Berger Salema; CAPONI, Sandra Noemi Cucurullo de. Violência silenciosa: violência psicológica como condição da violência física doméstica. **Interface – Comunic., Saúde, Educ.**, v.11, n.21, p.93-103, jan/abr 2007. Disponível em: http://pepsic.bvsalud.org/scielo.php?script=sci_nlinks&ref=4654005&pid=S1679-494X2013000100007000248&lng=pt. Acesso em: 21 ago. 2022.

Todavia, embora fomentos públicos, estes ainda se findam insuficientes para frustrar o ciclo de violência, tendo em vista a intensa crescente dos casos, como uma das consequências da disseminação dos mecanismos de proteção, com destaque a denúncia e medida protetiva. Desta forma, embora advento e notoriedade destes, muitos casos despontaram, contudo, sinalizam-se ínfimos diante da realidade fática existida, as quais são omitidas.

Nesse sentido, a violência contra a mulher no período anterior à pandemia já se apresentava como um problema social. Porém, agravou-se ainda mais com o confinamento obrigatório, imposto por esta, gerando, assim, consequências em todos os âmbitos sociais e exigindo o emprego de medidas contra a propagação da doença. Por isso, apenas ratificou que as mulheres permanecem vítimas dos mais diversos delitos, impulsionados no isolamento social.

Desse modo, ante as diversas formas de violência desenvolvidas, tais quais suas acentuações, faz-se imprescindível a análise das políticas públicas, bem como, salientar sua relevância para a efetivação do concreto combate à violência familiar e doméstica contra a mulher. Sendo por meio da criação destas, seu planejamento, implementação, distribuição aos órgãos responsáveis, públicos ou não, voltados para o estudo dos pontos omissos na execução da norma especial, ao atingir suas finalidades.

Ademais, pode-se concluir do exposto, em especial dos índices veiculados, que há necessidade de maior domínio e estudo na violência psicológica contra as mulheres, posto que esta designa-se como o estopim para as demais, sendo então, imprescindível seu manejo como estratégia de redução das demais agressões.

Em alternativa, constatou-se paralelamente que a desinformação é um dos grandes obstáculos deste problema social, a qual atinge todas as formas de violência, tornando-se aguda nas modalidades não noticiadas ou intrínsecas na sociedade. De modo que se tornam habituais, como a humilhação, desqualificação, críticas destrutivas, exposição a situações vexatórias, ainda, sua desvalorização, que integrara o cotidiano das vítimas.

Logo, deve-se empreender maior disseminação das formas de amparo, em especial das equipes assistenciais multidisciplinares da rede de apoio, a sociedade no geral, os quais também empreendem a denúncia. Bem como, facilitar os meios de comunicação e a conscientização nos ambientes sociais, com destaque ao escolar, sobre a violência doméstica e familiar contra a mulher.

Por fim, elenca-se sobre a importância de conhecer o perfil dos agressores e das vítimas, tais quais, as modalidades da agressão, nas quais são aliadas para direcionar ações preventivas e aperfeiçoar aquelas já existentes, priorizando assim a problemática da mulher vítima.

Referências

ARAÚJO, Elita Isabella Morais Dorvillé de; SANTOS, Mariana Cândido dos; BARROS, Mayara Alessandra dos Santos. **Mulheres, racismo e pandemia**: perspectivas sobre direitos humanos em um contexto de crise. Associação Brasileira dos Advogados Criminalistas, 2020. Disponível em: Disponível em: https://www.abracrim.adv.br/artigos/mulheres-racismo-e-pandemia-perspectivas-sobre-direitos-humanos-em-um-contexto-de-crise Acesso em: 24 ago. 2022.

BEZERRA, Catarina Fernandes Macêdo; VIDAL, Eglídia Carla Figueiredo; KERNTOPF, Marta Regina; LIMA JÚNIOR, Carlos Mendes de; ALVES, Maria Nizete Tavares; CARVALHO, Maria das Graças de. **Violência contra as mulheres na pandemia do COVID-19:** Um estudo sobre casos durante o período de quarentena no Brasil. Id on Line Rev.Mult.Psic., Julho/2020, vol.14, n.51, p. 475-485. ISSN: 1981-1179.

BRASIL. **Decreto nº 1.973, de 1º de agosto de 1996.** Promulga a Convenção Interamericana para Prevenir, Punir e Erradicar a Violência contra a Mulher, concluída em Belém do Pará, em 9 de junho de 1994. Disponível em: http://www.planalto.gov.br/ccivil_03/decreto/1996/d1973.htm#:~:text=D1973&text=DECRETO%20N%C2%BA%201.973%2C%20DE%201%C2%BA,9%20de%20junho%20de%201994.. Acesso em: 20 ago. 2022.

BRASIL. **Lei 11.340, de 7 de agosto de 2006**. Cria mecanismos para coibir a violência doméstica e familiar contra a mulher, nos termos do § 8º do art. 226 da Constituição Federal, da Convenção sobre a Eliminação de Todas as Formas de Discriminação contra as Mulheres e da Convenção Interamericana para Prevenir, Punir e Erradicar a Violência contra a Mulher; dispõe sobre a criação dos Juizados de Violência Doméstica e Familiar contra a Mulher; altera o Código de Processo Penal, o Código Penal e a Lei de Execução Penal; e dá outras providências. Disponível em: http://www.planalto.gov.br/ccivil_03/_ato2004-2006/2006/lei/l11340.htm. Acesso em 19 de jul. de 2022.

BRASIL. Ministério da Saúde. **O que é a violência contra a mulher**?. Brasília, 2018. Disponível em: http://portal.saude.gov.br/saude/visualizar_texto.cfm?idtxt=33903. Acesso em: 17 ago. 2022.

BRASIL. Portal de boas práticas em saúde da mulher, da criança e do adolescente. **Principais questões sobre violência contra a mulher na pandemia e após**. Disponível em: https://portaldeboaspraticas.iff.fiocruz.br/atencao-mulher/principais-questoes-sobre-violencia-contra-a-mulher-na-pandemia-e-pos-pandemia/. Acesso em: 15 fev. 2023.

BRASIL. **Projeto de Lei nº 116, de 2020**. Altera a Lei nº 11.340, de 07 de agosto de 2006, para caracterizar, dentre outras, a forma de violência eletrônica contra a mulher. Disponível em: https://www25.senado.leg.br/web/atividade/materias/-/materia/140519#:~:text=Altera%20a%20Lei%20Maria%20da,ou%20moral%20contra%20a%20mulher. Acesso em: 15 fev. 2023.

BRASIL. Supremo Tribunal Federal. **ADI 4424.** Relator (a): Min. MARCO AURÉLIO, Tribunal Pleno. Julgado em 09/02/2012. Disponível em: https://redir.stf.jus.br/paginadorpub/paginador.jsp?docTP=TP&docID=6393143#:~:text=Relat%C3%B3rio-,ADI%204.424%20%2F%20DF,dos%20casos%20de%20viol%C3%AAncia%20dom%C3%A9stica. Acesso em: 14 ago. 2022.

BRASIL. Tribunal de Justiça do Estado do Paraná. **Comparativo de medidas protetivas de urgência autuadas nos mesmos períodos (2019, 2020, 2021 e 2022).** Disponível em: https://www.tjpr.jus.br/web/cevid/banco-de-dados. Acesso em: 15 fev. 2023.

CUNHA, Tânia Rocha Andrade. (2008). Violência conjugal: Os ricos também batem. **Publicatio UEPG**. v. 16 (1), p. 167-176, jun. 2008. Disponível em: https://revistas.uepg.br/index.php/humanas/article/view/628. Acesso em: 15 ago. 2022.

FÓRUM BRASILEIRO DE SEGURANÇA. Violência Doméstica durante a Pandemia COVID-19 – ED2. **Nota Técnica**. Brasília, 2020. Nota técnica. Disponível em: https://forumseguranca.org.br/wp-content/uploads/2020/06/violencia-domestica-covid-19--ed02-v5.pdf. Acesso em: 17 ago. 2022.

GRECO, Rogério. **Curso de direito penal**: volume 2 : parte especial : artigos 121 a 212 do Código Penal. 14. ed. rev., ampl. e atual., até 1º de janeiro de 2017 Niterói, RJ: Impetus, 2017. 1090 p. ISBN 9788576269311.

MACHADO, Carla. GONÇALVES, Rui Abrunhosa. **Violência e Vítimas de Crimes.** Coimbra: Quarteto, 2003.

MARANHÃO, Romero Albuquerque. Novo coronavírus (2019-nCoV): uma abordagem preventiva para o setor hoteleiro. **Brazilian Journal of health Review**, Curitiba, v. 3, n. 2, p. 2814-2828 mar/apr. 2020. p. 30.

MELO, Bernardo Dolabella et al. (org). **Saúde mental e atenção psicossocial na pandemia COVID19:** violência doméstica e familiar na COVID-19. Rio de Janeiro: Fiocruz, 2020. Disponível em: https://idonline.emnuvens.com.br/id/article/viewFile/2613/4133. Acesso em: 18 ago. 2022.

PIMENTEL, Amanda Silva. Lei Maria da Penha completa 14 anos em meio ao crescimento da violência doméstica na pandemia. **Gênero e Número**, São Paulo, ago. 2021. Disponível em: https://www.generonumero.media/lei-maria-da-penha-completa-14-anos-em--meio-ao-crescimento-da-violencia-domestica-na-pandemia/. Acesso em: 28 ago. 2022.

SILVA, Luciane Lemos da; COELHO, Elza Berger Salema; CAPONI, Sandra Noemi Cucurullo de. Violência silenciosa: violência psicológica como condição da violência física doméstica. **Interface – Comunic., Saúde, Educ.**, v.11, n.21, p.93-103, jan/abr 2007. Disponível em: http://pepsic.bvsalud.org/scielo.php?script=sci_nlinks&ref=4654005&pid=S1679-494X2013000100007000024&lng=pt. Acesso em: 21 ago. 2022.